최신분류론

오동근

이 연구는 2010년도 계명대학교 비사연구기금으로 이루어졌음.

서 문

　분류는 목록과 함께 자료 조직의 양대 축으로 문명의 시작과 함께 정보와 자료, 문헌을 조직하기 위한 유용한 도구로 활용되어 왔다. 특히 도서관의 업무를 중심으로 발전해온 분류의 기법은 문헌 분류 또는 자료 분류라는 이름으로 연구되고 교육되어 오고 있다.

　유사한 것을 함께 모으고 서로 다른 것을 분리시키는 것을 바탕으로 혼돈이나 혼란 속에 체계적인 질서를 부여하고자 하는 욕구는 어느 면에서는 혼돈스런 상황이 주는 불안감 속에서 안정감을 찾고 싶어 하는 인간의 기본적인 욕구일는지도 모른다. 문헌 분류는 이러한 인간의 기본적인 욕구를 문헌 세계에 적용하여 발전된 것이라고 할 수 있을 것이다. 따라서 문헌 분류의 본질은 그 문헌들이 담고 있는 내용이나 콘텐츠에 있고, 그 내용은 곧 인간의 정신적·지적 산물이라고 보면, 결국 분류는 그 내용에 담긴 지식이나 학문은 물론 인간의 본질적인 면을 다루게 된다고 할 수 있다. 분류의 기준이 되는 서로 간의 유사성과 차이점을 찾아내기 위해서는 그 본질을 제대로 파악하지 않으면 불가능한 것이기 때문에, 분류 과정에서는 본질에 좀 더 접근하고자 노력하지 않을 수 없게 되는 것이다. 그런 면에서 보면 문헌 분류의 연구는 인간의 본질에 대한 탐구와도 결코 무관하지 않다고 할 수 있을 것이다.

　그러나 문헌 분류의 연구나 실무의 현실과 현장을 보면, 대부분의 연구나 관심이 실제 문헌 분류에 직결된 내용이나 특정 문헌 분류표에 관한 내용들이 중심이 되고 있는 경향이 있음을 부인하기 어렵다. 실제 문헌 분류의 실무를 수행하기 위해서는 주제 분석에 대한 이해와 함께, 사용하는 분류표에 대한 충분한 이해와 숙지가 필수적일 것이다. 그럼에도 불구하고, 문헌 분류에 대한 충분한 이해를 위해서는 문헌 분류의 이론적 측면과 역사에 대한 이해가 함께 필요할 것이다.

이러한 시각에서, 이 책에서는 제1부 분류의 기초 이론, 제2부 분류의 역사와 주요 분류법, 제3부 청구 기호의 구성과 분류 작업의 3부로 나누어 문헌 분류의 다양한 측면을 검토하고자 시도하였다. 제1부의 제1장에서는 문헌 분류의 기초가 되는 다양한 이론들과 문헌 분류의 특성들, 문헌 분류와 학문 분류의 관계, 분류 업무나 분류표에 관련된 기초적인 내용들을 다루었다. 제2장에서는 문헌 분류 이론의 새로운 기원을 이룬 것으로 평가되고 있는 Ranganathan의 문헌 분류 이론을 심도 있게 다루어 보았다. 제3장에서는 일상생활 속에서 문헌 분류의 기법이 어떻게 활용되고 있는지를 사례 분석을 통해 제시하였다. 제2부의 제4장에서는 문헌 분류의 역사에 대해 고대로부터 현대의 주요 분류법에 이르기까지 상세하게 분석하였다. 제5장에서는 전 세계적으로 가장 많이 사용되고 있는 DDC와 우리나라의 표준 분류표인 KDC, 일본의 NDC를 그 역사적 배경과 최신판의 내용을 중심으로 비교·분석하였다. 제3부의 제6장에서는 청구 기호의 전반적인 특성과 유형들에 대해 상세히 분석하였다. 제7장에서는 실제의 분류 작업에 관련된 내용들을 분류 규정과 함께 살펴보았다. 부록에는 DDC와 KDC, NDC의 최신판의 주요 내용과 함께, 문헌 분류 관련 주요 용어의 해설, 저자기호표의 대표적인 유형의 하나인 Cutter-Sanborn Three Figure Author Table을 참고용으로 제시하였다. 이 책에서는 이러한 전반적인 내용을 통해 문헌 분류의 이론적 측면과 실제적인 측면을 함께 다루고자 시도한 것이다.

저자의 입장에서는 문헌정보학에 입문한 지 거의 35년의 세월이 흘렀고, 계명대학교 문헌정보학과에 터를 잡은 지도 거의 사반세기가 흐른 시점에서, 보잘 것 없는 이 책을 상재(上梓)하게 되어 면목이 없다. 그동안 강단에서 문헌 분류 과목을 강의해왔고, 우리나라의 표준분류법인 한국십진분류법(KDC)의 개정을 담당하는 한국도서관협회 분류위원회의 전문위원과 위원장을 맡아 나름대로 현장의 의견을 수렴하고 실제 분류표를 개정하는 작업에 여러 차례 참여하면서 다양한 경험을 얻은 바 있다. 한편으로는 DDC 편집위원장이던 J. S. Mitchell 등을 직접 만나 그 편집 과정이나 현황 등에 대한 이야기를 듣기도 하였고, 대학과 대학원 시절 말로만 듣던 Ranganathan이 태어난 인도를 수차례 방문하고 그가 문헌정보학과를 만들고 봉직했던 University of Madras나 University of Delhi,

DRTC(Documentation Research and Training Centre) 등의 대학은 물론 그가 설립한 Sarada Ranganathan Endowment for Library Science를 직접 방문하여 특강을 하고, 많은 인도의 친구들과 교유하면서, 이론과 실체의 차이를 직접 피부로 느끼기도 하였다. 글자 그대로 글로벌 시대에 걸맞게 이제는 우리의 학문이 국제적인 장에서 논의될 수 있는 충분한 조건들이 형성되었다고 할 수 있을 것이다.

다른 한편으로 보면, 과거에는 우리 분야의 사람들이 다른 전공을 공부하여 전문 지식을 갖추고 이용자에게 봉사하는 경우를 가끔씩 보기는 하였지만, 최근 들어서는 문헌 분류의 영역에서도 다른 전공 분야의 많은 연구자들이 관심을 가지고 접근하는 것들을 보게 된다. 컴퓨터 과학 분야의 프로그램 재사용에 관련된 연구에서는 열거식과 분석합성식 분류 이론이 소개되기도 하고, 건축학이나 한의학 분야 등을 비롯한 몇몇 학과의 교수님들은 본인들의 연구 분야의 분류표에 대한 논문들을 발표하는가 하면, 어느 대학의 한의학과에서는 KDC에 대한 연구로 박사학위를 받기도 하는 것을 보게 된다. 바야흐로 학문 간 경계 없이 문헌 분류에 대한 관심이 높다는 사실은 반갑기만 하다. 그러면서도 그 분들의 연구들을 접하면서 늘 문헌 분류 연구자로서의 자부심보다는 부끄러움이 앞섰다는 사실을 부인하기 어렵다. 이 보잘 것 없는 책이 분류에 관심을 가진 모든 이들에게 조금이나마 도움이 되길 바란다.

이 책의 내용의 상당 부분은 본인의 기존의 연구 성과들을 바탕으로 하고 있다. 그 사이에 『문헌 분류 이론』(공역, 1989)을 시작으로 『도서관인 박봉석의 생애와 사상』(편저, 2000), 『DDC 연구』(저, 2001), 『KDC의 이해』(공저, 2002), 『객관식 자료조직론 해설: 문헌분류편』(편저, 2005), 『DDC 22의 이해』(저, 2007), 『KDC 5의 이해』(공저, 2009), 『한국십진분류법 제6판의 이해와 적용』(공저, 2014) 등의 단행본 발간하였고, 『한국십진분류법』의 제4판(위원)과 제5판(위원), 제6판(위원장)의 개정 작업에 직접 참여하였으며, 문헌 분류 분야의 대표적인 국제학술지인 *Knowledge Organization*에도 DDC와 KDC에 관련된 논문들을 발표하였고, 국내의 각종 학술지에도 다수의 논문을 발표한 바 있다. 아울러 국립중앙도서관 등의 각종 특강이나 각종 자문위원으로서의 활동을 통해 도서관 현장의 다양한 의견을 경청할 기회를 얻을 수 있었다. 이 책은 기본적으로 이러한 본인의 기존 연구 성과와 경험을 바탕으로 한 것이다. 이 책의 적지 않은 부분은 이러한 성과들 가운데 독자들과 함께 생각하고 공유하고 싶은 내용들을 포함하고 있다. 그런 면에서 보면 연구자 본인의 문헌 분류에 대한 연구의 중간 점검이라고 해도 좋을 것이다.

　이와 관련하여, 당초 이 책의 기획은 계명대학교에서 2010년에 본인에게 부여한 비사 연구과제의 일환으로 시작된 것이다. 그러나 여러 가지 사정으로 미루고 미루기를 거듭하다 이제야 그 낯을 보이게 되었다. 저자의 부끄러운 민낯을 그대로 드러내게 되어 무안하기 짝이 없지만, 피할 수 없는 과제를 수행하느라 무리함을 무릅쓰고 이 책을 상재하게 됨을 양해해 주시길 부탁드린다. 아울러 이 책을 준비하는 과정에서는 많은 분들의 도움이 있었다. 우선 문헌정보학과 문헌 분류 연구의 길을 열어 주신 은사 정필모 교수님의 정신적인 뒷받침에 대해 감사드린다. 늘 부족한 지도 교수의 무리한 의욕과 무능함을 뒤에서 아무 불평 없이 도와주는 여지숙 박사님과 배영활 선생님께 고마움을 전하고 싶다. 김남석 교수님을 비롯한 계명대학교 문헌정보학과의 선배 교수님들과 현재의 교수님들은 단순한 동료 이상임을 늘 느끼며 살아가고 있다. 태일사의 김선태 사장님과 직원 여러분들은 이번에도 변함없이 부족한 소프트웨어를 하드웨어적으로 잘 보완해 주셨다. 학계의 많은 선배, 동료 학자 여러분에게도 늘 감사하게 생각하고 있음을 말씀드리고 싶다. 마지막으로 이 모든 성과들은 늘 독자 여러분의 성원과 관심을 바탕으로 이루어진다는 것은 언제나 불변의 사실이라는 점에서, 다시 한 번 독자 여러분의 많은 관심과 가르침을 기다리고자 한다.

2015년 6월
저자 씀

목 차

▶ 서문 3

제1부_ 분류의 기초 이론

제1장 문헌 분류의 기초 이론 • 15

1.1. 분류의 어원적 분석 ··· 16
1.2. 분류의 정의 ·· 17
    1.2.1. 사전적 정의 ··· 17
    1.2.2. 논리학적 정의: 분류, 구분, 정의의 관계 ········· 18
    1.2.3. 생물분류학과 조직계통학의 정의 ·················· 20
    1.2.4. 분류에 대한 일반적 정의 ····························· 24
    1.2.5. 분류에 대한 정의의 종합 ····························· 24
1.3. 분류와 개념의 관계 ··· 25
    1.3.1. 관념과 개념, 명사 ·· 25
    1.3.2. 개념의 내포와 외연 ····································· 26
    1.3.3. 개념의 종류 ··· 27
    1.3.4. 구분(분류)의 3요소 ······································ 29
    1.3.5. 구분(분류)의 규칙 ·· 30
1.4. 문헌 분류의 개념과 의의 ··· 31
    1.4.1. 문헌 분류의 개념과 정의 ····························· 32
    1.4.2. 문헌 분류, 범주화, 온톨로지, 택소노미, 폭소노미의 관계 ··· 34
    1.4.3. 서지 분류와 서가 분류 ································ 38
    1.4.4. 문헌 분류의 효과 ·· 40

1.5. 문헌 분류의 도서관 업무상 및 편목 이론상의 위치 ·············· 42
    1.5.1. 도서관 업무상의 위치 ······································· 42
    1.5.2. 문헌 분류의 편목 이론상의 위치 ······················ 44

1.6. 학문 분류의 개념과 역사 ·· 47
    1.6.1. 학문 분류와 문헌 분류 ····································· 47
    1.6.2. 동양의 학문 분류 ·· 49
    1.6.3. 서양의 학문 분류 ·· 49

1.7. 분류표와 분류 기호의 요건 ·· 54
    1.7.1. 분류표의 기본 요건 ··· 54
    1.7.2. 분류 기호의 요건 ·· 56

1.8. 분류표의 종류와 특성 ··· 59
    1.8.1. 열거식 분류표와 분석합성식 분류표 ··············· 59
    1.8.2. 십진식 분류표와 비십진식 분류표 ·················· 68
    1.8.2. 일반 분류표와 특수 분류표 ····························· 69

제2장 Ranganathan의 문헌 분류 이론 분석 • 71

2.1. Ranganathan의 문헌 분류에 관한 기초 이론 ············ 72
    2.1.1. 규범적 원칙의 레벨 ··· 72
    2.1.2. Ranganathan의 기본 법칙 ······························ 74
    2.1.3. 도서관학의 법칙 ··· 77

2.2. 문헌 분류의 3단계에 관한 분석 ································· 81
    2.2.1. 아이디어 단계 ··· 81
    2.2.2. 언어 단계 ·· 83
    2.2.3. 기호 단계 ·· 84
    2.2.4. 문헌 분류의 3단계에 대한 설명용 모델 ········· 85

2.3. Ranganathan의 분류 규준 분석 ·································· 88
    2.3.1. 아이디어 단계의 분류 규준 ····························· 88
    2.3.2. 언어 단계의 분류 규준 ··································· 93
    2.3.3. 기호 단계의 규준 ·· 94

제3장 일상생활 속의 문헌 분류 기법 활용 사례 분석 • 101

- 3.1. 주민 등록 번호 및 학번 시스템 ········· 102
- 3.2. 인터넷 서점 ········· 103
- 3.3. 지하철 노선도 ········· 104
- 3.4. 광역 전화 통화 권역(DDD) 구분 시스템 ········· 106
- 3.5. 대구광역시와 서울특별시의 시내버스 번호 시스템 ········· 108
- 3.6. 한글의 초성, 중성, 종성 ········· 114
- 3.7. 실생활 속의 분류 기법의 활용 가능성 ········· 117

제2부 _ 분류의 역사와 주요 분류법

제4장 문헌 분류의 역사 • 121

- 4.1. 중국의 문헌분류사 ········· 121
  - 4.1.1. 칠략(七略)의 출현과 칠분법의 유행 ········· 121
  - 4.1.2. 불전(佛典)의 삼장분류법(三藏分類法) ········· 123
  - 4.1.3. 사부분류법(四部分類法) ········· 124
  - 4.1.4. 중국의 현대분류법 ········· 127
- 4.2. 한국의 문헌분류사 ········· 128
  - 4.2.1. 고려 시대 불전 목록의 분류 ········· 128
  - 4.2.2. 조선 시대 유교 목록의 분류 ········· 131
  - 4.2.3. 근대의 주요 분류법 ········· 133
  - 4.2.4. 조선십진분류표(KDCP) ········· 135
- 4.3. 서양의 문헌분류사 ········· 141
  - 4.3.1. 고대 및 중세의 문헌분류사 ········· 141
  - 4.3.2. 주요 분류표 등장 이전의 근세 문헌분류사 ········· 143

        4.3.3. Cutter의 전개분류법(EC) ·· 147
        4.3.4. Bliss의 서지분류법(BC) ··· 149
        4.3.5. Brown의 주제분류법 ·· 151
    4.4. 현대의 주요 분류법 ··· 153
        4.4.1. 국제십진분류법(UDC) ·· 154
        4.4.2. 미국의회도서관분류법(LCC) ·· 173
        4.4.3. 콜론분류법(CC) ·· 182

제5장 DDC와 KDC, NDC의 비교와 분석 • 193

    5.1. 발전 과정과 이용 현황 ··· 193
        5.1.1. 개발과 발전 과정 ·· 193
        5.1.2. 이용 현황 ·· 202
    5.2. 일반적 특성과 장점 및 단점에 대한 분석 ····························· 206
        5.2.1. 일반적 특성 ·· 206
        5.2.2. 장점과 단점에 대한 분석 ·· 215
        5.2.3. DDC 한국 관련 항목의 재전개 ····································· 219
    5.3. 보조표의 비교 ··· 220
        5.3.1. 표준구분(형식구분)의 분석 ··· 222
        5.3.2. 지역구분의 분석 ··· 227
        5.3.3. 국어구분의 분석 ··· 233
        5.3.4. 언어공통구분의 분석 ··· 238
        5.3.5. 문학형식구분의 분석 ··· 244
        5.3.6. DDC와 KDC, NDC 특유의 보조표 분석 ·························· 251
        5.3.7. 보조표를 적용한 분류 사례 분석 ·································· 257

5.4. 본표 강목 전개의 비교 ·· 263
    5.4.1. 총 류 ·· 264
    5.4.2. 철학류 ·· 267
    5.4.3. 종교류 ·· 269
    5.4.4. 사회과학류 ·· 272
    5.4.5. 자연과학류 ·· 275
    5.4.6. 기술과학류 ·· 276
    5.4.7. 예술류 ·· 278
    5.4.8. 언어류 ·· 281
    5.4.9. 문학류 ·· 284
    5.4.10. 역사류 ··· 287
    5.4.11. 본표를 활용한 분류 사례의 분석 ························ 289

제3부 _ 청구 기호의 구성과 분류 작업

제6장   청구 기호의 구성 • 305

6.1. 청구 기호의 기능과 구성 요소 ································· 305
    6.1.1. 청구 기호의 기능 ·· 305
    6.1.2. 청구 기호의 구성 요소 ·································· 307
    6.1.3. 저작 기호 ·· 308
    6.1.4. 부차적 기호 ··· 309
6.2. 별치 기호의 특성과 유형 ·· 311
6.3. 도서 기호의 기능과 종류 ·· 313
    6.3.1. 수입순 기호법의 특성 ··································· 314
    6.3.2. 연대순 기호법의 특성과 유형 ························· 315
    6.3.3. 저자기호법의 특성과 유형 ····························· 321

제7장 분류 작업과 분류 규정 • 333

7.1. 분류표와 분류 기호의 선택 ·· 333
    7.1.1. 분류 작업의 과정 ·· 333
    7.1.2. 분류표의 선정 ·· 334
    7.1.3. 문헌의 내용 및 주제 파악 ····································· 335
    7.1.4. 분류 기호 선정상의 유의 사항 ······························· 336

7.2. 분류 규정의 이해 ·· 337
    7.2.1. 분류 규정의 정의와 특성 ······································ 337
    7.2.2. 분류 규정의 유형 ·· 337

7.3. 서가상의 배열 ·· 340

■ 결 언: 문헌 분류의 미래, 미래의 문헌 분류 • 343

■ 부 록 • 345
    Ⅰ. DDC 제23판과 KDC 제6판, NDC 신정10판의 주류 비교표 / 347
    Ⅱ. DDC 제23판과 KDC 제6판의 강목(100구분) 비교표 / 348
    Ⅲ. DDC 제23판의 주류표, 강목표, 조기표 / 351
    Ⅳ. KDC 제6판과 NDC 신정10판의 강목(100구분) 비교표 / 362
    Ⅴ. KDC 제6판의 주류표, 강목표, 요목표, 조기표 / 365
    Ⅵ. 문헌 분류 관련 주요 용어 해설 / 381
    Ⅶ. Cutter-Sanborn Three-Figure Author Table / 404

■ 참고문헌 • 440

■ 색 인 • 443

제1부

분류의 기초 이론

제1장 _ 문헌 분류의 기초 이론
제2장 _ Ranganathan의 문헌 분류 이론 분석
제3장 _ 일상생활 속의 문헌 분류 기법 활용 사례 분석

제1장 문헌 분류의 기초 이론

우리는 일상생활을 통해 때로는 의식적으로, 때로는 아무런 의식 없이, 끊임없이 많은 것들을 분류하게 된다. 그러한 행위는 때로는 오랜 경험을 통해 몸에 배인 습관일 수도 있고, 배움과 학습을 통해 이루어지는 체계적인 것일 수도 있고, 아니면 본능적일 수도 있을 것이다. 어느 경우에는 우리가 터득한 어떤 패턴화된 인식을 바탕으로 한 것일 수도 있고, 어느 경우에는 직관에 의해 이루어지는 경우도 있을 것이다. 그럼에도 불구하고, 우리 인간은 끊임없이 우리를 둘러싼 모든 것을 분류하고자 시도하고 있음은 분명하다.

낯선 곳에 가서 만나는 사람들을 보면서 우리는 거의 본능적으로 그 사람이 좋은 사람인지 나쁜 사람인지를 파악하여 분류하고자 한다. 맞선 시장에 나선 구혼자들은 상대방과의 대화를 통해 자신과의 공통점과 차이점을 지속적으로 분류하면서, 앞으로의 교제 가능성을 점칠 수도 있을 것이다. 과일가게 아저씨는 과일을, 문방구 아줌마는 학용품들을, 백화점에서는 온갖 물품들을 자신들 나름의 방식으로 분류하고 있다. 물론 도서관에서는 수많은 다양한 자료들을 분류하고자 할 것이다.

Sokal은 "유기체들은 생존을 위해 반드시 여러 자극들의 유사성을 지각할 수 있어야 하며 . . . 감각적으로 입력되는 패턴들에 대한 유사성을 파악하는 것은 살아있는 유기체들의 감각적인 지각의 초기 형식들만큼이나 오래되었을 것"이라고 주장하고 있다.[1]

Buchanan은 『문헌 분류 이론』(*Theory of Library Classification*)의 한국어판 서문에서, 이러한 인간의 행동은 "혼돈에 대한 두려움을 바탕으로 하고 있고, 아울러 통제할 수 없

---

[1] R. R. Sokal. "Classification: Purposes, Principles, Progress, Prospects." *Science*, Vol.185, No.4157(1974). p.1115.

는 환경을 통제함으로써 불안정한 세계에서 안전하다는 망상(妄想)을 갖고자 하는 욕망에서 생겨난 듯"[2]하다고 재미있게 해석하고 있다. 이런 의미에서 보면, 끊임없이 무엇인가를 분류하고자 시도하고 이를 통해 안정을 얻고자 하는 인간은 '분류하는 동물'(classifying animal)이라는 그의 말은 적절해 보인다.

이 장에서는 이러한 분류의 일반적인 측면들과 문헌분류의 기초적인 분야들에 대해 개략적으로 분석해보고자 한다. 분류의 어원과 정의,

1.1. 분류의 어원적 분석

한자로 보면, 분류는 '나눌 분'(分)과 '무리 류'(類)의 합성어이다. 이와 관련하여, 대한화사전(大漢和辭典)에서는, "'분(分)'은 '여덟 팔(八)'과 '칼 도(刀)'가 합자(合字)된 회의(會意) 글자로, '팔(八)'은 나눈다는 뜻이니, 칼로써 사물(物)을 분별(分別)하는 것이므로, 나누거나 나뉜다는 의미"[3]라고 설명하고 있다. 한편 '류(類)'는 "원래 개(犬)가 서로 모양이 비슷하다(相似)는 뜻으로, 의미가 변하여 사물(物)이 서로 비슷한 것을 일컫는다."[4]고 설명하고 있다. 그러므로 이로부터 유추하면 분류는 '무리별로 나눈다', 즉 '비슷한 것들끼리 나누어 놓는다.'는 의미를 갖는다고 해석할 수 있을 것이다([그림 1-1] 참조).

> 분류(分類) = 분(分) + 류(類)
> 분(分): '팔(八)'과 '도(刀)'가 합자(合字)된 회의자(會意字)로 '나눈다'는 의미
> 류(類): 개(犬)가 서로 모양이 비슷하다(相似)는 뜻에서 유래. 서로 비슷한 사물을 지칭함

[그림 1-1] '분류(分類)'의 어원적 분석

또한 분류를 의미하는 영어 'classification'는 그 어원을 보면, 'class'와 접미어 '-fication'이 합성되어 만들어진 단어[5]이다. 옥스퍼드영어사전(Oxford English Dictionary)에서는

---

2) Brian Buchanan 저. 문헌분류이론. 정필모, 오동근 공역(서울: 구미무역출판부, 1998). p.9.
3) 諸橋轍次. 大漢和辭典. 修訂版. (東京: 大修館書店, 1984). 卷2. p.195.
4) *Ibid.* 卷12. p.296.

이와 관련하여, 'class'는 고대 라틴어의 'classis'에서 유래한 단어로, "초기 로마 왕정기에 지주(地主)들을 군복무와 관련하여 5개 그룹으로 나눈 것과 관련하여, 부(富)의 어떤 최소 자격 기준을 충족시킬 수 있는 로마 시민의 그룹"을 의미한 데서, "그룹이나 등급(ranks), 범주(categories)에 관련된 의미"라고 설명하고 있다.[6] 접미어 '-fication'은 행위를 의미하는 동사형 '-fy'의 명사형이다([그림 1-2] 참조). 그러므로 이로부터 유추하면 'classification'은 '그룹으로 만들어주는 행위'라는 의미를 갖는다고 해석할 수 있을 것이다.

```
Class(명사): 라틴어 'classis'에서 유래, 그룹 등의 의미
+ -ify(접미사) → Classify(동사)
+ -ication(classify'의 명사화) → Classification(명사)
―――――――――――――――――――――――――――――――――――――
Class(classis)(명사) + -ify → Classify (동사) → Classification(명사)
```

[그림 1-2] 'classification'의 어원적 분석

재미있는 사실은 동양의 분류라는 단어와 서양의 'classification'이라는 단어의 어원을 보면, 동양에서는 나누는 데 초점을 맞추고 있고, 서양에서는 모으는 데 초점을 맞추고 있는 것 같은 양상을 보이고 있다. 그러나 어느 경우이든, 그 결과로 이루어지는 그룹들은 '끼리끼리 모이게 되는 유유상종(類類相從)'의 모습을 띠게 될 것이다.

1.2. 분류의 정의

1.2.1. 사전적 정의

어원적 의미를 바탕으로, 분류를 단순히 '끼리끼리 나누는 것'이라거나 '그룹으로 만드는 행위'라고 정의하는 것만으로는 무엇인가 부족하다는 느낌을 갖게 된다. 이러한 분류의 정의와 관련하여, 『우리말 큰사전』에서는 간단하게 "종류를 따라서 나눔"으로 설명하

---

5) *Oxford English Dictionary*. 〈http://www.oed.com/view/Entry/33896?redirectedFrom=classification#eid〉.
6) *Ibid*. 〈http://www.oed.com/view/Entry/33874#eid9302669〉.

고 있을 뿐이다.7) 일본의 『Goo사서』(辞書)에서는 "사물을 그 종류·성질·계통 등에 따라 나누는 것. 동류(同類)의 것을 정리하여 몇 개의 모둠으로 구분하는 것. 유별(類別)"이라고 정의하고 있다.8) 『世界大百科事典』에서는 "대상을 유(類)에 따라(비슷한 것을 정리하여) 나누는 것인데, '유별'(類別)과는 달리, 전체를 공통성에 따라 크게 나누고, 나눈 것을 또다시 공통성에 따라 세분하여, 그 이상 나눌 수 없는 개체 하나 앞(종(種)이라고 한다)까지 순차적으로 나누어가서 단계를 부여하고, 체계화하는 것"으로 설명하고 있다.9)

한편 Oxford English Dictionary에서는 다음과 같은 3가지 설명을 제시하고 있다.10)
① 분류 작업(classifying)의 결과; 공통된 특성 또는 인식되거나 추론된 유사성에 따라, 어떤 것들(things)을 다수의 별개의 유(類)들로 체계적으로 배분하거나 배정하거나 배열하는 것. 또한 분류하기 위한 시스템이나 방법.
② 공통된 특성 또는 인식된 유사성에 따라, 유(類)들을 분류하거나 배열하는 행위; 적절한 유를 배정하는 것
③ 어떤 것이 배정되는 범주; 어떤 유(類).

이상의 사전적 의미를 요약하면, 분류는 ① 어떤 유들(사물 등)을 공통의 특성이나 유사성을 바탕으로 체계적으로 나누는 작업이나 그 결과, 또는 ② 그러한 작업을 수행하기 위한 시스템이나 방법을 말한다고 할 수 있을 것이다.

1.2.2. 논리학적 정의: 분류, 구분, 정의의 관계

분류의 논리학적 정의를 살펴보기 위해서는, 정의(定義, definition)와 구분(區分, division)과의 관계를 먼저 살펴보는 것이 좋을 것이다.

우선 정의는 내포적 정의와 외연적 정의로 구별된다. 우리가 일반적으로 이해하는 정의는 "개념의 내포(內包)를 정확히 규정함으로써 개념의 의미를 판명(判明)하게 하는 것"11)으로, 이러한 정의를 '내포적 정의', '본질적 정의', '논리적 정의'라고도 한다. 이 내포

---

7) 한글학회. 우리말 큰사전(서울: 어문각, 1992). 2권, p.1900.
8) Goo辞書. ⟨http://dictionary.goo.ne.jp/leaf/jn2/197824/m0u/⟩.
9) 世界大百科事典. 第2版. (東京: 日立ソリューションズ・ビジネス, 1998). ⟨https://kotobank.jp/word/%E5%88%86%E9%A1%9E-128722⟩.
10) Oxford English Dictionary. ⟨http://www.oed.com/view/Entry/33896?redirectedFrom=classification#eid⟩.
11) 박준택. 일반논리학. 증보수정판. (서울: 박영사, 1980). p.54.

적 정의는 "유개념에 종차(種差)를 가한 것", 즉 "정의 = 종차 + 최근류(最近類)"로 설명된다.12) 여기서 종차란 "어떤 명사를 바로 그 명사이게 하고 다른 어떤 명사도 아니게 해주는 명사의 본질"13)로, 그 종개념을 같은 유개념에 속하는 다른 종개념과 구별해주는 본질적인 특성이라고 할 수 있을 것이다. 최근류는 가장 가까운 유개념을 말한다. 따라서 정의를 할 때는 그 개념의 가장 가까운 유개념(최근류)을 제시함으로써 그 개념의 위치를 파악할 수 있도록 하고, 그 개념이 다른 종개념들과 어떻게 다른지를 나타내주는 본질적인 특성(종차)을 제시함으로써 다른 종개념과의 구별을 명확하게 해주는 것이다. 예를 들어 '인간은 분류하는 동물'이라고 정의한다면, 정의되는 대상(개념)은 '인간'이 되고, '동물'은 사람의 가장 가까운 유개념(최근류)이 되며, '분류하는'은 인간의 본질적 특성(종차)이 된다(〈표 1-1〉 참조).

〈표 1-1〉 '내포적 정의'의 예시

구 분	예 시
내포적 정의	인간은 분류하는 동물이다
정의 대상 개념	인 간
최근류	동 물
종 차	분류하는

한편 '외연적 정의'는 "어떤 명사(개념)가 지시하는 대상의 범위(외연)를 분명히 밝힘으로써 그 명사(개념)를 다른 명사(개념)와 구분해주는 것"14)이다. 예를 들면 '계절은 봄, 여름, 가을, 겨울이다'라고 말하는 것과 같은 예이다. 구분과 분류는 바로 이 외연적 정의에 관련된다.

구분과 분류에 대해, 일본의 『大辞林』에서는 구분은 "개념의 외연(外延)을 더 나누어 정리하는 것. 유개념(類概念)을 그에 종속되는 종개념(種概念)으로 나누는 것"15)으로 설

---

12) *Loc. cit.*
13) 강영계. 논리정석(서울: 답게, 2003). p.394. (주: 강영계 교수는 '개념'이라는 용어보다는 개념을 말로써 나타내는 '명사'라는 용어로 표현하고 있으나, 이 책에서는 혼동을 피하기 위해 인용문에서는 괄호 안에 개념이라는 용어를 추가하여 표시하였다. 이하 동일).
14) *Ibid*, p.393.
15) 松村明 編. 大辞林. 第3版. (東京: 三省堂, 2006).

명하고, 분류는 "사물을 철저하게 구분하고, 유종 계열(類種系列)의 형을 취한 체계를 형성하는 것"16)으로 설명하고 있다. 박준택 교수는 구분은 "개념의 외연을 나눔으로써 개념과 개념과의 사이를 분명하게 구별하고, 개념의 적용 범위를 판명(判明)하게 하는 것. ... 하나의 유개념을 종개념으로 나누어 계통있는 배열을 하는 것"17)으로 설명하고 있다. 아울러 분류는 "구분지(區分肢)를 다시 구분하여, 개념의 외연(外延)을 계통적으로 세분하여 개념을 분명하게 하는 것"으로 설명하고 있다. 이상의 설명을 보면 사실상 구분과 분류 두 용어가 거의 구별하기 어렵고, 어느 면에서는 분류가 구분의 하위 단계인 것처럼 보이기도 한다.

이와 관련하여, 강영계 교수18)는 구분은 "유(유개념)를 종(종개념)으로 분할하는 것. ... 명사(개념)의 외연(범위)을 분해하는 것"으로 설명하고, 분류는 "구분과 정반대로 종개념들을 유개념으로 묶어나가는 방법"이라고 설명하고 있다. 『철학사전』19)에서도 구분에 대해 "한 개념의 내용을 이루는 종(種)을 각각 별도로 열거하는 것. ... 구분의 특수한 경우에 분류라는 말을 사용한다."라고 설명하고, 분류와 관련해서는 "구분이 유개념에 포함되어 있는 종개념으로 나누는 것이라면, 분류는 이 구분의 어떤 총계"라고 설명하면서, "그 방향이 반대"라고 부연하고 있다.

따라서 이러한 구분과 분류는 어떤 대상을 단순히 물리적인 부피나 양을 기준으로 더 작거나 적게 나누거나 쪼개는 분할(分割)과는 다르다.

분류에 대한 이상의 논리학적 정의를 종합해보면, 분류는 "개념의 외연을 세밀하게 분석하여 체계적·종합적으로 이를 정의하는 것"이라고 할 수 있을 것이다.

1.2.3. 생물분류학과 조직계통학의 정의

생물 분류(biological classification)는 "생물을 형태와 구조, 생식, 발생 등의 비슷한 점과 다른 점에 따라 정리하고 무리 짓는 일"20)로 정의되는데, 택소노미(taxonomy)와 계통

---

16) 松村明 編. 大辞林. 第3版. (東京: 三省堂, 2006).
17) 박준택. 일반논리학. 증보수정판. (서울: 박영사, 1980). p.57.
18) 강영계. 논리정석(서울: 답게, 2003). pp.400-401.
19) 철학사전편찬위원회 편. 철학사전(서울: 중원문화, 2012). p.399.
20) 이영규, 심진경, 안영이, 신은영, 윤지선. 학습용어 개념사전(서울: 북이십일 아울북, 2010). 〈http://terms.naver.com/entry.nhn?docId=959218&cid=47312&categoryId=47312〉.

분류학(systematics)에서 다룬다. 생물의 종류와 다양성을 기술하고 그 관계를 어떤 의미 있는 순서로 나타내고자 하는 생물학의 계통분류학에서는, 계통분류학과 택소노미를 동의어로 사용하기도 하고, 택소노미와 분류를 동의어로 사용하기도 하며, 택소노미는 분류의 이론을 말하고, 분류는 어떤 분류표의 측면에서 대상들을 분류하는 실제 활동을 가리키는 경우도 많다.[21] 생물분류학에서 분류학이라고 하면 대체로는 택소노미를 의미하는 경우가 많다. 이와 관련하여 분류학자의 과제로 다음과 같은 3단계를 제시하기도 한다.[22]

① 동정(同定, identification): 표본을 분석하는 단계로, 다양한 객체들을 인식하여 각각 동일한 군(群)으로 나누고 군 사이의 일정한 차이를 알아내는 단계로, 첫 단계라는 의미에서 알파 택소노미(alpha taxonomy)라고도 한다.

② 분류(classification): 확정된 분류군을 유사한 정도에 따라 정리하여 상위의 분류군으로 통합하여 계통적으로 배열하는 과정의 종합적인 단계로, 둘째 단계라는 의미에서 베타 택소노미(beta taxonomy)라고도 한다.

③ 종 형성과 진화 요인의 연구: 생물의 다양성을 인과적으로 설명하기 위해 종 형성(species formation)과 진화의 요인을 연구하는 단계로, 세 번째 단계라는 의미에서 감마 택소노미(gamma taxonomy)라고도 한다.

위키피디아 영문판에서는 생물 분류는 택소노미 프로세스의 중요한 구성 요소로, 이용자에게 분류군의 관계가 어떻다고 가정하고 있는지를 알려주며, 대체로 〈표 1-2〉와 같은 분류 등급(taxonimic ranks)을 사용한다고 설명하고 있다.[23]

---

[21] B. McKelvey. *Organizational Systematics: Taxonomy, Evolution, Classification*(Los Angeles: Univ of California Press, 1982). pp.12-13.; 네이버블로그. 〈http://blog.naver.com/kiss5645/140159717826〉.
[22] 분류학자의 과제에 대한 이하의 설명은 다음 블로그의 내용을 참고하였음. "분류학자의 과제." 〈http://blog.naver.com/kiss5645/140159717826〉.
[23] Wikipedia. 〈https://en.wikipedia.org/wiki/Taxonomy_(biology)〉

〈표 1-2〉 생물 분류의 일반적인 체계[24]

구 분	영어	라틴어
역(域)	Domain	Dominium
계(界)	Kingdom	Regnum
문(門)	Phylum(동물) Division(식물)	Phylum(동물) Divisio(식물)
강(綱)	Class	Classis
목(目)	Order	Ordo
과(科)	Family	Familia
속(屬)	Genus	Genus
종(種)	Species	Species

한편 최근에는 많은 분야에서 생물학의 이론들을 도입하여 활용하고 있는데, 조직진화론도 그 한 분야이다. 조직진화론은 생물학의 진화 이론을 바탕으로, 조직 형태와 환경 특성 간의 적합성에 기초하여 환경이 조직의 생존을 차별적으로 선택한다는 내용을 핵심으로 하고 있다.[25] 그 주요 연구 분야의 하나인 조직계통학(organizational systematics)에서는 조직 간의 차이를 연구하기 위해 조직군들의 형태간의 차이에 대한 연구, 분류학적 이론의 개발, 중요한 차이들에 대한 인식과 분류, 그러한 차이들이 어떻게 왜 일어나는가에 대한 연구를 하게 되며, 조직의 종류와 다양성, 이들 간의 모든 관계나 특정 관계들의 연구를 포함하고 있다.[26] 이와 관련하여, McKelvey는 이를 조직 과학의 맥락에 적용하여, 계통분류학은 서로 다른 종류의 조직들과 그것들이 어떻게 설립되었는지에 대한 과학적 이해를 증진시키기 위한 것으로 보고, 그 연구 영역을 다음과 같이 택소노미와 진화, 분류의 3개 영역으로 구분하고, 이 세 개 활동은 별도로 확인되지만 서로 깊은 상호작용을 하고 있다고 밝히고 있다.[27]

---

24) 위키피디아. 〈https://ko.wikipedia.org/wiki/%EC%83%9D%EB%AC%BC_%EB%B6%84%EB%A5%98〉.
25) 이준우, 김강식. "조직진화론 연구의 발전과 전개방향." 경상논총 제25권 제4호(2007.12). pp.89-90.
26) *Ibid.* p.93.
27) B. McKelvey. *Organizational Systematics: Taxonomy, Evolution, Classification*(Los Angeles: Univ of California Press, 1982). p.13.

① 택소노미(taxonomy): 조직들을 서로 다른 종류로 분리하기 위한 이론과 방법의 개발로, 조직 형식들이 장기간에 걸쳐 안정성을 갖는 원인과 그러한 것들이 환경적 요인의 결과로 발전하는 메커니즘에 대한 이해를 포함함. 또는 바꾸어 말하면 분류에 대한 이론.
② 진화(evolution): 환경적 조직적 진화의 과정에 대한 연구, 서로 다른 조직 형식의 출현과 쇠퇴에 관한 연구, 장기간에 걸친 새로운 형식의 출현을 보여주는 계통의 개발.
③ 분류(classification): 분류표의 실제 작성과 조직 형식들을 공식적으로 지정된 유들로 식별(identification)하고 배정하는 것.

McKelvey는 분류를 소규모의 선택된 숫자의 특별히 관심을 가지고 있는 속성들을 근거로 개체들을 그룹화하는 특수 분류(special classification)와 전체 속성들을 근거로 객체들을 그룹화하는 일반 분류(general classification)으로 구분하고 있다.[28] 이와 관련하여, 특히 조직의 일반 분류는 다음과 같은 몇 가지 점에서 중요한 역할을 하게 된다고 설명하고 있다.[29]
① 동질적 조직 집단을 확인해 줌으로써 설명과 예측, 과학적 이해의 근거를 제공해준다.
② 기존 조직 집단의 다양성을 기술(記述)하고 이해하기 위한 개념적 틀(conceptual framework)을 제시해준다.
③ 기능적 연구로부터 도출되는 정보가 비교적 소수의 유들로 조직화되기 때문에 매우 유용한 정보 검색 시스템을 제공해준다.
④ 소수의 세트로 이루어지는 구성 개념들을 식별해 줌으로써 복잡한 일련의 변수들이나 속성들을 처리하는 데 도움을 준다.
⑤ 조직 행태 연구와 조직 개발, 조직 설계, 비교 연구와 같은 조직 탐구의 다른 영역에 유용한 분류표를 제공해준다.
⑥ 실제 경영 원칙들과 지침들이 발견되고, 개발되고, 교육되는 조직의 분류를 제공하는 데 필수 불가결하다.

---

[28] *Ibid.* pp.15-16.
[29] *Ibid.* p.17.

1.2.4. 분류에 대한 일반적 정의

분류에 대한 일반적 정의는 분류에 대한 사전적 정의나 논리학적 정의만큼 구체적이지는 않지만, 일반인들이 이해하기에는 훨씬 더 용이할 것이다. 대표적인 예로, Sokal은 분류에 대해 "대상들을 그 관계를 바탕으로 여러 그룹이나 세트로 순서화하거나 배열하는 것"으로 정의하고, "이러한 관계들은 관찰이 가능하거나 추론된 속성들을 바탕으로 할 수 있다"고 밝히고 있다.[30] 아울러 그는 분류는 그 과정은 물론 그 결과도 함께 의미한다는 점을 제시하고 있다.

이러한 시각에서 보면, 분류는 그러한 업무를 수행하는 하나의 과정인 동시에 그 결과가 되기도 하는 것이다.

1.2.5. 분류에 대한 정의의 종합

어원적으로 보면 분류는 어떤 대상을 유사한 것끼리 모으거나 나누는 것이다. 사전적 정의의 측면에서 보면, 분류는 이러한 작업을 '체계적으로' 수행하는 것과 그 결과, 그리고 이를 수행하기 위한 시스템이나 방법이 포함되는 것으로 확장될 수 있을 것이다. 논리학적 측면에서 보면, 분류는 어떤 대상이나 개념을 올바르게 정의하기 위한 하나의 방편이 된다. 생물분류학과 조직계통학에서는 분류표의 실제 작성에 초점을 맞추고 있다. 아울러 분류는 그 과정은 물론 그 결과를 함께 의미한다고 할 수 있다. 즉 분류는 '어떤 대상이나 개념의 외연을 그 본질적인 특성과 유사성 또는 그 관계를 기준으로 체계적으로 분석하고 정리하여 배열하거나 조직화하는 과정 및 그 결과'라고 할 수 있을 것이다.

결과적으로, 외연적 정의에 해당하는 분류는 정의(내포적 정의)와 함께 어떤 개념을 명확하게 밝히고 규정하는 작업에 해당한다는 사실은 분명하다. 따라서 분류는 논리적 사고와 합리적 판단의 중요한 근거가 된다는 것을 알 수 있다.

---

30) R. R. Sokal. "Classification: Purposes, Principles, Progress, Prospects." *Science*, Vol.185, No.4157(1974). p.1116.

1.3. 분류와 개념의 관계

분류는 모든 것들을 대상으로 하게 된다. 앞서 예를 든 것처럼, 동물원에서는 동물을, 과일가게에서는 과일을 분류하게 된다. 그렇다고 해서, 사과나 귤, 딸기와 같은 실제의 과일이 없다고 우리가 그것들을 분류를 할 수 없는 것은 아니다. 우리는 그러한 과일이라는 실체에 대한 개념을 분류할 수 있는 것이다. 나아가서는 사랑이나 우정, 미움, 증오 등과 같이 추상적인 개념에 대해서도 분류가 가능하게 된다.

1.3.1. 관념과 개념, 명사

그럼 여기서 말하는 분류의 대상이 되는 개념(槪念 concept)이란 무엇인가? 논리학에서 개념은 "어떤 대상 혹은 존재를 가리키는 의미 형식 … '일반적 관념'으로 판단의 구성 요소"[31]로 설명하고 있다. 개념은 어떤 대상에 대한 주관적인 인식을 바탕으로 하는 관념(觀念, idea)과는 다르며, 그런 점에서 "여러 관념 속에서 공통된 요소를 뽑아내어 종합하여서 얻은 하나의 보편적인 관념"[32]인 것이다. 이러한 "개념을 말로써 나타낸 것"을 명사(名辭, term)라고 한다.[33] 따라서 우리가 어떤 개념을 분류한다고 할 때, 사실은 그러한 개념을 나타내는 명사를 분류하게 되는 경우가 많은 것이다. 이를 도식화하면 [그림 1-3]과 같다.

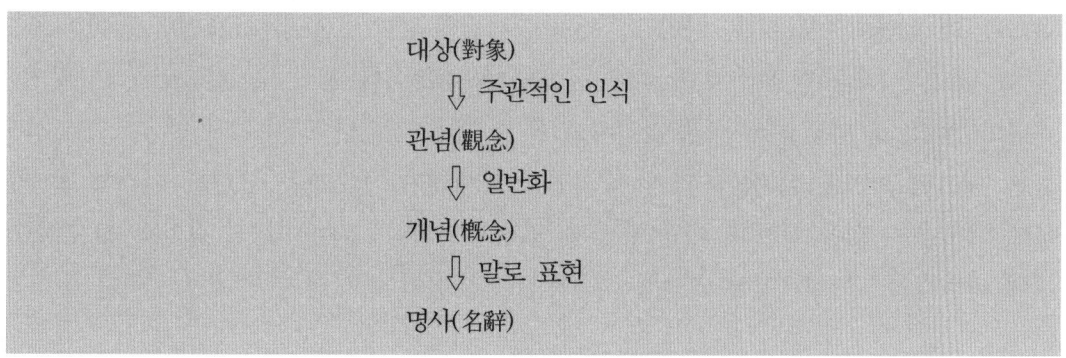

[그림 1-3] 관념과 개념, 명사의 관계

---
31) 박준택. 일반논리학. 증보수정판. (서울: 박영사, 1980). pp.42-43.
32) Naver국어사전. 〈http://krdic.naver.com/detail.nhn?docid=1151000〉.
33) 박준택. *op. cit.* p.44.

일반적으로 개념은 "명석(明晳, clear)하고 판명(判明, distinct)해야 한다."[34]고 한다. 어떤 개념을 다른 개념과 충분히 구별할 수 있을 때 이를 명석하다고 하고, 충분히 구별하기 어려울 때 이를 애매(曖昧, obscure)하다고 한다. 구분과 분류는 이와 같이 개념을 명석하게 하기 위해 필요한 것이다. 한편 개념을 이루는 요소인 의미가 분명할 때 이를 판명하다고 하고, 분명하지 못할 때 이를 혼란(混亂, confused)이라고 한다. 정의는 이와 같이 개념의 내용을 판명하기 위해 필요한 것이다.[35] ([그림 1-4] 참조)

[그림 1-4] 개념 형성과 분류와 정의의 기능

애매	혼란
(외연) ⇩ 구분/분류	(내포) ⇩ 정의
명석	판명

1.3.2. 개념의 내포와 외연

모든 개념은 내포(內包, intension)와 외연(外延, extension)으로 이루어진다. 내포는 "어떤 명사(개념)가 가리키는 대상의 특징이나 성질을 전부 합한 것"을 말하고, 외연은 "명사(개념)가 가리키는 대상의 전체 범위"를 말한다.[36] '새'라는 개념을 예로 들면, '다리가 둘인 날 수 있는 짐승'은 이 개념의 내포에 해당하고, '독수리, 기러기, 참새, 공작, ...'은 이 개념의 외연에 해당된다. 따라서 내포는 "개념의 깊이", 외연은 "개념의 넓이"라고도 할 수 있고,[37] 다른 면에서 보면, 내포는 개념의 "특징이나 성질, 곧 질(quality)", 외연은 개념의 "범위, 곧 양(quantity)"을 말한다고 할 수 있을 것이다.[38] 우리가 일상적으로 사용하는 '내포된 의미를 살펴본다'라거나 '외연을 확대해야 한다'라는 표현도 이러한 설명을 통해 이해할 수 있을 것이다. 아울러 앞서 살펴본 것처럼, 정의(내포적 정의)는 내포의 전개에 관련되고, 구분과 분류(외연적 정의)는 그 외연의 전개에 관련되는 것이다.

---

34) 김정소. 자료분류론(대구: 계명대학교출판부, 1983). p.13.
35) 박준택. 일반논리학. 증보수정판. (서울: 박영사, 1980). p.44.
36) 강영계. 논리정석(서울: 답게, 2003). pp.389-390.
37) 박준택. *op. cit.* p.45.
38) 강영계. *op. cit.* p.393.

어떤 개념을 정확하게 이해하기 위해서는 그 개념의 내포와 외연을 함께 파악해야 한다. 이런 의미에서 보면, 개념의 내포와 외연은 일반적으로 "서로 분리될 수 없는 관계로, 항상 일정한 양을 가지고 있어 이 양자간의 관계에 따라 서로 증감"[39]하는 "반비례 관계"[40]에 있다고 할 수 있다. 이와 관련하여, 개념의 내포가 증가되고 외연이 감소되는 과정을 한정(限定, determination)이라 하고, 반대로 내포가 감소되고 외연이 증가되는 과정을 개괄(槪括, generalization)이라 한다.[41] 우리가 일상적으로 사용하는 '범위를 한정한다'거나 '개괄적으로 살펴본다'고 하는 의미는 이러한 내포와 외연의 관계와 관련이 있는 것이다([그림 1-5] 참조).

내포(內包)

개괄(추상화/보편화) ⇵ 한정(구체화/특수화)

외연(外延)

[그림 1-5] 내포와 외연의 관계

1.3.3. 개념의 종류

개념은 종속 관계나, 내포와 외연, 기원 등에 따라 다양하게 분류되고 있다. 여기서는 분류에 참고가 될 수 있는 몇 가지 개념들을 살펴보고자 한다.[42]

① 유개념과 종개념: 유(類)와 종(種)이라고도 하며, 어떤 개념의 외연이 다른 개념의 외연보다 커서 다른 개념을 포섭하는 개념을 '유개념'(類槪念, genus), 다른 개념에 포섭되는 개념을 '종개념'(種槪念, species)이라 한다. 예를 들면 '타악기'와 '실로폰'이라는 개념 중 '타악기'는 유개념, '실로폰'은 종개념이 된다. 유개념과 종개념의 관계는 상대적인 것으로, 유개념은 외연이 큰 반면 내포는 작게 되고, 종개념은 외연은 작은 반면 내포는 풍부하다.

---

[39] 김정소. *op. cit.* p.14.
[40] 강영계. *op. cit.* p.392.
[41] 김정소. *op. cit.* p.14.
[42] 이 소절의 개념에 대한 설명은 다음 자료를 주로 참고하였으며, 각각에 대한 하나하나의 별도의 인용 표시는 생략하였음: (1) 박준택. *op. cit.* (2) 철학사전편찬위원회 편. 철학사전(서울: 중원문화, 2012).

② 상위 개념과 하위 개념, 동위 개념: 유개념과 종개념을 그 포섭의 상하 관계에 따라 유개념은 '상위 개념'(superordinate concept), 종개념은 '하위 개념'(subordinate concept), 동일한 유개념 속에 포섭되는 같은 레벨의 종개념은 '동위 개념'(coordinate concept)이라고 한다. 예를 들면 '가축'과 '소', '돼지'라는 개념 중 '가축'은 상위 개념(유개념)에 해당하고, 그에 포섭되는 두 하위 개념(종개념)인 '소'와 '돼지'는 서로 동위 개념이 되는 것이다.

③ 구체 개념과 추상 개념: '강아지', '돌', '바다'와 같이 시간적·공간적으로 실재하는 대상을 가리키는 개념을 '구체 개념'(concrete concept), '진리', '정의', '사랑'과 같이 어떤 대상의 속성이나 관계를 가리키는 개념을 '추상 개념'(抽象槪念, abstract concept)이라 한다.

④ 반대 개념과 모순 개념: 어떤 유개념에 종속하는 개념 가운데 그 내포의 차이가 가장 큰 개념을 '반대 개념'(contrary concept)이라 한다. 반대 개념은 '다(多), 소(少)', '고(高), 저(低)', '장(長), 단(短)', '미(美), 추(醜)' 등과 같이 분량이나 정도의 차이를 나타내는 개념으로 그 사이에 중간 개념이 들어갈 여지가 있다. 그러나 '생(生), 사(死)', '유(有), 무(無)', '진(眞), 위(僞)' 등과 같이 그 질이 아주 상반되고 서로 배척하여 그 사이에 중간 개념이 들어갈 여지가 없이 대립되는 두 개념을 '모순 개념'(矛盾槪念, contradictory concept)이라 한다.

⑤ 이류 개념과 상관 개념: 두 개념의 내포가 전혀 달라 공통적인 징표를 찾을 수 없을 때 이 두 개념을 '이류 개념'(異類槪念, heterogeneous concept), '스승, 제자', '부, 모'와 같이 동위 개념으로서 서로 의존적인 상관 관계에 있는 개념을 '상관 개념'(correlative concept)이라 한다.

⑥ 선언 개념과 교착 개념: '동물, 식물', '남자, 여자'와 같이 동일한 유개념에 속하는 동위 개념이지만 그 외연이 전혀 달라 서로 교차되지 않은 개념을 '선언 개념'(選言槪念, disjunctive concept), '탤런트, 개그맨', '교수, 학생'과 같이 그 근본적인 의미는 서로 다르지만 그 외연의 일부가 서로 공통되는 개념을 '교착 개념'(交錯槪念, cross concept) 또는 '교차 개념'이라 한다.

⑦ 순수 개념과 경험 개념: '시간', '공간', '신(神)'과 같이 어떤 경험도 없이 이성(理性) 자체의 상상을 통해 성립된 개념을 '순수 개념'(pure concept), '사랑', '교육'과 같이 경험을 통해 얻어지는 개념을 '경험 개념'(empirical concept)이라 한다. 순수 개념을 '선천적 개념'(先天的 槪念), 경험 개념을 '후천적 개념'(後天的 槪念)이라고도 한다.

⑧ 동일 개념과 등치 개념: '삼각형, 세모', '부모, 양친'과 같이 개념의 내포는 물론 외연이 완전히 일치하지만 명칭만 다른 두 개념을 동일 개념(identical concept), 이라 하고, "서울—한국의 수도"와 같이 개념의 내포는 일치하지 않으나 외연이 같은 개념을 '등치 개념'(等値槪念, equipollent concept)이라 한다. 동일 개념을 '동의(同義) 개념', 등치 개념을 '동연(同延) 개념' 또는 등가(等價) 개념)이라고도 한다.

1.3.4. 구분(분류)의 3요소

개념의 외연을 전개하여 이를 명석하게 해주는 구분과 분류는 세 개 요소로 이루어진다. 논리학에서는 통상 '구분의 3요소', 즉 '피구분체'와 '구분지', '구분의 원리(기준)'로 설명하고 있으나, 분류에 관한 문헌정보학 분야의 많은 자료에서는 이를 원용하여 '분류의 3요소', 즉 '피분류체', '분류지', '분류의 원리(기준)'으로 바꾸어 설명하고 있다. 여기서는 '구분의 3요소'에 대해 살펴보고자 한다.[43]

① 피구분체(被區分體, divisiable totality): 구분될 대상(유개념)의 외연 전체를 말한다.
② 구분지(區分肢, members of division): 구분의 결과로 생겨나는 각각의 종개념. 이러한 구분지의 수에 따라 이분법, 삼분법, 사분법, 다분법(多分法) 등으로 구분된다. 이분법의 대표적인 예로 '포르피리오스의 나무'(Porphyrios' tree)가 있다.
③ 구분의 원리(區分原理: principle of division): 구분의 기준으로 사용되는 일정한 특징을 말한다.
④ 이상의 3요소를 '사과'의 구분을 예로 들면, 구분의 대상이 되는 '사과'는 피구분체, 구분의 기준이 되는 '출하 시기'은 구분 원리, 그러한 구분의 결과로 나타나는 '조생종, 중생종, 만생종'은 각각 분류지가 된다([그림 1-6] 참조).

사과(피구분체) ⇐ 출하 시기(구분 원리)
⇓
조생종, 중생종, 만생종(구분지)

[그림 1-6] 구분의 3요소의 예시

---
43) 박준택. 일반논리학. 증보수정판. (서울: 박영사, 1980). p.57.

1.3.5. 구분(분류)의 규칙

구분(분류)을 올바르게 하기 위해 지켜야 할 사항으로 논리학에서는 일반적으로 다음과 같은 몇 가지를 제시하고 있다.[44] 이러한 규칙과 원칙은 문헌 분류에도 그대로 적용될 수 있을 것이다.

① 구분을 할 때는 반드시 한 개의 구분 원리(구분기준)에 의해 구분해야 한다. '대학생'의 구분을 예로 들면, '소속 학과'나 '출신 지역' 등의 기준 중 어느 하나의 원리를 일관성 있게 적용하면 학생들이 올바르게 구분되지만, 동시에 이 2개 구분 원리를 함께 적용하게 되면 '문헌정보학과, 심리학과, 서울, 대구 . . .' 등의 구분지가 만들어지게 되기 때문에, '대구 출신 문헌정보학과 학생'은 어디에 구분해야 할지 혼란을 초래하게 된다.

② 상호배타성(相互排他性)의 규칙(rule of exclusivity): 구분을 할 때는 모든 구분지가 그 외연이 서로 중첩되지 않고 상호배타적이 되도록 구분해야 한다. 예를 들어 '언어'를 '고어'(古語)와 '외국어'로 구분하게 되면, '고대 외국어'는 두 구분지에 구분되는 교착 구분(交錯區分: cross division)이 이루어지게 되는 문제가 발생한다. 이는 구분 원리가 명확하지 않으면 이솝 우화에 나오는 박쥐의 경우처럼 이른바 '양다리'를 걸치게 되는 예들이 생기게 되는 것이다. 그러나 결과적으로 이러한 교착 구분의 원인이 되는 것은 복수의 구분 원리를 적용하였기 때문이라는 점에서, 이는 첫 번째 규칙과 내용상 다른 점이 없다고도 할 수 있을 것이다.

③ 망라성(網羅性)의 규칙(rule of exhaustivity): 분류 대상이 되는 유개념, 즉 어떤 피구분체의 구분지(종개념)를 모두 합치면 그 피구분체의 외연 전체와 부합되어야 한다. '직업'의 구분을 예로 들면, 일부 직업만을 열거해서는 안 되고, 적용되는 구분 원리에 따라, 그에 해당하는 모든 직업을 하나도 누락되지 않게 망라적으로 열거해야 하는 것이다. 그렇지 않을 경우, 특정 직업을 '왕따'시키는 결과를 가져오게 된다. 대부분의 분류표에서 '기타'의 항목을 설정하는 것은 이러한 망라성의 규칙을 지키기 위한 하나의 방편이라고도 할 수 있을 것이다.

---

[44] 이하의 설명은 다음 자료를 주로 참고하였음: (1) 강영계. 논리정석(서울: 담계, 2003). pp.400-401.; (2) 김정소. 자료분류론(대구: 계명대학교출판부, 1983). pp.19-20; (3) 박준택. 일반논리학. 증보수정판. (서울: 박영사, 1980). p.58.; (4) 윤희윤. 정보자료분류론. 제5판. (대구: 태일사, 2015). p.12.

④ 점진성(漸進性)의 원칙: 구분을 할 때는 최상의 유개념으로부터 최하의 종개념에 이르기까지 점진적으로 이루어지도록 구분해야 하며, 중간에 특정 단계를 건너 뛰게 되는 어떤 비약(飛躍)이 있어서는 안 된다. 우리나라 '행정 구역'의 구분의 예를 들면 '시도 → 시군구 → 읍면동'의 순서가 올바르게 유지될 수 있도록 구분해야 하며, 만일 '서울특별시'에서 '흑석동'으로 바로 전개하게 되면, 중간 단계의 '동작구'에 해당하는 구분이 불가능해지게 되는 것이다.

⑤ 합목적성(合目的性)의 원칙: 모든 구분과 분류는 그 목적이나 성격에 맞도록 이루어져야 한다. 따라서 학문의 분류와 문헌 분류가 반드시 모든 부분에서 일치하는 것만은 아니며, 둘 모두 도서를 대상으로 하는 서점과 도서관의 분류가 항상 같은 것만은 아니다. 각 도서관의 경우에도 그 도서관의 성격과 목적에 따라 분류를 해야 할 것이다.

1.4. 문헌 분류의 개념과 의의

분류를 통해 우리는 다양한 대상을 체계화하게 된다. 그 대상은 어떤 사물이 될 수도 있고, 그 사물에 대한 개념이 될 수도 있으며, 어떤 대상도 존재하지 않는 추상적 개념이 될 수도 있을 것이다. 과일 실물이 존재한다면 우리는 그 과일들을 분류할 수 있을 것이다, 그렇지만 그 과일이 존재하지 않더라도 우리는 그 과일에 대한 개념 또는 그 과일을 나타내는 명사(名辭), 즉 과일 이름만을 가지고도 분류를 수행할 수 있을 것이다. '신'(神)이나 '선'(善), '악'(惡)과 같은 추상적인 개념에 대해서도 분류가 가능할 것이다.

다양한 학문 분야에서는 각 학문 분야의 목적과 필요에 따라 이러한 분류의 지식들을 활용하고 아울러 학문적으로 발전시켜 오고 있다. 동물 분류나 식물 분류 등은 오랜 연원을 가진 학문 분야들이다. 물론 도서관에서는 데이터나 정보, 지식, 그리고 그것을 담고 있는 자료나 문헌들을 분류하게 된다.

문헌 분류는 흔히 대상 자료 이름을 붙여, '도서 분류', '자료 분류', '정보 분류', '정보 자료 분류', '문헌 분류' 등으로 불리기도 하고, 그 영역을 확대하여 '지식 분류'나 '학문 분류'를 포괄하여 불리거나, 그대로 '분류'라고만 불리기도 한다. 영어로는 'library classification'이나 그대로 'classification'이라고도 표기하고 있다. 아울러 이러한 분야의 연구를 지칭하기 위해 각각의 명칭에 '~론'이나 '~법', 또는 영어로는 'Theory of ~'를 추가하여 사용하고 있는 것이다. 각각의 용어에 대한 구체적인 분석은 이 책의 범위를 넘어서는 것으로, 이 책에서는 이러한 용어들을 포괄하는 의미로, '문헌 분류'라는 용어로 통일하여 표기하고, 이러한 문헌분류의 개념과 의의에 대해 살펴보고자 한다.

1.4.1. 문헌 분류의 개념과 정의

문헌 분류에 관한 많은 책에서는 그에 대한 다양한 정의를 통해 문헌분류의 개념을 설명하고 있다. 앞서 살펴본 구분의 3요소에 따라 이를 정의해보면 그 의미가 더 명확해질 것이다.

우선 문헌 분류의 '피구분체'가 되는 것은 무엇일까? 전통적인 도서관의 측면에서 보면 그것은 '도서'일 것이다. 그런 의미에서 과거에는 '도서 분류'라는 명칭이 일반적으로 사용되어 왔던 것이다. 그러나 오늘날에는 도서관이나 문헌정보학에서 다루어야 하는 대상이 점차 더 넓어지면서, 그 범위가 '도서'는 물론 각종의 '데이터'나 '정보', '지식', '학문' 등으로 확대되고 있다. 아울러 '자료'로서의 도서의 범위도 단행본을 비롯한 전통적인 도서나 책뿐만이 아니라 각종의 '비도서자료'를 포함한 모든 유형의 매체를 포괄하도록 확대되고 있다. 앞서 살펴본 '자료'나 '정보 자료', '문헌' 등은 이러한 매체를 표현하기 위한 용어들에 해당한다. 결과적으로 오늘날의 분류의 대상은 전통적으로 다루어온 매체, 즉 용기(容器, containers)는 물론 그 알맹이, 즉 내용물(contents)을 함께 다루는 개념으로 영역이 확장되고 있는 것이다. 따라서 이 책에서는 그러한 '피구분체'의 모든 범위를 포괄할 수 있는 '문헌 분류'라는 용어를 사용하고자 한다.

아울러 분류의 결과가 되는 '구분지' 역시 분류의 '피구분체'와 동일한 것이 될 것이다.

분류의 기준이 되는 구분원리는 데이터나 정보, 지식 등의 내용 또는 주제를 기준으로 하거나 그러한 내용을 담고 있는 매체의 외적인 형식, 즉 자료나 문헌의 형식을 기준으로 하게 된다.

따라서 문헌 분류의 개념은 구분의 3요소에 의거하면, 〈표 1-3〉과 같이 정리할 수 있을 것이다. 요약하면, 문헌 분류는 '데이터나 정보, 지식 등의 내용(contents)과 그것을 담고 있는 각종의 자료 및 매체(containers)를 그 주제와 형식에 따라 그 유사성에 근거하여 체계적으로 배열하는 것'이라고 할 수 있을 것이다.

<표 1-3> 구분의 3요소에 따른 문헌 분류의 개념적 정리

구 분	피구분체	구분원리	구분지
매 체 (containers)	자료(도서, 자원, 문헌)	형식 (format)	자료(자원, 문헌)
내 용 (contents)	데이터 정보 지식	주제 (subject)	데이터 정보 지식

다만 이러한 정의만으로는 문헌 분류의 범위를 설명하기에 다소 미흡한 면이 있다. 따라서 문헌정보학 분야의 많은 용어 사전과 관련 자료에서는, '분류'의 범위에 대해 좀 더 명확하게 설명하고 있다. 정필모 교수는 이러한 다양한 자료들의 내용을 요약하여, 문헌 분류를 "일체의 정보 자료를 그의 주제에 따라서 배열하고 형식에 따라서 구분하기 위한 체계적인 조직 및 그 조직에 따라서 정보 자료를 당해 위치에 배정하는 것"[45]으로 정의한 바 있다. 이는 문헌 분류의 범위를 '자료를 체계적으로 조직화하는 것' 즉 분류표와 그러한 분류표에 따라 이루어지는 '분류 작업'을 포괄하는 것으로 정의하고 있는 것이다. 이와 관련하여, 분류표에 관련된 업무를 수행하는 사람을 'classificationist'(분류표 개발자), 분류 기호를 부여하고 서가상에 배열하는 분류 작업에 관련되는 사람을 'classifier'(분류 담당자)로 구분하기도 한다[46](<표 1-4> 참조). 물론 이러한 작업에는 그 과정은 물론 그 결과가 포함됨은 물론이다.

<표 1-4> 문헌 분류의 범위

구 분	내 용	담당자
분류표 작성	자료의 체계적 조직화	분류표 개발자(classificationist)
분류 작업	분류 기호 부여 및 서가상 배열	분류 담당자(classifier)

이상의 내용을 분류에 대한 일반적인 정의를 포함하여 종합적으로 정리해보면, 문헌 분류는 '데이터나 정보, 지식 등의 내용(contents)과 그것을 담고 있는 각종의 자료 및 매체(containers)를 그 주제와 형식에 따라 그 유사성에 근거하여 체계적으로 배열하고 조직하기 위한 일체의 행위와 과정 및 그 결과'라고 할 수 있을 것이다.

---

45) 정필모. 문헌분류론(서울: 구미무역출판부, 1991). p.15.
46) Krishan Kumar. *Theory of Classification*. 2nd ed. (New Delhi: Vikas Publishing House, 1981). p.15.

1.4.2. 문헌 분류, 범주화, 온톨로지, 택소노미, 폭소노미의 관계

한편 최근에는 분류 및 문헌 분류와 관련하여, 범주화(categorization), 온톨로지(ontology), 택소노미(taxonomy)나 폭소노미(folksonomy) 등의 용어들이 사용되고 있다. Sokal이 지적하고 있는 것처럼, 분류에 관련된 다양한 용어들이 서로 다른 학문 분야에서 다양한 의미로 사용되고 있는 것이 사실이다.[47] 따라서 이러한 용어의 관계를 우선적으로 살펴볼 필요가 있을 것이다. 다만 이러한 용어들은 현재도 다양한 분야에서 그 분야의 목적에 따라 다양한 의미로 명확한 구분 없이 사용되는 경우가 많다는 사실을 지적해 두고자 한다.

우선 범주화(categorization)는 "사물이나 개념들이 지닌 공통적인 속성, 용도, 관계 등을 이용하여 사물이나 개념들을 조직하는 전략"[48]으로, "특정한 사례가 특정한 범주의 구성원인지 여부를 결정하는 것, 그리고 특정한 개념이 다른 개념의 부분 집합인지를 결정하는 것"[49], 즉 특정 객체가 특정 개념 속에 포함되는지를 결정하는 것을 말한다. 특히 범주화는 "인간 활동의 근본으로서 다양성 속에서 유사성을 파악하기 위한 인간의 능력"[50]이다. 흔히 고전 범주화 모형이라고 불리는 모형에서는 '범주 내의 모든 성원은 공통의 속성을 지니며, 따라서 모든 성원은 대등하다'고 간주하는 데 비해, 오늘날의 자연 범주화 이론에서는 특정 범주에는 그 범주를 대표하는 가장 전형적인 원형(prototype)이 존재하고 범주의 성원은 위계 구조를 갖는다고 주장하고 있다.[51] 논리학에서 범주는 "모든 유개념을 포괄하는 최고의 유개념"[52]으로 정의되지만, 개개 사례들을 포함하는 하위 개념들을 범주로서 이해되기도 한다.[53] 한편 동물분류학에서는 일반적으로 "단계적인 분류의 어떤 단계에서 하나의 형식적인 단위로 인식되고 실재하는 생물의 한 군"을 분류군(taxon, 복수는 taxa)이라 하고, "단계적인 분류의 계급(rank)이나 단계(level)"를 범주(category)라고 한다.[54] 동물의 범주에 대해서는 앞서 〈표 1-2〉에서 살펴본 것처럼, 통상 계(界, kingdom),

---

47) R. R. Sokal. "Classification: Purposes, Principles, Progress, Prospects." *Science*, Vol.185, No.4157(1974). p.1116.
48) 한국교육심리학회. 교육심리학용어사전(서울: 학지사, 2000).
49) 곽호완 등저. 실험심리학용어사전(서울: 시그마프레스, 2008).
50) 김태수. 분류의 이해(서울: 문헌정보처리연구회, 2000). p.27.
51) 김태수. 분류의 이해(서울: 문헌정보처리연구회, 2000). pp.33-34.
52) 박준택. *op. cit.* p.51.
53) 한국교육심리학회. *op. cit.*
54) 동물분류학에 대한 이상의 설명은 다음 블로그의 내용을 참고하였음. "분류학상의 분류군과 범주." 〈http://blog.naver.com/kiss5645/140159719385〉.

문(門, phylum), 강(綱, class), 목(目, order), 과(科, family), 속(屬, genus), 종(種, species)의 7개 기본 범주로 구분하는 경우가 많다. 결국 동물분류학의 범주화는 분류군을 분류하기 위해 편의상으로 설정된 범주에 동물들을 분류하는 것이 될 것이다. 따라서 어느 경우이든, 범주화는 특정의 목적을 가지고 특정의 대상을 범주별로 구분해주는 것이라고 할 수 있을 것이다.

온톨로지의 정의로 널리 인용되고 있는 Gruber의 정의에서는, 온톨로지를 "어떤 개념화된 것에 대해 명시적으로 구체적으로 밝혀주는 것"(an explicit specification of a conceptualization)55)으로 설명하고 있다. 위키피디아(Wikipedia)에서는, 컴퓨터과학과 정보학의 정의들 들어, "담화(discourse)의 특정 영역에 실제로 또는 기본적으로 존재하는 실재들(entities)의 유형(types)과 속성(properties), 상호 관계(interrelationships)에 대해 공식적으로 명명하고 정의하는 것"56)으로 설명하고 있다. 심경은 이와 관련하여, 시소러스와의 관련성과 차이점을 제시하면서, 온톨로지의 공식성과 명시성, 공유성에 대해 주목한 바 있다.57) 이 책이 온톨로지에 대한 전체적인 분석을 시도하기 위한 것은 아니지만, 관련된 전문 자료들을 종합적으로 분석해 보면, 온톨로지는 "다양한 실재(entities)(대상이나 객체 포함)에 대한 다양한 사람들의 주관적인 인식들을 객관화하여 개념화하고, 그들 사이의 관계를 누구나 이해할 수 있도록 표준화된 용어나 기호를 통해 구체적이고 체계적인 방법으로 밝힘으로써, 이를 누구나 공유할 수 있도록 하는 것"이라고 정의해도 틀린 말은 아닐 것이다. 따라서 문헌정보학적인 시각에서 보면, 이미 Soergel이 지적하고 있는 것처럼,58) 이는 전통적인 분류의 재발명이라는 지적이 근거 없는 주장은 아님을 알 수 있을 것이다.

택소노미(taxonomy)는 그리스어의 순서(order)나 배열(arrangement)을 의미하는 'taxis'와 법(law)이나 과학(science)을 의미하는 'nomos'가 합성된 단어이다.59) 일본에서는 분류 체계라는 용어로 번역하기도 한다.60) 원래는 생물학에서 사용하던 용어가 오늘날에는

---

55) T. R. Gruber. "Toward principles for the design of ontologies used for knowledge sharing." *International Journal of Human-Computer Studies*, Vol.43(1993). pp.907-928.(〈http://rsscashsecrets.tripod.com/onto-design_thomas-gruber.pdf〉, 1)
56) Wikipedia. (〈http://en.wikipedia.org/wiki/Ontology_(information_science)〉.
57) 심경. "온톨로지(Ontology)." 도서관문화 제50권 제10호. pp.49-50.
58) D. Soergel. "The rise of ontologies or the reinvention of classification." *Journal of the American Society for Information Science*, Vol.50, No.12(1999). pp.1119-1120.
59) Wikipedia. (〈http://en.wikipedia.org/wiki/Taxonomy_(general)〉)
60) ウイキペディア. 〈https://ja.wikipedia.org/wiki/%E5%88%86%E9%A1%9E%E4%BD%93%E7%B3%BB〉.

문헌정보학 및 컴퓨터과학 등 다양한 분야에서 사용되고 있다. 이와 관련하여, 위키피디아(Wikipedia)에서는 이를 "사물과 개념에 대한 분류의 실제와 과학으로, 그와 같은 분류의 바탕이 되는 원칙들을 포함한다"[61]라고 설명하고, 그 정의는 자료마다 다르게 이루어지고 있음을 파악하고 다음과 같은 다양한 정의를 제시하고 있다.[62]

① 개개의 것들을 종(種)으로 그룹화하고, 종을 더 큰 그룹으로 배열하고, 그러한 그룹들에 대해 이름을 부여함으로써, 분류를 만들어내는 이론과 실제.
② 기술(description)과 동정(同定, identification), 명명법(nomenclature), 분류를 망라하는 과학 및 계통분류학(systematics)의 한 영역.
③ 생물학에서 유기체들을 분류로 배열하는 분류의 과학.
④ 종들의 구성 수단 등의 연구를 포함하는 살아 있는 유기체에 적용되는 분류의 과학.
⑤ 분류를 목적으로 하는 유기체의 특성에 관한 분석.
⑥ 계통분류학에서, 분류로 변환될 수 있는 패턴을 제공해주는 계통발생론(phylogeny)의 연구와 택소노미의 더 포괄적인 영역의 이름들.

또한 니와(丹羽智史) 등은 이를 "소수의 권위를 가진 담당자가 미리 분류 계층 구조를 구축해두고, 그 후에 개개의 분류 피대상물을 계층 구조의 최하층에 채워 넣어가는 탑다운(top-down) 방식의 분류 기법으로, 분류 구조의 구축 단계와 분류 단계로 나누어져 있는 것이 특징"[63]이라고 설명하고 있다. 물론 생물분류학에서는 앞서 살펴본 것처럼, 분류는 "어떤 분류표의 측면에서 대상들을 분류하는 실제 활동"을 말하고, 택소노미는 "분류의 한 이론"(a theory of classification)을 말하기도 한다.[64]

폭소노미(folksonomy)는 대중을 의미하는 'folks'와 '택소노미'(taxonomy)의 합성어로, 협동 분류(collaborative categorization)나 소셜 태깅(social tagging), 소셜 인덱싱(social indexing)이라고도 한다. 일반적으로는 개개 이용자들의 자유로운 참여를 통해 모아진 키워드 형식의 정보, 즉 태그를 여러 사람의 수정과 추가라는 태깅 과정을 거쳐 이 태그들을 모아 하나의 가치 있는 정보가 되는 구조로 만들게 되는데, 이 구조를 폭소노미라고

---

61) Wikipedia. (〈http://en.wikipedia.org/wiki/Taxonomy〉).
62) Wikipedia. 〈https://en.wikipedia.org/wiki/Taxonomy_(biology)#Alpha_and_beta_taxonomy〉.
63) 丹羽智史, 土肥拓生, & 本位田真一. "Folksonomyの3部グラフ構造を利用したタグクラスタリング." セマンティックウェブとオントロジー研究会. 人工知能口学会研究会資料SIG-SWO-A602-07(2006). p.07-02.
64) B. McKelvey. *Organizational Systematics: Taxonomy, Evolution, Classification*(Los Angeles: Univ of California Press, 1982). p.13.

한다.[65] 즉 폭소노미는 이용자 생성 메타데이터로서 사람들에 의한 분류법[66]을 의미하는 동시에 협동적 분산 분류시스템'[67]이다. 따라서 폭소노미는 정보 이용자의 관점을 시스템 구축에 반영하여 이용자 중심의 탐색 도구를 개발한다는 점에서 중요한 의미를 갖는다고 할 수 있다.[68] 이와 관련하여, 니와(丹羽智史) 등[69]은 이를 "상향식(bottom-up)의 분류 방식으로, 폭소노미의 분류 구조는 개개의 최종 이용자(end user)가 각각의 문서에 태그 부여를 실시함으로써 구축된다."고 하고, "태그 부여는 이용자가 대상 문서의 특징을 단적으로 표현하는 키워드를 자신의 주관에 따라 선택하는 행위로, 임의의 키워드를 문서에 태그 부여할 수 있다."고 하였다. 또한 폭소노미에서는 "분류 단계가 그대로 분류 구조 구축 단계를 겸하게 되고, 분류 구조는 수평적"이다.

이상에서 살펴본 내용을 중심으로 택소노미와 폭소노미를 비교해보면 〈표 1-5〉와 같다. 결과적으로 폭소노미는 대중의 참여와 그들로부터의 피드백을 바탕으로 전통적인 분류를 개선하고자 하는 시도의 하나로 볼 수 있을 것이다. 소극적이기는 하지만 기존의 분류표에서도 이른바 문헌적 근거(literary warrant)를 바탕으로 자료의 양으로 표현되는 이용자로부터의 피드백을 반영하고자 했던 것은 사실이다. 과연 폭소노미의 이러한 시도가 기존의 문헌 분류를 대폭 보완하게 될는지, 아니면 한때 각 분야마다 자체의 메타데이터를 독자적으로 개발하면서 이러한 것들이 기존의 전통적인 검색 도구들을 대체할 것처럼 요란스럽던 것이 결국 미국의회도서관 중심의 METS나 MODS로 수렴되는 경향을 보이는 것과 같이, 결국은 어느 시점에서 자체의 한계에 봉착하여, 다양한 시도와 수정을 거듭하면서 성과를 축적해온 전통적인 분류 기법의 도움을 얻고자 유턴할는지는 두고 볼 일이다. 다만 어느 경우이든, 이와 같이 정보나 자료의 체계적인 조직을 통해 검색의 효율과 편리성을 높이고자 하는 시도들은 분류의 재발견 내지는 분류에 대한 새로운 관심이라는 점에서 충분히 환영할만한 일이다. 아울러 그 미래가 어느 방향으로 가든, 이러한 분야의 연구자들은 전통적인 문헌 분류 이론으로부터 도움을 얻고자 할 것이다. 따라서 기존의 문헌 분류의 학문적 기반이 이러한 관심과 연구에 도움이 될 만한 충분한 이론적 토대와

---

[65] 박희진. "폭소노미에 따른 웹 분류 연구." 한국문헌정보학회지 제45권 제1호(2011). p.190.
[66] 이성숙. "대학도서관 폭소노미 태그의 형태적 특성에 관한 연구." 한국문헌정보학회지 제42권 제4호(2008.12). p.466.
[67] 이정미. "폭소노미의 개념적 접근과 웹 정보 서비스에의 적용." 한국비블리아 제18권 제2호(2007.6). pp.141-159.
[68] 노지현. "도서관목록에서 폭소노미 적용의 의미와 한계." 한국도서관·정보학회지 제40권 제4호(2009.12). pp.381-400.
[69] 丹羽智史, 土肥拓生, & 本位田真一. "Folksonomyの3部グラフ構造を利用したタグクラスタリング." セマンティックウェブとオントロジー研究会. 人工知能学会研究会資料SIG-SWO-A602-07(2006). p.07-02.

근거를 제공함으로써 그 가치와 성과가 재평가될 수 있는 계기를 얻을 수 있다면, 문헌 분류의 연구는 한층 더 업그레이드될 수 있는 기회를 갖게 될 것이다.

〈표 1-5〉 택소노미와 폭소노미의 비교

구 분	택소노미	폭소노미
분류개발 및 참여자	권위를 가진 담당자(authority)	최종 이용자(end users)
참여자 수	소 수	다 수
분류의 방식	하향식(top-down)	상향식(bottom-up), 양방향식
분류의 구조	계층적 분류(hierarchical classification)	수평적 분류(flat classification)
분류 단계	분류구조의 구축단계와 분류단계로 구분	분류구조의 구축단계 = 분류단계
특 징	전문적, 중앙집중적 분류시스템	협동적 분산 분류시스템
장 점	전문가나 숙련된 이용자에 적합 분류작업의 일관성 유지 분류시스템의 확장축소에 유리 용어의 문맥상 관계 표현	저비용 시스템 이용자 참여에 의한 요구 반영 웹정보 변화의 신속한 수용 가능 검색의 다양한 접근점 제공 가능
단 점	고비용 시스템 많은 시간과 노력 소요 이용자 피드백 반영 미흡	정확률의 감소 분류체계상의 비일관성 전체적 통제관리상의 어려움

1.4.3. 서지 분류와 서가 분류

문헌 분류는 그 목적과 용도에 따라 서지 분류(書誌分類, bibliographic classification)와 서가 분류(書架分類, shelf classification)로 구분하기도 한다. Rowley와 Farrow를 비롯한 서양의 많은 학자들은 'bibliographic classification'을 문헌 분류를 의미하는 용어로 사용하기도 한다.[70] 그러나 동양의 많은 자료들은 이를 서지분류로 번역하고 서가분류에 대응하는 용어로 사용하는 경우가 많다.[71]

---

[70] J. Rowley & J. Farrow. *Organizing Knowledge: An Introduction to Managing Access to Information.* 3rd Ed. (Hampshire: Gower, 2000). p.194.
[71] 김정소. 자료분류론(대구: 계명대학교출판부, 1983). pp.32-34.; 일본도서관정보학회 용어사전편집위원회 편. 문헌정보학 용어 사전. 오동근 역(대구: 태일사, 2011). p.276, p.285.; 윤희윤. 정보자료분류론. 제5판. (대구:

서지 분류는 글자 그대로 원래 서지 작성을 기본적인 목적으로 시작된 분류로, 책자체(冊子體) 형식을 기본 전제로 한다. 따라서 정보나 자료의 검색은 부차적인 목적이 되며, 서지의 저록(entry)의 배열도 당연히 고정적이 될 수밖에 없다. 즉 어떤 자료에 대한 서지 레코드가 책자에 필사되거나 인쇄되면 그 레코드의 순서는 당초 만들어질 때 그대로 유지되며, 따라서 그것을 수록하고 있는 책자가 개정될 때까지는 그 위치를 변경할 수 없게 되는 것이다. 이를 고정식 배열법(fixed location)이라 한다.

서지 분류는 자료의 배열 기준으로 자료의 주제나 내용뿐만 아니라, 자료의 크기나 장정, 입수 순서, 출판 연도, 분류 기호 등의 다양한 기준을 채택할 수 있다는 장점이 있다. 때로는 이러한 기준 가운데 몇 가지를 필요에 따라 복수로 채택할 수도 있는 것이다. 복수 주제를 다루고 있는 자료의 경우에도 필요한 주제 수만큼 서지의 저록을 작성하여 부출(副出)하게 되면 되기 때문에, 서지 내에서 복수 주제를 표현하는 데 제한을 받지 않는다는 장점이 있다.

서가 분류는 글자 그대로 서가상에 자료를 체계적으로 배열하기 위한 분류를 말한다. 서가에 배열한다는 의미에서 배가 분류(排架分類)라고도 한다. 대부분의 경우는 자료나 문헌의 청구 기호 순서대로 서가에 배열된다. 따라서 서가 분류의 목적은 자료를 서가상에 배열하고 이를 이용자들이 편리하게 검색하여 활용할 수 있도록 하기 위한 것이다. 물론 이러한 서가상의 배열 순서대로 목록을 작성한 서가 목록(shelf list)을 갖추고 있는 도서관들도 있지만, 서가 분류는 책자 행태의 목록을 작성하기 위한 것과는 목적이 다르다. 하나의 자료나 문헌은 서가상의 한곳에만 배치될 수 있기 때문에, 설사 그 자료나 문헌이 복수의 주제를 가지고 있는 경우라고 하더라도, 이를 반영하여 서가상의 여러 곳에 자료를 배치하는 것은 불가능하다. 서지 분류에서 저록의 위치가 고정되는 것과는 달리, 서가 분류의 경우에는 자료나 문헌이 다른 자료나 문헌과의 상호 관계에 따라 그 배열 위치가 달라지는데, 이런 의미에서 이를 상관식 배열법(relative location)이라고도 하고, 문헌이나 자료의 배열 위치가 움직일 수 있다는 의미에서 이동식 또는 가동식(可動式) 배열법(movable location)이라고도 한다.

이상의 내용을 요약하면 〈표 1-6〉과 같다.

태일사, 2015). pp.16-17.

<표 1-6> 서지 분류와 서가 분류의 비교

구분	서지분류	서가분류 (배가분류)
개 념	목록정보를 책자체 서지에 체계적으로 배열하기 위한 분류	자료를 서가상에 체계적으로 배열하기 위한 분류
분류목적	서지작성	서가상의 배열검색(개가제)
배열방식	고정식 배열법	상관식 배열법
복수주제	복수주제의 다면적 표현 가능	복수주제의 다면적 표현 불가능
배열기준	자료의 크기, 장정, 입수, 연대, 분류기호 등	청구기호순(필수)
배열방식	고정식 배가법(순차적 배가법)	상관식 배가법(이동식 배가법)
역 사	고대부터 19세기까지 (칠략, Pinakes 등)	19세기 이후부터 현대까지 (DDC 등을 포함한 대다수의 분류법)

연원으로 보면, 서지 분류가 특히 목록을 재산 관리의 중요한 도구로 간주했던 재산 목록 시대로부터 일반적으로 사용되었다고 할 수 있다. 서가 분류가 일반화된 것은 공공도서관이 보급되기 시작한 19세기 후반의 일로 알려져 있다.[72] 또한 서지 분류와 서가 분류의 일원화는 1870년 W. T. Harris의 분류법에서 시도되었으며, 1876년에 발행된 Melvil Dewey의 DDC에 의해 결정적으로 일원화되었다고 한다. 현대의 대부분의 문헌분류법은 서가 분류와 서지 분류에 동시에 적용할 수 있는 공용(共用) 분류법이라고 할 수 있다.

1.4.4. 문헌 분류의 효과

문헌 분류는 도서관의 입장에서는 물론 이용자의 입장에서도 여러 가지 면에서 도움이 될 수 있는 효과를 가지고 있다.

우선 도서관의 입장에서 문헌 분류를 통해 얻을 수 있는 효과를 보면 다음과 같다.[73]

① 해당 도서관의 소장 자료의 구성 내용이나, 주제별 분포, 밀집 정도, 강약점 등을 용이하게 파악할 수 있다.

---

[72] 일본도서관정보학회 용어사전편집위원회 편. 문헌정보학 용어 사전. 오동근 역(대구: 태일사, 2011). p.276.
[73] 김정소. 자료분류론(대구: 계명대학교출판부, 1983). p.36.; 정필모. 문헌분류론(서울: 구미무역출판부, 1991). pp.18-19.; 윤희윤. 정보자료분류론. 제5판. (대구: 태일사, 2015). pp.21-22.; 이창수. 자료분류론(서울: 한국도서관협회, 2014). p.10.

② 문헌 분류를 통해 자료 선택이나 장서 구성에 필요한 각종의 통계 데이터를 제공함으로써 장서 개발에 도움을 줄 수 있다.
③ 해당 도서관의 소장 자료의 대출 현황이나 이용 상황, 경향 등을 학문 영역이나 주제, 유형, 이용자 집단 등 별로 신속하게 파악하는 데 도움을 줄 수 있다.
④ 주소의 역할을 하는 분류 기호를 해당 자료나 문헌에 부여함으로써 신착(新着) 자료를 서가에 배열하거나 반납 자료를 정확하게 재배열하는 데 도움을 준다.
⑤ 각 문헌이나 자료에 부여된 분류 기호를 활용하여 대출과 반납 업무를 효율적으로 용이하게 수행할 수 있다.
⑥ 필요할 경우 주제별 서지를 작성하거나 주제별로 자료를 전시하는 데 도움이 된다.
⑦ 청구 기호순으로 된 서가 목록이나 데이터베이스를 활용할 경우 장서 점검이나 문헌의 제적 및 제거에 편리하다.
⑧ 많은 도서관이 동일한 표준 분류법을 채택하고 있을 경우, 이를 활용하여 도서관 상호 협력이나 분류 작업의 효율화를 도모할 수 있다.

한편 이용자의 입장에서 문헌 분류를 통해 얻을 수 있는 효과는 다음과 같다.[74]

① 도서관 이용자가 자신이 이용하고자 하는 도서관의 장서 구성이나 수서 경향, 주제별 장서량, 강점 및 약점 등 자료의 전체적인 특징을 용이하게 파악할 수 있다.
② 해당 도서관의 특정 주제 내의 자료나 문헌의 소장 정도를 일목요연하게 파악할 수 있다.
③ 특히 해당 도서관에서 개가제(開架制)를 채택하고 있을 경우, 서가상의 분류 기호를 활용한 체계적인 브라우징(systematic browsing)을 통해 유사한 자료를 용이하게 접근하여 신속하게 검색할 수 있다.
④ 체계화된 분류표나 서가상에 체계적으로 배열된 자료나 문헌들을 통해 학문 영역이나 주제, 관심 분야 별로 지식을 체계화하는 데 도움이 된다.
⑤ 정확한 분류 기호를 알고 있을 경우 이를 활용하면 서가 접근이나 탐색에 소요되는 시간과 노력을 줄일 수 있다.

---

[74] 김정소. op. cit. p.36.; 정필모. op. cit. pp.18-19.; 윤희윤. op. cit. p.22.; 이창수. op. cit. p.9.

1.5. 문헌 분류의 도서관 업무상 및 편목 이론상의 위치

1.5.1. 도서관 업무상의 위치

우리는 현대 사회를 살면서 끊임없이 새로운 정보와 지식을 입수하고, 처리하고, 활용한다. 도서관에서는 다양한 자료와 문헌을 수집하고, 정리하고, 이용자가 이용할 수 있도록 하고 있다. 이와 관련하여, Chapman 등[75]은 도서관의 토털 시스템을 수서(acquisition)와 편목(cataloging), 유통(circulation), 참고 봉사(reference), 연속간행물(serials), 경영·기획(administration and planning)의 여섯 개 기본 시스템으로 구분하여 제시한 바 있다. [그림 1-7]은 Chapman 등의 모델을 바탕으로 작성된 도서관 시스템에 대한 설명용 모델이다.

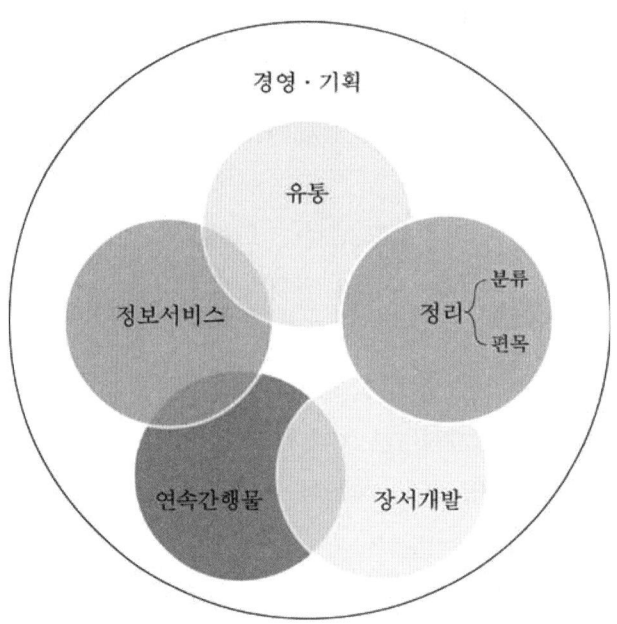

[그림 1-7] 도서관 시스템의 설명용 모델

---

75) E. A. Chapman, P. L. St. Pierre, J. Lubans, Jr. *Library Systems Analysis Guidelines*(New York: Wiley-Interscience, 1970). p.12. 이것은 1970년에 제시된 모델이기 때문에, 그 용어들은 오늘날 더 일반적으로 사용되는 용어로 다소 조정하였다. 예를 들면, 수서는 장서 개발(collection development), 참고 봉사는 정보 서비스(information service)와 같이 변경하였다. 그럼에도 불구하고, 이 모델은 도서관의 전체적인 업무를 이해하기 위해서는 여전히 훌륭한 모델이라고 생각한다.

[그림 1-7]에서 볼 수 있는 것처럼, 도서관의 하위 시스템에서 분류 업무는 편목 업무와 함께, 정리 업무의 중요한 구성 요소가 되고 있다. 전통적으로는 이 둘을 합쳐 자료 조직이라고도 부르고 있으며, 이 업무가 갖는 전통적 중요성 때문에, 도서관 사서를 선발하기 위한 대부분의 채용 시험에서는 이 과목을 필수 과목으로 채택해오고 있다.

장서 개발은 좋은 자료나 문헌을 입수하고 소장하고 관리하기 위한 중요한 업무이다. 열람과 대출을 포함한 유통 업무는 자료와 문헌이 효과적으로 이용자에게 활용될 수 있도록 순환시켜 주는 역할을 한다. 정보 서비스는 정보 이용에 관련된 이용자의 다양한 요구를 해결해 주는 중요한 업무이다. 정기간행물을 포함한 연속간행물을 다루는 업무는 일반 단행본과는 다른 서지적 특성을 갖기 때문에 별도로 다루어지는 업무로 오늘날에는 각종 비도서 자료들을 포함하여 다양한 매체들에 대한 이용자의 요구들을 해결해주는 중요한 업무가 되고 있다.

[그림 1-7]에도 잘 나타나 있는 것처럼, 정리 업무는 장서 개발과 유통 업무 사이에서 수집된 정보와 자료, 문헌들이 잘 유통될 수 있도록 해주는 역할을 하는 업무라고 할 수 있다. 일반적으로 말하면, 이러한 정리 업무 중에서 분류는 정보와 자료에 대한 체계적인 접근이 가능하도록 해주는 역할을 하고, 편목의 결과로 만들어지는 목록은 그러한 정보와 자료를 직접적으로 검색해낼 수 있도록 하는 데 도움을 주는 도구라고 할 수 있다.

이러한 체계적인 정리의 장점은 일상생활의 예를 통해서도 쉽게 확인할 수 있다. 일례로, 과일가게의 예를 살펴보면 다음과 같다. 과일가게 아저씨는 좋은 과일을 확보하기 위해 새벽 일찍 청과물 도매 시장으로 가서 경매에 참여하고자 할 것이다. 가게에 돌아와서는 이렇게 입수한 좋고 싱싱한 과일을 과일상자에서 꺼내, 우선 과일 종류별로 분류하고, 그 상태나, 크기 등을 확인하여, 같은 종류의 과일 안에서는 다시 가격대별로 세분하게 될 것이다. 이러한 작업들은 과일을 사러 오는 손님들이 그 과일들을 쉽게 확인하고 구입할 수 있도록 하기 위한 것이다. 각각의 과일가게 주인들은 각자의 판매 전략과 노하우를 가지고 자신들의 특성에 따라 과일들을 다양한 방식으로 전시하고 판매할 것이다. 이 과정에서 이루어지는 선별과 분류, 전시의 업무들은 도서관에서 이루어지는 분류와 그 목적이나 방식이 다를 바가 없다. 적절한 선별과 분류를 하지 못하게 되면, 과일을 많이 팔더라도 손해를 볼 수 있고, 일시적으로 높은 가격을 받을 수는 있더라도 장기적으로는 손님들이 줄어들어 가게 문을 닫아야 할 수도 있을 것이다. 생선 가게 주인도 의식적이든 무의식적이든 나름의 노하우를 가지고 생선들을 분류할 것이다. 어린아이는 마찬가지로 자신의 방식으로 장난감을 분류할 것이다. 이런 시각에서, Buchanan은 "어떤 패턴이나 순서에 대한 관심은 우리 인간들이 타고나는 것"으로 보고, "인간은 분류하는 동물(classifying animal)"이라고 정의한 바 있다.[76]

1.5.2. 문헌 분류의 편목 이론상의 위치

목록의 목적에 관한 고전적인 설명으로 인정되고 있는 Cutter의 목록의 목적을 다음과 같이 설명하고 있다.

① ⓐ 저자(author)나 ⓑ 서명(title), ⓒ 주제(subject) 중 어느 것인가가 알려져 있는 책을 찾을 수 있도록 하기 위해,

② ⓓ 특정 저자에 의하거나, ⓔ 특정 주제에 관하거나, ⓕ 특정 종류의 문학에서 그 도서관이 가지고 있는 것을 보여 주기 위해,

③ ⓖ 그 판(edition)에 관해 (서지적으로), 또는 ⓗ 그 특성에 관해 9문학적으로나 주제적으로) 책을 도와주기 위해.

문헌 분류는 Cutter의 이러한 목록의 목적 중 '주제가 알려져 있는 책을 찾을 수 있도록' 해주거나, '특정 주제에 관해 그 도서관이 가지고 있는 것을 보여 주기 위해' 이루어지는 것이다. 도서관의 입장에서 보면 주제는 책이나 자료, 문헌에 저자나 편자 등이 표현하고 있는 주요 내용으로, 이러한 주제에 대한 검색은 주제명이나 분류 기호를 활용하여 이루어지게 된다.

도서관의 목록을 작성하는 업무는 크게 기술목록법(descriptive cataloging)과 주제목록법(subject cataloging)으로 구분된다.[77] 기술목록법은 "대상이 되는 자료의 특징을 기록하고, 자료 자체의 대용(代用)이 되는 서지 기술의 작성과, 기술을 검색하기 위한 표제어가 되는 표목(접근점: access point)의 선정과 형식의 결정, 그것들로부터 구성되는 서지 레코드의 배열 등에 관계되는 목록법"[78]으로, "서지 기술(bibliographic description)의 작성과 접근점의 결정"[79]을 포함하게 된다. 이에 대해 주제목록법은 "주제에 관한 레코드

---

76) Brian Buchanan 저. 문헌분류이론. 정필모, 오동근 역(서울: 구미무역출판부, 1998). p.9.
77) 일본도서관정보학회 용어사전편집위원회 편. 문헌정보학 용어 사전. 오동근 역(대구: 태일사, 2011). pp.199-200.
78) 일본도서관정보학회 용어사전편집위원회 편. *op. cit.* p.106.
79) Lois Mai Chan. *Cataloging and Classification: An introduction*(New York: McGraw-Hill Book Company, 1981). p.11.

작성에 관계되는 측면으로, 주제 정보에 관계되며, 주제 분석과 그 결과에 대한 분류 기호 및 주제명 표목의 부여"[80]가 중심이 된다. 즉 주제 분석의 결과를 통제된 주제어로 바꾸면 주제명이 되고, 이를 기호로 변환하면 분류 기호가 되는 것이다. 이상의 내용을 요약하면 [그림 1-8]과 같다.

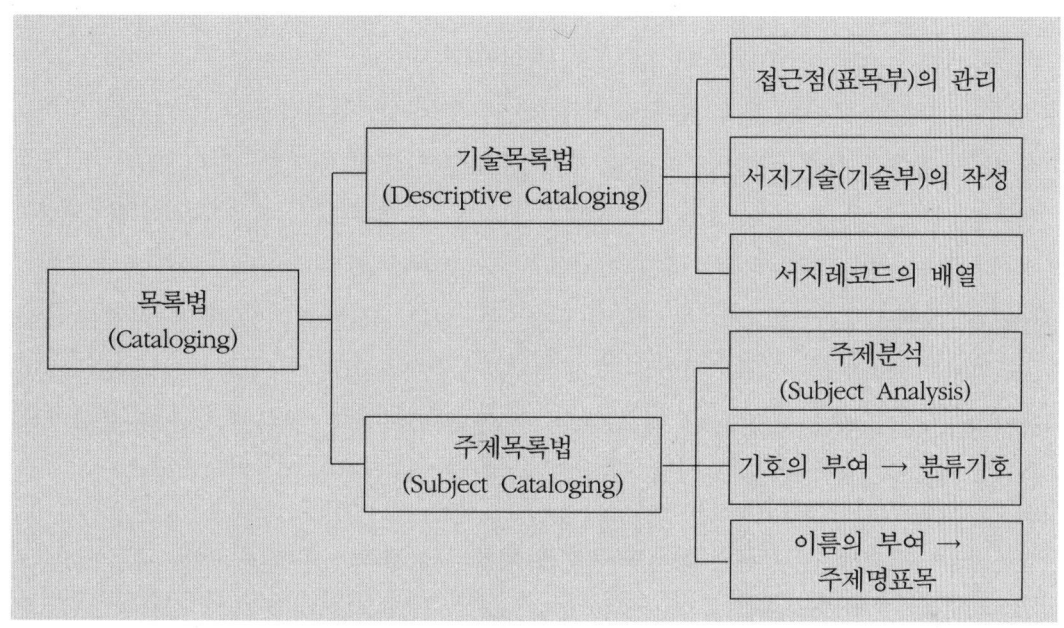

[그림 1-8] 목록법 체계상의 분류의 위치

Chan은 자료나 문헌이 담고 있는 주제를 명확하게 하는 주제 분석을 다음과 같은 세 단계로 제시하고 있다.[81]

① 해당 저작을 검토하고 그 주제 내용을 결정한다. 이러한 주제의 결정에는 저작에 대한 통독(通讀)이나 서명, 외부 서지 자료의 활용 등의 다양한 방법이 활용될 수 있을 것이다.
② 주요 주제나 주된 개념을 파악한다. 여기에는 저자의 관점이나 시간, 장소 등과 같은 주제의 서로 다른 측면도 포함된다.
③ 파악된 주제나 개념을 특정 시스템이나 분류표에 의해 표현한다.

---

80) 일본도서관정보학회 용어사전편집위원회 편. 문헌정보학 용어 사전. *op. cit.* p.471.
81) Lois Mai Chan. *op. cit.* pp.133-134.

이러한 주제 분석의 결과는 통제된 형태의 주제명이나 분류 기호로 표현될 수 있는데, 이러한 주제목록법의 결과로 완성되는 검색용의 통제 어휘집이 시소러스(thesaurus)이다. 문헌정보학 분야에서 개발하여 사용해오고 있는 주제명표목표와 문헌분류표는 이러한 시소러스의 대표적인 유형이라고 할 수 있다. 아울러 주제 분석의 결과를 도서관에서 목록의 형태로 완성한 것이 주제 목록으로, 여기에는 분류순 목록과 주제명 목록이 포함된다. 즉 주제 목록은 자료를 주제로부터 검색하기 위한 목록으로, 분류순 목록은 자료의 주제나 형식을 기호로 나타낸 분류 표목에 의해 배열한 것이고, 주제명 목록은 자료나 문헌의 주제 또는 형식을 명사(名辭)로 나타낸 주제명 표목에 의해 배열한 것이다.[82]

분류순 목록(classified catalog)은 자료나 문헌을 체계적으로 검색하기 위한 목록으로,[83] 저자나 서명, 특정 주제보다도 일정한 연구 분야나 조사 사항에 대해 어떤 문헌이 있는가를 체계적으로 알고자 할 때 활용할 수 있는 목록이다. 주제명 목록(subject catalog)은 기본적으로 저자나 서명을 알지 못하고, 주제를 알고 있거나 특정 주제에 관한 자료나 문헌의 유무를 알고자 할 때 활용할 수 있는 목록이다. 분류순 목록과 주제명 목록은 각각의 장점과 단점을 가지고 있는데, 이를 비교해보면 〈표 1-7〉과 같다.

〈표 1-7〉 분류순 목록과 주제명 목록의 장점과 단점의 비교[84]

분류순 목록	주제명 목록
• 배열이 이론적·체계적이다. • 관련주제가 집중된다. • 용어에 좌우되지 않는다. • 분류표목의 결정이 서가분류작업의 연장선상에서 가능하다.	• 원하는 주제를 나타내는 용어를 사용하여 직접적으로 검색할 수 있다. • 검색은 표목의 의미만 이해하면 된다. • 관점이 다른 경우에도 특정주제에 대한 저록들이 집중된다.
• 분류표목의 기호가 자명(自明)하지 않고 추상적이기 때문에 이해하기 어렵다. • 검색에 분류체계에 대한 이해가 필요하다. • 특정주제의 경우에도 관점이 다르면 저록이 분산된다.	• 주표목(主標目)의 배열이 체계적이지 않다. • 관련주제가 용어에 따라 분산된다. • 용어에 좌우되어, 주제명참조에 끌려 다닐 수 있다. • 서가분류작업과는 별도로 주제명작업을 추가로 해야 한다.

---

82) 일본도서관정보학회 용어사전편집위원회 편. 문헌정보학 용어 사전. 오동근 역(대구: 태일사, 2011). p.471.
83) 志保田務, 高鷲忠美, 平井尊士. 情報資源組織法(東京: 第一法規, 2012). p.180.
84) 志保田務, 高鷲忠美, 平井尊士. *op. cit.* p.167.

1.6. 학문 분류의 개념과 역사

흔히 문헌 분류는 학문 분류 또는 지식 분류를 바탕으로 한다고들 한다. Dahlberg는 지식의 범주화나 분류를 포함한 지식의 조직은 역사를 통해 볼 때 다음과 같은 네 가지 주된 목적을 가지고 있다고 하였다.[85]

① 지식 표현(knowledge representation): 철학적 분류 시스템 및 교육 지향적 분류 시스템
② 지식 활용(knowledge utilization): 백과사전적 분류 시스템 및 단어 분류 시스템
③ 지식 중개(knowledge mediation): 도서관의 서지 분류 시스템 및 도큐멘테이션 분류 시스템
④ 지식 조직(knowledge organization): 과학 지향적 및 경제·행정 지향적 분류 시스템 및 정보 시스템 지향적 분류 시스템

Fadaie는 Dahlberg의 이러한 접근법을 우리에게 현실 세계를 '표현'하기 위한 '활용'을 위해 '중개'를 통해 지식을 '표현'하는 것이라고 재미있게 정의하고 있다.[86] 결국 지식이나 학문의 분류를 포함한 지식이나 학문의 조직은 그러한 모든 목적을 위한 것이라고 할 수 있을 것이다. 이런 시각에서 보면, 문헌 분류를 올바르게 이해하기 위해서는 학문 분류나 지식 분류에 대한 이해가 전제되어야 할 것이다. 이 소절에서는 학문 분류와 문헌 분류의 관계를 검토하고, 동양과 서양의 주요 학문 분류의 예들을 특히 문헌 분류에 영향을 미친 대표적인 예들을 중심으로 분석해 보고자 한다.

1.6.1. 학문 분류와 문헌 분류

이 책의 1.4.1.에서 문헌 분류는 '데이터나 정보, 지식 등의 내용(contents)과 그것을 담고 있는 각종의 자료 및 매체(containers)를 그 주제와 형식에 따라 그 유사성에 근거하여

---

[85] I. Dahlberg, I. "The basis of new universal classification systems seen from philosophy of science point of view." In N. J. Williamson & M. Hudon, *Classification Research for Knowledge Representation and Organization*(New York: Elsevier, 1992). pp.187-188.
[86] Gholamreza Fadaie. "The Influence of Classification on World View and Epistemology." *Proceedings of the Informing Science & IT Education Conference 2008*. p.5.

체계적으로 배열하는 것'이라고 정의하였다. 이러한 시각에서 보면, 문헌 분류는 형식을 고려하기는 하지만, 기본적으로 해당 자료나 문헌이 담고 있는 내용을 바탕으로 하기 때문에, 그 내용의 중심이 되는 지식이나 학문의 분류를 고려하지 않을 수 없게 되는 것이다. 그럼에도 불구하고, 문헌 분류는 자체의 고유의 특성을 갖게 되는데, 이러한 문헌 분류와 학문 분류를 비교해보면 〈표 1-8〉과 같다.[87]

〈표 1-8〉 문헌 분류와 학문 분류의 비교

구 분	문헌분류	학문분류
정 의	정보자료의 체계적 배열과 배치	학문 자체의 구분과 배열
동 기	이용자의 요구 해결·이용 효율성 제고	철학자의 지적 만족 추구
목 적	정보·자료·문헌의 효과적 이용을 위한 배치	학문자체의 분류나 사물 및 개념 상호간의 관계 발견
분류대상	데이터, 정보, 자료, 문헌	사물·학문연구과정에서 얻어진 개념·사상
분류기준	자료나 문헌의 주제·표현형식	학문의 논리적 특성과 성질
분류지	자료나 문헌 자체	학문의 대상, 방법, 목적 등
분류기호	필요	불필요
색 인	필수	불필요
성 격	구체적·실용적·실제적 성격	사색적·이론적·추상적 성격

문헌 분류는 기본적으로 데이터나 정보, 자료, 문헌의 체계적인 배열과 배치를 통해 이를 효과적으로 이용할 수 있도록 하기 위한 것으로, 자료나 문헌의 주제와 그 표현 형식을 기준으로 분류하게 되는 구체적이고 실용적인 성격의 분류이다. 한편 학문 분류는 학문 자체의 분류나 사물 및 개념 상호간의 관계를 발견하기 위한 것으로, 사물이나 학문 연구 과정에서 얻어지는 개념이나 사상을 대상으로 하는 추상적인 성격의 분류이다. 그러나 이러한 차이에도 불구하고, 학문 분류와 문헌 분류는 지식이나 학문을 증진시키고 발전시키고자 하는 거시적 측면에서는 동일하다고 할 수 있을 것이다.[88]

---

87) 이창수. 자료분류론(서울: 한국도서관협회, 2014). p.7; 정필모. 문헌분류론(서울: 구미무역출판부, 1991). pp.21-22.; 조윤정. 비십진식분류법의 주류설정에 관한 연구(석사학위논문. 중앙대학교대학원, 2005). pp.8-11.
88) 조윤정. op. cit. p.11.

1.6.2. 동양의 학문 분류

동양의 학문의 시작은 고대 중국의 하(夏)나라와 상(商)나라에서도 교육이 이루어졌다는 기록이 있는 것으로 보아 이미 그 시기에도 학문의 발전이 있었겠지만, 교육과 연구의 틀은 주대(周代)에 이루어진 것으로 보고 있는데,[89] 그 중심에는 육예(六藝)가 있었다.

육예는 주대의 선비가 배워야 할 여섯 종류의 기술로, 당초에는 예(禮: 예의), 악(樂: 음악), 사(射: 활쏘기), 어(御: 말타기), 서(書: 글쓰기), 수(數: 셈하기)를 일컫는 용어로 사용되었다. 예와 악은 정서를 도야하고 사회를 안정시키기 위한 것이라면, 사와 어는 생존을 위해 수렵 기술을 익히고 전쟁이나 방위를 위해 갖추어야 할 군사 훈련이었으며, 서와 수는 일반 서민들도 기본적으로 배워야 하는 일상생활을 위한 지식이었던 것이다.[90]

이 육예는 공자 이후에는 이른바 육경(六經), 즉 시(詩: 시경), 서(書: 서경), 예(禮: 예기), 악(樂: 악기), 역(易: 역경), 춘추(春秋)를 일컫는 용어로 사용되기도 한다. 따라서 육예는 원래 실과적인 성격을 띠었으나, 나중에 학과적인 성격으로 변화되었던 것이다. 특히 육경은 당시 학문 전반을 포괄한 것으로, 공자와 그 정통 계열 학자들에 의해 대성되어 차후 경학(經學)으로 발전되었다.

동양의 학문은 인생의 원리를 연구하는 학문(경학 및 제자(諸子)들의 학문)과 실천 과정에 대한 학문(사학), 정서에 대해 연구하는 학문(시학)을 기초로 하였다.[91] 이러한 전통은 근대 이전 동양 학문의 이른바 문사철(文史哲) 중심의 인문학 연구로 이어지고 있다.

1.6.3. 서양의 학문 분류

일반적으로 진정한 서양의 지식과 학문의 연원은 고대 그리스 문명으로부터 시작되었다고 한다.[92] 지식과 학문의 축적은 이를 효율적으로 활용하기 위한 방법의 하나로 분류법의 고안으로 이어지고, 이후 수많은 분류 체계들이 나타나게 되었다. 특정의 지식 및 학문 분류 체계는 그 시대와 문화를 반영하기 때문에,[93] 역사적으로 다양한 분류 체계들

---

89) 이경자. "중국 고대의 六藝 교육." 윤리교육연구 제22집(2010.8). p.158.
90) *Ibid.* p.173.
91) 정필모. *op. cit.* pp.22-23.
92) 박옥화. "지식분류의 역사적 고찰." 사회과학연구(충남대) 제3집(1992.12). p.27.
93) 이명규. "지식분류에 대한 동서양의 비교: 베이컨의 분류와 사고전서를 중심으로." 한국비블리아학회지 제11권 제2호(2000.12). p.28.

이 고안되었음을 볼 수 있다.

(1) 고대와 중세의 학문 분류

(가) 고대 그리스의 Platon과 Aristoteles 학파의 학문 분류

고대 Platon의 학문 분류로 알려진 분류에서는 철학(학문)을 도덕적 측면에서 다룬 윤리학(ethica), 자연적 측면을 다룬 자연학(physica), 이성적 측면에서 다룬 논리학(logica)으로 구분하였는데, 아우구스티누스의 전수를 통해 중세에 유명해졌다고 한다.[94]

Aristoteles는 분석론 후서(Analytica hystera)에서 학문 분류 시도한 후 제자들에 의해 계승되었는데, 정신 능력에 의해 각각 이성, 감각적 지각, 의지 및 욕망에 대응하는 학문으로 3구분하는 방법과 학문의 목적에 의해 이론학과 실천학(윤리학)으로 구분하는 방식을 제시하였다고 한다.[95] Aristoteles의 이론학과 실천학에 대한 분류 방법은 [그림 1-9]와 같다. 이론적 지식(이론학)과 실천적 지식(실천학)에 제작적 지식으로서의 예술을 추가하고, 이론적 지식은 다시 자연학과 수학, 신학(형이상학), 실천적 지식은 다시 윤리학과 정치학, 경제학(가정학)으로 세분하고 있는 것이다.[96]

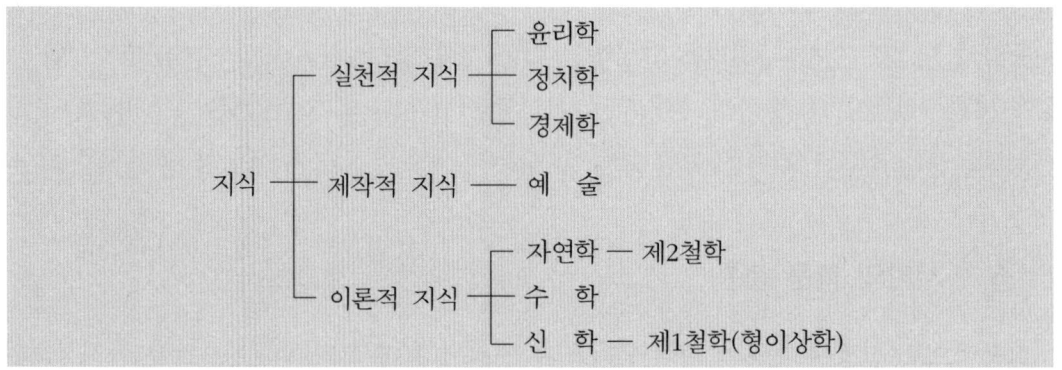

[그림 1-9] Aristoteles의 이론학과 실천학에 대한 분류

(나) 중세의 학문 분류

중세는 전반기의 기독교 중심의 시대를 거치면서 새로운 학문 분류의 양상을 보이는데, 새로운 연구 논문들에서는 기독교-신학적인 경향과 아랍 중심의 세속 학문 분류를 강조하

---

94) 박승찬. "학문간의 연계성: 중세 대학의 학문분류와 교과과정에 대한 고찰." 철학 제74집(2003.2). pp.57-58.
95) 정필모. 문헌분류론(서울: 구미무역출판부, 1991). p.24.
96) 박옥화. "지식분류의 역사적 고찰." 사회과학연구(충남대) 제3집(1992.12). p.33.

는 경향 등으로 나타났다고 한다.[97] 중세 후반기에 대학들이 등장하면서는 신학과 철학, 7자유 교과(liberal arts)를 중심으로 교과 과정이 만들어졌는데([그림 1-10] 참조), 7자유교과 중 문법과 수사학, 논리학으로 이루어지는 3학(trivium)은 철학의 중심이 그리스 식민도시에서 아테네로 옮겼을 때 발달한 것들이고, 산술과 기하, 천문, 음악으로 이루어지는 4과(quadrivium)는 그리스 자연 철학 시대에 성립된 것들이다.[98]

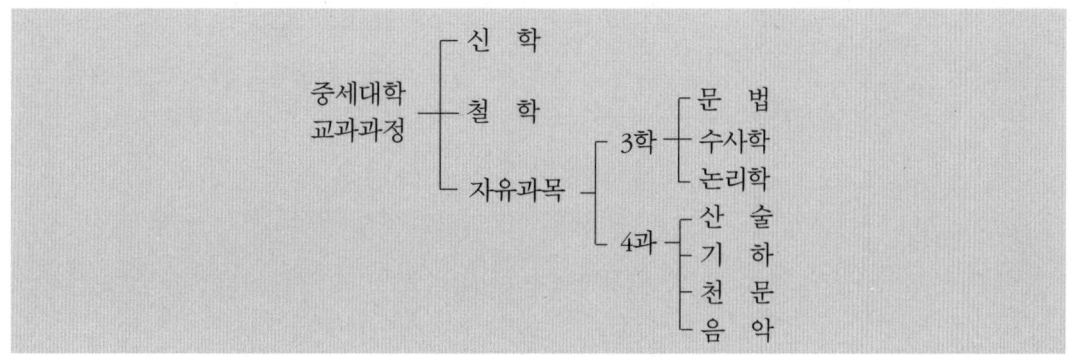

[그림 1-10] 중세 대학의 교과 과정의 분류

(2) 근대의 학문 분류

르네상스와 종교개혁 이후의 근대적인 학문의 분류는 학문과 지식에 대한 욕구와 수요의 폭발적인 증대에 따른 새로운 학문들의 등장에 발맞추어 한층 더 전문화되고 세분화되었다.

(가) Bacon의 학문 분류

Francis Bacon(1562-1626)의 학문 분류는 오늘날의 학문 분류와 문헌 분류에 가장 큰 영향을 미치고 있는 분류의 하나이다.[99] 그는 『학문의 진보』(Advancement of learning)와 『과학의 위엄과 진보에 관하여』(De dignitate et augmentis scientiarum)에서 학문 분류를 시도하였다. 그는 인간의 정신 능력을 기억(memory), 상상(imagination), 오성(understanding 또는 reason)의 셋으로 구분하고, 그 각각에 대응하는 학문을 사학(history), 시학(poesy), 이학(philosophy)으로 구분하였다. 또한 2차 분류에서는 학문의 대상을 분류 원리로 하

---

[97] 박승찬. op. cit. p.60.
[98] 박옥화. "op. cit. p.11.
[99] 이명규. "지식분류에 대한 동서양의 비교: 베이컨의 분류와 사고전서를 중심으로." 한국비블리아학회지 제11권 제2호(2000.12). p.32.

여, 사학은 인류사와 자연사, 이학은 자연 신학, 우주론, 인류론으로 추가 세분하고 있다. Bacon의 학문 분류의 개요를 요약하면 [그림 1-11]과 같다.

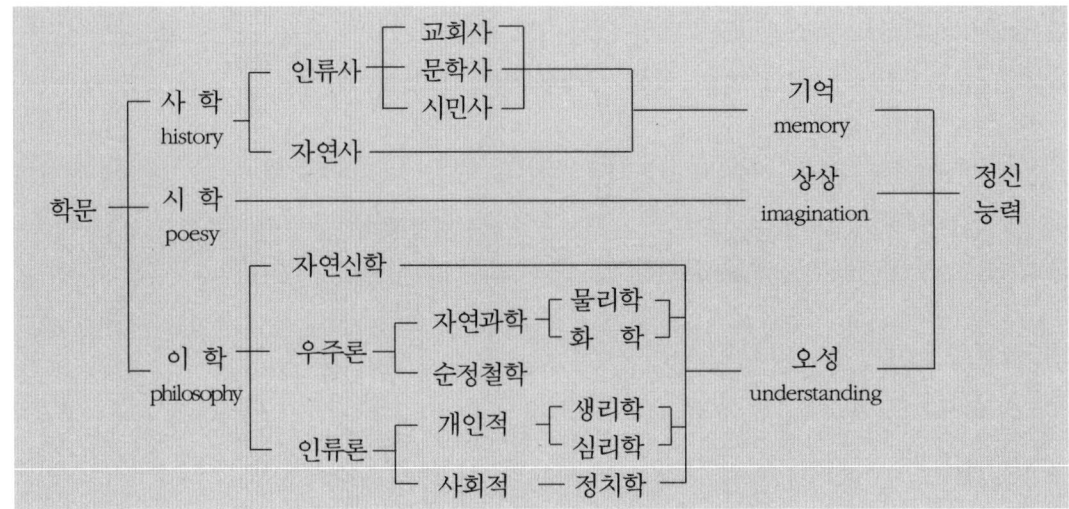

[그림 1-11] Bacon의 학문 분류의 개요[100]

이러한 분류를 통해 Bacon은 지식의 모든 분과들은 상호 연결되어 있다는 점과 자신의 분류는 지식을 반영할뿐만 아니라 지식 확장의 지침이 된다는 사실을 믿고 있었던 것이다.[101] Bacon의 학문 분류는 후에 백과전서파의 학문 분류는 물론 W. T. Harris의 분류법과 Melvil Dewey의 DDC(Dewey Decimal Classification)에 영향을 끼친 분류법이다.

(나) Ampere의 학문 분류

Andre Marie Ampere(1775-1836)는 당초 학문을 우주론과 정신과학으로 구분하였으나, 『과학철학시론』(*Essai sur la philosophie des sciences*)에서 본격적으로 학문 분류를 시도하였다. 그는 학문을 기초과학(물리학, 공학; 지리, 광업; 식물학, 농학; 동물학, 축산학, 의학), 실용과학(useful arts), 응용과학(applied science)으로 구분하였다.[102] 그의 분류는 후에 S. R. Ranganathan에 의해 콜론분류법(CC: Colon Classification)에 도입되어 활용되었다.

---

100) 정필모. 문헌분류론(서울: 구미무역출판부, 1991). p.25.
101) Hope A. Olson. "Bacon, Warrant, and Classification." In Breitenstein, Mikel, Eds. *Proceedings 15th Workshop of the American Society for Information Science and Technology Special Interest Group in Classification Research,* (Providence, Rhode Island, 2004). 〈 http://dlist.sir.arizona.edu/1767/01/SIG-CR2004Olson.pdf〉.
102) 김태수. 분류의 이해(서울: 문헌정보처리연구회, 2000). p.83.

(다) Comte의 학문 분류

Auguste Comte(1798-1857)는 모든 지식을 이론적 지식과 실증적 지식으로 구분하였다. 이론적 지식은 다시 자연과학과 형이상학으로 구분하고, 자연과학은 다시 추상적 지식(모든 현상을 규정할 수 있는 법칙을 발견하는 영역)과 구체적 지식(법칙을 실제 존재하는 사물에 적용하는 영역)으로 구분하였다. 실증적 지식, 즉 실증과학은 단순에서 복잡으로 이르는 위계에 따라 수학과 5대현상군(천문학, 물리학, 화학, 생물학, 사회물리학)의 6개 실증과학으로 체계화하였다. Comte의 학문 분류는 후에 C. A. Cutter의 전개분류법(EC: Expansive Classification), 미국의회도서관분류법(LCC: Library of Congress Classification), 일본십진분류법(NDC)에 영향을 미친 학문 분류이다.

(라) Spencer의 학문 분류

Herbert Spencer(1820-1903)는 *The Classification of the Sciences*에서 이른바 추상성과 구체성의 진화론적 관점에서,[103] 추상과학(abstract science)과 추상-구체과학(abstract-concrete science), 구체과학(concrete science)로 구분하고 있다. 즉 추상성을 추구하는 과학으로 현상이 우리에게 알려지는 형식을 다루는 학문(논리학, 수학)과 현상 그 자체를 다루는 학문으로 구분하고, 현상 자체를 다루는 학문을 다시 추상성과 구체성을 겸한 과학으로 현상의 구성 요소를 다루는 학문(역학, 물리학, 화학 등)과 구체성을 추구하는 과학으로 현상 자체를 다루는 학문(천문학, 지리학, 생물학, 심리학, 사회학 등)으로 세분하였다.[104] 이를 요약하면 [그림 1-12]와 같다.

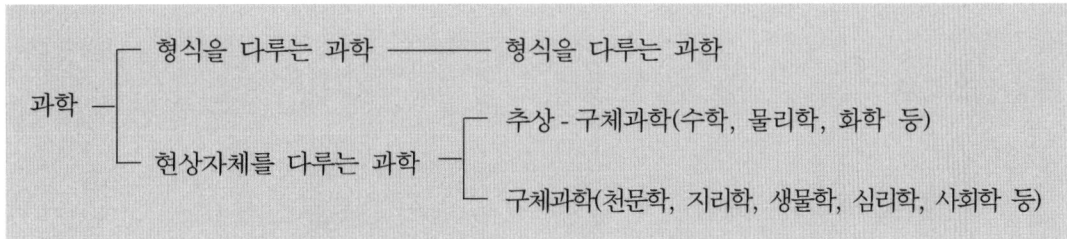

[그림 1-12] Spencer의 학문 분류의 개요[105]

---

103) 배영활. "학문분류의 발전과정과 문헌분류에 끼친 영향." 도서관 제41권 제2호(1986). p.30.
104) 김옥희. 認識論的 主題觀点에서의 知識과 文獻分類의 展開考(석사학위논문. 전남대학교, 1984). p.58.
105) Herbert Spencer. *Classification of the Sciences*(New York, D. Appleton and company, 1864). p.6.
⟨https://archive.org/stream/classifications01spengoog#page/n8/mode/2up⟩.

(마) 학문 분류가 문헌 분류표의 개발에 미친 영향

현대의 학문 분류는 학문의 목적, 대상, 방법 등 다양한 기준에 의한 분류를 채택하고 있으나, 문헌 분류에서는 이 중 대상에 의한 분류와 목적에 의한 분류를 주로 채용하고 있다.

이상의 근대 서양의 학문 분류 중 오늘날의 주요 분류표의 개발, 특히 주류(main classes)의 구성에 영향을 미치고 있는 학문 분류로는 Bacon과 Ampere, Comte의 학문 분류를 들 수 있는데, Bacon의 학문 분류는 Dewey의 DDC와 KDC, Ampere의 학문 분류는 Ranganathan의 CC, Comte의 학문 분류는 Cutter의 EC와 LCC, NDC에 영향을 미치고 있다([그림 1-13] 참조).

```
Bacon의 학문분류    →    Melvil Dewey의 DDC, KDC
Ampere의 학문분류   →    S. R. Ranganathan의 CC
Comte의 학문분류    →    C. A. Cutter의 EC, LCC, NDC
```

[그림 1-13] 학문 분류와 문헌 분류표의 영향 관계

1.7. 분류표와 분류 기호의 요건

자료나 문헌을 분류하기 위해서는 체계화된 표가 필요하게 되는데, 이러한 목적을 위해 개발된 것이 분류표이다. 일반적으로 분류표는 분류를 위한 용어들을 체계적인 순서로 편성하고 분류 기호와 색인을 갖추고 있다.

1.7.1. 분류표의 기본 요건

분류표가 갖추어야 할 기본적인 요건으로는 다음과 같은 것들이 있다.[106]

---

106) 志保田務, 高鷲忠美, 平井尊士. 情報資源組織法(東京: 第一法規, 2012). pp.184-185.; 윤희윤. 정보자료분류론. 제5판. (대구: 태일사, 2015). p.50.; 이창수. 자료분류론(서울: 한국도서관협회, 2014). pp.12-13.; 정필모. 문헌분류론(서울: 구미무역출판부, 1991). pp.19-20.

① 분류표의 체계: 전반적인 체계는 학계에서 객관성과 보편성을 인정받는 학문 분류를 바탕으로 해야 하며, 학문 분류 체계의 변화에 순응할 수 있는 유연성과 최신성을 갖추어야 한다.
② 분류표의 각 항목의 전개: 논리적인 원리와 원칙에 따라 분류 항목의 전개와 구분이 이루어져야 하며, 계층적 구조를 갖도록 하는 것이 바람직하다.
③ 용어법: 분류표에서 사용하는 용어는 그 의미가 명확하고, 시대에 적합하며, 통일성을 가지고 사용해야 한다.
④ 분류표의 전개 수준: 분류표는 구체적이고 상세하고 정밀하며, 도서관의 규모에 따라 적절히 적용할 수 있는 융통성을 가져야 한다.
⑤ 분류 원칙의 준수: 일관성, 망라성, 상호배타성, 점진성 등과 같은 분류 및 구분의 일반 원칙을 지켜야 한다.
⑥ 분류의 구성 요소: 분류표는 분류 기호는 물론 가능하면 본표와 보조표에 대한 상관 색인을 갖추고 있어야 한다. 특히 색인은 분류 항목을 쉽게 찾을 수 있도록 분류표의 주요 항목과 관련 항목들을 알파벳순이나 가나다순으로 배열하고 그에 해당하는 분류기호를 제시한 것으로, 오늘날에는 분류표상의 용어는 물론 이용자가 검색할 가능성이 있는 관련 용어들을 모두 수록한 상관 색인(relative index)이 일반적으로 사용되고 있다.
⑦ 총류와 형식류 등의 설정: 문헌 분류의 특성을 반영하는 총류(總類)와 형식류 등과 같은 인위적인 항목들을 설정해야 한다.
⑧ 분류 기호의 요건: 분류표는 적절한 분류 기호를 부여해야 하며, 사용하는 분류 기호는 기호법의 일반 요건을 충족해야 한다.
⑨ 해설과 사용법: 분류표는 편리하고 용이하게 이용할 수 있도록 가능한 한 상세한 해설이나 설명, 사용법을 마련해야 한다.
⑩ 유지·관리 기관: 분류표를 유지하고 관리할 수 있는 영구적인 기관에 의해 정기적이고 지속적인 개정과 관리가 이루어져야 한다.

1.7.2. 분류 기호의 요건[107]

분류 기호는 문헌의 배열 위치를 표시해주고 문헌의 배열과 검색을 용이하게 해주기 위한 수단이다. 대부분의 사람들은 문헌 분류하면 곧 분류 기호를 연상하는 것이 사실이지만, 거의 대부분의 분류학자들은 분류 기호를 '부차적인 것'[108]으로 간주하고 있다. Ranganathan도 분류기호의 부여와 관계되는 기호단계(notational plane)를 언어단계와 함께 아이디어단계에 대한 객(客)의 관계(master-slave relation)로 설명하고 있다. 즉 분류 기호는 분류표의 본질적인 것이 아니며, 하나의 수단에 불과하다는 것이다.

그러나 Buchanan의 지적과 같이, "이용자가 분류표를 수용할 가능성은 그 기호의 질-특히 이용의 편리성 - 에 상당히 크게 좌우되며, 병치(竝置)와 순서에 관한 모든 결정이 신중하게 이루어진 분류표가 그 기호 때문에 성공을 거두지 못할 수도 있다"[109]는 사실을 우리는 인정하지 않을 수 없다. 이 책의 제3장에서 상세히 살펴보게 될 문헌 분류에 관한 3단계 이론의 측면에서 본다면, 기호 단계는 아이디어 단계의 발견 결과를 구현하는 단계이므로, 아이디어나 지식을 수용할 수 있도록 하는 기호법을 개발해야 하는 것이다. 그러나 실제의 문헌분류표에서는 기호의 한계나 제약 때문에, 아이디어의 전개에 지장을 받는 경우가 많은 것이 사실이다. 따라서 분류를 손상시키지 않도록 하기 위해서는, 기호의 속성과 질을 신중하게 고려하여 분류 기호를 부여해야 한다.

분류 기호는 분류상의 배열 순서를 나타내기 위해 사용되는 서수(ordinal numbers)로 된 인공 언어(artificial language)로,[110] 분류 언어(classificatory language)라고도 한다. 분류 언어는 어떤 주제나 그 주제를 담고 있는 문헌을 배열하기 위한 것으로, 분류학자의 통제를 받게 되는 통제어(controlled language)이다.

이와 같은 분류 기호는 기본적으로 기호 사용의 편리성에 영향을 미치는 속성과 분류표에 갖추어져야 할 모든 유에 유일한 기호가 부여되도록 하는 속성의 두 가지 속성을 기

---

107) 이 소절의 내용은 저자의 다음 자료의 내용을 바탕으로 하였음. 오동근. "분석적 합성식 문헌분류법에 관한 연구." 한국문헌정보학회지 제32권 제2호(1998). pp.55-76.
108) H. E. Bliss. *The Organization of Knowledge on Libraries and the Subject Approach to Books*. 2nd ed. (New York: The H. W. Wilson Company, 1939). pp.47-48.
109) Brian Buchanan. 문헌분류이론. 정필모, 오동근 공역(서울: 구미무역출판부, 1989). p.88.
110) Krishan Kumar. *Theory of Classification*. 2nd ed. (New Delhi: Vikas Publishing House, 1981). p.15.

본적으로 갖추어야 한다. 이러한 목적을 위해 사용되는 대표적인 분류 기호로는 다음과 같은 종류들이 있다.
- ① 문자 기호: 알파벳 문자(대문자, 소문자), 그리스 문자, 로마자, 한글, 가나(假名), 한자 등
- ② 숫자 기호: 아라비아 숫자, 로마 숫자, 한글 숫자, 한자 숫자 등
- ③ 특수 문자나 부호: 수학 부호, 각종 특수 문자 등

또한 사용하는 분류 기호의 종류에 따라 단 한 종류의 문자나 숫자만을 사용하는 순수기호법(pure notation)과 문자나 숫자, 각종 특수 문자 등을 함께 사용하는 혼합기호법(mixed notation)이 있다.

이러한 속성을 가질 수 있는 분류 기호의 성질과 요건에 대해서는 학자마다 다양한 견해를 보이고 있으나, 공통적인 요소들을 살펴보면 다음과 같다.[111]

- ① 명확한 순서(ordering): 분류 기호는 순서를 잘 나타내 줄 수 있어야 한다. 주지하는 것처럼, 기호는 순서를 결정해주는 것이 아니라 이를 반영하는 것이다. 이 경우에 당연한 이야기처럼 들리겠지만, 순서가 명확하다는 것은 아주 중요한 요건이다. 예를 들어 DDC의 분류 기호로 사용되는 아라비아 숫자와 불교 경전의 분류에 사용되는 천자문의 한자(漢字)를 비교해 보면, 이 성질의 중요성을 잘 이해할 수 있을 것이다.
- ② 간결성(짤막성, brevity): 간략하다는 것은 지나치게 길지 않도록 해야 한다는 것이다. 기호는 시각적으로나 발음상으로 가능한 한 짧고 간결해야 한다. 분류 기호의 길이로는 아라비아 숫자만 사용하는 순수기호법보다 여러 기호를 사용하는 혼합기호법의 경우가 짧아지지만, 발음상으로는 그 반대인 경우가 많다.
- ③ 단순성(simplicity): 분류 기호는 그 형태가 단순해야 한다. 단순하다는 것은 복잡하지 않도록 해야 한다는 것이다. 이것은 읽고, 쓰고, 기억하고, 회상해내는 데 도움이 될 것이다. 문자보다는 숫자가 단순하며, 여러 기호를 함께 사용하는 혼합기호법

---

111) H. E. Bliss. *op. cit.* p.54.; Brian Buchanan. *op. cit.* p.94; Rita Marcella & Robert Newton. *A New Manual of Classification*(Hampshire: Gower, 1994). pp.47-61.; J. Mills. *A Modern Outline of Library Classification* (London: Chapman & Hall, 1962)(일본어판: J. Mills. 現代圖書館分類法槪論. 山田常雄 譯. (東京: 日本圖書館研究會, 1982). pp.38-43.; 志保田務, 高鷲忠美, 平井尊士. 情報資源組織法(東京: 第一法規, 2012). p.186.; 이창수. 자료분류론(서울: 한국도서관협회, 2014). pp.13-15.

(mixed notation)보다는 한 종류의 기호만을 사용하는 순수기호법(pure notation)이 단순성에 적합하다.

④ 신축성(flexibility) 또는 수용력(hospitality): 분류 기호는 분류의 전체 체제를 흩트리지 않고 새로운 주제를 적절한 위치에 삽입하기가 용이해야 한다. 즉 지식의 발전에 따른 새로운 주제와 토픽들의 출현에 대비하여 이들을 분류표의 적절한 위치에 삽입할 수 있도록 하는 능력을 갖추어야 한다.

⑤ 계층성(hierarchy) 또는 표현력(expressiveness): 기호는 주제와 토픽들의 계층적 관계를 표현할 수도 있다. 이것은 주제와 토픽들의 상하 관계, 동위 관계 등 분류 체계의 계층 구조를 분류 기호를 통해 표현하는 것으로, 반드시 필수적인 요건이라고는 할 수 없다.

⑥ 조기성(mnemonics): 가능한 한 동일 개념에 동일 기호를 부여함으로써 기억하기 쉽도록 해야 한다. 조기성은 기억을 도와주는 성질로서, 기호 체계 속에 조기법을 적용시키면 검색할 때 추리를 도울 수 있는 장치가 된다. 특히 CC를 비롯한 분석합성식 분류표의 경우에는 이와 같은 조기성의 도입에 많은 관심을 보이고 있다.

⑦ 상(相) 관계(phase relationships)의 표현: 기호는 패싯의 각각의 변화와 상 관계의 성격을 나타내줄 수 있어야 한다. 패싯의 구분을 위해서는 패싯 지시 기호(facet indicator)를 도입하고, 비교 관계나 영향 관계와 같은 상 관계를 나타내기 위해 다양한 기호들을 사용하기도 한다.

⑧ 통용성(currency): 분류 기호는 특히 국제적으로 활용되는 분류표의 경우에는 가능하면 국제적으로 널리 사용되는 것이 좋다.

이상의 여러 가지 점을 고려하여 분류표에 적합한 기호법을 선택하는 것은 결코 쉬운 일이 아닐 것이다. 때로는 이상의 요건이 서로 상충하는 경우가 생기는 것도 사실이다. 예를 들어, 기호로 하여금 계층적 관계를 표현할 수 있도록 하거나 조기성을 갖도록 하기 위해서는 기호가 길어질 수도 있다. 이것은 기호는 간략해야 한다는 점과는 상충되는 것이다. 따라서 분류표를 설계할 때는 이러한 요건 가운데 우선순위를 정해야 할 수도 있다.

1.8. 분류표의 종류와 특성

분류표는 그 구조 원리나 작성 방식에 따라 열거식과, 준열거식, 분석합성식, 기호법에 따라 십진식과 비십진식, 지식이나 주제의 적용 범위에 따라 종합(일반)분류표와 특수(전문)분류표, 작성 의도에 따라 한 도서관에서만 사용하기 위해 작성되는 일관(一館)분류표와 각종도서관에서 공통적으로 사용하도록 할 목적으로 간행되는 표준분류표(standard classification)로 구분하기도 한다.

1.8.1. 열거식 분류표와 분석합성식 분류표[112]

(1) 유형별 특성

우선 열거식분류표(enumerative classification)에서는 본질적으로 하나의 표에 과거와 현재, 예상되는 미래의 모든 주제들을 열거하게 된다.[113] 아울러 이 유형의 분류표에서는 관련되는 지식 분야를 어떤 분류특성에 따라 하위 주제로 계속하여 세분해 나가게 되는데, 이와 관련하여 이를 계층식 분류법 또는 하향식 접근법(top down approach)이라고도 한다.[114] 따라서 이 분류표에서는 기본 주제는 물론 합성 주제, 복합 주제 등의 모든 주제가 분류표에 열거되며, 대부분의 주제에 대해 미리 만들어진 분류 기호를 제공하게 된다. 일반 분류표 가운데는 미국의회도서관분류법(LCC: Library of Congress Classification)이 열거식 분류표의 대표적인 유형에 해당한다.

분석합성식 분류표는 모든 주제들을 분류표에 일일이 열거하는 대신에, 지식의 각 분야를 어떤 분류 특성을 기초로 하여 패싯(facet)으로 불리는 기본 주제로 구분하고, 분류표도 이러한 기본주제와 이를 합성하기 위한 공통구분표(common isolate)와 특수구분표(special isolate)만으로 작성하게 된다. 따라서 이러한 유형의 분류표에는 합성 주제나 복

---

[112] 이 소절의 내용은 저자의 다음 자료의 내용을 바탕으로 하였음. 오동근. "분석적 합성식 문헌분류법에 관한 연구." 한국문헌정보학회지 제32권 제2호(1998). pp.55-76.
[113] S. R. Ranganathan. *Prolegomena to Library Classification*(New York: Asia Publishing House, 1967). p.95.
[114] Eric Hunter. *Classification Made Simple*(Aldershot: Gower, 1988). p.34. Hunter는 열거식 분류표라는 용어 대신에 계층식 분류표라는 용어를 주로 사용하고 있는데, 색인에서 '열거식 분류표'(enumerative classification)는 '계층식 분류표'(hierarchical classification)를 보도록 지시하고 있는 것으로 보아, 두 용어를 동일한 용어로 사용하고 있는 것으로 판단된다.

합 주제는 열거되지 않으며, 이러한 주제들은 실제 분류 작업이 이루어질 때 이들을 구성하는 기본 주제와 공통구분표 및 특수구분표의 기호들을 결합하여 구성하게 된다. 분석합성식 분류표는 분류의 연속적인 과정에서 일어나는 이러한 분석(analysis)과 합성(synthesis)이라는 과정을 중시하여[115] 부여된 이름인 것이다. 일반분류표 가운데는 CC(Colon Classification)와 BC(Bibliographic Classification)가 분석합성식 분류표의 대표적인 유형에 해당한다.

준열거식 또는 절충식 분류표는 열거식 분류표와 분석적 합성식 분류표의 방법을 절충하여 사용하는 방식으로, 기본적으로는 열거식 분류표에 분석합성식의 기법을 도입하는 경우가 대부분이므로, 준열거식 분류표로 불리는 경우가 많다. 일반분류표 가운데는 UDC(Universal Decimal Classification)와 DDC(Dewey Decimal Classification)가 준열거식 또는 절충식분류표의 대표적인 유형에 해당한다.

분류표의 발전 역사에서 보면, 1876년 Dewey에 의해 열거식을 바탕으로 하는 일반 분류표가 출현한 이후로 열거식 위주의 분류표가 주류를 이루어왔다. 그러나 1930년대부터 Ranganathan의 문헌 분류 이론에 대한 연구 성과를 바탕으로 하여 분석합성식 분류 이론이 제시된 이래로, 특히 인도의 분류학자들을 중심으로 한 CC에 대한 연구와 Vickery와 Mills 등을 중심으로 하는 CRG(Classification Research Group)의 회원들에 의한 특수 분류표에 대한 분석적 합성 이론의 적용을 통해 분석합성식 분류 이론의 연구는 상당한 성과를 거두고 있다. 오늘날에는 기존의 열거식 위주의 분류표에서도 분석합성식 분류표의 기법들을 부분적으로 받아들이고 있는 상황이다. 따라서 문헌분류표는 열거식 분류표로부터 분석합성식 분류표의 방향으로 발전되고 있다고 할 수 있을 것이다.

(2) 분석합성식 분류표의 장점과 단점

분석합성식 분류표는 열거식 분류표보다 후에 나타난 분류표이기 때문에, 당연히 열거식 분류표가 갖는 문제점이나 단점을 극복하기 위해 출현했다고 할 수 있을 것이다.

우선 분석합성식 분류표의 장점은 다음과 같다.[116]

---

115) S. R. Ranganathan. *Colon Classification*, 7th ed. (Bangalore: Sarada Ranganathan Endowment for Library Science, 1989). p.8.
116) Brian Buchanan. 문헌분류이론. 정필모, 오동근 공역(서울: 구미무역출판부, 1989). pp.38-43.; Eric Hunter. *Classification Made Simple*(Aldershot: Gower, 1988). p.58.; Rita Marcella & Robert Newton. *A New Manual of Classification*(Hampshire: Gower, 1994). pp.30-31.

① 분석합성식 분류표의 장점은 분류표 편찬자의 입장에서 보면, 열거식 분류표에 비해 편찬하기가 용이하다는 점이다. 그 이유는 앞서도 살펴본 것처럼, 이 유형의 표에서는 기본 주제만을 열거하게 되고, 합성 주제나 복합 주제는 열거하지 않기 때문이다. 따라서 열거식 분류표에 비해 작성 시간이 적게 들고 작업도 덜 복잡하게 된다.
② 분석합성식 분류표는 열거식 분류표에 비해 부피가 적어질 수 있다. 그 이유는 합성 주제와 복합 주제는 물론 반복적으로 나타나는 주제를 열거할 필요가 없기 때문이다. 이것은 같은 일반 분류표인 LCC와 DDC, CC의 분량을 비교해 보면 바로 알 수 있을 것이다. 그러나 분량이 적다고 해서 분류 작업이 어려워지는 것은 아니다. 분석합성식 분류표를 사용하여 기본 주제는 물론 합성 주제, 복합 주제의 분류도 가능한 것이다.
③ 새로운 주제를 분류표에 삽입하기가 용이하며, 따라서 지식의 폭발적 발전에 대처하기가 용이하다. 새로이 출현하는 주제가 분류표에 포함되어 있는 기존의 개념을 활용하여 분류할 수 있을 경우에는 분류표에는 더 이상의 어떤 작업도 할 필요가 없다. 다만 분류 작업시 기존의 개념들을 활용하여 합성하기만 하면 될 것이다. 그것이 새로운 기본류를 포함하고 있을 경우에는 그 기본류만을 분류표에 추가하면 될 것이다. 정기적인 개정을 통하여 관련되는 모든 경우를 상정하여 분류표에 이를 추가해야 하는 열거식 분류표와 비교해볼 때 그 이점은 분명해질 것이다. 아울러 모든 주제를 분류표에 빠짐없이 완전히 열거한다는 것이 이론적으로나 현실적으로 불가능하다고 보면, 이것은 결코 작은 이점이 아닐 것이다.
④ 조기성(助記性)을 광범위하게 도입할 수 있다. 동일 주제에 대해서는 언제나 동일한 기호를 사용하고, 공통구분표나 특수구분표를 전체적으로 도입하게 되므로, 기억하기가 용이하게 되는 것이다.
⑤ 분류담당자가 자신의 도서관에 적합한 문헌의 그룹화 방식을 선택하기가 용이하다. 분석합성식 분류표는 문헌의 그룹화에 영향을 미치는 열거 순서나 패싯 배열식(facet formula)을 선택하는 데 유연성을 부여할 수 있기 때문에, 자국 우위(local emphasis)를 취하기가 용이하다.

한편 분석합성식 분류표는 다음과 같은 단점을 가지고 있다.[117]
① 합성에 의해 만들어지는 분류 기호가 때로는 열거식의 경우보다 더 길고 복잡해질 수 있다. 아울러 이와 같은 기호는 문헌을 서가상에 배열하는 데 불편을 줄 수도 있다.
② 분류 작업을 할 때 열거 순서(citation order)가 어려움을 야기할 수도 있기 때문에, 분류 담당자가 더 많은 사고(思考)를 해야 할 수도 있다. 분류표 자체에 기본 주제는 물론 합성 주제와 복합 주제가 열거되고 그에 대한 기호가 부여되어 있어, 이를 그대로 가져다가 부여하는 열거식 분류표를 사용한 분류 작업과는 달리, 분석합성식 분류표를 사용하는 분류 작업의 경우는 열거 순서나 패싯 배열식 등에 유의해야 한다.

(3) 분석합성식 분류표의 작성 과정

분류표의 작성은 실제 분류작업과는 별개로 이루어지게 되며, 실제의 분류 작업에서는 분류표의 작성자들이 고안해낸 분류표를 활용하여 문헌에 분류 기호를 부여하고 필요에 따라 서가상에 배열하게 된다. 따라서 일반적으로 분류표의 작성자(classificationist)와 분류담당자(classifier)는 그 관심사가 다르다고도 할 수 있을 것이다. 그러나 분류표의 작성 과정에 대한 이해가 분류 업무의 수행에 상당한 도움을 줄 수 있는 것이 사실이고, 아울러 분석합성식 분류표에 대해 올바로 이해하기 위해서는 그 작성 과정에 대해서도 반드시 파악해 두어야 한다.

분석적 합성식 분류표의 작성 단계에 대해서는 학자들에 따라 견해가 반드시 일치하는 것은 아니지만, 분석합성식 분류표 작성의 핵심이 되는 것은 각 주제들을 기본적인 구성 요소가 되는 패싯으로 나누는 패싯 분석(facet analysis)과 분류 작업시에 각 패싯의 순차 - 이른바 주류의 순서와 열거 순서(citation order), 배열 구조(array)상의 순서 - 를 결정하는 문제, 그리고 기호법(notation)의 문제이다.

(가) 패싯 분석

문헌 분류는 기본적으로 주제에 대한 분류로서, 주제 분석(subject analysis) 또는 구분(division)은 문헌 분류 과정의 중요한 기본적 단계가 된다. 분석합성식 분류의 첫 번째 단계도 역시 글자 그대로 분석의 단계이다. 특히 합성 주제나 복합 주제의 분류를 가능하도

---

[117] Brian Buchanan. 문헌분류이론. 정필모, 오동근 공역(서울: 구미무역출판부, 1989). p.43.; Eric Hunter. *Classification Made Simple*(Aldershot: Gower, 1988). p.58.

록 하기 위해서는, 이 주제들을 어떤 분류 특성을 바탕으로 하여 그 구성 요소(component parts)로 구분하게 되는데, 이 때 이 구성 요소를 패싯(facet)이라 한다. 패싯 분석(facet analysis)이란 이와 같이 어떤 주제를 패싯으로 분석하는 것을 말한다.

이러한 패싯 분석의 아이디어는 1930년대에 Ranganathan에 의해 체계화되었다고 할 수 있다. 이 패싯 분석에 관련된 원칙들은 그가 만들어낸 원칙들 가운데 가장 강력하고도 영향력 있는 원칙들로, 20세기의 주제분석의 기초가 되고 있다는 평가를 받고 있다.[118]

모든 문헌 분류는 주제 분석을 기본으로 하고 있기 때문에, 당연히 전통적인 열거식 분류에서도 주제에 대한 분석이 이루어진다. 이러한 분류에서 채택하고 있는 구분 규칙들은 논리학 교과서에서 볼 수 있는 논리적 구분(logical division)의 규칙과 같은 것으로 간주되어 왔다.[119] 그러나 전통적 분류에서는 전반적인 관계가 아닌 특정의 관계만이 나타나는 경우가 대부분이다. 그리하여 이와 같은 하향적(top down) 분석 방법을 채택하고 있는 기존의 논리적 구분 방식을 CRG(Classification Research Group)에서는 채택하지 않고, Ranganathan이 제시한 패싯 분석 기법을 선택했던 것이다.[120] 패싯 분석은 기본적으로 상향적(bottom up), 귀납적(inductive) 분석 방법을 채택하게 된다. 이 경우에는 용어가 어떤 구분 특성을 바탕으로 하여 그 모체류(parent class)에 따라 범주화되게 된다. Ranganathan이 제시하고 있는 PMEST의 5개 기본 범주는 대표적인 예이다.

패싯 분석을 위해서는 우선 대표적인 표본들을 추출해내어 이를 포커스(focus)[121]가 될 수 있는 개념들로 분석해야 한다. 다음 단계는 그 개념들을 파악하여 적절한 구분 특성에 따라 패싯으로 그룹화해야 한다. 패싯으로 그룹화 하는 과정에서는 동의어(synonym)와 동음이의어(homonym)를 파악해내고, 아울러 합성 주제나 복합 주제를 찾아내어야 한다.[122]

이상의 단계는 Ranganathan이 말하는 아이디어단계(idea plane)로서 분석적 합성식 분류의 가장 중요한 단계이다. 따라서 이 단계에서는 관련되는 주제에 대한 모든 분석이 빠짐없이 이루어져야 하는데, 이를 위해 Ranganathan은 여러 분류 규준(canons)을 제시한

---

118) Lois Mai Chan, P. A. Richmond & E. Svenonius, ed. *Theory of Subject Analysis: A Sourcebook*(Littleton: Libraries Unlimited, 1985). pp.86-87.
119) J. Mills. *A Modern Outline of Library Classification*(London: Chapman & Hall, 1962)(일본어판: J. Mills. 現代圖書館分類法槪論. 山田常雄 譯(東京: 日本圖書館硏究會, 1982). pp.7-8.
120) Lois Mai Chan, P. A. Richmond & E. Svenonius, ed. *op. cit.* p.155.
121) 분류 이론에 관련된 국내의 상당수의 자료에서는 '패싯'과 '포커스'를 구분 없이 사용하는 경우가 많으나 이는 분명히 다른 개념으로써, 이하의 예들을 통해 명확해질 수 있을 것이다.
122) Brian Buchanan. *op. cit.* p.61.

바 있다.123) 이와 같은 분류 규준은 분석적 합성식 분류표의 작성에 아주 유용하게 활용될 수 있다. 예를 들어 망라성의 규준(canon of exhaustiveness)은 어떤 분류 특성을 기준으로 하든 모든 분류지를 망라적으로 빠짐없이 열거하도록 하고 있다.

패싯에 대한 분석이 끝나게 되면, 그 분석을 토대로 각 패싯내의 포커스들의 순서도 정해질 수 있을 것이다. 그러나 그에 대한 순서의 설정과 기호 부여는 열거 순서 등 다른 순서와의 관계도 충분히 고려해야 하므로, 기호의 부여는 각종 순서가 결정된 이후에 이루어지는 것이 바람직할 것이다.

(나) 주류의 순서

주류(main classes)는 분류표에 나타나는 제일 첫 번째의 구분 단계이다. 주류는 분류표의 총체적인 구조에 직접적인 영향을 미치게 되므로, 그 구분 정도뿐만 아니라 그 순서는 분류표에서 중요한 역할을 하게 된다. Sayers는 이를 거시적 순서(macro order)라고 하였다.124)

일반적으로 주류는 지식 영역에 대한 관습적인 구분에 따르는 경우가 많은데, 일반 분류표의 경우는 지식의 모든 영역을 망라하게 된다. 이론적인 면에서 보면, 각각의 주류는 학문 전 영역이라는 하나의 배열 구조(array)에 속하는 동위류라 할 수 있을 것이다. 따라서 각 주류는 서로 대등한 수준의 것이어야 함은 물론이다. 그러나 현실적으로 보면, 현행의 분류표들은 분류표마다 주류의 수와 구분 정도에 있어서는 물론 대등 관계에 있어서도 서로 차이를 보이고 있다. DDC의 예만 하더라도, 주류가 인문과학에 지나치게 편중되어 있다거나, 언어와 문학이 따로 구분되어 있다는 점이 늘 비판의 대상이 되고 있다.

또한 현행의 대부분의 분류표들은 SC를 제외하고는 모두가 주제가 아닌 학문이나 연구 영역에 의해 주류들을 선정하고 있다. 이런 의미에서 오늘날의 분류표들은 학문적 분류표 또는 측면적 분류표(aspect scheme)125)라 할 수 있을 것이다. 이것은 분류표에서 특정의 주제들을 한 곳에 모으기보다는, 그 주제들을 어느 측면에서 다루는가하는 학문적 관점에서 함께 모은다는 것이다. 따라서 동일한 주제라 하더라도 그 취급 방법에 따라 분류표에서는 여러 곳에 분산될 수 있는 것이다. DDC의 예를 들면, '결혼'이라는 주제는 결혼 음악에 관련된 경우는 음악에 분류되고, 결혼의 법적 문제는 법률학에 분류되고, 결혼의 사

---

123) Ranganathan의 분류 규준에 대해서는 제2장을 참조하라.
124) A. Maltby. *Sayers' Manual of Classification for Librarians*. 5th ed. (London: Andre Deutsch, 1978). pp.57-59.
125) Brian Buchanan. 문헌분류이론. 정필모, 오동근 공역(서울: 구미무역출판부, 1989). p.126.

회적 측면은 사회학에 분류되는 것과 같다.

　이와 같은 문제들을 고려하여 주류의 선정이 완료되면, 이를 어떤 순서로 배치해야 한다. 주류의 순서가 갖는 중요성에 대해서는 분류학자들마다 다소간의 견해차가 있는 듯하다. Buchanan은 이용자는 자기가 관심을 가지고 있는 주류 안에서의 순서와 병치(竝置)에 대해 관심을 가지고 있을 뿐이기 때문에, 이 순서가 분류표의 효율성에 대단할 정도로 영향을 미치는 것은 아니라고 주장하고 있다.[126] Ranganathan도 이에 대해서는 상당히 무관심했고, 그보다는 유내의 미시적 순서(micro order)에는 상당히 엄격했던 것으로 평가되고 있다.[127] 그리하여 Ranganathan은 분류표의 계획에 있어서 주류의 순서는 어느 정도 견뎌낼 수 있는 한에서는 아주 중요한 것은 아니라고 주장하고 있다.[128] 한편 Bacon의 학문분류에 영향을 받은 것으로 알려지고 있는 DDC는 주류의 인문과학편중은 물론 언어와 문학의 분리, 역사와 사회과학의 분리 등으로 그 순서에서도 비판을 받고 있는 것이 사실이다. 이것은 Dewey가 철학적 연원이 모호한 초기의 분류표에 근거했기 때문이기도 하지만,[129] 어쨋든 주류의 배열에 관심이 부족했음을 보여주는 것은 사실이다.

　반면에 Bliss는 자신의 BC 이전에 개발된 일반분류표들은 학식있는 사람들의 눈으로 볼 때 도서관학이라는 전문직의 위엄을 갖추는 데 실패했다고 주장하고 있다.[130] 이 말은 이전의 분류표들이 철학적으로 튼튼한 토대를 갖추고 지식의 광범위한 영역들을 연결시키고 학문적 사상을 반영하도록 하는 것이 중요함을 지적하는 것이다. 또한 C. A. Cutter와 E. C. Richardson도 영속성을 가질 수 있는 분류는 진정한 과학적 순서를 지켜야 한다고 생각한 바 있다[131]

　Sayers의 지적대로 주류의 순서에 대한 연구와 기존의 순서에 대한 비판과 개선 노력은 가치가 있는 것이다.[132] 따라서 이용자의 편의성을 위해서는 적어도 Buchanan이 이른바 '견뎌낼 수 있는 순서'로 하기 위해 제시한 두 가지 원칙, 즉 관련된 주류는 병치되어야 하고, 다른 주류에 좌우되거나 다른 주류로부터 또는 다른 주류보다 더 나중에 개발된 주류는 그 주류 다음에 오도록 해야 한다는 원칙[133]은 지켜져야 할 것이다.

---

126) Brian Buchanan. *op. cit.* p.132.
127) Rita Marcella & Robert Newton. *A New Manual of Classification*(Hampshire: Gower, 1994). p.35.
128) Brian Buchanan. *op. cit.* p.133. 재인용.
129) Rita Marcella & Robert Newton. *op. cit.* p.35.
130) *Ibid.* p.35.
131) *Ibid.* pp.35-36.
132) A. Maltby. *op. cit.* p.59.
133) Brian Buchanan. *op. cit.* p.133.

(다) 열거 순서

열거순서(facet order)는 어떤 유(class)에 나타나는 둘 이상의 특성, 즉 패싯들을 기호를 합성하기 위해 결합할 때 적용하는 순서를 말한다. 따라서 합성 주제나 복합 주제의 경우는 이를 구성하기 위한 패싯들의 배열 순서가 바로 열거 순서가 된다. 이런 의미에서 Ranganathan은 열거 순서라는 용어보다는 패싯 순차(facet sequence)라는 용어를 사용하고, 그 순서를 결정해주는 식을 패싯 배열식(facet formula)이라 부르고 있다. 따라서 CC의 각 유에는 항상 패싯 배열식이 열거되고 있다.

다른 의미에서 보면 열거 순서는 구분 특성(characteristic of division)을 구분의 대상이 되는 영역, 즉 피구분체에 적용하는 순서라고도 할 수 있을 것이다. 예컨대 문학이라는 피구분체는 문학이라는 학문 패싯과 언어 패싯, 문학 형식 패싯, 시대 패싯 등으로 분석할 수 있는데, 이 때 이 패싯들을 어떤 순서로 열거할 것인가 하는 것이 바로 열거 순서가 된다. 그것은 결국 문학이라는 피구분체에 어떤 순서로 각각의 구분 특성을 적용할 것인지를 결정하는 것과 마찬가지인 것이다.

한편 열거 순서와 혼동하기 쉬운 개념으로 우선순위(preference order)가 있다. 우선순위는 기호를 합성할 때 그 기호들이 합성 주제나 복합 주제의 서로 다른 특성들을 완전하게 나타낼 수 없을 때 그 가운데 어느 것을 선택해야 할는지를 지시해주는 순서를 말한다. 따라서 우선순위에서 탈락된 패싯은 합성된 분류 기호에는 나타나지 않는다. 그러나 열거 순서의 경우는 열거되는 순서는 다르지만, 합성된 기호에 모든 패싯들이 나타나게 되는 것이다.

어떤 열거 순서를 선택하느냐에 따라 합성 주제나 복합 주제를 다루는 문헌들은 함께 모일 수도 있고 분산될 수도 있기 때문에 열거 순서는 중요한 의미를 갖는다. 즉 문학의 예에서 언어 패싯을 문학 형식 패싯보다 먼저 열거하게 되면 동일한 언어로 된 문학 작품들은 한 곳에 모일 수 있게 되는 반면, 시나 드라마, 소설, 수필 등의 작품들은 작성된 언어별로 분산되게 되는 것이다. 그러나 문학 형식 패싯을 언어 패싯보다 먼저 열거하게 되면 동일한 형식의 문학 작품들은 한 곳에 모이는 반면, 동일한 언어의 작품들이 문학 형식에 따라 분산될 수밖에 없는 것이다. 따라서 열거 순서는 문헌들을 우선적으로 함께 모을 수 있는 순서에 따라 결정해야 한다.

열거 순서는 물론 이용자의 요구 내지는 필요성을 근거로 결정해야 한다. 그것은 결국 이용자에게 도움이 되는, 즉 유용성을 갖는 순서(helpful order)일 것이다. 그러나 문제는 어떤 순서가 이용자에게 유용한가하는 데 있다. 아울러 모든 이용자에게 유용한 순서, 그리고 모든 주제에 망라적으로 적용될 수 있는 유용한 순서는 존재하지 않을 것이다. 따라서 주제 분야에 따라 다양한 순서들이 유용한 역할을 수행할 수도 있을 것이다.

열거 순서의 결정에는 분류학자들이 제시하고 있는 일반 원칙들이 도움이 될 수 있을 것이다. 여기에는 Ranganathan이 패싯과 배열 구조의 유용한 순서를 결정하기 위한 규범으로 제시한 원칙(principles)134)들을 비롯한 분류학자들이 제시한 다양한 원칙들을 적용할 수 있을 것이다. Buchanan은 더 구체적인 것은 구체성이 적은 것보다 더 앞에 열거해야 한다는 구체성 감소의 원칙(principle of decreasing concreteness)과 그 주제의 연구 목표를 나타내는 유는 다른 어떤 유보다도 더 앞에 열거해야 한다는 목표 또는 최종 결과의 원칙(principles of purpose or end-product), 열거 순서는 교육받은 사람들이 그 주제의 구조로 생각하는 방법 특히 교육이 이루어지는 방식에 따라야 한다는 합의의 원칙(principle of consensus), 종속된 주제는 그 주제가 의존하고 있는 유의 다음에 열거해야 한다는 벽과 그림의 원칙(wall-picture principle: Ranganathan이 제시한 원칙)을 소개하고 있다.135)

(라) 배열 구조상의 순서

하나의 동일한 패싯에 속하는 포커스들은 이른바 동위류 또는 등위류(coordinate class)로서, 이와 같이 계층 구조상 같은 레벨에 있는 동위류들의 집합을 배열 구조(配列構造: array)136)라 한다. 예를 들어 국가 패싯에 속하는 한국과 중국, 일본, 미국 등으로 이루어지는 국가들의 집합이나, 문학 형식 패싯에 속하는 시와 드라마, 소설, 수필 등으로 이루어지는 문학 형식들의 집합이 바로 배열 구조가 된다. 분류표에서는 유들의 순서화가 필수적이기 때문에, 배열 구조 내의 유들의 배열 순서를 결정해야 한다.

---

134) Ranganathan은 기본적으로 PMEST의 열거순서를 채택하도록 하고 있으므로, 열거순서에 대해서는 많은 원칙을 제시하고 있지는 않다. 그의 열거순서(패싯 순차)에 관한 네 개의 원칙 및 배열구조상의 유용한 순서의 원칙에 대해서는 각각 S. R. Ranganathan. *Prolegomena to Library Classification*(New York: Asia Publishing House, 1967). pp.412-434 및 pp.181-197 참조.
135) Brian Buchanan. 문헌분류이론. 정필모, 오동근 공역(서울: 구미무역출판부, 1989). pp.49-50.
136) 'array'는 배열(配列)로 번역하는 것이 좋을 듯하나, 이는 동사에서 온 배열(排列: arrangement)과 동일한 음을 갖는다는 문제도 있어, 명사임을 분명히 나타낼 수 있도록 이와 같이 사용하고자 한다.

이 순서는 경우에 따라서는 임의적인 순서나 알파벳순으로 할 수도 있겠으나, 분류에서 대상으로 하는 사람들의 목적에 유용한 체계적인 순서를 선택해야 할 것이다. 그러나 모든 주제에 망라적으로 적용될 수 있는 유용한 순서는 존재하지 않을 것이며, 주제에 따라 다양한 순서들이 유용한 역할을 수행할 수 있을 것이다. 이 순서 역시 밀접하게 관련된 자료들을 함께 모으고 유사성이 적은 자료들을 분산시키는 데 중요한 역할을 하게 된다.

1.8.2. 십진식 분류표와 비십진식 분류표

(가) 십진식 분류표

십진식분류표(decimal classification)는 순수 아라비아 숫자를 사용하여 주제의 내용을 10구분씩 점진적으로 세분하여 계층 구분하는 분류 시스템으로, 대표적인 예로는 DDC, UDC, KDC, KDC(P), NDC 등이 있다.

십진식 분류표는 다음과 같은 장점을 가지고 있다.[137]

① 아라비아 숫자로 된 분류 기호가 단순하고, 이해하기 쉬우며, 순서성이 명확하다.
② 분류 기호의 상하 관계가 분명하여 용이하게 개념을 파악할 수 있다.
③ 분류 기호가 신축성이 있기 때문에 계속적인 전개를 통해 새로운 주제를 용이하게 삽입할 수 있다.
④ 대부분의 경우 조기성(助記性)이 풍부하여 기억하기 쉽다.
⑤ 아라비아 숫자를 사용하기 때문에 국제적 통용성을 가지며 실용적이다.
⑥ 특히 상관색인이 갖추고 있을 경우 사용하기가 편리하다.

십진식 분류표는 다음과 같은 단점을 가지고 있다.[138]

① 기수(基數, base)가 제한되어 분류지(分類肢)가 9개로 한정되어 있어 형식적이고 동위류의 전개 능력이 떨어지는 등 기호 배분상의 문제가 있다.

---

[137] 이창수. 자료분류론(서울: 한국도서관협회, 2014). p.19.; 일본도서관정보학회 용어사전편집위원회 편. 문헌정보학 용어 사전. 오동근 역(대구: 태일사, 2011). p.319.; 최정태, 양재한, 도태현. 문헌분류의 이론과 실제(부산: 부산대출판부, 1998). p.21.
[138] 이창수. op. cit. p.20.; 일본도서관정보학회 용어사전편집위원회 편. op. cit. p.319.; 최정태, 양재한, 도태현. op. cit. p.21.

② 10개씩 점진적으로 전개해 나가는 지식 전체에 대한 구분이 지나치게 기계적이고 인위적이 될 가능성이 높다.
③ 새로운 항목을 적절한 위치에 삽입하기가 곤란한 경우가 많고, 그로 인해 주제의 배열에 비논리적인 곳이 많아질 가능성이 있다.
④ 십진식 전개에 의해 분류 기호가 불필요하게 길어지는 경우가 생길 수 있다.

(나) 비십진식 분류표

비십진식 분류표(non-decimal classification)는 십진식의 전개 방식을 사용하지 않고 기호를 전개하는 분류표로, 분류 기호로 문자만을 사용하는 경우와 문자와 숫자를 혼용하는 경우가 있다. 그 대표적인 예로는 LCC, EC, SC, CC 등이 있다.

비십진식 분류표는 다음과 같은 장점을 가지고 있다.[139]
① 기수(基數, base)를 확장할 수 있기 때문에 기호의 전개 능력이 십진식 분류표에 비해 크다.
② 분류 기호에 구애되지 않고 상세한 분류 체계를 합리적으로 구성할 수 있다.
③ 학문적이고 명확하고 논리적인 구성 가능성이 높다.
④ 새로운 주제를 적절한 위치에 추가하기가 용이한 경우가 많다.

비십진식 분류표는 다음과 같은 단점을 가지고 있다.[140]
① 기호가 복잡해지고 따라서 배열이 어려워지는 경우가 많다.
② 조기성을 부여하기가 어렵고 따라서 관련 분류 기호를 기억하기가 어렵다.
③ 최초의 기호 배정이 잘못될 경우 신규 주제를 삽입하기가 곤란하다.

1.8.3. 일반 분류표와 특수 분류표

일반 분류표(general classification)는 일반 도서관을 위한 분류표로, 지식의 전 분야를 망라적으로 체계화한 분류표로, 모든 주제를 포괄한다는 점에서 종합 분류표라고 한다. 대표적인 예로는 DDC, LCC, UDC, CC, BC, KDC, NDC 등이 있다.

---

[139] 윤희윤. 정보자료분류론. 제5판. (대구: 태일사, 2015). p.52.; 이창수. *op. cit.* p.20.
[140] 윤희윤. *op. cit.* p.52.; 이창수. *op. cit.* p.20.

특정 주제에 국한되는 전문 분류표와는 달리, 몇 가지 특성을 갖는다.[141] 이러한 유형의 분류표는 분류표에 필요한 거의 모든 조건을 갖추게 되며, 각종 도서관에 공통적으로 사용할 수 있다. 공간(公刊)으로 출판되는 경우가 많아 구입하거나 입수하기가 용이하고, 해당 분류표를 보호하고 육성하기 위한 영구적인 관리 기관이 설립되어 있는 경우가 많다. 이런 이유로, 대개는 도서관계에 널리 채택되어 표준 분류표가 되는 경우가 많다.

특수 분류표 또는 전문 분류표(special classification)는 의학이나 약학, 법률, 음악 등과 같은 전문화된 특정 주제 분야나 지도, 신문 기사, 특허 등과 같은 특정 유형의 자료를 분류하기 위한 분류표이다. 따라서 전문 주제를 다룰 경우에는 전문 분류표, 특정 유형의 자료를 다룰 경우에는 특수 분류표로 부르는 것이 타당할 것이다. 그 대표적인 예로는 NLMC(National Library of Medicine Classification), IPC(International Patent Classification), 한국특허분류표, 신문기사자료분류표 등이 있다.

---

141) 김정소. 자료분류론(대구: 계명대학교출판부, 1983). pp.46-47.

제2장 Ranganathan의 문헌 분류 이론 분석

S. R. Ranganathan은 많은 연구에서 문헌 분류 이론의 발전에 가장 큰 공헌을 한 사람으로 언급되고 있는 분류 학자이다. 그는 문헌 분류에 관한 자신의 이론을 집대성한 *Prolegomena to Library Classification*을 비롯한 많은 연구 성과를 이른바 분석적 합성식 분류표인 CC(Colon Classification)에 적용하였다. 이러한 성과는 문헌분류에 관한 체계적인 이론을 바탕으로, 이를 실제의 분류표에 적용함으로써, 이론과 실제를 통합시켰다는 점에서도 또 다른 의의를 갖는다고 할 수 있다. 이것은 C. A. Cutter가 사전체목록규칙의 이론을 제시하고, 이를 Boston Athenaeum의 장서 목록에 적용함으로써 그 이론과 실제를 통해 목록 연구의 수준을 한층 업그레이드한 것과도 유사한 점이 있어 흥미롭다.

그러나 정작 Ranganathan의 분류 이론은 어렵고 난해하다는 인식이 대부분이고, 이를 연구한 국내의 연구도 많지 않다. 분류표를 놓고 보면, 학계(學界)의 높은 평가와는 대조적으로, 그가 고안한 CC는 현재 인도에서조차도 사실상 외면을 받고 있는 형편이라는 점을 고려해볼 때, 이론적 연구의 견실성이나 성과 못지않게 그에 대한 관리와 교육도 중요할 것이다. 아이러니컬하게도 이론적으로 훌륭하다는 평가를 받는 이론들과 이를 바탕으로 한 결과물들이 올바른 제대로 된 평가를 받지 못하는 경우를 우리는 현실의 세계에서 너무나도 자주 목격하고 있다. 이러한 시각에서도 그의 분류 이론은 흥미로운 연구 주제임이 분명하다. Ranganathan의 분류 이론에 관한 연구는 주로 인도의 학자들을 중심으로 이루어져 온 것이 사실이다. 국내의 경우는 CC나 조기성과 관련하여 부분적으로 이를 다

론 논문들이 발표되어 있으나, 이를 전체적으로 다룬 연구는 많지 않다.[1]

이 장에서는 Ranganathan의 분류 이론을 총체적으로 접근할 수 있는 개념적 틀을 제시하는 데 주안점을 두고자 한다. 이를 위해 저자의 선행 연구를 바탕으로,[2] 그가 제시하고 있는 이론들을 문헌 분류와 관련하여 재해석하고, 그의 문헌 분류에 관한 전반적인 이론적 체계와 3단계 분류 이론을 분석하고, 아울러 분류표의 작성과 일반적 구조에 가장 밀접한 관계가 있는 분류 규준(canon)에 대해 구체적으로 분석해 보고자 한다.

2.1. Ranganathan의 문헌 분류에 관한 기초 이론

Ranganathan은 과학은 특정의 주제보다는 체계적인 탐구 방법에 의해 결정된다고 간주고, 문헌정보학이 좀 더 과학적이 되기 위해서는 구체적인 이론 체계를 갖추어야 한다고 생각하였다. 이를 위해 그는 자신의 분류 사상을 문헌정보학에 관한 이론적 개념과 통합하여 종합화하고자 시도하였는데, 이와 같은 개념들은 그의 규범적 원칙(normative principle)에 구체적으로 나타나게 된다.

2.1.1. 규범적 원칙의 레벨

Rangnanthan의 규범적 원칙은 문헌정보학의 학문적 체계를 정립하기 위해 그가 연역적 추리를 바탕으로 제시한 것이다. 이 규범적 원칙은 사회과학 분야에서 자연과학 분야

---

[1] 노정순. 한국십진분류법과 콜론분류법의 비교 연구(석사학위논문. 성균관대학교대학원. 1979).; 이은철. "콜론분류법: 발전 및 CC의 관점에서 본 KDC의 문제점에 대한 고찰." 국회도서관보 제20권 제1호. pp.53-62.; 남태우. "분류기호법에서의 조기성 연구." 도서관학 제22집(1992). pp.179-217.;박종배. 랑가나단의 조기성이론에 의한 한국십진분류법과 일본십진분류법의 비교분석(석사학위논문. 경북대학교대학원, 1989).; Dong-Geun Oh. 2012. "Ranganathan, Dewey, and Bong-Suk Park." 한국문헌정보학회지 제46권 제1호(2012.3). pp.11-27.; 유소영. 콜론分類法의 構造原理와 推理性에 관한 研究(박사학위논문. 연세대학교대학원, 1989).; 이경호. "CC의 구조적 분석을 통한 분류자동화 원리유도." 도서관학논집 제15집(1988). pp.113-151.; 유소영. "콜론分類法의 助記性에 관한 研究." 동화와 번역 제8호(1989.9). pp.67-95.
[2] 이 장의 내용은 기본적으로 저자의 다음 논문을 바탕으로 재구성한 것이다. 오동근, "Ranganathan의 3단계 분류이론." 도서관학연구지 제14호(1989). pp.17-29.; 오동근. "Ranganathan의 文獻分類에 관한 規範的 原則: 특히 분류의 3단계와 분류규준을 중심으로." 도서관학논집 제21집(1994.12). pp.195-229. 따라서 상당 부분의 내용은 별도의 인용 표시 없이 전재하였다.

의 '가설'(hypothesis)과 같은 역할을 하는 것으로, Newton의 운동의 법칙이 자연과학 분야의 가설의 한 예라고 하면, '국가의 주권은 모든 성인 시민에게 동등하게 주어진다'라는 것은 사회과학 분야의 규범적 원칙의 한 예라 할 수 있다.[3] 즉 자연과학 분야에서는 실험이나 과학적 연구를 바탕으로 하는 경험적 방법으로 가설을 입증하게 된다면, 사회과학 분야에서는 연역적 추리에 의해 제시된 규범적 원칙들을 경험을 통해 보완해 나간다고 할 수 있을 것이다. Ranganathan은 문헌정보학, 나아가 문헌 분류에도 이와 같은 규범적 원칙을 세움으로써 과학적 토대를 구축하고자 시도하였던 것이다. 따라서 그의 분류 원칙을 올바로 이해하기 위해서는 먼저 이러한 규범적 원칙에 대해 이해해야 할 것이다. 이러한 규범적 원칙들은 다음과 같은 목적으로 활용이 가능하다.[4]

① 분류표의 근거로 활용할 수 있다.
② 이를 바탕으로 특정 분류표에 대한 비판적 연구를 수행할 수 있다.
③ 서로 다른 분류표의 비교에 매우 유용하게 활용할 수 있다.
④ 이를 바탕으로 과학적인 근거를 두고 특정의 기호를 해석할 수 있다.
⑤ 분류 담당자의 일상적인 분류 작업의 지침을 제공해 줄 수 있다.

이런 의미에서 보면, 문헌 분류 분야의 규범적 원칙은 다양한 용어를 사용하기는 하였지만, 조기성의 원칙과 같은 예에서 알 수 있는 것처럼, Ranganathan 이전에도 이미 많은 학자들에 의해 상당수가 설정되고 이용되어 왔다고 할 수 있다.

Ranganathan은 여러 학자들이 다양한 용어로 사용해온 규범적 원칙들을 그 레벨에 따라 다섯 단계로 나누어 계층적으로 그룹화하여 체계화하고, 각 단계별로 별도의 용어를 사용하고 있다. 이와 같은 각각의 용어들은 Ranganathan의 문헌 분류 이론에서는 특별한 의미로 사용된다. 즉 기본 법칙(basic laws)은 기본적인 사고 과정의 수준에서 사용되며, 기초 법칙(fundamental laws)은 하나의 학문으로서의 도서관학의 수준에서 적용되고, 규준(規準, canons)은 분류와 편목, 장서 구성 등과 같은 도서관학이라는 학문의 제1단계 분과들과 관련하여 사용되며, 원칙(principles)은 배열(配列)과 패싯 배열의 유용한 순서와 같은 도서관학의 제2단계 분과와 관련하여 사용된다. 따라서 이 용어들을 문헌 분류에 적

---

[3] S. R. Ranganathan. *Prolegomena to Library Classification*. 3rd ed. (New York: Asia Publishing House, 1967). p.551.
[4] Ranganathan 이전의 분류에 관한 규범적 원칙이나 일반 이론에 대해서는, 특히 R. S. Parkhi. *Library Classification: Evolution of a Dynamic Theory*(Delhi: Vikas Publishing House, 1972). pp.52-101. 참조.

용해 보면, 기본 법칙, 도서관학의 법칙, 문헌 분류 규준, 배열(配列)의 원칙, 패싯 배열의 원칙과 같은 용어로 사용할 수 있을 것이다. 그 내용을 표로 요약하면 〈표 2-1〉과 같다.[5]

〈표 2-1〉 Ranganathan의 규범적 원칙의 계층 구조

규범적 원칙의 명칭	레 벨	문헌정보학에 적용한 명칭
기본법칙(Basic laws)	기본적 사고과정	기본 법칙
기초법칙(Fundamental laws)	도서관학	도서관학의 법칙
규준(Canons)	분류	문헌 분류 규준
원칙(Principles)	배열의 유용한 순서	배열(配列)의 원칙
공준(Postulates) 및 패싯배열원칙	분류작업	패싯 배열의 원칙

2.1.2. Ranganathan의 기본 법칙

Ranganathan이 제시하고 있는 기본 법칙(basic laws)은 일반적인 사고 과정을 지배하는 것으로, 도서관학의 법칙과 함께 도서관학의 모든 분야의 작업에 도움이 된다. 문헌 분류에 있어서는 일반적으로 둘 이상의 도서관학의 법칙이나 분류 규준에 의해 마찬가지로 타당하기는 하지만 서로 다른 상충하는 결정이 내려지게 될 경우에만 사용된다. *Prolegomena to Library Classification*의 초판(1937)에는 원래 간소성(簡素性)의 법칙(Law of parsimony)만이 제시되어 있었으나, 제3판(1967)에는 해석의 법칙과, 공평성의 법칙, 균형의 법칙, 지역적 변형의 법칙, 삼투성(滲透性)의 법칙과 같은 다섯 개 법칙이 추가되었다.

(1) 해석의 법칙

해석의 법칙(laws of interpretation)은 문헌 분류의 규칙과 원칙, 규준들은 법률적인 저작과 같은 것으로, 각 부분은 법조문과 같이 해석해야 한다는 것이다.[6] 따라서 서로 상충되는 부분이 있으면, 해석의 법칙에 따라 이를 해결해야 한다. 아울러 그는 상충되는 부분을 제거하기 위해 필요하면 규칙과 원칙, 규준들을 경험에 비추어 정기적으로 수정할

---

[5] S. R. Ranganathan. *Prolegomena to Library Classification*. 3rd ed. (New York: Asia Publishing House, 1967). p.113.; Krishan Kumar. *Theory of Classification*. 2nd ed. (New Delhi: Vikas Publishing House, 1981). pp.86-87.
[6] S. R. Ranganathan. *op. cit.* p.123

것을 제안하고 있다. 그러므로 해석의 법칙을 적용하여 분류표를 상세히 분석함으로써 분류표의 단점을 상당 부분은 줄일 수 있을 것이다.

(2) 공평성의 법칙

공평성의 법칙(law of impartiality)은 어떤 주제의 두 패싯 가운데 첫 번째 패싯을 정하거나 서로 다른 범주의 이용자 요구를 선택할 경우와 같이, 둘 이상의 대상에 대해 우선순위를 설정할 때는 이를 임의로 정해서는 안 되며, 충분한 근거를 바탕으로 결정해야 한다는 것이다. 서로 다른 주제에서 모든 주제에 적용할 수 있는 일반적인 성격의 원칙에 따라 패싯의 배열 순서를 결정하게 되면, 공평성의 법칙은 충족되는 것이다. DDC 제23판의 서문에 제시되어 있는 둘 이상의 주제나 학문 분야의 결정에 관한 지침은 이와 같은 예에 속하는 것이다.[7] 혼합기호법을 사용하는 CC에서 '9'를 무의미기호(empty digit)로 사용함에 따라 그와 유사한 성격을 갖는 'Z'와 'z'도 마찬가지로 무의미기호로 사용하게 되는 것도 공평성의 법칙을 적용한 예가 된다.[8]

(3) 균형의 법칙

균형의 법칙(law of symmetry)은 서로 대칭적인 관계에 있는 두 개의 실체나 상황이 존재할 경우, 어느 특정의 상황에서 어느 하나를 중시하게 되면 나머지 하나도 그에 상응하는 정도로 중시해야 한다는 것이다. CC의 경우 앞서 살펴본 무의미기호 '9'와 'Z', 'z'는 배열(配列)에서 독립 개념(isolate)을 맨 뒤에 추가하기 위한 기호로서 채택되었다. 그런데 균형의 법칙에 따라, 독립 개념을 중간에 삽입할 수 있도록 하는 규정이 필요함을 알게 되었다. 그리하여 무의미화기호(emptying digit)가 정해지게 되었던 것이다.[9]

(4) 간소성의 법칙

간소성의 법칙(law of parsimony)은 특정 현상과 관련하여 둘 이상의 가능한 대안이 존재할 경우에는, 인력이나 자원, 자금, 시간의 측면에서 전체적으로 경제성을 보장하는 대안을 우선적으로 선택해야 한다는 것이다. 이 법칙을 따를 경우 문헌 분류에서 분류 기호는 가능한 한 짧게 해야 한다. 특히 분석적 합성식 분류표는 모든 주제를 분류표에 열

---

7) Melvil Dewey. *Dewey Decimal Classification and relative index.* 23rd ed. (Dublin, OH: OCLC, 2011). Vol.1. pp.xlvii-xlviii.
8) S. R. Ranganathan. *op. cit.* p.125.
9) Krishan Kumar. *op. cit.* p.91.

거하는 열거식 분류표와는 달리, 기본 주제만을 분류표에 열거하고, 공통구분표(common isolate)나 특수구분표(special isolate)의 기호와 이를 합성시킬 수 있도록 함으로써, 전체 분류표의 길이를 줄일 수 있도록 한다는 점에서, 이 법칙을 충족시켜 주고 있다고 할 수 있을 것이다. 아울러 Ranganathan은 이 법칙의 적용에는 신중을 기해야 하며, 도서관학의 법칙이나 분류 규준을 간과해서는 안 된다는 점을 분명히 밝히고 있다.

(5) 지역적 변형의 법칙

지역적 변형의 법칙(law of local variation)은 모든 학문이나 기법에서는 이용자들이 순전히 지역적으로 이용하기 위하여, 일반적으로 이용되는 결과에 대한 별법(別法)으로 사용할 수 있는 결과를 확보할 수 있도록 하는 규정을 마련해야 한다는 것이다. 오늘날의 대부분의 분류표에서는 이와 같은 지역적 변형의 법칙을 따르고 있는데, DDC에서는 이른바 자국 우위(local emphasis)를 두기 위해 마련하고 있는 대부분의 임의 규정이 그 대표적인 예에 해당한다고 할 수 있다. 아울러 문헌 분류에서 널리 사용되는 별치 기호(collection number)도 특수 집단의 요구를 충족시켜 준다는 점에서, 이와 같은 법칙에 일치한다고 할 수 있다.

(6) 삼투성의 법칙

삼투성(滲透性)은 삼투 현상이라고도 하는데, "분자의 크기에 따라 선택적으로 물질을 통과시키는 막(반투성 막)을 경계로 용액의 농도가 낮은 쪽에서 높은 쪽으로 물이 이동하는 현상"[10]을 말한다. 삼투성의 법칙(law of osmosis)은 이러한 원리에서 착안한 법칙으로, 재분류(再分類)에 관련된 원칙이라고 할 수 있는데, 편목 규칙이나 분류표의 변경이 필수적일 때는 특정일로부터 다음과 같은 작업을 수행하도록 하고 있다.[11]
① 새로 입수되는 모든 자료는 새로운 편목 규칙과 분류표에 따라 편목하고 분류한다.
② 많이 이용되는 과거의 장서들은 필요할 경우 추가의 임시 직원을 고용하여 재편목(再編目)하고 재분류한다.

---

10) 네이버 지식백과. 〈http://terms.naver.com/entry.nhn?docId=1610904&cid=50314&categoryId=50314〉.
11) S. R. Ranganathan. *Prolegomena to Library Classification*. 3rd ed. (New York: Asia Publishing House, 1967). p.136.; Krishan Kumar. *Theory of Classification*. 2nd ed. (New Delhi: Vikas Publishing House, 1981). pp.94-95.

③ 새로 입수된 자료와 재정리된 자료는 신장서(新藏書)에 보관하고, 마찬가지로 목록 카드도 신장서에 보관한다.
④ 과거의 장서 중 나머지는 구장서(舊藏書)로 보관하고, 목록 카드도 구장서로 보관한다.
⑤ 두 개의 장서를 유지하고 있다는 사실에 대해 참고 사서가 독자에게 안내해야 한다.
⑥ 구장서에서 독자가 대출해간 책은 반납할 때 이를 재편목하고 재분류하여 신장서에 포함시키고, 목록 카드도 동일하게 처리한다.

재분류는 막대한 비용이 소요되는 복잡한 작업으로, 대부분의 도서관에서는 거의 이를 포기하고 있는 것이 사실이다. 그러나 삼투성의 법칙에 따르게 되면, 처음에는 많은 추가의 작업량이 요구되겠지만, 점차 그 양이 줄어들게 될 것이다. 따라서 도서관의 서비스에도 거의 영향을 미치지 않으면서, 적은 비용으로 이를 실시할 수 있다는 잇점이 있다. 이것은 앞서 살펴본 간소성의 법칙에도 적합한 것이다.

2.1.3. 도서관학의 법칙

Ranganathan이 제시하고 있는 제2수준의 규범적 원칙은 도서관학의 법칙이다. 이 법칙들은 그의 첫 번째 저작인 *Five Laws of Library Science*[12]를 통해 1931년에 처음으로 발표되었다. 이 책은 도서관학의 목적에 관한 그의 주요 사상을 구체화한 것으로, 이 다섯 가지 법칙의 정신은 이후에 발표된 그의 거의 모든 저작에 스며 있다고 해도 좋을 것이다. 그 내용은 〈표 2-2〉와 같다.[13]

---

[12] 이 책의 내용에 대해서는 그 해설본을 한국어판으로 소개한 다음 책을 참고하라. 타케우치 사토루. 랑가나단 박사의 도서관학 5법칙에서 배우는 도서관이 나아갈 길. 오동근역(대구: 태일사, 2012).

[13] Ranganatha의 도서관학의 5법칙을 벤치마킹하여 많은 학자들은 다양한 방식의 '5법칙'들을 제시한 바 있는데, 미국도서관협회장을 역임한 Michael Gorman은 Walt Crawford와 함께 이른바 '신도서관학의 5법칙'을 다음과 같이 제시한 바 있다(M. Gorman and W. Crawford. *Future Libraries: Dreams, Madness, and Realities*(New York: American Library Association, 1995)). ① 도서관은 인류에 봉사한다(Libraries serve humanity). ② 지식을 전달하는 모든 형식을 고려하라(Respect all forms by which knowledge is communicated). ③ 테크놀로지를 현명하게 활용하여 서비스를 향상하라(Use technology intelligently to enhance service). ④ 지식에 대한 자유로운 접근을 보호하라(Protect free access to knowledge). ⑤ 과거를 존중하며 미래를 창조하라(Honor the past and create the future).

〈표 2-2〉 도서관학의 5법칙의 내용

법칙별	내 용
제1법칙	Books are for use.
제2법칙	Books are for all. (Every reader his/her book.)
제3법칙	Every Book its reader.
제4법칙	Save the time of the reader.
제4법칙	A library is a growing organism. (A library is a growing organization.)

도서관학의 법칙은 도서관학과 도서관 서비스, 도서관의 실무에서 발생하는 모든 문제에 적용할 수 있는 구체적인 규범적 원칙이다.[14] 그 자체는 간단한 설명문에 불과하지만, 도서에 대한 접근이나 서가상의 분류순 배열, 도서관의 홍보, 상호 협력과 같은 도서관학의 모든 것들이 이로부터 유추될 수 있을 것이다.[15] 따라서 문헌 분류의 규준과 원칙들은 모두가 도서관학의 법칙과 관련을 갖게 되며, 이들 사이에 상충되는 문제가 생길 경우에는 이를 해결하기 위해 도서관학의 법칙에 의존하게 된다. 이하에서는 문헌 분류에서의 시각에서 이를 재분석해 보고자 한다.

(1) 제1법칙

제1법칙은 "책은 이용하기 위한 것"(Books are for use)이라는 것이다. 여기에서 말하는 책은 오늘날의 개념으로는 문헌 또는 정보 자료로 해석해야 할 것이다. 제1법칙에서 말하는 '이용'은 '보존'에 대응하는 말이다. 즉 도서관의 모든 자료는 단지 보존을 위하여 존재하는 것이 아니라, 이용하기 위해 존재하는 것이기 때문에, 이용을 극대화하기 위한 방안을 모색해야 한다는 것이다. 문헌 분류의 측면에서 보면, 문헌 분류는 적자(適者)에게 적서(適書)를 제공하기 위한 방법을 모색해야 한다고 할 수 있다. 이를 위해 문헌 분류에서는 이용자에게 가장 도움이 되는 순서(helpful order)로 문헌이나 그에 대한 기록들을 배열하기 위해 체계적인 순서(systematic order)를 찾고자 노력하고 있는 것이다. 오늘날의 대부분의 문헌 분류에서 채택하고 있는 주제에 의한 배열은 이 법칙을 만족시키는 것으로 생각된다.

---

14) S. R. Ranganathan. *Prolegomena to Library Classification.* 3rd ed. (New York: Asia Publishing House, 1967). p.115.
15) Bernard I. Palmer. "Dr Ranganathan and His Impact on World Librarianship." *Herald of Library Science*, Vol.12, No.2-3(1973). p.219.

(2) 제2법칙

제2법칙은 "책은 모든 사람을 위한 것이다"(Books are for all) 또는 "모든 독자에게 책을"(Every reader his/her book)이다. 이 법칙은 이용자에게 초점을 맞춘 것으로서, 책의 내용은 모든 인류를 위한 것이기 때문에, 그에 대한 이용이 소수의 특권층에만 제한될 수 없다는 사실을 강력하게 암시하고 있다. 아울러 이 법칙은 이용자들을 파악하고 연구하여 그들에게 적합한 자료를 제공해야 함을 의미하는 것이다. 문헌 분류의 측면에서 보면, 문헌의 분류도 특정 이용자 집단에게만 적합한 방식을 채택하기보다는, 대부분의 이용자들에게 가장 적합한 방식을 채택해야 한다고 할 수 있다. 또한 문헌의 주제 자체를 그 상호 관련도에 따라 배열함으로써, 이용자가 명확히 인식하지 못하고 있던 관련 주제들을 찾아낼 수 있도록 해주어야 한다.16) 주제에 의한 배열은 아마도 이 법칙도 만족시켜 주게 될 것이다.

(3) 제3법칙

제3법칙은 "모든 책을 독자에게"(Every book its reader)이다. 이 법칙은 책 자체에 중점을 둔 것으로, 주로 자료에 대한 접근 가능성에 관계가 있다.17) 타케우치 교수는 이를 "모든 책에게 그 책의 독자를"이라고 번역하고 있는데,18) 이것은 모든 책에는 그 책에 어울리는 독자가 있을 것이라는 의미이다. 즉 모든 책은 그에 적합한 이용자를 갖게 될 것이기 때문에, 문헌 분류에서는 적어도 어떤 책을 원하는 이용자가 그 책을 가장 편리하게 접근할 수 있는 방법을 제시해 주어야 하는 것이다. 앞서 제시한 상호 관련도에 따른 배열은 이 법칙도 아울러 만족시켜 주게 될 것이다.

(4) 제4법칙

제4법칙은 "독자의 시간을 절약하라"(Save the time of reader)이다. 이 법칙은 효율적인 서비스를 강조하고 있는데,19) 사서가 정보의 유통을 촉진시키기 위해 스스로 이용자의

---

16) S. R. Ranganathan. op. cit. p.120.
17) G. O. Mattews. The Influence of Faceted Classification (Doctoral Dissertation. Case Western Reserve University. School of Library Science, 1980). pp.36-37.
18) 타케우치 사토루. 랑가나단 박사의 도서관학 5법칙에서 배우는 도서관이 나아갈 길. 오동근역(대구: 태일사, 2012). p.221.
19) Eugine Garifield. "Father of Library Science in India." Herald of Library Science, Vol.24, No.30(1985). p.153.

입장에 설 수 있는 모든 일을 하고자 노력해야 함을 의미한다. 포괄적인 색인과 서지의 작성, 신속한 대출 시스템이 이용자의 시간을 줄여 주기 위한 대표적인 예라 할 수 있다. 문헌 분류와 관련해서는, 주제에 의한 배열을 통해 이를 다시 설명할 수 있을 것이다. 국내의 경우 상당수의 도서관에서는 연속간행물실의 자료는 주제에 의한 분류보다는 서명의 알파벳순에 의해 배열하고 있다. 이와 같은 방식은 종합적인 성격을 가진 대학 논문집 등을 대상으로 하는 경우나, 연속간행물실을 폐가제(閉架制)로 운영하고 있는 경우에는 적합할는지 모른다. 그러나 개가제(開架制)로서 이용자가 직접 서고에서 자료를 이용하고자 하는 경우에는, 가령 문헌정보학에 관련된 논문 기사들을 찾고자 할 경우에는, 색인 등의 도움을 받는다고 하더라도, 해당 잡지를 입수하기 위해 연속간행물실을 온통 다 찾아다녀야 할 것이다. 그러나 주제에 의한 배열의 경우는 한 곳에서 해당 주제에 대한 모든 자료를 이용할 수 있을 것이다. 따라서 주제에 의한 배열은 이 법칙을 만족시켜 주게 된다.

(5) 제5법칙

제5법칙은 "도서관은 성장하는 유기체"(A library is a growing organism)라는 것이다. 제1법칙부터 제4법칙은 도서관의 관리 운영을 특징지어 주는 사고 방식을 보여 주는 것이라면, 제5법칙은 도서관의 계획이나 조직을 생각할 경우에, 그 사고 방식의 근거가 되는 기본적인 사고 방식을 표명하는 것이다.[20]

도서관은 자료나 직원, 이용자 등의 모든 측면에서 성장과 변화를 거듭하게 된다. 따라서 이러한 성장과 변화를 전제로 모든 계획을 세우고 이에 대비해야 할 것이다. 문헌 분류도 도서관의 성장과 변화에 관계없이 편리하게 자료를 이용할 수 있는 방향으로 이루어져야 한다. 오늘날 대부분의 도서관에서 채택하고 있는 이른바 상관식 배가법(relative location)은 이러한 문헌의 증가에 대비할 수 있는 서가 배열법이라 할 수 있을 것이다.

이상에서 살펴본 도서관학의 법칙은 Ranganathan의 연역적 사고에 의해 제시된 것으로, 때로는 지나치게 당연한 사실에 바탕을 둔 진부한 표현이라는 지적을 받기도 한다.[21] 그러나 이 법칙들은 도서관학에 대한 그의 기본적인 철학의 토대를 이루는 것으로서, 그의 문헌 분류 이론도 이를 바탕으로 한다는 점에서 의의가 있다.

---

20) 타케우치 사토루. 랑가나단 박사의 도서관학 5법칙에서 배우는 도서관이 나아갈 길. 오동근역(대구: 태일사, 2012). p.281.
21) 최성진. 도서관학통론(서울: 아세아문화사, 1987). p.298.

2.2. 문헌 분류의 3단계에 관한 분석[22]

Ranganathan은 자신의 분류 이론을 아이디어 단계(idea plane)와 언어 단계(verbal plane), 기호 단계(notational plane)의 세 개 수준으로 구분하여 개념화하고 있다. 그가 제시한 이른바 분석합성식 문헌 분류(analytico-synthetic classification)는 이러한 3단계의 분류 작업을 통해 주제를 분석하고 이를 다시 기호로서 합성하는 과정을 통해 이루어진다. 그의 분류 이론은 이러한 3단계의 구분을 바탕으로 *Prolegomena to Library Classification*에 상세하게 제시되었고, 이를 바탕으로 *Colon Classification*에서 구체화되었다는 점에서,[23] 분류의 3단계는 그의 이론을 이해하는 데 핵심이 되는 요소의 하나라고 할 수 있다. 아울러 다음 소절에서 살펴보게 될 분류 규준들도 이와 같은 3단계로 구분하여 제시되고 있음은 물론이다. 그러나 효과적인 '분할 통치'(divide and rule)의 방법[24]으로 제시된 이러한 구분은 역동적 문헌 분류 이론의 탄생을 가능하게 한 대도약[25]이라는 평가를 받고 있다. 그럼에도 불구하고, Ranganathan 자신도 심지어는 자신이 가르치는 학생들에게도 설명하기가 쉽지 않다고 토로하고 있는 것처럼, 많은 사람들에게는 이해하기가 그리 쉽지 않은 것이 사실이다.[26] 그리하여 이하에서는 그가 제시하고 있는 문헌 분류의 3단계에 대해 구체적으로 분석해 보고자 한다.

2.2.1. 아이디어 단계

아이디어(idea)는 일반적으로 직관이나, 관찰, 사고, 회상, 상상, 평가, 그 밖의 지적 과정 등을 통하여 얻게 되는[27] 생각이나 관념으로 이해된다. 이와 관련하여, Ranganathan

---

[22] 이 장은 저자가 1989년에 시험적으로 발표한 Ranganathan의 3단계분류이론(오동근, "Ranganathan의 3단계 분류이론." 도서관학연구지 제14호(1989). pp.17-29.)의 내용을 대폭 수정 보완한 것임.
[23] S. R. Ranganathan. *Colon Classification*. 7th ed. revised and edited by M. A. Gopinath. (Bangalore: Sarada Ranganathan Endowment for Library Science, 1989). p.28.
[24] S. R. Ranganathan. *Prolegomena to Library Classification*. 3rd ed. (New York: Asia Publishing House, 1967). p.328.
[25] M. A. Gopinath. "The Colon Classification." In *Classification in the 1970's*(Arthur Maltby. Linnet Books, 1972). p.57.
[26] S. R. Ranganathan to Phylis A Richmond. Apri 29, 1965. G. O. Mattews. The Influence of Faceted Classification(Doctoral Dissertation. Case Western Reserve University. School of Library Science, 1980). p.38에서 재인용.

은 지식을 인간이 가지고 있는 아이디어의 총체로 정의하고, 정보는 다른 사람들에 의해 전달되거나 개인적 연구나 조사를 통해 얻어지는 아이디어로 정의하고 있다. 아울러 이와 같은 아이디어들은 인간의 기억 속에 축적되게 된다. 논리적인 사고를 바탕으로 지적 능력을 통해 기억의 일부를 통합시킴으로써 자체 내에서 새로운 아이디어들이 생겨나게 되는데, 이 때 전달의 매체가 되는 것이 바로 언어 단계의 핵심이 되는 언어인 것이다.

한편 이와 같은 "아이디어가 체계화된 부분"[28]을 주제(subject)라 하는데, 그 범위나 깊이가 시종일관 관심의 영역 내에 속해 있고, 보통 사람의 지적 능력과 전문 영역의 범위 내에 속해 있을 때 하나의 주제가 된다고 할 수 있다. 일반적으로 주제는 '수학'과 같이 하나의 기본 주제(basic subject)만으로 구성되거나, '1994년의 자동차 산업'과 같이 하나의 기본 주제와 하나 이상의 독립 아이디어(isolate idea)가 결합된 합성 주제(compound subject)가 될 수도 있다. 여기서 독립 아이디어란 '1994년'과 같이, 그 자체로서는 하나의 주제가 될 수 없으나, 어떤 주제의 한 구성 요소를 이룰 수 있는 어떤 아이디어나 복합 아이디어를 말한다. 한편 '사회과학자를 위한 통계학'과 같이 둘 이상의 주제 사이의 관계를 바탕으로 둘 이상의 주제가 결합되는 경우도 있는데, 이를 복합 주제(complex subject)라 한다.

아이디어 단계는 이러한 아이디어를 다른 단계와는 독립적으로 다루는 단계이다. 문헌 분류에서는 기본적으로 이러한 주제 영역을 다루게 되는데, 이와 같은 주제는 이미 살펴본 바와 같이 아이디어로 이루어지게 되는 것이다. 즉 아이디어 단계에서는 각 주제를 패싯(facet)이라는 기본 주제나 독립 아이디어로 분석하여 그 일반적인 구조를 설정하고, 그들 사이의 관계와 순서를 결정하게 되는 것이다. 이러한 분석된 패싯들이 기호 단계에서 다시 합성됨은 물론이다.[29] 따라서 아이디어 단계의 작업이 세 단계 가운데 최고의 것이 되며,[30] 다른 단계들은 아이디어 단계의 발견 결과를 성취하기 위한 후속의 단계라고 할 수 있다.

그러나 이와 같은 아이디어 단계의 작업은 겉으로는 드러날 수가 없기 때문에, 분류표에서는 단어나 분류 기호의 형태로 바뀌어 나타나게 된다. 또한 때로는 언어 단계나 기호

---

27) S. R. Ranganathan. *Colon Classification*. 7th ed. revised and edited by M. A. Gopinath. (Bangalore: Sarada Ranganathan Endowment for Library Science, 1989). p.29.
28) *Loc. cit.*
29) 분석합성식 분류의 다른 이름인 패싯식 분류(faceted classification)는 이러한 패싯으로 이루어진다는 구조적 측면에 초점을 맞추어 붙여진 것이다.
30) S. R. Ranganathan. *Prolegomena to Library Classification*. 3rd ed. (New York: Asia Publishing House, 1967). p.335.

단계의 제약을 받기도 한다. 즉 동일한 아이디어를 서로 다른 용어로 표현함으로써 아이디어가 왜곡되기도 하고, 아이디어 단계의 발견 결과를 기호 단계에서 충분히 수용하지 못하는 경우도 있다. 그러므로 아이디어 단계의 발견 결과를 성취하기 위해서는 언어 단계에서의 용어의 표준화와 기호 단계의 지속적인 발전이 함께 필요하게 되는 것이다.

2.2.2. 언어 단계

언어의 사용은 인간이 갖는 고유의 특성 가운데 하나이다. 인간은 이 언어를 통해 그들이 창조한 아이디어를 전달하고 재창출해왔다. 음성 언어(spoken language)가 갖는 시간적 공간적 한계를 극복하기 위해 개발된 문자라는 기록 언어(written language)를 통해 인간은 전달의 폭을 더욱 확대시켰다.

언어 단계는 아이디어를 이와 같은 자연어나 기술적인 용어로 표현하는 단계이다. 즉 아이디어 단계에서 찾아낸 아이디어나 주제에 대해 이름을 붙이는 단계인 것이다.[31] 그러나 자연어는 당연히 아이디어보다 개발 속도가 느리기 때문에, 어느 경우에는 어떤 아이디어나 개념을 나타내는 단어가 존재하지 않을 수도 있고, 어느 경우에는 동음이의어(homonym)나 동의어(synonym)가 사용되기도 한다. 따라서 이와 같은 현상으로부터 야기되는 혼란이나 착오를 줄이기 위해서는, 용어의 표준화가 필요하게 되는 것이다. 용어의 표준화와 관련하여, 각 학문 분야의 전문가들은 자체의 전문 용어(jargon)를 개발하고자 노력하고 있다. 나아가 최근에는 언어 간의 장벽을 없애고 커뮤니케이션을 촉진하기 위해, 국제적인 기술 용어의 사용에 대해서도 관심을 보이고 있다. 이와 같이 어떤 학문 분야에서 설정된 전문 용어는 그 분야의 '대상 언어'(object language)가 될 수 있을 것이다. 기본적으로 자연어를 바탕으로 이루어지는 이와 같은 대상 언어는 한 걸음 더 나아가 '메타 언어'(metalanguage)로 표준화될 수 있다면 더욱 바람직할 것이다. 그러나 국제표준화기구(ISO) 등의 노력에도 불구하고, 아직까지는 그와 같은 표준화가 제대로 이루어지지 못하고 있는 것이 사실이다. Ranganathan은 이와 관련하여, 도서관학, 나아가 문헌 분류에 있어서도 자체의 대상 언어를 확정할 필요성이 있음을 지적하고, 자신의 *Prolegomena to Library Classification*에서 제시한 용어들이 영어를 메타 언어로 하는 문헌 분류 분야의

---

31) M. A. Gopinath. "The Colon Classification." In *Classification in the 1970's*(Arthur Maltby. Linnet Books, 1972). p.57.

대상 언어가 될 수 있음을 밝히고 있다.[32]

한편 이상과 같은 표준화의 미비와 언어의 복잡성 때문에, 언어 단계의 작업은 다른 단계의 작업에 비해 신속하게 이루어지지 못하는 경우가 많다. 새로운 용어를 표현하는 '정확한' 용어를 선정하기가 어려운 점이나, 구체적인 정의를 내리지 못하는 경우가 그 예가 될 것이다. 이 때문에 실제적인 측면에서는, 어떤 분류표에서는 용어의 다음에 주석을 달거나, 판마다 유의 명칭을 변경하지 않을 수 없게 되는 경우가 발생하기도 한다.

그러므로 언어 단계에서는 아이디어 단계에서 형성된 아이디어나 개념을 정확하게 표현할 수 있는 최신의 표준화된 용어의 개발이 필수적이다.

2.2.3. 기호 단계

기호 단계는 아이디어나 개념, 또는 이를 나타내는 단어를 기호로 표현하는 단계이다. 즉 아이디어 단계와 언어 단계의 작업 결과를 기호로 변환시키는 단계인 것이다. 이때는 분류상의 배열 순서를 나타내기 위해 서수(序數, ordinal number)로 된 인공 언어(artificial language)를 사용하게 되는데, 이를 분류 언어(clasificatory language)라 한다. 서수는 숫자를 세거나 양을 나타내는 기수(基數, cardinal number)와는 달리, 어떤 순서에서 어떤 실체의 위치를 고정시키기 위해 사용되는 기호이다. 따라서 분류 언어는 어떤 주제나 그 주제를 담고 있는 문헌을 배열하기 위한 것으로, 분류 학자의 통제를 받게 되는 통제어(controlled language)이다. 그러므로 기호 단계에서는 자연어가 가질 수 있는 동음이의어나 동의어와 같은 불명확성을 극복할 수 있게 된다. 또한 이를 위해 기호 단계에서는 아이디어와 개념, 또는 언어를 나타내주는 일단의 서수와 이를 사용하기 위한 규칙을 개발해야 한다.

분류 언어는 문헌분류표를 개발할 때는 대상 언어가 된다.[33] 아울러 분류의 대상이 되는 주제 영역이 계속적으로 성장한다는 점에서, 분류 언어도 지속적으로 발전되어야 한다. 즉 기호 단계는 아이디어 단계의 발견 결과를 구현하는 단계이기 때문에, 기호 단계에서는 아이디어나 지식을 수용할 수 있도록 하는 기호법을 개발해야 하는 것이다. 그러나 실제의 문헌분류표에서는 오히려 기호의 한계나 제약 때문에, 아이디어의 발전이나 전개가 저해되는 경우가 많았다. Ranganathan이 고안한 여러 가지 기호법들은 이와 같은

---

32) S. R. Ranganathan. *Prolegomena to Library Classification*. 3rd ed. (New York: Asia Publishing House, 1967). p.331.
33) *Ibid*. p.332.

문제점을 해결하기 위한 방법으로 제시된 것이다. 예를 들면 앞서 제시한 무의미기호 (empty digit)는 '아무런 의미도 갖지 않고 순서값만 갖는 기호'[34]로, 배열(array)의 맨 뒤에 새로운 주제나 독립 아이디어가 추가될 경우에 이를 수용할 수 있도록 함으로써 수용력을 증가시킬 수 있도록 하기 위한 기호이다. 또한 무의미화기호(emptying digit)는 그 기호와 결합되는 기호의 의미를 없애줌으로써, 배열의 중간에 새로운 주제나 독립 아이디어의 삽입이 가능하도록 하기 위한 방법으로 고안된 것이다. 따라서 이와 같은 기호들은 주종 관계에 있는 아이디어 단계와 기호 단계의 관계를 올바로 나타낼 수 있도록 하기 위한 수단으로 제시된 것들이라고 할 수 있다.

결국 기호 단계에서는 아이디어 단계에서 분석한 주제나 아이디어의 구조나 순서를 구체적으로 기호화하여 합성한 형태로 완성하여 하나의 분류 기호로 완성하게 된다. 이로써 분석합성식 분류의 3단계도 완성되는 것이다.

2.2.4. 문헌 분류의 3단계에 대한 설명용 모델

이상에서 살펴본 바와 같이, 분석합성식 분류에서는 기본적으로 아이디어 단계에서 주제를 패싯이라는 기본 요소로 분석하고, 언어 단계에서는 이를 표준화된 용어로 변형시키고, 기호 단계에서는 이를 기호로 변환시켜 합성하게 된다. 그러나 Ranganathan 자신도 분류학자로서의 연구를 시작한 지 20년이 지난 후인 1944년에 이르러 비로소 이 3단계의 중요성과 분리 가능성을 파악하고, 1952년에 가서야 이 방법을 충분히 이해할 수 있었다고 한다. 아울러 앞서 살펴본 것처럼, 그 자신도 이를 설명하는 데 어려움을 겪었음을 실토하고 있다. 그리하여 이하에서는 화학식의 예를 원용하여 이를 설명하기 위한 모델을 제시해 보고자 한다.

주지하는 바와 같이, 화학의 역사는 물질을 나누는 '분석'과 물질을 합하는 '합성'의 두 분야로 나뉘어 발전해 왔다고 할 수 있다. 고대 그리스의 철학자들은 사물을 구성하는 기본 요서(arche)에 대해 관심을 가졌는가 하면, 고대의 기술자들이나 연금술사들은 합성을 통하여 많은 물질들을 만들어냈다. 아울러 화학자들은 물질을 그 구성 성분이 일정한지의 여부에 따라 균일물과 불균일 혼합물로 나누고, 균일물은 물리적 방법으로 분리가 가능한

---

[34] *Ibid.* p.238.

지의 여부에 따라 균일혼합물과 순물질로 나눈다. 순물질은 다시 화학적 방법으로 더 작은 물질로 분해할 수 있는지의 여부에 따라 화합물과 원소로 나눈다. 여기서 말하는 원소란 통상의 방법으로는 더 작은 물질로 분해할 수 없는 물질이며, 화합물은 둘 이상의 원소로 이루어진 물질이다. 화합물은 두 개의 원소로 이루어진 이성분 화합물과 그 이상의 원소로 이루어진 세 성분 화합물, 네 성분 화합물 등이 있다. 따라서 이를 Ranganathan의 주제에 대한 분석과 대비시켜 보면, 원소는 기본 주제, 화합물은 합성 주제, 혼합물은 복합 주제와 대략 일치하는 것으로 생각된다. 아울러 기본 주제가 되는 원소는 패싯과 포커스에 상당한다고 할 수 있지 않을까?[35]

한편 화학에서는 둘 이상의 원소가 결합하여 화합물을 만들 때 이를 나타내기 위해 화학식을 사용하게 되는데, 이 과정이 문헌 분류의 3단계와 아주 유사함을 볼 수 있다. [그림 2-1]은 원자의 존재를 체계적으로 정리한 것으로 알려지고 있는 John Dalton이 제시한 원소 기호와 화학 반응식의 예이다.[36]

Dalton의 식에서도 대략 알 수 있는 것처럼, 예컨대 물을 화학적으로 수소와 산소로 분리하고 그 결합 순서가 정해지는 단계까지의 과정은 문헌 분류의 아이디어 단계와 유사하다. 또한 그 분석된 원소에 대해 각각 수소와 산소, 또는 Hydrogen과 Oxygen이라는 이름을 붙여주는 단계는 언어 단계와 일치한다. 화학에서도 원소는 물론 그 화합물에 대한 명명법의 표준화가 시도되고 있는데, 이것은 문헌 분류 분야에서와 마찬가지이다. 아울러 각 원소를 표기하기 위한 기호로서 각각 H와 O를 사용하고 이를 결합시켜 H_2O로 나타내는 과정은 문헌 분류의 기호 단계와 동일하다. 따라서 문헌 분류의 3단계의 기본적인 아이디어를 설명하기 위한 모델로서 화학식의 모델이 적합함을 알 수 있다.

한편 화학식에서는 원소 기호를 사용하여 그 물질을 구성하고 있는 원소의 종류는 물론 원자의 수, 원자의 결합 양식 등을 나타낼 뿐만 아니라, 원소의 순서와, 원소 및 그 화합물의 명명법, 기호 부여 방법, 화학식의 표현 방법 등이 명확한 원칙과 화학에서 밝혀진 법칙에 따라 규정되고 준수되는 것이다. Ranganathan의 규범적 원칙은 실험과 경험을 통해 완성되는 화학의 원칙과는 대비되지만, 문헌 분류에서 이와 같은 원칙을 세우기 위

---

[35] 물론 Ranganathan이 말하는 패싯과 포커스의 개념은 분명히 다르다. 즉 하나의 패싯에는 여러 개의 포커스가 존재하게 되는데, 예를 들어 DDC 문학 구분의 경우 문학의 세 번째 패싯인 문학형식이라는 패싯은 시, 드라마, 소설 등의 여러 포커스로 구성된다. 그러나 화학의 예에서는 이를 구별하기가 어려운 것 같다.
[36] David W. Oxtoby 등저. 일반화학. 강삼우 등역. 수정판(서울: 청문각, 1992). p.13. [그림 2-1] 가운데 일부는 오늘날 알려진 사실과 다르다고 한다. 괄호안의 예는 오늘날의 수정된 식과 명칭이다.

해 설정된 연역적 사고에 의한 원칙인 것이다. 아울러 그는 분류에 관한 규범적 원칙, 즉 분류 규준을 3단계의 작업에 따라 이를 구분하여 제시하고 있다.

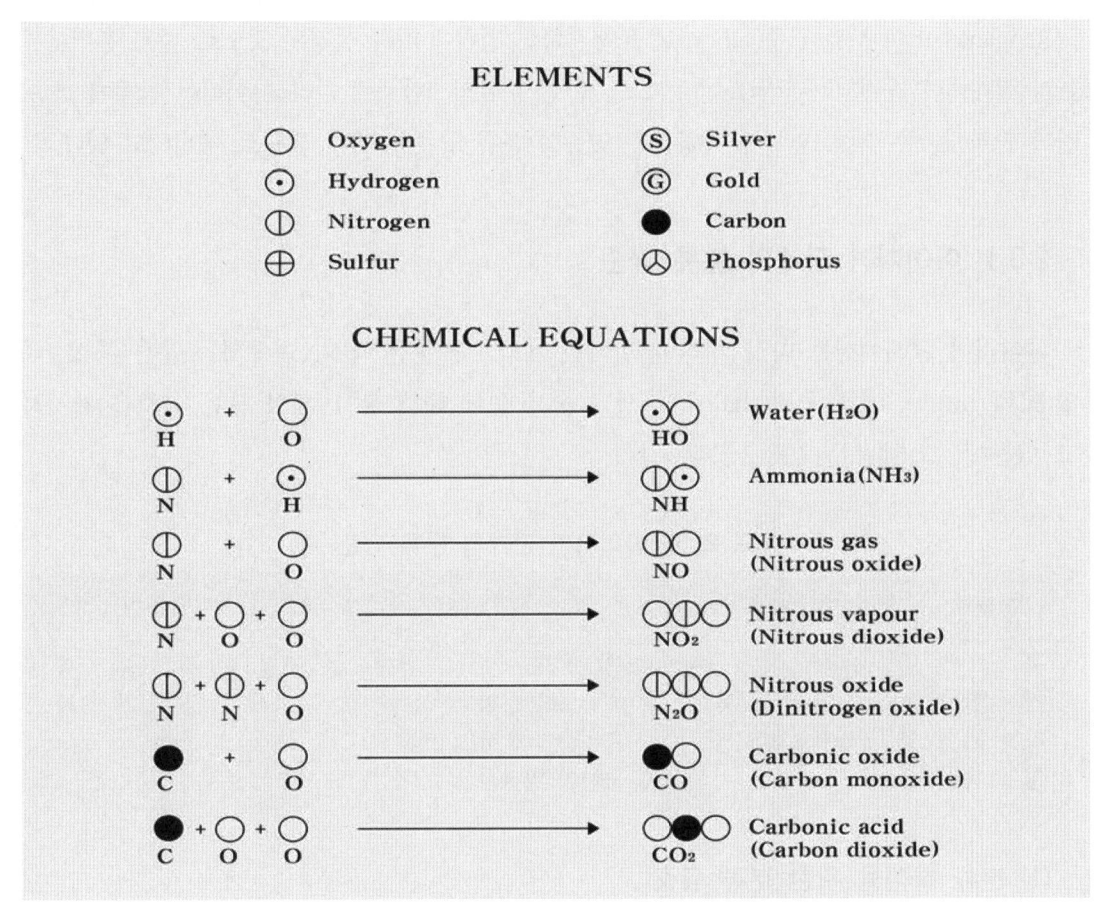

[그림 2-1] Dalton의 원소 기호와 화학 반응식

2.3. Ranganathan의 분류 규준 분석

Ranganathan의 분류 규준(canon)은 도서관학의 법칙에 따라 설정된 것으로, 주로 문헌분류표의 설계에만 관련되는 규범들이다. 그는 문헌 분류의 3단계에 따라 아이디어 단계에 15종, 언어 단계에 4종, 기호 단계에 18종, 총 37종의 분류 규준을 각각 별도로 제시하고 있다.[37]

2.3.1. 아이디어 단계의 분류 규준

아이디어 단계에서는 다섯 개의 본질적인 개념, 즉 분류 특성, 연속되는 분류 특성, 배열(配列, array), 연쇄 구조(chain), 파생적 순서 등에 대해 총 15개의 분류 규준을 제시하고 있는데, 그 내용은 〈표 2-3〉과 같다.

〈표 2-3〉 아이디어 단계의 분류 규준

분류특성	연속되는 특성	배 열	연쇄구조	파생적 순서
구 분 적 합 성 확인가능성 영 속 성	공 존 연속의 적합성 연속의 일관성	망 라 성 배 타 성 유용한 순서 순서의 일관성	외연 감소 조절	종 속 류 등 위 류

(1) 분류 특성을 위한 분류 규준

분류 특성(分類特性)이란 분류의 3요소 가운데 분류의 기준이 되는 것이다. 피분류체가 동일하더라도 분류 특성이 달라지면 분류지(分類肢)도 달라지는데, 이와 관련된 분류 규준은 다음과 같은 네 가지가 있다.

① 구분의 규준(canon of differentiation): 어떤 영역, 즉 피분류체를 분류하기 위한 기초로 사용되는 분류 특성은 적어도 두 개의 유, 즉 둘 이상의 분류지를 만들어내야

---

[37] 이 소절의 분석은 S. R. Ranganathan. *Prolegomena to Library Classification*. 3rd ed. (New York: Asia Publishing House, 1967).; Krishan Kumar. *Theory of Classification*. 2nd ed. (New Delhi: Vikas Publishing House, 1981); R. S. Parkhi. *Library Classification: Evolution of a Dynamic Theory*(Delhi: Vikas Publishing House, 1972); M. S. Sachdeva. *Colon Classification*(New Delhi, Sterling Publishers, 1975)의 내용을 바탕으로 하고자 한다.

한다. 즉 둘 이상으로 피분류체를 구분할 수 있는 것이어야 한다는 것이다. '인간'이라는 영역을 '성별'이라는 특성에 의해 나누면 '남성', '여성'의 분류지가 생긴다. 그러나 모든 인간이 갖는 '생명력'이라는 분류 특성은 '인간'이라는 영역을 구분할 수 없기 때문에, 분류 특성으로서는 적합하지 못하다.

② 적합성의 규준(canon of relevance): 각각의 분류 특성은 분류의 목적에 적합해야 한다. 예를 들어, 학습능력별로 '아동'을 분류할 때는 '지능'이 적합한 분류특성이 되지만, 체육시간의 경기를 위해 분류할 때는 '체력'이 적합한 분류특성이 되는 것이다.

③ 확인 가능성의 규준(canon of ascertainability): 각각의 분류 특성은 분명하고 확인 가능한 것이어야 한다. 적합성이 있는 여러 가지 특성 가운데 예컨대 미래의 사망일과 같은 확인 불능의 특성보다는 출생일과 같은 다른 확인 가능한 특성만을 분류 특성으로 사용해야 한다.

④ 영속성의 규준(canon of permanence): 각각의 분류 특성은 분류의 목적이 변경되지 않는 한 변경해서는 안 된다. 이것은 주위 환경에 따라 색이 변하는 카멜레온을 구분할 때 '색'을 분류 특성으로 사용해서는 안 되는 것과 같다. 그러므로 논란의 여지가 있거나 변화 가능성이 있는 특성은 분류 특성으로서 적절치 못한 것이다. 그러나 때로는 이 규준과 적합성의 규준이 서로 상치되는 경우도 발생하게 되는데, 예를 들면 대부분의 이용자에게 있어서는 '국가'라는 분류 특성이 아주 적합한 특성이 되지만, 구소련의 예에서 보듯이 이 특성은 항상 가변적일 가능성을 갖고 있는 것이다. 따라서 이 둘 사이의 조화가 중요하다.

(2) 연속되는 분류 특성을 위한 규준

이 규준들은 분류 특성을 연속적으로 사용할 경우에 적용되는 것으로, 다음과 같은 세 종류가 제시되고 있다.

① 공존의 규준(canon of concomitance): 두 개 이상의 분류 특성을 분류 대상에 연속적으로 적용했을 때, 어떤 두 개의 특성도 서로 중복되는 배열(配列, array)을 만들어내어서는 안 된다. 예를 들면 '소년'이라는 대상에 '신장'과 '체중'이라는 특성은 연속적으로 적용할 수 있을 것이다. 그러나 '연령'과 '출생일'이라는 특성은 동일한 배열을 만들어내게 될 것이기 때문에, 연속적으로 적용할 수 없다.

② 연속의 적합성의 규준(canon of relevant succession): 연속적으로 적용되는 특성의 순서는 분류의 목적에 적합해야 한다. 예를 들어 DDC의 문학에서 채택하고 있는 '학문 - 언어 - 형식 - 시대'의 패싯 배열 공식(열거 순서)에서 나타나는 언어와, 문학 형식, 시대 구분의 분류 특성의 순서는 분류의 목적에 적합한 것으로 인정되고 있는 것과 같은 것이다.

③ 연속의 일관성의 규준(canon of consistent succession): 연속적으로 적용되는 특성의 순서는 분류의 목적이 변경되지 않는 한 일관성 있게 적용해야 한다. 이 규준을 지키지 않으면 혼란이 야기될 것이다.

(3) 배열(配列)을 위한 규준

배열(array)은 어떤 분류 대상에 특정의 분류 특성을 적용하였을 때 그 결과로 나타나는 분류지(分類肢)의 집합으로 이루어지는 연속적인 구조로, 동위분류체라고 번역한 예도 있다.[38] 예를 들면 '사람'이란 영역을 '피부색'이라는 분류 특성을 적용하여 구분하면, '황인종', '흑인종', '백인종'의 분류지가 생기게 되는데, 이 분류지의 집합으로 이루어지는 연속적인 구조가 바로 배열이 된다. 이와 같은 배열을 위한 분류 규준으로는 네 종류가 제시되고 있다.

① 망라성(網羅性)의 규준(canon of exhaustiveness): 어떤 배열에 속해 있는 유들은 각각의 공통적인 인접 영역을 모두 망라해야 한다. 즉 어떤 분류 특성을 기준으로 하든 모든 구분지를 망라적으로 빠짐없이 열거해야 한다는 것이다. KDC를 비롯한 대부분의 분류표에서 각 분류지에 '기타'라는 항목을 설정하고 있는 것도 이와 같은 망라성의 규준을 충족시켜 주는 한 예라 할 수 있다.

② 배타성(排他性)의 규준(canon of exclusiveness): 동일한 배열에 속하는 유들은 서로 배타성을 가져야 한다. 즉 배열의 어떤 유도 서로 중복되거나 공통의 실체를 가져서는 안 된다. 이것은 어떤 분류 대상에 대해서든 단하나의 분류 특성만을 적용할 때 가능하게 된다. 예를 들어 '문학'이라는 대상에 '언어'와 '국가'라는 두 개의 분류 특성을 적용하게 된다면, 동일한 배열상에 나타나게 될 '영문학'과 '호주문학'은 서로 중복되게 되어, 이 규준을 위반하게 될 것이다.

---

[38] 노정순. 한국십진분류법과 콜론분류법의 비교 연구(석사학위논문. 성균관대학교대학원. 1979). p.97.

③ 유용한 순서의 규준(canon of helpful sequence): 동일한 배열에 속하는 유들의 순서는 분류에서 대상으로 하는 사람들의 목적에 유용한 순서로 이루어져야 한다. 그러나 이 경우에는 다시 어떤 순서가 '유용한' 것인지에 대한 문제가 생기게 된다. Ranganathan은 이와 같은 문제를 해결하기 위해 유용한 순서를 결정하기 위한 규범들을 원칙(principle)으로 별도로 제시하고 있다.[39]

④ 순서의 일관성의 규준(canon of consistent sequence): 유사한 유들이 서로 다른 배열에 나타날 경우에는 언제나 그것이 더욱 중요한 요건에 어긋나지 않는 한, 대등한 순서를 갖도록 해야 한다. 이와 같은 요건을 만족시켜 주는 대표적인 예들이 바로 문헌분류표에 나타나는 보조표 또는 조기표인 것이다. 이 보조표를 통해 동일한 내용에 대해서는 동일한 기호를 유지하도록 함으로써, 이용자와 분류자의 정신적 노력이나 시간을 절약시켜 주게 되는 것이다.

(4) 연쇄 구조(連鎖構造)를 위한 규준

연쇄 구조(chain)는 상위 주제와 하위 주제의 연결 관계, 즉 계층 구조의 연결 관계를 가리키는 것이다. KDC의 예를 들면 '주류 - 강목 - 요목 - 세목'의 연결 관계, 즉 '800 - 810 - 811 - 811.1'로 이어지는 관계를 의미한다. 이 경우는 두 종류의 규준이 제시되어 있다.

① 외연 감소(外延減少)의 규준(canon of decreasing extension): 어떤 연쇄 구조를 첫 번째 링크에서 마지막 링크까지 세분하여 전개할 때는, 해당류의 외연, 즉 범위는 줄어들고, 그 내포, 즉 깊이는 늘어나도록 해야 한다. 예를 들면 KDC의 문학의 경우, '문학(800) - 한국 문학(810) - 한국시(811) - 향가(811.1)' 등으로 계층 구조를 따라 내려갈수록 범위는 좁아지지만, 깊이는 늘어나도록 전개하는 것과 같다.

② 조절의 규준(canon of modulation): 연쇄 구조는 첫 번째 링크와 마지막 링크 사이에 있는 각각의 모든 순서 중 어느 하나의 유로 구성되어야 한다. 예를 들면 앞서 제시한 한국 문학의 경우는 '문학 - 한국 문학 - 한국시 - 향가'로 연결되는 계층 구조에서 어떤 특정 단계가 누락되어서는 안 된다는 것이다. 행정 구역의 예를 들면, '시도 - 시군구 - 읍면동'의 연쇄 구조에서 어느 하나의 중간 단계가 누락되면 그에 해당하는 자료들은 분류할 곳을 찾을 수 없게 되는 것이다.

---

[39] 유용한 순서의 원칙은 S. R. Ranganathan. *Prolegomena to Library Classification*. 3rd ed. (New York: Asia Publishing House, 1967). pp.181-197 참조.

(5) 파생적 순서(派生的順序)를 위한 규준

파생적 순서(filiatory sequence)는 어떤 영역을 그 유연 관계(由緣關係)에 따라 완전히 세분했을 때 나타나는 순서를 말한다. 이를 위한 규준은 종속류(하위류)와 동위류(등위류)의 요건을 충족시키기 위한 규준 두 종류가 제시되어 있다. 이는 [그림 2-2]를 통해 설명해 보고자 한다.[40]

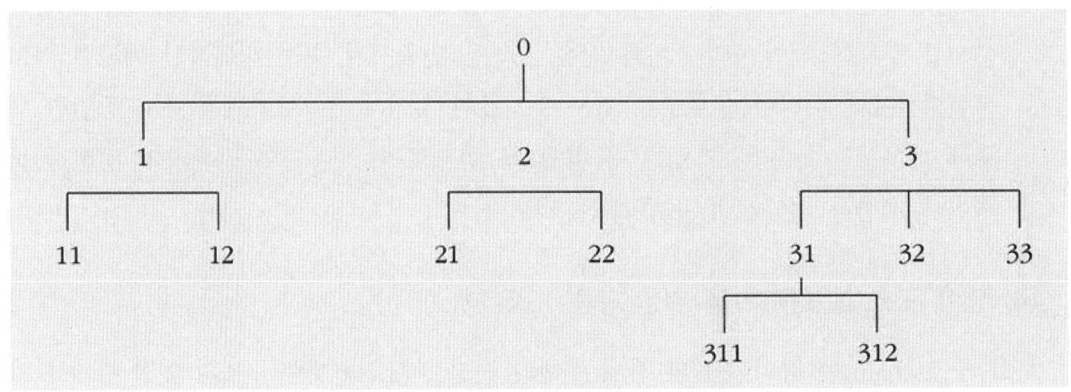

[그림 2-2] 종속류와 동위류의 관계

① 종속류(從屬類)의 규준(canon for subordinate classes): 종속류는 하위류라고도 한다. [그림 2-2]의 예에서, 31, 311 등이 3의 연쇄 구조의 어느 곳에서 생긴 3의 종속류라면, 유 31과 311 등은 다른 유에 의해 분리되지 않은 채 유 3의 바로 다음에 '3 - 31 - 311'과 같이 연속적으로 이어져야 한다. 종속류 사이의 관계는 마치 가계도(家系圖)의 경우와 같이 표현되어야 하는 것이다. 즉 '할아버지 - 아버지 - 아들'로 연결되는 구조와 같다.

② 동위류(同位類)의 규준(canon for coordinate classes): 동위류는 등위류(等位類)라고도 한다. [그림 2]의 예에서, 유 31, 32, 33이 하나의 동일한 배열에 나타나고 연속적으로 이어진다면, 이 유들은 유 311, 312 이외의 어떤 유에 의해서도 서로 분리되어서는 안 된다. 동위류의 배열은 서로 밀접한 관련을 갖는 것끼리 인접하도록 해야 하는 것이다. 이것은 마치 형제로 이루어지는 배열을 구성할 때 중간에 사촌이 끼어들도록 해서는 안 되는 것과 같다.

---

40) Krishan Kumar. *Theory of Classification*. 2nd ed. (New Delhi: Vikas Publishing House, 1981). p.121.

2.3.2. 언어 단계의 분류 규준

용어와 관련되는 언어 단계에서는 다음과 같은 네 종류의 분류 규준이 제시되고 있다.

① 맥락의 규준(canon of context) : 분류표에서 사용하는 용어의 의미는 해당 용어가 나타내는 유와 동일한 연쇄 구조에 속하는 상위 링크의 다른 유들에 비추어서 결정해야 한다. 예를 들면 질병이나 생태 등과 같은 용어들은 여러 주제에서 나타날 수 있으므로, 그 용어가 사용된 맥락이나 전후 관계나 상황 등을 잘 파악하여 분류해야 하는 것이다.

② 열거의 규준(canon of enumeration): 분류표에서 사용하는 용어의 의미는 해당 용어가 나타내는 유를 공통의 링크로 가지고 있는 다양한 연쇄 구조에 열거되어 있는 하위류에 비추어 결정해야 한다. 어떤 동일한 용어의 의미가 분류표마다 다양하게 나타날 수도 있기 때문에, 분류표의 이용자는 각각의 유나 하위류를 참조하여 그 용어의 의미를 파악해야 한다.

③ 통용성(通用性)의 규준(canon of currency): 어떤 분류표의 유를 나타내기 위해 사용하는 용어는 해당 영역의 전문가들 사이에서 통용되는 최신의 것을 사용해야 한다. 따라서 이 규준을 지키기 위해서는 분류표를 지속적으로 개정해야 하는 것이다.

④ 신중성의 규준(canon of reticence): 분류표에서 사용하는 용어는 비평적이어서는 안 된다. 즉 분류표 편찬자의 어떤 견해를 표출해서는 안 된다는 것이다.[41] 예를 들면 분류표에서 '주요 작가'나 '기타 작가'로 구분하는 표현 등을 사용하는 것은 이를 위반하는 대표적인 예가 될 것이다. '주요 작가'으; 기준이 주관적인 것도 문제지만, '기타 작가'로 분류된 작가가 어느 시점에서는 '주요 작가'가 될 수도 있기 때문이다.

---

41) S. R. Ranganathan. *Prolegomena to Library Classification*. 3rd ed. (New York: Asia Publishing House, 1967). p.210.

2.3.3. 기호 단계의 규준

기호 단계의 분류 규준은 일반 규준과 특수 규준으로 구분할 수 있다. 특수 규준은 다시 영역 증가에 대비하기 위한 규준과, 조기성의 위한 규준, 도서 분류를 위한 규준으로 구분된다(〈표 2-4〉 참조).

〈표 2-4〉 기호 단계의 분류 규준

일 반	영역증가	조 기 성	도서기호/별치기호
동의어 동음이의어 상관어* 계층구조* 혼합기호법* 패싯기호법* 동위범위*	배열의 외삽 배열의 내삽 연쇄구조의 외삽 연쇄구조의 내삽	알파벳순 조기성 표에 의한 조기성 체계적 조기성 동종적 조기성	도서기호 별치기호 변별성

* 쌍으로 된 규준 가운데 첫 번째 규준만을 제시한 것임.

(1) 일반 규준

기호법에 관한 일반 규준은 동의어와 동음이의어에 관한 각각의 규준과 다섯 개의 쌍으로 된 별도의 규준으로 이루어진다. Ranganathan은 쌍으로 이루어진 규준 중 〈표 2-4〉에 제시된 첫 번째 규준을 선호하였다.[42] 각 쌍의 두 번째 규준은 쌍으로 된 해당 규준에서 추가로 살펴보고자 한다.

① 동의어의 규준(canon of synonym): 분류표에서 어떤 주제를 나타내는 분류 기호는 유일무이한 특유의 것(unique)이어야 한다. 자연어의 경우는 동의어가 발생할 가능성이 있지만, 분류 언어인 분류 기호는 분류학자에 의한 통제어이기 때문에, 분류 기호에서는 동의어가 발생해서는 안 되는 것이다. 즉 어떤 학문에 속하는 특정의 주제에 대해 둘 이상의 분류 기호를 부여해서는 안 된다.

② 동음이의어의 규준(canon of homonym): 분류표에서 어떤 분류표에 의해 표현되는 주제는 유일무이한 특유의 것이어야 한다. 동의어의 경우와 마찬가지로, 자연어에서

---

42) Krishan Kumar. *Theory of Classification*. 2nd ed. (New Delhi: Vikas Publishing House, 1981). p.151.

는 동음이의어의 발생 가능성이 많으나, 분류표에서는 하나의 기호를 둘 이상의 주제를 나타내기 위해 사용되어서는 안 된다.

③ 상관성(相關性)의 규준(canon of relativity): 분류 기호에서 사용하는 기호의 숫자는 그 기호가 나타내는 주제의 단계(order)와 동일해야 한다. 즉 계층 구조가 세분될수록 분류 기호의 길이는 길어져야 한다는 것이다. 반면에 이와 쌍을 이루는 통일성의 규준(canon of uniformity)에 따르면, 단계에 관계없이 일정해야 한다. 상관성을 취할 경우는 계층 구조를 잘 나타낼 수 있다는 장점이 있고, 통일성을 취하게 되면 기계화에 장점이 있다.[43]

④ 계층 구조의 규준(canon of hierarchy): 분류 기호에는 분류 기호를 구성할 때 사용되는 각각의 분류 특성을 나타내 주는 기호가 있어야 한다. 즉 각각의 분류 특성에는 별도의 기호를 사용해야 한다. KDC 문학의 예를 들면 언어를 나타내는 기호와 문학 형식을 나타내는 기호는 단계가 달라야 한다는 것이다. 이 규준은 각 단계의 나머지 기호를 간격 기호(gap notation)로 처리하게 되고 각 단계마다 기호의 자리수가 추가되어야 한다는 점에서, 앞서 살펴본 간소성의 법칙과 상반되는 측면이 없지 않다. 한편 이와 쌍을 이루는 비계층구조의 규준(canon of non-hierarchy)에서는 이 요건을 요구하지 않는다.

⑤ 혼합기호법의 규준(canon of mixed base): 분류표의 기호법의 기수(基數, base)는 두 종류 이상의 기호를 사용해야 한다. 이것은 수용 능력을 높일 수 있다는 장점이 있다. 한편 이와 쌍을 이루는 순수기호법의 규준(canon of pure base)은 단 한 종류의 기호만을 사용하도록 하고 있다. 이 경우는 기호의 단순성이라는 장점을 가질 수 있다. Ranganathan은 주제의 수가 너무나도 많고, 안구(眼球)가 갖는 생리 현상이나 기억의 심리적인 측면에서도 혼합기호법이 바람직하다는 의견을 제시하고 있다.[44] 이 두 규준과 관련하여, 기수도 늘리면서 기호의 단순성도 유지시킬 수 있는 소위 백진분류법(百進分類法)의 아이디어는 재음미해 볼 만하다고 하겠다.[45]

⑥ 패싯식 기호법의 규준(canon of faceted notation): 패싯식 기호법은 기호의 블록이 구두점과도 유사한 지시 기호(indicator digit)로 연결되고, 각 지시 기호는 어떤 주

---

43) S. R. Ranganathan. *Prolegomena to Library Classification*. 3rd ed. (New York: Asia Publishing House, 1967). pp.275-276.
44) Krishan Kumar. *op. cit.* p.159.
45) 정필모. "백진분류법설계." 도서관학 제20집(1991.9). pp.35-63.

제의 구성 요소 간의 상호 관계를 나타내주는 여러 부분으로 구성되는 기호법이다.46) 이와 쌍을 이루는 규준은 비패싯식 기호법의 규준(canon of non-faceted notation)이다. 주제의 수가 늘어감에 따라 분류 기호의 평균적인 길이가 길어지게 되면서, 분류 기호를 변별적인 특성을 갖는 의미 있는 블록으로 구분하는 것이 바람직하다는 견해가 제기되고 있는데,47) 패싯식 기호법은 이와 같은 요건에 적합하다고 할 수 있을 것이다.

⑦ 동일 범위의 규준(canon of co-extensiveness): 분류 기호에서는, 연속되는 분류 특성의 마지막에 나타나는 분류 특성까지 하나도 남김없이 모두 표현할 수 있도록 하기 위해 분류 기호에 연속적으로 기호를 추가해야 한다. 이 규준에 따르게 되면, 해당 자료에 부여할 수 있는 가장 상세한 분류 기호를 부여하게 되기 때문에, 이 규준은 이른바 상세 분류(close classification)에 적합하다. 이와 쌍을 이루는 하위 범위의 규준(canon of under-extensiveness)은 이와 반대로 이른바 간략 분류(broad classification)에 적합한 규준이라 할 수 있다.

(2) 영역 증가(領域增加)에 대비하기 위한 규준

주제 영역의 증가에 대비하기 위한 기호법의 규준으로는 배열과 연쇄 구조에서 각각 그 중간에 삽입하는, 즉 내삽(內揷, interpolation)하기 위한 규준과, 맨 처음이나 맨 뒤에 추가하는, 즉 외삽(外揷), extrapolation)하기 위한 규준의 두 종류, 총 네 종류가 제시되고 있다. 이 규준들은 주제 영역들이 미래에 어떤 방향으로 발전해 나갈는지를 예측할 수 없다는 점에서, 이에 대비할 수 있도록 하기 위한 규준들이다.

① 배열상 외삽의 규준(canon of extrapolation in array): 분류 기호로 이루어지는 배열은 그 배열의 앞이나 뒤에 새로운 동위 기호(coordinate number)가 추가될 수 있도록 허용해야 한다. 이를 위해서는, 배열의 앞뒤에 빈칸으로 된 간격 기호(gap device)를 두거나, 섹터화 기호(sectorizing digit)48)를 사용할 수 있다.

② 배열상 내삽의 규준(canon of interpolation in array): 분류 기호로 이루어지는 배열은 그 배열의 어느 위치에든 새로운 동위 기호를 삽입할 수 있도록 해야 한다. 이를

---

46) Krishan Kumar. *Theory of Classification*. 2nd ed. (New Delhi: Vikas Publishing House, 1981). pp.130-131.
47) *Ibid*. pp.160-161.
48) 섹터화 기호법은 각 기호의 첫 번째 기호(예를 들면 '0'이나 'A')나 마지막 기호(예를 들면 '9'나 'Z')를 무의미 기호로 사용하여, 기호의 외적 삽입을 가능하게 하는 기법이다.

위해서는, 간격 기호를 두거나, 새로운 종류의 기호를 도입하거나, 무의미화 기호(emptying digit)를 사용할 수 있다. 특히 CC에서만 사용되는 무의미화 기호는 기호법적인 측면에서만 본다면, 자리수가 늘어나게 된다는 문제점은 있으나, 연속적인 두 기호 사이에 어떤 분류 기호를 삽입하기 위한 훌륭한 해결책이 될 수 있을 것이다.[49] 한편 혼합기호법을 채택할 경우에는, 특정 섹터에 대한 외삽이 내삽으로 간주될 수도 있을 것이다. 예컨대 '91'은 '8'과 'A' 사이에 삽입된 것으로 간주될 수도 있을 것이다.

③ 연쇄 구조상 외삽의 규준(canon of extrapolation in chain): 분류 기호의 연쇄 구조는 맨 뒤에 연속되는 링크가 추가될 수 있도록 허용해야 한다. 즉 연쇄 구조상의 추가의 세분이 가능하도록 하는 수용력을 갖추어야 한다는 것이다. 이를 위해서는, 간격 기호와 소수 기호(decimal fraction device)[50]를 사용할 수 있다.

④ 연쇄구조상 내삽의 규준(canon of interpolation in chain) : 분류 기호의 연쇄 구조는 연쇄 구조상의 연속적인 두 링크 사이에 새로운 링크가 삽입될 수 있도록 허용해야 한다. 그러나 지금 현재로서는 이를 만족스럽게 처리할 수 있는 기호법이 개발되어 있지 않다.

(3) 조기성(助記性)을 위한 규준

일반적으로 조기성(mnemonics)은 '기억을 돕는 성질'로 이해되는데, 분류 작업을 할 때 분류 담당자의 기억을 도와주고, 색인과 분류표를 참조하는 일을 감소시켜 주며, 분류표의 양을 줄여 주고, 유사 주제에서 일관된 배열을 가능하게 해주는 기능을 수행한다.[51] Ranganathan은 이와 같은 조기성의 종류를 알파벳순 조기성과, 표에 의한 조기성, 체계적 조기성, 동종적 조기성의 네 종류로 구분하고, 그 각각에 대하여 별도의 규준을 제시하고 있다.

① 알파벳순 조기성의 규준(canon of alphabetical mnemonics): 주제를 알파벳순으로 배열하는 알파벳순 조기성은 그것이 다른 어떤 순서 못지않게 유용하고 해당 분야에 국제적인 용어법이 존재할 경우에 우선적으로 따라야 한다. 그러므로 알파벳순보다 더 유용한 다른 순서가 존재한다거나, 국제적 분류표의 경우는 국제적으로 사

---

49) Krishan Kumar. op. cit. p.161.
50) 소수 기호는 각각의 기호를 정수가 아닌 완전 소수로 간주하는 방법으로, 소수점이 없이도 새로운 기호의 추가는 새로운 연쇄 구조의 추가로 간주된다.
51) 남태우. "분류기호법에서의 조기성 연구." 도서관학 22집(1992.6). p.213.

용될 수 있는 공통적인 용어법이 개발되어 있지 않은 상태로 자국어의 알파벳순(예컨대 한국어의 '가나다순')을 사용해야 하는 경우에는, 알파벳순 조기성을 채택해서는 안 된다.

② 표에 의한 조기성의 규준(canon of scheduled mnemonics): 분류표에서 독립 아이디어나 독립 아이디어로 이루어진 배열은 어떤 주제에서 나타나든 관계없이, 이를 표현하기 위해서는 동일한 하나의 기호나 기호군을 사용해야 한다. 이러한 표에 의한 조기성의 대표적인 예는 DDC의 표준세구분(Table 1)을 포함한 보조표들이다. 이 규준을 따르게 되면, 자동적으로 순서의 일관성의 규준은 충족되게 된다. 아울러 분류표의 본표의 길이가 줄어들게 되기 때문에, 간소성의 법칙도 충족시켜 준다.

③ 체계적 조기성의 규준(canon of systematic mnemonics): 분류표에서 어떤 배열(配列)의 독립 아이디어들을 표현하기 위해 사용되는 기호들은 유용한 순서의 원칙에 의해 해당 독립 아이디어들이 배열되는 순서와 대등한 순서로 이루어져야 한다. 즉 아이디어 단계에서 얻어진 유용한 순서가 기호 단계에서는 대등한 순서로 실행되어야 한다는 것이다.[52] 체계적 조기성에 활용될 수 있는 유용한 순서로서는 시간의 순서, 진화의 순서, 공간의 순서, 양적 순서, 복잡성의 순서, 전통적 또는 규범적 순서, 문헌적 타당성의 순서, 전통적 또는 규범적 순서, 문헌적 타당성의 순서, 알파벳순 등이 있다.[53]

④ 동종적(同種的) 조기성[54]의 규준(canon of seminal mnemonics): 동종적인 성격을 갖는 대등한 개념들은 어떤 주제에 나타나든 관계없이, 이를 표현하기 위해서는 하나의 동일한 기호를 사용해야 한다. 예를 들면 축산의 '질병'과, 의학의 '질병', 사회학의 '사회병리학', 생물학에서의 '병리학' 등은 서로 다른 주제에서 서로 다른 용어로 표현되어 있고, 겉보기에는 무관한 것 같지만, '질병'이라는 동일한 기본 아이디어를 바탕으로 하고 있다. 그러므로 이와 같은 개념들은 분류표에서 서로 다른 용어를 사용하더라도, 동일한 기호로 나타낼 수 있도록 하는 것이 바람직하다.

---

52) Krishan Kumar. *Theory of Classification*. 2nd ed. (New Delhi: Vikas Publishing House, 1981). p.170.
53) 박종배. 랑가나단의 조기성이론에 의한 한국십진분류법과 일본십진분류법의 비교분석(석사학위논문. 경북대학교대학원, 1989). pp.13-16.
54) 근본적 조기성이라는 역어가 사용되기도 한다.(박종배. *op. cit.* 등).

(4) 도서 기호와 별치 기호를 위한 규준

분류의 실제와 관련하여, 도서 기호와 별치 기호, 청구 기호를 위한 별도의 규준이 제시되어 있다. 청구 기호는 분류 기호 이외에도 도서 기호와 별치 기호 등을 추가하여 만들어진다. 그러나 도서 기호는 특정의 경우에는 생략이 가능하고, 별치 기호는 일부의 경우에만 필요하게 된다. 이 때문에 많은 분류표에서는 도서 기호와 별치 기호에 대한 규정을 분류표에 포함시키지 않고 있다. 그러나 *Colon Classification*에서는 도서 기호는 물론 별치 기호에 대한 규정도 포함시키고 있다.

① 도서 기호의 규준(canon of book number) : 동일 주제를 최종류(ultimate class)로 가지고 있는 문헌들을 개별화하고 우선적인 배열을 기계화하기 위해, 문헌분류표는 도서기호표를 포함하고 있어야 한다. 결국 최종적인 분류 작업은 자료를 서가상에 배열하는 것으로 완료된다고 보면, 분류 기호 이외에 도서 기호가 분류표의 일부로서 포함되어야 하는 것은 지극히 타당할 것이다.

② 별치 기호의 규준(canon of collection number): 문헌분류표에서는 특수성을 바탕으로 이루어진 특수 문헌의 다양한 장서들을 개별화하기 위한 별치 기호표를 제공해야 한다. 별치 기호는 자료의 소재 확인과 재배치에 필요하다는 점에서 유용하다. 그러나 기본 장서나 일시적인 장서의 경우는 불필요할 것이다.

③ 변별성(辨別性)의 규준(canon of distinctiveness): 분류표에서 분류 기호와, 도서 기호, 별치 기호로 이루어지는 청구 기호는 서로 상당한 변별력을 가져야 한다. 즉 청구 기호는 서로 중복되어서는 안 된다는 것이다.

이 장에서 살펴본 문헌 분류의 3단계와 분류 규준은 기본적으로 분석합성식 분류표 또는 패싯식 분류표의 지침이 되는 아이디어로 제시된 것이다. 그러나 이와 같은 이론들은 대부분의 일반 분류표에 이를 적용함으로써 분류표를 개선할 수 있다는 점에서는 물론, DDC나 KDC를 포함한 오늘날의 이른바 준열거식 분류표(準列擧式 分類表)에서 분석합성식의 아이디어를 상당 부분 수용하고 있다는 점에서, 다른 분류표의 개선을 위해서도 유익한 지침이 될 수 있을 것이다.

제3장 일상생활 속의 문헌 분류 기법 활용 사례 분석

많은 사람들은 문헌 분류는 도서관 현장에서 자료의 정리에만 활용되는 이론으로, 우리의 실생활과는 무관한 이론이나 기법으로 생각하는 경우가 많다. 그러나 우리는 일상생활을 포함한 많은 경우에 의식적이든 무의식적이든, 매일매일 수많은 분류 시스템들을 접하고 실제로 활용하게 된다. 이 장에서는 이러한 점에 착안하여, 우리 실생활에 적용되고 있는 문헌 분류의 이론과 기법들의 예들을 찾아 구체적으로 분석하고, 필요할 경우 개선을 위한 아이디어를 제공해 보고자 한다. 이러한 분석은 실제 사례들의 구체적인 개선은 물론 이론의 정립에 좋은 아이디어를 제공하고 정보시스템이나 홈페이지, 각종 실제 분류 시스템의 설계를 담당하는 연구자나 실무자에게도 구체적이고 실제적인 개선책을 제공할 수 있으리라고 생각한다. 이를 위해 이 장에서는 관련 자료와 홈페이지 등을 분석하고, 일부 예에 대해서는 패싯 분석을 통해 분석합성식 분류 이론의 측면에서 분류 기법들이 어떤 방식으로 실제 생활에서 의식적 또는 무의식적으로 활용되고 있는지 분석해 보고자 한다.[1]

---

[1] 이 장의 내용의 상당 부분은 기본적으로 저자의 다음 논문을 바탕으로 재구성한 것이다. 오동근. "실생활에 적용된 분석합성식 분류기법의 사례에 관한 심층분석." 한국도서관정보학회지 제42권 제2호(2011.6). pp.151-170.

3.1. 주민 등록 번호 및 학번 시스템

대한민국 국민은 누구나 자신의 고유 번호로 주민 등록 번호를 부여받는다. 이 번호를 개발한 것으로 알려져 있는 김대영에 따르면, 주민 등록 번호 시스템은 1975년 주민 등록 제도를 처음 실시할 때, 통계학 지식을 활용하고 미국의 사회 보장 번호(Social Security Number) 시스템을 참고하여 만들어졌다고 한다.[2)]

주민 등록 번호는 대개 앞쪽 6자리와 뒤쪽 7자리의 숫자로 이루어진다. 앞쪽 6자리는 '출생년도-월-일'로 구성된다. 즉 2015년 3월 1일생의 경우 '연도(15) + 월(03) + 일(01) → 150301'이 되는 것이다. 뒤쪽 7자리 중 첫 번째 숫자는 성별에 따라 남자는 1, 여자는 2로 표시한다. 2번째부터 5번째까지의 4자리 숫자는 시도·군구 등을 나타내는 지역 번호로 발행 지역이 4자리 숫자로 표시된다. 6번째 숫자는 해당 지역에서 그 번호를 부여하는 순서 기호, 마지막의 7번째 숫자는 검증용의 체크 디지트(check digit)라고 한다. 이와 같이 우리가 일상적으로 사용하는 주민 등록 번호는 정교한 코딩 시스템에 의한 분류 체계에 따라 부여되고 있음을 알 수 있다.

이와 유사한 예로, 학생들은 대학에 입학하면 학번을 부여받게 된다. 계명대학교의 예를 들면, 과거에는 여덟 자리로 이루어진 학번을 사용하였다. 첫 번째 자리는 단과 대학을 나타내는 알파벳 대문자, 2번째 자리는 단과 대학 내 계열을 나타내는 숫자, 3번째 자리는 학과 고유 번호, 4-5번째 자리는 입학 연도, 6-8자리는 학생 고유 번호로 구성되어 있었다. 즉 문헌정보학과 1992년도 입학생 중 1번인 학생의 학번은 '사회과학대학(H) + 사회계열(3) + 문헌정보학과(4) + 입학연도(92) + 학생고유번호(001) → H3492001'이 되는 것이다. 이 학번 체계의 고안자가 문헌 분류 이론에 대한 깊은 이해나 조예가 있어서 이러한 시스템을 설계했을 가능성은 많지 않지만, 이것은 조기성을 갖춘 분석합성식 분류 기법을 활용한 편리한 시스템이라고 할 수 있다.

그러나 현재 계명대학교에서 사용하고 있는 학번 시스템은 이러한 분류 체계와는 전혀 관계가 없는 학생들의 일련 번호에 의한 코드로 변경되었다. 아마도 그 이유는 몇 년 전에 학부제를 도입하면서 학부제로 입학한 학생들이 학과가 정해지기 이전인 1학년 때에

---

2) "세계 10대 경제강국 대한민국, 청사진은 KDI에서 나왔다," 중앙일보 2011.4.26일자. 서경호 기자의 김대영 전 건설부 차관(당시 수석연구원) 인터뷰 내용으로, 이하의 설명은 이 인터뷰내용을 바탕으로 하였음. 〈http://article. joinsmsn.com/news/article/article.asp?total_id=5399813&cloc=olink|article|default〉

는 별도의 학번을 가져야 하고, 2학년에 진학하게 되면 학과별 학번 부여 시스템에 따라 별도의 또 하나의 새 학번을 갖게 되기 때문에, 이로 인해 학사 관리가 번거로워지는 것을 피하기 위해, 1학년에 입학할 때 부여된 학번을 졸업할 때까지 사용하도록 하면서 생긴 변화일 것이다. 그러나 분류 이론적 측면에서 보면, 열거식 시스템에 의해 부여되는 현재의 학번 시스템은 그 번호만으로는 대략적인 짐작은 가능하다고 하더라도, 그 학생의 소속 학과나 입학 연도 등을 파악하기 어렵다는 점에서, 그러한 조기성(助記性)을 갖춘 이전의 시스템에 비해 불편한 점이 많다.

3.2. 인터넷 서점

전통적인 오프라인 서점에서도 분류는 유용하게 활용되고 있다. 유사한 관련 분야의 책들을 서로 가까이에 인접하여 모이도록 배가하고, 특히 상업적인 목적에서, 잘 팔리는 베스트셀러들은 고객들이 접근하기 용이한 위치에 진열하여 눈에 잘 띄도록 배려하고 있다.

온라인상의 인터넷 서점들도 마찬가지로 이용자가 다양한 자료를 신속하게 찾아낼 수 있도록 하기 위해, 저자나 서명 등을 통한 직접적인 검색 방법 이외에도 다양한 분류 기법들을 활용한 다양한 방법들을 도입하여 책들을 보여 주고 있다. 인터파크도서의 예를 들면, 메인에서는 국내 도서와 외국 도서, 비스킷, 헌책방, 음반, DVD 등으로 구분하고, 국내 도서 내에서는 다시 소설, 비소설·문학론, 경제 경영, 자기 계발, 사회과학, … 등의 분야로 구분하고, 예컨대 소설 내에서는 다시 한국 소설, 외국 소설, 장르 소설, 주제가 있는 문학 등으로 세분하고 있다([그림 3-1] 참조). 이러한 구분과 분류는 문헌정보학에서 다루는 일반적인 분류표의 분류와는 상당히 다른 것이며, 또한 국내의 각 인터넷 서점마다, 그리고 외국의 인터넷 서점과도 서로 상당한 차이를 보이고 있다.

이것은 인터넷 서점은 각각의 영업 방식과 고객들의 요구에 부응하기 위한 각 서점의 노하우에 따라 나름대로 그러한 디렉토리형 분류 시스템을 채택하고 있는 것으로 보인다. 그러나 그러한 비통일성으로 인해, 여러 서점들을 이용하여 관련 자료들을 브라우징 하고자 하는 고

---

3) 인터파크도서 검색 화면. 〈http://book.interpark.com/display/displaylist.do?_method=allListBook&sc.shopNo=0000400000&sc.dispNo=028037001〉.

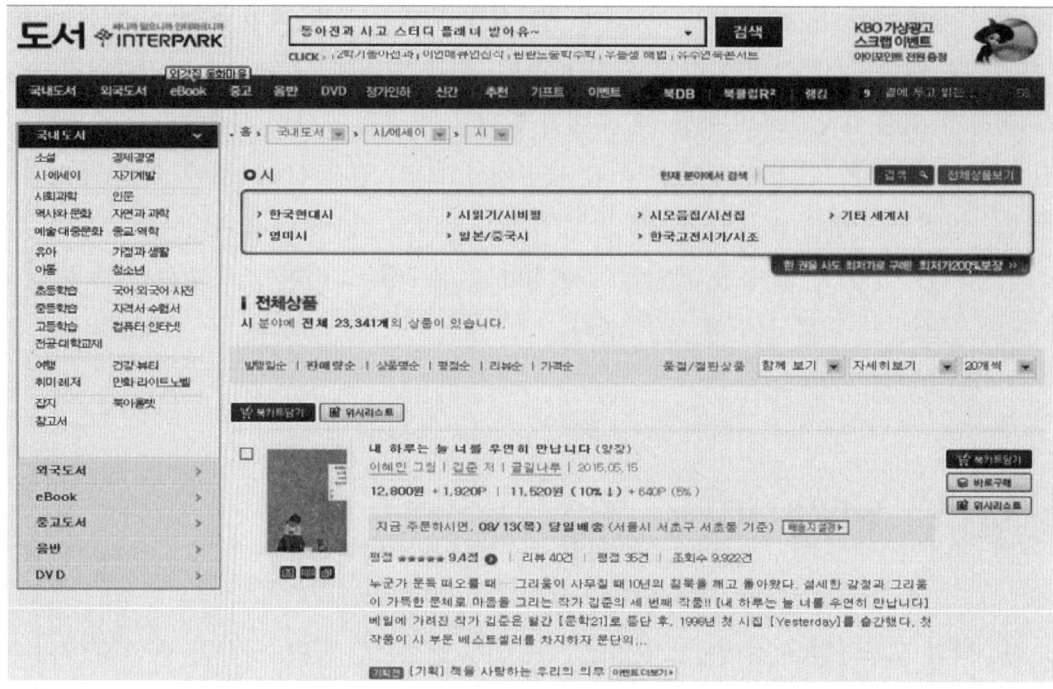

[그림 3-1] 인터파크도서의 시 부문 검색 화면의 예[3]

객들은 사실상 큰 불편을 겪고 있는 것이 사실이다. 따라서 이러한 서점들이 공통적으로 활용할 수 있는 체계적인 시스템이 개발된다면 이용자에게 많은 도움이 될 수 있을 것이다.[4]

3.3. 지하철 노선도

지하철은 복잡한 도시 교통의 대안으로 우리나라의 많은 대도시에서 널리 이용되고 있다. 그 노선의 수가 늘어나면서, 많은 이용자들은 특히 환승 등을 위해 여러 노선을 이용해야 하는 경우 적지 않은 혼동을 겪게 된다. 이러한 불편을 최소화하기 위해, 대부분의 지하철 시스템에서는, 각 지하철 호선별로 각각 별도의 색깔을 지정하여 관리하고 있다. 예를 들면, 대구 지하철 1호선은 주황색으로 표시되고, 대구 지하철 2호선은 연두색으로 표시되

---

[4] 이와 관련해서는 다음 논문 참조하라. 배영활, 오동근, 여지숙. "인터넷포털과 인터넷서점의 어린이자료 분류시스템의 비교분석." 한국도서관정보학회지 제39권 제3호(2008.9). pp.321-344; 정연경. "인터넷 서점의 주제별 분류체계 설계에 관한 연구." 한국문헌정보학회지 제35권 제3호(2001.9). pp.17-34.

는 것과 같다. 9호선까지 운행되고, 그 외에도 분당선, 중앙선, 경춘선, 공항 철도 등이 복잡하게 얽혀있는 수도권의 지하철 노선은 더욱 더 복잡하게 마련이다([그림 3-2] 참조).

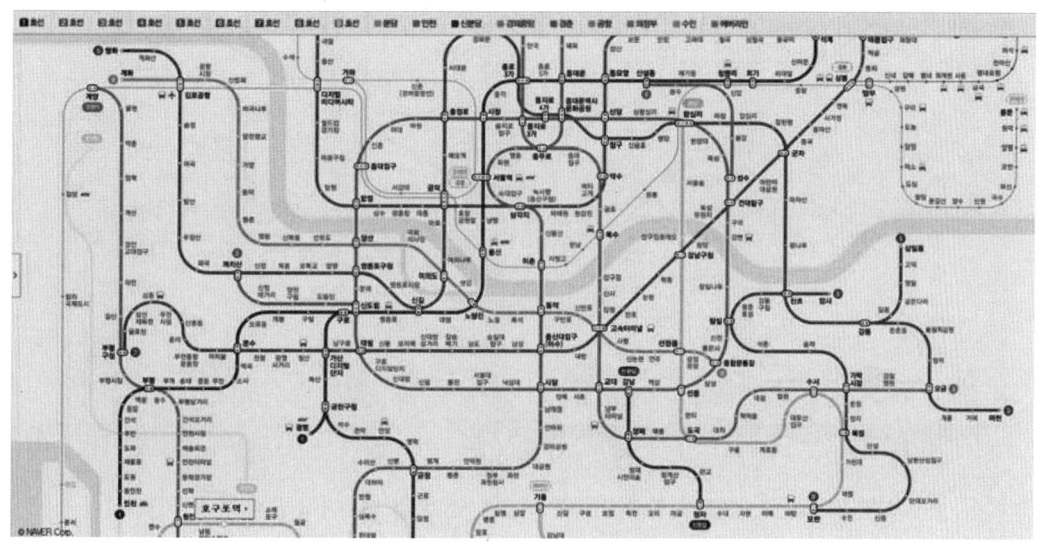

[그림 3-2] 서울특별시 지하철 노선도의 예[5]

이러한 노선의 경우에도, 각각의 색깔과 노선별 지정역의 고유 번호를 별도로 부여하고, 아울러 운행되는 각 차량은 물론 각 차량의 객실에도 고유의 분류 기호를 부여함으로써, 이용승객의 편리성을 도모하고 있는 것이다.

다만 현재의 대부분의 지역의 지하철 역 번호들은 임의의 순서로 부여된 반면, 대구광역시 지하철의 경우에는 환승역인 반월당역을 중심으로 1호선의 경우에는 1을 앞세운 3자리의 기호로, 2호선은 2를 앞세운 3자리의 기호, 3호선은 3을 앞세운 3자리의 기호로 부여하고 있다([그림 3-3] 참조). 1호선과 2호선의 환승역인 반월당역의 지하철역 번호는 1호선의 경우 130, 2호선의 경우 230의 번호를 갖게 되고, 2호선과 3호선의 환승역인 신남역의 지하철역 번호는 2호선의 경우 229, 3호선의 경우 329의 번호를 갖게 된다. 이러한 번호 시스템은 조기성을 가질 뿐만 아니라, 그 번호를 보고 환승역으로부터의 해당역까지의 역의 수를 추정할 수도 있는 흥미로운 시스템이다. 이러한 방식을 수도권처럼 많은 노선이 존재하는 지역에 확대하여 활용하기는 쉽지 않겠지만, 분류 연구자의 입장에서는 참신한 아이디어로 받아들일 수 있을 것이다.

---

5) 수도권 지하철 노선도. 〈http://map.naver.com/?menu=subway&region=1000〉.

106 | 제1부 분류의 기초 이론

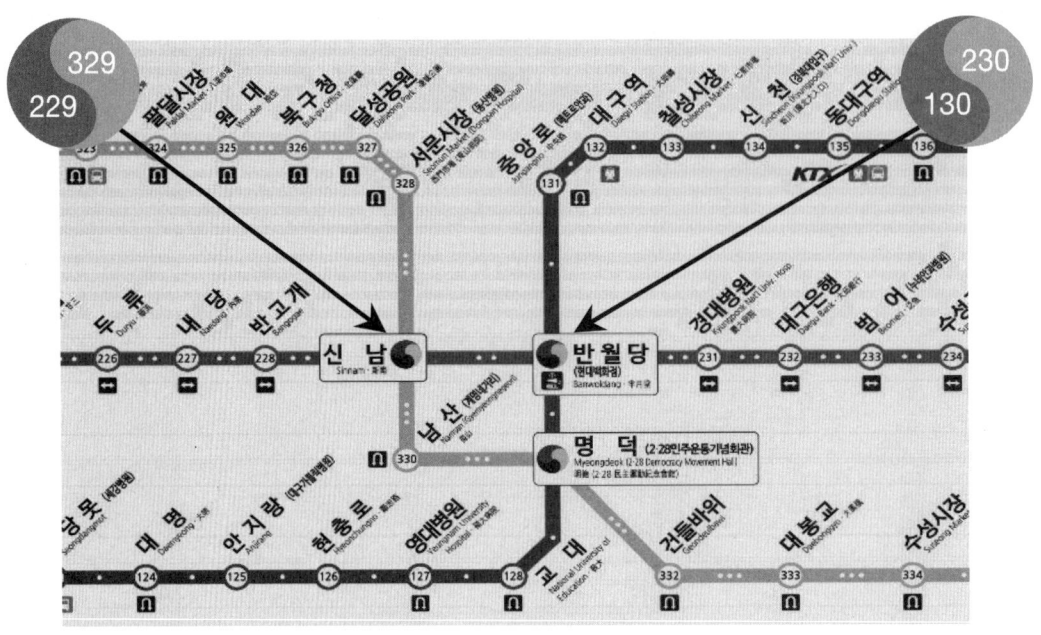

[그림 3-3] 조기성이 부여된 지하철역 번호의 예(대구광역시 지하철)

3.4. 광역 전화 통화 권역(DDD) 구분 시스템[6]

KT의 DDD 번호는 전국의 전화 통화 권역을 서울권(02), 경기·강원권(03), 충청권(04), 영남권(05), 호남·제주권(06)의 5개 광역권으로 구분한 후에, 서울특별시를 제외한 각 시도에 대해서는 추가 세분 기호를 부여하고 있다([그림 3-4] 참조).[7]

---

[6] 이 소절의 내용은 오동근. "실생활에 적용된 분석합성식 분류기법의 사례에 관한 심층분석." 한국도서관정보학회지 제42권 제2호(2011.6). pp.168-169.의 일부 내용을 수정하고 개편한 것임.
[7] 전기통신사업법 제36조의 규정에 의해 전기통신번호관리세칙(정보통신부고시 제2003-29호., 2003. 6. 12.) 제2장 제7조 제3항에서는 다음과 같이 구분하고 있다.

번호권	서울	경기	인천	강원	충남	대전	충북	부산	울산
지역번호	2	31	32	33	41	42	43	51	52
번호권	대구	경북	경남	전남	광주	전북	제주	예 비	
지역번호	53	54	55	61	62	63	64	34~39, 44~49 56~59, 65~69	

권역별	번호	해당구역별	
		세분번호	지역명
서울권	02	02	서울특별시
경기·강원권	03	031	경기도
		032	인천광역시
		033	강원도
충청권	04	041	충청남도
		042	대전광역시
		043	충청북도
영남권	05	051	부산광역시
		052	울산광역시
		053	대구광역시
		054	경상북도
		055	경상남도
호남·제주권	06	061	전라남도
		062	광주광역시
		063	전라북도
		064	제주도

[그림 3-4] KT의 광역 전화 통화 권역 구분[8]

분석합성식 분류법의 시각에서 분석해 보면, DDD 번호의 열거 순서는 "프리픽스(0) + 권역별 구분 기호(2~6) + 시도 구분 기호(1~5)"의 순서를 택하고 있다. 첫 번째 패싯에 해당하는 프리픽스는 모든 DDD 번호에 공통적으로 0을 사용하고 있다. 두 번째 패싯에 해당하는 권역별 구분 기호는 서울권 2, 경기·강원권 3, 충청권 4, 영남권 5, 호남·제주권 6의 기호를 부여하고 있는데, 포커스의 배열 순서는 서울을 중심으로 그 인접순에 따라 시계 방향으로 번호를 부여하고 있음을 알 수 있다. 세 번째 패싯에 해당하는 시도 구분 기호는 〈표 3-1〉에서 볼 수 있는 것처럼, 일부 예에는 광역시의 2나 남도의 1, 북도의 3과 같이 공통된 기호를 사용하고 있으나, 일관성이 부족함을 볼 수 있다. 만일 이러한 기호를 표에 제시한 것과 같은 패싯 분석을 통해 조기성을 부여했더라면, 전 국민이 훨씬 더 편리하게 이 기호들을 사용할 수 있었을 것이다.

---

[8] 다음 자료의 내용을 바탕으로 수정하였음. 김광익. 국토경쟁력 강화를 위한 광역경제권 설정 및 발전구상(서울: 국토연구원, 2008). p.28.

〈표 3-1〉 권역별 기호 부여 비교표[9]

구분	서울권 시도	서울권 기호	경기·강원권 시도	경기·강원권 기호	충청권 시도	충청권 기호	영남권 시도	영남권 기호	호남·제주권 시도	호남·제주권 기호
특별시·광역시	서울	02	인천	032	대전	042	부산 대구 울산	051 053 052	광주	052
남도					충남	041	경남	055	전남	061
북도					충북	043	경북	054	전북	063
기타			경기 강원	031 033						

3.5. 대구광역시와 서울특별시의 시내버스 번호 시스템[10]

대구광역시에서는 대구 지하철 1호선의 개통과 함께 1998년 5월부터 시내버스 노선을 전면적으로 개편하였다. 이를 계기로 새롭게 운행되는 버스 노선을 간선과 지선, 오지로 구분하고, 시내버스의 번호 체계를 전체적으로 새로이 변경하였다. 현재는 간선 버스, 지선 버스, 급행 버스, 순환 버스의 4가지 유형을 기본으로 하고 있으나, 간선 버스와 지선 버스가 그 중심을 이루고 있다(〈표 3-2〉 참조). 또한 색상은 급행 버스는 적색, 간선과 지선, 순환 버스는 청색으로 각각 단순화하도록 하였다.

---

9) 이러한 기호법에는 일부 예외가 있다고 한다. 예를 들면, 경기도의 경우, 부천시 전 지역과 안산시 단원구 도서지역은 032를, 과천시 및 광명시 전 지역과 고양시 덕양구 및 하남시의 일부는 02를 지역번호로 사용하며, 충남 계룡시 전 지역은 042를 사용한다. 울산의 일부지역은 055를 사용하고, 경북 경산시 전 지역은 053을 사용한다고 한다(전기통신번호관리세칙 "[별표 1] 번호권별 지역번호 및 수용 통화권" 참조).
10) 이 소절의 내용은 오동근. "실생활에 적용된 분석합성식 분류기법의 사례에 관한 심층분석." 한국도서관정보학회지 제42권 제2호(2011.6). pp.157-161.의 일부 내용을 수정하고 개편한 것임.

〈표 3-2〉 대구광역시 시내버스 유형 패싯[11]

버스유형	색 깔	특 징	버스번호의 예
급행노선	적 색	-시외곽과 도심 급행연결 -주요정류소만 정차	급행1: 유형(급행)+일련번호(1)
순환노선	청 색	-2,3차 순환선 양방향 운행 -간선, 지선, 지하철 연결	순환2: 유형(순환)+일련번호(2)
간선노선	청 색	-시외곽, 도심, 부도심 등 지역간 연결	509: 출발지(5)+경유지(0)+도착지(9)
지선노선	청 색	-간선, 지하철 연계 환승 -지역생활권(학교, 시장 연결)	달서3: 지역구분(달서)+일련번호(3)

대구광역시의 시내버스 번호 체계에서는 우선 버스를 유형별로 구분하고, 각 유형별로 그 특성에 맞게 별도의 번호 부여 방법을 채택하고 있다. 번호 부여에서도 그 수가 많지 않은 급행 노선이나 순환 노선은 그 유형의 명칭의 약칭을 그대로 사용하고 그 뒤에 일련번호를 부여하는 방식을 채택하고 있으며, 지역을 중심으로 운행하는 지선의 경우에도 지역명의 약칭에 일련번호를 부여한 번호를 사용하도록 하고 있다.

한편 65개 이상의 주요 노선을 운행하고 있는 간선 노선의 경우는 지역 구분을 바탕으로 하는 번호를 합성하여 시내버스로 사용하도록 하고 있다. 즉 대구 지역을 10개 권역으로 구분하고, 각 지역에 0부터 9까지의 고유 번호를 부여하였다([그림 3-5] 참조).

권역별 구분도	지역구분 패싯	
	기 호	권역별
	0	중구, 남구 일원
	1	동구 일원
	2	서구 일원
	3	북구 일원(칠곡 제외)
	4	수성구 일원
	5	두류, 성서, 다사 방면
	6	월성, 상인, 대곡, 월배 방면
	7	칠곡
	8	안심, 하양 방면
	9	시지, 경산 방면

[그림 3-5] 대구광역시의 권역별 구분도[12] 및 지역 구분 패싯

---

11) 다음 자료를 바탕으로 재구성하였음: 한근수. 대구시 대중교통 이용 제고방안(대구: 대구경북연구원, 2010). p.10.

이어서 간선 노선버스에 대해서는 이러한 지역 구분 기호를 바탕으로, '출발지 + 경유지 + 도착지'의 순서로 기호를 합성하여 버스 번호를 부여하도록 하였다. 문헌 분류 이론적 측면에서 보면, 이것은 버스 번호에 지역 구분을 바탕으로 하여 조기성을 부여하고자 하는 독창적인 방법을 도입한 첫 사례로 높은 평가를 받을 수 있을 것이다. 다만 권역별 구분에 따른 기호 부여의 순서가 지역적 인접성을 바탕으로 하지 못하고 있다는 점과, 지역별 구분을 상세하게 하다 보니 십진식의 0부터 9까지의 모든 기호를 사용하여 차후에 새로운 권역을 추가하기가 어렵다는 점에서 아쉬움을 주고 있다.

한편 이러한 번호 시스템에 대한 시민들의 반응을 기사화한 "버스 노선 드러난 문제점"이라는 타이틀의 '비슷한 번호 헷갈려'라는 소제목이 달린 당시의 신문 기사는 흥미로운 점을 제시하고 있다.

> "새 버스 번호 숙지하기 어렵다 = 세 자릿수인 새 버스 번호에 대한 불만도 있다. 새 버스 번호는 대구시를 10개 권역으로 나눠 지역별로 고유 번호를 부여해 첫 번째 숫자는 출발지 지역 번호, 두 번째 숫자는 경유지 지역 번호, 세 번째 숫자는 도착지 지역 번호로 구성했다. 버스 번호만 보면 대충 어느 지역을 운행하는지를 알 수 있는 장점이 있다. 그러나 고령자들은 버스 번호가 세 자리여서 익숙해지기 어렵다고 밝혔다. 또 세 자리 버스 번호는 좌석 버스라는 인식이 강해 일반과 좌석을 혼동하기 쉽고 출발지 - 경유지 - 종점으로 번호를 구성하다 보니 비슷한 버스번호가 많은 것도 혼란을 준다는 것."[13]

이 기사는 분석합성식 분류 기법과 동일한 방식으로 고안된 새로운 번호가 조기성을 통해 충분한 장점을 발휘할 것이라는 점을 이해하면서도, 열거식에 비해 기호의 길이가 길어질 수도 있다는 사실에 따른 인식을 바탕으로 하는 우려도 정확하게 짚고 있다.

한편 서울특별시의 버스 교통 체계는 7년간의 준비 과정을 거쳐 2004년 7월 버스의 노선과 번호, 요금 체계가 전면적으로 개편되었다.[14] 이 시스템에서는 버스의 유형을 목적지까지의 구간이 도심과 부도심간 이동인지 또는 도심에서 수도권으로의 이동인지 등에 따라, 간선 버스, 지선 버스, 광역 버스, 순환 버스, 마을 버스 등으로 구분하고, 각 유형별로 버스의 색깔이 달리하고 있다(〈표 3-3〉 참조).

---

12) "시내버스노선 전면 개편 D-5," 대구매일신문 1998년 4월 30일자 기사. 〈http://www.imaeil.com/sub_news/sub_news_view.php?news_id=13072&yy=1998〉
13) "버스노선 드러난 문제점." 대구매일신문 1998년 4월 30일자 기사. 〈http://www.imaeil.com/sub_news/sub_news_view.php?news_id=13626&yy=1998〉
14) 김선영. "DB서비스평가 ②: 버스 이용의 길잡이 '서울시 버스 노선 안내'." 디지털콘텐츠 8(2004). pp.68-70.

〈표 3-3〉 서울특별시의 버스 유형의 패싯 구분

버스유형	색 깔	특 징	버스번호의 예
간선버스	BLUE(파랑)	서울시내 먼 거리 운행 버스	506
지선버스	GREEN(초록)	간선버스와 지하철의 연계 환승 및 지역 내 운행 버스	4212
광역버스	RED(빨강)	수도권과 부도심을 급행 연결하는 버스	9401
순환버스	YELLOW(노랑)	수도심, 부도심 내 업무, 쇼핑 등 통행 수요 대응	41
마을버스	GREEN(녹색)	마을과 주요 지점을 왕복하는 버스	강남01

아울러 각 버스의 유형 안에서는, 대구광역시의 경우와 마찬가지로, 버스 번호를 규칙에 따라 조합하여 사용할 수 있도록 하고 있다. 즉 서울특별시와 경기도 출발 지역을 권역별로 구분하고, 각 권역별로 기호를 부여하고(〈표 3-4〉 참조), 각 유형별로 별도의 방식에 따라 버스 번호를 합성하도록 하고 있다.

〈표 3-4〉 서울특별시와 경기도 출발 지역의 지역 구분 패싯[15]

	서울특별시		경기도
기 호	권역별	기 호	출발지역
0	종로, 중구, 용산		
1	도봉, 강북, 성북, 노원	1	의정부, 양주, 포천
2	동대문, 중랑, 성동, 광진	2	구리, 남양주,
3	강동, 송파	3	하남, 광주
4	서초, 강남	4	성남, 용인
5	동작, 관악, 금천	5	안양, 과천, 의왕, 안산, 군포, 수원
6	강서, 양천, 영등포, 구로	6	인천, 부천, 김포, 광명, 시흥
7	은평, 마포, 서대문	7	파주, 고양

---

15) 오동근. "실생활에 적용된 분석합성식 분류기법의 사례에 관한 심층분석." 한국도서관정보학회지 제42권 제2호(2011.6). p.160. 이 버스번호의 구체적인 예는 설명을 위해 채택된 것이며, 반드시 운행되는 번호는 아닐 수도 있다.

이상의 지역 구분을 보면, 주민의 생활 권역별로 지역을 구분하고, 지리적 인접성에 따라 일련 번호를 부여하고 있으며, [그림 3-6]에서 볼 수 있는 것처럼, 경기도의 출발 지역에 대한 번호도 서울특별시의 인접 지역의 번호와 동일한 번호를 부여함으로써 조기성을 갖도록 하고 있음을 알 수 있다.

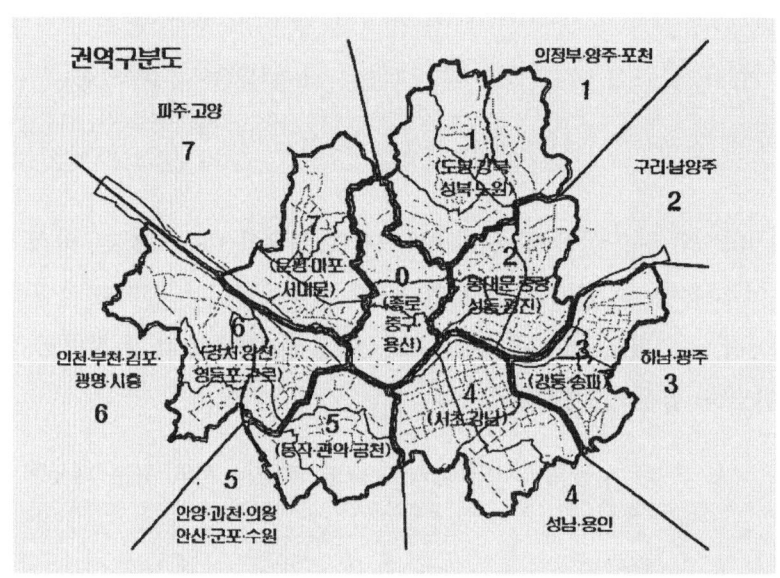

[그림 3-6] 서울특별시와 경기도 출발 지역의 권역별 구분도[16]

한편 버스 번호는 이상의 각 버스 유형에 따른 구분과 지역 구분을 바탕으로 합성하도록 하고 있는데, 각 유형별 버스 번호의 사례와 합성 방식을 살펴보면 다음과 같다.

① 간선 버스: 506 — 출발지(5) + 도착지(0) + 일련번호(6)
② 지선 버스: 4212 — 출발지(4) + 도착지(2) + 일련번호(12)
③ 광역 버스: 9401 — 9(광역버스) + 경기도 출발권역(4) + 일련번호(01)
④ 순환 버스: 41 — 권역구분(4) + 일련번호(1)
⑤ 마을 버스: 강남01 — 구이름(강남) + 일련번호(01)

---

16) 권태범. 서울시 대중교통체계 개편 사례 분석과 시사점(대구: 대구경북연구원, 2005). p.13.; 박범진. 강원의, 노창균. "지역간 형평성을 고려한 Zone 기반의 버스노선 평가모형 개발: 서울특별시 간선버스의 Zone별 분포도를 중심으로." 대한토목학회논문집 제33권 제5호(2013.9). pp.2044.

이상의 분석 내용을 문헌 분류적 용어를 사용하여 설명해보면 다음과 같다. 대구광역시와 서울특별시의 버스 번호 시스템은 기본적으로 버스 유형 패싯과 지역 패싯, 일련 번호로 구성된다. 버스 유형 패싯과 관련해서는, 시민의 이용 편의를 위해 버스의 유형과 색깔을 결합시켜 구분하고 있는 점이 특징이다. 버스 번호의 합성에서는 각 유형에 따라 별도의 열거 순서를 설정하고 있다. 이때 대구의 경우는 출발지 패싯과 경유지 패싯, 도착지 패싯, 서울의 경우는 출발지 패싯과 도착지 패싯에 동일한 지역 구분 기호를 사용함으로써 조기성을 부여하고 있다. 따라서 이러한 조기성을 바탕으로, 시민들은 권역별 고유 번호만 기억하고 있으면 목적지까지 가는 버스 번호를 쉽게 찾을 수 있을 것이다.

한편 기호법적 측면에서 보면, 대구의 경우는 0부터 9까지의 모든 기호를 지역 구분 기호로 사용함으로써, 차후의 지역의 확장에 대비하기에 불편하도록 하고 있는데 비해, 서울의 경우는 0부터 7까지의 기호만을 부여하고 하고 있다.[17] 그 결과, 9는 광역 버스의 기호로 사용할 수 있게 되었을 뿐만 아니라, 8은 분류표의 간격 기호(gap notation)의 예와 같이, 차후에 새로이 형성될 수도 있는 권역에 대한 기호로 사용할 수 있도록 대비할 수 있을 것이다.

이러한 시스템의 고안자가 정교한 분류 이론을 활용하고자 의식적으로 그러한 기법을 활용했는지는 알 수 없다. 그러나 결과적으로 서울특별시의 버스 번호 시스템은 분석합성식 분류 이론의 측면에서 해석해보면, 기본적으로 버스 유형 패싯과 지역 패싯, 일련 번호로 구성된다. 버스 유형 패싯과 관련해서는, 각 지역의 지하철의 경우와 마찬가지로, 시민의 이용 편의를 위해 버스의 유형과 색깔을 결합시켜 구분하고 있다. 버스 번호의 합성에서는 각 유형에 따라 별도의 열거 순서를 설정하고 있다. 이때 출발지 패싯과 도착지 패싯에 동일한 지역 구분 기호를 사용함으로써 조기성을 부여하고 있다. 따라서 이러한 조기성을 바탕으로, 시민들은 권역별 고유번호만 기억하고 있으면 목적지까지 가는 버스 번호를 쉽게 찾을 수 있을 것이다.

---

[17] 물론 새로운 권역이 추가될 경우에는, 새로운 패싯에 대해 "ABC"나 "가나다"와 같은 새로운 기호법을 추가하여, 예컨대 "40A"나 "가75"와 같은 새로운 버스번호를 만들어낼 수 있을 것이다. 그러나 아라비아숫자로 된 단일시스템을 유지하지 못하는 것만은 분명하며, 그에 따른 불편함은 충분히 예상이 가능하다.

3.6. 한글의 초성, 중성, 종성[18]

한글은 15세기 중반에 세종대왕에 의해 창제된 이래로 우리 민족의 문자 생활의 중심이 되는 핵심 문자로 확고하게 자리 잡고 있다. 한글은 서양의 계몽주의보다도 훨씬 앞선 시기에 어리석은 백성을 위해 새로운 문자를 만들어야겠다는 창제 이념의 이데올로기적 측면뿐만 아니라, 글자 자체의 우수성으로서도 높은 평가를 받고 있다. 최근 들어서는 2009년에 인도네시아의 소수 민족인 찌아찌아족에 대해 한글 교육을 실시하고,[19] 그리고 2011년에는 남미 볼리비아에 한글 표기 시범 사업을 진행하면서,[20] 한글의 우수성에 대한 국제적인 관심이 높아지고 있다.

표음 문자(表音文字)인 한글은 기본적으로 기호 하나가 음소(音素: 낱소리) 하나를 나타내는 문자 체계인 음소 문자라고 한다. 즉 로마자나 그리스 문자와 마찬가지로, 자음과 모음에 대응하는 각각의 문자가 따로 존재한다는 것이다. 음소 문자는 한 음절(音節)을 한 글자로 표시하는 음절 문자나, 한 문자로 언어의 하나의 말이나 형태소를 표시하는 표어 문자(標語文字)와는 그 방식이 전혀 다르다고 할 수 있다. 따라서 음소 문자가 음절을 구성하기 위해서는 음소의 결합이 필요하게 된다. 이와 관련하여, 어제훈민정음(御製訓民正音)에서는 "凡字必合而成音", 즉 무릇 글자는 반드시 합해져야 소리를 이룬다고 밝히고 있고, 훈민정음해례(訓民正音解例)에서는 "初中終三聲 合而成字", 초성, 중성, 종성이 합하여 글자를 이룬다고 하였다.[21]

이상의 기초적인 상식을 바탕으로 하더라도, 우리는 한글의 음소 분석과 음절 표시가 문헌 분류에서 채택하고 있는 패싯 분석과 분류 기호의 합성 과정과 너무나도 흡사함을 알 수 있다.

주지의 사실이지만, 한글은 자음(닿소리)과 모음(홀소리)으로 구성된다. 한글 맞춤법에 따르면, 한글 자모의 수는 자음 14자, 모음 10자, 총 24자이다.[22] 여기에 추가로 5자의 쌍자음과

---

[18] 이 소절의 내용은 오동근. "실생활에 적용된 분석합성식 분류기법의 사례에 관한 심층분석." 한국도서관정보학회지 제42권 제2호(2011.6). pp.154-157.의 일부 내용을 수정하고 개편한 것임.
[19] 전태현. "인도네시아의 언어정책: 찌아찌아어 한글 표기 문제와 관련하여." 한국언어문화학 제7권 제2호 (2010.12). pp.176-189.
[20] 볼리비아 원주민 200만 명 '고마워요! 한글~'. 〈http://www.ahaeconomy.com/mobile/News.aha?method=newsView&n_id=4786&cid=61&pid=87〉
[21] 인터넷 블로그에서 재인용. "훈민정음은 음소문자가 아니다"〈http://blog.daum.net/rakhy7/17441650〉

11자의 쌍모음을 포함하고 있다. 〈표 3-5〉는 한글 자모의 구성과 이름, 순서를 나타낸 것이다.

〈표 3-5〉 한글 자모의 구성

구분	수	자모의 순서와 이름
자음	14	ㄱ(기역) ㄴ(니은) ㄷ(디귿) ㄹ(리을) ㅁ(미음) ㅂ(비읍) ㅅ(시옷) ㅇ(이응) ㅈ(지읒) ㅊ(치읓) ㅋ(키읔) ㅌ(티읕) ㅍ(피읖) ㅎ(히읗)
모음	10	ㅏ(아) ㅑ(야) ㅓ(어) ㅕ(여) ㅗ(오) ㅛ(요) ㅜ(우) ㅠ(유) ㅡ(으) ㅣ(이)
쌍자음	5	ㄲ(쌍기역) ㄸ(쌍디귿) ㅃ(쌍비읍) ㅆ(쌍시옷) ㅉ(쌍지읒)
쌍모음	11	ㅐ(애) ㅒ(얘) ㅔ(에) ㅖ(예) ㅘ(와) ㅙ(왜) ㅚ(외) ㅝ(워) ㅞ(웨) ㅟ(위) ㅢ(의)

이와 같은 자음은 '허파에서 시작된 공기의 흐름이 발성 기관을 거치면서 방해를 받아 나는 소리'이고, 모음은 '공기의 흐름이 방해 없이 나는 소리'[23]라고 한다. 그런데 여기에서 흥미로운 사실은 모든 언어가 자음과 모음의 종류와 그 순서를 동일하게 분석하고 있지 않다는 점이다. 26개의 영어 알파벳은 5개의 모음과 21개의 자음으로 이루어져 있다. 이것은 문헌 분류의 패싯 분석에서 나타나는 패싯이나 포커스의 수에 대한 견해차와도 흡사한 점이다.

한편 한글맞춤법에서는 사전에 올릴 적의 자모의 순서를 〈표 3-6〉과 같이 별도로 규정하고 있다.[24] 이것은 문헌 분류의 포커스의 배열 순서와도 유사한 것이다.

〈표 3-6〉 사전에 올릴 적의 자모의 순서

구분	수	자모의 순서
초성	19	ㄱ ㄲ ㄴ ㄷ ㄸ ㄹ ㅁ ㅂ ㅃ ㅅ ㅆ ㅇ ㅈ ㅉ ㅊ ㅋ ㅌ ㅍ ㅎ
중성	21	ㅏ ㅐ ㅑ ㅒ ㅓ ㅔ ㅕ ㅖ ㅗ ㅘ ㅙ ㅚ ㅛ ㅜ ㅝ ㅞ ㅟ ㅠ ㅡ ㅢ ㅣ
종성	27	ㄱ ㄲ ㄳ ㄴ ㄵ ㄶ ㄷ ㄹ ㄺ ㄻ ㄼ ㄽ ㄾ ㄿ ㅀ ㅁ ㅂ ㅄ ㅅ ㅆ ㅇ ㅈ ㅊ ㅋ ㅌ ㅍ ㅎ

---

22) 한글맞춤법 제2장 자모 제4항 〈http://www.korean.go.kr/front/page/pageView.do?page_id=P000061&mn_id=30〉 참조.
23) 안성도. "한국어와 영어의 자음 및 모음 비교분석," 서울교육대학 논문집 27(1994), p. 389.
24) 한글맞춤법 제2장 제4항 붙임 2(〈http://www.korean.go.kr/09_new/dic/rule/rule01_02.jsp〉[인용 2011.05.07]) 참조.

아울러 이상의 자음과 모음으로 이루어지는 초성, 중성, 종성을 사용하여, 풀어쓰기가 아닌, 모아쓰기의 방식을 통해 이를 합하여 사용한다.[25] 이러한 초성과 중성, 종성의 결합은 다음과 같은 6가지의 기본 모양으로 구분할 수 있을 것이다.[26]

① 초성 + 수직형 모음: 가, 때, 에 등
② 초성 + 수직형 모음 + 종성: 삭, 넋, 땅 등
③ 초성 + 수평형 모음: 오, 무, 소 등
④ 초성 + 수평형 모음 + 종성: 귤, 꽃, 옳 등
⑤ 초성 + 혼합형 모음: 놔, 뫼, 왜 등
⑥ 초성 + 혼합형 모음 + 종성: 광, 웬, 퀜 등

이러한 모아쓰기의 합성 방식은 분석합성식 분류법의 열거 순서와 매우 유사함을 보이고 있어 흥미롭다. 각각의 모양에 따라 그 합성 방식이 반드시 같은 것이 아니라는 사실도 마찬가지이다.[27]

---

25) 한글의 모아쓰기와 풀어쓰기에 관해서는 한글 관련학계에서 주시경, 최현배 등을 위시한 학자들이 풀어쓰기의 우수성을 주장하면서 현재까지도 오랜 동안 논란이 이어지고 있고, 아울러 한글의 기계화 및 코드화와 관련해서도 완성형코드가 KSC 표준한글코드로 채택되기까지 완성형과 조합형의 방식이 상당기간 공존했던 것이 사실이며, 유니코드(Unicode)에서는 조합형에 기반한 코드를 사용하고 있는 것이 사실(유니코드의 한글자모에 대해서는, 유니코드 홈페이지(〈http://www.unicode.org/charts/PDF/U1100.pdf〉) 참조)이다. 이 논문에서는 이러한 논란에 대한 심층적인 분석이 목적이 아니라 한글에 적용된 원리와 문헌분류이론과의 유사성을 확인하는 것을 그 목적으로 하고 있으므로, 이상에 관련된 내용은 논외로 한다.
26) 박동순 등. 한글 정보처리 표준화 연구(서울: 과학기술부, 1988). pp.84-85.
27) 한글의 조형과 관련한 기본모형에 대해서는 다양한 견해들이 존재하는 것이 사실이고 그 양상도 반드시 일치하는 것은 아니지만, 이 논문에서는 분석합성식 분류법과의 유사성을 설명하기 위한 한 예로 제시한 것이다. 다른 예로는 다음 자료도 참고하라: 임규정, 이재익. "디지털 한글 타이포그래피의 창의적 그래픽 가능성 연구: 현대 타이포그래퍼들의 조형언어를 중심으로," 디지털디자인학 연구 10(2005), p. 305. 이 자료에서는 한글 모아쓰기(한글꼴의 모임구조)를 ① 가로모임글자, ② 세로모임글자, ③ 섞모임글자로 구분하고 각각을 다시 민자와 받침글자로 구분하여 다음과 같이 제시하고 있다:

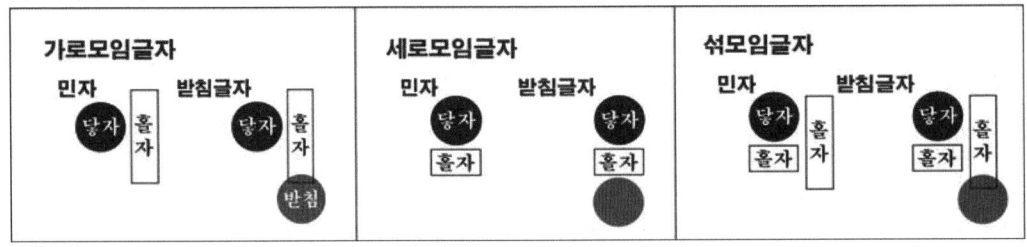

이상의 분석 내용을 문헌 분류적 용어를 사용하여 설명해보면 다음과 같다. 한글에서는 음을 14자의 자음과 10개의 모음, 그리고 추가적으로 5개의 쌍자음과 11개의 쌍모음으로 분석하여, 기호화하고 있다. 한글의 문자는 19개의 자음(쌍자음 등 포함)으로 구성되는 초성 패싯과, 21개의 모음(쌍모음 등 포함)으로 구성되는 중성 패싯, 27개의 자음(쌍자음 등 포함)으로 구성되는 종성 패싯의 각 기호의 결합에 의한 모아쓰기 방식으로 합성된다. 이와 같은 자음과 모음의 모아쓰기에 의한 합성 방식은 대략 6가지의 기본 모양을 가지며, 각각 그 열거 순서에 따라 합성된다.

3.7. 실생활 속의 분류 기법의 활용 가능성

이 장에서는 실제 생활에서 쉽게 볼 수 있는 분석합성식 분류 이론과 기법의 응용이 가능하거나 그와 유사한 사례들을 찾아 문헌 분류적 시각에서 해석해 보았다.

문헌정보학 분야의 문헌 분류에 대한 연구에서는 지금까지 특정 분류표에 대한 연구가 주를 이루고 있으며, 실제의 일상생활 속에서 활용되고 있거나 활용할 수 있는 사례들에 대한 연구는 거의 전무했다고 해도 과언이 아니다. 따라서 문헌 분류에 관한 기존의 연구는 최근에 이루어진 인터넷 자료들이나 인터넷 서점 등에 관한 몇몇의 연구를 제외하고는, 도서관현장의 자료 정리라는 좁은 범위에 갇혀 있었을 뿐, 어느 의미에서는 실제 생활에 대한 기여가 거의 이루어지지 못하고 있었다. 이러한 시각에서 보면, 기존의 분류에 대한 다양한 연구 성과, 특히 분석합성식 문헌 분류 이론의 풍부한 연구 성과를 실제의 일상생활에 적용하여, 체계적인 접근을 통해, 원하는 자료나 물품, 정보를 체계적으로 검색하고 활용할 수 있도록 하는 방안을 모색하는 것은 중요한 과제가 될 수 있을 것이다.

이 장의 분석을 통해, 실생활의 일부 사례는 단순한 패싯 분석과 그에 따른 열거 순서의 적용 단계에 머무르는 경우도 있었고, 일부 사례는 기호 부여까지 이른 경우도 있었다. 이상의 사례들이 패싯 분석이나 기호법 이론 등 정교한 분석합성식 이론을 충분히 숙지하고 이를 바탕으로 하여 원용한 경우는 거의 없을 것이며, 그들의 시각에서는 경험을 바탕으로 하는 휴리스틱(heuristic)한 접근법을 바탕으로 그것이 단지 정교한 코딩 시스템의 설계로 간주되었을는지도 모른다. 그러나 이러한 예들은 예컨대 조기성의 원리 등을 포함한 문헌 분류 이론과 기법을 그와 같은 시스템에 적용했을 경우에, 그것들이 어떻게 얼마나 개선될 수 있는지에 대해서는 그 효용성을 충분히 입증할 수 있었으리라고 본다. 특히 일상생활의 분류 시스템의 적용 사례들은 전문적인 시각이 결여된 상태에서 대체로 열거식의 방법에 의해 이루어지는 경우가 많다는 점에서, 분석합성식의 아이디어를 포함한 문헌 분류에 대한 지식과 각 주제 분야나 업무에 관련된 전문 지식을 결합시켜 활용한다면 더 큰 시너지 효과를 발휘할 수 있을 것이다. 따라서 문헌 분류 전문가와 각 해당 분야의 전문가 및 실무자의 협동적인 노력과 공동 연구도 기대할 수 있을 것이다.

또한 이러한 지식들을 바탕으로, 다양한 시스템의 디렉토리를 설계하거나 검색용 도구들을 개발하는 것도 중요한 연구 분야의 하나가 될 수 있을 것이다. 차후에는 이러한 아이디어를 바탕으로 작은 주제나 업무 영역, 예컨대 소규모 부동산 중개업소를 위한 분석합성식 분류 시스템을 활용한 통합적 정보 관리 시스템의 시제품의 개발 등과 같은 프로젝트로부터 출발하여, 대규모 건설 회사의 설계 도면이나 각종 시방서, 자재의 관리에 이르는 포괄적인 정보 관리 시스템의 설계에 이르기까지, 다양한 영역에서 이러한 분류 기법들을 활용하는 방안을 모색할 수 있을 것이다.

제 2 부

분류의 역사와 주요 분류법

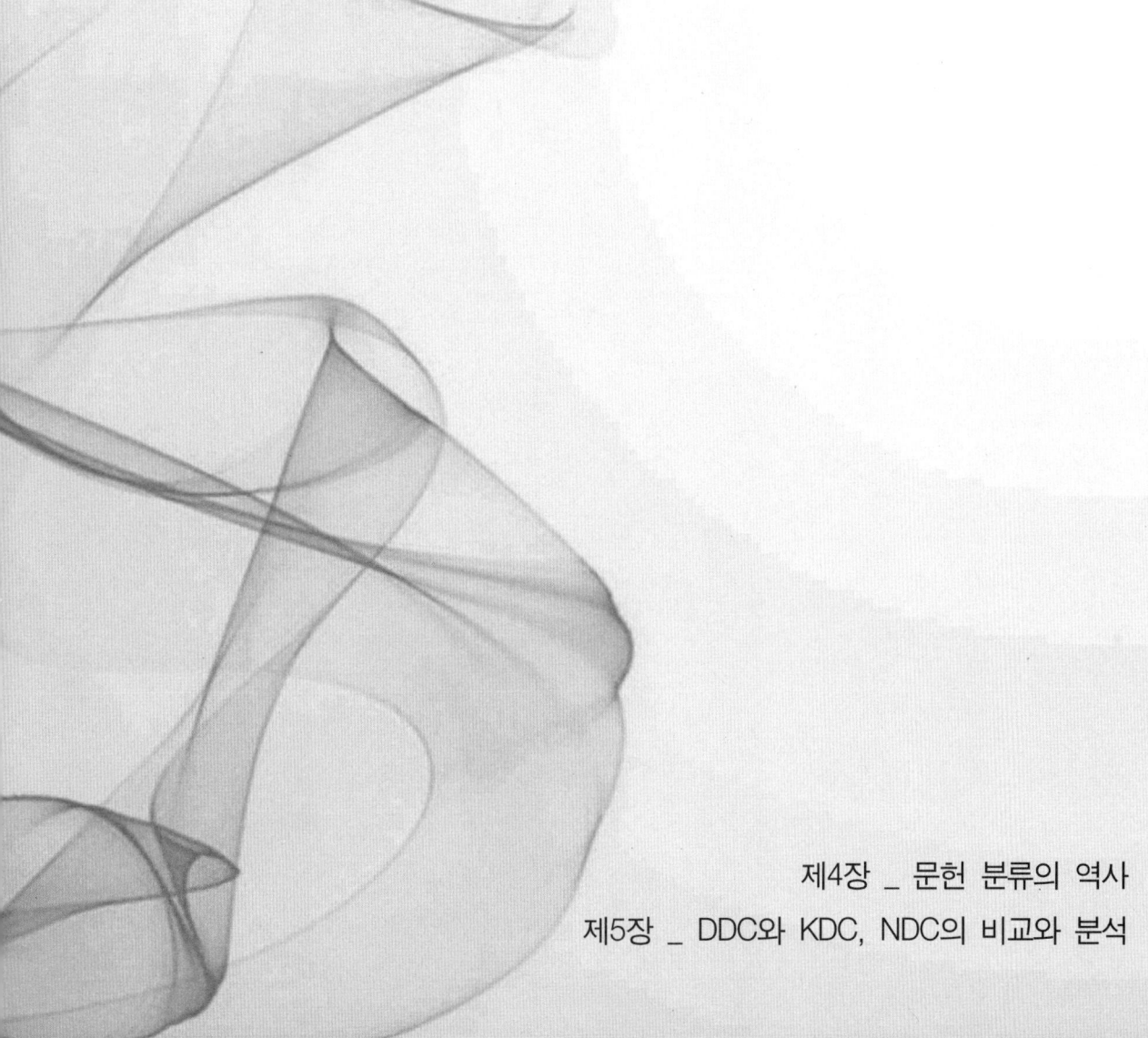

제4장 _ 문헌 분류의 역사
제5장 _ DDC와 KDC, NDC의 비교와 분석

제4장 문헌 분류의 역사

4.1. 중국의 문헌분류사

중국의 문헌분류의 역사는 문자와 자료가 만들어진 고대로 거슬러 올라갈 것이다. 공자의 제자들의 학문 분류에 바탕을 둔 육경(六經) 등의 분류 등도 문헌 분류의 대표적인 유형이라고 할 수 있을 것이다. 이 절에서는 중국의 문헌 분류의 주요한 역사들을 분석해 보고자 한다.

4.1.1. 칠략(七略)의 출현과 칠분법의 유행

한(漢) 나라는 건축 초기부터 진시황(秦始皇)의 분서갱유(焚書坑儒) 이후 흩어진 자료와 문헌을 수집하고자 노력하였다. 특히 무제(武帝)로부터 궁정 문고인 비부(秘府)를 설치하였던 성제(成帝)에 이르는 100년의 시기에는 수집된 도서가 산더미 같았다고 한다.[1] 그러나 이러한 문헌들이 정리가 되지 못한 탓에 어려움을 겪자, 무제는 광록대부(光祿大夫) 유향(劉向)에게 그 정리 작업을 맡기게 된다.

이 정리 작업은 비부에서 주관하여 이루어졌는데, 유향은 육예(六藝)와 제자(諸子), 시부(詩賦), 보병교위(步兵校尉) 출신 임굉(任宏)은 병서(兵書), 태사령(太史令) 윤함(尹咸)

---
[1] 김정애. "中國의 最初系統目錄 七略에 대한 硏究." 국회도서관보 제32권 제6호(1995.12). p.40.

은 술수(術數), 시의(侍醫) 이주국(李柱國)은 방기(方技)를 정리하였다. 정리 과정에서는 교정과 편목 작업을 거쳐 신정본(新定本)으로 완성하고, 유향은 그 신정본의 서명 편목 목록과 교정 과정, 내용 소개 등을 담은 '서록(敍錄)'을 편찬하였는데, 이 서록을 모아 20권의 서책(書册)으로 편성한 것이 '별록(別錄)'이다.

유향이 정리 작업과 목록 편성을 완성하지 못한 채 세상을 뜬 후, 그 아들 유흠(劉歆)이 별록을 바탕으로 하여, AD 5년에 중국 역사상 최초의 국가 장서 목록이자 계통 목록[2]인 '칠략(七略)'을 완성하게 된다. 칠략은 실존하지는 않으나, 분류의 연원을 알 수 있는 중국에서 가장 오래된 목록으로 인정되고 있으며, 후세 목록학의 전범(典範)이 되었고, 반고(班固)의 한서 예문지(漢書 藝文志)를 비롯한 역대 정사(正史)의 목록 편찬에 많은 영향을 미치고 있다.[3]

칠략의 내용은 다음과 같은 7개 대류(大類)로 편성되어 있다.

① 집략(輯略): 다른 여섯 개 대류(大類) 전반에 대한 총설.
② 육예략(六藝略): 역(易), 서(書), 시(詩), 예(禮), 악(樂), 춘추(春秋), 논어(論語), 효경(孝經), 소학(小學) 등 9종의 유교 경전.
③ 제자략(諸子略): 유가(儒家), 도가(道家), 음양가(陰陽家), 법가(法家), 명가(名家), 묵가(墨家), 종횡가(縱橫家), 잡가(雜家), 농가(農家), 소설가(小說家) 등 10종의 제자백가서.
④ 시부략(詩賦略): 굴부(屈賦), 육부(陸賦), 손부(孫賦), 잡부(雜賦), 가시(歌詩) 등 5종의 문학서.
⑤ 병서략(兵書略): 병권모(兵權謀), 병형세(兵形勢), 병음양(兵陰陽), 병기교(兵技巧) 등 5종의 병서.
⑥ 수술략(數術略): 천문(天文), 역보(曆譜), 오행(五行), 시구(蓍龜), 잡점(雜占), 형법(形法) 등 6종.
⑦ 방기략(方技略): 의경(醫經), 경방(經方), 방중(房中), 신선(神仙) 등 4종.

집략은 나머지 6개략에 대한 총론과 분론(分論)으로, 각 유의 내용을 설명하는 부분이기 때문에, 칠략은 실제적으로는 6분법이라고 할 수 있다.[4] 칠략에서는 대류를 '약(略),' 소류(小類)를 '종(種),' 종 아래의 세구분을 '가(家)'라 하는데, '가' 아래에 작자의 연대순에

---

2) 김정애. "中國의 最初系統目錄 七略에 대한 硏究." 국회도서관보 제32권 제6호(1995.12). p.42.
3) 위키피디아. "七略." 〈https://zh.wikipedia.org/wiki/%E4%B8%83%E7%95%A5〉.
4) 정필모. 문헌분류론(서울: 구미무역출판부, 1991). p.32.

따라 서적들을 배열하였다.5) 칠략에는 총 7개 약, 38개 종, 603개 가, 13,129권의 서적이 수록되어 있다.

칠략의 발행 이후 칠력은 중국의 칠분법의 기원이 되었는데, 송(宋) 나라의 "칠지"(七志), 양(梁) 나라의 "칠록"(七錄) 등은 칠분법의 대표적인 예이다.

4.1.2. 불전(佛典)의 삼장분류법(三藏分類法)

서역(西域)으로부터 새로운 종교인 불교가 전래되고, 그 경전인 불경의 한역본(漢譯本)이 증가하면서, 그에 대한 목록들이 발행되게 되었다. 중국 최초의 불전목록(佛典目錄)은 AD 374년에 석도안(釋道安)이 편찬한 '종리중경목록'(綜理衆經目錄)으로 알려져 있다.6) 그러나 현존하는 가장 오래된 것은 AD 510년 전후에 양(梁) 나라의 승우(僧祐)가 편찬한 것으로 알려진 '출삼장기집'(出三藏記集)이다.7) 그 이후로도 많은 불전목록들이 발행되었으나, 분류법의 체계가 확립되지 못하고 있다가, 당 나라의 지승(智昇)이 730년에 편찬한 불전목록 '개원석교록'(開元釋敎錄)에 이르러, 불교의 특징적 분류법인 이른바 삼장분류법의 전통이 확립되었다고 할 수 있다.8)

개원석교록은 기존의 불전 목록을 집대성한 중국 불전 목록 사상 최고의 걸작9)으로 평가받고 있는 20권으로 된 일체경 목록(一切經目錄)이다. 그 내용은 총록(總錄)과 별록(別錄)의 2부로 되어 있는데, 총록(總括群經錄)은 후한(後漢)시대부터 그때까지 664년간에 역출된 경전 2,275부를 연대순·역자별로 배열한 것이고, 별록(別分乘藏錄)은 전체 경전을 대소승(大小乘)의 경·율·론(經律論)·단역(單譯)·중역(重譯)·현존본·결본(缺本) 등으로 분류·정리한 것이다.10) 특히 실질적인 목록 부분에 해당하는 유역유본록(有譯有本錄)과 현장입장록(現藏入藏錄)에서는 일차적으로 대소승으로 구분하고, 이차적으로는 경율론으로 구분하고, 삼차적으로 경의 부별(部別)이나 중단합역(重單合譯)과 단역(單譯)으로 구분하고 있다.11)

---

5) 김정애. op. cit. p.42.
6) 김종천. "中國佛敎典籍分類의 一硏究." 도서관학논집 제11집(1984). p.48.
7) 위키피디아. "出三藏記集." 〈https://zh.wikipedia.org/wiki/%E5%87%BA%E4%B8%89%E8%97%8F%E8%AE%B0%E9%9B%86〉
8) 정필모. op. cit. p.35.
9) 김종천. op. cit. p.48.
10) 두산백과. "개원석교록." 〈http://terms.naver.com/entry.nhn?docId=1057900&cid=40942&categoryId=33394〉.

이와 같이 개원석교록에서 체계가 정립된 삼장분류법은 기본적으로 경장(經藏, 경전), 율장(律藏, 불법(佛法)의 금계(禁戒), 계율), 논장(論藏, 연구서)의 삼장(三藏)으로 이루어지게 되는데, 이후 우리나라의 초조대장경을 포함한 동양의 거의 모든 불전 목록은 이 개원석교록의 삼장분류법의 분류 체계를 따르고 있다.12)

4.1.3. 사부분류법(四部分類法)

칠략(七略)의 발행 이후 유교 자료의 분류에는 칠분법이 하나의 흐름을 형성하였으나, 점차 유교의 특징적인 분류법으로 동양 자료의 분류에 가장 널리 적용되어 온 사부분류법으로 변화하게 된다.

(1) 발전 과정13)

기존의 칠분법에서 사분법(四分法)으로 옮겨가는 과정에서는 과도기적 성격의 최고(最古)의 목록서로서 진(晋)나라 초 순욱(荀勖)의 중경신부(中經新簿)(265-316)가 편찬되었다. 동진(東晋) 초에 이충(李充)이 편찬한 진원제서목(晋元帝書目)(317-322)은 갑을병정(甲乙丙丁)의 명칭을 사용하고 있으나, 사분법의 내용차서(內容次序)를 현재의 사부분류법과 같이 확정하였다. 오늘날의 경부(經部), 사부(史部), 자부(子部), 집부(集部)의 구분을 바탕으로 하는 사분법의 토대를 확립한 것은 당 태종의 직령(勅令)으로 이순풍(李淳風), 위안인(韋安仁), 이연수(李延壽) 등이 편찬한 수서경적지(隋書經籍志)(641)이다. 이후 사부분류법은 당·송·원·명·청의 관수목록(官修目錄)과 사지목록(史志目錄)의 분류에 채택되면서 중국의 분류법의 주류가 되었다. 특히 청나라의 사고전서(四庫全書)(1773-1782)의 편찬에 적용되면서 그 정점(頂點)을 이루었다고 할 수 있다.

(2) 사고전서(四庫全書)의 분류체계 (정필모 1991, pp.42-89)

사고전서는 청의 고종(건륭제, 乾隆帝)의 명으로 기윤(紀昀), 육석웅(陸錫熊), 손사의(孫士毅), 대진(戴震), 주영년(周永年), 소진함(邵晋涵) 등에 의해 편찬된 것으로, "18세기

---

11) 정필모. 문헌분류론(서울: 구미무역출판부, 1991). p.40.
12) Loc. cit. p.40.
13) 이 부분의 내용은 다음 자료를 참고하였음. 정필모. op. cit. pp.41-48.; 위키피디아. "四部分類法."〈https://zh.wikipedia.org/wiki/%E5%9B%9B%E9%83%A8%E5%88%86%E9%A1%9E%E6%B3%95〉

동아시아 지역에서 일구어낸 학술 문화의 결정체"14)라는 평가를 받고 있다.

1772년에 사고전서 편찬 사업을 공식적으로 개시하고, 1773년에는 이 사업을 총괄하는 사고전서관(四庫全書館)을 개설하였다. 10년만인 1782년에 1질을 완성하여 문연각(文淵閣)에 소장하였고, 1787년에 총7질의 사고전서를 완성되었다고 한다.15) 문연각, 문원각(文源閣), 문진각(文津閣), 문조각(文潮閣) 등 사고(四庫)의 책을 포함한 총 10,869종의 서적을 검토하여 교감하고, 이 중 총 3,697종의 서적을 필사하여 사고전서에 수록하고, 134종은 무영전취진판총서(武英殿聚珍版叢書)로 인쇄하고, 7,038종은 존목(存目)으로 제목만을 소개하였다.16)

사고전서총목제요(四庫全書總目提要)는 사고전서총목, 사고총목, 사고제요 등으로 불리기도 하는 200권으로 된 목록이다. 즉 이것은 사고전서에 수록되거나 미수록된 도서를 대상으로 제요라는 해제 형식을 통해 사고전서에 대한 이해와 편리를 제공하기 위해 저술된 것이다.17) 이것은 사부분류법에 의거하여 경·사·자·집을 강(綱)으로 삼고, 경부 10류, 사부 15류, 자부 14류, 집부 5류 등 총 44류로 분류하고, 유 아래에서 각각 별도의 자목(子目)으로 구분하고 있다. 경부, 사부, 자부, 집부의 앞에는 각각 총서(總序), 44류의 앞에는 소서(小序)를 두고 있다. 수록된 도서는 제요(提要)를 붙여, 저자의 출신지, 시대 배경, 도서의 장단점, 여러 학설의 차이점, 문자의 증삭, 편질(編帙)의 분합(分合) 등 상세하게 밝히고 있다.18)

사고전서총목제요의 주요 분류 항목들을 보면 다음과 같다.

① 경부: 역류(易類), 서류(書類), 시류(詩類), 예류(禮類: 주례, 의례, 예기, 삼례통의, 통례(通禮), 잡예서 등 포함), 춘추류(春秋類), 효경류(孝經類), 오경총의류(五經總義類), 사서류(四書類), 악류(樂類), 소학류(小學類: 훈고(訓詁), 자서, 운서(韻書) 등 포함)

② 사부: 정사류(正史類), 편년류(編年類), 기사본말류(紀事本末類), 별사류(別史類), 잡사류(雜史類), 조령주의류(詔令奏議類: 조령, 주의 포함), 전기류(傳記類: 성현, 명인, 총록, 잡록, 별록 등 포함), 사초류(史鈔類), 재기류(載記類), 시령류(時令類), 지리류

---

14) 신정근. "四庫全書는 실재로 '全書'인가?: 유가 중심성의 강화." 동양철학 35집(2011). p.103.
15) Ibid. p.104.
16) Ibid. p.105. 각 질별로 다소간의 차이가 있으므로, 수치는 일정하지 않음.
17) 조영래. "四庫全書總目提要의 '凡例'와 '案語' 연구: 凡例二十則의 譯注를 중심으로." 서지학연구 제53집(2012). p.113.
18) 한국현대문학대사전. "사고전서." 〈http://terms.naver.com/entry.nhn?docId=337272&cid=41708&categoryId=41737〉.

(地理類: 총지, 도회군현, 하거(河渠), 변방, 산천, 고적, 잡기, 유기(遊記), 외기 등 포함), 직관류(職官類: 관제, 관잠(官箴) 포함), 정서류(政書類: 통제(通制), 전례, 방계(邦計), 군정, 법령, 고공(考工) 등 포함), 목록류(目錄類: 경적(經籍), 금석(金石) 포함), 사평류(史評類)

③ 자부: 유가류(儒家類), 병가류(兵家類), 법가류(法家類), 농가류(農家類), 의가류(醫家類), 천문산법류(天文算法類: 추보(推步), 산서(算書) 포함), 술수류(術數類: 수학, 점후(占候), 상택상묘(相宅相墓), 점복(占卜), 명서상서(命書相書), 음양오행, 잡기술), 예술류(藝術類: 서화, 금보(琴譜), 전각(篆刻), 잡기 등 포함), 보록류(譜錄類: 기용(器用), 식보(食譜), 초목, 조수(鳥獸), 충어(蟲魚) 등 포함), 잡가류(雜家類: 잡학, 잡고(雜考), 잡설, 잡품, 잡찬(雜纂), 잡편 등 포함), 유서류(類書類), 소설가류(小說家類: 잡사, 이문(異聞), 쇄어(瑣語) 등 포함), 석가류(釋家類), 도가류(道家類)

④ 집부: 초사류(楚辭類), 별집류(別集類), 총집류(總集類), 시문평류(詩文評類), 사곡류(詞曲類: 사집(詞集), 사선(詞選), 사화(詞話), 사보(詞譜), 사운(詞韻), 남북곡(南北曲) 등 포함)

(3) 사부분류법의 이용과 장점, 단점[19]

사부분류법은 근대화 이전의 전통적인 동양 자료의 분류법에 널리 사용되었으나, 서양 학문이 도입된 이후로는 고서 자료나 귀중본 자료 등의 분류에만 제한적으로 사용되고 있다.

이러한 사부분류법의 주요한 장점은 다음과 같다.

① 분류 조직이 간단하기 때문에 기억하기가 쉽고 정리가 간편하다.
② 전통적인 동양 문화를 분산시키지 않고 원형 그대로 집약적으로 조직할 수 있다.
③ 고서의 보존 위주인 각종 문고와 동양학 전문도서관에 적합하다.
④ 사서가 아니라도 동양학에 관한 지식을 가지고 있는 사람은 분류 업무를 담당할 수 있다.

---

19) 이 부분의 내용은 다음 자료를 참고하였음. 천혜봉. 고서분류목록법(상)(서울: 한국도서관협회, 1970). pp.34-39.; 위키피디아. "四部分類法." ⟨https://zh.wikipedia.org/wiki/%E5%9B%9B%E9%83%A8%E5%88%86%E9%A1%9E%E6%B3%95⟩

사부분류법의 주요한 단점은 다음과 같다.
① 분류법의 유문(類門) 배열이 실제보다 명분(名分)에 치우친 측면이 있다.
② 분류법의 유문이 주제의 이론적인 체계보다는 체재(體裁) 위주의 전통적 방법으로 나열된 경우가 있다. 사부(四部)의 경우에 정사류(正史類, 기전체)를 중심으로 하는 것과 같다.
③ 특히 자부(子部)의 경우 제자(諸子)의 저술 이외에, 총류에 해당하는 자료나 서양 학문 및 신학문의 잡다한 여러 책들이 집중되어 있어 불합리하다.
④ 유속(類屬)의 명사(名辭) 가운데 부적당하거나 그 개념이 명석치 않아 이해하기 어려운 경우나, 분류 항목이 부족한 경우가 있다.
⑤ 중국 이외의 동양 여러 나라의 고전과 서양 학문을 수용하기 어렵다.
⑥ 자료의 검색이 불편하다. 사부분류법으로 정리된 목록은 부유속(部類屬)의 순서로 책이 적혀 있을 뿐, 개개 책의 배가 위치를 정확하게 지시해주는 추가의 기호가 부여되지 않기 때문에 그 검색이 불편하다.

4.1.4. 중국의 현대분류법

현대에 접어들면서 중국과 타이완에서는 전통적인 방식의 분류법과 서양의 DDC의 영향을 받은 분류법, 사회주의 사상을 바탕으로 한 구소련의 BBK의 영향을 받은 분류법 등 다양한 유형의 분류법들이 함께 사용되고 있다.[20]

DDC의 영향을 받은 분류법의 유형으로는 다음과 같은 것들이 있다.
① 두정우(杜定友)의 두씨분류법(杜氏图书分类法): 1922년 '세계도서분류법'으로 발표된 후, 1925년에 '도서분류법'을 거쳐, 1935년에 명칭 변경
② 왕운오(王云五)의 중외통일분류법(中外图书统一分类法, 1928)
③ 유국균(刘国钧)의 중문도서분류법(中文圖書分類法): 1929년 고안되어 이전판인 증정 8판까지는 중국도서분류법(中国图书分类法)으로 발행되었으나, 2007년판부터 현재의 이름으로 변경
④ 피고품(皮高品)의 중국십진분류법 및 색인(中国十进分类法及索引, 1934)

---

[20] 이 소절의 내용은 다음 자료를 주로 참고하였음. 이창수. 자료분류론(서울: 한국도서관협회, 2014). pp.27-30.; 이창수, 유검홍. "외국의 분류법이 중국의 문헌분류법에 끼친 영향." 한국도서관·정보학회지 제33권 제1호). pp.143-167.; 바이두. "文献分类法." ⟨http://baike.baidu.com/view/222205.htm⟩.

사회주의 사상을 바탕으로 한 대표적인 분류표로는 다음과 같은 것들이 있다.
① 중국인민대학도서관도서분류법(中国人民大学图书馆图书分类法)은 1954년에 발행된 중국적 특징을 가진 사회주의 분류법이다. '인대법'(人大法)이라고도 불리며, 1996년에 제6판이 발행된 바 있다.
② 중국과학원도서관도서분류법(中国科学院图书馆图书分类法)은 1958년에 발행되었으며, 중국의 전국 문헌 분류법 통일의 경험을 제공한 분류법이다. '과도법'(科图法)이라고도 불리며, 1994년에 제3판이 발행되었다.
③ 중국도서관분류법(中国图书馆分类法)은 원래 1975년에 국립북경도서관에서 '중국도서관도서분류법'(中国图书馆图书分类法)으로 발행되었으며, 2010년에 제5판이 국가도서관출판사에서 발행되었다. '중도법'(中图法)이라고도 불리며, 중국에서 가장 널리 사용되는 대형 표준 분류법이다. 중국의 주요 대형 도서 목록과 간행물, 컴퓨터 데이터베이스, 중국국가표준도서번호 등에도 그 기호가 수록되고 있다.[21]

4.2. 한국의 문헌분류사

한국은 이미 삼국 시대에 많은 교육 기관들이 설립되어 교육이 이루어졌던 점에 비추어 볼 때, 그러한 교육 기관에 상당수의 문헌들이 소장되어 있을 것으로 추정된다는 점에서, 한국의 문헌분류의 역사는 삼국 시대로 거슬러 올라갈 수 있을 것이다. 그러나 문헌분류의 구체적인 근거들을 찾을 수 있는 것은 고려 시대부터이다. 이 절에서는 한국의 문헌 분류의 주요한 역사들을 분석해 보고자 한다.

4.2.1. 고려 시대 불전 목록의 분류

고려는 건국 당시부터 이른바 숭불 정책(崇佛政策)을 통해 국교로서 불교를 장려하고, 연등회와 팔관회 등의 국가적 불교 행사를 실시하는 등 불교를 정책적으로 뒷받침하였다. 그 결과 불교는 왕실과 관료는 물론 일반 백성의 생활에도 많은 영향을 미치게 된다. 교

---
21) 이창수. 자료분류론(서울: 한국도서관협회, 2014). p.30.

려 시대에 이루어진 대장경의 간행은 이러한 국가적 상황을 반영한 것이라고 할 수 있을 것이다. 이하에서는 이러한 대장경과 대장경에 관련된 목록들에 대해 살펴보고자 한다.

(1) 초조대장목록(初雕大藏目錄)

초조대장목록(1011-1083)은 고려 현종 때 간행된 고려 최초의 대장경인 초조대장경의 목록이다. 초조대장경은 거란의 침략을 물리치기 위한 이른바 진병대장경(鎭兵大藏經)으로 알려져 있는데,[22] 대장경판은 1232년 몽고의 제2차 침입군에 의해 소실되었지만,[23] 그 인쇄본은 국내의 호림박물관을 비롯한 16개처와 일본의 남선사(南禪寺) 등에 다수 존재하고 있다.[24]

초조대장목록은 최사위(崔士威)에 의해 편찬된 우리나라 최고(最古)의 목록으로 추정되지만, 현존하지는 않는다. 다만 정필모의 연구를 통해 이를 복원한 바 있다.[25] 또한 이것은 성책(成册)된 불전의 목록이 아니라, 기본적으로 불전을 인출하기 위한 누판 목록(鏤板目錄)[26]이라는 사실에 유의해야 한다.

초조대장목록의 분류 체계는 개원석교록의 현장입장록(現藏入藏錄)과 속정원석교록(續貞元釋敎錄)의 분류 체계를 따르고 있으며, 크게 대승경율론(大乘經律論), 소승경율론(小乘大乘經律論), 성현집전(聖賢集傳)으로 분류하고 있다. 그러므로 이 목록은 불교의 기본 분류법인 삼장분류법을 따르고 있다고 할 수 있다.

(2) 신편제종교장총록(新編諸宗敎藏總錄)

신편제종교장총록(1090)은 고려 선종(宣宗) 때 대각국사 의천(義天)이 '고려와 중국(송), 거란, 일본 등 대승(大乘) 불교권 전체의 장소(章疏)를 수집하여 책자 목록과 주제명 목록의 개념으로 편성한 11세기 후반 당시의 속장경(續藏經) 목록'[27]이다. 현존하는 우리나라 최고(最古)의 목록으로, 의천록(義天錄), 교장총록, 속장목록이라고도 한다.[28] 우리

---

[22] 김성수. "고려 초조대장경 조조의 가치와 의미에 관한 연구." 한국문헌정보학회지 제46권 제1호(2012.3). p.268.
[23] 윤용혁. "몽고 침입과 부인사 대장경의 소실." 한국중세사연구 28(2010). pp.173-201
[24] 김성수. "고려 초조대장경의 분류체계 및 〈호림박물관〉 소장 초조본의 분석에 관한 연구." 한국도서관정보학회지 제37권 제1호(2006.3). p.406.
[25] 정필모. "고려초조대장목록의 복원." 서지학연구 제2집(1987). pp.3-108.
[26] 정필모. 문헌분류론(서울: 구미무역출판부, 1991). p.85.
[27] 김성수. "新編諸宗敎藏總錄의 著錄에 관한 硏究." 도서관학논집 26집(1997). p.1.
[28] 정필모. 문헌분류론. op. cit. p.86.

나라 불교 장소 목록의 효시가 된 목록이다.

신편제종교장총록은 대장경에 관한 개개 연구 논저들인 장소 전체를 경·율·론의 삼장(三藏)으로 3구분하여 이를 상·중·하의 제3권으로 편성하고, 각 권에서는 그 내제목(內題目)을 해동유본견행록(海東有本見行錄)이라고 별기(別記)하는 독립된 3책의 책자 목록의 형태를 가지고 있다.[29]

(3) 재조대장목록(再雕大藏目錄)

재조대장목록(1236-1248)은 수기법사(守其法師)에 의해 편찬된 재조대장경의 목록이다. 재조대장경(통칭 팔만대장경)은 초조대장경이 몽고군의 침입으로 소실된 이후에 다시 판각한 대장경이 해인사 고려대장경판이다. 초조대장경에 이어 두 번째 새긴 것이라 하여 재조대장경(再雕大藏經)이라 한다. 이규보(李奎報)가 쓴 동국이상국집 제25권의 대장각판군신기고문(大藏刻板君臣祈告文)에서 과거 거란군이 침입하였을 때 (초조)대장경을 각판하여 적을 물리쳤음을 예로 들며 대장경을 다시 새길 것을 요청하는 내용을 근거로 고려가 몽고의 침입에 대항하기 위한 동기가 그 각판의 계기가 된 것으로 인정되고 있다.

재조대장경은 몽고의 침략으로 인해 전국이 병화에 휩싸인 사정에도 불구하고, 주로 초조대장경을 바탕으로 하면서, 송의 칙판대장경(勅版大藏經)은 물론 거란대장경, 고려 국내의 여러 경전을 일일이 대조하고 교정하였고, 재조대장목록도 초조대장목록을 바탕으로 하면서 주로 개원석교록과 정원석교록을 대교하여 편찬된 것이다.[30] 그러한 교정의 내용은 수기법사의 고려국신조교정별록(高麗國新雕校正別錄, 약칭 교정별록)에 자세히 기록되어 있다.

재조대장목록에는 중국의 개원석교록의 경전 거의 전부와 속정원석교록, 대중상부법보록(大中祥府法寶錄), 경우신수법보록(景祐新修法寶錄)의 경전 전부는 물론 거란대장경의 거의 300권, 우리나라 고유의 경전 15종 43권이 수록되어 있어, 한역 불경(漢譯佛經) 전체를 총망라한 총체적인 불전대장경이라 할 수 있다.[31] 재조대장목록의 분류 체계는 초조대장목록과 동일하다.

---

29) 김성수. "新編諸宗敎藏總錄의 著錄에 관한 硏究." 도서관학논집 26집(1997). p.4.
30) 馬場久幸. 高麗大藏經이 日本佛敎에 미친 影響(박사학위논문. 원광대학교대학원. 2008). p.48.
31) 정필모. 문헌분류론(서울: 구미무역출판부, 1991). p.86.

4.2.2. 조선 시대 유교 목록의 분류

조선 시대는 찬란한 유교 문화를 꽃피우고 있다. 또한 학문과 교육의 발전과 더불어 많은 서적들이 출판되고 많은 서원과 도서관들이 설립되었다. 따라서 이러한 자료들을 정리하기 위한 다수의 목록들이 간행되었다.

(1) 해동문헌총록(海東文獻總錄)

해동문헌총록(1637)은 조선 인조(仁祖) 때 김휴(金烋)가 편찬한 1책의 필사본으로 된 해제서목(解題書目)이다. 그는 스승 장현광(張顯光)의 권유로 1616년부터 1638년까지 약 20년에 걸쳐, 임진왜란을 겪고 병화(兵火)를 면한 경북 안동을 중심으로 한 그 일대의 명문대가에 소장된 문헌을 대상으로 조사하고 분석하여 이를 분류순 해제목록으로 편찬하였다.[32]

이것은 우리나라 최고(最古)의 유교 목록으로 알려져 있다. 분류 체계는 사부분류법의 일반적인 체계인 경사자집의 순을 따르지 않고 있으나, 용어 면에서의 유사한 점이 있는데, 이것은 저작자의 지위와 저작물의 수준 때문에 사부분류법을 그대로 준용하지 못하고 개수(改修)하여 적용하고 있는 것으로 볼 수도 있을 것이다.[33] 이와 관련해서는, 이를 독자적인 전개법을 적용시킨 것[34]으로 해석하기도 하고, 중국의 사부분류법이 아닌 독자적인 분류 방식을 채용한 것으로 해석하기도 한다.[35]

(2) 규장총목(奎章總目)

규장총목(1781)은 조선 정조의 왕명으로 서호수(徐浩修)가 편찬한 규장각(奎章閣)의 장서목록이다. 규장각은 세조 때의 문신(文臣) 양성지(梁誠之)가 제안했던 내용을 바탕으로 정조가 설치한 왕실문고이다. 이 규장총목은 정조가 서명응(徐命膺)에게 그 편찬을 명하였으나 완성하지 못하고 그 아들인 서호수가 완성한 해제서목이다.

당시 편찬된 규장총목은 열고관서목(閱古觀書目)과 서서서목(西序書目)의 합본이었으나, 현전하는 규장총목은 장서각 소장의 열고관서목과 서울대 소장의 규장총목과 서서서

---

32) 이상용. "海東文獻總錄 수록 도서의 질적 평가에 대한 연구." 서지학연구 제49집(2011). p.171.
33) 정필모. *op. cit.* p.89.
34) 천혜봉. 고서분류목록법. 상. (서울: 한국도서관협회, 1970). p.14.
35) 이상용. *op. cit.* p.171.

목이라고 한다.36) 서울대 소장 규장총목은 열고관 개유와(皆有窩)의 소장되어 있던 중국 서적을 대상으로 해제서목을 작성한 것으로, 권수제(卷首題)와 표제(表題)가 규장총목으로 기재되어 있다.37)

규장총목은 중국의 사부분류법에 따라 분류·배열하였는데, 중국의 사고전서총목보다 1년전에 편찬된 것으로, 유의 전개에 있어서는 소장 문헌의 차이를 반영하여 다소 차이를 보이고 있다.38)

(3) 누판고(鏤板考)

누판고(1796)는 조선 정조 때 서유구(徐有榘) 등이 정조의 왕명으로 편찬한 각판(刻板)한 판목의 목록이다. 누판고의 편찬은 정조 2년에 전국에 유시(諭示)를 내려 목판본의 대본인 책판(册板)들을 조사하고 파악하여 목록을 작성하게 하고, 규장각에서 그 실존 여부를 확인하여 그 결과보고서로 중외장판부(中外藏板簿)를 편찬하게 한 것이 계기가 되었다고 한다.39)

누판고가 역대의 다른 책판 목록과 다른 점은 각 지역별로 만든 책판 목록이 아니라, 책판을 경사자집의 사부분류법에 의해 배열하고, 각 저작에 대해 그 저자명과 그 내용의 요지와 권질(卷帙)의 다과(多寡)와 그 소재를 밝히고 있다는 점이다.40)

(4) 기타 참고할만한 목록

이상에서 살펴본 대표적인 목록 이외에도 몇몇 목록들이 사부분류법의 분류 체계에 따라 편찬되었다.

한치윤(韓致奫)의 해동역사 예문지(海東繹史藝文志)는 본국서목(本國書目), 중국서목, 동국기사(東國記事)로 나누어 경사자집의 4개 유목으로 분류하고 있는데, 저자명을 서명의 앞에 기재하고 있다는 특징을 보여주고 있다.41)

제실도서목록(帝室圖書目錄)은 1909년 규장각도서과에서 편찬한 조선조의 서목 중 저록수가 가장 방대한 목록으로, 중국의 사고전서총목의 사부분류법을 그대로 채용한 것이다.42)

---

36) 이상용. "규장총목의 목록기술방식에 대한 연구." 한국문헌정보학회지 제47권 제2호(2013). p.378.
37) Loc. cit.
38) 정필모. 문헌분류론(서울: 구미무역출판부, 1991). p.91.
39) 이상용. "누판고의 목록기술방식에 대한 연구." 서지학연구 53집(2012). p.207.
40) 이재철. "韓國에서의 古典籍分類考: 四部分類法의 適用史를 中心하여." 민족문화 1(1975. 12). p.31.; 정필모. 문헌분류론(서울: 구미무역출판부, 1991). p.92.
41) 이재철. op. cit. p.33.

이밖에도 조선도서해제나 조선총독부고도서목록, 규장각도서한국본총목록 등도 사부분류법으로 편찬된 목록에 해당한다.

종래의 사부분류법과 다른 방식으로 전개된 목록으로는 이긍익(李肯翊)이 편찬한 연려실기술(燃藜室記述) 별집 권14 문예전고(文藝典故) 등이 있다.

한편 주한 프랑스공사관의 서기로 근무했던 프랑스인 Mourice Courant이 편찬한 한국서지(Bibliographie Corienne)는 한국 관련 서적 3,821종에 대해 해제한 4권으로 된 목록(1894-1901)이다. 이것은 우리나라 고전을 대외적으로 소개한 최초의 것으로,[43] 사부분류법과는 판이한 분류법에 의해 분류되었다. 이 책은 우리말로 번역된 바 있다.[44]

4.2.3. 근대의 주요 분류법

구한말 서양 문물이 들어오면서 전통적인 사부분류법 방식만으로는 새로운 자료와 문헌을 분류할 수 없게 되었다. 따라서 이 시기에는 새로운 서양식의 분류법이 도입되어 사용되기 시작했는데, 이하에서는 이 중 중요한 분류법들에 대해 살펴보고자 한다. 이상의 분류표들은 KDC나 DDC가 광범위하게 사용되기 이전에 조선십진분류법(KDCP)와 함께 당시의 도서관 현장에서 사용되었다. KDCP에 대해서는 별도의 소절에서 상세히 분석하고자 한다.

(1) 조선총독부도서관분류표

일제 시대에 설립된 조선총독부도서관은 국립중앙도서관의 전신(前身)으로 우리나라 최초의 관립도서관(官立圖書館)이었다. 조선총독부도서관분류표는 자체 도서관에서 사용하기 위해 만들어져, 1945년까지 사용되었던 분류표로, 정확한 작성 연도나 작성자는 알려져 있지 않다.

조선총독부도서관분류표의 특징은 다음과 같이 요약할 수 있다.[45]

① 신서부, 고서부, 양서부 분류표를 각각 별도로 마련하여 사용하고 있다.
② 십진식 분류법을 채택하고 있다.

---

42) *Ibid.* pp.33-37.
43) 이철규. "Maurice Courant과 한국서지." 도서관문화 제11권 제1호(1970). p.7.
44) 모리스 꾸랑 저. 한국서지. 이희재 역(서울: 일조각. 2005).
45) 여지숙, 오동근. "조선총독부도서관분류표에 관한 연구." 한국도서관·정보학회지 제35권 제3호(2004. 9). pp.295-296.

③ 십진식이지만 11번째 주류로 조선문(朝鮮門)을 설정하고, 여기에 조선과 함께 밀접하게 관련된 만주, 몽고, 시베리아 지역의 도서를 분류할 수 있도록 하고 있다.
④ 주류의 각 문(門)은 두 개로 크게 대별하고 있기 때문에. 전체 도서는 20개의 대분류를 기초로 하게 된다.
⑤ 편찬자와 편찬 연도 및 주제 배열의 이론이 명기(明記)되어 있지 않다.
⑥ 보조표를 사용하지 않고 있으며, 색인도 마련되어 있지 않다.
⑦ 분류 기호는 부호와 한자, 알파벳, 가나 문자, 아라비아 숫자를 혼용하는 혼합 기호법을 사용하고 있다.

(2) 철도도서관분류표

철도도서관은 일제 시대에 조선총독부도서관과 쌍벽을 이루던 관립도서관의 하나였다. 철도도서관분류표는 그 편찬 연도가 명확하게 밝혀지지는 않았으나, 조선총독부도서관분류표보다는 먼저 편찬된 것으로 추정된다. 일제 시대에 사용되던 철도도서관분류표는 현재 소실되어 발견되지 않으나, 해방 이전까지 사용된 것으로 추정된다. 그 특징은 다음과 같다.[46]
① 십진식 분류법을 채택하고 있다. 그러나 소수점은 사용하지 않고 있다.
② 보조표를 사용하지 않고 있다.
③ 특히 조선 및 만주에 관해서는 부문 07에 모이도록 하고 조선철도관계는 07과 0797에 배정하였다.

(3) 한은도서분류법

한은도서분류법은 1954년에 고재창(高在昶)에 의해 편찬되어 지금까지 한국은행 정보자료실에서 사용하고 있는 한국은행의 실정에 맞도록 자체적으로 편찬된 분류표이다. 이것은 한국은행 정보자료실을 이용하는 행원들의 도서 이용과 검색에 도움이 되고 분류 업무 종사자에게는 실무의 지침이 되도록 하기 위해 편찬되었다고 한다.[47] 1981년에는 자료실에서 스탭 매뉴얼(staff manual)의 하나로 수정판을 발행한 바 있다.[48]

---

46) 여지숙, 오동근. "일제강점기 철도도서관분류표에 관한 연구." 한국도서관·정보학회지 제35권 제2호(2004.6). pp.98-99.
47) 高在昶. 韓銀圖書分類法: 東書·洋書 共用(서울: 韓國銀行, 1954). p.編者序.
48) 韓國銀行 圖書資料室, 韓銀圖書分類法(서울: 韓國銀行, 1981), p.1.

한은도서분류법의 특징은 다음과 같이 요약할 수 있다.[49]
① 십진식 분류법의 체계를 따랐으며, 분류 기호는 아라비아 숫자만을 사용하는 순수 기호법을 채택하고 있고, 세 자리 다음에 소수점을 찍어 긴 분류 기호로 인한 불편함을 줄이려 하였다.
② 명사는 모두 한글로 적고 한자를 괄호에 넣어 상호 참조에 편리하게 하였으며, 동·서양서 공용이므로 영문도 병기(竝記)하였다.
③ 초판에는 색인이 마련되어 있지 않으며, 개정판에는 상관색인이 마련되어 있다.
④ 한국은행 조사부도서실을 위해 자체에서 편찬한 분류표이며 일관 분류표(一館分類表)이다. 이와 관련하여, 한국은행의 특성을 분류표에 반영하고 있는데, 090에는 한국은행에서 간행한 자료를 한곳에 모으도록 하고, 사회과학 분야의 전개에서는 은행자료실용을 별도로 마련하여 은행과 밀접한 관계에 있는 금융, 은행, 재정, 통계에 대한 자료를 한곳에 모을 수 있도록 하고 있다.
⑤ 별도의 조기표를 마련하는 등 분류표 전반에 걸쳐 조기성을 고려하였다.

(4) 국연십진분류표

국연십진분류표는 1958년에 국방연구원 도서관에 의해 편찬되었다.[50] 이 분류표는 자관(自館)에서 사용하기 위해 만들어진 십진식 분류법으로, 그 특성에 맞게 국방 및 군사 부분을 확충하고 사회과학 분야에 중점을 두고 편성되었다.

그러나 1960년의 국연도서정리규정[51]에서는 I. O를 제외한 A부터 S까지의 17개 문자를 사용하여 주류를 전개하는 비십진식의 새로운 분류표를 제시하고 있다. 강목 이하의 전개는 NDC를 참고하여 아라비아 숫자를 사용하는 십진식으로 전개하고 있다.

4.2.4. 조선십진분류표(KDCP)

조선십진분류표는 박봉석(朴奉石)이 편찬한 한국인에 의한 최초의 십진분류표이다. 영어로는 원래 Korean Decimal Classification으로 표기하였으나, 한국십진분류법이 동일한 표기를 사용하게 되면서, 편찬자 박봉석의 성의 머리글자 P를 붙여 약어로 KDCP라고 부른다.

---
49) 여지숙, 오동근. "한은도서분류법에 관한 연구." 한국도서관·정보학회지 제37권 제1호(2006.3). p.332.
50) 국연십진분류표(서울: 국방연구원, 1958). 이창수. 자료분류론(서울: 한국도서관협회, 2014). p.36. 재인용.
51) 국연도서정리규정(서울: 국방연구원, 1960). 이창수. op. cit. p.36. 재인용.

(1) 박봉석의 생애와 업적[52]

박봉석(1905. 8. 22 - 1950?)은 경남 밀양의 시골 마을에서 태어난 것으로 알려져 있다. 그러나 그의 출생과 초등 교육 등에 대해서는 알려진 게 거의 없다. 심지어는 무슨 이유에서인지 그의 이름은 20년 동안 민적(民籍)에 등재되지 않았었다고 한다. 그는 서당에서 한학을 배우고 16세이던 1921년에 초등학교를 졸업한 것으로 되어 있다. 원종린은 그가 통도사 학림의 사집과(四集科)에서 초등 과정을 이수한 것으로 추정하고 있다.[53] 1922년에는 중앙고등보통학교에 입학한다. 고등학교 시절의 학적부에는 수학과 역사에 우수하였고, 종합 인물 평가에서도 "갑"으로 평가된 것으로 나타났다.[54] 중앙고보를 졸업(1927)한 뒤에는, 1년간 밀양의 표충공립보통학교에서 교원으로 재직한 바 있다(1927-1928).

박봉석은 교원을 사임한 후, 통도사와 표충사의 사비생(寺費生)으로 중앙불교전수학교와 중앙불교전문학교(후에 혜화전문학교가 되며 오늘날의 동국대학교의 전신)를 졸업한다(1929-1931). 재학 중 성적은 우수한 편(24명 중 4등)이었고, 특히 체조와 철학에 능했다고 한다.[55]

박봉석이 도서관과 인연을 갖게 된 것은 대학 졸업 직후인 1931년 조선총독부도서관에 취직하면서부터의 일이다. 1939년에는 일본문부성 공공도서관 사서검정시험에 합격하고, 1942년에는 총독부도서관의 80여명의 직원 중 제3석으로 승진하였다.[56] 해방 이전에는 여러 저널에 많은 연구 논문과 도서 해제를 계속적으로 발표하였다. 1945년의 해방과 함께, 16명의 한국인 사서를 중심으로 '도서수호문헌수집위원회'를 조직하여 조선총독부도서관의 인수 작업을 이끌었으며, 국립도서관으로 재출발할 수 있도록 준비하였고, 개관 후 그 부관장이 되었다. 초창기에 그는 국립도서관의 총무부장과 사서부장, 열람부장도 겸직한 바 있다.[57] 그는 1946년에 국립도서관학교의 설립에 힘썼는데, 이것은 사서

---

52) 이 소절의 Ranganathan의 생애에 대한 부분은 다음 자료의 내용을 재정리한 것임. 오동근. "Ranganathan, Dewey, 그리고 박봉석." 랑가나단 "도서관학 5법칙" 발표 80주년 기념 국제학술대회 자료집(서울: 한국도서관협회, 2012). pp.78-91. 박봉석의 생애와 도서관계에 대한 공헌에 대해서는, 다음 자료도 함께 참고하라. 오동근 편. 도서관인 박봉석의 생애와 사상(대구: 태일사, 2000).; Dong-Geun Oh. "Ranganathan, Dewey, and Bong-Suk Park." 한국문헌정보학회지 제46권 제1호(2012.3). pp.11-27.
53) 원종린. "박봉석의 도서관 사상 연구." 도서관연구 제22권 제1호(1981.2). pp.3-52. 오동근 편. 도서관인 박봉석의 생애와 사상(대구: 태일사, 2000). p.32에서 재인용.
54) *Ibid.* p.34에서 재인용.
55) *Ibid.* p.35에서 재인용.
56) *Ibid.* pp.36-37에서 재인용.
57) 국립중앙도서관. 국립중앙도서관 60년사(서울: 국립중앙도서관, 2006). pp.43-44.

직을 교육하고 훈련하기 위한 한국 최초의 공식적인 전문직 학교였다. 이 학교의 교수로서 그는 학생들에게 분류와 편목 등을 가르쳤다. 1946년부터 1950년까지 이 학교에서는 77명의 학생을 배출한 바 있는데, 그들은 당시 한국 도서관의 발전에 중추적인 역할을 수행하였다.58) 그는 또한 국립도서관이 전국적인 규모의 강습회를 개최하도록 힘썼는데, 세 번의 대회 중 두 번은 조선도서관협회에서 주최하였다. 그는 매번 주도적으로 준비하고, 상당수의 프로그램을 직접 맡기도 하였다. 그는 초등학교 교과서에 도서관에 관한 내용을 수록하도록 노력하였는데, 그 결과 6학년 국어 교과서에 도서관에 관한 내용이 포함되게 되었다.59) 또한 미군정당국이 법률 자료를 자신들의 법률도서관으로 이관해 가려는 움직임에 대해 국립도서관의 집중화된 장서를 지켜내기 위해 반대 운동을 벌이기도 하였다.60)

박봉석은 근대 한국 도서관계의 가장 영향력 있는 인물의 한 사람이었던 것이다.61) 국립도서관의 부관장, 국립도서관학교의 교수 등을 역임하였고, 1945년 해방 직후의 혼란스런 상황 속에서 도서관계의 파워를 극대화하고 상호 협력을 통해 여러 문제에 대처하기 위해 조선도서관협회의 결성을 주도하고, 그 준비위원장으로서 제1회 총회를 준비하였으며, 그 총회에서 당시의 국립도서관장 이종욱을 회장으로 선출하였다. 이후 그는 전무이사로서 협회의 제반 업무를 관장하였다.62) 이 기간 동안 대표적인 저작인 조선십진분류표(KDCP)(1947)와 조선동서편목규칙(1948)을 저술하였다. 이 두 책은 1950년대 초에 한국에서 가장 널리 사용되는 서지 도구였다. 그는 한국 전쟁 중에 인민군이 서울을 점령한 후에도 자신의 책임을 다하기 위해 피난도 가지 않은 채 국립도서관에 출근했다고 한다.63) 그는 1950년에 납북될 때까지 활발한 활동을 계속하였다. 이러한 공로를 인

---

58) *Ibid.* pp.336-338.
59) 원종린. *op. cit.* p.50. 재인용.
60) *Ibid.* pp.47-48. 재인용.
61) Lee Yong-Jae & Jo Jae-Soon. "The modern history of the library movement and reading campaign in Korea." *Paper presented at IFLA Conference, 20-24 August 2006, Seoul, Korea.* p.6.
62) 원종린. *op. cit.* pp.44-45에서 재인용.
63) 1950년 7월 13일, 국립도서관으로 출근하려고 준비하던 중, 수위 아저씨를 앞세운 인민군 내무서원에 의해 끌려가셨다고 한다. 안타깝게도 그 이후로의 소식은 들을 수가 없다. 이것은 박봉석 선생의 아드님 박기홍의 증언을 바탕으로 한 것임. 오동근 편. 도서관인 박봉석의 생애와 사상(대구: 태일사, 2000). pp.14-15. 한편 한국전쟁납북사건자료원의 납북자명단DB에는 박봉석에 관련된 3건의 기록이 보인다. 하나는 51년 가족회의 주장을 근거로 한 것으로 인용자료와 동일한 내용이며, 다른 하나는 정부의 1952년 명부를 근거로 한 것으로 납치일이 기록되어 있지 않다. 국립중앙도서관 60년사(서울: 국립중앙도서관, 2006. p.49)에는 행방불명으로 기록되어 있다. 다른 하나는 공무원이 직업인 박봉석이 6.25 전쟁중 납치된 것으로 기록되어 있다. 다만 그 나이는 각각 47세, 48세, 52세로 다르게 표시되어 있는데, 주소는 동일하게 표시되어 있다.

정받아 박봉석은 2003년에 도서관계 인사로서는 처음으로, 은관문화훈장을 수여받았다.[64] 그는 '한국 도서관학의 선구자'로 불리고 있다.[65]

박봉석은 도서관계에서 활발하게 활동하고 공헌한 이외에도, 한국사와 서지학, 불교 분야 등을 포함한 다양한 분야에서 초인적인 노력과 능력을 발휘하였다. 그는 조선서지학회 상임위원으로 활약하고, 근로여성을 위한 야간 고등교육기관인 국화여자전문학관(國華女子專門學館)을 설립하기도 하였으며, 모교인 동국대학교의 강사로 서지학 등을 강의하기도 하고, 한국불교청년단의 단장을 맡기도 하였으며, 불교와 불경에 대한 다수의 논문을 발표하고, 여러 편의 시와 수필도 남긴 바 있다. 한국사 참고서인 『국사정해』(國史精解)는 거의 30년 가까이 베스트셀러가 되기도 했다.[66]

(2) KDCP의 개발과 이용

KDCP는 원래 박봉석이 개발하여 국립도서관학교의 교재로 사용하고 있던 동서도서분류표를 개정하여, 조선도서관협회 분류위원회의 승인을 받아, 1947년에 조선십진분류표라는 서명으로 국립도서관에서 발행한 것이다. 1965년에 국립중앙도서관의 개정판(한국십진분류표로 개제)이 발행된 바 있고, 1980년에는 고려대 중앙도서관의 고대보정판이 발행된 바 있다.

해방 초기에는 한국도서관계에서 이를 널리 채용하였으나, DDC와 KDC에 밀려 현재는 사실상 도태된 상태로, 현재 KDCP를 이용하는 것으로 보고된 도서관의 사례는 없다. 한국도서관협회에서 발행하고 있는 KDC는 실제적으로 KDCP와는 사실상 아무런 직접적인 관련이 없다.

(3) KDCP 주류의 배열

KDCP는 십진식의 일반적인 관례에 따라, 전 주제를 1류부터 9류까지 나누고, 0류에 총류를 배정하고 있다. 그러나 주류의 배열 순서에서는 독자적이면서도 독창적인 배열을 하고 있다.[67] 주류의 배열을 NDC와 비교하여 살펴보면 〈표 4-1〉과 같다. 0류부터 3류까지는 표목만 다를 뿐 NDC와 동일하지만, 다른 주류들은 분명하게 다름을 알 수 있다.

---

64) 박봉석의 뒤를 이어, 네 분의 도서관계 인사들이 이 훈장을 수여받았다: 엄대섭(2004, 은관), 이봉순(2005, 보관), 리재철(2006, 보관), 육병일(2007, 보관), 조원호(2011, 화관).
65) 원종린. "박봉석의 도서관 사상 연구." 도서관연구 제22권 제1호(1981.2). pp.3-52. 오동근 편. 도서관인 박봉석의 생애와 사상(대구: 태일사, 2000). p.82. 재인용.
66) 오동근 편. 도서관인 박봉석의 생애와 사상(대구: 태일사, 2000). p.11-16.
67) 정필모. 문헌분류론(서울: 구미무역출판부, 1991). p.100.

〈표 4-1〉 KDCP와 NDC의 주류 비교

KDCP	NDC
0류 총 류	0류 총기(総記)
1류 철학·종교	1류 철학(哲學)
2류 역사·지지	2류 역사(歷史)
3류 어학·문학	3류 사회과학(社會科學)
4류 미술·연예	4류 자연과학(自然科學)
5류 사회·교육	5류 기술(技術)
6류 정법·경제	6류 산업(産業)
7류 이학·의학	7류 예술(芸術)
8류 공학·공업	8류 언어(言語)
9류 산업·교통	9류 문학(文學)

이러한 KDCP의 주류의 배열 순서는 과학과 생활의 관계를 바탕으로 과학적 이론보다는 도서 수량과 그 이용 가치를 더 중요시하여 배치하였다고 하는데, 이를 살펴보면 [그림 4-1]과 같다.[68]

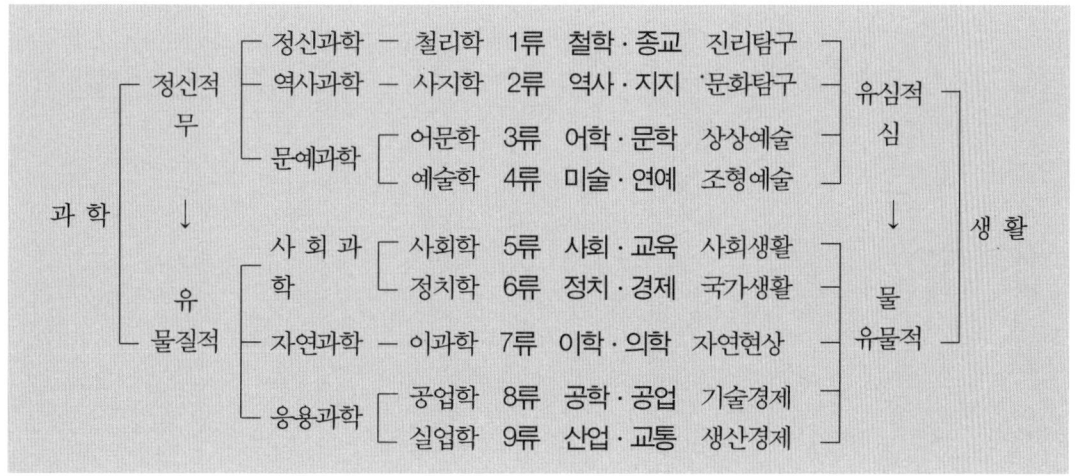

[그림 4-1] KDCP 주류 배열상의 과학과 생활의 관계

---
68) 박봉석 편. 조선십진분류표(서울: 국립도서관, 1947). 오동근 편. 도서관인 박봉석의 생애와 사상(대구: 태일사, 2000). p.131. 재인용.

(4) KDCP의 장점과 단점[69]

KDCP는 다음과 같은 장점을 가지고 있다.

① 다른 십진식 분류법과 마찬가지로, 아라비아 숫자로 된 순수 기호법을 채택하고 있다.
② 주류를 학문간에 걸쳐 균형적으로 배분하였고, 그 순서도 비교적 자연스럽다. KDCP의 주류는 인문과학 4개류(철학·종교, 역사·지지, 어학·문학, 미술·연예), 사회과학 2개류(사회·교육, 정법·경제), 과학기술 3개류(이학·의학, 공학·공업, 산업·교통)의 구분으로 학문간 균형을 비교적 잘 유지하고 있다는 장점을 가지고 있다.[70]
③ 어문학을 제3류에 통합하여 분리되는 것을 방지하였다.

KDCP의 단점으로는 다음과 같은 것들이 지적되고 있다.

① 정기적인 개정이 이루어지지 않아 새로운 주제가 누락되어 있다. 이러한 치명적 단점 때문에 현재는 사실상 도태된 분류표라고 할 수 있다.
② 그 전개에서 분류 기호의 전개를 네 자리로 국한하고 있기 때문에 새로운 분야를 세분하여 전개할 수가 없다.
③ 기호를 네 자리로 제한하고 있어 조기성(助記性)의 변칙이 많기 때문에 기호 배정이나 기호 식별이 어렵다.
④ 십진식 분류법 공통의 문제이기는 하지만, 새로운 주제를 적절한 위치에 삽입하기가 어렵다.

---

[69] 정필모. 문헌분류론(서울: 구미무역출판부, 1991). pp.100-101.
[70] 이와 관련하여, 정필모 교수는 '2류 역사·지지'를 사회과학에 포함시켜 인문과학, 사회과학, 과학기술이 3개류씩 균형을 이루고 있다고 평가하고 있는데(정필모. *op. cit.* p.100), 역사·지지는 인문과학에 포함시키는 것이 타당하다고 본다. 그렇다 하더라도 이 장점이 결코 작은 것은 아니다.

4.3. 서양의 문헌분류사

서양의 도서관사는 인류가 문자를 발명하고 문명 생활을 시작한 시기로부터 시작한다고 보면, 문헌분류의 역사도 거의 같은 시기로부터 시작되었을 것이다. 이 절에서는 분류의 역사에 중요한 계기가 되었던 중요한 분류법들을 중심으로 분석해 보고자 한다.

4.3.1. 고대 및 중세의 문헌분류사

(1) Pinakes의 분류

Pinakes(BC 310-240)는 Callimachus(AD 305?-AD 240?)가 편찬한 것으로 알려진 Alexandria 도서관의 소장 목록으로, 분류의 전반적인 내용을 파악할 수 있는 최고(最古)의 목록으로 알려져 있다.

Alexandria도서관은 고대 도서관 중 가장 대표적인 도서관의 하나로, 헬레니즘 문명의 절정기를 함께 했던 도서관이기도 하다. 이 도서관은 Ptolemaios 왕조의 후원 아래 방대한 장서를 바탕으로 학문과 연구의 중심이 되었다. 이 도서관은 공동 연구소적 성격을 갖는 Brucheium도서관과 시민을 대상으로 하는 Serapeum도서관으로 구성되었는데,[71] 그 장서 규모는 학자들에 따라 추정치가 달라지기는 하지만, 파피루스가 대략 50만권에서 70만권에 달하였다고 한다.[72] 이러한 방대한 도서관의 장서를 정리하기 위해 만들어진 것이 바로 Pinakes인 것이다.

Pinakes는 원래 한 장의 점토판(粘土板)을 의미하는 Pinax의 복수형으로 '점토판의 집합'이라는 뜻을 갖지만, Alexandria도서관의 Pinakes는 파피루스에 의한 것이었기 때문에, 서가 위에 놓인 자료에 대한 안내판의 의미로 해석되기도 한다.[73] Pinakes는 오랫동안 표준 목록으로 평가받아 왔고 그 후 거의 모든 고문헌 서지의 기초가 되었는데,[74] 그 주요 특징을 살펴보면 다음과 같다.[75]

---

[71] 남태우. "알렉산드리아 대 도서관 성립사 연구." 한국문헌정보학회지 제36권 제1호(2002.3). pp.259-296.
[72] 김명옥. "서양의 자료분류법의 발달과정: 고대에서 해리스까지." 도서관학논집 25집(1993). p.190.
[73] 김창하. 서양 목록법 이론 연구(박사학위논문. 중앙대학교 문헌정보학과, 2007). p.41.
[74] 김명옥. op. cit. p.191.; 남태우. 문헌정보학사. 개정판. (대구: 태일사, 2013). p.12.
[75] 일본도서관정보학회 용어사전편집위원회 편. 문헌정보학 용어 사전. 오동근 역(대구: 태일사, 2011). p.558.; 김창하. 서양 목록법 이론 연구(박사학위논문. 중앙대학교 문헌정보학과, 2007). pp.42-45.

① 유별로 배열한 분류순 목록이다. 목록이 현재는 존재하지 않기 때문에, 서로 다른 주장도 있기는 하지만, 아와노(粟野)의 12구분법을 근거로,[76] 사본(寫本)을 시문서(詩文書)(서사편, 비가조편(悲歌調篇), 단가조편(短歌調篇), 가요조편, 비극편, 희극편)과 산문서(散文書)(법률편, 철학편, 수사학편, 사학편, 의학편, 잡편)로 편별(篇別)한 것으로 받아들이는 경우가 많다.
② 각 구분의 아래에 저자를 알파벳순으로 배열하고 있다.
③ 서명, 저자명, 모두(冒頭)의 몇 행(行)을 기록하고 있어 고대 목록의 재산 목록으로서의 기능은 물론 검색 기능과 식별 기능을 갖춘 검색 목록으로, 저작 해설, 저자 소개를 붙인 해제 서지(解題書誌)의 성격도 가지고 있다.

(2) 중세의 분류법

중세의 도서관 문화는 전기는 수도원을 중심으로 이루어지고, 후기는 중세 대학을 중심으로 이루어졌다.

중세의 수도원은 기독교 문헌과 세속 문헌을 함께 관리하였으나, 대개는 양피지로 된 장서들을 소장하고 있었으나 그 규모가 작았기 때문에 상세한 분류나 목록이 필요한 경우가 적었다. 대개는 몇 개의 유로 도서를 분류하고, 크기에 따라 고정적으로 서가에 배열하였는데, 때로는 유 내에서 저자명의 알파벳순으로 배열하는 경우도 있었다고 한다.[77] 이러한 이유로 분류학적 관점에서 특징적이거나 중요한 분류법을 찾아보기는 어렵다.

12-13세기 이후에 등장하는 서양 중세 대학에서는 3학(三學: Trivium)과 4과(四科: Quadrivium)로 이루어지는 7자유교과(liberal arts)를 중심으로 교육이 이루어졌고, 도서관에서도 이러한 분류를 수용하게 되었다. 7자유교과는 그리스와 로마 시대를 거치면서 점차 정형화된 프로그램으로 정착되었는데, 3학은 언어와 논리적 논증과 연관을 맺고 있으며, 라틴 학문을 수행하기 위한 전제 조건으로서의 기능을 수행하는 반면, 4과는 수학과 밀접한 연관을 지니고 있다.[78] 3학은 문법, 수사학, 논리학, 4과는 산술, 기하, 천문, 음악으로 이루어진다.

---

76) 粟野頼之祐. "アレクサンドリア図書館目録の研究 2." 関西学院史学 2號(1953). pp.23-24.
77) 김명옥. "서양의 자료분류법의 발달과정: 고대에서 해리스까지." 도서관학논집 25집(1993). p.193.
78) 손승남. "대학설립 초기의 교양교육 전통과 그 창조적 재생." 교양교육연구 제7권 제2호(2013). p.203.

4.3.2. 주요 분류표 등장 이전의 근세 문헌분류사

(1) Gesner의 분류법

스위스의 박물학자 Konrad von Gesner가 세계서지(Bibliotheca Universalis)를 편찬하기 위해 사용한 분류법이다. Gesner는 원래 제1부 저자명 목록, 제2부 분류 목록, 제3부 주제 색인으로 이루어지는 3부의 체계적인 서지를 계획하고, 1545년에 제1부를 발행하였고, 1548년에는 21분류로 된 제2부의 제1류부터 제19류를 발행하고 1549년에 제21류를 발행하였으나, 제2부의 제20류와 제3부는 완성하지 못하였다.[79]

세계서지의 주요 특징을 살펴보면 다음과 같다.[80]

① 3,000명 이상의 저자에 의한 라틴어, 그리스어, 히브리어의 도서 12,000종을 일정한 원칙에 따라 분류한 목록이다.
② "bibliotheca"라는 단어를 처음으로 서지라는 의미로 사용하고 있다.
③ 서문에서 조사한 개수와 참고문헌을 제시하고 있다.
④ 저자를 종래의 연대순이 아닌 이름순으로 배열하고 있다.
⑤ 인쇄본의 출판 사항, 판형, 페이지 수 등을 기술하고 있다.
⑥ 분류 체계에서는 학문 전체를 교양의 학문(Praeparantes)과 실체의 학문(Substantiales)으로 대별(大別)하고, 교양의 학문은 다시 필수(문법, 변론(弁論), 수사(修辞), 시, 산술, 기하, 음악, 천문, 점성술)와 선택(역사, 지리, 점(卜筮), 예술)의 13개 분야로 나누고, 실체의 학문은 물리, 형이상학(形而上学), 윤리, 경제, 정치, 법률, 의학, 신학의 8개 분야로 나누어, 총 21개 분야로 구분하였다(〈표 4-2〉참조).

---

79) 雪嶋宏一. "コンラート・ゲスナー『万有書誌』の書誌的源泉." 学術研究: 教育学・生涯教育学・初等教育学編 59號(2010). p.47.
80) 일본위키피디아. "コンラート・ゲスナー."〈https://ja.wikipedia.org/wiki/%E3%82%B3%E3%83%B3%E3%83%A9%E3%83%BC%E3%83%88%E3%83%BB%E3%82%B2%E3%82%B9%E3%83%8A%E3%83%BC〉.; 남태우. 문헌정보학사. 개정판. (대구: 태일사, 2013). p.66-68.

〈표 4-2〉 Gesner의 분류 체계

구분		21개 주요 분야
교양의 학문 (13분야)	필수(9분야)	문법, 변론(弁論), 수사(修辞), 시, 산술, 기하, 음악, 천문, 점성술
	선택(4분야)	역사, 지리, 점(卜筮), 예술
실체의 학문(8분야)		물리, 형이상학(形而上学), 윤리, 경제, 정치, 법률, 의학, 신학

Gesner의 분류법은 그의 독창적인 원칙에 따라 분류된 것으로, 이것은 최초의 서지학적 목록, 철학적 기초를 가진 목록, 학문을 계층화하여 체계화한 목록, 학문의 분류를 서지 저록의 배열에 응용한 최초의 서지 분류법 등으로 높이 평가받고 있으나,[81] 후세의 문헌분류법에는 거의 영향을 미치지 못하고 있다.

(2) Naudé의 분류법

서지학자 Gabriel Naudé는 프랑스의 정치가이자 추기경인 Mazarin의 장서를 관리하면서 1627년에 일종의 도서관 운용 지침인 *Advis Pour Dresser une Bibliotheque*를 발표하였다. 이것은 도서관 역사상 최초의 개론서로 인정되고 있는데, 도서관 사상과 도서관 운영의 일반적 원리, 즉 도서관의 사회적 역할과 교육에 관련된 내용은 물론 문헌의 수집과 분류를 포함한 정리 등에 대해서도 종합적으로 다루고 있다.[82]

Naudé는 17세기 프랑스의 위대한 의사이자 학자, 도서관인으로, 특히 Mazarine도서관 등과 관련된 업적을 통해 '도서관학의 아버지'(father of librarianship)나 '서서의 사서'(librarian's librarian), '도서관 사상의 개조(開祖)'라고도 불리고 있다.[83]

Naudé가 독자적으로 개발한 분류법에서는 주제 분야를 신학, 의학, 서지학, 연대학, 지리학, 역사, 군사학, 법률학, 종교 회의 및 교회법, 철학, 정치학, 문학 등의 12개 분야로 구분하고 있다.[84] 이 책의 내용은 후에 영국과 독일, 미국 등에 번역되어 소개되면서 당

---

81) 김명옥. "서양의 자료분류법의 발달과정: 고대에서 해리스까지." 도서관학논집 25집(1993). p.196.
82) *Ibid.* pp.198-199.; 남태우. 문헌정보학사. 개정판. (대구: 태일사, 2013). pp.69-117.
83) 남태우, 조흥연. "Naudé의 도서관 사상 연구: 〈la Bibliothèque Mazarine〉을 중심으로." 한국문헌정보학회지 제47권 제3호(2013.9). p.382.
84) 정필모. 문헌분류론(서울: 구미무역출판부, 1991). pp.117-118.

시의 도서관계에 많은 영향을 미치게 되는데, 특히 그 분류법은 파리서적상분류법으로도 잘 알려져 있는 프랑스분류법(French Classification System)[85]의 기초가 되었고, J. C. Brunet의 분류에도 영향을 미쳤다고 한다.[86]

(3) Brunet의 분류법

J. C. Brunet는 프랑스분류법 등을 포함한 당시의 주요 분류법들을 종합하여 1810년에 상세한 분류법을 고안하여 자신이 편찬한 서지 '서적상과 애서가용 매뉴얼'(Manual 여 Libraire et de L'Amateur des Livres)의 제5권 분류편에 사용하였다. 이것은 학문 분야를 신학, 법학, 과학 및 예술, 순문학, 역사의 5개 주류로 구분하고, 각 분야를 추가로 세분하여 전개하고 있다.[87] (〈표 4-3〉 참조).

〈표 4-3〉 Brunet 분류법의 학문 구분

5개 주류	세분 주제
신 학	성서, 기도서, 예배학, 종교회의, 교부(敎父), 신학자, 이단의 견해, 유대교, 동양 종교, 기타 (10개 분야)
법 학	일반법, 자연법 및 국제법, 정치법, 민법 및 형법, 교회법 (5개 분야)
과학 및 예술	사전 및 백과사전, 철학, 물리학 및 화학, 자연과학, 의학, 수학, 조기성 (mnemonics), 미술, 기계공학, 체육 및 오락과 게임 (10개 분야)
순문학	서론, 언어학, 수사학, 시학, 산문소설, 문헌학, 대화 및 회화, 서간, 잡집 (polygraphy), 전집 (10개 분야)
역 사	서론, 세계사, 교회사, 고대사, 현대사 (5개 분야)

Brunet의 분류법은 프랑스 서지학자들의 호평 속에 많은 도서관의 목록 작성과 배가는 물론 여러 서지의 편찬, 재고 도서의 배열, 서적상 및 개인 문고의 배열 등에 활용되었고, 프랑스국립도서관(Bibliotheque Nationale), 대영박물관도서관의 초기 분류, Harvard대학 도서관의 분류법 등에 직접적 또는 간접적으로 영향을 미친 바 있다.[88]

---

85) 프랑스분류법은 신학, 법학, 역사, 철학, 문학의 5개 분야로 주제를 구분하고 있다. 정필모. *op. cit.* p.118.
86) 김명옥. *op. cit.* p.199.
87) 정필모. *op. cit.* pp.118-120.
88) 김명옥. *op. cit.* p.204.

(4) Harris의 분류법

미국 St. Louis공립학교도서관의 William T. Harris는 1870년에 자관용(自館用)의 새로운 분류법을 고안하는데, 이것은 분류 기호와 도서 기호를 서가 배열과 목록 배열, 도서의 대출과 반납 등의 모든 업무에 활용할 수 있도록 한 최초의 분류법으로 알려져 있다.[89] 이런 의미에서 이 분류법은 서지 분류와 서가 분류의 통합을 시도한 최초의 분류법이라고도 한다.

Harris의 분류법의 체계는 그의 Essay on the system of classification의 내용을 바탕으로 하고 있는데, 학문 분야를 우선 과학(Sciences)과 예술(Art), 역사(History), 부록(Appendix)의 4부문으로 구분하고 이를 다시 추가 세분하고 있다(〈표 4-4〉 참조).[90] 100구분은 숫자

〈표 4-4〉 Harris의 분류 체계

부문	세구분		
1 Science		2-5	Philosophy
		6-16	Theology
	17 Social and political sciences	18-25	Jurisprudence
		26-28	Politics
		29-31	Social science
		32-34	Philology
	35 Natural sciences and useful arts	36-40	Mathematics
		41-45	Physics
		46-51	Natural history
		52-58	Medicine
		59-63	Useful arts
64 Art		65	Fine arts
		66-68	Poetry
		69-70	Prose fiction
		71-78	Literary miscellany
79 History		80-87	Geography and travels
		88-96	Civil history
		97	Biography
98 Appendix		98	Polygraphy
		99	Cyclopaedias
		100	Periodicals

---

[89] 정필모. 문헌분류론(서울: 구미무역출판부, 1991). p.135.
[90] 정필모. Ibid. p.136.

로 표시하고, 각 유의 세목은 알파벳 소문자 1글자(a-g)를 부가하였으며, 세목을 다시 세분할 때는 원괄호와 함께 아라비아 숫자를 사용하고, 동일한 유에서는 저자 및 서명의 알파벳순으로 배열하였다.[91]

Harris의 분류법은 자신의 Hegel에 대한 연구 결과를 반영하여 고안한 Bacon의 학문분류의 순서를 도치시킨 이른바 역Bacon식(inverted Bacon)을 사용하고 있는데,[92] 이것은 DDC의 주류 배열을 비롯한 현대 주요 분류법에 직접적으로나 간접적으로 많은 영향을 미치고 있다.

4.3.3. Cutter의 전개분류법(EC)

전개분류법(EC, Expansive Classification)은 Charles Ammi Cutter(1837-1903)가 고안한 분류법이다. Cutter는 Harvard Divinity School을 졸업하고 Harvard대학에서 사서의 길을 시작한 후 평생을 Boston Athenaeum 등에서 일하면서 많은 업적을 남긴 미국 초기 도서관계의 거목이다. Winke는 다음과 같은 세 가지 업적을 그의 주요 업적으로 들고 있다.[93]

① 1874부터 1882년에 걸쳐 최초의 근대적인 사전체 목록인 Boston Athenaeum 장서목록을 편찬하였다.
② 앞서의 장서목록을 편찬하기 위한 사전체편목규칙(*Rules for a Printed Dictionary Catalogue*, 1875)을 편찬하고 지속적으로 개정하였다.
③ 전개분류표를 편찬하였다.

EC가 당초 고안될 당시에는 Boston Athenaeum의 10만권의 장서에 적합하도록 숫자와 알파벳 기호를 혼합하여 사용하였는데, 후에 알파벳 문자만을 기호로 사용하는 분류표를 개발하여 Massachusetts주 Lexington의 Cary Library에서 사용해본 결과, 성공을 거두게 되고 많은 사서들로부터 그러한 분류표에 대한 요구가 있자, 어떤 규모의 도서관에나 적합한 분류표를 만들기로 했다고 한다. 즉 제1표는 아주 작은 도서관을 위한 것으로 이를 점차 확장하고 전개하여 제7표에 이르기까지 더 큰 도서관에 적용할 수 있도록 하는 아이

---

[91] 김정현. "해리스의 사상과 분류법에 관한 연구." 한국비블리아학회지 제21권 제2호(2010.6). p.77.
[92] 윤희윤. 정보자료분류론. 제5판. (대구: 태일사, 2015). pp.31-32.
[93] 이하의 설명의 상당 부분은 다음 자료를 참고하였음. R. C. Winke. "The Contracting World of Cutter's Expansive Classification." *Library Resources & Technical Services* Vol.48, No.2(2013). pp.122-123.

디어인 것이다. 제1표부터 제6표는 1891년부터 1893년에 걸쳐 발행되었으나, 제7표는 1896년부터 1911년에 걸쳐 발표되던 중 Cutter가 세상을 뜨면서, 테크놀로지 섹션을 포함한 상당 부분이 미완성인 채로 남아 있다.

EC의 제3표부터 제6표는 〈표 4-5〉와 같은 동일한 개요(outline)를 사용하고 있다.[94]

〈표 4-5〉 EC의 개요(제3표부터 제6표에 공통 적용)

기호	주제분야
A	General works
B	Philosophy
Br	Religion (Christian and Jewish 제외)
C	Christian and Jewish religions
D	Ecclesiastical history
E	Biography
F	History
G	Geography and travels
H	Social sciences
I	Sociology
J	Government; Politics
K	Legislation; Law; Woman; Societies
L	Science in general; Physical sciences
M	Natural history
N	Botany
O	Zoology
Q	Medicine
R	Useful Arts (Technology)
S	Engineering; Building
T	Manufactures; Handicrafts
U	Defensive and preservative arts
V	Recreative arts; Sports; Thearter
Vv	Music
W	Fine Arts
X	Language
Y	Literature
Z	Book Arts

---

[94] Lois Mai Chan. *Cataloging and Classification: An introduction.* (New York: McGraw-Hill Book Company, 1981). p.304.

EC의 주류의 배열은 주로 Auguste Comte의 지식 분류의 영향을 받고 있는데, 특히 주제를 사물의 진화순에 의해 배열한 이론적 배열이 특징이다. 이런 이유로, EC는 개발 당시 미국의 가장 논리적이고 학술적인 분류표로 간주되었고, 미국의회도서관분류법(LCC)의 개발, 특히 LCC의 다른 분류표의 개요 역할을 하는 "Class Z: Bibliography and Library Science"의 개발에도 직접적인 영향을 미친 바 있다.[95]

또한 제7표를 기준으로 하면, 공통세목(형식구분)과 지역구분표(지방표) 등의 보조표를 설정하고 있기 때문에, 조기성이 풍부하고, 일국(一國)에 관한 주제를 한 곳에 모을 수 있다는 장점도 있다.[96]

그러나 앞서 살펴본 것처럼, 제7표를 기준으로 하면, EC는 미완성 상태로 개정도 이루어지지 못하고 있다. 또한 주제간의 구분이 불균등하고, 기호가 기록하고, 기억하고, 배가하기 곤란하다는 점도 단점으로 지적되고 있다.[97]

그럼에도 불구하고, 최근의 흥미로운 연구에 의하면, 북미 지역의 57개 도서관들이 EC를 채택한 바 있고, 현재도 4개 도서관이 이를 기본 분류표로 사용하고 있다고 한다.[98]

4.3.4. Bliss의 서지분류법(BC)

서지분류법(BC, Bibliographic Classification)은 New York 시립대학도서관장 Henry Evelyn Bliss가 분류에 대한 이론적 연구를 바탕으로 1940년에서 1953년까지 13년에 걸쳐 4권으로 발행한 분석합성식 분류법이다. 그 과정에서 Bliss는 많은 연구 논문과 *Organization of Knowledge in Libraries and the Subject Approach to Books*(1933) 등의 저서를 발표하였는데, 이러한 Bliss의 분석 합성식 분류 이론을 비롯한 문헌 분류 이론은 S. R. Ranganathan을 위시한 많은 연구자에게 큰 영향을 끼친 바 있다.

Bliss는 BC를 발행하기에 앞서 BC의 개요를 *A System of Bibliographic Classification* (1935)을 통해 발표한 바 있다. 1967년에는 영국의 School Library Association에서 간략판을 발행하였으며, 현재는 Bliss Classification Association(BCA)[99]에 의해 연구되고 개정되

---

95) A. G. Taylor. *Introduction to Cataloging and Classification*. 10th ed. (Englewood, Col.; Libraries Unlimited, 2006). p.426.
96) 정필모. 문헌분류론(서울: 구미무역출판부, 1991). pp.144-145.
97) *Loc. cit.*
98) R. C. Winke. "The Contracting World of Cutter's Expansive Classification." *Library Resources & Technical Services* Vol.48, No.2(2013). 48(2), p.124.

고 있는데, 그 홈페이지에 의하면 제2판[100]이 발행되고 있는 상태로, 제2판은 23권으로 완성될 예정이며, 2015년 6월 현재 14권이 발행된 상태로, 현재 12개 대학도서관과 7개 전문도서관이 BC를 사용하는 것으로 알려지고 있다. BC2의 개요를 살펴보면 〈표 4-6〉과 같다.

〈표 4-6〉 BC2의 개요

기호	주제분야
1	Introduction and auxiliary schedules
2/9	Generalia, phenomena, knowledge, information science & technology
A/AL	Philosophy and logic
AM/AX	Mathematics, probability, statistics
AY/B	General science, Physics
C	Chemistry
D/DF	Astronomy
DG/DY	Earth sciences
E/GQ	Biological sciences
GR/GZ	Applied biological sciences: agriculture and ecology
H	Physical anthropology, human biology, health sciences
I	Psychology and psychiatry
J	Education
K	Society (includes social sciences, sociology and social anthropology)
L/O	History (including area studies, travel and topography, and biography)
LA	Archaeology
P	Religion, occult, morals and ethics
Q	Social welfare and criminology
R	Politics and public administration
S	Law
T	Economics and management of economic enterprises
U/V	Technology and useful arts (including household management and services)
W	The Arts
WV/WX	Music
X/Y	Language and literature
ZA/ZW	Museology

---

99) Bliss Classification Association 홈페이지(〈http://www.blissclassification.org.uk〉) 참조. 이하의 설명은 이 홈페이지의 정보를 주로 활용하였음.
100) J. Mills and Vanda Broughton. *Bliss Bibliographic Classification*. 2nd ed. (London: Bowker-Saur, 1970-2000; K.G. Saur, 2001-   ).

BC는 세심한 주류 배열 순서와 도서관의 성격에 따라 분류의 위치를 선택할 수 있는 양자택일의 방법(alternative)을 채택한 것으로 주목받은 바 있다.[101] BCA에서는 BC2의 주요 특징을 다음과 같이 밝히고 있다.[102]

① 주류 배열의 순서가 점진성의 원칙(principle of gradation) 등과 같은 이론적 원칙을 바탕으로 이루어지고 있다.
② 각각의 주류와 하위류들이 완전한 패싯식으로 이루어져 있고, 어휘들이 쉽게 이해할 수 있도록 명확하게 정의된 범주들로 조직화되어 있다.
③ 전체에 걸쳐 열거 순서(citation order)를 포괄적으로 일관성 있게 적용하고 있기 때문에, 합성류의 위치를 예측할 수 있다.
④ 일번적인 것을 특수한 것 앞에 두는(general-before-special) 배열 순서(filing order)를 일관성 있게 적용하고 있다.
⑤ 기호법은 완전 패싯식이며 합성식이다. 기호는 1부터 9의 아라비아 숫자와 A부터 Z의 알파벳 대문자 총 35자를 사용하며, 완전히 서수적인 의미만을 갖는다.
⑥ 모든 유들에 대해 아주 상세한 알파벳순 색인을 마련하고 있다.

이 밖에도 BC는 다른 분류표의 총류(generalities)에 해당하는 선행류(anterior classes, 1-9)를 두고 있고, 자연과학을 상위에 배정하며, 다수의 보조표를 마련하고 있고, 알파벳 대문자, 숫자, 부호 등으로 구성된 혼합기호법을 채택하고 있다는 특징이 있다.[103]

4.3.5. Brown의 주제분류법

주제분류법(SC, Subject Classification)은 James Duff Brown이 편찬하여 1906년에 개발된 것이다. Brown은 영국 근대 도서관의 선구자로, *Manual of Library Classification and Shelf Arrangement*(1898)와 *Manual of Library Economy*(1930) 등의 많은 저술 활동과 개가제 보급 등을 통해 도서관계에 많은 공헌을 한 바 있다.[104]

---

101) J. Aitchison. "A classification as a source for a thesaurus: The Bibliographic Classification of HE Bliss as a source of thesaurus terms and structure." *Journal of Documentation*, Vol.42, No.3(1986). p.161.
102) BCA 홈페이지. 〈http://www.blissclassification.org.uk/bchist.shtml〉
103) 정필모. 문헌분류론(서울: 구미무역출판부, 1991). pp.140-141.
104) *Ibid.* p.124.

SC는 원래 1894년에 발표했던 Quinn-Brown Classification과 이를 수정하여 1898년에 발표했던 Adjustable Classification을 개선하여 발표한 것이다. 제2판은 1914년에 *Subject Classification, with Tables, Indexes, Etc., for the Subdivision of Subjects*라는 긴 서명으로 발행되었고, 제3판은 그의 사후에 조카 J. D. Stewart에 의해 1939년에 발행되었다.

Brown은 학문 분야의 개요를 나타내는 주류의 배열을 A 총류(Generalia)로부터 시작하여 B-D(물리학)는 Matter and Force, E-I(생물학, 인종학 및 의학, 경제생물학 및 가정학)는 Life, J-L(철학 및 종교, 사회과학 및 정치학)은 Mind, M-X(어문학, 문학형식, 역사 및 지리, 전기)는 Record의 순으로 이론적으로 배열하고 있다.[105] 그 결과 CC나 BC와 마찬가지로, 자연과학을 상위에 배열하게 되었다. 주류의 기호로는 알파벳 대문자를 사용하고, 주류를 세분하기 위해서는 아라비아 숫자를 사용한다. SC의 개요를 살펴보면 〈표 4-7〉과 같다.

〈표 4-7〉 SC의 개요

영 역	기 호	주제 분야
	A	Generalia
Matter and Force	B C D	Physical Science
Life	E F	Biological Science
	G H	Ethnological and Medical Science
	I	Economic Biology and Domestic Arts
Mind	J K	Philosophy and Religion
	L	Social and Political Science
Record	M	Language and Literature
	N	Literary Forms
	O-W	History, Geography
	X	Biography

SC는 또한 배열에서 자연과학과 그 응용 분야를 접근시키고 있는데, 이것은 이론과 실제의 엄격한 구분을 반대하는 Brown의 견해에 따른 것으로,[106] 예를 들면 'B000 물리

---

105) C. Beghtol. "Exploring New Approaches to the Organization of Knowledge: The Subject Classification of James Duff Brown." *Library Trends*, Vol.52, No.4(2004). p.705. 이 부분의 상당 부분은 이 논문의 내용을 참고하였음.
106) *Ibid.* p.706.

학 및 역학'과 그 응용 분야인 'B166 기계공학,' 'B200 토목공학'을 접근시키고, 'D700 화학'과 그 응용 분야인 'D800 화학공학'을 접근시키고 있는 것이다.

　SC라는 이름을 갖게 된 것은 Brown의 이른바 '동일 장소 이론'(one-place theory)[107]에 따라 주요 주제를 모두 한 곳에 배정하기 때문이다. 현대의 대부분의 분류표는 학문적 분류표로서 동일주제라 하더라도 그 취급방법에 따라 서로 다른 곳에 배정되지만, SC는 동일 주제를 한 곳에 배정한다. 이것은 도서 분류에서는 더 일반적인 관점이나 일시적인 주제보다는 일상적이거나 구체적인 주제를 우선적으로 선택해야 한다는 Brown의 견해를 반영한 것이다.[108] 따라서 DDC에서는 그 취급 방법에 따라 각각 'chemistry 547.7815,' 'food 641.336' 등으로 분산되어 분류되는 '설탕'이라는 주제가 SC에서는 'I885' 한 곳에 배정되고, 그 취급방법은 범주표에 따라 'chemistry I885.348,' 'food I885.604' 등으로 분류되는 것이다.[109]

　이와 같이 동일한 곳에 배정되는 주제를 추가로 세분하기 위해 이른바 범주표(categorical table)를 사용하고 있다. 이 범주표는 형식이나 양상(phases), 관점, 한정 등을 포함하고 있는데, 숫자 기호로 되어 있으며, 항상 마침표를 앞세워 적는다(예를 들면 '.1 Bibliography). 범주표는 기호순으로 배열되며, 범주표에 대한 알파벳순 색인이 별도로 마련되어 있다.

　이 밖에도 SC는 지역구분표(지방표)를 사용하고 있고, 본표에 나타나는 명사 및 동의어 등을 수록한 열거 색인(specific index)을 마련하고 있으며, '인명기호표,' '연대기호표,' '저작세분표' 등도 수록하고 있다.[110]

4.4. 현대의 주요 분류법

　이 절에서는 현재 이론적으로 훌륭한 평가를 받거나 여러 나라에서 널리 사용되는 주요 분류표, 즉 UDC와 LCC, CC에 대해 분석해 보고자 한다. 국제적으로 가장 널리 사용되는 DDC와 한국의 표준 분류표인 KDC, 일본의 대표적인 분류표인 NDC에 대해서는 제5장에서 비교를 통해 분석해 보고자 한다.

---

107) Lois Mai Chan. *Cataloging and Classification: An introduction*(New York: McGraw-Hill Book Company, 1981). p.311.
108) *Ibid*. p.707.
109) 정필모. 문헌분류론(서울: 구미무역출판부, 1991). p.128.
110) *Ibid*. pp.130-131.

4.4.1. 국제십진분류법(UDC)

(1) 발전 과정과 현황

UDC(Universal Decimal Classification)는 P. Otlet와 H. La Fontaine(1913년 노벨평화상 수상자)에 의해 개발된 준열거식 분류표이다. 1885년 당시 모든 출판 정보에 대한 포괄적인 분류순 색인을 만들고자 계획된 'Universal Bibliographic Repertory' 작업을 함께 하면서, 저록을 배열하기 위한 수단으로서 DDC의 활용 가능성을 확인하고 1895년에 DDC의 프랑스어 번역을 허락받은 바 있었다.[111] 그들은 DDC를 검토하는 과정에서 기호의 합성 등을 포함한 여러 면에서 기존의 DDC를 그대로 번역하기보다는 세계 서지의 편찬에 적합한 새로운 분류표를 편찬하기로 하였다. UDC는 즉 이런 점에서 보면 UDC는 원래 단행본뿐만 아니라 논문 및 그 밖의 종류의 문헌들을 대상으로 하고 있었던 것이다.[112] 이와 관련하여, UDC 홈페이지에서는 UDC를 "지식의 전 영역을 다루는 분류표의 형식으로 된 문헌 색인어(document indexing language). UDC는 운반 수단이나 형식, 포맷, 언어에 관계없이 정보 자원의 컨텐트에 대한 주제 기술(記述)과 색인 작성을 위해 설계된 것"[113]이라고 밝히고 있고, UDC의 편집책임자였던 MCIlwaine도 "광범위한 서지 자료들을 배열하기 위해 적합한 색인어로서 UDC가 당초에 가지고 있었던 개념은 명심해야 할 중요한 개념"[114]이라고 밝히고 있다.

그 결과로 이들은 1902년부터 1907년 사이에 약 33,000개의 세목으로 전개되고 약 38,000개 항목의 알파벳순 색인을 갖춘 *Manuel du Répertoire Bibliographique Universel*이라는 이름의 UDC 초판을 프랑스어판으로 발행하였다. 1927년부터 1933년에 걸친 개정 작업을 통해 70,000개 이상의 세목으로 확장된 Classification Decimale Universelle(영문명은 Universal Decimal Classification)라는 이름의 UDC 마스터버전(master version)을 발행하게 된다. 1933년부터 1993년까지는 이 제2판 프랑스어판이 모든 UDC판의 공식 정보원(official source) 역할을 하였다. 약 140,000개 세목으로 대폭 확장된 제3판(독일어판

---

111) 이 부분의 내용은 UDC 홈페이지에 소개된 역사 부분을 주로 참고하였음. 〈http://www.udcc.org/index.php/site/page?view=about_history〉.
112) Birger Hjørland. 2012. "Is classification necessary after Google?." *Journal of Documentation,* Vol.68, No.3 (2012). p.302.; Lois Mai Chan. *Cataloging and Classification: An introduction* (New York: McGraw-Hill Book Company, 1981). pp.306-307.
113) UDC 홈페이지 자료: 〈http://www.udcc.org/index.php/site/page?view=factsheet〉.
114) I. Mcilwaine. 2000. *The Universal Decimal Classification: guide to its use*, volume no P035 of *UDC Publication* (The Hague: UDC Consortium, 2000). p.2.

초판)은 1934년부터 1951년에 걸쳐 독일어로 발행되었다. 이러한 최초의 UDC판들의 서지 사항을 살펴보면 다음과 같다.
① Manuel du Repertoire Bibliographique Universel, Brussels: IIB, 1905-1907.
② Classification Décimale Universelle, (FID 151), Brussels: IIB, 1927-1933.
③ Dezimal-Klassifikation (Gesamtausgabe), (FID 196), Berlin: DNA, 1934-1953.

Otlet와 La Fontaine의 주도로 세계 서지 정보 관리를 위해 1895년 창설된 국제서지학회(IIB: Institut Internationale de la Bibliographie)는 국제도큐멘테이션학회(IID: Institute International Documentation), 국제도큐멘테이션연맹(FID: Federation International de Documentation), FID(International Federation for Information and Documentation)로 명칭을 변경하게 된다. 이 기관들은 지속적으로 UDC를 지원해왔는데, 특히 FID는 2000년에 해산될 때까지 UDC를 관리하고 유지하기 위한 센터로서 중심적인 역할을 해왔다. 그러나 UDC의 모든 권리는 1992년부터는 FID와 UDC의 네덜란드, 스페인, 영국, 일본, 프랑스판의 출판사의 연합체로 출범된 UDCC(UDC Consortium)에서 갖게 되었다. UDCC는 Hague의 Koninklijke Bibliotheek에 본부를 두고 있다.

UDCC는 UDC의 개발과 배포를 관리하기 위해 설립된 자체 자금으로 운영되는 비영리 조직으로, UDC에 관련된 전략과 경영, 홍보상의 책임을 가지며, UDC의 콘텐트 개발과 관리를 맡고 있는 편집팀(편집위원장 포함)과 국제적인 분류 전문가들로 구성되는 자문위원을 임명하기도 한다. 2015년 6월 현재 UDCC의 회장은 Maria Inês Cordeiro 박사이고, UDC의 편집위원장은 Aida Slavic 박사이다. 편집팀은 위원장을 포함하여 13명, 자문 위원은 16개국의 연구자 23명이 임명되어 있다. UDC 홈페이지에 명시된 UDCC의 구체적인 활동은 다음과 같다.[115]
① UDC의 공인 버전인 UDC MRF(Master Reference File)의 관리와 배포
② UDC 본표와 텍스트북의 발행
③ 전 세계 UDC 출판사에 대한 지원: 출판 라이선스 및 라이선스 기금의 제공, 데이터 서비스, 번역 서비스, 컨설팅 및 마케팅
④ UDC 이용자에 대한 지원: UDC 관련 질의에 대한 답변, 도큐멘테이션과 업데이트 및 뉴스에 대한 출판 및 커뮤니케이션
⑤ UDC 리서치에 대한 참여, 홍보, 지원

---

[115] UDC 홈페이지 자료: 〈http://www.udcc.org/index.php/site/page?view=about_udcc〉.

⑥ 도서관학교와의 협력을 통한 UDC 교육 훈련의 지원과 교육 및 연수용 UDC 데이터의 제공
⑦ 지식 조직의 모든 문제에 관한 전문 지식을 교환하기 위한 다양한 배경을 가진 학자들과 실무자들을 함께 모으는 정기적인 국제 행사의 조직
⑧ UDC 자료 및 출판물의 아카이빙과 수집, 디지털화를 통한 UDC 관련 유산의 큐레이션 및 보존

UDC는 공인 버전으로서 마스터참조파일(MRF: Master Reference File)을 국제적인 데이터베이스를 구축하여 제공하고 있다. 이 데이터베이스는 UDC 본표(schedules)와 함께 관리, 유지 및 보수, 아카이빙, UDC 판의 제작과 배포를 위한 레코드를 함께 포함하고 있다. UDC MRF는 업데이트를 통해 수정·확장된 새 버전들을 출판사와 이용자에게 연간(年刊)으로 배포하고 있으며, 본표의 변경에 대한 제안들과 공지 사항은 'Extensions and Corrections to the UDC'를 통해 발표된다. 최신판은 2012년에 배포된 UDC MRF11로, 70,000건 이상의 유들을 수록하고 있다. UDC MRF12는 2015년 가을에 배포될 것으로 예고되어 있다.

UDC는 현재 국제적으로 130여 개국에서 사용되고 있으며, 30개국 이상의 국가 서지에 제공되고 있으며,[116] 다양한 수준에서 50여개 언어로 제공되고 있다. 그 결과 UDC는 오늘날 세계에서 가장 상세하고, 가장 보편적이며, 발전되고, 제대로 된 개정이 이루어지는 최신의 문헌분류표 중 하나가 되었다.[117] 특히 2008년에 이루어진 조사에 의하면, 유럽과 아시아, 아프리카의 34개국에서는 거의 모든 유형의 도서관과 도서관 네트워크에 적용되는 대표적인 분류표로 활용되고 있는 것으로 알려져 있다.[118] 각국에서는 완전판, 중간판(완전판의 30% 정도), 간략판(포켓판)(완전판의 10% 정도), 특수 주제판 등을 발행하고 있다.[119] 한국에서는 한국전력공사, 한국생산기술연구원, 한국산업기술시험원 등의 등 일부 전문도서관의 자료실에서 사용하고 있으며,[120] 한국과학기술정보센터에서 한국어 간략판(1973)이 발행된 바 있다.[121]

---

116) UDC 홈페이지 자료: 〈http://www.udcc.org/index.php/site/page?view=collections〉.
117) Pranali B. Gedam. and Ashwini Paradkar. "A study of web-based library classification schemes." *International Journal of Library and Information Science*, Vol.5, No.10(2013). p.388.
118) Aida Slavic. "Use of the Universal Decimal Classification: A world-wide survey." *Journal of Documentation*, Vol.64, No.2(2008). p.224.
119) 이창수. "UDC 표준판의 구조적 특성 분석." 한국도서관정보학회지 제39권 제3호(2008.9). p.300.
120) 이창수. "UDC 한국어판의 개정에 관한 연구." 정보관리연구 제41권 제3호(2010.9). p.5.
121) 韓國科學技術情報센터. 國際十進分類法: 韓國語簡略版(서울: 韓國科學技術情報센터, 1973).

(2) 분류표의 구성과 내용, 기호법

UDC는 원래 도서와 연속간행물 기사를 포함한 모든 출판물을 수록할 세계 서지에 대한 하나의 분류 색인을 편찬하기 위한 목적으로 개발된 분류표이다.[122] 초판 개발 당시 DDC의 최신판이었던 제5판을 주로 참고하였기 때문에, UDC는 기본적으로 학문에 의한 주류 구분 및 주류와 강목의 구성 체계, 아라비아 숫자를 사용한 십진식에 의한 전개, 계층 구조, 분류 기호의 합성 등의 면에서 DDC와 많은 유사한 점을 가지고 있다. UDC의 테이블은 본표(main tables or schedules)와 공통보조표(common auxiliary tables)로 이루어진다. 본표의 특정 부분에는 특수보조표(special auxiliaries)가 마련되어 있는 경우도 있다.

(가) 본표의 구조와 기호법

본표(main tables or schedules)의 주류는 다양한 학문 분야를 '0'부터 '9'까지의 기호가 부여된 10개의 유로 구분하고 있다. 그 구성은 DDC와 유사하지만(〈표 4-8〉 참조), 언어와 언어학을 '8' 문학류에 통합하고 있기 때문에, 주류 '4'는 사용되지 않는다.

〈표 4-8〉 UDC의 주류 구성

UDC		DDC	
기호	주류	기호	주류
0	Science and knowledge. Organization. Computer science. Information science. Documentation. Librarianship. Institutions. Publications	000	Computer science, information & general works
1	Philosophy. Psychology	100	Philosophy & psychology
2	Religion. Theology	200	Religion
3	Social sciences	300	Social sciences
4	[vacant]	400	Language
5	Mathematics. Natural sciences	500	Sciences
6	Applied sciences. Medicine, Technology	600	Technology
7	The arts. Entertainment. Sport	700	Arts & recreation
8	Linguistics. Literature	800	Literature
9	Geography. History	900	History & geography

---

122) 정필모. 문헌분류론(서울: 구미무역출판부, 1991). p.199.

UDC의 기호는 아라비아 숫자로만 구성될 수도 있고, 아라비아 숫자와 UDC에서 공인한 그 밖의 부호들로 구성된 수도 있다. 아라비아 숫자의 전개는 DDC와 마찬가지로 십진식으로 계층적으로 전개된다. 따라서 더 상세한 세목일수록 더 긴 분류 기호를 갖게 된다. 분류 기호의 세 자리 다음에는 소수점을 찍는다. 다만 DDC에서 세 자리를 채우기 위해 형식적으로 부가되는 주류나 강목의 무의미한 '0'은 UDC에서는 부가하지 않는다([그림 4-2] 참조).

5	Mathematics. Natural sciences
53	Physics
539	Physical nature of matter
539.1	Nuclear physics. Atomic physics. Molecular physics
539.12	Elementary and simple particles (charge less than 3)
539.120	Theoretical problems of elementary particles physics
539.120.8	Strong interaction, including experiments
539.120.81	Quantum chromodynamics
539.120.811	Lattice QCD

[그림 4-2] UDC의 계층적 구조와 기호법[123]

(나) 공통보조표의 종류

공통보조표(common auxiliary tables)는 본표의 기호 전개와 기호 합성을 뒷받침하기 위한 기호로, 공통보조부호와 공통보조기호의 두 종류가 있다.[124] 기호법으로 아라비아숫자 외에도 다양한 특수 문자들을 사용하고 있기 때문에 DDC에 비해 훨씬 더 복잡하다.

〈표 4-9〉 UDC의 공통보조부호

기호	보조표 번호	내용
+	Table 1a	Coordination. Addition (plus sign)
/	Table 1a	Consecutive extension (oblique stroke sign)
:	Table 1b	Simple relation (colon sign)
::	Table 1b	Order-fixing (double colon sign).
[ ]	Table 1b	Subgrouping (square brackets).
*	Table 1h	Introduces non-UDC notation (asterisk).
A/Z	Table 1h	Direct alphabetical specification.

---

[123] UDC 홈페이지에 제시된 예임. 〈http://www.udcc.org/index.php/site/page?view=about_structure〉
[124] 이하의 내용은 UDC 홈페이지의 다음 설명을 인용하였음. 〈http://www.udcc.org/index.php/site/page?view=about_structure〉

공통보조부호(common auxiliary signs)는 둘 이상의 주제 사이의 다양한 관계를 표현할 수 있도록 둘 이상의 기호들을 링크하기 위해 사용되는 부호이다(〈표 4-9〉 참조). 이 부호들은 UDC의 특징을 잘 보여주는 대표적인 기호법이다.

공통보조기호(common auxiliary numbers)는 모든 범위의 주제들에 대해 적용할 수 있는 반복적인 특성들을 나타내주는 개념들을 나타내주는 보조표이다(〈표 4-10〉 참조). DDC의 보조표(Tables)와 유사한 성격을 가지며, 상당수는 많은 공통점을 갖는 경우도 있다.

〈표 4-10〉 UDC의 공통보조기호

기호	보조표 번호	내 용
=...	Table 1c	Common auxiliaries of language
(0...)	Table 1d	Common auxiliaries of form
(1/9)	Table 1e	Common auxiliaries of place
(=...)	Table 1f	Common auxiliaries of human ancestry, ethnic grouping and nationality
"..."	Table 1g	Common auxiliaries of time
-0...	Table 1k	Common auxiliaries of general characteristics: Properties, Materials, Relations/Processes and Persons
-02	Table 1k	Common auxiliaries of properties
-03	Table 1k	Common auxiliaries of materials
-04	Table 1k	Common auxiliaries of relations, processes and operations
-05	Table 1k	Common auxiliaries of persons and personal characteristics

(다) 특수보조기호

UDC에서는 본표의 특정 범위의 제한된 주제에서 반복적으로 나타나는 특성이나 측면들을 나타내기 위한 보조표로 특수보조표(special auxiliaries) 또는 특수보조기호(special auxiliary numbers)를 마련하고 있다. 이것은 성격상 DDC의 부가표(add table)와 유사한 것으로, 작업(operations)이나 기법, 프로세스, 재료, 에이전트 등에 관련되는 경우가 많다.

특수보조기호는 ' .0...'(point naught), ' -...'(hyphen), "..."(apostrophe)와 같은 세 개 부호 중 하나로 시작된다. ' -... '는 해당 보조 기호가 ' .0...'보다 더 광범위한 부문에 적용될 때 사용된다. 예를 들면 62의 -1/-9는 62에서 69까지의 거의 모든 부문에 적용되지만, .0은 극히 제한된 범위에만 적용된다. 한편 "..."는 화학 및 화학 공업 분야에서만 사용된다. 특수보조기호의 사용 사례를 살펴보면 〈표 4-11〉과 같다.

〈표 4-11〉 UDC 특수보조기호의 사용 사례[125]

종 류	사 례	
'.0...'(point naught)	636.088	가축의 용도와 훈련
'-...'(hyphen)	809.51-23	중국어(宋代)
"'...'(apostrophe)	546.32'131	염화칼륨

(3) 공통보조부호의 특성과 사용법

공통보조부호(common auxiliary signs)는 기호를 합성하기 위한 연결 기호 또는 조합 기호이다. 이것은 분류하고자 하는 자료의 내용이 보조 기호나 본표 분류 기호의 2개 이상에 해당하는 복합 주제로 되어 있을 때, 각 기호와 기호를 조합하여 복합 기호로 표현하고자 할 경우에 사용할 수 있는 기호로,[126] 부가 기호와 상관 기호, 의존 보조 기호가 사용된다.[127]

(가) 부가 기호(Table 1a)

부가 기호는 둘 이상의 복합 주제가 아무런 관계나 영향 없이 독립적으로 되어 있을 때 사용하며, 첨가 기호와 연속 기호가 있다.

① 첨가 기호(+): 독립된 복수 주제를 결합하기 위한 기호로, 'and'의 의미로 사용한다. 예를 들면 '아시아와 아프리카'는 '아시아'를 나타내는 기호 '5'와 '아프리카'를 나타내는 기호 '6'을 '+'로 연결하여 '(5+6)'이 되는 것과 같다.
   - 정치와 경제 → 32+33
   - France and Spain → (44+460)
   - Russia, Russian federation → (470+571)
   - Mining and Metallurgy → 622+669

---

125) 이 예시와 이하의 예시는 주로 다음 자료의 예시를 참고하였으며, 각각의 예시에 대해서는 별도의 인용을 표하지 않았음. 오동근 편. 자료조직론 해설 I: 문헌분류편. 제3개정판. (대구: 태일사, 2012). pp.507-515.
126) 공통보조부호에 대한 이하의 설명은 주로 다음 자료의 내용을 참고하였음. 韓國科學技術情報센터. 國際十進分類法: 韓國語簡略版(서울: 韓國科學技術情報센터, 1973).
127) 이 부분의 예시는 UDC 홈페이지(〈http://udcdata.info/078885〉)의 공통보조부호 관련 부분의 내용을 정리한 것임.

② 연속 기호(/): 복합 주제의 내용에 해당하는 분류 기호가 본표나 보조표에 연속으로 나타날 때 첫 기호와 마지막 기호를 연결할 경우에 사용하며, 'from' ~ 'to' ~의 의미로 사용된다. 예를 들면 '구대륙(유럽, 아시아, 아프리카)'를 나타내기 위해 '유럽'을 나타내는 기호 '4'부터 '아프리카'를 나타내는 기호 '6'을 '/'로 연결하여 '(4/6)'이 되는 것과 같다.
  - 구대륙의 역사 → 94(4/6)
  - 629.734+629.735 → 629.734/.735

(나) 상관 기호(Table 1b)

상관 기호는 둘 이상의 주제가 서로 어떤 관계가 있을 때, 즉 서로 영향, 작용, 원인, 결과, 목적, 용도, 수단, 비교, 대조 등의 관계가 있을 때 사용하는데, ' : ', ' :: ', ' [ ] ' 등의 부호를 사용한다.

① 콜론(:): 관련된 주제의 전후 순서를 고정할 수 없을 경우에 사용한다. 따라서 채택되지 않은 순서의 기호는 분류 부출을 하는 것이 바람직하다. 예를 들면 '예술과 윤리 및 도덕의 문제'는 '예술'을 나타내는 '7'과 '윤리학'을 나타내는 '17'을 ' : '으로 연결하여 '7:17'로 하거나, 또는 그 순서를 바꾸어 '17:7'로 할 수 있을 것이다.
  예: Ethics in relation to art → 17:7
      Use of computers in education → 37-042.4:004
      Influence of politics on education → 37-042.3:32

② 더블콜론(::): 상관관계에서 그 전후 순서가 일정하고 고정적일 때 사용한다. 예를 들면 '세포유전학'은 '575 유전학'과 '576.3 세포학'의 순서가 고정적이기 때문에 '575::576.3'이 될 것이다.
  예: Cytogenetics → 575::576.3
      War photography → 77.04::355.4

③ 각괄호([ ]): 복합 기호 중 어느 한쪽이 다른 한쪽에 지극히 종속적이고 부차적일 때 사용한다. 예를 들면 통계 중심으로 되어 있는 '농업 통계 자료'는 '31 통계'에 '63 농업'을 연결하여 '31[63]'이 될 것이다.

예: International Union of Pure and Applied Chemistry
→ 061.2(100)::[54+66]IUPAC

(다) UDC 이외의 기호법에 의한 주제 세분 기호(Table 1h)
자료를 추가적으로 개별화하기 위해 각종 기호나 알파벳 문자를 사용하는 방식이다.

① 별표(*): 자료를 추가적으로 개별화하기 위해 해당 자료에 나타나는 고유 명사의 일부 문자나 번호나 숫자를 차용하여 UDC 기호 대신에 분류 기호로 사용하는 방식으로, *을 앞세워 적는다.

예: 서울의 824번 버스 → 656.132(519.11)*288

Planetology, minor planet Eros (IAU authorized number) → 523.4*433

Chemical technology, thermal characteristics, temperature of 150 degrees Centigrade → 66-97*C150

Fighting sports (boxing): flyweight (maximum 51 kg) → 796.8*kg51

② 알파벳 대문자(A/Z): 자료를 추가적으로 개별화하기 위해 해당 자료에 나타나는 고유 명사나 약어나 약칭을 별표나 빈칸 없이 그대로 UDC 기호 다음에 부기하는 것이다.

예: 에디슨의 전기 → 92EDI

City of Utrecht → (492UTR)

Works of Molière → 821.133.1MOL

Biography of Napoleon I Bonaparte → 929NAP1

(4) 공통보조기호의 특성과 사용법

UDC에서는 공통의 특징들을 나타낼 수 있는 다양한 공통보조기호를 사용하고 있다.[128] 이를 그 모체가 된 DDC와 비교해보면, 일부는 유사한 경우도 있고, 그렇지 않은 경우도 있다(〈표 4-12〉 참조). 즉 언어와 형식, 지역, 민족에 관련된 보조표들은 공통적으로 마련되어 있으나, 그 밖의 보조표는 차이를 보이고 있음을 알 수 있다.

〈표 4-12〉 UDC와 DDC의 보조표 비교

UDC	DDC
T.1c Common auxiliaries of language	T.6. Languages
T.1d Common auxiliaries of form	T.1. Standard subdivisions
T.1e Common auxiliaries of place	T.2. Graphic areas, historical periods, persons
T.1f Common auxiliaries of human ancestry, ethnic grouping and nationality	T.5. Ethnic and national groups
T.1g Common auxiliaries of time	
T.1k Common auxiliaries of general characteristics	
	T.3. Subdivisions for the arts, for individual literatures, for specific literary forms
	T.4. Subdivisions of individual languages and language families

(가) 언어공통보조기호(Table 1c, =...)

언어공통보조기호(common auxiliaries of language)는 자료에 사용된 언어나 언어 형식을 나타내기 위해 사용되는 보조 기호로, 등호(=)를 앞세워 적는다. 00-93의 기호를 사용하며(〈표 4-13〉 참조: 주요 언어만을 열거하였음), 분류기호의 맨 마지막에 부여된다. Table 1c는 UDC의 언어 관련 내용을 열거하는 기본적인 장소이다. 이 보조표는 DDC의 T.6 국어구분표에 해당하는 보조기호이지만, 구체적인 기호의 배정은 전혀 다른 양상을 보이고 있다. 이 보조기호의 예에 따라, '일본어로 된 법학사전'을 분류하면 '34(03)=521'이 될 것이다.

예: Brewing industry in Belgium: textbook in Flemish → 663.4(493)(075)=112.5

---

[128] 이 부분의 예시는 UDC 홈페이지의 공통보조기호 관련 부분(〈http://udcdata.info/078886〉)의 내용을 정리한 것임.

〈표 4-13〉 UDC의 언어보조기호의 개요(일부)

기 호	내 용
=00	Multilingual. Polyglot
=030	Translated documents. Translations
=1	Indo-European languages of Europe
=11	Germanic languages
=111	English
=112	West Germanic languages (other than English)
=112.2	German
=112.5	Dutch
=12	Italic languages
=124	Latin
=13	Romance languages
=131	Italo-Romance languages
=131.1	Italian
=133	Gallo-Romance languages
=133.1	French
=134	Ibero-Romance languages
=134.2	Spanish
=134.3	Portuguese
=14	Greek (Hellenic)
=15	Celtic languages
=16	Slavic languages
=2	Indo-Iranian, Nuristani (Kafiri) and dead Indo-European languages
=3	Dead languages of unknown affiliation. Caucasian languages
=4	Afro-Asiatic, Nilo-Saharan, Congo-Kordofanian, Khoisan languages
=5	Ural-Altaic, Palaeo-Siberian, Eskimo-Aleut, Dravidian and Sino-Tibetan languages. Japanese. Korean. Ainu
=51	Ural-Altaic languages
=521	Japanese
=531	Korean
=58	Sino-Tibetan languages
=581	Chinese languages
=6	Austro-Asiatic languages. Austronesian languages
=7	Indo-Pacific (non-Austronesian) languages. Australian languages
=8	American indigenous languages
=9	Artificial languages

(나) 형식공통보조기호(Table 1d. (0...))

형식보조기호(common auxiliaries of form)는 자료의 성질이나 형식을 구분하기 위해 사용되며, 01-09의 숫자가 사용된다. DDC의 T.1 표준구분표에 해당하는 보조기호로, 원괄호로 묶는 것을 제외하고는 DDC와 상당히 유사한 부분이 많다. 그 개요는 〈표 4-14〉와 같다. 이 보조기호의 예에 따라, '음악백과사전'을 분류하면 '78(031)' 또는 '(031)78'이 될 것이다.

예: Handbooks of chemistry (filed beside other handbooks) → (035)54

　　Dictionaries of chemistry (filed beside other dictionaries) → (038)54

　　French newspapers → (054)(44)

　　Handbooks of chemistry (filed beside other books on chemistry) → 54(035)

　　Dictionaries of chemistry (filed beside other works on chemistry) → 54(038)

〈표 4-14〉 UDC의 형식공통보조기호의 개요(일부)

기호	내용
(01)	Bibliographies
(02)	Books in general
(03)	Reference works
(031)	Encyclopaedias
(035)	Handbooks. Manuals
(038)	Dictionaries
(04)	Non-serial separates. Separata
(042)	Addresses. Lectures. Speeches
(043)	Theses. Dissertations
(044)	Personal documents. Correspondence. Letters. Circulars
(045)	Articles in serials, collections etc. Contributions
(046)	Newspaper articles
(047)	Reports. Notices. Bulletins
(048)	Bibliographic descriptions. Abstracts. Summaries. Surveys
(05)	Serial publications. Periodicals
(051)	Periodicals (in the strict sense)
(054)	Newspapers
(055)	News bulletins. Newsletters. Information bulletins
(058)	Yearbooks. Directories
(06)	Documents relating to societies, associations, organizations
(07)	Documents for instruction, teaching, study, training
(072)	Documentary materials for teaching. Teaching aids
(073)	Curricula. Syllabuses
(075)	Educational texts. Schoolbooks. Texts for students
(076)	Documents for practical instruction, training
(08)	Collected and polygraphic works. Forms. Lists. Illustrations. Business publications
(081)	Individual polygraphies. Collected works of individual authors
(082)	Collective polygraphies. Collections of works by several authors
(09)	Presentation in historical form. Legal and historical sources

(다) 지역(장소)공통보조기호(Table 1c, (…))

지역공통보조기호(common auxiliaries of place)는 자료의 지리적 특성을 나타내기 위해 사용되는 보조기호로, DDC의 T.2. 지역구분표에 해당한다. 하는 기호로, 원괄호로 묶는 것을 제외하고는 DDC와 상당히 유사한 부분이 많다. 그 개요는 〈표 4-15〉와 같다. 이 보조기호의 예에 따라, '프랑스 철학'을 분류하면 '1(73)' 또는 '(73)1'이 될 것이다.

예: Foreign trade - USA → 339.5(73)
    USA - Foreign trade → (73)339.5

〈표 4-15〉 UDC의 지역공통보조기호의 개요(일부)

기호	내용
(1)	Place and space in general. Localization. Orientation
(2)	Physiographic designation
(3)	Places of the ancient and mediaeval world
(4)	Europe
(5)	Asia
(510)	China. People's Republic of China. Zhōnghuá Rénmín Gònghéguó
(512.317)	Hong Kong. Xianggang (Hsiang-Kang)
(515)	Tibet. Tibet Autonomous Region. Xizang Zizhiqu
(517.9)	Mongolia. State of Mongolia. Mongol Uls
(519)	Korea
(519.3)	North Korea. People's Democratic Republic of Korea. Chosŏn Minjujuŭi In'min Konghwaguk
(519.5)	South Korea. Republic of Korea. Taehan Min'guk
(52)	Japan and adjacent islands
(53)	Arabian states and territories
(6)	Africa
(7)	North and Central America
(8)	South America
(9)	States and regions of the South Pacific and Australia. Arctic. Antarctic

(라) 민족·국민성공통보조기호(Table 1f, (=…))

민족·국민성공통보조기호(common auxiliaries of human ancestry, ethnic grouping and nationality)는 : 자료에서 다루고 있는 민족이나 국민성을 나타내기 위해 사용된다. 이

보조기호는 주로 언어공통보조기호(Table 1c)에서 도출된 것이며, 여러 나라에 거주하는 사람들은 지역공통보조기호(table 1e)를 적용해야 하는 경우가 많을 것이다. 그러나 이 보조기호는 실제로 언어나 지역이 아닌, 민족이나 국민성을 나타내는 주제들에 사용하게 된다. 이 보조기호의 예에 따라, '프랑스인의 직업 윤리'을 분류하면 '174(=133.1)'이 될 것이다.

예: North American Indigenous Peoples Folklore → 398(=81)

(마) 시대(타임)공통보조기호(Table 1g, "…")

시대공통보조기호(common auxiliaries of time)는 자료에서 다루고 있는 특정 시대를 나타내기 위해 사용된다. 이 보조기호의 예에 따라, '19세기 수학'을 분류하면 '78"18"'이 될 것이다. 이 보조기호의 사용과 관련하여 UDC 홈페이지에서는 다음과 같이 설명하고 있다.[129]

① 연-월-일을 구분하기 위해, 각 단위마다 마침표를 찍는다. 예를 들면 2015년 6월 6일은 '2015.06.06'으로 표시한다.

② 연-월-일-시의 표시는 아라비아 숫자로 한다.

③ 열거 순서: 시대공통보조기호는 일반적으로는 기본 기호 뒤에 부여하지만, 인용 표시가 붙기 때문에, 그 순서를 변경할 수도 있다. '19세기 실내 음악'은 보통 785.7"18"로 분류하지만, 일자에 우선순위를 부여하여 배열하고자 할 경우에는 785"18"7이나 "18"785.7로도 분류할 수 있다. 그러나 연-월-일의 순서는 변경할 수 없다.

④ 일자 표시: 일반적인 것으로부터 특수한 것으로 이어지는 진행의 원칙에 따라 연-월-일의 순서로 표시한다. 일관성을 유지하기 위해 연도는 4자리, 월과 일은 2자리 숫자로 표시하되, 자리수가 모자랄 경우에는 0을 추가한다. 예를 들면 106년 3월 1일은 '0106.03.01'로 표시한다. 기원전(BC)과 기원후(AD)를 모두 참고할 가능성이 있을 경우에 한하여 기원전의 일자 앞에 뺄셈 부호(-)를 붙여 기재한다(별법(別法)으로 기원후에 대해서도 덧셈 부호(+)를 붙일 수도 있다). 기원전과 기원후를 나타내기 위해 일자 표시 없이 '-'나 '+'를 사용할 수도 있다.

⑤ 세기 및 10년 단위의 표시: 세기와 10년은 각각 2자리와 3자리로 표시할 수 있다. 500년대 또는 6세기는 "05"가 되고, 1980년대 또는 1980-1989는 "198"이 된다.

⑥ 일정 범위의 시간: 수 세기나 수십 년, 수 년의 기간에 대해서는 연속 기호(/)를 사용하여 처음 숫자와 마지막 숫자로 표시할 수 있다. 5세기부터 15세기(중세)는

---

[129] UDC 홈페이지의 시대공통보조기호 관련 부분(⟨http://udcdata.info/011472⟩)의 내용을 요약하여 정리한 것임.

"04/14", 1992년부터 2003년까지는 "1992/2003"으로 표시할 수 있다. 20세기까지의 세계사는 94(100)"…/19"이고, 20세기부터 기술한 세계사는 94(100)"19/…"이 된다.
⑦ 더 상세한 시간 구분: 필요할 경우에는 정확한 시간과 분, 초를 각각 2자리씩 마침표로 구분하여 표시할 수 있다. 1992년 3월 1일 9시 10분은 "1992.03.01.09.10"이 된다.

이상의 내용을 요약하면, 〈표 4-16〉과 같다.

〈표 4-16〉 UDC 시대공통보조기호의 사례

사 례	기 호
기원전, BC	"-"
BC 108년	"-0108"
기원후, AD	"+"
21세기(2000년대)	"20"
중세(5세기부터 15세기)	"04/14"
1980년대	"198"
2015년	"2015"
1992년까지	"…/1992"
2015년 1월 1일 12시 12분	"2015.01.01.12.12"

(바) 일반특성공통보조기호(Table 1k, -0…)

일반특성공통보조기호(common auxiliaries of general characteristics)는 일반적인 특성이나 속성을 추가로 나타내고자 할 때 사용되는 보조기호로, 속성과 재료, 관계 및 프로세스, 사람에 대한 보조기호들이 마련되어 있다. 이 보조기호들은 단독으로 사용할 수 없으며, 기본 기호나 한정해야 할 주제를 표현하는 기호 다음에 부가하여 사용한다.[130]

① -02 속성공통보조기호(common auxiliaries of properties): 대상의 일반적인 속성이나 특질을 추가적으로 표현하기 위해 사용하며, 그 구체적인 내용은 〈표 4-17〉과 같다. 예를 들면 'Audio-visual training methods'는 '37.02-028.26'으로 분류된다.

---

130) 일반특성공통보조기호에 대한 설명과 예시는 다음의 UDC 홈페이지의 해당 부분(〈http://udcdata.info/011791〉)을 참고하였음.

〈표 4-17〉 -02 속성공통보조기호의 내용(일부)

기호	내용
-021	Properties of existence
-022	Properties of magnitude, degree, quantity, number, temporal values, dimension, size
-023	Properties of shape
-024	Properties of structure. Properties of position
-025	Properties of arrangement
-026	Properties of action and movement
-027	Operational properties
-028	Properties of style and presentation
-029	Properties derived from other main classes

② -03 재료공통보조기호(common auxiliaries of materials): 대상이나 제품을 만든 재료나 자재, 구성 요소를 추가적으로 표현하기 위해 사용하며, 그 구체적인 내용은 〈표 4-18〉과 같다.

〈표 4-18〉 -03 재료공통보조기호의 내용(일부)

기호	내용
-032	Naturally occurring mineral materials
-033	Manufactured mineral-based materials
-034	Metals
-035	Materials of mainly organic origin
-036	Macromolecular materials. Rubbers and plastics
-037	Textiles. Fibres. Yarns. Fabrics. Cloth
-039	Other materials

③ -04 관계·프로세스공통보조기호(common auxiliaries of relations, processes and operations): 개념간의 관계와 프로세스, 활동, 작업을 추가적으로 표현하기 위해 사용하며, 그 구체적인 내용은 〈표 4-19〉와 같다. 예를 들면 'Appraisal of research and methodology in the social sciences'는 '303.1-047.4'가 될 것이다.

⟨표 4-19⟩ -04 관계·프로세스공통보조기호의 내용(일부)

기호	내용
-042	Phase relations
-042.1	Bias phase
-042.2	Comparison phase
-042.3	Influence phase
-042.4	Tool phase. Exposition phase
-042.5/.8	Other terms descriptive of relationships between entities
-043	General processes
-044.3	Processes of value
-044.4	Processes of ordering and sequence
-044.5	Processes of magnitude
-044.6	Processes of number and degree
-044.7	Processes related to time and chronology
-044.8	Processes related to dimension
-044.9	Processes related to shape
-045	Processes related to position, arrangement, movement, physical properties, states of matter
-047/-049	General operations and activities

④ -05 사람공통보조기호(common auxiliaries of persons and personal characteristics): 자료에서 다루고 있는 사람이나 그 사람의 여러 특성을 추가적으로 표현하기 위해 사용하며, 그 구체적인 내용은 ⟨표 4-20⟩과 같다. 예를 들면 'Male nurses'는 '616-083-055.1'이 될 것이다.

⟨표 4-20⟩ -05 사람공통보조기호의 내용(일부)

기호	내용
-051	Persons as agents, doers, practitioners (studying, making, serving etc.)
-052	Persons as targets, clients, users (studied, served etc.)
-053	Persons according to age or age-groups
-054	Persons according to ethnic characteristics, nationality, citizenship etc.
-055	Persons according to gender and kinship
-056	Persons according to constitution, health, disposition, hereditary or other traits
-057	Persons according to occupation, work, livelihood, education
-058	Persons according to social class, civil status

(5) 분류 기호의 조합 및 배열 순서

UDC에서 채택하고 있는 분류 기호의 일반적인 조합 순서는 다음과 같다.131)

① 하나의 기본 분류에 여러 개의 공통보조기호를 추가할 경우에 그 순서는 '관점 → 지리 → 시대 → 형식 → 언어'의 순서로 한다.

  예: 영어로 된 한국의 1960년대 화학 공업 제품의 대용품 제조에 관한 규격
  → 66.002.69(519)"1960"(083)=20

② 동일 개념에 대해 둘 이상의 특수보조기호가 설정되어 있을 경우에는 적용 범위가 좁은 쪽을 우선적으로 채택한다. 따라서 '.0'과 '-'가 있을 경우에는 '.0'을 우선적으로 채택하여 사용한다.

  예: 과실(果實)의 방사선처리 → 664.85.039.5

③ 기본 분류 기호의 조합형과 보조기호가 부가된 자료들이 여러 유형으로 나타날 경우는 〈표 4-21〉에 제시된 순서에 따라 배열한다.132)

〈표 4-21〉 UDC의 분류 기호 배열 순서

기 호	조합된 분류 기호	의 미
+	636+637	가축과 농산물
/	636.1/.3	말, 소, 양
단독기호	636	가축
:	636 : 612	가축생리학
::		
=	636=111	영어로 된 가축자료
(0)	636(05)	가축용 전문잡지
(1/9)	636(44)	프랑스의 축산업
" "	636 "1966"	1966년의 축산업
*		
A/Z	636KIM	김씨목장의 축산업
.00	636.007.6	축산업전문가
-0		
-1/-9		
.0	636.084	가축의 영양
,		

---

131) 韓國科學技術情報센터. 國際十進分類法: 韓國語簡略版(서울: 韓國科學技術情報센터, 1973). pp.6-7.
132) 오동근 편. 자료조직론 해설 I: 문헌분류편. 제3개정판. (대구: 태일사, 2012). p.316.

(6) UDC의 장점과 단점

UDC는 다음과 같은 장점을 가지고 있다.[133]

① 국제적 서지 정보 관리를 도모하기 위해 개발된 분류표로 전 세계 자료 정리의 일원화를 시도하였다.
② 다양한 종류의 보조표의 도입 등을 포함한 많은 분석 합성식 분류 원리를 도입하고 있기 때문에 복합 주제의 상세한 표현이 가능하다.
③ 십진식 기호법을 사용하고 있기 때문에 이론상 무한한 전개가 가능하고 신축적이다.
④ 다른 분류표에 비해 과학 기술 분야의 전개가 상대적으로 상세하기 때문에 과학 기술 분야의 전문도서관에 적합하다.
⑤ 다른 분류표에 비해 분류 기호의 계층적 구조가 잘 체계화되어 있기 때문에 서지 분류는 물론 온라인 검색 환경에서의 자료 탐색에도 적합하다.
⑥ 국제적인 관리 기구인 UDCC에 의해 개정과 관리가 이루어지고 있기 때문에 보호와 육성이 지속적이다.
⑦ 국제적으로 다양한 국가의 전문가들이 참여하는 자문위원회가 구성되어 있기 때문에 여러 나라의 다양한 의견을 반영하여 분류표를 개선하기가 용이하다.
⑧ 다양한 이용자의 요구에 부응할 수 있도록 다양한 언어로 된 다양한 수준의 판(간략판, 완전판 등)과 다양한 형태의 판(인쇄본과 웹 버전 등)을 제공하고 있다.
⑨ 디지털 환경에 적합하도록 UDC 분류표 자체는 물론 그에 관련된 상세하고 풍부한 정보와 내용을 담고 있는 홈페이지(〈http://www.udcc.org〉)를 갖추고 있어 이용자에게 도움이 된다.

UDC의 단점으로는 다음과 같은 것들이 지적되고 있다.[134]

① 원래 서가 배열은 물론 서지 분류를 목적을 함께 가지고 개발된 분류표이기 때문에 분류 기호가 복잡하고 길어지는 경우가 많다.

---

[133] 윤희윤. 정보자료분류론. 제5판. (대구: 태일사, 2015). p.234.; 이창수. 자료분류론(서울: 한국도서관협회, 2014). pp.164.-165.; 최정태, 양재한, 도태현. 문헌분류의 이론과 실제(부산: 부산대출판부, 1998). p.141.
[134] 윤희윤. *op. cit.* p.235.; 이창수. *op. cit.* pp.164.-165.; 최정태, 양재한, 도태현. *op. cit.* pp.141-142.

② 다른 분류표들과 비교할 때, 많은 다양한 형태의 특수 기호를 포함한 보조기호를 사용하고 있기 때문에 서가상의 배열이 어렵다.
③ 십진식 분류법의 일반적인 구성 체계상의 많은 문제들을 함께 가지고 있으며, 새로운 주제를 적절한 위치게 삽입하기가 어렵다.
④ 분류 항목의 전개가 여전히 서양 중심으로 이루어져 있기 때문에 아직은 동양 부문의 전개가 여전히 부족하다.
⑤ UDCC가 리더십을 발휘하고는 있으나, 단일 기관의 후원을 통한 강력한 리더십을 발휘하여 분류표를 개정하고 보급하는 데는 여전히 한계를 갖는다.

4.4.2. 미국의회도서관분류법(LCC)

(1) 발전과정과 현황

미국의회도서관(LC, Library of Congress)은 이전에 사용하던 건물을 1987년에 새 건물로 옮기면서, 기존의 분류법(Thomas Jefferson System)으로는 150만권 이상의 장서를 분류하는 데 한계가 있다는 판단 아래, 당시에 이미 개발되어 있던 DDC와 EC의 도입을 검토하였다. 그러나 둘 모두 여러 가지 이유로 LC에서 사용하기에는 적합하지 못하다는 결론을 내리고, 1900년에 새로운 분류표를 개발하기로 하고 구체적인 작업에 착수하게 되었던 것이다.[135] 당시의 일부 분류이론가들은 LC가 DDC를 채택하지 않은 것을 후회하게 되리라고 주장하기도 하였다.[136] 그러나 당시 목록 부서의 책임자였던 J. C. M. Hanson과 새로 임명된 분류 담당 수석 Charles Martel의 주도로 각 분야의 서로 다른 전문가들의 집단에 의해 유별(類別)로 LC의 장서량과 특수성을 고려하여 독자적인 새로운 분류표를 성공적으로 완성해내게 되었다. 서로 다른 전문가에 의한 분류표의 개발 방식은 현재의 개정에도 그대로 이어지고 있는데, 그렇기 때문에 미국의회도서관분류법(LCC, Library of Congress Classification)이라는 하나의 이름으로 발행되기는 하지만, 사실은 "서로 조정하여 작성된 특수분류표"[137]라고 할 수 있다.

---

135) Lois Mai Chan. *Cataloging and Classification: An introduction* (New York: McGraw-Hill Book Company, 1981). p.269.
136) 정연경. "미 의회도서관 분류법에 관한 연구: 역사와 원칙을 중심으로." 國會圖書館報 제38권 제5호(2001). p.54.
137) 정필모. 문헌분류론(서울: 구미무역출판부, 1991). p.228.

LCC의 개발 과정에서 Hanson은 1901년에 C. A. Cutter의 전개분류법(EC) 제6표를 바탕으로 하여 LCC의 개요를 만들어내고, 기호법과 관련하여, 주류에 대해서는 알파벳 대문자 한 글자 또는 두 글자, 세목들에 대해서는 아라비아 숫자, 개개 도서에 대해서는 Cutter 기호를 사용하기로 하였다.[138] 특히 'Z. Bibliography and Library Science'류는 EC의 'Z. Book Arts' 류를 바탕으로 하였기 때문에, 이 유에서 Cutter의 영향이 가장 분명하게 나타나고 있다.[139]

LCC는 현재 LC의 정책표준부(PSD: Policy and Standards Division)에서 유지 보수와 개발을 담당하고 있는데, 추가 및 개정을 위한 제안들은 이 PSD의 스텝 회의에서 정기적으로 검토하고 승인된 리스트를 업데이트의 형식으로 웹페이지에 포스팅 하고 출판하게 된다.[140]

LCC 인쇄본은 현재 41권의 분책 형태로 개개 분류표 별로 자체의 일정에 따라 개정되어 LC의 CDS(Cataloging Distribution Service)를 통해 발행되고 있는데, 낱권별로 또는 세트로 입수할 수 있다. 출판사 Thomson Gale에서는 이 41권을 그 개정 사항과 함께 모아 *SuperLCCS*라는 서명으로 발행하고 있다. LCC의 최신판(2015년 5월 기준)은 LC 홈페이지에 총 41권의 PDF 파일로 공개되어 있다.[141]

LCC 전자판은 LC의 CDS(Cataloging Distribution Service)를 통해 ① 온라인 서비스인 'Classification Web'(〈http://www.loc.gov/cds/classweb/〉)을 이용하여 LCSH(Library of Congress Subject Headings)와 함께 거의 매일 업데이트되는 최신 정보의 형식으로 입수하거나, ② MARC 21이나 MARCXML 포맷으로 된 주간 단위로 배포되는 LCC 풀세트의 형식으로 입수할 수 있다.[142]

LC에서는 LCC 전체에 대한 공식적인 통합 색인을 별도로 발행하고 있지 않다. 그러나 LCSH(Library of Congress Subject Heading)에 포함되어 있는 LCC 기호를 확인하여 색인처럼 활용할 수 있다. 또한 M. L. Scott의 Conversion Tables: LC-Dewey, Dewey-LC, and LC Subject Headings-LC and Dewey(Englewood, Col: Libraries Unlimited, 1999)를 색인 대용으로 활용할 수도 있다.

---

[138] Lois Mai Chan. *Cataloging and Classification: An introduction* (New York: McGraw-Hill Book Company, 1981). pp.269-273.
[139] Lois Mai Chan. *Immroth's guide to the Library of Congress Classification* (Englewood, Col: Libraries Unlimited, 1990). p.7.
[140] LC 홈페이지. 〈http://www.loc.gov/aba/cataloging/classification/〉.
[141] LC 홈페이지. 〈http://www.loc.gov/aba/publications/FreeLCC/freelcc.html#About〉
[142] Lori Robare, et. al. ed. "Fundamentals of Library of Congress Classification." 〈http://www.loc.gov/catworkshop/courses/fundamentalslcc/pdf/classify-trnee-manual.pdf〉. pp.4-2-4-3.

LCC는 미국과 캐나다를 포함한 북미의 많은 대학도서관과 연구도서관, 대규모 공공도서관에서 널리 채택하고 있으며, 국내의 경우 한국과학기술정보연구원(KISTI), 한국교육개발연구원 등을 포함한 과학 기술 분야의 전문도서관과 KAIST와 POSTECH 등의 대학도서관 등에서 채택하고 있다.

(2) 분류표의 구성과 기호법

(가) 주류의 구성과 배열

LCC는 기본적으로 학문에 의한 분류표로, Comte의 학문 분류의 영향을 받은 Cutter의 전개분류법(EC)을 참고하여 개발된 것이다.

〈표 4-22〉 LCC의 21개 주류의 개요

기호	내 용
A	General Works
B	Philosophy. Psychology. Religion
C	Auxiliary Sciences of History
D	World History and History of Europe, Asia, Africa, Australia, New Zealand, etc.
E	History of the Americas
F	History of the Americas
G	Geography. Anthropology. Recreation
H	Social Sciences
J	Political Science
K	Law
L	Education
M	Music and Books on Music
N	Fine Arts
P	Language and Literature
Q	Science
R	Medicine
S	Agriculture
T	Technology
U	Military Science
V	Naval Science
Z	Bibliography. Library Science. Information Resources (General)

LCC의 주류는 21개로 이루어져 있다(〈표 4-22〉 참조).[143] 주류는 알파벳 대문자 한 글자로 표시되는데, I, O, W, X, Y를 간격기호(공기호: gap notation)로 남겨둔 채 사용하지 않고 있다. 주류의 배열 순서는 특정 주제에 한정되지 않은 분야(A), 우주에 관한 인간의 이론과 정신(B), 인간의 사회 생활, 환경의 영향, 사고의 기록 등(C-G), 인간의 경제적 및 사회적 발전(H-L), 인간의 미적 활동(M-P), 이공계 영역(Q-V), 서지 및 도서관학(Z)의 순서로 이루어져 있다.[144]

이 21개의 주류들은 다시 더 구체적인 하위류(subclasses)로 세분되는데, 주류 'Q Science'를 예로 들면 [그림 4-3]과 같이 세분하고 있다. 결국 주류 'Q Science'의 일차 하위류에는 그 분과 학문들이 전개되는 셈이다.

Subclass Q	Science (General)
Subclass QA	Mathematics
Subclass QB	Astronomy
Subclass QC	Physics
Subclass QD	Chemistry
Subclass QE	Geology
Subclass QH	Natural history - Biology
Subclass QK	Botany
Subclass QL	Zoology
Subclass QM	Human anatomy
Subclass QP	Physiology
Subclass QR	Microbiology

[그림 4-3] LCC 하위류의 예(주류 Q Science의 경우)

LCC의 기호법은 한 자리에서 세 자리의 알파벳 대문자, 한 자리에서 네 자리의 숫자로 된 정수(1-9999), 그리고 경우에 따라서는 소수 기호를 사용하는 혼합기호법을 채택하고 있다. 경우에 따라서는, 여기에 문자와 숫자의 결합으로 이루어지는 저자 기호 LC Cutter Table[145]의 기호를 추가하게 된다. LCC에서는 이 Cutter 저자 기호를 분류 기호의 일부로 사용되는 경우가 많으며, 일부의 경우에는 본표에 포함되어 있는 경우도 있다. 이상의 기호법의 사용을 주류 'N Fine arts'의 하위류 'N Visual arts'의 개요(outline)와 본표(text)의 일부를 예를 들어 살펴보면 [그림 4-4]와 같다.

---

143) LC 홈페이지. 〈http://www.loc.gov/catdir/cpso/lcco/〉.
144) 최정태, 양재한, 도태현. 문헌분류의 이론과 실제(부산: 부산대출판부, 1998). pp.178-179.
145) LC Cutter Table에 대해서는, 제6장 저자 기호에 대한 부분을 참고하라.

[Outline 일부]

Subclass N
N1-(9211)	Visual arts
N1-58	General
N61-72	Theory. Philosophy. Aesthetics of the visual arts
N81-390	Study and teaching. Research
N400-3990	Art museums, galleries, etc.
N4390-5098	Exhibitions
N5198-5299	Private collections and collectors
N5300-7418	History
N7420-7525.8	General works

[Text 일부]

N   VISUAL ARTS   N

  Visual arts
    Including architecture, decorative arts, drawing, painting, prints, and sculpture
    Cf. TR1+ Photography
   Periodicals

1.A1	Polyglot
1.A12-Z	American and English
2	French
3	German
4	Italian
5	Dutch and Flemish
6	Russian. Slavic
6.5	Scandinavian
7	Spanish and Portuguese
8.A-Z	Other (including Oriental), A-Z

   Yearbooks
    see N1+

(9.A1)	Polyglot
(9.A12-Z)	American and English

[그림 4-4] LCC 하위류의 구조(N Fine arts의 일부)[146]

---

146) LC 홈페이지 〈http://www.loc.gov/aba/publications/FreeLCC/N-outline.pdf〉과 〈http://www.loc.gov/aba/publications/FreeLCC/N-text.pdf〉의 내용을 일부 인용한 것임.

[그림 4-4]에서도 볼 수 있는 것처럼, 각 하위류는 일반적인 것으로부터 더 구체적인 것으로의 순서로 다시 추가의 세분을 통해 필요할 때까지 계속적으로 전개된다. 하위류 N에서 볼 수 있는 것처럼, 개별 토픽들은 특정 장소나 시대, 서지 형식 등에 따라 세분되기도 한다. 각 토픽에 대해서는 하나 또는 일정 범위의 분류 기호가 배정되는데, 기본적으로는 한 자리에서 네 자리의 숫자 기호가 배정되고, 그 이상으로 추가 세분할 때는 소수점을 찍고 전개한다. LCC의 기호는 DDC의 기호와는 달리, 계층적 구조를 나타내는 의미를 갖지 않는다는 사실에 유의해야 한다.[147] 따라서 각 주제나 토픽의 의미는 분류 기호가 아닌 표목에 있으며, 분류 기호는 단지 표목의 순서를 나타내기 위해 사용되는 것으로, 주제나 토픽의 종속 관계는 인덴션을 통해 나타나게 되는 것이다.[148] 표목으로 설명이 부족할 때는 범위 주기(scope note)가 추가되어 있는 경우도 있고, 다른 분류 기호에 전개된 유를 안내하기 위해 '보라 참조'(see note)를 제시하고 있는 경우도 있다.

(나) LCC를 적용한 분류 사례

LCC 최신판을 활용한 사례를 살펴보면, [그림 4-5]와 [그림 4-6]과 같다.[149]

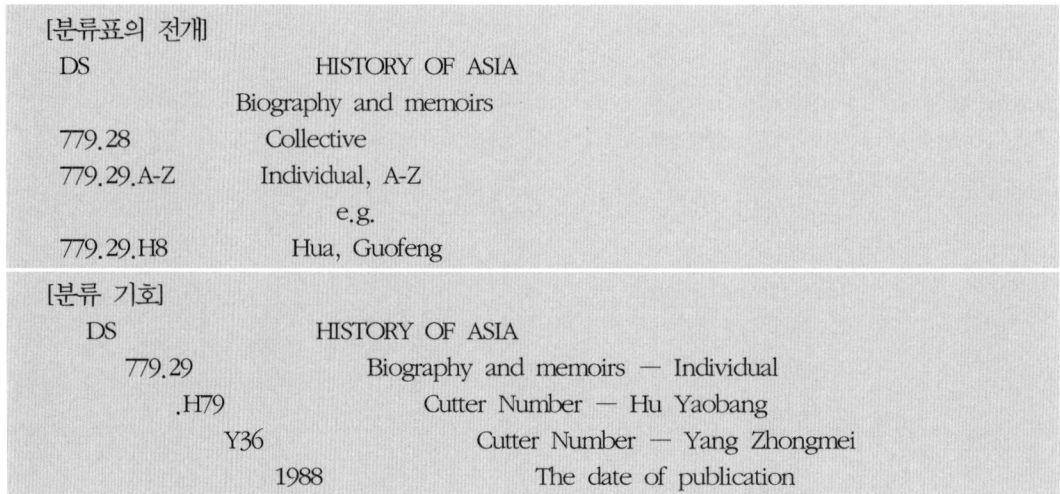

[그림 4-5] LCC 분류 사례 1: Hu Yaobang: A Chinese Biography by Yang Zhongmei, 1988 → DS 779.29 .H79 Y36 1988

---

147) Lois Mai Chan. *Cataloging and Classification: An introduction*(New York: McGraw-Hill Book Company, 1981). p.281.
148) Lori Robare, et. al. ed. "Fundamentals of Library of Congress Classification." ⟨http://www.loc.gov/catworkshop/courses/fundamentalslcc/pdf/classify-trnee-manual.pdf⟩. p.3-8.
149) Lois Mai Chan. *Immroth's guide to the Library of Congress Classification.* (Englewood, Col: Libraries Unlimited, 1990). p.156.; p.365.의 예를 재구성한 것임.

[분류표의 전개]
QA		MATHEMATICS
	Mathematics	
1		Periodicals, societies, congresses, serial publications

[분류 기호]
QA	MATHEMATICS	
1	Periodicals, societies, congresses, serial publications	
	.J9763	Cutter Number — Journal of the American ...

[그림 4-6] LCC 분류 사례 2: Journal of the American Mathematical Society, 1988 → QA 1 .J9763

(3) 표의 형식

앞서 살펴본 것처럼, LCC의 대부분의 개개 분류표들은 서로 다른 전문가에 의해 편집된다. 그러나 그 형식에 있어서는 반드시 따라야 하는 것은 아니지만, 대체로 유사한 외적 및 내적 형식을 가지고 있다.

(가) 외적 형식(external format)

LCC 개개 분류표는 대체로 다음과 같은 물리적인 구성으로 이루어져 있다.[150]

① 서문(preface): 대체로 표제지 바로 다음에 오며, 최근 들어 더욱 간략해지는 경향이 있다.

② 개괄표(broad outline): 해당 분류표의 일차 세목(대개는 알파벳 대문자로 표시되는 세목)을 열거한다.

③ 개요표(detailed outline): 해당 분류표의 상세 세목(알파벳 대문자로 표시되는 세목과 알파벳과 숫자 기호를 동시에 갖는 세목 포함)을 2-3 단계까지 열거한다.

④ 기본표(schedule): 본표에 해당하는 핵심 부분으로 분류 항목들을 실제 분류 기호와 함께 체계적으로 열거하게 된다.

---

150) Lori Robare, et. al. ed. "Fundamentals of Library of Congress Classification." 〈http://www.loc.gov/catworkshop/courses/fundamentalslcc/pdf/classify-trnee-manual.pdf〉. p.3-11.; A. G. Taylor. *Introduction to Cataloging and Classification*. 10th ed. (Englewood, Col.; Libraries Unlimited, 2006). pp.435-441.

⑤ 보조표(tables): 둘 이상의 유사한 주제나 토픽에 공통적으로 적용하기 위해 고안된 보조표로, 대개 색인 앞에 나타난다.

⑥ 색인(index): 해당분류표의 분류항목들을 찾을 수 있도록 하기 위한 장치로, 수록범위나 깊이는 개개 표에 따라 다양하다.

(나) 내적 형식(internal format)

LCC의 대부분의 개별 분류표의 내적 구조는 흔히 'Martel의 세븐포인트'(Martel's seven point)를 바탕으로 하고 있는데, 그 구조는 다음과 같다.[151] 다만 이것은 하나의 가이드라인으로, LCC의 모든 개개 분류표가 반드시 이를 따라야 하는 것은 아니다.

① 일반형식구분(general form divisions): DDC의 표준세구분(Table 1)과 유사한 방식으로, 자료를 정기간행물, 전집, 사전 등과 같은 표현 형식별로 그룹화하고자 한다.

② 이론(theory), 철학(philosophy)

③ 역사(history), 전기(biography)

④ 논문(treatises), 일반 저작(general works)

⑤ 법률(law), 규정(regulation), 국가 관계(state relations)

⑥ 연구 및 교수(study and teaching), 리서치(research), 교재(textbook)

⑦ 주제 및 주제의 세목(subjects and subdivisions of subjects)

(4) LCC의 장점과 단점

LCC는 다음과 같은 장점을 가지고 있다.[152]

① 도서관 현장에서 실제로 광범위하게 만족스럽게 사용되고 있는 실용적인 분류표이다.

② 장서의 양을 고려하는 문헌적 근거(literary warrant)를 바탕으로 하고 있기 때문에, 특히 대규모의 대학도서관과 연구도서관에 적합하다.

---

151) 이하의 설명은 다음 자료를 주로 참고하였음. A. G. Taylor. *Introduction to Cataloging and Classification*. 10th ed. (Englewood, Col.; Libraries Unlimited, 2006). pp.441-444.

152) Lois Mai Chan. *Cataloging and Classification: An introduction* (New York: McGraw-Hill Book Company, 1981). pp.282-283.; Lori Robare, et. al. ed. "Fundamentals of Library of Congress Classification." 〈http://www.loc.gov/catworkshop/courses/fundamentalslcc/pdf/classify-trnee-manual.pdf〉. p.1-10.; 윤희윤. 정보자료분류론. 제5판. (대구: 태일사, 2015). p.250.; 정필모. 문헌분류론(서울: 구미무역출판부, 1991). p.243.; 최정태, 양재한, 도태현. 문헌분류의 이론과 실제(부산: 부산대출판부, 1998). p.184.

③ 열거식 분류표이기 때문에, 다른 분석 합성식 분류법에 비해 기호 합성의 필요성이 적고, 분류 기호의 길이가 짧아지는 경우가 많고, 필요한 추가 항목을 전개하기가 용이하다.
④ 개개의 개별 분류표가 해당 분야의 주제전문가에 의해 개발되기 때문에, 해당 주제에 적합한 분류가 가능하다.
⑤ 개별 학문 주제 분야의 분책별로 개정이 이루어지기 때문에, 해당 분야의 요구에 따라 분류표를 적시에 개정하고 최신성을 유지하기가 용이하다.
⑥ LC라는 안정된 기관에서 분류표의 개정을 비롯한 전반적인 관리를 맡고 있고, 카피 편목(copy cataloging) 등이 가능한 관련 서비스들을 제공하고 있기 때문에, 분류를 포함한 자료 정리에 도움이 된다.
⑦ 디지털 환경에 적응할 수 있도록 웹을 통한 서비스와 LCC 자체는 물론 그에 관련된 정보와 내용을 담고 있는 홈페이지를 갖추고 있어 이용자에게 도움이 된다.

한편 LCC는 다음과 같은 단점을 가지고 있다.[153]
① 분류 기호의 사용을 설명해주는 범위 주기(scope note)가 DDC에 비교해볼 때 상세하지 못하고 우수하지 못하다.
② 기호의 배분과 용어의 사용법에서 미국 중심적인 경향이 많이 나타나고 있다.
③ 열거식 분류표이기 때문에 분류표에 열거되지 않은 복합 주제나 복수 주제의 저작을 분류하기가 어렵다.
④ 본표의 세분 전개에서 논리적 구분에 의한 체계적인 분류 대신에 알파벳순 배열이라는 임의적 순서를 사용하는 경우가 지나치게 많다.
⑤ 계층적 구조의 도입 등을 비롯한 문헌 분류 이론에 입각하여 주제 분석을 위한 정확하고 예측 가능한 이론적 토대가 부족하다.
⑥ 전체 분류표에 일관성 있게 적용할 수 있는 통일된 보조표가 갖추어져 있지 않기 때문에, 조기성이 부족하다.
⑦ 혼합 기호법의 사용하고 있기 때문에, 순수 기호법을 채택하고 있는 DDC와 비교할 때 서가 배열이 더 복잡하다.

---

[153] Lois Mai Chan. *op. cit.* p.283.; Lori Robare, et. al. ed. "Fundamentals of Library of Congress Classification." ⟨http://www.loc.gov/catworkshop/courses/fundamentalslcc/pdf/classify-trnee-manual.pdf⟩. p.1-10.; 윤희윤. *op. cit.* p.250.; 정필모. *op. cit.* pp.243-244.; 최정태, 양재한, 도태현. *op. cit.* p.184.

⑧ 개개 분류표 전체를 망라하는 단일의 색인이 마련되지 못하고 있다.
⑨ 분류표 자체가 너무 방대하여 중소 규모 도서관의 입장에서는 너무 복잡하고 충분히 이해하고 사용하기가 어렵다.

4.4.3. 콜론분류법(CC)

(1) Ranganathan의 생애와 CC의 발전 과정

CC(Colon Classification)는 인도의 도서관학자 S. R. Ranganathan이 고안한 분석 합성식(패싯식) 분류법의 대표적인 유형이다. 이 소절에서는 그의 생애와 CC의 발전 과정에 대해 분석해보고자 한다.[154]

(가) Ranganathan의 생애와 업적

Ranganathan(1892. 8. 9 - 1972. 9. 27)은 영국 지배하의 인도의 남부 지역인 Tamil Nadu주 Shiyali의 작은 마을에서 태어났다. 그는 "넷째 중 장남으로 친가와 외가 양쪽의 첫 번째 손자였다."[155] 그의 가족은 브라만 계급에 속했지만, 부친은 그가 겨우 6살 때 돌아가셨다. 그 때문에 그는 교사였던 조부의 영향을 받으면서 자랐다. 조부는 Ranganathan에게 평생토록 힌두교 성문학(sacred literature)을 사랑하도록 하는 마음을 심어주었다.[156] 그는 건강이 안 좋았고 경제적으로 어려움을 겪는 경우도 많았고,[157] 말을 더듬는 장애를 가지고 있었지만,[158] 우수한 학생이었던 것으로 알려져 있다.

Ranganathan은 Madras Christian College에서 수학을 전공하고 대학의 수학과 교수로 재직하던 중 "더 나은 봉급"을 받기 위해 1924년에 Madras University의 도서관장에 지원하여, 불과 면접 며칠 전에 *Encyclopedia Britannica*에서 읽은 도서관에 대한 지식을 제외하

---

154) 이 소절의 Ranganathan의 생애에 대한 부분은 다음 자료의 내용을 재정리한 것임. 오동근. "Ranganathan, Dewey, 그리고 박봉석." 랑가나단 "도서관학 5법칙" 발표 80주년 기념 국제학술대회 자료집(서울: 한국도서관협회, 2012). pp.78-91.; Dong-Geun Oh. "Ranganathan, Dewey, and Bong-Suk Park." 한국문헌정보학회지 제46권 제1호(2012.3). pp.11-27.
155) G. O. Matthews. The Influence of Ranganathan on Faceted Classification(Doctoral Dissertation. Case Western Reserve University, 1980). p.27.
156) E. Garfield. "A Tribute to S. R. Ranganathan, the Father of Indian Library Science: Part 1. Life and Works." *Essays of an Information Scientist,* Vol.7(1984). p.37.
157) G. O. Matthews. *op. cit.* p.27.
158) "S. R. Ranganathan," In Wikipedia(⟨http://en.wikipedia.org/wiki/S._R._Ranganathan⟩).

고는, 어떤 도서관학 교육도 받지 못한 채, 예상치 못한 결과로, 도서관장에 임명되었다.159) 처음에는 도서관계에 발을 들이는 데 주저하여 마지못해 일을 시작하였다.160) Madras University 도서관장에 임명된 후, 영국으로 건너가 University College London에서 도서관학 자격 인증 과정(honors certificate)에서 공부하게 된다. 9개월간 영국에 머물면서, 100여 곳의 도서관을 돌아보면서 업무에 대해 파악하였다. 1925년에 London에서 돌아온 후, 1944년까지 Madras University의 도서관장 겸 교수로 근무하였는데, 그 기간 중에 *Five Laws of Library Science*(1931), *Colon Classification*(1933), *Classified Catalog Code*(1935) 등의 그의 대표적인 저작들이 탄생하였다. Hindu University in Varanasi(Banaras)(1945-1954)와 University of Delhi(1947-1954)에서 근무한 후, 한동안은 Zürich에서 연구와 저술에 종사하기도 하였다(1954-1957). 다시 인도로 돌아온 후에는, Vikram University에서 방문교수로 근무하다가, 1962년 Bangalore에 Documentation Research and Training Centre(DRTC)를 설립한 후 소장으로 일했다. 그는 부인의 이름을 딴 Sarada Ranganathan Endowment for Library Science(SRELS)를 설립하고 자신의 모든 수입을 거의 기부하기도 하였다.

많은 사람들은 Ranganathan을 일중독자로 간주하였다. Madras에 머무르던 20여년 동안 방학도 없이 일주일 내내 하루 13시간씩 계속해서 일했으며, 심지어는 결혼식 당일에도 일했다고 한다.161) 그는 "절제하는 삶을 산 것으로 유명한데, … 소식(小食)을 하고, 커피와 차는 멀리 하였으며, 집에서 만든 소박한 옷을 입었고, 대개는 도서관에 맨발로 출근해서 맨발로 일했으며, … 그의 집에는 가구가 거의 없었고, 전기도 부족하였다"162)고 한다. 그는 이와 같이 절약한 돈들을 수학과의 지도 교수 Edward B. Ross를 기념하여 Madras Christian College에 수학 장학금으로 기부하기도 하고(1925), 부인을 기려 University of Madras의 Sarada Ranganathan Chair에게 기부하기도 하였다.163) Ranganathan의 일부 추종자들은 그를 "요가수행자로 간주하기도 하는데, 그는 자신의 온몸과 정신, 영혼을 도서관학이라는 학문에 집중하였으며, 따라서 그들은 그가 그것을 영적 완성을 이루어가는 길로 받아들이고 있다고 생각하였다."164)

---

159) E. Garfield. "A Tribute to S. R. Ranganathan, the Father of Indian Library Science: Part 1. Life and Works." *Essays of an Information Scientist,* Vol.7(1984). p.38.
160) E. Garfield. *op. cit.* p.43.
161) "S. R. Ranganathan," *op. cit.*
162) E. Garfield. *op. cit.* p.43.
163) *Loc. cit.*
164) *Loc. cit.*

Ranganatha은 도서관학에 기여한 공로를 인정받아, 인도 정부로부터 1957년에는 Padmashri[165] 훈장을 수여받았으며, 1965년에는 도서관학 분야의 국가 연구 교수의 직을 부여받았다. 1970년에는 ALA로부터 Margaret Mann Citation in Cataloging and Classification을 수여받고, 1971년에는 Mark Twain Society로부터 Grand Knight of Peace를 수여받았다. 1948년에는 University of Delhi에서, 1964년에는 University of Pittsburgh에서 명예 박사 학위를 받았다. 그는 "인도 도서관학의 아버지"라고 불리고 있다.[166] FID는 그를 기념하여 Ranganathan Award를 신설하기도 하였다. 인도에서는 매년 Ranganathan의 생일을 National Library Day로 지정하고 있다.[167]

Gopinath는 가장 광범위한 영향을 미치고 있는 Ranganathan의 공헌은 *Five Laws of Library Science*를 발표한 것[168]이라고 말하고 있다. 그는 이러한 활발한 저술 활동을 통해 인도는 물론 전 세계의 문헌정보학 발전해 기여하였다. 또한 Ranganathan은 "인도에서 사서들의 전문직 교육하기 위한 높은 기준의 체계를 세웠다"[169]고 일컬어진다. 그가 1929년에 설립했던 도서관학교는 후에 University of Madras에 통합되었다. 그는 University of Delhi에 석사 과정과 박사 과정을 1948년과 1950년에 각각 개설하였으며, 1962년에는 Indian Statistical Institute의 후원으로 Bangalore에 Documentation Research and Training Centre(DRTC)를 설립하였다. 또한 "대학원 과정의 설립과, 교육 과정의 구성, 그러한 과정의 교재 개발, 전문직의 우수성을 확보하기 위한 핵심 그룹의 구성도 중요한 공헌이었다."[170]

Ranganathan이 문헌 분류에 끼친 공헌은 그의 *Colon Classification*(1933)에서 구체화되고, *Prolegomena to Library Classification*(1937)에서 이론화된 분석합성식 아이디어(analytico-synthetic ideas)로 잘 알려져 있다. 그는 *Classified Catalogue Code*(1935) 등의 연구를 통해 주제색인 엔트리를 추출하기 위해 Chain Procedure를 고안하였다. 이 분야에 대한 그의 공헌은 가장 높은 평가를 받고 있는 바, Margaret Mann Citation in Cataloging and Classification의 다음과 같은 공적 내용에 잘 요약되어 있다: "… 패싯분석 기법을 통해 근

---

165) "S. R. Ranganathan." Wikipedia(〈http://en.wikipedia.org/wiki/S._R._Ranganathan〉). 이것은 인도에서 민간인이 받을 수 있는 네 번째로 높은 훈장이라고 한다.
166) E. Garfield. "A Tribute to S. R. Ranganathan, the Father of Indian Library Science: Part 1. Life and Works." *Essays of an Information Scientist*, Vol.7(1984). pp.37-44.
167) "S. R. Ranganathan," *op. cit.*
168) M. A. Gopinath. "Ranganathan, Shiyali Ramamtita." In: *Encyclopedia of Library and Information Science*, Vol.25(New York: Marcell Dekker, 1972). p.66.
169) *Ibid.* p.74.
170) *Loc. cit.*

대 분류이론 및 연구에 광범위한 영향을 미치고 있는 Colon Classification과, 분류순목록 및 사전체목록의 제 원칙과 구조에 관한 그의 업적, 그리고 도서관학의 발전에 대한 소중한 헌신에 대해."[171]

Ranganathan은 인도 국내외의 도서관 단체의 활동에 활발하게 참여하였다. 1928년에는 Madras 주 공공도서관의 발전을 도모하기 위해 Madras Library Association을 결성하였다. 후에 그는 Indian Library Association의 회장(1944-1953), Madras Library Association의 회장(1958-1967), Governing Council of the Indian Standards Institute의 부회장(1965-1972)을 역임하였다. 또한 UNESCO, IFLA, ISO, FID와 같은 국제 기구의 활동에도 활발하게 참여하였는데, 특히 FID에서는 부회장과 분류연구위원회의 명예의장의 역임한 바 있다.

(나) CC의 발전 과정

Ranganathan은 University College London에서 당대 최고의 분류학자였던 W. C. B. Sayers의 강의를 들으면서 분류표에 대해 관심을 갖던 중, London의 Selfridge 백화점에서 금속 조각과 너트, 볼트의 새로운 조합에 따라 완전히 새로운 인형이 만들어지는 Meccano set라는 조립식 장난감을 보았을 때, 그는 자신의 분류표는 각각의 구체적인 주제의 요구에 따라 자유로이 결합될 수 있는 요소들로 구성되어야 한다는 사실을 깨달았다고 한다.[172] 이것이 바로 그 유명한 분석 합성식 분류 이론의 탄생의 아이디어가 되었던 것이다.

그는 자신의 아이디어를 Madras대학도서관의 소장 목록에 적용한 결과를 바탕으로 개선을 거듭하여, 1933년에 Colon Classification의 초판을 발행하였다. 이 분류표에서는 각 패싯들을 구분해주는 패싯 지시 기호(facet indicator)로 콜론(:)을 사용하였기 때문에, CC라는 이름이 부여되었다. 1987년에는 M. A. Gopinath의 개정에 의해 제7판의 제1권 본표가 발행된 바 있으나, 색인 부분은 아직 발행되지 못하고 있는 미완성의 상태이다. 제7판의 제1권 본표는 Part A 서론(introduction), Part B 초보자용 지침(guidance to the beginner), Part C 일반규칙(general rules), Part D 일반구분 및 공통구분기호(general divisions and common isolates), Part E 특수구분기호(special isolates)로 구성되어 있다.[173]

Ranganathan 특유의 문헌 분류 이론을 바탕으로 개발된 분류표로, 주로 인도에서 널리

---

171) Pauline Atherton, Dr. S. R. Ranganathan, *Library Resources & Technical Services* 14(4)(1970), p.582.
172) E. Garfield. *op. cit.* p.40.
173) S. R. Ranganathan. *Colon Classification.* 7th ed. 2nd reprint. (Bangalore: Sarada Ranganathan Endowment for Library Science, 1989).

사용되었으나, 현재는 인도에서도 이를 사용하는 도서관이 많지 않으며, 인도 이외의 다른 나라에서는 거의 사용되지 않고 있다.

(2) 분류표의 구성과 기호법

(가) 주류의 구성과 배열[174]

CC는 기본적으로 학문에 의한 분류표로, 주류의 배열은 A. M. Ampere의 학문 분류를 바탕으로 하고 있으며, 자연과학, 인문과학, 사회과학의 순으로 배열하고 있다.

CC의 주제 영역들은 '기본 주제(basic subject) → 메인 주제(main subject) → 규범류(canonical class) → 기본 범주(fundamental category)'로 점차 세분된다. CC의 기본 주제는 다른 분류표의 주류에 상당하는데, 그 내용을 살펴보면 〈표 4-23〉과 같다. 기본 주제의 배열은 추상적인 것에서 구체적인 것으로, 자연적인 것에서 인위적인 것으로 전개된다.

(나) 보조표의 유형

기본 기호에 부가되는 보조 기호의 표로는 전체 주제에 적용되는 공통구분기호(common isolate)와 특정 주제에만 적용되는 특수구분기호(special isolate)가 마련되어 있다. 공통구분기호로는 언어구분기호(language isolate), 시대구분기호(time isolate), 지리구분기호(space isolates), 에너지공통구분기호(common energy isolates), 재료속성공통구분기호(common matter property isolates), 개성공통구분기호(common personality isolates), 선행공통구분기호(anteriorising common isolate) 등이 설정되어 있다.

또한 CC에서는 불필요한 중복된 열거를 피하고 분류 담당자에게 자율권을 부여하기 위해 연대기호표(chronological device), 지리기호표(geographical device), 주제기호표(subject device), 알파벳순기호표(alphabetical device), 열거순기호표(enumeration device) 등의 추가의 보조기호표들을 마련하고 있다.

---

[174] CC 제7판(S. R. Ranganathan. *Colon Classification*. 7th ed. 2nd reprint. (Bangalore: Sarada Ranganathan Endowment for Library Science, 1989)의 내용을 바탕으로 하였음.

〈표 4-23〉 CC 기본 주제의 내용(일부발췌, 총류 포함)

기호	내용
01	Generalia
1	Communication Science
2	Library and Information Science
3	Book Science
4	Mass Communication
5	Exhibition Technique
6	Museology/Museum Technique
7	Systems Research, Systemology
8	Management Science
A	Natural Sciences
B	Mathematics
C	Physics
D	Engineering
E	Chemistry
F	Chemical Technology
G	Biology
H	Geology
I	Botany
J	Agriculture
K	Zoology
L	Medicine
M	Useful Arts
N	Fine Arts
O	Literature
P	Linguistics
Q	Religion
R	Philosophy
S	Psychology
T	Education
U	Geography
V	History
W	Political Science
X	Economics (Macro-economics)
Y	Sociology
Z	Law

(다) 5개 기본 범주(five fundamental categories):

CC는 기본적으로 분석합성식 분류법이기 때문에, 각 유는 어떤 특징을 기준으로 하여 기본적인 개념이나 요소들로 세분되게 되는데, 이를 패싯(facet)이라고 한다. Ranganathan은 이러한 요소들을 Time, Space, Energy, Matter, Personality의 5개의 기본 범주로 구분하고 있는데, 그 내용은 〈표 4-24〉와 같다. 5개의 기본범주의 열거순서(패싯배열식)는 구체성감소의 순서에 따라, [P] [M] [E] [S] [T]가 된다.

〈표 4-24〉 CC의 기본 범주

범주명	패싯의 기호	패싯지시기호
Time	T	'(apostrophe)
Space	S	.(dot)
Energy	E	:(colon)
Matter	M	;(semi-colon)
Personality	P	,(comma)

각 기본 범주는 다음과 같은 의미를 가지고 있다.

① 시간(Time): 시대 구분을 의미하며, 거의 모든 주제에 적용할 수 있다.
② 공간(Space): 지역 구분 또는 지리 구분을 의미하며, 거의 모든 주제에 적용할 수 있다.
③ 기능(Energy): 활동, 작용, 공정, 문제 등을 나타낸다.
④ 소재(Matter): 주제를 구성하는 물질의 주요 소재나 사물의 원재료를 나타낸다.
⑤ 개성(Personality): 주제를 구성하는 본질적인 속성을 나타낸다.

(라) 기호법

CC는 알파벳 대문자와 소문자, 아라비아 숫자, 각종의 특수 문자를 사용하는 혼합기호법을 채택하고 있다.

기본 주제와 그 세분 주제들에 대해서는 다음과 같은 기호들을 사용한다.

① 23개 알파벳 소문자(i, o, l을 제외한 a-z)
② 10개 아라비아숫자(0-9)
③ 26개 알파벳 대문자(A-Z)
④ 원괄호로 묶은 숫자(( ))
⑤ 지시기호(indicator digit), 붙임표(-), 별표(*)

공통구분기호와 특수구분기호로는 다음과 같은 기호들을 사용한다.

① 23개 알파벳 소문자(i, o, l을 제외한 a-z)
② 10개 아라비아숫자(0-9)
③ 26개 알파벳 대문자(A-Z)
④ 그리스 문자(Δ: Delta)
⑤ 3개의 전치 기호(* " ←)
⑥ 11개의 지시 기호(& ' . : ; - = → + ( ))

총류는 아라비아 숫자를 사용하고, 기본 주제들은 알파벳 대문자를 사용하여 표시한다. 그 세분 주제들은 이상의 아라비아 숫자 등을 사용하여 표시한다.

CC를 적용하여 자료를 분류할 때는, 분류표에서 그 자료의 주제 내용을 구성하는 개개의 요소들로 분석하고 그 각각의 분류 기호를 확인한 후, 각각의 유에 제시되어 있는 패싯 배열식(facet formula)[175]에 따라 이를 합성해야 한다. 필요할 경우에는 공통구분기호와 특수구분기호를 추가해야 한다.

---

[175] 다른 분류표의 용어로는 열거 순서(citation order)에 해당한다.

(마) CC를 적용한 분류 사례

CC 최신판을 활용한 사례를 살펴보면, [그림 4-7]과 [그림 4-8]과 같다.

[분류표의 전개]
S   PSYCHOLOGY

Facet Formula of Special Facets for Macro Subjects
S,(1P1);1MP1)
S,(Entity);(Property)

Schedule of (1P1) Entity isolates
OZ By Entity
38 Old age

Schedule of (1MP1) Property isolates
OZ By Property
56 Anxiety

[분류 기호]
 S   PSYCHOLOGY
  ,   Facet indicator for Personality
   38   Old age
   ;   Facet indicator for Matter
    56   Anxiety

[그림 4-7] CC 분류 사례 1: The anxieties of the old → S,38;56[176]

(3) CC의 장점과 단점

CC는 다음과 같은 장점을 가지고 있다.[177]

① 고안자인 Ranganathan의 견실한 분류 이론에 바탕으로 하고 있기 때문에, 학문적 연구 가치가 높은 분류표이다.

---

176) R. Marcella & R. Newton. *A New Manual of Classification* (Gower Publishing Company, 1994). p.100.
177) *Ibid.* pp.103-104.; 김명옥. 자료분류론(서울: 구미무역출판부, 1986). pp.144-145.; 윤희윤. 정보자료분류론. 제5판. (대구: 태일사, 2015). pp.263-264.; 최정태, 양재한, 도태현. 문헌분류의 이론과 실제(부산: 부산대출판부, 1998). pp.198-199.

[분류표의 전개]
V   HISTORY

Facet Formula of Special Facets for Macro Subjects
V,[1P1];[MP1]:[2MM1],
History,[Community];[Property]:[Action]:[Method of action]

Schedule of (1P1) Community isolates
44   India

TIME ISOLATE
B*Z By Calender time
M   1800 to 1899 AD

[분류 기호]
V   HISTORY
    ,   Facet indicator for Personality
        44   India
    ,   Facet indicator for Time
        M   1800 to 1899 AD

[그림 4-8] CC 분류 사례 2: History of India in 19th century → V,44'M[178]

② 분류표 전체가 분석합성식으로 이루어져 있기 때문에, 서가 배열은 물론 정보 검색에도 유용한 분류표이다.
③ 다양한 합성 기법들을 도입하고 있기 때문에, 본표에 열거되지 않은 합성 주제와 복합 주제를 포함하여 주제의 다면적 표현과 기호화가 가능하다.
④ 분류표 자체의 길이가 열거식 분류표에 비해 아주 간단하다.
⑤ 분류 기호의 합성을 위한 패싯 배열식(facet formula)이 제시되어 있기 때문에, 기호의 조합이 용이하다.

---

178) M. P. Satija. *Colon Classification, 7th Edition.* (New Delhi: Ess Ess Publications, 1989).

CC는 다음과 같은 단점을 가지고 있다.[179]

① 적용된 분류 이론과 용어, 규칙들이 상당히 난해하기 때문에, 이해하고 적용하기가 어렵다.
② 최신판인 제7판의 경우 현재 본표만이 발행된 상태로 미완성이다.
③ 기호법의 측면에서 보면, 다양한 종류의 복잡하고 읽고 쓰기가 불편한 기호를 사용하고 있을 뿐만 아니라, 그 결과 합성된 분류 기호도 매우 복잡해지기 때문에, 배열이 어렵다.
④ 주제 분야에 따라 패싯 배열식(facet formula)이 달라지는 경우가 많기 때문에, 기호의 조합 방식이 복잡하여 실용성이 떨어지고 기억하기 어렵다.
⑤ 개정될 때마다 내용이나 용어, 기호의 변경이 이루어지는 경우가 많기 때문에, 분류표를 일관성 있게 적용하기가 어렵다.

---

[179] R. Marcella & R. Newton. *A New Manual of Classification* (Gower Publishing Company, 1994). pp.103-104.; 김명옥. 자료분류론(서울: 구미무역출판부, 1986). pp.144-145.; 윤희윤. 정보자료분류론. 제5판. (대구: 태일사, 2015). p.264.; 최정태, 양재한, 도태현. 문헌분류의 이론과 실제(부산: 부산대출판부, 1998). pp.198-199.

제5장 DDC와 KDC, NDC의 비교와 분석

DDC(Dewey Decimal Classification)는 Melvil Dewey가 개발하고 현재 OCLC에서 개정과 관리를 맡고 있는 세계적인 분류표로, KDC를 비롯한 전 세계의 십진식 분류표에 직접적인영향을 미치고 있는 분류표이다. 한국십진분류법은 한국도서관협회의 분류위원회에서 개발과 개정 등을 맡아 관리하고 있는 대한민국의 표준분류표이다. 영어로는 Korean Decimal Classification이라고 하며, 약칭으로 KDC라고 부른다. 일본십진분류법(NDC: Nippon Decimal Classification)은 모리 키요시(森淸)라는 개인에 의해 개발된 것을 일본도서관협회에서 일본의 표준분류표로 발전시켜 활용하고 있는 분류표로, KDC의 초기 개발에 중요한 영향을 미친 분류표이다. 이 장에서는 이 세 분류표의 주요 내용에 대해 비교·분석해 보고자 한다.

5.1. 발전 과정과 이용 현황

5.1.1. 개발과 발전 과정

(1) DDC

DDC는 Melvil Dewey(1851-1931)가 Amherst College에 재학하면서 도서관에서 학생보조원으로 일하던 당시에 William Stearns 총장의 설교를 듣던 중 십진식의 아이디어를 생각해낸 것으로 알려져 있다.[1] 일반적으로 이를 창안한 Dewey의 성을 붙여 DDC로 약칭하지만, 십진식 분류법의 최초의 유형이기 때문에 DC 또는 Decimal Classification으로 부르기도 한다.

그는 십진식 분류법의 아이디어를 이른바 '3종의 메모'로 구체화하여 1873년에 Amherst 대학 도서관에 사용할 수 있도록 제안하였으며, 이를 동 대학도서관에 적용한 경험을 바탕으로 하여, 그가 25살이던 1976년에 공식적으로 초판을 출판하게 되었다. 44페이지의 소책자로 된 초판의 서명은 *A Classification and Subject Index for Cataloguing and Arranging the Books and Pamphlets of a Library*로, 이는 Amherst College Library라는 한 도서관(a Library)에서 사용하기 위한 분류표임을 분명히 밝히고 있다고 할 수 있다. 원래 익명으로 출판되었으나, 표제지 뒷면에는 "Copyrighted 1876. Melvil Dewey"라고 명시되어 있다.[2] 이 초판은 0부터 999까지만 전개하고 있는데, 서론 12페이지, 본표 12페이지, 색인 18페이지 등 총 44페이지로 이루어져 있다.

Dewey는 DDC를 고안하기 위해 수개월간 수백 권의 책과 팸플릿을 공부하고 개인적으로 미국의 다양한 도서관을 50회 이상이나 방문하였다고 밝히고 있다.[3] 그러나 그가 초판의 서문에서 언급한 감사의 말씀(acknowledgement)을 근거로, 많은 연구에서는 1970년에 W. T. Harris가 고안한 분류법의 영향을 받은 것으로 인정되고 있다.

Rowley와 Farrow는 DDC 초판은 다음과 같은 세 가지 새로운 특징을 보여 주고 있다고 설명하고 있다.[4]

① 상관식 배가법의 채택: 책을 고정식 배가법(fixed location) 대신 상관식 배가법(relative location)에 의해 서가에 배열하였다. 즉 기존에는 서가상의 고정된 위치를 기준으로 하여 책에 기호를 부여하던 것을 책들 사이의 상호 관계를 나타내는 기호로 변경함으로써, 도서관의 장서가 증가하거나 서가상의 위치가 변경되더라도 더 체계적이고 기계적인 방식으로 장서들을 분류할 수 있게 되었다. 이것은 당시로서는 혁신적인 것으로, 그 때문에 DDC는 '혁명적 분류법'이라고 불리기도 하였다고 한다.[5]

---

[1] G. G. Dawe. ed. *Melvil Dewey: seer, inspirer, doer, 1851-1931*(New York: Lake Placid Club, 1932). p.165.
[2] 오동근. DDC 22의 이해(대구: 태일사, 2007). pp.32-33.
[3] Lois Mai Chan. *Cataloging and Classification: An introduction* (New York: McGraw-Hill Book Company, 1981). p.217.
[4] J. Rowley & J. Farrow. *Organizing Knowledge: An Introduction to Managing Access to Information*. 3rd Ed. (Hampshire: Gower, 2000). pp.215-216.

② 십진식 기호법의 도입: 기존의 복잡하고 번거로운 기호법 대신에 간단한 십진식 기호법을 사용하였다. 이러한 방식은 DDC가 널리 사용되게 되는 데도 중요한 역할을 했을 뿐만 아니라, 차후의 많은 유사한 십진식 분류법의 개발에도 직접적인 영향을 주었다.

③ 상관색인의 개발: 상세하고 포괄적인 상관색인(relative index)을 개발하였다. 이것은 본표 전체에 걸쳐 학문 분야에 따라 이리저리 흩어져 있는 여러 관련 주제들을 한곳에서 찾아볼 수 있도록 하는 역할을 하는 것이다. 오늘날의 대부분의 분류표에서 이를 갖추고 있을 정도로 상관색인은 분류표의 필수 요소가 되고 있다.

Rowley와 Farrow는 1885년에 발행된 제2판의 ① 십진식에 의한 추가의 세구분(decimal subdivision), ② 기호의 안정성(integrity of numbers),[6] ③ 형식 구분(form division) 테이블과 'divide like' 지시에 의한 합성(synthesis)의 원칙에 대해 주목하고 있다. 실제로 이러한 원칙을 도입하고 이러한 원칙들을 지속적으로 발전시켜 나간 것이 차후의 DDC의 성공에 큰 도움이 되었음은 물론이다.

DDC는 이후 발전과 개정을 거듭하였는데, 현재 최신판은 2011년에 발행된 제23판이다(⟨표 5-1⟩ 참조). 아울러 20,000권 내외의 장서를 가진 도서관을 위해 간략판을 발행하고 있는데, 제23판에 대응하는 간략판은 제15판으로 2012에 발행되었다.

---

5) 小倉親雄 저; 박희영 역. 미국도서관사상의 연구: Melvil Dewey의 사상과 그의 업적(서울: 아세아문화사, 1990). p.196.
6) 분류 기호를 재배치할 경우 그에 따른 재분류의 문제가 발생하므로, 필요에 따른 전개는 불가피하나 재배치는 최소화한다는 원칙.

〈표 5-1〉 DDC의 발행 역사

판차	발행연도	보조표 페이지	본표 페이지	색인 페이지	전체 페이지	편집책임자
1	1876		10	18	44	Melvil Dewey
2	1885		176	86	314	Melvil Dewey
3	1888		215	185	416	Melvil Dewey
4	1891		222	186	471	E. M. Seymour
5	1894		222	186	471	E. M. Seymour
6	1899		255	241	612	E. M. Seymour
7	1911		408	315	779	E. M. Seymour
8	1913		419	332	850	E. M. Seymour
9	1915		452	334	856	E. M. Seymour
10	1919		504	358	940	E. M. Seymour
11	1922		539	366	990	J. D. Fellows
12	1927		670	477	1243	J. D. Fellows
13	1932	4	890	653	1647	J. D. Fellows
14	1942	4	1044	749	1927	C. Mazney
15	1951	1	467	191	716	M. J. Ferguson
15r	1952	1	467	400	927	G. Dewey
16	1958	5	1313	1003	2439	B. A. Custer
17	1965	249	1132	633	2153	B. A. Custer
18	1971	325	1165	1033	2718	B. A. Custer
19	1979	452	1574	1217	3385	B. A. Custer
20	1989	476	1804	726	3388	J. P. Comaromi
21	1996	625	2205	1207	4037	J. S. Mitchell
22	2003	530	2318	923	3983	J. S. Mitchell
23	2011	583	2425	963	4175	J. S. Mitchell

한편 DDC의 개발과 유지 및 보수는 현재 미국의회도서관(LC)의 Dewey Section에 설치된 편집국(Dewey Editorial Office)에서 맡고 있다. 또한 DDC의 방향과 정책의 결정에 대해 조언하기 위한 국제적인 기구로 DDC편집정책위원회(EPC: Decimal Classification Editorial Policy Committee)가 구성되어 있다.

최신판인 제23판은 2011년에 인쇄 형식과 웹 형식(Web-Dewey)의 두 가지 방식으로 배포되었는데, J. S. Mitchell이 편집을 맡아, OCLC Forest Press에서 발행하였다. 인쇄본의 주요 구성을 살펴보면 제1권은 서언 및 서문, 서론, 매뉴얼, 보조표 등으로 구성되어 있고, 제2권은 DDC의 개요표와 본표(000-599), 제3권은 본표(600-999), 제4권은 상관색인으로 구성되어 있다.

제23판에서는 상당 부분의 개정이 이루어졌는데, 그 주요 내용을 살펴보면 다음과 같다.[7]

① 표준세구분의 -06과 -08, -09의 일부 개정, 전개, 이치.
② 제2보조표의 'Persons'를 'Biography'로 변경, 900 역사류의 일부 분류 항목에 지역구분을 적용하기 위한 보조표의 추가 전개
③ 제5보조표와 제6보조표의 -9의 개정 및 전개
④ 003-006 컴퓨터과학 분야의 업데이트
⑤ 200 종교류(Religion)의 동방정교회 및 이슬람 관련 항목 업데이트
⑥ 390, 640, 660, 680의 음식 및 의복 관련 부분의 대폭 개정 및 업데이트
⑦ 610 의료 및 보건(Medicine & health) 전체 항목 개정 및 영양과 치료법, 질병 관련 항목 신설
⑧ 690의 명칭을 Construction of building으로 변경 및 빌딩 관련 항목 추가 전개
⑨ 760의 Graphic arts를 740으로 이치 및 740의 명칭을 Graphic arts and decorative arts로 변경
⑩ 790의 스포츠 분야에 다수 항목 신설
⑪ 800 문학류의 T.6(추가된 언어) 및 T.2(지리적 변경) 관련 항목, 문학 시대 구분 추가
⑫ 900 역사 및 지리류의 T.2 지리적 변경 관련 항목 및 시대 구분 업데이트

아울러 구조상으로는 ① 개념상의 혼돈을 줄이기 위해 기존의 이중 표목(dual heading)을 없애고 모두 단일 표목으로 변경하였고, ② 범위 표시(spans)에서 001-09와 같이 자리수를 달리 했던 주제 범위를 001-009와 01-09로 분리하는 방식으로 시작과 끝을 나타내는 분류 기호의 양쪽 범위의 표시를 같은 길이로 표시하도록 하여 혼동을 줄였다.

(2) KDC

한국의 도서관 현장에서는 일제로부터의 독립과 함께, 일제 시대에 사용되던 조선총독부도서관 분류법이나 경성제국대학 부속도서관 화한서분류표(和漢書分類表)[8]이나 양서분

---

[7] 오동근, 배영활, 여지숙. "DDC 제23판의 특성과 KDC 제5판 개정을 위한 함의." 한국도서관·정보학회지 제42권 제3호(2011.9). p.214.

류표(洋書分類表)[9] 등은 자취를 감추게 되고, 한국인에 의해 개발된 박봉석의 조선십진분류표[10]나 고재창의 한은분류표(韓銀分類表),[11] 국방연구원의 국연십진분류표(國研十進分類表)[12] 등이 사용되기 시작하였다. 또한 서양의 문헌정보학이 도입되기 시작하면서는 듀이십진분류법(Dewey Decimal Classification)도 널리 사용되기 시작하였다.

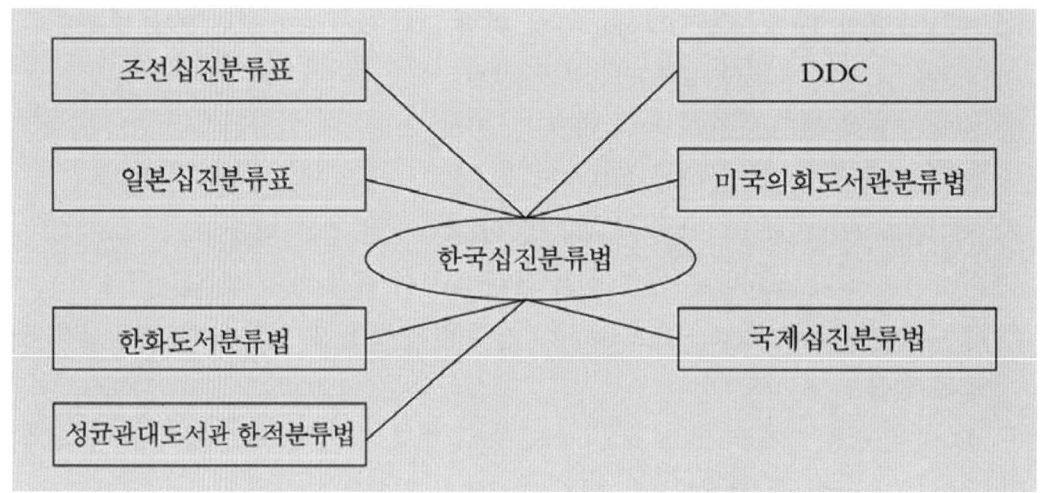

[그림 5-1] KDC에 대한 주요분류표의 영향관계도

기존의 분류표에 대한 다양한 문제점이 제기되던 중, 한국도서관협회의 결성과 더불어 1963년에 분류분과위원회가 구성되면서 한국형 분류표의 편찬이 결정되고, 1964년 5월 그 초판[13]이 발행되었다. 이 분류표는 듀이십진분류법과 일본십진분류법, 박봉석의 조선십진분류표, 구개명(裘開明)의 한화도서분류법(漢和圖書分類法), 성균관대학교 도서관의 한적분류법, 미국의회도서관분류법, 국제십진분류법 등을 참고하여 개발되었다[14]([그림 5-1] 및 〈표 5-2〉 참조). 결국 당대의 최고의 분류표들을 모두 참고하여 그 장점들을 한국

---

8) 和漢書分類表(發行地未詳: 發行處未詳).
9) Keijo Imperial University Library, *Classification of European Books*(Keijo, 1934).
10) 朴奉石 編. 韓國十進分類法(서울: 國立圖書館, 1947).
11) 한국은행 조사부, 한은도서분류법(1954).
12) 國防硏究院. 國硏十進分類表(1958).
13) 韓國圖書館協會 編. 韓國十進分類法(서울: 韓國圖書館協會, 1964).
14) 오동근, 배영활, 여지숙. KDC의 이해(대구: 태일사, 2002). p.24.

십진분류법에 도입하고자 시도하였던 것이다. 저자는 한국십진분류법의 이러한 특징을 들어 "찌개분류표"라는 용어로 설명한 바 있다.[15]

<표 5-2> KDC와 주요분류표 참고 내용

분류표	참고내용
듀이십진분류법(DDC)	주류 배열 등 전반
일본십진분류법(NDC)	일부 강목과 요목 및 세목의 전개
조선십진분류표(KDCP)	한국과 동양 관련 주제의 전개
구개명 한화도서분류법	한국과 동양 관련 주제의 전개
성균관대도서관 한적분류법	한국과 동양 관련 주제의 전개
미국의회도서관분류법(LCC)	사회과학 분야 강목의 전개
국제십진분류법(UDC)	의학 분야 요목의 전개

한국십진분류법은 이후 개정을 거듭하여 현재 제6판을 발행하고 있다(<표 5-3> 참조).

<표 5-3> KDC의 발행 역사

판차	발행연도	권수	구성	전체 페이지	편집책임자
1	1964	1	본표(상관색인 포함)	642	천혜봉
2	1966	1	본표(상관색인 포함)	686	천혜봉
3	1980	2	본표, 상관색인	1,027	이병수
4	1996	2	본표, 상관색인	1,516	권기원
5	2009	2	본표, 상관색인	1,540	남태우
6	2013	3	본표, 상관색인, 해설서	1,719	오동근

최신판인 제6판은 2013년 7월에 발행되었다. 개정은 가능한 한 기존의 기본 골격을 유지하면서, 필요할 경우 특정 주제 분야는 적극적으로 개정한다는 방침에 따라 이루어졌다.

---

15) 이것은 분류표에도 그 나라의 문화적 특성이 반영된다는 설명으로, 이러한 시각에서 다양한 MARC 시스템의 특성들을 도입하고자 한 KORMARC은 "찌개 MARC"로 설명할 수 있을 것이다. 자세한 내용은 Dong-Geun Oh. "Developing and Maintaining a National Classification System, Experience from Korean Decimal Classification." *Knowledge Organization* Vol.39, No.2. 참조.

한국십진분류법 제6판의 주요 개정 방침을 살펴보면 다음과 같다.[16]
① 주류와 강목은 제5판의 골격을 가능한 한 그대로 유지하되, 학문의 발전과 도서관의 실제 장서구성에서 많은 차이를 보이거나 필요할 경우 특정 주제 분야는 적극적으로 개정하도록 한다.
② 조기표의 개정 및 본표의 조기성은 일관성 있게 유지한다.
③ 기술방식을 전체적으로 통일하고, 용어를 최신화·현대화한다.
④ 북한 관련항목을 분류표에 적절하게 반영한다.
⑤ KDC 제5판의 오류와 표기상의 미비점 등을 수정·보완한다.
⑥ 분류기호 합성방식을 적극적으로 도입하고, 분류항목에 다양한 주기를 기술한다.
⑦ 의미상 한자의 병기가 필요한 경우에는 이를 ( ) 속에 병기한다.
⑧ 조기표 중 지역구분표에 통합된 한국지역구분표 그리고 사실상 제한적으로 사용되고 있는 한국시대구분표는 별도의 조기표로 유지하지 않는다.
⑨ 도서관에 따라 선택적으로 적용할 수 있는 별법에 대해서는, 맨 앞에 "별법: "을 명시하여 표시하기로 한다.
⑩ KDC를 사용하는 도서관의 분류실무와 이용자의 주제접근에 유용하게 사용할 수 있도록 제6판의 간략판 및 해설서(매뉴얼)를 발간하고, 차후 KDC를 기반으로 한 시소러스도 함께 편찬할 수 있도록 대비한다.[17]

이상의 방침에 따른 특징 이외에도, 한국십진분류법 제6판은 다음과 같은 주요 특징을 추가로 가지고 있다.[18]
① 학문 발전 및 도서관의 실제 장서 구성의 최신 동향에 따른 필요한 부분들의 재전개
② 불합리하다고 지적된 일부 강목('건축술·건물' → '540 건축, 건축학') 및 요목의 통폐합
③ 주요 분류 항목에 대한 상세한 주기의 추가
④ 인덴션의 도입을 포함한 상관색인의 대대적인 수정 및 보완

---

16) 한국도서관협회 편. 한국십진분류법. 제6판. (서울: 한국도서관협회, 2013). 제1권. p.x.
17) 해설서는 제6판과 함께 발행되었으나, 간략판은 아직 발행되지 못하였다.
18) 오동근, 여지숙, 배영활. 한국십진분류법 제6판의 이해와 적용(대구: 태일사, 2014). pp.6-7, KDC 제6판의 개정과정에 대해서는, 제1권의 "분류위원회보고"(ix-xvi) 참조.

⑤ 국립중앙도서관 국가서지과와의 지속적 협의 및 자문을 통한 도서관 현장의 의견 반영
⑥ 주요 주제 분야의 전문가 및 교수의 자문을 통한 주제 분야의 전문성 강화

(3) NDC

일본십진분류법(Nippon Decimal Classification)의 초판은 모리 키요시(森淸)라는 개인에 의해 개발되어 1929년에 마미야상점(間宮商店)에서 발행되었다. 이것은 원래 모리가 청년도서관원연맹의 기관지인『圖書館硏究』제1권에 1928년에 발표했던 '화양도서공용십진분류법'(和洋圖書共用十進分類法)을 바탕으로 한 것으로, 이런 이유 때문에 이를 'NDC 0판'이라고도 한다.[19]

일본도서관협회에서는 1948년에 분류위원회를 결성하고, 모리의 기존 분류표를 개정하여, 1950년에 신정6판을『日本十進分類法: 和洋圖書共用十進分類法及び索引』이라는 서명으로 발행하였다. 이후 NDC는 일본도서관협회에서 그 개정과 발행을 맡고 있는데, 신정7판부터는 부서명(副書名)을 삭제하였다.

최신판인 신정10판은 신정9판 발행 후 19년만인 2014년 12월에 2권으로 발행된 바 있다. 제1권은 본표·보조표편으로, 서설과 세목표, 보조표를 포함하고 있고, 제2권은 상관색인·사용법편으로, 상관색인과 사용법, 용어 해설, 사항 색인으로 구성되어 있다.

신정10판을 발행하기 위한 분류표 개정의 방침은 실무의 계속성을 확보하는 관점에서 NDC의 근간에 관한 체계의 변경은 하지 않기로 하고, 기존의 틀 안에서 분류 작업을 쉽게 하고 이용자에게도 이해하기 쉬운 분류표를 실현하고자 노력하였다고 한다.[20] 일본도서관협회의 홈페이지 소개 자료에 의하면,[21] 신정10판에서는 기능과 구조상의 개선을 하였고, 특히 정보학 및 관련 영역의 학제적 부분에서 관점의 명확화하고 구조를 정리하였다고 한다. 또한 전체적으로 신설 항목이 세목표에서 288건, 삭제 항목이 55건, 새로운 별법 주기에 의한 주제의 부분적 개정이 52건이라고 한다. 서설 및 각 유에 대한 설명 부분에서는 구조 등을 알기 쉽도록 하였고, 사용법을 독립시켜 충실히 하고 사용하기 쉽도록 했다고 한다. 상관색인은 주제명표목표 등에서 새로운 색인어를 약 4,000 단어 추가하고, 새로 용어 해설과 사항 색인을 수록하였다고 한다.

---

[19] 志保田務. 情報資源組織論(京都: ミネルヴァ書房, 2013). pp.89-90.
[20] 髙橋良平. "日本十進分類法新訂10版の槪要." カレントアウェアネス 324(2015.6). p.11.
[21] 일본도서관협회 홈페이지. 〈http://www.jla.or.jp/publications/tabid/87/pdid/p11-0000000413/Default.aspx〉

또한 일본도서관협회에서는 신정8판 이후 이루어지고 있는 MRDF(Machine Readable Data File)의 작성과 배포를 10판에서도 검토할 예정이며, 일본 국립국회도서관과 함께 NDC의 Linked Data화를 위한 실험도 실시할 예정이라고 한다.[22]

이상에서 살펴본 DDC와 KDC, NDC의 일반적 특징을 비교해보면, 〈표 5-4〉와 같다.

〈표 5-4〉 DDC와 KDC, NDC의 일반적 특징 비교

구 분		DDC	KDC	NDC
영문명		Dewey Decimal Classification	Korean Decimal Classification	Nippon Decimal Classification
초판	발행년도	1876	1961	1929
	편집책임자	Melvil Dewey	천혜봉	모리 키요시(森淸)
	발행기관	Amherst College	한국도서관협회	마미야상점(間宮商店)
	총권수	1권	1권	1권
최신판	발행년도	2011	2013	2014
	판차	제23판	제6판	제10판
	편집책임자	J. Mitchell	오동근	일본도서관협회
	발행기관	OCLC	한국도서관협회	일본도서관협회
	총권수	4권	3권	2권
	총페이지수	4,175	1,719	800
주요사용기관		공공도서관 학교도서관 대학도서관	공공도서관 학교도서관 대학도서관	공공도서관 학교도서관 대학도서관

5.1.2. 이용 현황

(1) DDC

DDC는 현재 전 세계에서 가장 널리 사용되는 분류법으로 알려지고 있다. DDC의 홈페이지에 제시된 정보[23]와 'Introduction'의 설명에 의하면, DDC는 현재 138개 이상의 나라

---

22) 髙橋良平. "日本十進分類法新訂10版の槪要." カレントアウェアネス 324(2015.6). p.13.

에서 200,000개 이상의 도서관이 사용하고 있고, 60개국 이상의 국가 서지에 사용되고 있으며, 30개국 이상의 언어로 번역되고 있다고 한다. 미국에서는 전체 공공도서관과 학교도서관의 95퍼센트와 전체 대학도서관의 25퍼센트, 전문도서관의 20퍼센트가 사용하고 있다.[24] DDC 분류 기호는 MARC 서지레코드에 통합되어, 컴퓨터 매체와 CIP(Cataloging in Publication) 데이터 등을 통하여 전 세계의 도서관에 배포되고 있다.

(2) KDC

KDC는 우리나라의 대부분의 공공도서관과 학교도서관이 채택하고 있는 표준분류법이다. 최근의 통계는 아니지만, 2009년의 자료에 의하면, 공공도서관에서는 동양서의 경우 99.1%, 서양서의 경우 97.8%가 한국십진분류법을 사용하고 있다.[25] 2010년의 자료에 의하면, 대학도서관에서는 동양서의 경우 43.2%, 서양서의 경우 23.7%가 한국십진분류법을 사용하고 있는 것으로 나타났다.[26] (〈표 5-5〉와 〈표 5-6〉 참조). 공공도서관의 경우는 대부분 동양서와 서양서의 분류에 KDC를 채택하고 있는 반면, 대학도서관의 경우는 DDC를 채택하는 경향이 많음을 알 수 있다.

〈표 5-5〉 공공도서관의 KDC 채택 현황

분류표	1986		2009	
	동양서	서양서	동양서	서양서
KDC	97.7% (84)	80.3% (49)	99.1% (541)	97.8% (534)
DDC	0% (0)	8.2% (5)	0.2% (1)	1.5% (8)
기타	2.3% (2)	11.5% (7)	0.7% (4)	0.7% (4)
조사도서관수	86개관	61개관	546개관	

---

23) DDC 홈페이지. 〈http://www.oclc.org/dewey.en.html〉
24) 오동근. DDC 22의 이해(대구: 태일사, 2007). pp.43-46
25) Dong-Geun Oh. "Developing and Maintaining a National Classification System, Experience from Korean Decimal Classification." *Knowledge Organization* Vol.39, No.2(한국도서관협회, 공공도서관통계결과자료. 2010.의 데이터 재분석 결과임)
26) Dong-Geun Oh. *op. cit.* 및 국공립대학도서관협의회. 회원교통계(〈http://www.knula.or.kr〉)와 한국사립대학교 도서관협의회. 회원관통계(〈http://www.kpula.or.kr〉)의 2015년 데이터의 재분석 결과임.

〈표 5-6〉 대학도서관의 KDC 채택 현황

분류표	2001		2007		2010		2015	
	동양서	서양서	동양서	서양서	동양서	서양서	동양서	서양서
KDC	45.3% (68)	26.0% (39)	43.1% (72)	23.3% (39)	43.2% (73)	23.7% (40)	40.9% (72)	22.7% (40)
DDC	52.0% (78)	71.3% (107)	54.5% (91)	74.3% (124)	54.4% (92)	73.4% (124)	52.3% (92)	69.3% (122)
기타	2.7% (4)	2.7% (4)	2.4% (4)	2.4% (4)	2.4% (4)	2.9% (5)	6.8% (12)	8.0% (14)
조사 도서관수	150개관		167개관		169개관		176개관	

KDC의 분류 기호는 국립중앙도서관 CIP센터에서 제공하는 '출판예정도서목록'(CIP: Cataloging In Publication) 데이터([그림 5-2] 참조)와 국립중앙도서관의 온라인 종합 목록(http://www.nl.go.kr)과 MARC 레코드([그림 5-3]과 [그림 5-4] 참조)에 포함되어 있다. KORMARC 레코드에는 056 필드에 KDC, 082 필드에 DDC의 분류 기호를 각각 수록하고 있다. 이러한 정보는 특히 카피 편목(copy cataloging)을 수행하는 도서관에서 편리하게 활용할 수 있을 것이다.

```
국립중앙도서관 출판시도서목록(CIP)

출판시도서목록(CIP) 편람 / 국립중앙도서관 [편]. - - 개정4판
- - 서울 : 국립중앙도서관, 2010
  p. ;  cm

ISBN 978-89-7383-6  03020 : 비매품

출판시 표준 목록[出版時標準目錄]

026.111-KDC5
027.5519-DDC21                      CIP2010004718
```

[그림 5-2] 출판예정도서목록의 분류 기호 데이터[27]

---

27) 국립중앙도서관 홈페이지의 데이터를 참고하였음(〈http://seoji.nl.go.kr/style/file/cip_4.pdf〉).

제5장 DDC와 KDC, NDC의 비교와 분석 | 205

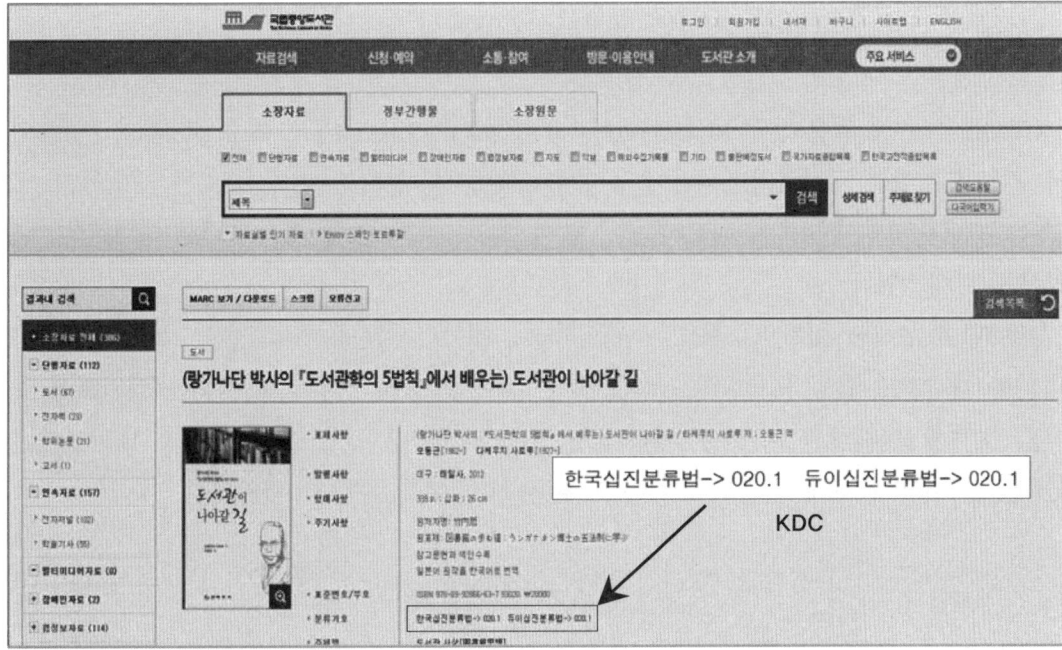

[그림 5-3] 국립중앙도서관의 온라인 목록의 분류 기호

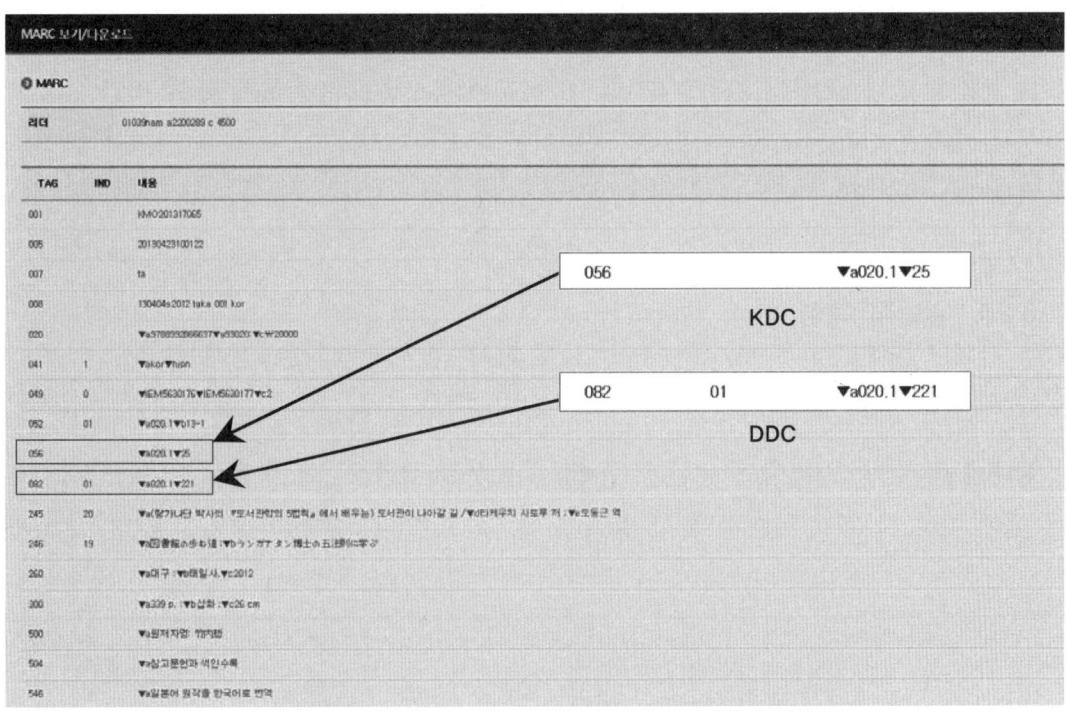

[그림 5-4] 국립중앙도서관의 온라인 목록의 MARC 데이터의 분류 기호

(3) NDC[28]

NDC는 1949에 일본 문부성(文部省)이 『学校図書館の手引き』에 이를 소개하고, 일본의 국가대표도서관인 국립국회도서관이 동양서(和漢書))의 분류를 위해 NDC를 채택하고, 국립국회도서관에서 작성하여 배포하는 목록 카드에 NDC 기호를 추가하면서 그 보급이 급격하게 확대되었다.

1981년의 조사에 의하면, 공공도서관의 99%, 대학도서관의 75%, 전문도서관의 66%가 NDC를 채택하고 있었다고 한다. 2008년의 조사에 의하면, 신규로 입수되는 일반도서 중 일본 도서에 일본십진분류법을 채택하고 있는 도서관은 공공도서관 99%, 대학도서관 92%였고, 서양 도서에 채택하고 있는 경우는 각각 96%, 87%로 나타났다.

5.2. 일반적 특성과 장점 및 단점에 대한 분석

DDC와 KDC, NDC는 십진식 분류법이기 때문에 특성상의 공통점과 함께, 각각 고유의 특성을 가지고 있다. 이 절에서는 그 공통적인 특성들과 차이점, 각각의 장점과 단점을 살펴보고자 한다.[29]

5.2.1. 일반적 특성

(1) 학문에 의한 분류

현대의 대부분의 분류표는 동일한 주제를 다루는 자료라도, 그 관점이나 측면, 취급 방법 등에 따라 그 학문 분야나 연구 분야에 분류하고 있다. 이러한 방식을 흔히 "학문에

---

28) 이하의 내용은 髙橋良平. "日本十進分類法新訂10版の概要." カレントアウェアネス 324(2015.6). p.11.과 Wikipedia 의 '日本十進分類法' 항목을 참고하였음. 〈https://ja.wikipedia.org/wiki/%E6%97%A5%E6%9C%AC%E5%8D%81%E9%80%B2%E5%88%86%E9%A1%9E%E6%B3%95〉

29) 이 소절은 오동근. DDC 22의 이해(대구: 태일사, 2007)와 오동근, 여지숙, 배영활. 한국십진분류법 제6판의 이해와 적용(대구: 태일사, 2014)의 주요 내용을 주로 참고하였음.

의한 분류"30)라고 하고, 이러한 방식의 분류표를 학문적 분류표 또는 측면적 분류표(aspect scheme)31)라고 한다.

DDC와 KDC, NDC는 모두 기본적으로 학문적 분류를 채택하고 있다. 이와 관련하여, DDC와 KDC는 Bacon의 학문 분류를 따르고 있고, NDC는 Comte의 학문 분류를 따르고 있다.

다만 KDC는 학문에 의한 분류에 추가하여, "부분적으로 주제에 의한 분류를 보완"32)하고 있다는 사실에 유의해야 한다. 이러한 KDC의 특성을 보여주는 대표적인 예들로, 컴퓨터 하드웨어와 소프트웨어를 포함한 컴퓨터 과학의 전 영역이 004에 통합되어 있고, 건축과 건물, 건축술에 관련된 모든 주제들이 '540 건축, 건축학'으로 통합되어 있다(〈표 5-7〉참조). 이러한 원칙이 주류와 강목, 요목, 세목의 모든 단계에서 완벽하게 지켜지고 있는 것은 아니지만, 최근의 개정을 통해서는 적어도 요목 단계까지는 이를 가능한 한 지키고자 노력하고 있음을 알 수 있다.

〈표 5-7〉 KDC의 주제분류적 특성을 보여주는 예(일부)

해당 주제	KDC의 기호	DDC의 기호	
컴퓨터과학	004	소프트웨어 일반	005
		하드웨어 일반	004
		하드웨어 공학	621.39
조경	525.9	조경용 작물	635
		건축관련조경	712
		치료적 활용	615.8515
건축, 건물, 건축술	540	건축시공	690
		건축예술	720
종교음악	672	종교음악 일반	203.7
		각 종교의 음악	해당종교 내 별도기호

---

30) 오동근. *op. cit.* p.47.
31) Brian Buchanan. 문헌분류이론. 정필모, 오동근 공역(서울: 구미무역출판부, 1989). p.126.
32) 한국도서관협회 편. 한국십진분류법. 제6판. 제3권(서울: 한국도서관협회, 2013). p.7.

DDC와 KDC의 주류(主類)의 배열은 Francis Bacon의 학문 분류[33])의 역순(逆順)을 채택하고 있는 W. T. Harris의 분류법의 영향을 받고 있다고 할 수 있다. 다만 KDC의 순서는 지식의 전 분야를 9개의 주류와 1개의 총류로 구분하면서도, 언어(400)와 문학(800)을 각각 700과 800에 근접시키고, 자연과학과 기술과학, 예술을 각각 한 단계씩 위로 이동시켜, 400과 500, 600에 배열함으로써, DDC의 단점을 보완하고 있다(〈표 5-8〉 참조).

〈표 5-8〉 Bacon 및 Harris의 분류와 DDC 및 KDC의 주류 배열의 관계

Bacon	Harris	DDC와 KDC		
		기호	DDC 23	KDC 6
History	1-63 Science	000	Computer science, information & general works	총 류
		100	Philosophy & psychology	철 학
		200	Religion	종 교
		300	Social sciences	사회과학
		400	Language	자연과학
		500	Sciences	기술과학
		600	Technology	예 술
	64-78 Art	700	Arts & recreation	언 어
Poesy		800	Literature	문 학
Philosophy	79-97 History	900	History & geography	역 사

한편 NDC의 주류(主類)의 전개와 배열은 Comte의 학문 분류를 바탕으로 하는 C. A. Cutter의 전개분류법(Expansive Classification)을 바탕으로 하고 있기 때문에, DDC 및 KDC와는 다른 양상을 보이고 있다(〈표 5-9〉 참조). 표에서 볼 수 있는 것처럼, NDC는 완전히 일치하지는 않지만, 오히려 LCC의 주류 배열에 더 가깝다는 것을 알 수 있다. 또한 NDC에서는 DDC와 KDC와는 달리, '1 철학'에 종교를 포함시키고, 과학기술 분야를 '5 기술'과 '6 산업' 두 개 유로 구분하고 있다.

---

33) Bacon은 인간의 정신 능력을 기억(memory)과 상상(imagination), 오성(悟性(understanding); 또는 이성(理性, reason))으로 구분하고, 그에 대응하여 학문을 사학(史學: history)과 시학(詩學: poesy), 이학(理學: philosophy)으로 분류하였다. 자세한 내용은 오동근, 배영활, 여지숙. KDC의 이해(대구: 태일사, 2002). p.30. 참조.

<표 5-9> EC와 LCC, NDC의 주류 배열 비교

EC (제5표 기준 블록별 구분)		LCC (비교를 위한 블록별 구분임)		NDC 10	
A	General Works	A	General Works	0	総記
B-D	Philosophy & Religion	B	Philosophy & Religion	1	哲学
E-G	History & Geography	C-G	History	2	歴史
H-K	Social Sciences	H-L	Social Sciences	3	社会科学
L-Q	Natural Sciences	M-N	Arts	4	自然科学
R	Useful arts, Technology	Q	Sciences	5	技術
S-U	Manufactures, etc.	R-T	Technology	6	産業
V-W	Arts	U-V	Military & Naval Science	7	芸術
X	Language	P	Language & Literature	8	言語
Y	Literature			9	文学
Z	Book arts	Z	Bibliography & Library Science		

한편 DDC와 KDC, NDC는 모두 상관색인(relative index)을 갖추고 있는데, 이것은 이와 같이 동일 주제를 다루면서도 본표에서 그 학문적 측면에 따라 여러 곳에 분산되어 있는 관련 항목을 함께 모으고, 어떤 주제의 다양한 측면을 한 곳에서 확인할 수 있는 장치로 마련된 것이다.[34]

(2) 순수기호법을 이용한 십진식 전개

DDC와 KDC, NDC는 모두 그 이름에 포함되어 있는 'decimal classification'이 나타내고 있는 것처럼, 십진식 분류법이다. 이것은 0부터 9까지의 10개의 숫자를 사용하여 수를 나타내는 수학의 십진법의 원리를 분류법에 적용한 것으로, Melvil Dewey가 DDC를 고안할 때 분류법에 처음으로 도입한 것이다. 즉 이 분류법들은 모두 학문의 전 분야를 10개의 주류(主類: main classes)로 나누고, 각각의 주류를 다시 10개의 강목(綱目: divisions)으로 나누고, 각각의 강목은 다시 19개의 요목(要目: sections)으로 나누고, 각각의 요목은 다시 10개의 세목(細目: subdivisions)으로 나누고, 추가의 세분이 필요할 경우는 그 필요한 만큼 이러한 십진식 방식으로 계속적으로 세분해 나가는 것을 기본으로 하고 있다.[35]

---

[34] 오동근, 배영활, 여지숙. op. cit. p.31.
[35] NDC에서는 주류를 나타내는 제1차 구분표를 유(類), 강목을 나타내는 제2차 구분표를 강(綱), 요목을 나타내는 제3차 구분표를 목(目)이라고 한다.

한편 십진식 기호의 표기에 있어서는 DDC와 KDC, NDC 모두 아라비아 숫자를 기반으로 하는 순수기호법(pure notation)을 채택하고 있다. 아울러 DDC와 KDC에서는 세 자리가 모자랄 때에는 그 모자라는 자리를 '0'으로 채우고, 세 자리가 넘을 때에는 세 번째 자리와 네 번째 자리 사이에 소수점을 찍도록 하고 있다. 다만 NDC의 경우에는 이러한 '0'을 추가하지 않고 있다.

여기서 유의해야 할 사실은 십진식에서는 구분 단위가 사실은 10개가 아니라 9개라는 사실이다. 즉 '0'은 000 총류에서와 마찬가지로, 항상 전체를 포괄하는 유에 부여되기 때문이다. 더구나 9개가 넘을 경우에는 '9'에 '기타'에 해당하는 나머지 유들을 모아야 하기 때문에 사실상 그 수용 능력(hospitality)은 줄어든다. 십진식의 외형(10개)과는 달리, 기수(基數: base)로 사용할 수 있는 자리 수는 8개에 불과한 것이다. 이를 그림으로 나타내면 [그림 5-5]와 같다. 즉 그림에서 볼 수 있는 것처럼, 알파벳 대문자를 사용한 분류법의 기호를 십진식으로 전개하면 네 자리의 아라비아 숫자가 필요할 수도 있다는 사실에 유의해야 한다. 정필모 교수가 제안한 이른바 '백진식 분류법'(Plan for Centesimal Classification)은 이러한 십진식의 문제점을 보완하고자 제안한 것으로, 흥미로운 아이디어를 보여주고 있다.36)

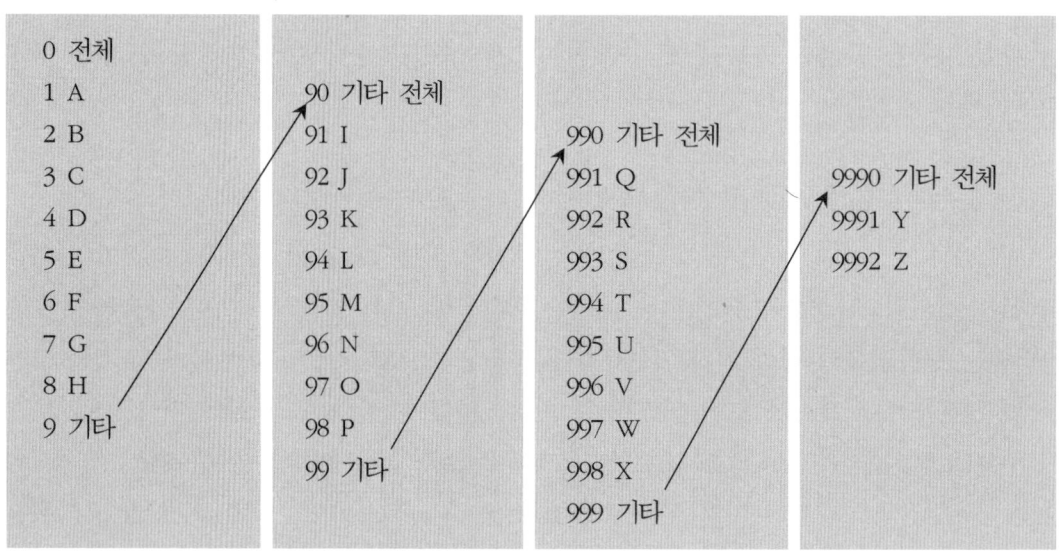

[그림 5-5] 십진식의 수용능력을 보여주는 예

---

36) 정필모. "국제백진분류법의 기본구조." 한국도서관·정보학회지, 제33권 제1호(2002.3). pp.1-13.

결국 Rowley와 Farrow가 DDC의 기호법에 대해 지적하고 있는 것처럼, 이러한 십진식 기호법은 이 세 분류표의 가장 큰 장점인 동시에 가장 큰 약점이 되기도 한다.[37] 즉 모든 상위 주제를 10개씩 구분한다는 것은 이상과 같이, 이론적으로나 실제적으로 불합리한 것이 사실이며, 따라서 늘 문제점으로 지적되어 오고 있다. 그러나 이 십진식 전개가 갖는 단순함에서 오는 편리성이 DDC를 비롯한 이러한 십진식 분류법의 인기에 일조하고 있는 것도 사실이다. 특히 DDC가 국제적으로 성공을 거둔 데는 이러한 아라비아 숫자가 갖는 국제성과 언어의 장벽을 초월할 수 있다는 점도 크게 작용하고 있다고 할 수 있을 것이다.[38]

(3) 계층적 구조

DDC와 KDC, NDC는 각 학문 분야 주제들의 전개가 모두 일반적인 것들로부터 시작하여 점차 구체적인 것들로 확장되는 계층적 분류표(hierarchical classification)이다.[39] 그 단계는 주류(主類: main classes)와 강목(綱目: divisions), 요목(要目: sections), 세목(細目: subdivisions)으로 이어지는 구조를 갖는다. 다만 이 계층적 구조의 원칙은 분류표 전체에 걸쳐 모든 경우에 항상 적용되는 것은 아니라는 사실에 유의해야 한다.

계층적 구조에 대한 이해를 위해, KDC의 주류와 강목, 요목의 계층적 구조를 300 사회과학의 320 경제학의 경우를 예를 들어 개략적으로 살펴보면 〈표 5-10〉과 같다.

주류(main classes)는 DDC와 KDC, NDC 모두 학문이나 지식의 모든 영역을 전통적 구분에 따라 각각 광범위한 분야나 일단의 상호 관련된 분야로 이루어지는 9개로 나누고, 각각에 대해 100부터 900까지의 기호를 부여하고 있다. 아울러 이상의 9개의 어떤 유에도 분류하기 어렵거나 여러 유를 망라적으로 다루고 있는 주제들을 모아 총류(總類: 000, NDC에서는 총기(總記)라고 한다)에 분류하도록 하고 있다. 그 결과 〈표 5-10〉과 같은 10개 주류를 구성하게 된다. 주류의 3자리 기호는 첫 번째 자리만 의미를 갖게 되며, 나머지 2개의 '0'은 3자리로 유지하기 위해 덧붙여진 기호이다. 이것은 DDC와 NDC의 경우에도 마찬가지이다.

---

[37] J. Rowley & J. Farrow. *Organizing Knowledge: An Introduction to Managing Access to Information.* 3rd ed. (Hampshire: Gower, 2000). p.222.
[38] A. Maltby. *Sayers' Manual of Classification for Librarians.* 5th ed. (London: Andre Deutsch, 1978). p.148.; Lois Mai Chan. *Cataloging and Classification: An introduction*(New York: McGraw-Hill Book Company, 1981). p.226.
[39] Marty Bloomsberg and Hans Weber. *An Introduction to Classification and Number Building in Dewey* (Colorado: Libraries Unlimited, 1976). p.17.

<표 5-10> KDC의 계층적 구조: 주류, 강목, 요목

주류	강목	요목
000 총　류		
100 철　학		
200 종　교		
300 사회과학	300 사회과학	
400 자연과학	310 통계자료	
500 기술과학	320 경제학	320 경제학
600 예　술	330 사회학, 사회문제	321 경제각론
700 언　어	340 정치학	322 경제정책
800 문　학	350 행정학	323 산업경제 일반
900 역　사	360 법률, 법학	324 기업경제
	370 교육학	325 경　영
	380 풍습, 예절, 민속학	326 상업, 교통, 통신
	390 국방, 군사학	327 금　융
		328 보　험
		329 재　정

　강목(divisions)은 각각의 주류를 각각 10개씩 추가로 세분하여 이루어지게 된다. <표 5-10>의 강목은 KDC의 300 사회과학을 예로 든 것이다. 여기서 강목의 의미는 두 번째 자리의 기호로 나타난다. 따라서 주류의 기호 '300'과 강목의 기호 '300'은 외견상으로는 동일한 기호이지만, 각각 의미를 갖는 부분이 한 자리와 두 자리로 서로 다르기 때문에, 그 의미는 다른 것이다. 이것은 DDC와 NDC의 경우에도 마찬가지이다.

　요목(sections)은 각각의 강목을 각각 10개씩 추가로 세분하여 이루어지게 된다. <표 5-10>의 요목은 KDC의 320 경제학을 예로 든 것이다. 여기서 요목의 의미는 세 번째 자리의 기호로 나타난다. 따라서 강목의 기호 '320'과 요목의 기호 '320'은 외견상으로는 동일한 기호이지만, 각각 의미를 갖는 부분이 두 자리와 세 자리로 서로 다르기 때문에, 그 의미는 다른 것이다. 이것은 DDC와 NDC의 경우에도 마찬가지이다.

　세목(subdivisions)은 필요에 따라 요목을 계속적으로 세분하여 이루어지게 된다. 세 자리가 넘는 분류 기호는 3자리 다음에 소수점을 찍도록 하고 있기 때문에, 세목들은 기본적으로 소수점 아래의 기호로 표현된다. 이것은 DDC와 NDC의 경우에도 마찬가지이다.

이상에서 살펴본 DDC와 KDC, NDC의 계층적 구조는 기본적으로 기호법을 통해 나타나게 된다. 즉 세 분류법 모두 그 계층적 구조는 [그림 5-6]의 KDC의 예에서 볼 수 있는 것처럼, 의미를 갖는 분류 기호의 자리 수(밑줄로 표시)에 의해 그 상하 관계나 대등 관계가 표현된다. '농업, 농학'류(520)는 의미를 갖는 자리 수가 그보다 하나 더 적은 '기술과학'류(500)의 하위류(subordinate class)가 되고, 그보다 자리 수가 하나 더 많은 '축산학'류(527)의 상위류(superordinate class)가 된다. '가축'류(527.4)와 '낙농'류(527.5)는 둘 모두 '축산학'류(527)의 하위류가 되지만, 이 두개 유는 서로 동위류 또는 등위류(coordinate class)가 된다. '소'류(527.43)는 '가축'류(527.4)의 하위류가 되지만, '돼지'류(527.44)와는 동위류가 되는 것이다.

```
500      기술과학
520      농업, 농학
527      축 산 학
527.4      가 축
527.43       소
527.44       돼 지
527.5      낙 농
```

[그림 5-6] KDC의 기호법에 의한 계층적 구조의 표현

한편 세 분류표의 계층적 구조는 기호법 이외에도 '구조에 의한 계층 구조'(structural hierarchy)를 갖는데, 이는 '계층적 구속력'(hierarchical force)으로도 설명되고 있다.[40] 이것은 상위류에 적용되는 것은 하위류 전체에도 적용된다는 것으로, KDC의 예를 들면 500 기술과학에 적용되는 것은 그 하위류인 520 농업, 농학은 물론 527 축산학, 527.44 돼지에도 적용된다. 따라서 500 기술과학 전체에 적용되는 내용은 500 아래에 한번만 주기로 설명하면 되는 것이다.

(4) 조기성(助記性)

조기성(mnemonics)은 기억을 도와주는 특성으로, "기억을 돕거나 향상시키기 위한 기술이나 방법 또는 그것을 통해 기억을 새로이 하거나 향상시키는 것"[41]을 말한다. 많은

---

40) 이에 대한 자세한 내용은 다음 부분을 참조하라. 오동근. DDC 22의 이해(대구: 태일사, 2007). pp.51-52.
41) 오동근. DDC 22의 이해(대구: 태일사, 2007). p.53.

분류표에서는 반복적으로 나타나는 주제나 개념, 형식, 특성에 대해 동일한 기호를 일관성 있게 사용함으로써 분류 담당자나 이용자가 이러한 것들을 더 쉽게 기억할 수 있도록 하기 위해 이러한 조기성의 기법을 활용하고 있다.

사실 이러한 조기성의 기법은 분류법 이외에도 실제로 다양한 방식으로 적용되고 있다. 예를 들면 생물학의 분류에서는 생물학의 분류 체계를 쉽게 외우기 위해, 각 분류 개념(kingdom(界), phylum(門), class(綱), order(目), family(科), genus(屬), species(種))의 첫 글자를 문장화하여, "King Philip came over from Germany Saturday"와 같이 사용하고 있다.[42] 천문학에서는 별들이 내는 빛의 빛띠 형태에 따른 일곱 가지 종류(O, B, A, F, G, K, M)를 쉽게 외우기 위해, "O be a fine girl kiss me right now smack"이라는 문장을 사용하기도 한다.[43] Ranganathan은 이러한 순서를 전문가들의 전문적인 지식과 규범을 활용한 순서라는 의미에서 '규범적 순서'(canonical order)라고 말하고 있는데,[44] 이것은 조기성의 중요한 기법이 되기도 한다.

분류법에서 조기성을 도입하는 예는 열거식 분류법보다는 분석합성식 분류법에서 더 두드러지게 나타난다. 이와 관련하여, Chan은 이러한 장치가 분류 기호에 대한 독자의 기억과 식별을 더 용이하게 해주는 것은 물론 DDC가 열거식 시스템에서 더 분석합성적인 분류표로 발전할 수 있도록 하는 데도 도움이 되었다고 주장하고 있다.[45] 이는 KDC와 NDC에도 동일하게 적용될 수 있는 주장이다.

DDC와 KDC, NDC 모두 동일한 개념에 대해 동일한 기호를 부여하는 체계적 조기성(systematic mnemonics)을 광범위하게 도입하고 있다. 이것은 분류표의 구조에 의해 조기성이 생기기 때문에 붙여진 이름으로,[46] 표를 활용하는 경우가 많기 때문에 표에 의한 조기성(scheduled mnemonics)라고도 한다.[47] 그 대표적인 예는 보조표를 사용하는 것으로, DDC의 6개 보조표(Table), KDC의 6개 조기표, NDC의 일반 보조표의 4개 구분과 고유 보조표의 2개 구분(언어공통구분과 문학공통구분)이 여기에 해당한다.[48]

조기성을 부여하는 또 하나의 방법은 본표의 다른 부분에서 사용하는 기호를 해당 부

---

[42] A. J. 제이콥스. 한 권으로 읽는 브리태니커. 표정훈, 김명남 역(서울: 김영사, 2007). p.230.
[43] Brian Buchanan. 문헌분류이론. 정필모, 오동근 공역(서울: 구미무역출판부, 1998). p.56
[44] *Loc. cit.*
[45] Lois Mai Chan. *Cataloging and Classification: An introduction*(New York: McGraw-Hill Book Company, 1981). p.228.
[46] Brian Buchanan. *op. cit.* p.104.
[47] 오동근. DDC 22의 이해(대구: 태일사, 2007). p.54.
[48] 보조표의 구체적인 내용에 대해서는, 5.3.을 참조하라.

분에 직접 추가하도록 하는 것이다. DDC와 KDC에서 자주 사용하는 이른바 전(全) 주제 구분은 분류표의 001-999 전체 주제를 해당 분류 기호에 추가할 수 있도록 하는 것이다. 예를 들면, KDC의 '016 주제별 서지 및 목록'의 주기에는 "001-999와 같이 주제구분한다"라고 지시되어 있는데, 이에 따를 경우, '문헌정보학 서지'는 '016 + 020 → 016.02'(소수점 이하의 '0'은 생략되었음)가 되는 경우와 같다. 따라서 016 아래의 모든 전개는 전체 주제와 조기성을 갖게 되는 것이다.

DDC의 부가표(add table)나 NDC의 고유 보조표는 특정 주제에 국한하여 공통적으로 적용할 수 있는 별도의 표를 만들어 활용하는 경우로, 이것도 조기성을 부여하는 예에 해당한다. 예를 들면, DDC의 '155 Differential and developmental psychology' 아래에는 [그림 5-7]과 같은 주기가 추가되어 있다. 따라서 이 경우에는 해당 부가표를 적용하는 모든 주제들이 조기성을 갖게 되는 것이다.

```
155  Differential and developmental psychology

        Except for modifications shown under specific entries, add to each subdivision
        identified by * as follows:
        2    Sensory perception, movement, . . .
                Add to 2 the numbers following 152 in 152.1- . . .
        3    Conscious mental processes and intelligence
                Standard subdivisions are added for . . .
        8    Individual, evolutionary, environmental psychology
```

[그림 5-7] DDC 부가표의 예(155)[49]

5.2.2. 장점과 단점에 대한 분석

DDC와 KDC, NDC는 모두 십진식 분류법이기 때문에, 공통적으로 갖는 장점과 단점이 있다. 아울러 그 고유의 특성으로 인해 각각 그 특유의 장점과 단점을 가지고 있을 것이다.

---

49) Melvil Dewey. *Dewey Decimal Classification and Relative Index*. 23rd ed. (New York: Forest Press, 2011). Vol.2. p.133.

(1) DDC와 KDC, NDC의 장점

① 실용적인 분류법이다. DDC는 미국은 물론 전 세계의 많은 도서관이 사용하고 있고, KDC는 한국의 국가대표도서관인 국립중앙도서관을 비롯한 대부분의 공공도서관과 학교도서관, 상당수의 대학도서관 등에서 사용하고 있으며, NDC 역시 일본의 공공도서관과 학교도서관을 비롯한 많은 도서관에서 사용하고 있는 실제적이고 실용적인 분류법이다.

② 영구적인 기관이 각각의 분류표를 관리하고 있고, 지속적으로 개정판을 발행함으로써 최신성을 유지해주고 있다. DDC의 경우는 OCLC와 LC, KDC의 경우는 한국도서관협회, NDC의 경우는 일본도서관협회가 그와 같은 기능과 역할을 훌륭하게 수행하고 있다.

③ 아라비아 숫자로 된 순수 기호법(pure notation)을 채택하고 있다. 아라비아 숫자는 그 기호가 단순하고 누구나 쉽게 그 의미와 순서를 이해하기 쉽기 때문에, 분류표의 확산과 보급에 도움이 되고 있다. 아울러 새로운 지식 영역을 확장할 필요가 있을 경우에도 십진식의 특성을 활용하여 비교적 용이하게 분류표를 추가로 전개할 수 있다.

④ 상관색인(relative index)을 갖추고 있다. 세 분류표 모두 이를 통해, 학문 분야에 따라 본표의 여러 곳에 분산되거나 흩어져 있는 관련 주제들과 항목들을 일목요연하게 한곳에서 찾아볼 수 있도록 하고 있다.

⑤ 조기성(助記性)을 잘 활용하고 있다. 세 분류표 모두 별도의 보조표 내지 조기표를 갖추고 있으며, 필요에 따라 부가표(DDC)나 고유 보조표(NDC)를 활용하거나 전주제구분을 활용하여, 동일한 개념이나 주제에 대해 동일한 기호를 부여할 수 있도록 하는 조기성을 부여하고 있다.

⑥ 분류표 전체에 걸쳐 기호의 계층적 구조를 광범위하게 적용함으로써, 이를 활용한 탐색에 도움을 줄 수 있도록 하고 있다. DDC의 중앙 엔트리(centered entry)의 예에서 볼 수 있는 것처럼, 십진식 분류법의 특성상 모든 주제에 대해 계층적 구조를 완전하게 유지할 수는 없지만, 세 분류표 모두 가능한 한 계층적 구조를 유지할 수 있도록 하여, 주제의 상하 관계 등을 활용하여 탐색의 범위를 확대하거나 좁혀감으로써 주제에 대해 탐색에 도움을 줄 수 있도록 하고 있다.

⑦ 중앙집중식 편목 서비스 기관에서 제공하는 다양한 목록 정보를 통해 카피 편목

(copy cataloging)을 위한 해당 분류 기호를 활용할 수 있다. LC에서 제공하는 MARC 21 정보나 CIP 데이터에 DDC 기호가 포함되어 있고, 국립중앙도서관에서 제공하는 KORMARC 데이터 및 e-CIP 데이터와 국회도서관의 목록 정보에도 KDC 기호가 포함되어 있다. 일본의 국립국회도서관(国立国会図書館)에서 제공하는 JAPAN/MARC은 물론 도서관유통센터(株式会社図書館流通センター)에서 제공하는 TRC MARC에도 NDC 기호가 포함되어 있다. 따라서 DDC와 KDC, NDC를 사용하는 도서관들은 자체의 목록을 작성할 때 이러한 기관들의 목록 정보를 활용하여 해당 분류 기호를 부여할 수 있을 것이다.

⑧ 사용법에 대한 상세한 설명과 해설을 포함하고 있다. DDC는 제1권의 'Introduction'을 통해 분류표 전반에 대해 해설하고, 'Glossary'에서는 주요 용어에 대한 해설을 제공하고 있다. 또한 매뉴얼을 통해 분류하기 어려운 분야에 대한 설명과 관련된 분류 기호들을 선택하기 위한 지침을 제공해 주고 있다. KDC는 제1권의 서설을 통해 분류법에 대해 전반적인 설명과 실제 분류표의 사용 방법에 대해 구체적으로 설명하고, 제3권을 해설서로 별도로 마련하여 분류를 위한 전반적인 지침을 제공하고 있다. NDC는 기본 구조를 설명하는 '서설'(序説)과 분류 작업 방식에 대해 해설하는 '사용법', 전문 용어에 대한 '용어 해설'을 마련하고 있다. 또한 DDC와 KDC, NDC 모두 각각의 유들에 대해 비교적 상세한 다양한 주기들을 마련하고 있다. 이러한 것들은 분류표를 편리하게 이해하고 사용하는 데 도움이 될 것이다.

⑨ 별법(option)을 마련하여 도서관의 상황에 맞게 적용할 수 있도록 하고 있다. DDC의 경우에는 DDC는 기본적으로 영어권의 이용자들을 위한 표준 기호를 제공하고 있기 때문에, 다른 지역의 도서관을 위해 'option'이라는 이름으로 별법을 제공하고 있다. 물론 표준적인 방식 이외의 기호를 채택하고자 하는 도서관을 위한 별법도 다수 포함되어 있다. KDC에서도 '별법:'이라는 지시를 명시하여 표준적인 방식 이외의 기호를 부여하고자 하는 도서관들을 배려하고 있다. NDC 신정10판에서는 재전개된 다수의 분류 항목을 적용하는 대신 신정9판의 분류 항목을 그대로 유지하도록 하는 별법을 도입하고 있다.[50]

⑩ 각 분류표는 현지의 사정을 잘 반영하고 있다는 장점을 가지고 있다. DDC는 국제적인 분류표의 위상에 맞게 세계화와 국제화를 지향하여 다양한 방식으로 국제적인

---

50) 髙橋良平. "日本十進分類法新訂10版の概要." カレントアウェアネス 324(2015.6). p.14.

요구를 반영하고자 노력하고 있다. KDC는 한국의 실정에 맞도록 지속적으로 수정을 거듭하고 있으며, 국가대표도서관인 국립중앙도서관과의 다양한 협력을 통해 교육 및 훈련을 포함한 여러 가지 개선 방안을 모색하고 있다. NDC 역시 일본 도서관의 실정에 맞도록 지속적인 개선을 거듭하고 있다.

⑪ DDC의 경우, 인터넷 시대에 걸맞는 다양한 변화를 모색하고 있다. 제22판 이후로 Web-Dewey를 발행하고 있고, 홈페이지(http://www.oclc.org/dewey.en.html)를 운영하고 있으며, '025.431: The Dewey blog'(⟨http://ddc.typepad.com/⟩)라는 블로그를 통해 DDC에 대한 정보들을 공유하고 있다.

⑫ DDC의 경우 중소규모의 도서관을 위해 간략판(abridged edition)을 발행하고 있다는 사실도 중요한 장점이 될 것이다. DDC 제23판(2011)에 대응하는 간략판은 2012년에 발행된 제15판이다.

(2) DDC와 KDC, NDC의 단점

① 십진식의 한계로 인해 학문 및 주제 사이의 불균형과 불균등의 문제가 발생하고 있다. 모든 주제나 학문 분야를 10개씩 계속해서 구분해 나간다는 것은 이론적으로나 실제적으로 불합리하기 때문에, 이것은 모든 십진식 분류법이 가질 수밖에 없는 내재적이고 근본적 단점이라고도 할 수 잇을 것이다.

② 분류표를 개정할 때 새로운 주제를 적절한 위치에 삽입하는 데 한계를 갖는다. 이 역시 십진식 전개상의 문제로, 분류표의 기존 전개를 유지하면서 적절한 위치에 새로운 주제를 삽입하기 어려운 것이 사실이다. 아울러 새로운 주제를 기존 기호의 전개를 통해 추가하는 경우에도, 십진식 전개로 인해 분류 기호의 길이가 길어진다는 단점을 갖게 되는 것은 불가피하다.

③ 분류표의 개정에 따른 재분류(reclassification)의 문제가 발생할 수 있다. 분류표를 개정할 때는 학문 분야의 변화를 반영하기 위해 특정 분야에 대한 전면적인 개정이나 분류 기호의 재배치가 필요할 수 있다. 그러나 그럴 경우, 도서관 현장에서는 기존의 장서에 새로운 분류 기호를 부여하기 위해 재분류를 해야 한다. DDC 제23판의 '003-006 컴퓨터과학'이나 KDC 제6판의 '540 건축, 건축학' 등은 이러한 예에 해당한다.

④ 특히 KDC와 NDC의 경우, 정기적인 개정이 이루어지지 못할 때가 많았다. 분류표는 학문 분야의 최신의 변화와 동향을 반영하기 위해 절절한 시기에 개정이 이루어

져야 한다. DDC의 경우는 최근판의 경우에는 7-8년간의 비교적인 주기적인 개정이 이루어지고 있고, 그 개정 사항을 홈페이지를 통해 지속적으로 공지하고 있다. 그러나 KDC와 NDC의 경우는 그 개정 주기가 일정치 않아 이를 사용하는 도서관에게 불편함을 야기하고 있다.

⑤ KDC와 DDC의 경우 인터넷 시대에 대한 대응이 미흡하다. NDC의 경우는 신정8판 이후 MRDF(Machine Readable Data File)을 발행해오고 있고, 국립국회도서관과 공동으로 Linked Data화를 위한 공동 실험 등을 진행하고 있으나, 아직 DDC 수준의 전자화는 추진하지 못하고 있다. KDC의 경우는 이와 관련하여 아직까지 어떤 것도 시도하지 못하고 있다.

5.2.3. DDC 한국 관련 항목의 재전개[51]

앞서 살펴본 것처럼, DDC는 오늘날 하나의 국제 표준으로 간주될 정도로,[52] 전 세계의 많은 도서관에서 사용하고 있다. DDC의 편찬자들은 DDC의 국제화를 통해 미국이나 서양 이외의 지역에서도 DDC를 효과적으로 사용할 수 있도록 하기 위해, 자국의 실정에 맞는 전개 방식을 채택할 수 있도록 하는 임의 규정(options)의 도입이나 미국 이외 지역의 분류 전문가의 편집 참여 등의 노력을 통해 국제화를 도모해오고 있다.

그러나 DDC를 사용하는 국내의 많은 도서관에서는 임의 규정 등만으로는 한국의 실정에 적합한 재전개나 확장이 원천적으로 불가능한 경우가 많기 때문에, KDC와 KDCP, NDC 등 동양의 분류표들을 참고하여, 각 도서관마다 DDC의 지시와는 무관하게 별도의 재전개 방식을 채택하는 경우가 많다. 그 대표적인 예로는 김중한의 간략7판 역편본(1955), 국회도서관의 동양관계세분전개표(1959, 개정판 2005), 이재철의 전개 및 고쳐 쓰기(1966), 동국대학교도서관의 동양관계항목전개표(수정판, 1984) 등이 있고, 제21판의 재전개 예로는 김연경의 편역본(1997)과 배영활의 경북대학교도서관 수정본(1998) 등이 있다. 따라서 표면적으로는 DDC라는 동일한 분류표를 사용한다고 하지만, 내용상으로 그 전개 방식은 상당히 다른 경우가 많은 것이 사실이다.

---

51) 이 소절과 한국 관련 항목의 재전개 부분은 "오동근. DDC 22의 이해(대구: 태일사, 2007)"의 내용을 DDC 제23판의 내용에 맞게 수정하여 적용한 것이다.
52) Lois Mai Chan. "Opening remarks." In: Lois Mai Chan & Joan S. Mitchell ed. *Dewey Decimal Classification: Edition 21 and international perspectives*(New York: Forest Press, 1997). p.1.

이러한 시각에서 이 책에서는 DDC를 사용하는 한국의 도서관들이 통일적으로 적용할 수 있는 DDC의 재전개 방식을 기존의 연구 성과를 바탕으로, 다음의 몇 가지 원칙에 따라, 제시해 보고자 한다.[53] 구체적인 내용은 보조표와 본표의 분석 부분에 추가하여 설명하고자 한다.

① 가능한 한 DDC의 임의 규정을 최우선적으로 고려하고 이를 재전개안에 최대한 반영한다. 다만 이 경우에는 문자를 도입하는 임의 규정은 채택하지 않고 아라비아 숫자를 사용하는 안을 채택하기로 한다.
② 분류표 전체에 적용이 가능하도록 보조표(Tables)의 한국 및 동양 관련 항목에 자국 우위(local emphasis)를 부여하여 재전개하고, 이를 각 항목에 적용하도록 한다.
③ 한국, 중국, 일본 등의 동양 관련 항목은 가능한 한 한 곳에 모이도록 한다.
④ DDC의 전개가 지나치게 간략한 한국 및 동양 관련 항목의 추가 세구분은 원칙적으로 KDC 제6판[54]의 전개를 채용하여 개정에 따른 보완이 가능하도록 한다.

5.3. 보조표의 비교

DDC와 KDC, NDC는 본표의 여러 유에 적용할 수 있는 주제나 형식 등에 대해 동일한 기호를 부여하기 위해 별도의 표들을 만들어 활용하고 있다. 이러한 표들은 다양한 유나 주제에 공통으로 적용되는 것과 특정의 유나 주제에 한정하여 사용하는 것들이 있다. 다양한 주제에 대해 적용되는 보조표로, DDC와 KDC에서는 6개의 조기표, NDC에서는 4개의 구분을 설정하고 있다. 특정의 유나 주제에 한정되어 사용하는 보조표로는 DDC의 부가표(add table)와 NDC의 고유 보조표가 있다. 이와 관련하여, NDC 신정10판에서는 제9판까지 "복수의 유에 공통으로 사용되는" 일반 보조표에 포함시켰던 언어공통구분과 문학공통구분을 "특정의 유에서만 사용되는" 고유 보조표[55]로 변경하였다.[56] 그러나 이 책에

---

53) 오동근. "한국도서관을 위한 DDC의 재전개 방안." 한국문헌정보학회지 제35권 제4호(2001.12). pp.79-95.
54) 한국도서관협회. 한국십진분류법(KDC). 제6판. (서울: 한국도서관협회. 2013).
55) NDC 신정10판에서는 이 두 개 보조표를 포함하여, 총 10개의 고유보조표를 마련하고 있는데, 다른 8개 구분은 다음과 같다. 1. 신도(神道) 각 교파 공통구분표, 2. 불교 각 종파의 공통구분표, 3. 기독교 각 교파 공통구분표, 4. 일본 각 지역 역사(오키나와 제외)의 시대 구분, 5. 각국·각 지역의 지리, 지지(地誌), 기행의 공통구

서는 NDC의 언어공통구분과 문학공통구분도 하나의 주류 이상의 유에 적용되는 보조표라는 점에서, 이 절에 포함시켜 설명하고자 한다. 이 보조표들을 분류표별로 살펴보면 〈표 5-11〉과 같다.

〈표 5-11〉 DDC와 KDC, NDC의 주요 보조표

DDC의 Table	KDC의 조기표	NDC의 보조표
T.1. Standard subdivisions	1. 표준구분표	1. 형식구분
T.2. Graphic areas, historical periods, persons	2. 지역구분표	2. 지리구분
T.3. Subdivisions for the arts, for individual literatures, for specific literary forms	4. 문학형식구분표	6. 문학공통구분
T.4. Subdivisions of individual languages and language families	5. 언어공통구분표	5. 언어공통구분
T.6. Languages	3. 국어구분표	4. 언어구분
T.5. Ethnic and national groups		
	6. 종교공통구분표	
		3. 해양구분

〈표 5-11〉에서 볼 수 있는 것처럼, DDC와 KDC, NDC는 모든 학문 분야와 주제에 공통으로 적용할 수 있는 표준구분 또는 형식구분과 지역구분, 언어구분, 문학형식구분, 언어공통구분을 공통으로 설정하고 있고, DDC에서는 민족 및 국가군구분, KDC에서는 종교공통구분, NDC에서는 해양구분을 특징적으로 설정하고 있음을 알 수 있다.

이러한 보조표의 사용은 조기성을 체계적으로 적용할 수 있도록 도움을 주기 때문에 이를 체계적 조기성(systematic mnemonics)이라고도 하고,[57] 표를 활용하기 때문에 표에 의한 조기성(scheduled mnemonics)라고도 한다.[58]

분표, 6. 각종 기술·공학의 경제적 경영적 관점 세구분표, 7. 양식별 건축의 도집(圖集), 8. 사진·인쇄를 제외한 각 미술의 도집(圖集)에 관한 공통구분표
56) 高橋良平. "日本十進分類法新訂10版の概要." カレントアウェアネス 324(2015.6). p.12.
57) Brian Buchanan. 문헌분류이론. 정필모, 오동근 공역(서울: 구미무역출판부, 1998). p.104.
58) 오동근. DDC 22의 이해(대구: 태일사, 2007). p.54.

DDC와 KDC, NDC의 보조표의 기호는 항상 본표의 기호와 합성하여 사용해야 하며, 단독으로는 사용할 수 없다. 그런 이유로 세 분류표 모두 보조표의 기호는 붙임표(-)를 붙여 적고 있다. 이 장에서는 DDC와 KDC, NDC에서 사용하고 있는 이상의 보조표들을 구체적으로 분석해 보고자 한다.

5.3.1. 표준구분(형식구분)의 분석

여러 학문 분야나 주제는 이론이나 역사, 연구 방법과 같은 취급 방법이나 표현 형식 또는 사전이나 백과사전, 정기간행물 등의 물리적인 형식이나 형태의 측면에서 동일하게 다루어질 수 있다. 이와 같이 특정 학문 분야나 주제 분야를 다룰 때 공통적으로 나타나는 내적 또는 외적 형식에 대해 공통의 기호를 부여하고자 하는 것이 바로 표준구분 또는 형식구분이다. DDC에서는 이를 'Table 1. Standard Subdivisions'라고 하고, KDC에서는 '표준구분표'라고 하고, NDC에서는 '형식구분'이라고 한다. 이하에서는 전체적인 의미로 사용할 때는 편의상 표준구분으로 통일하여 표시하기로 한다.

이러한 표준구분의 아이디어가 십진식 분류법에 본격적으로 도입된 것은 1885년에 발행된 DDC 제2판부터로, 처음에는 '형식구분'(form divisions)이라 불렸는데, 제17판부터 현재의 이름으로 변경되었다.[59] KDC의 경우에도 초판에서는 '형식 구분'으로 도입되어 사용되었으며, 제4판부터 현재의 이름으로 불리게 되었다.

(1) 표준구분의 구성과 특성

그 구성 내용에 있어서는 DDC와 KDC, NDC가 각각 다소간의 차이를 보이고 있는데, 이를 구체적으로 살펴보면 〈표 5-12〉와 같다. 이것은 세 자리까지 전개된 항목들 중 중요 항목만 제시한 것으로, 세 분류표 모두 이론상으로는 십진식에 따라 추가의 전개가 가능하도록 설계된다고 할 수 있다. 다만 실제 전개에서는 NDC는 비교적 간략한 전개를 택하고 있는 반면, DDC는 비교적 상세하게 전개하고 있음을 알 수 있다.

---

[59] 차용갑. DDC 표준세분표의 제문제(석사학위논문. 중앙대학교대학원, 1990). p.72.

〈표 5-12〉 표준구분의 비교

기호	DDC의 Table 1	KDC의 표준구분표	NDC의 형식구분
-01 -011 -012 -014 -015 -019	Philosophy and theory 　Systems 　Classification 　Communication 　Scientific principles 　Psychological principles	철학 및 이론 분류론 수학원리 윤리적 접근	이론, 철학
-02 -021 -022 -023 -024 -025 -026 -027 -028 -029	Miscellany 　Tabulated and related materials 　Illustrations, models, miniatures 　The subject as a profession, 　　occupation, hobby 　The subject for persons in 　　specific occupations 　Directories of persons and 　　organizations 　Patents and identification marks 　Auxiliary techniques and procedures; 　　apparatus, equipment, materials 　Commercial miscellany	잡저(雜著) 편람, 핸드북, 포켓북 스크랩북, 클리핑 등 법령 및 규정 시청각자료 제표, 사물목록, 도보, 도감 서지, 도서목록, 초록, 색인, 해제 보조기법 및 절차 특허, 규격, 상표	역사적·지리적 논술 다수인의 전기
-03 -033 -034 -04 -049 -05 -059 -06 -068 -069	Dictionaries, encyclopedias, 　concordances 　Special topics Serial publications Organizations and management 　Management	사전, … 용어집, 약어집 용어집, 용어연구, … 약어집 강연집, 수필집, 연설문집 연속간행물 　연감, 통계연감, 연보, 역(曆) 각종 단체, 조직 및 경영 박물관 및 상설전시장	참고도서 사전(辭典)·사전 논문집, 평론집, 강연집 수필, 잡기 연속간행물: 신문, 잡지 연보, 연감, 연차통계 단체: 학회, 협회, 회의
-07 -071 -072 -073 -074 -075 -076 -077 -078 -079	Education, research, related topics 　Education 　Research 　Museums, collections, exhibits 　Museum activities and services 　Review and exercise 　Use of apparatus and equipment in 　　study and teaching 　Competitions, festivals, awards, 　　financial support	지도법, 연구법 및 교육, 교육자료 교육·양성기관(강습회, 연구집회) 지도법 연구방법론 기술, 기기, 기구, 비품 교과서 및 문제집 각종 시험, 면허증 포상, 상품, 상장	연구법, 지도법, 교육
-08 -081 -082 -083 -084 -085 -086 -087 -088 -089	Groups of persons 　People by gender and sex 　Women 　Young people 　Persons in specific stages of adulthood 　Relatives 　Persons by miscellaneous social 　　attributes 　Persons with disabilities and 　　illnesses, gifted people 　Occupational and religious groups 　Ethnic and national groups	총서, 전집, 선집 개인전집, 총서, 선집 2인 이상의 전집, 총서, 선집	총서, 전집, 선집
-09 -091 -092 -093 -099	Historical, geographic treatment, 　biography 　Areas, regions, places in general 　Biography 　Specific continents, countries, 　　localities, extraterrestrial worlds	역사 및 지역구분 -0901 원시시대 -0902 고대(1~499) -0903 중세(500~1499) -0904 근세(1500~1899) -0905 20세기(1900~1999) -0906 21세기(2000~2099) -091-097 특수 대륙, 국가, 지방구분 -098 일반 지대, 지방, 해양구분 -099 전기	

표준구분의 전개에 나타나는 흥미로운 사실은 KDC가 대부분의 경우 DDC를 참고하고 있으나, KDC의 '-04 강연집, 수필집, 연설문집'과 '-08 총서, 전집, 선집'의 설정이 예외적으로 추가로 전개되었다는 것인데, 이것은 사실상 NDC와 동일한 내용임을 알 수 있다. NDC는 그 항목의 설정은 비교적 단순하지만, -02의 경우 주류 200에 역사류가 전개되어 있기 때문에, 역사 및 지리에 대한 항목으로 설정되어 있음을 알 수 있다.

NDC의 예에서도 알 수 있듯이, 세 분류표의 표준구분의 기본적인 전개는 강목(100구분)의 전개와 조기성을 갖고 있다. DDC의 경우는 -03은 030 Encyclopedias & books of facts, -05는 050 Magazines, journals & serials, -06은 060 Associations, organizations & museums와 조기성을 가지며, KDC와 NDC의 경우는 -03은 030 백과사전, -04는 040 강연집, 수필집, 연설문집, -05는 050 일반연속간행물, -06은 060 일반 학회, 단체, 협회, 기관, -08은 080 일반 전집, 총서와 조기성을 갖는다. 한편 DDC와 KDC의 -01은 100 철학, -09는 900 역사와 조기성을 가지며, NDC의 -01은 100 철학, -02는 200 역사와 조기성을 갖는다. -07은 세 분류표 모두 -370 교육과 조기성을 갖도록 설정되어 있다.[60]

(2) 표준구분의 적용 방법

표준구분의 기호들은 DDC와 KDC, NDC 모두 원칙적으로 본표에서 추가하지 못하도록 하는 지시가 없는 한, 모든 분류 항목에 대해 이를 추가할 수 있도록 하고 있다. 다만 이 경우에도, DDC의 'Introduction'에서 분명히 밝히고 있는 것처럼, 입수된 문헌이 해당 분류 기호가 나타내고 있는 주제 전체 또는 그 주제 전체에 상당하는 부분을 다루고 있을 경우(approximate the whole)에만 추가해야 할 것이다.[61] 이것은 문헌의 일부 주제를 다루고 있는 자료에 대해 불필요하게 표준구분을 추가하지 못하도록 하는 지시인 동시에, 자체의 핵심 주제가 별도의 독립된 기호를 가질 정도로 안정된 경우에만 보조표를 추가하여 사용하도록 하는 지시라고 할 수 있다.

DDC와 KDC, NDC 모두 표준구분을 적용하여 문헌을 분류할 때는 해당 문헌의 고유 주제에 대한 본표의 분류 기호를 부여한 후, 그 기호에 표준구분의 기호를 추가하게 된다. 예를 들어, '연극 용어 사전'을 NDC를 적용하여 분류하면, '77(연극의 기본 기호) + -03(용어사전을 나타내는 형식구분의 기호) → 770.3'이 된다. 이를 그림으로 나타내면

---

60) 오동근, 여지숙, 배영활. 한국십진분류법 제6판의 이해와 적용(대구: 태일사, 2014). p.43.
61) Melvil Dewey. *Dewey Decimal Classification and Relative Index*. 23rd ed. (New York: Forest Press, 2011). Vol.1. p.lx.

[그림 5-8]과 같다.

```
[연극 용어사전]
  77        연 극
   -03   참고도서(용어사전 포함)를 나타내는 NDC 형식구분의 기호
  77 + -03 → 770.3
```

[그림 5-8] NDC 형식구분을 적용한 '연극 용어 사전'의 분류 사례

한편 표준구분의 기호를 사용할 때는 또한 기호의 중복에도 유의해야 한다. 즉 역사류의 주제에 대해 역사를 의미하는 -09를 다시 추가하거나 언어류의 사전을 나타내는 기호에 다시 -03을 추가하는 것은 자칫 중복된 기호를 부여하게 될 수 있으므로 특히 유의해야 할 것이다.

기호법상으로 보면, 표준구분은 DDC와 KDC, NDC 모두 '-0'으로 시작되고 있다. 붙임표 (-)를 앞에 붙이는 것은 보조표의 기호는 항상 본표의 기호와 합성하여 사용해야 하며, 단독으로는 사용할 수 없음을 보여주는 것이다. '0'은 패싯 지시 기호(facet indicator)의 역할을 하도록 부여된 기호이다.

특히 표준구분의 '0'의 사용에 관련해서는 특별한 주의가 필요하다.[62] 기본적인 원칙은 표준구분의 기호를 합성하기에 앞서, 각 분류표에서 세 자리 숫자를 맞추기 위해 추가된 주류나 강목의 '0'을 삭제하는 것이다. 그러나 실제에서는, 예를 들면 DDC의 주류의 200 종교류, 300 사회과학류, 700 예술류의 경우나, KDC 주류의 600 예술류와 마찬가지로, '0'을 삭제하면 이미 전개된 다른 주제와 그 기호가 중복되는 경우들이 발생하게 된다. 이것은 강목(100구분)의 경우에도 마찬가지이며, 때로는 기호의 중복을 피하기 위해 별도로 '0'을 더 추가해야 하는 경우도 있다. [그림 5-9]는 KDC 예술류에서 주기로 예술에 대한 표준구분과 미술에 대한 표준구분의 적용을 구별하여 지시하고 있는 예와 그 적용 사례('예술의 교육과 연구')를 보여주는 것이다. 이 예에서는 '6(3자리를 맞추기 위해 추가된 00을 제외한 예술의 기본기호) + 0(기호의 중복을 피하기 위해 추가된 패싯 지시 기호) + -07(교육과 연구를 나타내는 KDC 표준구분의 기호) → 600.7'이 되는데, 패싯 지시 기호 '0'을 추가함으로써, '607 미술의 교육과 연구'와의 기호의 중복을 피할 수 있게 되는 것이다.

---

62) DDC의 '0'의 사용 규칙에 대해서는, 다음 자료를 참고하라. 오동근. DDC 22의 이해(대구: 태일사, 2007). pp.121-124.

> 600 예 술(藝術) Arts
> 미술, 장식미술, 음악, 연극, 영화, 오락 등에 관한 종합저작을 포함한다.
> 예술에 관한 표준구분은 600.1-.9에, 미술에 관한 표준구분은 601-609에 분류한다.
>
> [예술의 교육과 연구]
> 600   예 술
> -07 교육과 연구를 나타내는 KDC 표준구분의 기호
>
> 6(3자리를 맞추기 위해 추가된 00을 제외한 기본기호) + 0 + -07 → 600.7

[그림 5-9] KDC 예술류의 표준구분의 전개를 지시하는 주기와 적용 사례

한편 DDC에서는 이러한 경우에 대비하여, 기호 칼럼의 기호법이나 각주(note) 등을 통해 '0'의 사용에 대해 구체적으로 지시하고 있다([그림 5-10] 참조). [그림 5-10]에 제시된 지시에 따를 경우, '333 Economics of land and energy'의 표준구분은 .001부터 .009의 기호를 사용하여 전개하게 될 것이다.

> 333 Economics of land and energy
>
>   SUMMARY
> 333.001-.009   Standard subdivisions
>   .01-.08   [Theories and land surveys]
>   .1   Public ownership of land
>   .2   Ownership of land by nongovernmental groups

[그림 5-10] 표준구분의 '0'의 사용을 지시해주는 DDC 개요표의 예

그러나 KDC와 NDC에는 아직 그러한 장치가 충분히 마련되어 있지 않기 때문에, 분류담당자가 해당 분류표에 전개된 기호들을 직접 보고 기호의 중복 여부를 확인한 후 '0'의 사용에 대해 판단해야 하는 경우들이 있을 것이다. 다만 KDC 제6판의 경우에는 많은 부분

> 320 경제학(經濟學) Economics
> 특수주제의 경제학은 해당주제 아래에 분류한다. 예: 농업경제 522
> 320.01-.09는 표준구분에 따라 세분한다.

[그림 5-11] 표준구분의 '0'의 사용을 지시해주는 KDC 주기의 예

에서 특히 기호의 중복 우려가 있는 기호들의 분류 항목에서 필요할 경우 표준구분의 '0'의 사용을 구체적으로 지시해주는 주기를 추가하고 있어 도움을 주고 있다([그림 5-11] 참조).

5.3.2. 지역구분의 분석

지역구분은 어떤 문헌이나 자료가 어떤 주제를 다루면서 특정 지역이나 특정 국가에 한정하여 기술하고 있을 때 사용할 수 있는 보조표이다. 즉 한국에 국한하여 다루고 있는 문헌정보학에 관한 자료와 경제학에 관한 자료에 대해, 한국에 관한 분류 기호를 동일하게 부여할 수 있도록 하기 위해 마련된 것이 지역구분인 것이다.

물론 어떤 지역을 포함하는 개념들이 해당류에서 중요하기 때문에 분류 기호로 나타내야 할 경우에는 당연히 강목이나 요목, 세목의 기호로 직접 열거되기도 하는데, DDC나 KDC, NDC의 역사류의 전개 등이 대표적인 예에 해당한다. 물론 이러한 경우에도 대부분 지역구분과 조기성을 갖게 된다. 이에 비해 지역구분을 사용하는 경우는 특정 주제의 지역적 측면을 보완하기 위한 보조적인 성격의 역할을 하게 되는 것이다.

DDC에서는 제2판부터 도입되어, 역사류의 전개를 다른 유에 직접 활용하기 위한 시도로서, "Divide like 930-999"와 같은 지시 사항의 방식으로 사용되던 것이 제17판부터 별도의 보조표로 정착되었던 것이다. 제23판에서는 정식 명칭으로 'Table 2 Geographical areas, historical periods, biography'로 표시하고 있으나, 통상 약칭인 'Area table'로 불리고 있다. DDC는 이름대로 -01-05에 시대구분을 포함하고 있다. KDC도 제3판에서는 '지리구분'이었던 것이 제4판부터 '지역구분표'로 변경되었고, 제6판에서 완전한 별도의 조기표로 독립되어 전개되었다. 이러한 배경 때문에, 세 분류표 모두 지역구분은 역사류와 조기성을 갖게 된다.

(1) 지역구분의 구성과 특성

DDC와 KDC, NDC의 지역구분의 구성 내용을 구체적으로 살펴보면 〈표 5-13〉과 같다. -1에 일반적인 성격을 바탕으로 하는 지역구분을 우선 배정하고, -2에 전기 자료를 분류하기 위한 기호를 두고, 실제의 지역구분은 -3부터 -9까지에 전개하고 있다. -3에는 고대의 지역구분을 두고, -4-9에 현대 국가들을 유럽부터 시작하는 구대륙으로부터 신대륙의 순서로 기호를 부여하고 있다. KDC의 경우는, 현대의 국가들을 중심으로 -1-6에 아시아로부터 시작하는 구대륙에서 신대륙의 순서로 기호를 부여하고, -7에 지역구분 일반, -8에 해양을 분류하고 있다. NDC는 -1에 자국(自國)인 일본을 우선적으로 배정하고, -2-7에 아시아로부터 시작하는 구대륙에서 신대륙의 순서로 기호를 부여하고 있다. NDC는 일반적인 특성을 나타내는 지역구분은 포함하지 않고 있으며, 별도의 해양구분이라는 일반보조표를 두고 있기 때문에, 해양에 대한 기호는 지역구분에 포함되어 있지 않다.

〈표 5-13〉 지역구분의 비교

기호	DDC의 Table 2	KDC의 지역구분표	NDC의 지리구분
-1	Areas, regions, places in general; oceans & seas	아시아	일본
-11	Frigid zones	대한민국	홋카이도(北海道)지방
-12	Temperate zones(Middle latitude zones)	중 국	도호쿠(東北)지방
-13	Torrid zone (Tropics)	일 본	간토(關東)지방
-14	Land and landforms	동남아시아	후쿠리쿠(北陸)지방
-15	Regions by type of vegetation	인디아와 남부아시아	주부(中部)지방
-16	Air and water	중앙아시아	긴키(近畿)지방
-17	Socioeconomic regions	시베리아	주고쿠(中國)지방
-18	Other kinds of terrestrial regions	서남아시아, 중동	시코쿠(四國)지방
-19	Space	아라비아반도와 인접지역	규슈(九州)지방
-2	Biography	유 럽	아시아, 동양
-21		고대 그리스	조 선
-22		고대 로마	중 국
-23		스칸디나비아	동남아시아
-24		영국, 아일랜드	인도네시아
-25		독일과 중앙유럽	인 도
-26		프랑스와 인접국가	
-27		스페인과 인접국가	서남아시아, 중동
-28		이탈리아와 인접국가	
-29		러시아와 동부유럽	아시아 러시아
-3	The ancient world	아프리카	유럽, 서양
-31	China to 420	북아프리카	
-32	Egypt to 640		
-33	Palestine to 70		영 국
-34	South Asia to 647	서아프리카	독일, 중부 유럽
-35	Mesopotamia to 637 & Iranian Plateau to 637		프랑스
-36	Europe north & west of Italian Peninsula to ca.499	중앙아프리카	스페인
-37	Italian Peninsula to 476 & adjacent territories to 476	동아프리카	이탈리아
-38	Greece	남아프리카	러시아
-39	Other parts of ancient world	남인도양제도	발칸제국
-4	Europe	북아메리카	아프리카
-41	British Isles	캐나다	북아프리카
-42	England & Wales	미국(미합중국)	이집트
-43	Germany & neighboring European countries	멕시코	바바리제국(諸國)
-44	France & Monaco	중앙아메리카(중미제국)	서아프리카
-45	Italy, San Marino, Vatican City, Malta	과테말라, 벨리즈, 엘살바도르	동아프리카
-46	Spain, Andorra, Gibraltar, Portugal	온두라스	
-47	Russia & neighboring eastern European countries	니카라과	
-48	Scandinavia	코스타리카, 파나마	남아프리카
-49	Other parts of Europe	서인도제도	인도양아프리카제도

기호	DDC의 Table 2		KDC의 지역구분표	NDC의 지리구분
-5	Asia		남아메리카(남미)	북아메리카
-51	China & adjacent areas		콜롬비아	캐나다
-52	Japan		베네수엘라, 기아나	
-53	Arabian Peninsula & adjacent areas		브라질	미 국
-54	India & neighboring South Asian countries		에콰도르	
-55	Iran		페 루	라틴아메리카(중남미)
-56	Middle East (Near East)		볼리비아	멕시코
-57	Siberia (Asiatic Russia)		파라과이, 우루과이	중앙아메리카
-58	Central Asia		아르헨티나	
-59	Southeast Asia		칠레	서인도제도
-6	Africa		오세아니아, 양극지방	남아메리카
-61	Tunisia and Libya			북부제국(諸國)
-62	Egypt and Sudan		오스트레일리아(호주)	브라질
-63	Ethiopia and Eritrea		뉴질랜드	파라과이
-64	Morocco, Ceuta, Melilla, Western Sahara, Canary Islands		파푸아뉴기니	우루과이
-65	Algeria		멜라네시아	아르헨티나
-66	West Africa and offshore islands		미크로네시아와 인접국가	칠 레
-67	Central Africa and offshore islands		폴리네시아와 하와이	볼리비아
-68	Republic of South Africa & neighboring southern African countries		대서양제도	페 루
-89	South Indian Ocean islands		양극지방	
-7	North America		지역구분 일반	오세아니아, 양극지방
-71	Canada		기후에 따른 구분	오스트레일리아
-72	Mexico, Central America, West Indies, Bermuda		지형에 따른 구분	뉴질랜드
-73	United States			멜라네시아
-74	Northeastern United States (New England & Middle Atlantic states)		식생에 따른 구분	미크로네시아
-75	Southeastern United States (South Atlantic states)			폴리네시아
-76	South central United States		사회경제적 구분	하와이
-77	North central United States			양극지방
-78	Western United States			북극, 북극지방
-79	Great Basin and Pacific Slope region of United States		기타 구분	남극, 남극지방
-8	South America		해 양	
-81	-81	Brazil	태평양	
-82	-82	Argentina		
-83	-83	Chile		
-84	-84	Bolivia	인도양	
-85	-85	Peru	대서양	
-86	-86	Colombia and Ecuador		
-87	-87	Venezuela	북극해(북빙양)	
-88	-88	Guiana	남극해(남빙양)	
-89	-89	Paraguay and Uruguay		
-9	Australia, Pacific Ocean islands, Atlantic Ocean islands, Arctic islands, Antarctic islands, extraterrestrial worlds			
-93	New Zealand			
-94	Australia			
-95	New Guinea & neighboring countries of Melanesia			
-96	Polynesia & other Pacific Ocean islands			
-97	Atlantic Ocean islands			
-98	Arctic islands & Antarctica			
-99	Extraterrestrial worlds			

(2) 지역구분의 적용 방법

DDC와 KDC, NDC 모두 다음과 같은 두 가지 방식으로 지역구분의 기호를 사용하도록 하고 있다.

① 본표의 부가 지시 사항에 따른 지역구분의 추가: 본표의 분류 항목 아래에 지역구분을 직접 추가하도록 하는 주기 형태의 지시가 있을 경우에는 해당 분류 기호에 지역구분의 기호를 직접 추가한다. 이런 경우는 대부분 해당 주제 분야의 지역에 관련된 자료들이 많기 때문에 분류표의 주기에 직접 지역구분을 활용한 기호 합성에 관한 주기를 제시하고 잇는 것이다.

이에 관련된 DDC의 가장 전형적인 주기 형태는 "Add to base number □□□ notation 3-9 from Table 2"로 나타나며, KDC의 경우는 "□□□은 지역구분에 따라 세분한다"로 나타나며, NDC에서는 주기 "*지리구분" 또는 주기 "*일본지방구분"의 형식으로 나타난다.

그 합성 방법은 세 분류표 모두 동일한 방식으로 이루어진다. [그림 5-12]은 KDC에서 각국의 지방재정에 지역구분의 적용을 지시하고 있는 예와 그 적용 사례('프랑스의 지방재정')를 보여주는 것이다. 이 예에서는 '329.90(각국 재정을 나타내는 기본 기호) + -26(프랑스를 나타내는 KDC 지역구분의 기호) → 329.40126'이 되는 것이다.

```
329.9 지방재정
    .901-.907 각국 지방재정
          지역구분표에 따라 세분한다. 예: 중국지방재정 329.9012

[프랑스의 지방재정]
  329.90     각국 조세
        -26 프랑스를 나타내는 KDC 지역구분의 기호
  329.90 + -26 → 329.9026
```

[그림 5-12] KDC 지역구분의 전개를 지시하는 주기와 적용 사례

② 표준구분(형식구분)의 지역을 나타내는 패싯 지시 기호(facet indicator)를 추가하고 이어서 지역구분의 기호를 부기한다. 이 경우에는 통상의 도서관에서는 일반적이지 않지만, 자관(自館)의 장서 상황에 따라 해당 분야를 추가로 지역별로 세분하는 것이 이용자에게

도움이 된다고 생각할 때는, 본표의 지시 없이 분류 담당자의 판단에 따라 표준구분의 기호를 활용하여 추가로 전개할 수 있는 것이다. 이 경우에 패싯 지시 기호로 DDC와 KDC는 '-09'를 사용하고, NDC는 '-02'를 사용한다. [그림 5-13]은 NDC에서 형식구분을 활용하여 지역에 관련된 자료를 추가로 세분한 예('브라질의 미술관')이다. 이 예에서는 '706.9(미술관을 나타내는 기본 기호) + -02(역사를 나타내는 NDC 형식구분의 기호) + -62(브라질을 나타내는 NDC 지리구분의 기호) → 706.90262'가 되는 것이다.

```
[브라질의 미술관]
    706.9    미술관
        -02 역사를 나타내는 NDC 형식구분의 기호
        -62 브라질을 나타내는 NDC 지리구분의 기호
    ─────────────────────────────────────
    706.9 + -02 + -62 → 706.90262
```

[그림 5-13] NDC 지리구분의 전개를 지시하는 주기와 적용 사례

(3) 한국도서관을 위한 DDC 지역구분표의 재전개 방안[63]

DDC 지역구분표의 실제적인 지역 구분에 해당하는 -4-9의 기호는 대륙별 구분을 바탕으로 하고 있다. 그러나 그 구분에서 영국과 미국을 위시한 서양의 전개는 상세한 반면, 한국을 포함한 기타 지역은 충분한 전개가 이루어지지 않고 있을 뿐만 아니라, 한국의 입장에서는 한국에 대한 자국 우위(local emphasis)가 부족한 것이 사실이다. 아울러 DDC 제23판에는 자국 우위를 부여할 수 있는 어떠한 임의 규정도 마련되어 있지 않다.

따라서 DDC 제23판의 대륙별 구분을 포함한 기본 골격은 그대로 유지하면서, 한국에 대한 지역 구분에 자국 우위를 부여하고, 한국의 지역 구분을 〈표 5-14〉와 같이 상세하게 재전개할 수 있을 것이다.

---

[63] 이 소절의 내용은 다음 자료의 내용을 DDC 제23판의 내용에 맞게 수정하여 적용한 것이다. 오동근. DDC 22의 이해(대구: 태일사, 2007). pp.142-144.; 오동근. "한국도서관을 위한 DDC의 재전개 방안." 한국문헌정보학회지 제35권 제4호(2001.12). pp.79-95.

〈표 5-14〉 DDC 지역구분표의 재전개

DDC 23	재전개안
-5 Asia Orient Far East	-5 Asia Orient Far East
-51 China & adjacent areas	-51 Korea
-511-518 Subdivisions of China	-511-519 Subdivisions of Korea
-519 Korea	-52 China & Japan
-5193 North Korea	-521-528 Subdivisions of China
-5195 South Korea	-529 Japan
-52 Japan	-53 Arabian Peninsula & adjacent areas
-53 Arabian Peninsula & adjacent areas	

〈표 5-14〉의 기본적인 아이디어는 중국에 대해 사용되던 -51을 한국에 배정하고, 일본에 대해 사용되던 -52를 중국과 일본에 할당하는 것이다. 이와 같은 재전개를 통해 국내 도서관에서 일반적으로 사용되는 관용적인 배열 순서인 "한국 - 중국 - 일본"의 순서를 그대로 반영하면서 최소한의 재배치를 통해 한국에 대한 자국 우위를 부여할 수 있다.

아울러 한국과 중국, 일본의 세분 전개는 KDC 제6판 지역구분표의 -11-13에 전개된 해당 국가의 지리 구분의 전개를 그대로 채용하기로 한다.[64] 이 경우 한국과 중국, 일본의 지역구분표는 〈표 5-15〉와 같이 추가로 전개할 수 있을 것이다.

〈표 5-15〉 추가로 재전개된 DDC의 한국과 중국, 일본의 지역구분표

한 국		중 국		일 본	
-511	관북지방	-521	북부(화북)	-5291	홋카이도(北海道)지방
-512	관서지방	-522	중부(화중)	-5292	혼슈(本州)
-513	해서지방	-523	남부(화남)	-52921	도호쿠(東北)지방
-514	강원도	-524	타이완(대만)	-52923	간토(關東)지방
-515	경기도	-525	동북(만주)	-52925	후쿠리쿠(北陸)지방
-516	서울특별시	-526	몽 골	-52926	주부(中部)지방
-517	충청도	-527	신장웨이우얼	-52928	긴키(近畿)지방
-518	경상도	-528	티베트	-52929	주고쿠(中國)지방
-519	전라도			-5293	시코쿠(四國)지방
-5199	제주특별자치도			-5294	규슈(九州)지방
				-5298	오가사와라제도

---

64) 한국도서관협회. 한국십진분류법(KDC). 제6판. (서울: 한국도서관협회. 2013). 본표. pp.17-26.

이상에서 제시한 DDC의 재전개 방식에 따라, 몇몇 예들을 재전개해보면 다음과 같다.
① 한국의 정치 상황
- DDC 23: 320.9 + -5195(T.2) → 320.95195
- 재전개: 320.9 + -51(T.2) → 320.951
② 경기도 지리
- DDC 23: 91 + -5195(T.2) → 915.195
- 재전개: 91 + -515(T.2) → 915.15
③ 중국의 역사
- DDC 23: 9 + -51(T.2) → 951
- 재전개: 9 + -52(T.2) → 952
④ 일본의 은행
- DDC 23: 332.1 + -52(T.2) → 332.152
- 재전개: 332.1 + -529(T.2) → 332.1529

5.3.3. 국어구분의 분석

국어구분은 어떤 문헌이나 자료가 어떤 주제를 다루면서 특정의 언어적 측면에 한정하여 기술하고 있을 때 사용할 수 있는 보조표이다. 즉 독일어에 국한하여 다루고 있는 언어에 관한 자료와 문학에 관한 자료에 대해, 독일어에 관한 분류 기호를 동일하게 부여할 수 있도록 하기 위해 마련된 것이 국어구분인 것이다.

국어구분은 DDC의 'Table 6 Languages,' KDC의 '국어구분표,' NDC의 '언어구분'이 여기에 해당하는데, 이하에서는 편의상 국어구분으로 통일하여 기술하고자 한다.

(1) 국어구분의 구성과 특성

DDC와 KDC, NDC의 국어구분의 구성 내용을 구체적으로 살펴보면 〈표 5-16〉과 같다. DDC의 경우는 서양어 위주로 전개되고 있고, KDC와 NDC는 자국어를 포함한 동양어를 시작으로 하여 전개하고 있다. 흥미로운 사실은 서양 언어의 배열 순서를 '이탈리아어 → 스페인어'의 순서를 채택하고 있는 DDC와 달리, KDC와 NDC에서는 '스페인어 → 이탈리아어'의 순서를 채택하고 있다는 점이다. 전 세계적으로 볼 때 해당 언어를 사용하는 인구나 지역을 고려하면 KDC의 순서가 훨씬 더 합리적이라는 사실을 알 수 있다.

〈표 5-16〉 국어구분의 비교

기호	DDC의 Table 6	KDC의 국어구분표	NDC의 언어구분
-1	Indo-European languages	한국어	일본어
-2	English and Old English (Anglo-Saxon)	중국어	중국어
-21	English		
-3	Germanic languages	일본어	영 어
-31	German		
-39		기타 아시아 제어	
-4	Romance Languages	영 어	독일어
-41	French		
-5	Italian, Dalmatian, Romanian, Rhaetian, Sardinian, Corsican	독일어	프랑스어
-51	Italian	기타 게르만어	
-59			
-6	Spanish, Portuguese, Galician	프랑스어	스페인어
-61	Spanish		
-69	Portuguese & Galician		
-7	Italic languages	스페인어	이탈리아어
-71	Latin		
-79		포르투갈어	
-8	Hellenic languages	이탈리아어	러시아어
-81	Classical Greek		
-89	Modern Greek		
-9	Other languages	기타 제어	
-928		러시아어	
-95	Languages of east & southeast Asia		
-951	Chinese		
-956	Japanese		
-957	Korean		

국어구분과 관련하여 KDC의 구조에서 주목할만한 중요한 특징은 국어구분을 설계할 때 지역구분표와 조기성을 갖도록 독창적으로 설계했다는 점이다.[65] [그림 5-14]에서 볼 수 있는 것처럼, 국어구분표의 기호 -1-3은 지역구분표의 아시아 각국을 나타내는 -11-13의 두 번째 자리의 기호를 사용하고 있고, -4-8은 유럽 각국을 나타내는 -24-28의 두 번째 기호를 활용하여 전개하고 있는 것이다.

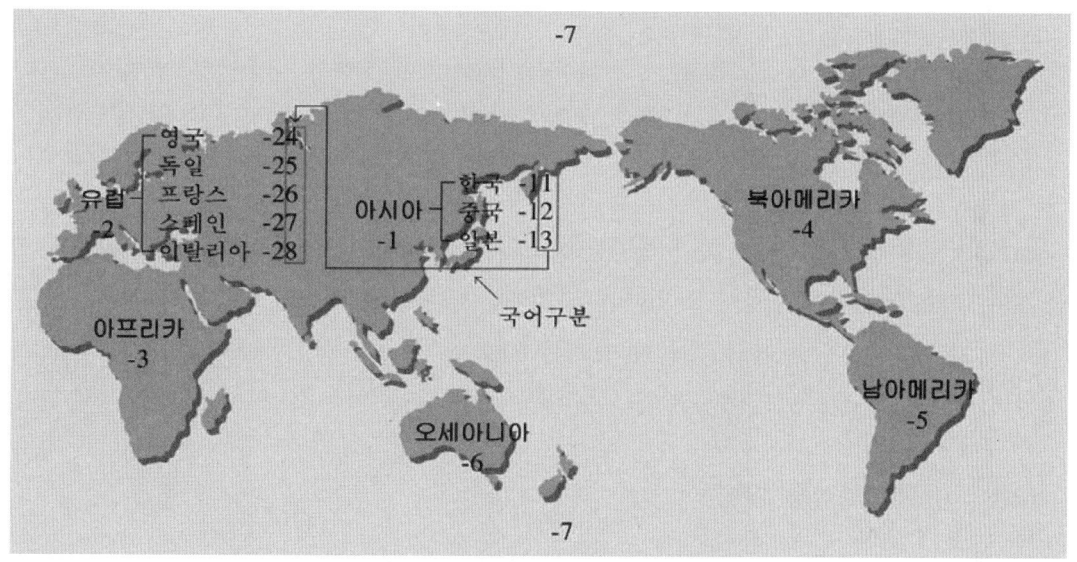

[그림 5-14] KDC의 국어구분표와 지역구분표의 조기성

국어구분을 사용하는 대표적인 예는 DDC와 KDC, NDC 모두 언어류와 문학류이지만, 특히 주류 총류(세 분류표 모두 000)의 경우에도 일반 백과사전류(세 분류표 모두 030), 일반 연속간행물류(세 분류표 모두 050), 일반 전집류(세 분류표 모두 080)[66] 등의 언어적 취급이 필요한 주요 강목에도 광범위하게 적용되고 있다. 아울러 KDC와 NDC의 경우에는 강연집 등을 나타내는 040류에서도 사용되고 있다. 따라서 해당 분류표에서는 국어구분과 이상의 유들이 서로 조기성을 갖게 되는 것은 당연한 이치이다. KDC에서 볼 수 있는 국어구분에 관련된 조기성의 예의 일부를 살펴보면 〈표 5-17〉과 같다.

---

65) 오동근, 배영활, 여지숙. KDC의 이해(대구: 태일사, 2002). pp.86-87.
66) 080의 경우 다만 KDC의 경우에는 개인과 2인 이상 저자의 경우를 081과 082로 구분한 후 081.1-.99 및 082.1-.99에 세분하도록 하고 있다는 점에 유의해야 한다.

<표 5-17> KDC 국어구분표와 언어류, 문학류, 백과사전류의 조기성

국어구분표	700 언어류	800 문학류	030 백과사전
-1 한국어	710 한국어	810 한국문학	031 한국어
-2 중국어	720 중국어	820 중국문학	032 중국어
-3 일본어	730 일본어	830 일본/기타아시아문학	033 일본어
-4 영어	740 영어	840 영미문학	034 영어
-5 독일어	750 독일어	850 독일문학	035 독일어
-6 프랑스어	760 프랑스어	860 프랑스문학	036 프랑스어
-7 스페인어	770 스페인어	870 스페인/포르투갈문학	037 스페인어
-8 이탈리아어	780 이탈리아어	880 이탈리아문학	038 이탈리아어
-9 기타 제어	790 기타 제어	890 기타 제문학	039 기타 제언어

DDC의 경우에는 언어류(400)나 문학류(800)의 강목(100구분)에서 국어구분을 활용할 때는 기본 기호 부분만을 활용하고 있다는 사실에 유의해야 한다. 즉 언어류의 영어의 기본 기호는 '421'이 아닌 '420'이고, 영문학의 기본 기호는 '821'이 아닌 '820'이 된다. 그러나 세목 이하에서 이 Table 6를 적용할 때는 영어는 '-21', 독일어는 '-31' 등으로 적용되게 된다.

(2) 국어구분의 적용 방법

국어구분은 각 분류표의 주기에 제시된 사용 지시에 따라 본표의 기호에 추가하여 전개하게 된다. [그림 5-15]는 KDC에서 전집에 대해 국어구분의 적용을 지시하고 있는 예와 그 적용 사례를 보여주는 것이다. "710-799와 같이 구분한다"는 주기는 KDC의 국어구분에 나

```
081        개인의 일반전집 Collected works of individual authors
           특수주제의 개인전집은 해당주제 아래에 분류한다. 예: 과학전집 408.1

    .1-.99 언어에 의한 일반 개인전집
           710-799와 같이 구분한다. 예: 한국어의 개인 일반전집 081.1

[영어로 된 개인의 일반 전집]
    081        개인의 일반전집
        -4     영어를 나타내는 KDC 국어구분의 기호
    ─────────────────────────────────
        329.90 + -26 → 329.9026
```

[그림 5-15] KDC 국어구분의 전개를 지시하는 주기와 적용 사례

타나는 전형적인 지시이다. 이 예에서는 '091(개인의 일반전집을 나타내는 기본 기호) + -4 (영어를 나타내는 KDC 국어구분의 기호) → 081.44'가 되는 것이다.

DDC에서는 "Add to base number □□□ notation 3-9 from Table 6"와 같은 형태로 주기가 제시되는 경우가 많다. [그림 5-16]은 DDC의 '220.53-.59 Versions in other languages (Bible)'에서 Table 6의 적용을 지시하고 있는 주기와 그 적용 사례('일본어로 된 성서')를 보여주는 것이다.[67] 이 예에서는 '220.5(성서를 나타내는 기본 기호) + -956 (일본어를 나타내는 DDC의 기호) → 220.5956'이 되는 것이다.

```
220.53-.59    Version in other languages (Bible)
              Add to base number 220.5 notation 3-9 from Table 6. . .

[일본어로 된 성서]
   220.5  그 밖의 언어로 된 성서
   -956   일본어를 나타내는 Table.6의 기호

   220.5 + -956 → 220.5956
```

[그림 5-16] DDC Table 6의 전개를 지시하는 주기와 적용 사례

(3) 한국도서관을 위한 DDC 국어구분의 재전개 방안[68]

DDC 제23판의 국어구분표는 서양 언어를 중심으로 전개되고 있다. 다만 -1 Indo-European languages의 아래에 자국 우위(local emphasis)를 부여할 수 있는 임의 규정 B를 마련하고 있다.[69] 즉 특정 언어에 자국 우위를 부여하거나 짧은 기호를 부여하기 위해서는 -1에 해당 언어를 분류하고, Indo-European languages는 -91에 분류하도록 하고 있는 것이다. 따라서 기본적으로 이 임의 규정을 적용하고 DDC 원안의 골격을 최대한 유지하면서, "한국어 - 중국어 - 일본어"의 순서를 유지하는 방식으로 국어구분표를

---

67) Melvil Dewey. *Dewey Decimal Classification and Relative Index*. 23rd ed. (New York: Forest Press, 2011). Vol.2. p.184.
68) 이 소절의 내용은 다음 자료의 내용을 DDC 제23판의 내용에 맞게 수정하여 적용한 것이다. 오동근. DDC 22의 이해(대구: 태일사, 2007), pp.177-178.; 오동근. 한국도서관을 위한 DDC의 재전개 방안. 한국문헌정보학회지 35(4)(2001). pp.79-95.
69) Melvil Dewey. *op. cit.* Vol.1. pp.727-728.

⟨표 5-18⟩과 같이 재전개할 수 있을 것이다. 이 국어구분표의 재전개안은 민족 및 국가군 구분표(T.5)의 재전개안과 조기성을 갖도록 하였다.

⟨표 5-18⟩ DDC 국어구분표의 재전개

DDC 23	재전개안
-1 Indo-European languages	-1 Languages of East and Southeast Asia Sino-Tibetan languages
-9 Other languages	
-95 Languages of East and Southeast Asia Sino-Tibetan languages	-11 Korean
	-12 Chinese
-951 Chinese	-13 Japanese
-954 Tibeto-Burman languages	-14 Tibeto-Burman languages
-956 Japanese	-18 Burmese
-957 Korean	-19 Miscellaneous . . .
-958 Burmese	-9 Other languages
-959 Miscellaneous . . .	-91 Indo-European languages

이상에서 제시한 DDC의 재전개 방식에 따라, 몇몇 예들을 재전개해보면 다음과 같다.

① 중국어 성서
 - DDC 23: 220.5 + -951(T.6) → 220.5951
 - 재전개: 220.5 + -11(T.6) → 220.511

② 일본어로 된 일반 전집
 - DDC 23: 089 + -956(T.6) → 089.956
 - 재전개: 08 + -13(T.6) → 081.3

③ 한국어 문법
 - DDC 23: 4 + -957(T.6) + -7(T.4) → 495.77
 - 재전개: 4 + -11(T.6) + -7(T.4) → 411.7

5.3.4. 언어공통구분의 분석

언어공통구분은 언어류의 각국 언어에 공통적으로 나타나는 언어상의 주요 특성들을 모아 기호화하여 이를 각국의 언어에 동일하게 적용함으로써 조기성을 갖도록 하기 위해 만들어진 보조표이다. 즉 그 언어가 한국어이든, 영어이든, 독일어이든, 각 언어의 사전이라는 표현 형식에 대해서는 추가 전개를 위해 어떤 언어에 대해서나 동일한 기호를 추가할 수 있도록 하기 위해 마련된 것이 언어공통구분인 것이다.

언어공통구분은 DDC의 'Table 4 Subdivisions of individual languages and language families', KDC의 '언어공통구분표,' NDC의 '언어공통구분'이 여기에 해당하는데, 이하에서는 편의상 언어공통구분으로 통일하여 기술하고자 한다.

국어구분과 언어공통구분은 둘 모두 문헌의 언어적 측면을 추가적으로 나타낼 수 있도록 하기 위한 보조표이지만, 국어구분은 전 주제와 학문 분야에 걸쳐 언어적 측면에서 다루어지는 문헌들에 적용되는 반면, 언어공통구분은 단지 언어류, 즉 DDC의 400 Languages, KDC의 700 언어류, NDC의 800 언어류에 적용된다는 사실에 유의해야 한다. NDC 신정10판에서 신정9판까지 일반 보조표에 포함되어 있던 언어공통구분을 고유 보조표로 변경한 것도 이 보조표가 언어류라는 하나의 특정 주류에만 적용되기 때문일 것이다.[70]

이런 이유 때문에, DDC와 KDC, NDC 모두 언어류는 문학류와 마찬가지로, 여러 주류 중 분석 합성식 분류법(analytico-synthetic classification)의 성격이 강한 주류의 하나가 되고 있다.[71] 언어류의 기본적인 열거 순서(citation order)는 세 분류표 모두 대개 [그림 5-17]과 같은 순서로 되어 있다. 즉 언어공통구분은 언어류의 세 번째 패싯에 적용되는 것이다.

주류 + 언어 + 언어의 제요소
(언어류) (국어구분) (언어공통구분)

[그림 5-17] DDC와 KDC, NDC 언어류의 기본적인 열거 순서

(1) 언어공통구분의 구성과 특성

DDC와 KDC, NDC의 언어공통구분의 구성 내용을 구체적으로 살펴보면 〈표 5-19〉와 같다. 세 분류표는 언어의 기본을 이루는 음운/문자(-1)과 어원(-2), 사전(-3), 문법(-5)에 대해서는 동일한 기호를 부여하고 있으나, 그 밖의 전개에서는 차이를 보이고 있다. DDC의 기본 틀은 -1-5에 표준어의 언어적 특성을 배정하고, 표준어 이외의 변형을 -7, 표준적인 언어를 사용하기 위한 규범 문법을 -8에 배정하는 순서로 되어 있다. 언어공통구분의 내용면에서 KDC와 NDC를 비교해보면 그 내용상 차이가 없음을 알 수 있다. 이것은 특

---

70) 高橋良平. "日本十進分類法新訂10版の概要." カレントアウェアネス 324(2015.6). p.12.
71) 오동근, 배영활, 여지숙. KDC의 이해(대구: 태일사, 2002). p.90.

히 어휘(-4)와 작문(-6), 독본/회화(-7) 등의 예에서 볼 수 있는 것처럼, 외국어를 배워야 하는 입장에 있는 이용자들을 위한 자료들이 많은 동양의 특성을 잘 반영하고 있는 NDC의 아이디어를 KDC에서 잘 활용하고 있음을 보여주는 예라고 할 수 있을 것이다.

〈표 5-19〉 언어공통구분의 비교

기호	DDC의 Table 4	KDC	NDC
-1	Writing systems, phonology, phonetics*	음운 및 문자	음성, 음운, 문자
-2	Etymology*	어원	어원, 어의, 의미
-3	Dictionaries*	사전	사전
-4		어휘	어휘
-5	Grammar*	문법	문법, 어법
-6		작문	문장, 문체, 작문
-7	Historical and geographic variations, modern nongeographic variations	독본, 해석, 회화	독본, 해석, 회화
-78			회화
-8	Standard usage of the language (Prescriptive linguistics)	방언(사투리)	방언, 사투리

* of the standard form of the language

아울러 DDC에서는 -7에 고어(古語)와 방언, 비어(卑語), 속어(俗語) 등을 함께 포함시키고 있으나, KDC와 NDC에서는 -8에는 방언만을 포함하고, 고어는 언어사(KDC의 경우 710.9) 아래에 시대별로 세분하고 있고, 비어(卑語), 속어(俗語) 등은 -4 어휘 아래에 전개(KDC의 경우 714.9)하고 있다는 사실에 유의해야 한다.[72] 또한 DDC에서는 문법을 -5와 -9로 구분하고 있는데, -5는 "문법에 관한 포괄적인 저작과 기술 문법(記述文法: descriptive grammar), 즉 어느 한 언어의 특정 시기의 언어나 문법 현상을 있는 그대로 객관적으로 기술하는 문법에 사용하고, -8은 규범 문법(規範文法: prescriptive grammar), 즉 언어 생활을 올바르게 하기 위한 실용적인 목적에서 언어 사용상의 옳고 그름을 결정하는 규칙을 설정하고 그것을 지키도록 명령하는 문법에 사용한다."[73] 따라서 언어 학습을 위한 교재류는 모두가 -8을 적용해야 한다는 사실에 유의해야 한다.

---

72) 관련 내용에 대해서는 다음 자료를 참고하라. 오동근, 배영활, 여지숙. "KDC 제4판 언어 및 문학류 전개의 개선방안." 한국문헌정보학회지 제42권 제4호(2008.12). pp.141-157.
73) 오동근. DDC 22의 이해(대구: 태일사, 2007). p.168.

(2) 언어공통구분의 적용 방법

언어공통구분 역시 각 분류표의 주기에 제시된 사용 지시에 따라 본표의 기호에 추가하여 전개하게 된다. DDC에서는 ① 개별 주기 형태로 지시되는 경우와 ② 종합적 부가 지시를 활용하는 경우가 있다.

개별 주기 형태로 지시되는 경우는 주기에 직접 "Except for modifications shown under specific entries, add to base number □□ notation 1-8 from Table 4"와 같은 형태로 지시 사항이 제시된다. [그림 5-18]은 DDC에서 프랑스어에 대해 언어공통구분의 적용을 지시하고 있는 예와 그 적용 사례('프랑스어의 어원')를 보여 주는 것이다. 이 예에서는 '44(프랑스어를 나타내는 기본 기호) + -2(어원을 나타내는 DDC 언어공통구분의 기호) → 442'가 되는 것이다.

```
441-448  Subdivisions of French
         Except for modifications shown under specific entries, add to
         base number 44 notation 1-8 from Table 4 . . .

[프랑스어의 어원]
  44    프랑스어
       -2 어원을 나타내는 DDC 언어공통구분(T.4)의 기호
  44 + -2 → 442
```

[그림 5-18] 개별 부가 지시에 따른 DDC Table 4의 적용 사례

종합적 부가 지시를 활용하는 경우는 해당 언어에 대한 표목에 *를 부가하고, 해당 페이지의 각주에 "Add to base number as instructed under 420-490"이라는 지시가 표시되어 있다. 이 지시에 따라 '420-490 Specific languages'에 가보면 주기에 "Except for modifications shown under specific entries, add to base number for each language identified by * as instructed at the beginning of Table 4"라는 내용이 포함되어 있다.[74] Table 4의 시작 부분에는 이와 관련하여, "The following notation . . . may be used . . . with the base numbers

---

74) Melvil Dewey. *Dewey Decimal Classification and Relative Index*. 23rd ed. (New York: Forest Press, 2011). Vol.2. p.939.

for individual languages identified by * under 420-490"이라고 지시되어 있다.[75] [그림 5-19]는 DDC에서 한국어에 대해 언어공통구분의 적용을 지시하고 있는 예와 그 적용 사례('한국어의 어원')를 보여 주는 것이다. 이 예에서는 '495.7(한국어를 나타내는 기본 기호) + -2(어원을 나타내는 DDC 언어공통구분의 기호) → 495.72'가 되는 것이다.

```
495.7   *Korean

* Add to base number as instructed under 420-490

>   420-490  Specific languages
        Except for modifications shown under specific entries, add to
        base number for each language identified by * as instructed
        at the beginning of Table 4 . . .

Table 4. Subdivisions of Individual Languages . . .
    The following notation . . . may be used . . . with the base numbers
    for individual languages identified by * under 420-490

[한국어의 어원]
    495.7    한국어
        -2 어원을 나타내는 DDC 언어공통구분(T.4)의 기호

495.7 + -2 → 495.72
```

[그림 5-19] 종합적 부가 지시에 따른 DDC Table 4의 적용 사례

KDC에서 주요 언어의 경우는 실제로는 해당 언어와 언어공통구분이 합성된 기호들이 대부분 본표에 표시되어 있기 때문에, 언어공통구분을 활용하여 합성해야 하는 경우는 분류 담당자가 기타 언어에서 별법을 활용하는 경우 등에 국한될 것이다. 그러나 이론적인 측면에서 그와 같은 합성이 어떻게 이루어지는지에 대해서는 충분한 이해가 필요할 것이다. 〈표 5-20〉은 KDC의 주요 언어들이 언어공통구분의 기호와 어떻게 합성되는지를 잘 보여주고 있다.[76] NDC의 언어공통구분의 경우도 이와 동일한 방식으로 적용되고 있다.

---

75) Melvil Dewey. *Dewey Decimal Classification and Relative Index*. 23rd ed. (New York: Forest Press, 2011). Vol.1. p.678.
76) 이 표는 志保田務, 高鷲忠美, 平井尊士. 情報資源組織法(東京: 第一法規, 2012). p.197에 수록된 NDC '언어공통구분의 상세표'의 내용을 참고하여 KDC에 맞도록 재구성한 것임.

<표 5-20> KDC 언어공통구분표의 상세 전개표

구분	기본 기호	-1 음운	-2 어원	-3 사전	-4 어휘	-5 문법	-6 작문	-7 회화	-8 방언
한국어	71	711	712	713	714	715	716	717	718
중국어	72	721	722	723	724	725	726	727	728
일본어	73	731	732	733	734	735	736	737	738
영 어	74	741	742	743	744	745	746	747	748
독일어	75	751	752	753	754	755	756	757	758
프랑스어	76	761	762	763	764	765	766	767	768
스페인어	77	771	772	773	774	775	776	777	778
이탈리아어	78	781	782	783	784	785	786	787	788

언어공통구분을 적용할 때는 특히 2개국어 사전(bilingual dictionaries)의 분류에 유의해야 한다. DDC와 KDC는 둘 모두 표제어(entry word)를 분류의 제1기준으로 삼는 동일한 방식을 표준으로 채택하고 있고, 별법(別法, option)으로 2개국어 중 이용자의 입장에서 비교적 덜 알려진 언어를 기준으로 하는 방식을 채택하고 있다. 반면 NDC는 2개국어 중 이용자의 입장에서 비교적 덜 알려진 언어를 기준으로 하는 방식을 표준으로 채택하고 있다. 2개국어 사전의 합성에 대한 지시를 DDC는 Table 4의 -32-39 아래에서 지시하고 있는 반면, KDC에서는 713.2-.9 아래에서 지시하고 있다. 그러나 두 분류표 모두 2개국어 사전의 표준적인 열거 순서는 [그림 5-20]과 같은 순서를 갖는다. 여기서 -3은 언어공통구분의 사전을 의미하는 -3이다.

> 첫 번째 언어의 기본 기호 + -3 + 두 번째 언어의 국어구분의 기호

[그림 5-20] DDC와 KDC의 2개국어 사전의 표준적인 열거 순서

[그림 5-21]은 KDC에서 한국어를 표제어로 하는 2개국어 사전에 대해 언어공통구분의 적용을 지시하고 있는 예와 그 적용 사례('한독사전')를 보여주는 것이다. 이 예에서는 '71(한국어를 나타내는 기본 기호) + -3(사전을 나타내는 KDC 언어공통구분의 기호) + -5(독일어를 나타내는 국어구분의 기호) → 713.5'가 되는 것이다. 이와 같은 방식은 DDC에도 동일하게 적용된다.

> 713.2-.9 2개국어 사전
>   2개 국어사전은 표제어에 분류하고 해설어를 국어구분의 기호를 사용하여 부가
>   한다. 예: 한영사전(표제어: 한국어) 713.4; 영한사전 743.1
>   710-799와 같이 언어구분한다.
>   별법: 도서관에 따라 2개국어 사전은 이용자의 입장에서 비교적 덜 알려진 언어에
>   분류하고, 상대어를 부가할 수 있다. 예: 한영(영한)사전 713.4(미국의 입장);
>   한영(영한)사전 743.1 (한국의 입장)
>
> [한독사전]
>   710   한국어
>   -3 사전을 나타내는 KDC 언어공통구분의 기호
>   -5 독일어를 나타내는 국어구분의 기호
>   710 - 0 + -3 + -5 → 713.5

[그림 5-21] KDC의 2개국어 사전에 대한 분류 지시와 적용 사례

5.3.5. 문학형식구분의 분석

문학형식구분은 문학류의 각국 문학에 공통적으로 나타나는 문학 형식상의 주요 특성들을 모아 기호화하여 이를 각국의 문학에 동일하게 적용함으로써 조기성을 갖도록 하기 위해 만들어진 보조표이다. 즉 그 문학이 한국 문학이든, 영문학이든, 독일 문학이든, 예컨대 각 문학의 소설이라는 문학 형식에 대해서는 추가 전개를 위해 어떤 문학에 대해서나 동일한 기호를 추가할 수 있도록 하기 위해 마련된 것이 문학형식구분인 것이다.

문학형식구분은 DDC의 'Table 3 Subdivisions for the arts, for individual literatures, for specific literary forms', KDC의 '문학형식구분표,' NDC의 '문학공통구분'이 여기에 해당하는데, 이하에서는 편의상 문학형식구분으로 통일하여 기술하고자 한다. 특히 DDC의 문학형식구분은 다음과 같은 세 개의 보조표로 구성되어 있다.

① T.3A: 1인 개인 저자의 문학 작품이나 1인 개인 저자에 관한 문헌에 대한 기호를 세분하기 위한 보조표
② T.3B: 2인 이상의 저자의 문학 작품이나 2인 이상의 저자에 관한 문헌에 대한 기호를 세분하기 위한 보조표
③ T.3C: 3-B를 보완하기 위한 보조표로, 보조표 3-B와 700.4, 791.4, 808-809의 지시에 따라 추가

문학형식구분은 DDC의 경우는 제21판부터 예술류의 700.4와 791.4에서도 사용할 수 있도록 하고 있지만 기본적으로는 800 Literature에서 사용하기 위해 고안된 것이고, KDC의 경유는 800 문학류, NDC의 경우는 900 문학류에 적용하여, 특정 언어로 된 문학 작품이나 문학에 관련된 문헌들을 추가로 세분할 수 있도록 하고 있다는 사실에 유의해야 한다. NDC 신정10판에서 신정9판까지 일반 보조표에 포함되어 있던 문학공통구분을 고유 보조표로 변경한 것도 이 보조표가 문학류라는 하나의 특정 주류에만 적용되기 때문일 것이다.[77]

이런 이유 때문에, DDC와 KDC, NDC 모두 문학류는 언어류와 마찬가지로, 여러 주류 중 분석 합성식 분류법(analytico-synthetic classification)의 성격이 강한 주류의 하나가 되고 있다.[78] 문학류의 기본적인 열거 순서(citation order)는 세 분류표 모두 대개 [그림 5-22]과 같은 순서로 되어 있다. 즉 문학형식구분은 문학류의 세 번째 패싯에 적용되는 것이다.

주류 + 언어 + 문학 형식 + 문학 시대
(문학류) (language) (literary form) (literary period)

[그림 5-22] DDC와 KDC, NDC 문학류의 기본적인 열거 순서

(1) 문학형식구분의 구성과 특성

DDC와 KDC, NDC의 문학형식구분의 구성 내용을 구체적으로 살펴보면 〈표 5-21〉와 같다. 세 분류표 모두 -1-4까지는 '시 - 희곡 - 소설 - 수필'의 순서로 사실상 동일한 문학 형식들을 포함시켜 전개되고 있으나, -5-7은 DDC와 KDC는 '연설 - 서간 - 풍자'의 순서로 동일한 문학 형식들로 전개되어 있으나, NDC는 차이를 보이고 있다. 특히 NDC의 경우에는 아동 문학의 추가 세분을 위해 '8'을 조기성 기호로 활용하여, 시(-18)와 희곡(-28), 소설(-38), 작품집(088)을 추가 전개하고 있음을 알 수 있다.

---

77) 高橋良平. "日本十進分類法新訂10版の概要." カレントアウェアネス 324(2015.6). p.12.
78) Lois Mai Chan, et. al. Dewey Decimal Classification: A practical guide. 2nd ed. (New York: Forest Press, 1996). p.130.

〈표 5-21〉 문학형식구분의 비교

기호	DDC(T.3B 기준)	KDC	NDC
-1	Poetry	시	시가(詩歌)
-18			아동시, 동요
-2	Drama	희곡	희곡
-28			아동극, 동화극
-3	Fiction	소설	소설, 모노가타리(物語)
-38			동화
-4	Essays	수필, 소품	평론, 에세이, 수필
-5	Speeches	연설, 웅변	일기, 서간, 기행
-6	Letters	일기, 서간, 기행	기록, 수기(手記), 르포르타주
-7	Humor and Satire	풍자	잠언, 아포리즘, 경구(寸言)
-8	Miscellaneous writings	르포르타주 및 기타	작품집: 전집, 선집
-88			아동문학작품집: 전집, 선집

(2) 문학형식구분의 적용 방법

문학형식구분 역시 각 분류표의 주기에 제시된 사용 지시에 따라 본표의 기호에 추가하여 전개하게 된다. DDC의 경우,[79] T.3A를 기준으로 살펴보면, 언어공통구분(Table 4)과 마찬가지로, 기본적으로는 ① 개별 주기 형태로 지시되는 경우와 ② 종합적 부가 지시를 활용하는 경우가 있다.

개별 주기 형태로 지시되는 경우는 주기에 직접 "Except for modifications shown under specific entries, add to base number □□ as instructed at the beginning of Table 3"와 같은 형태로 지시 사항이 제시된다. Table 3의 시작 부분에는 이와 관련하여, "Notation from Table 3 . . . may be used . . . with the base numbers for individual literatures identified by * under 810-890"이라고 지시되어 있다.[80]

---

[79] DDC의 경우, 이 책에서는 가장 많은 자료에 적용되는 T.3A를 중심으로 분석하였으며, T.3B와 T.3C에 대해서는 다음 자료를 참조하라. 오동근. DDC 22의 이해(대구: 태일사, 2007). pp.156-163.
[80] Melvil Dewey. *Dewey Decimal Classification and Relative Index*. 23rd ed. (New York: Forest Press, 2011). Vol.1. p.637.

[그림 5-23]은 DDC에서 프랑스문학에 대해 문학형식구분의 적용을 지시하고 있는 예와 그 적용 사례('프랑스 소설')를 보여 주는 것이다. 이 예에서는 '84(프랑스 문학을 나타내는 기본 기호) + -3(소설을 나타내는 DDC 문학형식구분의 기호) → 843'이 되는 것이다.

841-848 Subdivisions for specific forms of French literature
         Except for modifications shown under specific entries, add to
         base number 84 as instructed at the beginning of Table 3 . . .

Table 3. Subdivisions of dor the Arts, for Individual Literatures . . .
         Notation from Table 3 . . . may be used . . . with the base numbers
         for individual literatures identified by * under 810-890

[프랑스 소설]
  84   프랑스 문학
        -3 소설을 나타내는 DDC 문학형식구분(T.3A)의 기호

  84 + -3 → 843

[그림 5-23] 개별 부가 지시에 따른 DDC Table 3A의 적용 사례

종합적 부가 지시를 활용하는 경우는 해당 문학에 대한 표목에 *를 부가하고, 해당 페이지의 각주에 "Add to base number as instructed at the beginning of Table 3"라는 지시가 표시되어 있다. 이 지시에 따라 Table 3의 시작 부분에 가보면, "Notation from Table 3 . . . may be used . . . with the base numbers for individual literatures identified by * under 810-890"이라고 지시되어 있다.[81]

---

81) Loc. cit.

[그림 5-24]는 DDC에서 한국어에 대해 문학형식구분의 적용을 지시하고 있는 예와 그 적용 사례('이광수의 사랑')를 보여주는 것이다. 이 예에서는 '895.7(한국 문학을 나타내는 기본 기호) + -3(소설을 나타내는 DDC 문학형식구분의 기호) + 3(1910-1945(일제시대)를 나타내는 문학시대구분의 기호) → 895.733'이 되는 것이다.

```
895.7   *Korean
        PERIOD TABLE
            1   Early period to 1392
            2   Yi period, 1392-1910
           28   1894-1910
            3   1910-1945
            4   1945-1999
                    Class here 20th century
                    For 1900-1910, see 28; for 1910-1945, see 3
            5   2000-
* Add to base number as instructed at the beginning of Table 3
```

Table 3. Subdivisions of dor the Arts, for Individual Literatures . . .
  Notation from Table 3 . . . may be used . . . with the base numbers for individual literatures identified by * under 810-890

[사랑 / 이광수 (일제시대 한국 소설)]
  895.7   한국 문학
    -3   소설을 나타내는 DDC 문학형식구분의 기호
     3   일제시대(1910-1945)를 나타내는 문학시대구분의 기호
  895.7 + -3 + 3 → 895.733

[그림 5-24] 종합적 부가 지시에 따른 DDC Table 3A의 적용 사례

[그림 5-25]는 DDC의 Table 3A를 적용한 이상의 분류 과정을 흐름도로 나타낸 것이다.[82]

---

82) Melvil Dewey. *Dewey Decimal Classification and Relative Index*. 23rd ed. (New York: Forest Press, 2011). Vol.1. p.26.

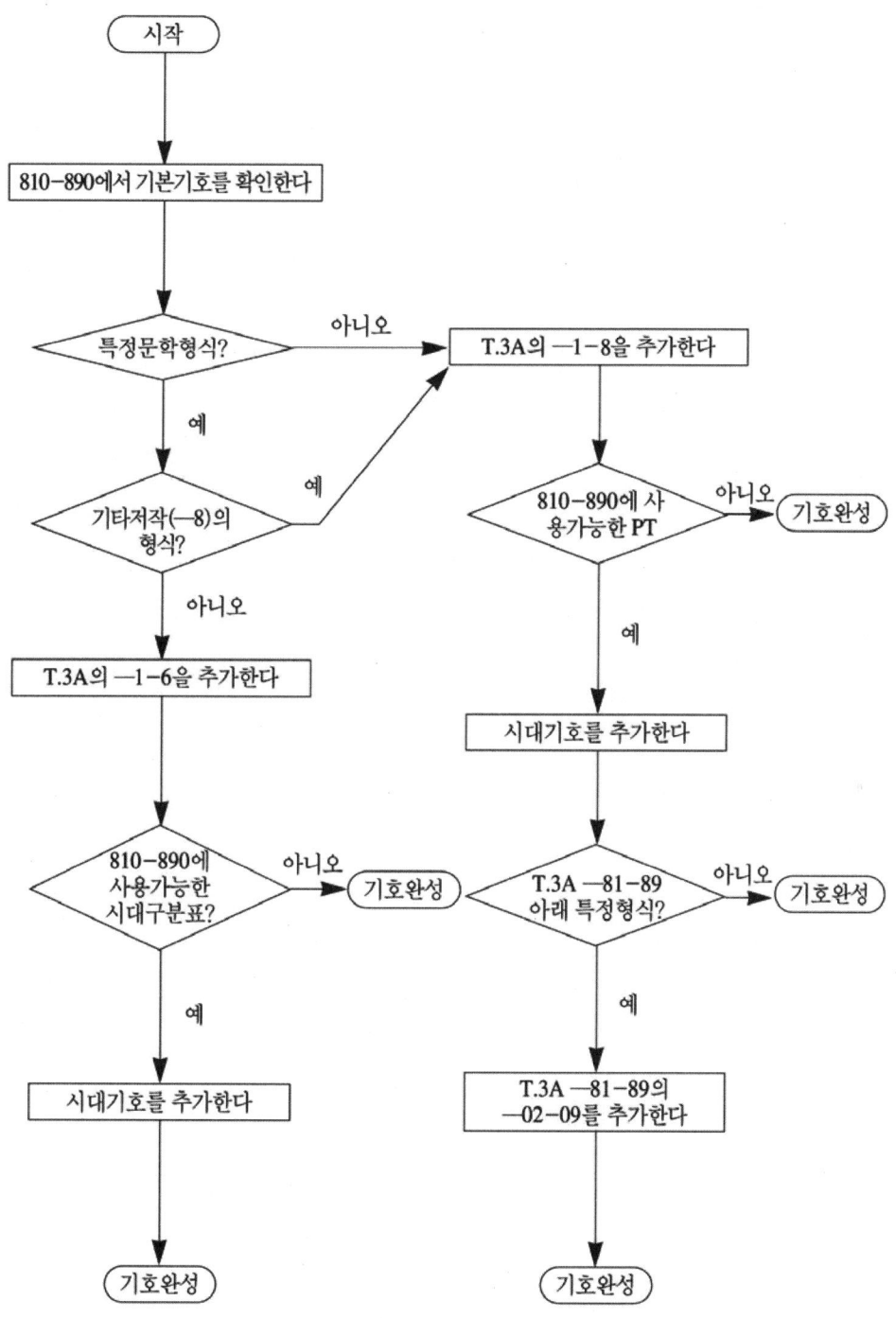

[그림 5-25] DDC의 Table 3A를 적용한 분류 과정 흐름도

KDC에서 주요 문학의 경우는 실제로는 해당 문학과 문학형식구분이 합성된 기호들이 대부분 본표에 제시되어 있기 때문에, 문학형식구분을 활용하여 합성해야 하는 경우는 분류 담당자가 기타 언어에서 별법(別法)을 활용하는 경우 등에 국한될 것이다. 그러나 이론적인 측면에서 그와 같은 합성이 어떻게 이루어지는지에 대해서는 충분한 이해가 필요할 것이다. 〈표 5-22〉은 KDC의 주요 문학들이 문학형식구분의 기호와 어떻게 합성되는지를 잘 보여주고 있다.[83] NDC의 문학형식구분의 경우도 이와 동일한 방식으로 적용되고 있다.

〈표 5-22〉 KDC 문학형식구분표의 상세 전개표

구분	기본 기호	-1 시	-2 희곡	-3 소설	-4 수필	-5 연설	-6 일기	-7 풍자	-8 르포
한국문학	81	811	812	813	814	815	816	817	818
중국문학	82	821	822	823	824	825	826	827	828
일본문학	83	831	832	833	834	835	836	837	838
영 문 학	84	841	842	843	844	845	846	847	848
독일문학	85	851	852	853	854	855	856	857	858
프랑스문학	86	861	862	863	864	865	866	867	868
스페인문학	87	871	872	873	874	875	876	877	878
이탈리아문학	88	881	882	883	884	885	886	887	888

한편 문학형식구분과 문학시대구분을 적용할 때는 특히 개인 저자를 다루면서 주의해야 하는 경우가 많은데, DDC의 다음과 같은 지침이 도움이 될 수 있을 것이다.[84]

① 언어는 저자가 동일한 언어로 작품 활동을 하는 경우에는 거주 장소나 국적에 관계없이 저자가 작품을 쓰거나 저술하고 있는 언어에 분류해야 한다.

② 저자가 거주지나 국적을 옮겼을 경우, ⓐ 옮긴 나라가 저자가 작품 활동을 하고 있는 언어와 같은 언어를 사용하는 나라일 때는 저자가 시민권이 있는 나라의 기호를 사용하고, ⓑ 저자의 국적을 확인하기 어려울 때는 저자의 출생국이나 저자의 이전 작품을 발표한 나라의 기호를 사용한다.

---

83) 이 표는 志保田務, 高鷲忠美, 平井尊士. 情報資源組織法(東京: 第一法規, 2012). p.198에 수록된 NDC '문학공통구분의 상세표'의 내용을 참고하여 KDC에 맞도록 재구성한 것임.

84) Melvil Dewey. *Dewey Decimal Classification and Relative Index*. 23rd ed. (New York: Forest Press, 2011). Vol.1. pp.24-25.와 오동근. DDC 22의 이해(대구: 태일사, 2007). pp.153-155.의 내용을 요약하여 정리한 것임.

③ 둘 이상의 언어로 작품 활동을 하고 있을 경우, ⓐ 저자의 포괄적인 저작을 분류할 때는 저자가 마지막으로 사용한 언어를 사용하고, ⓑ 어느 한 언어를 주로 사용할 때는 그 언어에 분류한다.
④ 포괄적인 저작의 문학 형식을 다룰 경우, ⓐ 그 저자를 주로 식별할 수 있는 문학 형식(예를 들면 주로 시를 많이 쓰는 저자일 경우는 시)을 사용하고, ⓑ 그러한 형식을 확인할 수 없을 때는 기타 저작(DDC T.3A의 경우는 -8)에 분류한다.
⑤ 둘 이상의 문학 형식을 가진 작품의 경우, '희곡 → 시 → 소설 → 수필 → 연설문 → 서간문 → 기타'의 우선순위를 따른다.
⑥ 문학 시대는 특정 저자와 그 저자의 모든 작품의 경우, ⓐ 그 저자가 가장 활발하게 활동한 시대에 대한 학자들의 합의를 바탕으로 단 하나의 문학 시대만 사용해야 하며, ⓑ 활발하게 활동한 시대에 대한 합의가 없을 때는 그 저자를 최초로 알린 문학 작품을 발행한 시대를 사용한다.
⑦ 작가의 전기에 대해 표준구분의 전기 기호(DDC의 -092나 KDC의 -099)를 추가해서는 안 된다.
⑧ 개인 저작의 번역서는 원저작과 동일한 분류 기호에 분류한다.

5.3.6. DDC와 KDC, NDC 특유의 보조표 분석

DDC와 KDC, NDC는 이상에서 살펴본 공통적인 보조표 이외에 해당 분류표 특유의 보조표들을 가지고 있다. DDC의 'Table 5 Ethnic and National Groups,' KDC의 '종교공통구분,' NDC의 '해양구분'이 그것인데, 각각 그 나라 특유의 상황을 반영하고 있어 흥미롭다. 이하에서는 그 각각에 대해 분석해 보고자 한다.

(1) DDC의 민족 및 국가군 구분표

DDC의 민족 및 국가군 구분표(Table 5)는 특정 민족이나 국가에 한정하여 다루는 주제들을 세분하기 위해 사용되는 보조표이다. 그 개요는 〈표 5-23〉과 같다.

<표 5-23> DDC Table 5의 개요

기호	민족 및 국가군
-1	North Americans
-2	British, English, Anglo-Saxons
-3	Germanic peoples
-4	Modern Latin peoples
-5	Italians, Romanians, related groups
-6	Spanish and Portuguese, Galician
-7	Other Italic peoples
-8	Greeks and related groups
-9	Other ethnic and national groups
-957	Koreans

민족 및 국가군 구분표는 일반적으로 본표의 부가 지시 사항에 따라 추가되며, 필요할 경우에는 표준세구분표(T.1)의 -089 민족 및 국가군 기호를 앞세워 추가할 수도 있다. [그림 5-26]은 DDC에서 민족 및 국가군 구분표의 적용을 지시하고 있는 예와 그 적용 사례('한민족 집단의 미술')를 보여주는 것이다. 이 예에서는 '704.03(특정 민족 집단의 미술을 나타내는 기본 기호) + -957(한민족을 나타내는 DDC 민족 및 국가군 구분표의 기호) → 704.03957'이 되는 것이다. 그 사용법은 지역구분표(T.2)와 거의 유사하다.

```
704.03   Ethnic and national groups (Special topics in fine and decorative arts)
  .031-.039 Specific ethnic and national groups
         Add to base number 704.03 notation 1-9 from Table 5, e.g.,
         art of North American native peoples 704.0397
```

[한민족의 미술]
　704.03　　특정 민족 집단의 미술
　　-957　한민족을 나타내는 DDC 민족 및 국가군 구분표의 기호
　704.03 + -957 → 704.03957

[그림 5-26] DDC Table 5의 사용을 지시하는 주기와 적용 사례

한편 DDC의 민족 및 국가군 구분표는 서양 중심으로 전개되어 있기 때문에, 한국도서관을 위해서는 재전개가 필요하다. DDC 제23판의 -1 North Americans의 아래에 자국 우

위(local emphasis)를 부여할 수 있는 임의 규정을 마련하고 있다.[85] 즉 특정 집단에 자국 우위를 부여하거나 짧은 기호를 부여하기 위해서는 -1에 해당 집단을 분류하고, North Americans는 -2에 분류하도록 하고 있는 것이다. 따라서 이 임의규정을 활용하여 이 보조표를 〈표 5-24〉와 같이 재전개할 수 있을 것이다.[86] 이것은 기본적으로 DDC 임의 규정을 활용하여 원안의 골격을 최대한 유지하고, "한국 - 중국 - 일본"의 순서를 유지하도록 하고 있다. 이 재전개안은 국어구분표(T.6)의 재전개안과 조기성을 가지며, 유사한 방식으로 적용할 수 있다.

〈표 5-24〉 DDC 민족 및 국가군 구분표의 재전개

DDC 23	재전개안
-1　North Americans -2　British, English, Anglo-Saxons -9　Other ethnic and national groups -95　　East and Southeast Asian Peoples; Mundas -951　　　Chinese -954　　　Tibetans -956　　　Japanese -957　　　Koreans -958　　　Burmese -959　　　Miscellaneous . . .	-1　East and Southeast Asian Peoples; Mundas -11　Koreans -12　Chinese -13　Japanese -14　Tibetans -18　Burmese -19　Miscellaneous . . . -2　British, English, Anglo-Saxons; North Americans

(2) KDC의 종교공통구분

KDC에서는 종교류의 강목 전개를 기독교 중심으로 전개된 DDC와는 달리, 220-280에 주요 종교를 균형 있게 포함시키고 있다. 그 결과 주요 종교의 요목(要目) 단계에 포함된 주요 종교를 비롯한 여러 종교에 대해 공통적인 보조 기호를 부여할 수 있게 되었다. 종교공통구분표는 이러한 가능성을 바탕으로 개발된 KDC 특유의 보조표로, 다양한 종교

---

[85] Melvil Dewey. *Dewey Decimal Classification and relative index*. 23rd ed. (Dublin, OH: OCLC, 2011). Vol.1. p.663.
[86] 내용은 다음 자료의 내용을 DDC 제23판의 내용에 맞게 수정하여 적용한 것이다. 오동근. "한국도서관을 위한 DDC의 재전개 방안." 한국문헌정보학회지 제35권 제4호(2001.12). pp.79-95.; 오동근. DDC 22의 이해(대구: 태일사, 2007). pp.185-186.

가 공존하는 나라의 도서관에서 충분히 활용할 수 있는 KDC의 독창적인 아이디어라고 할 수 있다.[87]

종교공통구분을 활용할 경우 KDC 종교류는 [그림 5-27]과 같은 열거 순서로 전개될 수 있다.

종교류의 기본 기호 + 종교공통구분기호

[그림 5-27] KDC 종교류의 기본적인 열거 순서

KDC의 종교공통구분의 개요를 기독교의 요목 전개에 적용된 예와 함께 살펴보면 〈표 5-25〉과 같다.

〈표 5-25〉 KDC 종교공통구분표의 개요와 기독교의 요목

종교공통구분		기독교의 요목전개	
기호	내 용	기호	내 용
-1	교리, 교의	231	기독교 신학, 교의학(조직신학)
-2	종교창시자(교주) 및 제자	232	예수 그리스도, 사도
-3	경전, 성전	233	성서(성경)
-4	종교신앙, 신앙록, 신앙생활, 수도생활	234	종교신앙, 신앙록, 신앙생활
-5	선교, 포교, 전도, 교화(교육)활동	235	전도, 교육, 교화 활동, 목회학
-6	종단, 교단	236	교회론
-7	예배형식, 의식, 의례	237	예배, 의식, 성례
-8	종파, 교파	238	교 파

KDC에서 주요 종교의 경우는 실제로는 해당 종교와 종교공통구분이 합성된 기호들이 대부분 본표에 표시되어 있기 때문에, 종교공통구분을 활용하여 합성해야 하는 경우는 분류 담당자가 기타 종교에서 별법(別法)을 활용하여 추가로 전개하는 경우 등에 국한될 것이다. 그러나 이론적인 측면에서 그와 같은 합성이 어떻게 이루어지는지에 대해서는 충분한 이해가 필요할 것이다.

---

[87] Dong-Geun Oh & Ji-Sook Yeo. "Suggesting an Option for DDC Class Religion (200) for Nations in which Religious Diversity Predominates." *Knowledge Organization,* Vol.28, No.2(2001). pp.75-84.

[그림 5-28]은 KDC에서 종교공통구분표의 적용을 지시하고 있는 별법의 예와 그 적용 사례('증산도 경전')를 보여주는 것이다. 이 예에서는 '291.12(증산도를 나타내는 기본 기호) + -3(경전을 나타내는 KDC 종교공통구분표의 기호) → 291.123'이 되는 것이다.

```
290      기타 제종교(諸宗敎) Other religions
         별법: 도서관에 따라 211-218과 같이 세분할 수 있다. . . .
291      아시아
  .1       한 국
  .12      증산도(甑山道)

[증산도 경전: 별법]
  291.12     증산도
     -3      경전을 나타내는 KDC 종교공통구분표의 기호

  291.12 + -3 → 291.123
```

[그림 5-28] KDC 종교공통구분표의 사용을 지시하는 별법의 주기와 적용 사례

〈표 5-26〉은 KDC의 주요 종교들이 종교공통구분의 기호와 어떻게 합성되는지를 잘 보여주고 있다.[88]

〈표 5-26〉 KDC 종교공통구분표의 상세 전개표

구분	기본기호	-1 교리	-2 창시자	-3 경전	-4 종교신앙	-5 선교	-6 종단	-7 예배형식	-8 종파
불교	22	221	222	223	224	225	226	227	228
기독교	23	231	232	233	234	235	236	237	238
도교	24	241	242	243	244	245	246	247	248
천도교	25	251	252	253	254	255	256	257	258
힌두교	27	271	272	273	274	275	276	277	278
이슬람교	28	281	282	283	284	285	286	287	288

---

[88] 이 표는 志保田務, 高鷲忠美, 平井尊士. 情報資源組織法(東京: 第一法規, 2012), p.197에 수록된 NDC '언어공통구분의 상세표'의 내용을 참고하여 KDC의 종교류에 맞도록 재구성한 것임.

(3) NDC의 해양구분

NDC의 해양구분은 특정 해양에 한정하여 다루는 주제들을 세분하기 위해 사용되는 보조표로, 섬 국가 일본의 특성을 보여주는 흥미로운 보조표이다. 그 개요는 〈표 5-27〉과 같다.

〈표 5-27〉 NDC의 해양구분의 개요

기호	해양구분
-1	태평양
-2	북태평양
-3	남태평양
-4	인도양
-5	대서양
-6	지중해
-7	북극해(북빙양)
-8	남극해(남빙양)

NDC에서는 주기 "*해양구분"의 형식으로 추가에 대한 지시가 나타날 때 지리구분과 같은 방식으로 사용하게 된다. [그림 5-29]는 NDC에서 해양구분의 적용을 지시하고 있는 예와 그 적용 사례('인도양 해도')를 보여주는 것이다. 이 예에서는 '557.78(해도를 나타내는 기본 기호) + -4(인도양을 나타내는 NDC 해양구분의 기호) → 557.78'이 되는 것이다. 한편 해양구분은 지리구분과는 함께 사용할 수 없다는 사실에 유의해야 한다.[89]

[그림 5-29] NDC 해양구분의 사용을 지시하는 주기와 적용 사례

---

89) 志保田務, 高鷲忠美, 平井尊士. 情報資源組織法(東京: 第一法規, 2012). p.196.

5.3.7. 보조표를 적용한 분류 사례 분석

이 소절에서는 DDC 제23판과 KDC 제6판의 보조표를 적용하여 구체적인 사례들을 분류해 보고자 한다.

(1) 표준구분

① The Journal of Technology
- DDC 23: 600 - 00 + -05(T1) → 605
- KDC 6: 500 - 00 + -05(표준구분) → 505

② Encyclopedia of Philosophy & psychology
- DDC 23: 100 + -03(T1) → 103
- KDC 6: 100 + -03(표준구분) → 103

③ Biographies of mineralogists
- DDC 23: 549 + -092(T1) → 549.092
- KDC 6: 460 + -099(표준구분) → 460.099 (460.99 ×)

④ Geometry for Sculpture
- DDC 23: 516 + -024(T1) + 730 → 516.02473
- KDC 6: 415 + -028(표준구분) + 620 - 0 → 415.02862

⑤ Practice problems for the civil engineering PE exam
- DDC 23: 624 + -076(T1) → 624.076
- KDC 6: 531 + -077(표준구분) → 531.077

⑥ Agricultural systems management : its efficiency and performance
- DDC 23: 630 - 0 + -068(T1) → 630.68
- KDC 6: 520 - 0 + -068(표준구분) → 520.68

⑦ Teaching and learning mathematics
- DDC 23: 510 - 0 + -071(T1) → 510.71
- KDC 6: 410 - 0 + -071(표준구분) → 410.71

⑧ Basic geological illustrations and mapping
- DDC 23: 550 - 0 + -022(T1) → 550.22
- KDC 6: 450 - 0 + -024(표준구분) → 450.24

⑨ John Dewey and the art of teaching
- DDC 23: 370 - 0 + -01(T1) → 370.1
- KDC 6: 370 - 0 + -01(표준구분) → 370.1

⑩ An Encyclopedia of English Literature
- DDC 23: 820 - 0 + -03(T1) → 820.3
- KDC 6: 840 - 0 + -03(표준구분) → 840.3

(2) 지역구분

① Russia and China : foreign policy and the end of the Cold War
- DDC 23: 327 + -47(T2) + 0 + -51(T2) → 327.47051
- KDC 6: 349 + -29(지역구분) + 0 + -12(지역구분) → 349.29012

② Economic policy making in India
- DDC 23: 338.9 + -54(T2) → 338.954
- KDC 6: 322 + -15(지역구분) → 322.15

③ Mediterranean sea ecology
- DDC 23: 577.7 + -38(T2) → 577.738
- KDC 6: 477.3 + -56(지역구분) → 477.356

④ Matisse, Monet and Manet ; late works
- DDC 23: 759 + -4(T2) → 759.4
- KDC 6: 653 + -26(지역구분) → 653.26

⑤ Improving higher education in Japan
- DDC 23: 378 + -52(T2) → 378.52
- KDC 6: 377 + 0 + -13(지역구분) → 377.013

⑥ The Volcanoes of Chile
- DDC 23: 551.21 + -09(T1) + -83(T2) → 551.210983
- KDC 6: 451.31 + -09(표준구분) + -59(지역구분) → 451.310959

⑦ Contemporary architecture in Germany
- DDC 23: 720 - 0 + -09(T1) + -43(T2) → 720.943
- KDC 6: 540 - 0 + -09(표준구분) + -25(지역구분) → 540.925

⑧ Constitutional law in America
- DDC 23: 342 + -73(T2) → 342.73
- KDC 6: 362 + -42(지역구분) → 362.42

⑨ Folklore about the Mississippi river
- DDC 23: 398.329 + -762(T2) → 398.329762
- KDC 6: 388 + -09(표준구분) + -4244(지역구분) → 388.094244

⑩ Patriotic societies in France
- DDC 23: 369 + -44(T2) → 369.44
- KDC 6: 339.1 + -09(표준구분) + -26(지역구분) → 339.0926

(3) 국어구분

① Folk literature of Spanish
- DDC 23: 398.204 + -61(T6) → 398.20461
- KDC 6: 398.1 + -27(지역구분*) → 398.127 (KDC에서는 지역구분을 사용함)

② The Bible in Modern Greek
- DDC 23: 220.5 + -89(T6) → 220.589
- KDC 6: 233.077 + -921(국어구분) → 233.077921

③ The Sense of French rhetoric and style : guide to writing of the day
- DDC 23: 808.04 + -41(T6) → 808.0441
- KDC 6: 802.04 + -6(국어구분) → 802.046

④ Best Russian short stories
- DDC 23: 800 - 00 + -917(T6) → 891.7
- KDC 6: 800 - 00 + -928(국어구분) → 892.8

⑤ Der Spiegel : das Deutsche Nachrichten Magazin
- DDC 23: 050 - 0 + -3(T6) → 053
- KDC 6: 050 - 0 + -5(국어구분) → 055

(4) 언어공통구분

① The Science of etymology
   - DDC 23: 410 - 0 + -2(T4) → 412
   - KDC 6: 701 + -2(언어공통구분) → 701.2

② Survey of English Dialects
   - DDC 23: 420 - 0 + -7(T4) → 427
   - KDC 6: 740 - 0 + -8(언어공통구분) → 748

③ Spanish grammar advanced
   - DDC 23: 460 - 0 + -5(T4) → 465
   - KDC 6: 770 - 0 + -5(언어공통구분) → 775

④ Better reading French
   - DDC 23: 440 - 0 + 86(T4 및 추가세분) → 448.6
   - KDC 6: 760 - 0 + -72(언어공통구분) → 767.2

⑤ The Syntax of Chinese aspects
   - DDC 23: 495.1 + -5(T4) → 495.15
   - KDC 6: 720 - 0 + -58(언어공통구분) → 725.8

⑥ Phonological variation and change in Portuguese
   - DDC 23: 469 + -15(T4 및 추가세분) → 469.15
   - KDC 6: 779 + -11(언어공통구분 및 추가세분) → 779.11

⑦ Easy ways to enlarge German vocabulary
   - DDC 23: 430 - 0 + -81(T4 및 추가세분) → 438.1
   - KDC 6: 750 - 0 + -4(언어공통구분) → 754

⑧ Introducing English semantics
   - DDC 23: 420 - 0 + -0143(T4 및 추가세분) → 420.143
   - KDC 6: 740 - 0 + -2(언어공통구분) → 742

⑨ Elements of Japanese writing systems
   - DDC 23: 495.6 + -11(T4 및 추가세분) → 495.611
   - KDC 6: 730 - 0 + -12(언어공통구분 및 추가세분) → 731.2

⑩ A Study of French phonetics
- DDC 23: 440 - 0 + -15(T4 및 추가세분) → 441.5
- KDC 6: 760 - 0 + -11(언어공통구분 및 추가세분) → 761.1

(5) 문학형식구분

① The tale of Genji(源氏物語)
- DDC 23: 895.6 + -3(T3A) + 1(문학시대) → 895.631
- KDC 6: 830 - 0 + -3(문학형식구분) + -25(문학시대) → 833.25

② Fantasy and horror : a critical and historical guide to literature
- DDC 23: 700.41 + -5(T3C) → 700.415
- KDC 6: 600.48 + -8(문학) → 600.488

③ Don Quixote
- DDC 23: 860 - 0 + -3(T3A) + 3(문학시대) → 863.3
- KDC 6: 870 - 0 + -3(문학형식구분) → 873

④ Anton Chekhov's plays
- DDC 23: 891.7 + -2(T3A) + 3(문학시대) →891.723
- KDC 6: 892.8 + -2(문학형식구분) → 892.82

⑤ Goethe's plays : Faust
- DDC 23: 830 - 0 + -2(T3A) + 6(문학시대) → 832.6
- KDC 6: 850 - 0 + -2(문학형식구분) → 852

⑥ Poems and sonnets in Renaissance England: Sidney, Spenser, Shakespeare and Jonson
- DDC 23: 820 - 0 + -1(T3B) + 3(문학시대) →821.3
- KDC 6: 840 - 0 + -1(문학형식구분) + -2(문학시대) → 841.2

⑦ 토지(土地)
- DDC 23: 895.7 + -3(T3A) + 4(문학시대) → 895.734
- KDC 6: 810 - 0 + -3(문학형식구분) + 62(문학시대) → 813.62

⑧ Collection of Korean Literature
- DDC 23: 895.7 + -08(T3B) →895.708
- KDC 6: 810.82

⑨ The Tin Drum
- DDC 23: 830 - 0 + -3(T3A) + 914(문학시대) → 833.914
- KDC 6: 850 - 0 + -3(문학형식구분) → 853

⑩ Lady Chatterley's lover
- DDC 23: 820 - 0 + -3(T3A) + 912(문학시대) → 823.912
- KDC 6: 840 - 0 + -3(문학형식구분) + 5(문학시대) → 843.5

(6) DDC의 민족 및 국가 구분표(T5)

① Ideologies of Hispanism
- DDC 23: 305.8 + -68(T5) → 305.868

② The art of Italians
- DDC 23: 704.03 + -51(T5) → 704.51

③ Social problems and service to African in Germany
- DDC 23: 362.84 + -96(T5: African) + 0 + -43(T2: Germany) → 362.96043

④ Folk music of Tibetans
- DDC 23: 781.62 + -9541(T5) → 781.629541

⑤ Developmental psychology of Anglo-Saxon
- DDC 23: 155.84 + -2(T5) → 155.842

(7) KDC의 종교공통구분

① 문답으로 배우는 불교강좌
- KDC 6: 220 - 0 + -5(종교공통구분) → 225

② 구약성서 요해
- KDC 6: 230 - 0 + -31(종교공통구분 및 추가세분) → 233.1

③ 21세기 종교와 성숙한 사회
- KDC 6: 210 - 0 + -4(종교공통구분) → 214

④ 한국의 禪師들의 화두
- KDC 6: 220 - 0 + -87(종교공통구분 및 추가세분) → 228.7

⑤ 지혜의 바다 탈무드
- KDC 6: 239 + -3(종교공통구분) → 239.3

5.4. 본표 강목 전개의 비교

DDC와 KDC, NDC는 모두 십진식 분류법이라는 공통점을 갖지만, 주류의 전개에서부터 강목과 요목, 세목의 전개에서 차이를 보여주고 있다.

주류의 전개(〈표 5-28〉 참조)에서는, DDC와 KDC가 Bacon의 학문 분류의 영향을 받은 Harris의 역베이컨식의 순서를 채택하고 있고, NDC는 Comte의 학문 분류를 바탕으로 하는 C. A. Cutter의 전개분류법(Expansive Classification)을 바탕으로 하고 있기 때문에, 그 전개에 순서에서도 차이를 보이고 있다. 특히 KDC는 언어류와 문학류를 근접하도록 조정하면서 언어(400)와 문학(800)을 각각 700과 800에 근접시키고, 자연과학과 기술과학, 예술을 각각 한 단계씩 위로 이동시켜, 400과 500, 600에 배열하고 있어, DDC와도 차이를 보이고 있다. NDC에서는 전개 항목이 적은 '1 철학'에 종교를 통합시키고, 문헌의 양이 많고 추가 세분이 필요한 과학기술 분야를 '5 기술'과 '6 산업'으로 구분하고 있음을 알 수 있다.

〈표 5-28〉 DDC와 KDC, NDC의 주류 전개 비교표

DDC 23		KDC 6		NDC 10	
000	Computer science, information & general works	000	총류	0	총기(総記)
100	Philosophy & psychology	100	철학	1	철학(哲学)
200	Religion	200	종교	2	역사(歴史)
300	Social sciences	300	사회과학	3	사회과학(社会科学)
400	Language	400	자연과학	4	자연과학(自然科学)
500	Sciences	500	기술과학	5	기술(技術)
600	Technology	600	예술	6	산업(産業)
700	Arts & recreation	700	언어	7	예술(芸術)
800	Literature	800	문학	8	언어(言語)
900	History & geography	900	역사	9	문학(文学)

이 절에서는 각 분류표의 최신판의 내용을 바탕으로, DDC와 KDC, NDC의 강목표(100 구분)에 대해 구체적으로 비교·분석해 보고자 한다. 아울러 DDC의 한국 관련 항목의 재전개에 대해서도 살펴보고자 한다. 이 절에서는 KDC의 주류의 배열 순서를 중심으로 설

명하고자 한다. 아울러 한국 도서관에서의 적용을 위해 DDC 제23판의 재전개안도 함께 분석해볼 것이다.

5.4.1. 총 류

총류는 DDC의 '000 Computer science, information & general works,' KDC의 '000 총류,' NDC의 '0 총기(総記)'에 해당하는 유이다. 원래 이 주류는 형식류(形式類)로서, 그 특성은 형식적이고 아주 일반적이며, 많은 주제를 포함하고 있어 어떤 특정 주제나 학문 분야에 분류할 수 없는 유이다. 즉 모든 학문 분야와 관련되거나 어느 한 학문 분야에 분류하기 어려운 학문 분야의 문헌들을 분류하기 위한 유이다.[90]

(1) 전개상의 특성 비교

DDC와 KDC, NDC의 총류의 강목표를 비교해보면 〈표 5-29〉와 같다.

〈표 5-29〉 DDC와 KDC, NDC 총류의 강목 비교

기호	DDC 23	KDC 6	NDC 10
000	Computer science, knowledge & systems	총 류	총 기
010	Bibliographies	도서학, 서지학	도서관, 문헌정보학
020	Library & information sciences	문헌정보학	도서, 서지학
030	Encyclopedias & books of facts	백과사전	백과사전, 용어색인
040	[Unassigned]	강연집, 수필집, 연설문집	일반논문집, 일반강연집, 잡저
050	Magazines, journals & serials	일반연속간행물	연속간행물, 일반연감
060	Associations, organizations & museums	일반 학회, 단체, 협회, 기관, 연구기관	단체, 박물관
070	News media, journalism & publishing	신문, 저널리즘	저널리즘, 신문
080	Quotations	일반 전집, 총서	총서, 전집, 선집
090	Manuscripts & rare books	향토자료	귀중서, 향토자료, 기타특별장서

---

90) 오동근, 여지숙, 배영활. 한국십진분류법 제6판의 이해와 적용(대구: 태일사, 2014). p.151.

총류의 강목을 비교해보면, 세 분류표는 상당히 유사한 전개를 하고 있음을 알 수 있다. 특히 KDC는 대부분 NDC의 전개와 순서를 따르고 있음을 알 수 있다. '040 강연집, 수필집, 연설문집'과 '090 향토자료'의 설정은 사실상 NDC와 동일하다. 다만 '010 도서학, 문헌정보학 ― 020 문헌정보학'의 순서는 NDC를 따르지 않고, DDC의 순서를 따르고 있다.

(2) DDC 제23판 총류의 재전개[91]

DDC 000류에서 재전개가 필요한 대표적인 예들은 특히 영미 중심의 전개가 두드러진 030 Encyclopedias & books of facts, 050 Magazines, journals & serials, 060 Associations, organizations & museums, 070 News media, journalism & publishing, 080 General collections 등이다. DDC 본표의 031, 051, 061, 071, 081의 아래에는 각각 자국 우위(local emphasis)를 부여할 수 있는 임의 규정을 마련하고 있다. 이 중 030과 050, 080은 언어를 중심으로 전개되고, 060과 070은 지역을 중심으로 분류하게 된다. 따라서 각 유들의 임의 규정을 활용하고, 언어를 중심으로 하는 유들은 재전개된 국어구분표(T.6),[92] 지역을 중심으로 하는 유들은 재전개된 지역구분표(T.2)[93]를 적용하여, 각 유들을 〈표 5-30〉과 같이 재전개할 수 있을 것이다. 한편 050과 080은 030과 같이 재전개하고, 070은 060과 같이 재전개한다.

이 재전개안 중 060과 070은 DDC의 임의 규정을 일부 변형하였다. 즉 061 아래에 제시된 임의 규정에서는 미국과 캐나다의 일반 단체를 068.7에 재전개하도록 하였으나, 이 재전개안에서는 이를 062 영국의 일반 단체와 통합하여 재전개하였고, 071 아래에 제시된 임의 규정에서는 미국과 캐나다의 저널리즘과 신문을 079.7에 재전개하도록 하였으나, 이 재전개안에서는 072 영국의 저널리즘과 신문과 통합하여 재전개하였다. 따라서 062와 072의 세구분은 .1 미국, .2 영국, .3 캐나다의 순서로 재전개하였다. 그 이유는 원래 DDC에서는 060과 070을 지역 중심으로 구분하고 있으나, 국내의 이용자에게는 영국과 미국에 관한 자료를 함께 모으는 것이 더 유용할 뿐만 아니라, 영국을 각 지역별로 추가 세분하는 것이 거의 무의미하기 때문이다.

---

91) 이 소절의 내용은 다음 자료의 내용을 DDC 제23판의 내용에 맞게 수정하여 적용한 것이다. 오동근. DDC 22의 이해(대구: 태일사, 2007). pp.198-200.; 오동근. "한국도서관을 위한 DDC의 재전개 방안." 한국문헌정보학회지 제35권 제4호(2001.12). pp.79-95.
92) DDC의 재전개된 국어구분표에 대해서는, 5.3.3.과 〈표 5-18〉을 참조하라.
93) DDC의 재전개된 지역구분표에 대해서는, 5.3.2.와 〈표 5-14〉를 참조하라.

<표 5-30> DDC 총류(000)의 재전개안

DDC 23	재전개안
031　American English-language encyclopedias 032　General encyclopedic works in English 039　General encyclopedic works in Italic, 　　　Hellenic, other languages 　.951　In Chinese 　.956　In Japanese 　.957　In Koreans	031　General encyclopedic works in 　　　languages of East and Southeast Asia 　.1　In Korean 　.2　In Chinese 　.3　In Japanese 032 General encyclopedic works in English; 　　in American English-language
061　General organizations in North America 062　General organizations in British Isles 　.1-.8　England 　.9　Scotland, Ireland, Wales 068　General organizations in other 　　　geographic areas 　.5　Asia　Orient　Far East 　.51　China and adjacent areas 　.519　Korea 　.52　Japan	061　General organizations in Asia 　.51　Korea 　.511-519 Subdivisions of Korea 　.52　China and Japan 　.529　Japan 062　General organizations in British Isles; 　　　in North America 　.1　United States 　.2　United Kingdoms 　.3　Canada

* 050과 080은 030과 같이 재전개하고, 070은 060과 같이 재전개한다.

이상에서 제시한 DDC의 재전개 방식에 따라, 몇몇 예들을 재전개해보면 다음과 같다.

① Encyclopedia Americana(미국백과사전)
- DDC 23: 031
- 재전개: 032

② 월간 동아(한국어로 된 일반연속간행물)
- DDC 23: 059 + -957(T.6) → 059.957
- 재전개: 051.1

③ 人民日報(중국신문)
- DDC 23: 079 + -51(T2) → 079.51
- 재전개: 071.52

④ 일본어로 된 전집
- DDC 23: 089 + -952(T.6) → 089.952
- 재전개: 081.3

5.4.2. 철학류

철학류는 DDC의 '100 Philosophy & psychology,' KDC의 '100 철학,' NDC의 '1 철학(哲學)'에 해당하는 유이다.

(1) 전개상의 특성 비교

DDC와 KDC, NDC의 철학류의 강목표를 비교해보면 〈표 5-31〉과 같다.

〈표 5-31〉 DDC와 KDC, NDC 철학류의 강목 비교

기호	DDC 23	KDC 6	NDC 10
100	Philosophy	철학	철학
110	Metaphysics	형이상학	철학각론
120	Epistemology	인식론, 인과론, 인간학	동양사상
130	Parapsychology & occultism	철학의 체계	서양철학
140	Philosophical schools of thought	경학	심리학
150	Psychology	동양철학, 동양사상	윤리학, 도덕
160	Logic	서양철학	
170	Ethics	논리학	
180	Ancient, medieval & eastern philosophy	심리학	
190	Modern western philosophy	윤리학, 도덕철학	

철학류의 강목을 비교해보면, 세 분류표는 상당히 다른 양상을 보이고 있다. DDC와 KDC, NDC 모두 철학 각론과 심리학, 각국 철학을 중심으로 하고 있으면서도, KDC와 NDC에서는 동양 관련 철학을 우선적으로 배치할 수 있도록 조정하고 있으며, KDC에서는 '140 경학(經學)'을 별도의 강목으로 설정하고 있다. NDC는 철학류와 종교류를 통합하면서, '100-150'의 범위에만 철학을 배정하고 있는데, DDC와 KDC에서 강목에 배정하고 있는 형이상학(111)과 인식론(115), 논리학(116)은 '11 철학각론'의 요목에 전개되어 있다.

(2) DDC 제23판 철학류의 재전개[94]

DDC 제23판 철학류에서 재전개가 필요한 대표적인 예는 181 동양 철학(Oriental philosophy)이다. 181.1 아래의 임의 규정[95]에서는 특정 국가의 철학을 181.1에 분류하고, 181.1에 분류된 극동아시아 및 남아시아 철학을 181.9에 재배치하도록 하고 있다. 그러나 이 임의 규정을 사용하여 한국과 중국, 일본 세 나라의 철학에 대해 우위를 부여할 경우 자리수가 길어지게 된다. 이러한 점을 고려하여, "한국 - 중국 - 일본"의 배열 순서를 유지하고, 181.2와 181.3에 각각 별도로 배치되어 있던 이집트 철학과 팔레스타인 및 이스라엘 철학을 통합하여 간격 기호(gap notation)로 남아 있던 181.7에 재배치함으로써 변경을 최소화하여, 〈표 5-32〉와 같이 재전개할 수 있다. 한국과 중국, 일본 철학의 세분 전개는 KDC의 151-153에 전개된 해당국 철학의 전개를 그대로 채용하면,[96] 고려 시대의 철학은 181.14, 동학 사상은 181.16, 공자는 181.2212가 될 것이다.

〈표 5-32〉 동양 철학(181)의 재전개

DDC 23	재전개안
181　Oriental philosophy	181　Oriental philosophy
.1　Far East and South Asia	.1　Korea
.11　　China and Korea	.2　China
.119　　　Korea	.3　Japan
.12　　Japan	.4　India
.2　Egypt	.5　Iran
.3　Palestine; Israel	.6　Iraq
.4　India	.7　Egypt; Palestine, Israel
.5　Iran	.71　　Egypt
.6　Iraq	.72　　Palestine, Israel
.8　Syria and Lebanon	.8　Syria and Lebanon

---

94) 이 소절의 내용은 다음 자료의 내용을 DDC 제23판의 내용에 맞게 수정하여 적용한 것이다. 오동근. DDC 22의 이해(대구: 태일사, 2007). pp.212-213.; 오동근. "한국도서관을 위한 DDC의 재전개 방안." 한국문헌정보학회지 제35권 제4호(2001.12). pp.79-95.
95) Melvil Dewey. *Dewey Decimal Classification and relative index*. 23rd ed. (Dublin, OH: OCLC, 2011). Vol.2. p.160.
96) 한국도서관협회. 한국십진분류법(KDC). 제6판. (서울: 한국도서관협회. 2013). 제1권. pp.132-140.

이상에서 제시한 DDC의 재전개 방식에 따라, 몇몇 예들을 재전개해보면 다음과 같다.
① 퇴계 학파의 철학
- DDC 23: 181.119
- 재전개: 181.1 + -53(KDC6의 151.53의 기호) → 181.153
② 맹 자
- DDC 23: 181.112
- 재전개: 181.2 + -216(KDC6의 152.216의 기호) → 181.2216
③ 이집트철학
- DDC 23: 181.2
- 재전개: 181.71

5.4.3. 종교류

종교류는 DDC의 '200 Religion,' KDC의 '200 종교'에 해당하는 유이다. NDC의 경우는 '1 철학(哲學)'에 통합되어 있다.

(1) 전개상의 특성 비교

DDC와 KDC, NDC의 철학류의 강목표를 비교해보면 〈표 5-33〉과 같다.

〈표 5-33〉 DDC와 KDC, NDC 종교류의 강목 비교

DDC 23		KDC 6	NDC 10
200	Religion	200 종 교	160 종 교
210	Philosophy and theory of religion	210 비교종교	170 신도(新道)
220	Bible	220 불 교	180 불 교
230	Christianity & Christian theology	230 기 독 교	190 기독교, 유대교
240	Christian practice & observance	240 도 교	
250	Christian pastoral practice & religious orders	250 천 도 교	
260	Christian organizations, social work & worship	260 [미 사 용]	
270	History of Christianity	270 힌두교, 브라만교	
280	Christian denominations	280 이슬람교(회교)	
290	Other religions	290 기타 제종교	

종교류의 강목을 비교해보면, DDC는 7개 강목(220-280)에 기독교를 배정하여 기독교 위주의 전개를 채택하고 있는 반면, KDC는 세계의 주요 종교를 6개 강목(220-280)에 균등하게 배정하고 있다. 그 결과 KDC는 요목의 단계에서 각 종교에 대해 종교공통구분을 공통적으로 적용할 수 있게 된다. NDC는 종교류를 철학류에 통합하고 '160-190'의 범위에 일본의 종교인 '170 신도(神道)'와 '180 불교,' '190 기독교, 유대교'만을 강목에 배정하고, 기타 종교는 요목 169에 배정하고 있다.

(2) DDC 제23판 종교류의 재전개[97]

DDC 제23판의 종교류는 220-280의 7개 강목을 기독교에 배정하여, 기독교 중심성을 보여주고 있다. DDC의 종교류에서는 기독교 이외의 종교를 특별히 강조하고자 하는 특정 종교에 우위를 둘 수 있도록 하는 임의 규정들을 두고 있다.

그러나 기본적으로 이 임의 규정들은 모두 하나의 종교만이 중요시되는 경우에 대비한 것들이기 때문에, 특정의 국교(國敎)가 있거나 국민의 대다수가 하나의 종교만을 가지고 있어서 어느 한 종교의 자료가 도서관 장서의 대부분을 차지하는 국가의 경우에는 아주 유익하다. 그러나 한국과 같이, 다수의 종교가 다양하게 공존하는 국가의 경우는 이 임의 규정들이 큰 도움이 되지 못한다. 〈표 5-34〉는 다양한 종교를 수용할 수 있는 재전개 방안으로 고안된 것이다.[98]

이 재전개안은 DDC 제23판의 220-280에 배정된 성서 및 기독교를 220으로 축소하고, 기타 종교를 230과 280에 배정하고 있다. 이 때 기독교에 관련된 분류 기호는 두 번째 자리에 "2"를 삽입하여 재전개한다. 예를 들면 220인 Bible은 222, 232인 Jesus Christ & his family는 223.2, 285.8인 Puritanism은 228.59로 재전개된다. 또한 230부터 270에는 불교를 비롯한 그 밖의 종교를 배정하여, 여러 종교간의 균형을 유지하고 있다. 특히 동양 3국의 주요 종교를 상위(240)에 배치시켰는데, 241 도교 및 중국 유래 종교, 242 천도교 및 한국 유래 종교, 243 신도 및 일본 유래 종교가 그것이다.

---

97) 이 소절의 내용은 다음 자료의 내용을 DDC 제23판의 내용에 맞게 수정하여 적용한 것이다. 오동근. DDC 22의 이해(대구: 태일사, 2007). pp.228-230.; 오동근. "한국도서관을 위한 DDC의 재전개 방안." 한국문헌정보학회지 제35권 제4호(2001.12). pp.79-95.

98) Oh Dong-Geun & Yeo Ji-Suk. "Suggesting an option for DDC class religion (200) for nations in which religious diversity predominates." *Knowledge Organization* Vol.28, No.2(2001). pp.75-84.

<표 5-34> DDC 종교류(200)의 재전개

DDC 23	재전개안
220-280 Subdivisions of Bible & Christianity	220　Christianity & Ancient religion
290　Other religions	222-228 Subdivisions of Bible& Christianity
292　　Classical religion	229　　Classical & Germanic religion
293　　Germanic religion	.2　　Classical (Greek & Roman) religion
294　　Religions of Indic origin	.3　　Germanic religion
.3　　Buddhism	230　Buddhism
.4　　Jainism	240　Religions of Oriental origin
.5　　Hinduism	241　　Taoism & Religions of Chinese origin
.6　　Sikhism	.9　　Other religions of Chinese origin
295　　Zoroastrianism	242　　Chondoism & Religions of Korean origin
296　　Judaism	.9　　Other religions of Korean origin
297　　Islam, Babism, Bahai Faith	.91　　Dankunism(단군교, 대종교)
299　　Religions not provided for elsewhere	.92　　Jeungsando(증산도)
.51　Religions of Chinese origin	.93　　Daesunjinrihoi(대순진리회)
.512　Confusianism	243 Shinto(신도) and Religions of Japanese
.514　Taoism	244　　Jainism
.56　Religions of Japanese origin	245　　Hinduism
.561　Shinto	246　　Sikhism
.57　Religions of Korean Origin	250　Zoroastrianism
	260　Judaism
	270　Islam, Babism, Bahai Faith
	280　[Blank]
	290　Other religions

　이 재전개 방식에서 불교(230)와 도교 및 중국 유래 종교(241), 천도교 및 한국 유래 종교(242), 신도 및 일본 유래 종교(243) 등은 290 Other religions 아래에 제시되어 있는 부가표(add table)[99]를 적용하여 추가로 세분할 수 있다. 이 부가표는 표준세구분 이외에도 종교에 관련된 특정 요소들의 전개 방식을 지시하고 있다. 즉 기타 종교의 해당 종교에 대해서는 201-209에서 20 다음에 오는 기호를 추가하도록 지시하고 있는 것이다. 특히

---

99) Melvil Dewey. *Dewey Decimal Classification and relative index*. 23rd ed. (Dublin, OH: OCLC, 2011). Vol.2. p.273.

한국 관련 종교 항목의 추가의 구체적인 전개가 필요할 경우에는, 부가표를 추가한 후 KDC 제6판의 관련 항목의 전개에 따라 추가로 세분할 수 있다. 이 방식은 기존의 DDC 임의 규정의 방식과 동일한 것은 아니지만, 가능한 한 DDC의 기본적인 체계를 따르면서, 한국 도서관의 실정에 맞도록 재전개한 것이다.

이상에서 제시한 DDC의 재전개 방식에 따라, 몇몇 예들을 재전개해보면 다음과 같다.

① The Holly Bible
- DDC 23: 220
- 재전개: 222(두 번째 자리에 "2" 추가)

② 중국어로 된 현대 신약 성서
- DDC 23: 225 + -5(DDC 23 220.5) + -951(T.6) → 225.5951
- 재전개: 222.5 + -5(재전개된 222.05) + -12(재전개된 T.6) → 222.5512

③ 석가모니의 생애
- DDC 23: 294.3 + -63(DDC 23 206.3) → 294.363
- 재전개: 23 + -63(DDC 23 206.3) → 236.3

④ 코 란
- DDC 23: 297.122
- 재전개: 27 + 122(DDC 23 297.122) → 271.22

⑤ 증산도의 전도활동
- DDC 23: 299.57
- 재전개: 242.92 + -7(전도: 종교공통구분안) → 242.927

5.4.4. 사회과학류

사회과학류는 DDC의 '300 Social sciences,' KDC의 '300 사회과학,' NDC의 '3 사회과학(社會科學)'에 해당하는 유이다.

(1) 전개상의 특성 비교

DDC와 KDC, NDC의 사회과학류의 강목표를 비교해보면 〈표 5-35〉과 같다.

〈표 5-35〉 DDC와 KDC, NDC 사회과학류의 강목 비교

기호	DDC 23	KDC 6	NDC 10
300	Social sciences, sociology & anthropology	사회과학	사회과학
310	Statistics	통계자료	정 치
320	Political science	경제학	법 률
330	Economics	사회학, 사회문제	경 제
340	Law	정치학	재 정
350	Public administration & military science	행정학	통 계
360	Social problems & social services	법률, 법학	사 회
370	Education	교육학	교 육
380	Commerce, communications & transportation	풍습, 예절, 민속학	풍속습관, 민속학, 민족학
390	Customs, etiquette & folklore	국방, 군사학	국방, 군사

사회과학류의 강목을 비교해보면, KDC와 NDC가 사회과학류의 전개에서 DDC보다는 아닌 LCC를 대략적으로 참고하고 있기 때문에, 세 분류표는 상당히 다른 양상을 보이고 있다. KDC와 NDC는 각각 '풍속, 민속학'(각각 380과 38)과 '국방, 군사학'(각각 390과 39)에 관련된 강목을 설정하고 있고, 경영학에 관련된 내용을 경제학의 요목에 설정(KDC는 '325 경영,' NDC는 '336 경영관리')하고 있다는 공통점을 가지고 있다. NDC는 또한 경제 관련 분야를 '33 경제'와 '34 재정'의 두 개 강목으로 분리하고 있고, 행정은 '31 정치'에 통합하여 '317 행정'과 '318 지방자치, 지방행정'으로 설정하고 있다. 또한 NDC에서는 DDC의 380에 전개되어 있는 통상 및 교통 관련 주제들을 '6 산업'류의 '670 상업'과 '680 운수, 교통, 관광사업,' '690 통신사업'으로 옮겨 추가로 전개하고 있다.

(2) DDC 제23판 사회과학류의 재전개[100]

DDC 제23판 사회과학류에서 재전개가 필요한 대표적인 강목은 310 통계와 340 법률이다.

310 Statistics의 314-319에 전개된 각국의 통계는 기본 기호 31에 재전개된 Table 2의 기호를 붙여 재전개한다. 이러한 방식에 따라, 몇몇 예들을 재전개하면 다음과 같다.

---

[100] 이 소절의 내용은 다음 자료의 내용을 DDC 제23판의 내용에 맞게 수정하여 적용한 것이다. 오동근. DDC 22의 이해(대구: 태일사, 2007). pp.212-213.; 오동근. "한국도서관을 위한 DDC의 재전개 방안." 한국문헌정보학회지 제35권 제4호(2001.12). pp.79-95.

① 경기도의 통계
- DDC 23: 31 + -5195(T.2) → 315.195
- 재전개: 31 + -515(재전개된 T.2) → 315.15

② 중국의 통계
- DDC 23: 31 + -51(T.2) → 315.1
- 재전개: 31 + -52(T.2) → 315.2

340 Law의 경우는 DDC는 기본적으로 영미법 위주로 전개되어 있어 대륙법 계통에 속하는 한국의 법체계와 맞지 않는 부분이 많다는 지적이 없지 않다.[101] 또한 특정 주제에 관련된 법들을 343-344에 함께 분류하도록 하고 있어 우리나라 도서관의 일반적인 실정과도 맞지 않는다. 또한 국내 도서관의 입장에서 보면 국내 특유의 특정법들을 해당법이 만들어질 때마다 DDC를 재전개하기도 어렵다. 따라서, 340 법률의 재전개는 전적으로 KDC 제6판 360 법률, 법학[102]의 전개에 따라 〈표 5-36〉과 같이 재전개하는 것이 바람직할 것이다. 다만 KDC 제6판이 지나치게 간략한 분야는 DDC 제23판의 내용에 따라 추가로 전개할 수 있다. 지역구분표는 재전개된 지역구분표[103]를 적용해야 할 것이다.

〈표 5-36〉 법률(340)의 재전개

DDC 22	재전개안
341 Law of nations	341 International law
342 Constitutional and administrative law	342 Constitutional law
343 Military, defense, public property, public finance, tax, commerce, industrial law	343 Administrative law
344 Labor, social service, education, cultural law	344 Criminal law
345 Criminal law	345 Civil law
346 Private law	346 Commercial law
347 Civil procedure and courts	347 Judicial systems
348 Laws, regulations, cases	348 Other laws and regulations
349 Law of specific jurisdictions, areas, socioeconomic regions, regional intergovernmental organizations	349 Foreign laws

---

101) 김자후. 법률학분야의 문헌분류법 연구(박사학위논문. 중앙대학교대학원, 1996). p.71.
102) 한국도서관협회. 한국십진분류법(KDC). 제6판. (서울: 한국도서관협회. 2013). 제1권. pp.288-321.
103) DDC의 재전개된 지역구분표에 대해서는, 5.3.2.와 〈표 5-14〉 참조.

이상에서 제시한 DDC의 재전개 방식에 따라, 몇몇 예들을 재전개해보면 다음과 같다.
① 대한한국 헌법
 - DDC 23: 342 + -5195(T.2) → 342.5195
 - 재전개: 342 + -11(KDC6 362.11) → 342.11
② 형법상의 무고죄(libel)
 - DDC 23: 345.02 + -56(364.156) → 345.0256
 - 재전개: 344 + -219(KDC4 364.219) → 344.219
③ 일본의 사법 제도
 - DDC 23: 347 + -52(T.2) → 347.952
 - 재전개: 347 + -529(재전개된 T.2) → 347.529

5.4.5. 자연과학류

자연과학류는 DDC의 '500 Science,' KDC의 '400 자연과학,' NDC의 '4 자연과학(自然科學)'에 해당하는 유이다.

(1) 전개상의 특성 비교

DDC와 KDC, NDC의 자연과학류의 강목표를 비교해보면 〈표 5-37〉과 같다.

〈표 5-37〉 DDC와 KDC, NDC 자연과학류의 강목 비교

DDC 23	KDC 6	NDC 10
500 Science	400 자연과학	400 자연과학
510 Mathematics	410 수 학	410 수 학
520 Astronomy	420 물 리 학	420 물 리 학
530 Physics	430 화 학	430 화 학
540 Chemistry	440 천 문 학	440 천문학, 우주과학
550 Earth sciences & geology	450 지 학	450 지구과학, 지학
560 Fossils & prehistoric life	460 광 물 학	460 생물과학, 일반생물학
570 Life science; Biology	470 생명과학	470 식 물 학
580 Plants (Botany)	480 식 물 학	480 동 물 학
590 Animals (Zoology)	490 동 물 학	490 의학, 약학

자연과학류의 강목을 비교해보면, DDC와 KDC, NDC 모두 전반부에는 순수과학의 강목들을 배정하고, 후반부에는 생물학 분야의 강목들을 배정하고 있음을 알 수 있다. KDC와 NDC는 천문학(각각 440)과 지구과학, 지학(각각 450)을 인접하도록 배열하고 있다. KDC는 DDC에서 강목에 배정된 고생물학(560)을 457로 조정하고, DDC의 요목에 설정된 광물학을 '460 광물학'으로 강목에 배정하고 있다. NDC는 고생물학, 화석(457)과 암석학(458), 광물학(459)을 '450 지구과학, 지학'에 통합하고, DDC와 KDC에서는 기술과학류의 강목에 설정되어 있는 의학 분야를 '490 의학, 약학'에 배정하고 있다.

(2) DDC 제23판 자연과학류의 재전개[104]

자연과학류는 550 지구 과학 및 지학(Earth sciences & geology)의 554-559 각국의 지구 과학의 재전개가 필요하다. 이 경우는 기본 기호 55에 재전개된 지역구분표(T.2)[105]의 기호를 붙여 재전개한다.

이러한 DDC의 재전개 방식에 따라, 몇몇 예들을 재전개해보면 다음과 같다.

① 한국의 지구과학
  - DDC 23: 55 + -5195(T.2) → 555.195
  - 재전개: 55 + -51(T.2) → 555.1
② 중국의 지학
  - DDC 23: 55 + -51(T.2) → 555.1
  - 재전개: 55 + -52(T.2) → 555.2

5.4.6. 기술과학류

기술과학류는 DDC의 '600 Technology,' KDC의 '500 기술과학,' NDC의 '5 기술(技術)'과 '6 산업(산업)'에 해당하는 유이다.

---

104) 이 소절의 내용은 다음 자료의 내용을 DDC 제23판의 내용에 맞게 수정하여 적용한 것이다. 오동근. DDC 22의 이해(대구: 태일사, 2007). p.277.; 오동근. "한국도서관을 위한 DDC의 재전개 방안." 한국문헌정보학회지 제35권 제4호(2001.12). pp.79-95.
105) DDC의 재전개된 지역구분표에 대해서는, 5.3.2.와 〈표 5-14〉 참조.

(1) 전개상의 특성 비교

DDC와 KDC, NDC의 기술과학류의 강목표를 비교해보면 〈표 5-38〉과 같다.

〈표 5-38〉 DDC와 KDC, NDC 기술과학류의 강목 비교

DDC 23	KDC 6		NDC 10
600 Technology	500 기술과학	500 기술, 공학	600 산 업
610 Medicine & health	510 의 학	510 건설공학, 토목공학	610 농 업
620 Engineering	520 농업, 농학	520 건 축 학	620 원예, 조원(造園)
630 Agriculture	530 공학, 공업일반, 토목공학, 환경공학	530 기계공학, 원자력공학	630 잠사업
640 Home & family management	540 건축, 건축학	540 전기공학	640 축산업, 수의학
650 Management & public relations	550 기계공학	550 해양공학, 선박공학, 병기, 군사공학	650 임업, 수렵
660 Chemical engineering	560 전기공학, 통신공학, 전자공학	560 금속공학, 광산공학	660 수산업
670 Manufacturing	570 화학공학	570 화학공업	670 상 업
680 Manufacture for specific uses	580 제 조 업	580 제조공업	680 운수, 교통, 관광사업
690 Buildings & construction	590 생활과학	590 가정학, 생활과학	690 통신사업

기술과학류의 강목을 비교해보면, 세 분류표는 상당히 다른 양상을 보이고 있다. 가장 두드러진 특징은 NDC는 테크놀로지에 관련된 분야들을 '5 기술'과 '6 산업'의 2개 주류로 구분하고 있다는 사실이다. 그 때문에 공학 관련 분야와 농축산업 및 상업 분야를 포함한 주요 산업 분야를 강목에 대폭 포함시킬 수 있게 되었다. 또한 NDC는 의학 분야를 자연과학류의 '490 의학, 약학'에 배정하고 있고, DDC에서는 예술류에 포함되어 있는 '520 건축학'을 기술류에 포함시키고, DDC의 사회과학류에 포함되어 있는 '670 상업'과 '680 운수, 교통, 관광사업,' '690 통신사업'을 산업류에 포함시키고 있다. 또한 NDC에서 '550 해양공학, 선박공학, 병기, 군사공학'을 강목으로 설정하고 있는 점도 특징적이다. 아울러 DDC에서는 경영학(650)을 포함한 테크놀로지와 산업에 관련된 대부분의 영역들을 이 과학기술류의 강목에 전개하고 있는 반면, KDC와 NDC는 경영학에 관련된 내용을 사회과학류의 경제학의 요목에 설정(KDC는 '325 경영,' NDC는 '336 경영관리')하고 있고, 강목

의 배열 순서도 대폭 조정하고 있다. KDC 제6판에서는 특히 제5판까지 예술류에 포함되어 있던 건축학을 통합하여 '540 건축, 건축학'으로 변경하였다.

(2) DDC 제23판 기술과학류의 재전개[106]

DDC 제23판의 기술과학류에서 재전개가 가장 필요한 유는 한의학(Oriental medicine)으로, 다른 기호와의 중복 문제를 피할 수 있도록, 현재 DDC 제23판에서 미사용중인 의료 및 보건의 특수 주제 610.4를 한의학의 분류 기호로 사용할 수 있다. 그 세구분의 전개는 KDC 제6판의 519 한의학[107]의 내용을 따라 전개한다.

이러한 DDC의 재전개 방식에 따라, 몇몇 예들을 재전개해보면 다음과 같다.

① 침 법(acupuncture):
  - DDC 23: 615.892
  - 재전개: 610.4 + -92(KDC6 519.92) → 610.492
② 한의약학:
  - DDC 23: 615.1 + -09(T.1) + -519(T.2) → 615.109519(한국의 약학)
  - 재전개: 610.4 + -8(KDC6 519.8) → 610.48
③ 한의학 치료법
  - DDC 23: 615.88 + -09(T.1) + -519(T.2) → 615.8809519(한국의 전통치료법)
  - 재전개: 610.4 + -22(KDC6 519.22) → 610.422

5.4.7. 예술류

예술류는 DDC의 '700 Arts & recreation,' KDC의 '600 예술,' NDC의 '7 예술(藝術)'에 해당하는 유이다.

(1) 전개상의 특성 비교

DDC와 KDC, NDC의 예술류의 강목표를 비교해보면 〈표 5-39〉와 같다.

---

106) 이 소절의 내용은 다음 자료의 내용을 DDC 제23판의 내용에 맞게 수정하여 적용한 것이다. 오동근. DDC 22의 이해(대구: 태일사, 2007). pp.296-297.
107) 한국도서관협회. 한국십진분류법(KDC). 제6판. (서울: 한국도서관협회. 2013). 제1권. pp.557-562.

<표 5-39> DDC와 KDC, NDC 예술류의 강목 비교

DDC 23	KDC 6	NDC 10
700 Arts	600 예　술	700 예술, 미술
710 Landscaping & area planning	610 [미사용]	710 조각, 오브제
720 Architecture	620 조각, 조형미술	720 회화, 서(書), 서도(書道)
730 Sculpture, ceramics & metal work	630 공　예	730 판화, 인장, 전각, 인보(印譜)
740 Drawing & decorative arts	640 서　예	740 사진, 인쇄
750 Painting	650 회화, 도화, 디자인	750 공　예
760 Graphic arts	660 사진예술	760 음악, 무용, 발레
770 Photography & computer arts	670 음　악	770 연극, 영화, 대중예능
780 Music	680 공연예술, 매체예술	780 스포츠, 체육
790 Sports, games & entertainment	690 오락, 스포츠	790 제예(諸藝), 오락

　　예술류의 강목은 DDC와 KDC, NDC 모두 문학을 제외한 대부분의 예술 분야, 즉 미술, 음악, 공연 예술, 스포츠 등을 망라하여 포함하고 있다. DDC에서는 '710 도시계획 및 조경'과 '720 건축술'을 예술류에 포함시키고 있으나, KDC와 NDC에서는 이를 기술과학류로 옮겨 전개하고 있다. 서예의 전개와 관련하여, KDC에서는 이를 640에 별도의 강목으로 설정하고 있고, NDC에서는 '720 회화, 서(書), 서도(書道)'에 포함시켜 전개하고 있다. 공연예술과 스포츠, 오락 등에 관련해서는, DDC에서는 790 하나의 유만을 설정하고 있으나, KDC는 '680 공연예술, 매체예술'과 '690 오락, 스포츠'로 전개하고 있고, NDC에서는 '760 음악, 무용, 발레,' '770 연극, 영화, 대중예능,' '780 스포츠, 체육,' '790 제예(諸藝), 오락'으로 전개하고 있다.

(2) DDC 제23판 예술류의 재전개[108]

　　DDC 제23판의 예술류에서 재전개가 가장 필요한 부분은 서예(calligraphy)와 한국 음악(Korean music)이다.

　　서예류는 745.61에 서예에 관한 유가 설정되어 있는 만큼, 최소한의 변경을 통해 <표 5-40>과 같이 이를 활용하여 재전개하고 그 세구분만을 KDC 제6판의 예[109]를 따라 재전개하는 것이 바람직할 것이다. 즉 서예의 기본 기호 745.61에 KDC의 640 서예류의 64 다

---

[108] 이 소절의 내용은 다음 자료의 내용을 DDC 제23판의 내용에 맞게 수정하여 적용한 것이다. 오동근. DDC 22의 이해. op. cit. pp.314-315.; 오동근. "한국도서관을 위한 DDC의 재전개 방안." 한국문헌정보학회지 제35권 제4호(2001.12). pp.79-95.
[109] 한국도서관협회. op. cit. pp.802-805.

음의 기호를 추가하여 재전개하도록 한다.

〈표 5-40〉 DDC 서예류(745.61)의 재전개안 (일부)

DDC 23	재전개안(일부)

745.6   Calligraphy, heraldic design, illumination
  .61   Calligraphy
  .619   Style
  .619951 Chinese calligraphy (합성기호)
  .619956 Japanese calligraphy (합성기호)
  .619957 Korean calligraphy (합성기호)
  .66   Heraldic design
	745.6 Calligraphy, heraldic design, illumination
	  .61 Calligraphy
	  .611 Style of penmanship of Chinese character
	  .612 Style of handwriting
	  .613 Style of penmanship of Hangeul
	  .614 Other styles
	  .66 Heraldic design

이러한 DDC의 재전개 방식에 따라, 몇몇 예들을 재전개해보면 다음과 같다.

① 한글서법
- DDC 23: 745.6199 + -57(T.6 -957) → 745.619957
- 재전개: 745.613

② 낙관
- DDC 23: 745.61
- 재전개: 745.61 + -7(KDC6 647) → 745.617

한국음악류의 경우는, DDC 제23판의 789 아래의 임의 규정(Option B)에 이 기호를 음악의 전통에 대한 기호로 사용할 수 있도록 하고 있는 점[110]을 바탕으로, 789를 한국음악의 기호로 사용할 수 있다. 그 세분 전개는 KDC의 679 국악류의 세구분[111]에 따라 재전개할 수 있다.

이러한 DDC의 재전개 방식에 따라, 몇몇 예들을 재전개해보면 다음과 같다.

① 한국 음악
- DDC 23: 781.62 + -957(T.5) → 781.62957
- 재전개: 789

---

110) Melvil Dewey. *Dewey Decimal Classification and relative index.* 23rd ed. (Dublin, OH: OCLC, 2011). Vol.3. p.712.
111) 한국도서관협회. 한국십진분류법(KDC). 제6판. (서울: 한국도서관협회. 2013). 제1권. pp.828-834.

② 가야금
- DDC 23: 787 + -09(add table) + -519(T.2) → 787.09519
- 재전개: 789 + -72(KDC6 679.72) → 789.72

5.4.8. 언어류

언어류는 DDC의 '400 Language,' KDC의 '700 언어,' NDC의 '8 언어(言語)'에 해당하는 유이다.

(1) 전개상의 특성 비교

DDC와 KDC, NDC의 언어류의 강목표를 비교해보면 〈표 5-41〉과 같다.

〈표 5-41〉 DDC와 KDC, NDC 언어류의 강목 비교

DDC 23	KDC 6	NDC 10
400 Language	700 언 어	800 언 어
410 Linguistics	710 한 국 어	810 일본어
420 English & Old English languages	720 중 국 어	820 중국어, 기타 동양제언어
430 German & related languages	730 일본어 및 기타 아시아 제어	830 영 어
440 French & related languages	740 영 어	840 독일어, 기타 게르만제어
450 Italian, Romanian & related languages	750 독 일 어	850 프랑스어, 프로방스어
460 Spanish & Portuguese languages	760 프랑스어	860 스페인어, 포르투갈어
470 Latin & Italic languages	770 스페인어 및 포르투갈어	870 이탈리아어, 기타로망스제어
480 Classical & modern Greek languages	780 이탈리아어	880 러시아어, 기타슬라브제어
490 Other languages	790 기타 제어	890 기타 제언어

언어류의 강목을 비교해보면, DDC가 서양어를 중심으로 전개하고 있는데 비해, KDC는 한국의 실정에 맞게, NDC는 일본의 실정에 맞게 전개하고 있음을 알 수 있다. 동양 언어의 전개에서 KDC는 '한국어 — 중국어 — 일본어 및 기타 아시아제어'의 순서로 전개하고 있으나, NDC는 '일본어 — 중국어, 기타 동양 제언어'의 순서로 전개하고 있다. 서양어의 전개에서는 KDC와 NDC 모두 '영어 — 독일어 — 프랑스어 — 스페인어 및 포르투갈어 — 이탈리아어'의 순서로 전개하고 있다. NDC에서는 '러시아어, 기타 슬라브 제어'를

강목으로 설정하고 있다. 또한 언어류의 전개는 DDC와 KDC, NDC 모두 해당 분류표의 국어구분의 기호에 따르고 있기 때문에,112) 같은 국어구분의 기호를 따르고 있는 문학류와 조기성을 갖게 된다. 〈표 5-42〉는 KDC의 언어류(700) 및 문학류(800)의 전개와 국어구분과의 조기성을 분석한 예이다. 이러한 조기성은 DDC와 NDC에도 동일하게 나타나게 된다. 한편 DDC와 KDC, NDC 모두 개별 언어의 세분과 전개를 위해서는 언어공통구분의 기호를 추가하여 사용하게 됨은 물론이다.113)

〈표 5-42〉 KDC의 언어류(700) 및 문학류(800)의 전개와 국어구분과의 조기성

700 언어류	국어구분표	800 문학류
710 한국어	-1 한국어	810 한국문학
720 중국어	-2 중국어	820 중국문학
730 일본어	-3 일본어	830 일본문학
740 영어	-4 영어	840 영미문학
750 독일어	-5 독일어	850 독일문학
760 프랑스어	-6 프랑스어	860 프랑스문학
770 스페인어	-7 스페인어	870 스페인문학
780 이탈리아어	-8 이탈리아어	880 이탈리아문학
790 기타 제어	-9 기타 제어	890 기타 제문학

(2) DDC 제23판 언어류의 재전개114)

DDC 제23판의 언어류의 강목은 대부분 서양 언어가 차지하고 있고, 그 밖의 언어는 490 단 하나의 강목에 분류되고 있다. 이러한 단점을 보완하기 위해 DDC에서는 특정 언어에 대해 자국 우위(local emphasis)를 부여할 수 있도록 두 가지 임의 규정을 두고 있다. 420-490 아래에 제시되어 있는 임의 규정(Option B)115)은 자국 우위를 부여하고자 하는 언어에 대해 두 번째 패싯에 문자나 부호를 사용하여 표시하고 그 언어를 첫 번째로 배열하도록 하는 것이다. 예를 들면 한국어에 자국 우위를 부여하기 위해 '495.7'이라는 기호

---

112) 국어구분의 구체적인 내용에 대해서는, 5.3.3.을 참고하라.
113) 언어공통구분의 구체적인 내용에 대해서는, 5.3.4.를 참고하라.
114) 이 소절의 내용은 다음 자료의 내용을 DDC 제23판의 내용에 맞게 수정하여 적용한 것이다. 오동근. DDC 22의 이해(대구: 태일사, 2007). pp.260-261.; 오동근. "한국도서관을 위한 DDC의 재전개 방안." 한국문헌정보학회지 제35권 제4호(2001.12). pp.79-95.
115) Melvil Dewey. *Dewey Decimal Classification and relative index.* 23rd ed. (Dublin, OH: OCLC, 2011). Vol.2. p.939.

대신 Korean의 첫 글자를 언어 패싯에 삽입하여 '4K0'으로 표시하는 것이 그것이다. 이 방식은 아라비아 숫자만으로 된 순수기호법을 사용하는 DDC의 성격에도 맞지 않을뿐더러, 특히 자동화된 상황에서 컴퓨터를 이용하여 '4K0'을 420 앞에 오도록 배열하는 것도 사실상 불가능하다는 문제점이 있다. 따라서 410에 자국 우위를 부여하고자 하는 언어를 배정하고, 401-409에 언어학의 세목들을 재배치하고, 400.1-400.9에 언어와 언어학의 표준세구분을 재배치하도록 하는 Option A를 채택하는 것이 바람직할 것이다. 〈표 5-43〉은 이 임의 규정(Option A)과 재전개된 국어구분표(T.6)[116]를 활용하여 언어류를 재전개한 것이다.

〈표 5-43〉 DDC 언어류의 재전개

DDC 23	재전개안
400 Languages	400.1-.9 Standard subdivisions of language and of linguistics
410 Linguistics	401-409 Subdivisions of Linguistics
420 English & Old English languages	410 Languages of East and Southeast Asia
430 German & related languages	411 Korean
440 French & related languages	412 Chinese
450 Italian, Romanian & related languages	413 Japanese
460 Spanish & Portuguese languages	414 Tibetan & related languages
470 Latin & Italic languages	418 Burmese
480 Classical & modern Greek languages	420 English & Old English languages
490 Other languages	430 German & related languages
495 Languages of East and Southeast Asia	440 French & related languages
.1 Chinese	450 Italian, Romanian & related languages
.4 Tibetan & related Tibeto-Burman languages	460 Spanish & Portuguese languages
.6 Japanese	470 Latin & Italic languages
.7 Korean	480 Classical & modern Greek languages
.8 Burmese	490 Other languages

이 재전개안은 410 아래의 임의 규정에 따라, 410에 한국과 중국, 일본 및 동아시아, 동남아시아의 언어를 재전개하고, 410에 분류되었던 언어학을 400, 언어학의 세구분을 401-409에 재전개하였다. 이것은 DDC의 국어구분표(T.6)의 골격을 따르면서 한국어와 중국어, 일본어를 대등한 수준에서 다룰 수 있도록 전개한 것이다.

---

116) DDC의 재전개된 국어구분표에 대해서는, 5.3.3.과 〈표 5-18〉을 참조하라.

이러한 DDC의 재전개 방식에 따라, 몇몇 예들을 재전개해보면 다음과 같다.
① 한국어 문법
- DDC 23: 4 + -957(T.6) + -5(T.4) → 495.75
- 재전개: 4 + -11(T.6) + -5(T.4) → 411.5
② 중국어 방언
- DDC 23: 4 + -951(T.6) + -7(T.4) → 495.17
- 재전개: 4 + -12(T.6) + -7(T.4) → 412.7
③ 일본어의 어원
- DDC 23: 4 + -956(T.6) + -2(T.4) → 495.67
- 재전개: 4 + -13(T.6) + -2(T.4) → 413.7

5.4.9. 문학류

문학류는 DDC의 '800 Literature,' KDC의 '800 문학,' NDC의 '9 문학(文學)'에 해당하는 유이다.

(1) 전개상의 특성 비교

DDC와 KDC, NDC의 문학류의 강목표를 비교해보면 〈표 5-44〉과 같다.

〈표 5-44〉 DDC와 KDC, NDC 문학류의 강목 비교

DDC 23	KDC 6	NDC 10
800 Literature, rhetoric & criticism	800 문학	900 문학
810 American literature in English	810 한국문학	910 일본문학
820 English & Old English literatures	820 중국문학	920 중국문학, 기타 동양문학
830 German & related literatures	830 일본문학 및 기타 아시아 제문학	930 영미문학
840 French & related literatures	840 영미문학	940 독일문학, 기타게르만문학
850 Italian, Romanian & related literatures	850 독일문학	950 프랑스문학, 프로방스문학
860 Spanish & Portuguese literatures	860 프랑스문학	960 스페인문학, 포르투갈문학
870 Latin & Italic literatures	870 스페인 및 포르투갈 문학	970 이탈리아문학, 기타로망스문학
880 Classical & modern Greek literatures	880 이탈리아문학	980 러시아·소비에트문학, 기타슬라브문학
890 Other literatures	890 기타 제문학	990 기타 제언어문학

문학류의 강목을 비교해보면, DDC가 서양 문학을 중심으로 전개하고 있는데 비해, KDC는 한국의 실정에 맞게, NDC는 일본의 실정에 맞게 전개하고 있음을 알 수 있다. 동양 문학의 전개에서 KDC는 '한국 문학 - 중국 문학 - 일본 문학 및 기타 아시아 제문학'의 순서로 전개하고 있으나, NDC는 '일본 문학 - 중국 문학, 기타 동양 제문학'의 순서로 전개하고 있다. 서양 문학의 전개에서는 KDC와 NDC 모두 '영문학 - 독일 문학 - 프랑스 문학 - 스페인 및 포르투갈 문학 - 이탈리아 문학'의 순서로 전개하고 있다. NDC에서는 '러시아소비에트 문학, 기타 슬라브 문학'을 강목으로 설정하고 있다. 또한 문학류의 전개는 DDC와 KDC, NDC 모두 해당 분류표의 국어구분의 기호에 따르고 있기 때문에, 같은 국어구분의 기호를 따르고 있는 언어류와 조기성을 갖게 된다. DDC와 KDC, NDC 모두 개별 문학의 세분과 전개를 위해서는 문학형식구분의 기호를 추가하여 사용하게 됨은 물론이다.

(2) DDC 제23판 문학류의 재전개[117]

DDC 제23판 문학류의 강목은 서양 문학이 대부분을 차지하고 있고, 그 밖의 문학은 890 단 하나의 강목에 분류되고 있다. 이러한 단점을 보완하기 위해 DDC에서는 특정 문학에 대해 자국 우위(local emphasis)를 부여할 수 있는 세 개의 임의 규정을 두고 있다.[118] 810-890 아래에 제시되어 있는 임의 규정(Option B)[119]은 언어의 Option B와 마찬가지로, 자국 우위를 부여하고자 하는 문학에 대해 두 번째 패싯에 문자나 부호를 사용하여 표시하고 그 언어를 첫 번째로 배열하도록 하는 것으로, 앞서 지적한 언어의 임의 규정과 동일한 문제점이 있다. Option C는 동일한 언어를 사용하는 서로 다른 문학을 구별하기 위한 것으로, 한국 문학에는 해당되지 않는다. 810 아래에 제시되어 있는 Option A는 자국 우위를 부여하고자 하는 문학을 810에 분류하고, 원래 810에 분류되었던 미국 문학을 820으로 옮기도록 하는 것이다. 따라서 이 임의 규정(Option A)이 우리의 상황에서는 더 적합할 것이다. 〈표 5-45〉는 이 Option A와 재전개된 국어구분표(T.6)[120]를 활용하여 문학류를 재전개한 것이다.

---

117) 이 소절의 내용은 다음 자료의 내용을 DDC 제23판의 내용에 맞게 수정하여 적용한 것이다. 오동근. DDC 22의 이해(대구: 태일사, 2007). pp.320-330.; 오동근. "한국도서관을 위한 DDC의 재전개 방안." 한국문헌정보학회지 제35권 제4호(2001.12). pp.79-95.
118) Melvil Dewey. *Dewey Decimal Classification and Relative Index*. 23rd ed. (New York: Forest Press, 2011). Vol.3. p.794.
119) *Loc. cit.*
120) DDC의 재전개된 국어구분표에 대해서는, 5.3.3과 〈표 5-18〉을 참조하라.

〈표 5-45〉 DDC 문학류의 재전개

DDC 23	재전개안
810 American literature in English	810 Literatures of East and Southeast Asia
820 English & Old English literatures	811 Korean literature
830 German & related literatures	812 Chinese literature
840 French & related literatures	813 Japanese literature
850 Italian, Romanian & related literatures	814 Tibetan & related Tibeto-Burman literatures
860 Spanish & Portuguese literatures	818 Burmese literature
870 Latin & Italic literatures	820 English & Old English literatures
880 Classical & modern Greek literatures	830 German & related literatures
890 Other literatures	840 French & related literatures
895 Literatures of East and Southeast Asia	850 Italian, Romanian & related literatures
.1 Chinese literature	860 Spanish & Portuguese literatures
.4 Tibetan & related Tibeto-Burman literatures	870 Latin & Italic literatures
.6 Japanese literature	880 Classical & modern Greek literatures
.7 Korean literature	890 Other literatures
.8 Burmese literature	

이 재전개안은 810 아래의 임의 규정에 따라, 810에 한국과 중국, 일본 및 동아시아, 동남아시아 등의 문학을 재전개하고, 810에 분류되었던 미국 문학을 820 영국 문학과 통합하고 있다. 이것은 DDC의 국어구분표(T.6)의 골격을 따르면서 한국어와 중국어, 일본어를 대등한 수준에서 다룰 수 있도록 전개한 것이다.

이러한 DDC의 재전개 방식에 따라, 몇몇 예들을 재전개해보면 다음과 같다.

① 미국대표문학선집
    - DDC 23: 81 + -08(T.3B) → 810.8
    - 재전개: 82 + -08(T.3B) → 820.8

② 이태백 시선
    - DDC 23: 895.1 + -1(T.3A) → 895.11
    - 재전개: 812 + + -1(T.3A) → 812.1

③ 사랑 / 이광수 (한국소설)
    - DDC 23: 895.7 + -3(T.3A) → 895.73
    - 재전개: 811 + -3(T.3A) → 811.3

5.4.10. 역사류

역사류는 DDC의 '900 History & geography,' KDC의 '900 역사,' NDC의 '2 역사(歷史)'에 해당하는 유이다.

(1) 전개상의 특성 비교

DDC와 KDC, NDC의 역사류의 강목표를 비교해보면 〈표 5-46〉과 같다.

〈표 5-46〉 DDC와 KDC, NDC 역사류의 강목 비교

DDC 23	KDC 6	NDC 10
900 History	900 역사	200 역사, 세계사, 문화사
910 Geography & travel	910 아시아	210 일본사
920 Biography & genealogy	920 유럽	220 아시아사, 동양사
930 History of ancient world (to ca. 499)	930 아프리카	230 유럽사, 서양사
940 History of Europe	940 북아메리카	240 아프리카사
950 History of Asia	950 남아메리카	250 북아메리카사
960 History of Africa	960 오세아니아, 양극지방	260 남아메리카사
970 History of North America	970 [미 사 용]	270 오세아니아사, 양극지방사
980 History of South America	980 지리	280 전기
990 History of other areas	990 전기	290 지리, 지지(地誌), 기행

역사류의 강목을 비교해보면, DDC가 전기와 지리를 앞세워 전개하고 있는데 비해, KDC와 NDC는 역사를 먼저 전개하고 있음을 알 수 있다. 다만 전기와 지리의 순서에서 KDC는 지리를 앞세우고 있는 반면, NDC는 전기를 먼저 전개하고 있다. 역사의 전개에서는 세 분류표 모두 '구대륙의 역사 → 신대륙의 역사'의 순서로 전개하고 있다. 그러나 구대륙의 역사에서는, DDC가 '고대사 → 유럽사 → 아시아사 → 아프리카사'의 순서를 채택하고 있는 반면, KDC와 NDC는 '아시아사 → 유럽사 → 아프리카사'의 순서를 채택하고 있다. 자국의 역사와 관련해서, NDC에서는 '210 일본사'를 독립된 강목으로 전개하고 있는데 비해, KDC에서는 '910 아시아 역사'의 요목에 '911 한국의 역사'로 전개하고 있다. 이러한 전개는 기본적으로 지역구분의 기호에 따라 전개되며, 따라서 지역구분과 조기성을 갖게

된다.[121] 아울러 DDC와 KDC, NDC의 지리류와 전기류도 이러한 지역구분에 따라 전개되며, 그 결과 지역구분과 역사류, 지리류, 전기류는 조기성을 갖게 된다. 나아가 KDC의 경우는, 지역구분과 국어구분이 조기성을 갖기 때문에, 〈표 5-47〉에서 볼 수 있는 것처럼, 언어류(700)와 문학류(800), 역사류(900)는 물론 지리류와 전기류가 조기성을 갖게 된다.

〈표 5-47〉 KDC의 언어류와 문학류, 역사류, 지리류, 전기류의 조기성

700 언어류	800 문학류	900 역사류	980 지리	990 전기
710 한국어	810 한국문학	911 한국	981.1 한국지리	991.1 한국전기
720 중국어	820 중국문학	912 중국	981.2 중국지리	991.2 중국전기
730 일본어	830 일본문학	913 일본	981.3 일본지리	991.3 일본전기
740 영어	840 영미문학	924 영국	982.4 영국지리	992.4 영국전기
750 독일어	850 독일문학	925 독일	982.5 독일지리	992.5 독일전기
760 프랑스어	860 프랑스문학	926 프랑스	982.6 프랑스지리	992.6 프랑스전기
770 스페인어	870 스페인문학	927 스페인	982.7 스페인지리	992.7 스페인전기
780 이탈리아어	880 이탈리아문학	928 이탈리아	982.8 이탈리아지리	992.8 이탈리아전기
790 기타 제어	890 기타 제문학			

(2) DDC 제23판 역사류의 재전개[122]

DDC 제23판의 역사류에서 재전개가 가장 필요한 부분은 각국 지리(913-919)와 각국 역사(930-990)로, 두 경우 모두 해당 주제의 기본 기호에 재전개된 지역구분표(T.2)의 기호[123]를 붙여 재전개할 수 있다. 〈표 5-48〉은 아시아 역사에 관련된 재전개 부분을 제시한 것이다. 또한 한국과 중국, 일본의 세분 전개는 KDC 제6판 지역구분표의 -11-13에 전개된 해당 국가의 지리 구분의 전개를 그대로 채용하여,[124] 필요할 경우 추가 전개가 가능하게 된다.

---

121) 지역구분의 구체적인 내용에 대해서는, 5.3.2.를 참조하라.
122) 이 소절의 내용은 다음 자료의 내용을 DDC 제23판의 내용에 맞게 수정하여 적용한 것이다. 오동근. DDC 22의 이해(대구: 태일사, 2007). pp.344-345.; 오동근. "한국도서관을 위한 DDC의 재전개 방안." 한국문헌정보학회지 제35권 제4호(2001.12). pp.79-95.
123) DDC의 재전개된 지역구분표에 대해서는, 5.3.2.와 〈표 5-14〉를 참조하라.
124) 한국도서관협회. 한국십진분류법(KDC). 제6판. (서울: 한국도서관협회. 2013). 제1권. pp.17-26.

<표 5-48> 아시아역사(950)의 재전개안 (일부)

DDC 23	재전개안
950 History of Asia　Orient　Far East 　951　　China and adjacent areas 　　.1-.8　Subdivisions of China 　　951.9　Korea 　　　.93　　North Korea 　　　.95　　South Korea 　952　　Japan 　953　　Arabian Peninsula and adjacent areas	950 General history of Asia Orient　Far East 　951　　Korea 　　.1-.9　Subdivisions of Korea 　952　　China and Japan 　　.1-.8　Subdivisions of China 　　.9　Japan 　953　　Arabian Peninsula and adjacent areas

이러한 DDC의 재전개 방식에 따라, 몇몇 예들을 재전개해보면 다음과 같다.

① 제주도 지리
- DDC 23: 91 + -5195(T.2) → 915.195(한국지리)
- 재전개: 91 + -51(T.2) + -99(KDC6 911.99) → 915.199

② 일본 지리
- DDC 23: 91 + -52(T.2) → 915.2
- 재전개: 91 + -529(T.2) → 915.29

③ 서울의 역사
- DDC 23: 9 + -5195(T.2) → 951.95(한국사)
- 재전개: 9 + -51(T.2) + -6(KDC6 911.6) → 951.6

④ 당사(唐史)
- DDC 23: 9 + -51(T.2) + -017(본표) → 951.017
- 재전개: 9 + -52(T.2) + -038(KDC6 912.038) → 952.038

5.4.11. 본표를 활용한 분류 사례의 분석

이 소절에서는 DDC 제23판과 KDC 제6판의 본표를 활용하여 구체적인 사례들을 분류해 보고자 한다.

(1) 총 류

① Reading and therapy : a systemic view
- DDC 23: 028.9(Reading interests)
- KDC 6: 029.4(독서법)

② Cambridge university library: the great collections
- DDC 23: 027.7 + -42(T2) → 027.742
- KDC 6: 027.6 + -24(T2) → 027.624

③ Report on forgery works and their cultures
- DDC 23: 098(Prohibited works, forgeries)
- KDC 6: 011.5(위작)

④ Design methods and applications for personal computer systems
- DDC 23: 004.25 + -6(004.16 personal computer) → 004.256
- KDC 6: 004.25 + -5(004.15 소형컴퓨터) → 004.255

⑤ The New encyclopaedia Britannica
- DDC 23: 031
- KDC 6: 034

⑥ Chinese publishing: culture of printing
- DDC 23: 070.5 + -09(T1) + -52(T2) → 070.50952
- KDC 6: 013.9 + -12(지역구분) → 013.912

⑦ Museum exhibition : theory and practice
- DDC 23: 069.5(Exhibition of museum objects)
- KDC 6: 069.5(박물관서비스 및 활동)

⑧ Information sources in management and business
- DDC 23: 016 + 658(General management) → 016.658
- KDC 6: 016 + 325(경영학) → 016.325

⑨ Making the move to RDA : a guide for the occasional cataloger
- DDC 23: 025.32(Descriptive cataloging)
- KDC 6: 024.32(목록규칙)

⑩ Defense and detection strategies against computer viruses and anti-virus
- DDC 23: 005.84(Malware)
- KDC 6: 004.66(컴퓨터 바이러스)

(2) 철학류

① Stoicism : traditions and transformations
- DDC 23: 188(Stoic philosophy)
- KDC 6: 160.25(스토아학파)

② Confucian traditions in east Asian modernity
- DDC 23: 181.112(Confucian philosophy)
- KDC 6: 152.212(공자)

③ Environmental psychology: advances in theory, methods and applications
- DDC 23: 155.9 (Environmental psychology)
- KDC 6: 182.3(환경심리)

④ Philosophy in classical India: a phenomenological approach
- DDC 23: 181.4(India philosophy)
- KDC 6: 155(인도철학, 사상)

⑤ Nursing ethics : across the curriculum and into practice
- DDC 23: 174.2(Medical and health professions)
- KDC 6: 195.2(의료인 윤리)

⑥ A guide to teaching research methods in psychology
- DDC 23: 150 - 0 + -072(T1) → 150.72
- KDC 6: 180 - 0 + -073(표준구분) → 180.723

⑦ 하서 김인후의 도학사상과 현대문명
- DDC 23: 181.119(Korean philosophy)
- KDC 6: 151.52(주자학파)

⑧ Witchcraft and black magic
- DDC 23: 133.4(Demonology and witchcraft)
- KDC 6: 187.4(귀신론)

⑨ Encyclopedia of applied ethics
- DDC 23: 170 - 0 + -03(T1) → 170.3
- KDC 6: 190 - 0 + -03(표준구분) → 190.3

⑩ German psychology of today
- DDC 23: 155.89 + -43(T2) → 155.8943
- KDC 6: 182.69 + -25(지역구분) → 182.6925

(3) 종교류

① The emergence of Jewish theology and process thought
- DDC 23: 296(Judaism) + 3(Theology) → 296.3
- KDC 6: 239 + -1(종교공통구분) → 239.1

② The New Testament : a critical introduction
- DDC 23: 225 + -3(220.6 Interpretation and criticism) → 225.3
- KDC 6: 230 - 0 + -3(종교공통구분) + 5(신약) + -8(233.08 성서해석학) → 233.58

③ Tenrikyo: a pilgrimage faith in contemporary Japan
- DDC 23: 299 + -561(Shinto) → 299.561
- KDC 6: 291.3(일본 종교)

④ Zen Buddhism : a philosophical investigation and phenomenology
- DDC 23: 294.39 + -27(Zen) → 294.3927
- KDC 6: 220 - 0 + -8(종교공통구분) + 7(禪宗) → 228.7

⑤ Catholic church in China
- DDC 23: 282 + -51(T2) → 282.51
- KDC 6: 220 - 0 + -82(종교공통구분) + -09(표준구분) + -12(지역구분) → 228.20912

⑥ Rethinking The Koran : its interpretations
- DDC 23: 297.122 + -6(interpretation) → 297.1226
- KDC 6: 280 - 0 + -3(종교공통구분) → 283

⑦ Buddhist worship and experience in contemporary Korea
- DDC 23: 294.34 + -4(204 Religious experience) → 294.344
- KDC 6: 220 - 0 + -4(종교공통구분) + 8(신앙생활) → 224.8

⑧ An encyclopedia of world religions
- DDC 23: 200 - 0 + -03(T1) → 200.3
- KDC 6: 200 - 00 + -03(표준구분) → 203

⑨ The sources of Christian ethics in the Christian tradition
- DDC 23: 241(Christian ethics)
- KDC 6: 230 - 0 + -4(종교공통구분) + 1(기독교윤리) → 234.1

⑩ The mind of God : modern cosmological basis for a rational world
- DDC 23: 215(Science and religion) + 2(Astronomy) → 215.2
- KDC 6: 204(자연종교) + 4(과학과 종교) → 204.4

(4) 사회과학류

① Russian proverbs
- DDC 23: 398.9 + -9171(T6) → 398.99171
- KDC 6: 388.6 + -29(지역구분) →388.629

② Labor and employment compliance law in France
- DDC 23: 344 + -44(T2) + 01(labor law) → 344.4401
- KDC 6: 368.11 + -09(표준구분) + -26(지역구분) →368.110926

③ Taxes in Brasil : what everyone needs to know
- DDC 23: 336.2 + 0 + -09(T1) + -81(T2) → 336.200981
- KDC 6: 329.4 + 0 + -53(지역구분) → 329.4053

④ New trends in chemistry curricula and teaching
- DDC 23: 375 + 540(Chemistry) → 375.54
- KDC 6: 374 + 430(화학) → 374.43

⑤ Textiles industries in the 21st century
- DDC 23: 338.47 + 677(Textiles) → 338.47677
- KDC 6: 323 + 587(섬유공학) → 323.587

⑥ School counseling in the secondary school: practical strategies & techniques
- DDC 23: 373.1 + -4(371.4 counseling) → 373.14
- KDC 6: 376 + -26(372.6 교육지도) → 376.26

⑦ The Journal of political science
- DDC 23: 320 + -05(T1) → 320.05
- KDC 6: 340 - 0 + -05(표준구분) → 340.5

⑧ Social futures, global visions: the next forty years
- DDC 23: 303.49
- KDC 6: 331.544(사회예측)

⑨ The philosophy of criminal law: the prevention and the limits
- DDC 23: 345 + 0 + -01(T1) → 345.001
- KDC 6: 364 + 0 + -01(표준구분) → 364.001

⑩ Dilemmas of care in the Swedish welfare state
- DDC 23: 361.9 + -485(T2) → 361.9485
- KDC 6: 338 + -09(표준구분) +-231(지역구분) →338.09231

(5) 자연과학류

① The Christian calendars
- DDC 23: 529.4
- KDC 6: 448.39

② A Concise dictionary of physics
- DDC 23: 530 + -03(T1) → 530.03
- KDC 6: 420 + -03(T1) → 420.03

③ Geology and mineral resources of Japan
- DDC 23: 550 - 0 + -52(T1) → 555.2
- KDC 6: 450 - 0 + -09(표준구분) + -13(지역구분) → 450.913

④ Insect ecology : an ecosystem approach
- DDC 23: 595.7 + 1 + 7(animal ecology) → 595.717
- KDC 6: 495.2

⑤ Organic, physical, and materials photochemistry
- DDC 23: 547.1 + 35(photochemistry) → 547.135
- KDC 6: 437 + 01 + 45(광화학) → 437.0145

⑥ Aquatic and wetland plants of the Western Gulf Coast
  - DDC 23: 581.7 + 6(Aquatic ecology) → 581.76
  - KDC 6: 481.526

⑦ Antarctic climate change : from the past to the future
  - DDC 23: 551.69 + -989(T2) → 551.69989
  - KDC 6: 453.918 + -88(지역구분) → 453.91888

⑧ Statistical computing : using Microsoft Excel
  - DDC 23: 519.5 + -0285(T1) → 519.50285
  - KDC 6: 413.8 + -027(표준구분) → 413.8027

⑨ Plant cell death processes
  - DDC 23: 571.93 + 6(cell biology → 571.936
  - KDC 6: 472.21

⑩ Animals of the Arctic: the ecology of the Far North
  - DDC 23: 591.7 + 586(Tundra) → 591.7586
  - KDC 6: 491.54

(6) 과학기술류

① Medical education: developing a curriculum for practice in the Germany
  - DDC 23: 610 + -0711((T1) + 43(T2) → 610.71143
  - KDC 6: 510 + -071((T1) → 510.711

② An introduction to the system of patents in China
  - DDC 23: 608.7 + -51(T2) → 608.751
  - KDC 6: 502.9 + -12(지역구분) → 502.912

③ Elon Musk, management pioneer: a biography
  - DDC 23: 658 + 0 + -092((T1) → 658.0092
  - KDC 6: 325 + -099((표준구분) → 325.099

④ Nutritional elements of the horses: an instructional manual for the rancher, dairyman
  - DDC 23: 636.1 + -085(Feeds and applied nutrition) → 636.1085
  - KDC 6: 527.42 + -37(사료) → 527.4237

⑤ Hematology of infancy and childhood
- DDC 23: 618.92 + -15(Diseases of blood) → 618.9215
- KDC 6: 516.9 + -311(혈액) → 516.9311

⑥ Industrial buildings : conservation and regeneration
- DDC 23: 690 + -54(Industrial buildings) → 690.54
- KDC 6: 549(각종 건물) + 5(공업용) → 549.5

⑦ Japanese ordinary cooking
- DDC 23: 641.59 + -52(T2) → 641.5952
- KDC 6: 594.52 + -3(T2) → 594.523

⑧ The dyeing of sheep wools: the scientific bases and the techniques of application
- DDC 23: 667.3 + -31(sheep wools) → 667.331
- KDC 6: 577.3 + -31(양모) → 577.331

⑨ Prospecting strategies for optimizing petroleum exploration
- DDC 23: 622.18 + -28(petroleum) → 622.1828
- KDC 6: 559.628 + -782(석유) → 559.628782

⑩ The technology of food low temperature preservations: vegetables and fruits
- DDC 23: 664.8 + -285(low temperature preservations) → 664.8285
- KDC 6: 574.8 + -285(저온 보존기법) → 574.8285

(7) 예술류

① Traditional Korean ceramics
- DDC 23: 738 + -09(T1) + -519(T2) → 738.09519
- KDC 6: 631.2 + -11(지역구분) → 636.2111

② The Concise Oxford dictionary of arts
- DDC 23: 700 - 0 + -03(T1) → 700.3
- KDC 6: 600 - 0 + -03(표준구분) → 600.3

③ Landscape design: commercial and shopping centre
- DDC 23: 711.552
- KDC 6: 539.73

④ Recreation management for today's society
- DDC 23: 790 + -069(T1) → 790.069
- KDC 6: 690 - 0 + -068(표준구분) → 690.68

⑤ Cézanne, Matisse and Picasso: masterpieces from the Musée d'Orsay
- DDC 23: 759 + -4(T2) → 759.4
- KDC 6: 653 + -26(지역구분) → 653.26

⑥ Aldo Rossi, buildings and projects: biography
- DDC 23: 720 - 0 + -092(T1) → 720.92
- KDC 6: 540 - 0 + -099(표준구분) → 540.99

⑦ The human figures image : masters of portraits photography
- DDC 23: 779 + -2(human figures) → 779.2
- KDC 6: 668 + -5(600.45 인물) → 668.5

⑧ Foundations and principles of music higher education in Italy
- DDC 23: 780 - 0 + -071(T1) + 1 + -45(T2) → 780.71145
- KDC 6: 670 - 0 + -071(표준구분) + -9 + -28(지역구분) → 670.71928

⑨ Origins of Egyptian printmaking
- DDC 23: 769.9 + -62(T2) → 769.962
- KDC 6: 659 + -09(표준구분) + -311(지역구분) → 659.09311

⑩ Religious television program : the critical view
- DDC 23: 791.456 + -82(T3-C, religious themes) → 791.45682
- KDC 6: 687.7(텔레비전극 프로그램)

(8) 언어류

① The psychology of language
- DDC 23: 401.9
- KDC 6: 701.018

② Noun phrase complexity in English
- DDC 23: 42 - 0 + -55(T4) → 425.5
- KDC 6: 740 - 0 + -58(언어공통구분) → 745.8

③ Dirty French : everyday slang
- DDC 23: 44 - 0 + -7(T4) → 447
- KDC 6: 760 - 0 + -49(언어공통구분) → 764.9

④ An etymological study of the Chinese
- DDC 23: 495.1 + -2(T4) → 495.12
- KDC 6: 720 - 0 + -2(언어공통구분) → 722

⑤ Webster's new world German dictionary
- DDC 23: 43 - 0 + -3(T4) + -21(T6) → 433.21
- KDC 6: 750 - 0 + -3(언어공통구분) + -4(국어구분) → 753.4

⑥ Practical business Japanese
- DDC 23: 495.6 + -8(T4) → 495.68
- KDC 6: 730 - 0 + -75(언어공통구분) → 737.5

⑦ The phonetics of Russian
- DDC 23: 491.7 + -15(T4) → 491.715
- KDC 6: 792.8 + -11(언어공통구분) → 792.811

⑧ Research methods in dialectology
- DDC 23: 417.2 + + -0721(T1) → 417.20721
- KDC 6: 701.8 + + -073(표준구분) → 701.8073

⑨ Understanding semantics : an introduction to meaning in language
- DDC 23: 401.43
- KDC 6: 701.2

⑩ Swedish-German dictionary
- DDC 23: 439.7 + 3(T4) + -31(T6) → 439.7331
- KDC 6: 759.7 + -3(언어공통구분) + -5(국어구분) → 759.735

(9) 문학류

① Faust / Johann Wolfgang von Goethe
- DDC 23: 830 - 0 + -2(T3A) +6(period) → 832.6
- KDC 6: 850 - 0 + -2(문학형식구분) → 852

② War and peace / Leo Tolstoy
- DDC 23: 891.7 + -3(T3A) + 3(period) → 891.733
- KDC 6: 892.8 + -3(문학형식구분) → 892.83

③ Rhetoric of epic poetry
- DDC 23: 808.1 + 32(T3B: epic poetry) → 808.132
- KDC 6: 802 + 1(문학형식구분) → 802.1

④ Traditional Japanese poetry: waka and haiku
- DDC 23: 895.6 + -1(T3B) +1(period) → 895.611
- KDC 6: 830 - 0 + -1(문학형식구분) + 1(와카) → 831.1

⑤ Modernism, feminism, and Jewishness of French literature
- DDC 23: 840 - 0 + -09(T1) → 840.9
- KDC 6: 860 - 0 + -09(표준구분) → 860.9

⑥ Anthology of short stories from the world's literature
- DDC 23: 808.8 + 3(T3B: fiction) → 808.83
- KDC 6: 808 + 3(문학형식구분) → 808.3

⑦ Gone girl: a novel / Gillian Flynn(미국소설가)
- DDC 23: 810 - 0 + -3(T3A) + 6(period) → 813.6
- KDC 6: 820 - 0 + -3(문학형식구분) + -6(문학시대) → 823.6

⑧ Nationalism, exoticism, imperialism of nineteenth-century literature: History and criticism
- DDC 23: 809 + 93 + -358(T3C) → 809.93358
- KDC 6: 809

⑨ Dreams in ancient Greek comedy, Aristophanes and Sophocles
- DDC 23: 880 - 0 + -2(T1) + 0(facet indicator) + 1(period) → 882.01
- KDC 6: 892.1 + -1(문학형식구분) → 892.11

⑩ English for academic writing : essential skills and exercises
- DDC 23: 808.04 + -2(T6) → 808.042
- KDC 6: 802.04 + -4(국어구분) → 802.044

(10) 역사류

① The Visions of time: a new look at the philosophy of history
- DDC 23: 900 - 00 + -01(T1) → 901
- KDC 6: 900 - 00 + -01(표준구분) → 901

② Genealogy of the Herbert Hoover family
- DDC 23: 929.2 + -09(T1) + -42(T2) → 929.20942
- KDC 6: 999 + -24(지역구분) → 999.24

③ Facts and figures of The Russia: a systematic geography
- DDC 23: 910 - 0 + -47(T2) → 914.7
- KDC 6: 980 - 0 + -29(지역구분) → 982.9

④ The Chinese neolithic: before the Shang dynasty, ancient peoples and places
- DDC 23: 931.01
- KDC 6: 912.01

⑤ Of men and science ; the autobiography of the world's most famous chemist
- DDC 23: 925.4
  또는 540 - 0 + -092(T1) → 540.92
- KDC 6: 998 + 430 - 0 → 998.43
  또는 430 + -099(표준구분) → 430.99

⑥ The Unification of Germany : Politics and government, 1815-1866
- DDC 23: 900 - 00 + -43(T2) + 07 → 943.07
- KDC 6: 900 - 00 + -25(지역구분) + 05(통일기) → 925.05

⑦ Studies of the era under the colonial administration of imperial Japan
- DDC 23: 900 - 00 + -519(T2) + 03 → 9451.903
- KDC 6: 900 - 00 + -11(지역구분) + 06(항일시대) → 911.06

⑧ A Wonderful journey through history, culture and art of Italy
  - DDC 23: 910 - 0 + -45(T2) + -04(travel) → 914.504
  - KDC 6: 980 - 0 + -28(지역구분) + -024(여행기) → 982.8024
⑨ 100 Great Asians of the early 21st century : an autobiography
  - DDC 23: 920.0 + -5(T2) → 920.05
  - KDC 6: 990 - 0 + -1(지역구분) → 991
⑩ World War II, causes and outbreak
  - DDC 23: 909.825   OR   940.5311
  - KDC 6: 909.54

제 3 부

청구 기호의 구성과 분류 작업

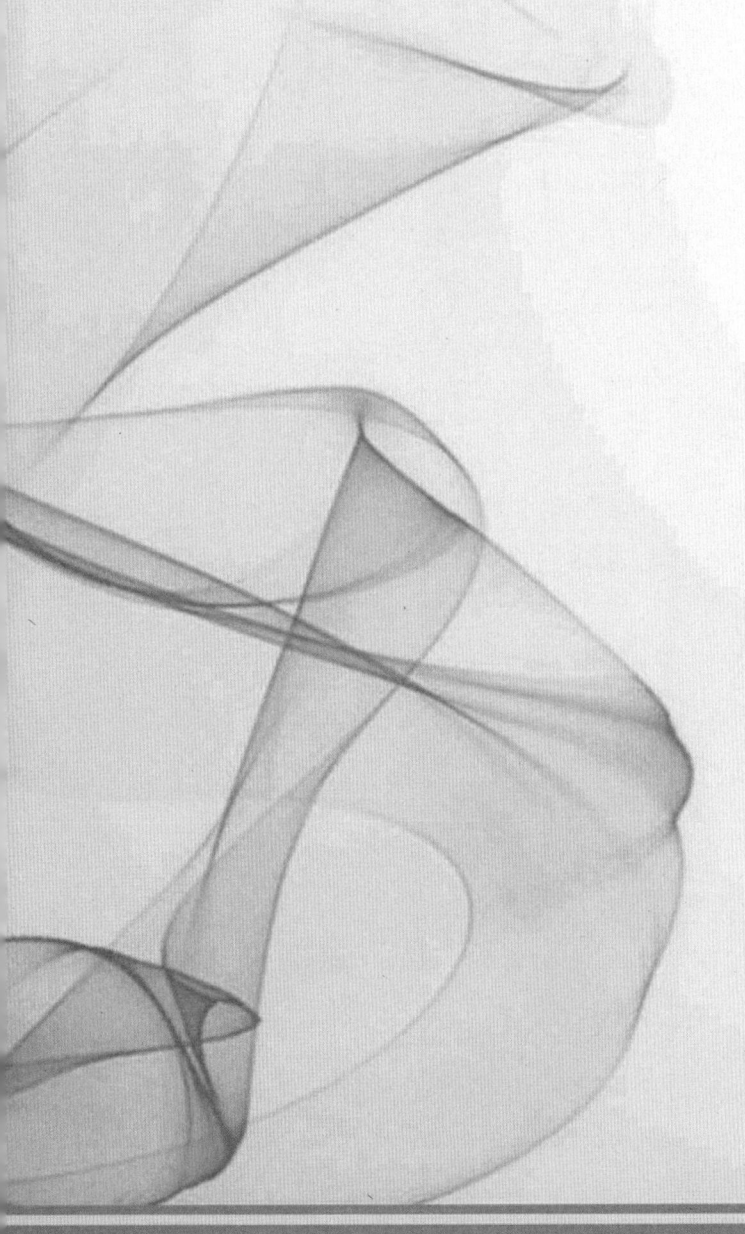

제6장 _ 청구 기호의 구성
제7장 _ 분류 작업과 분류 규정

제6장 청구 기호의 구성

6.1. 청구 기호의 기능과 구성 요소

　청구 기호(請求記號, call number)라는 이름은 원래 폐가제로 운영되는 도서관에서 도서관 이용자가 자료나 문헌을 이용하기 위해 해당 자료나 문헌의 대출과 반납을 청구하는 기호라는 의미에서 유래된 것이라고 한다.[1] 그러한 연원에서도 알 수 있는 것처럼, 청구 기호는 도서관 이용자가 자신이 찾고자 하는 자료나 문헌을 표목이나 접근점을 통해 검색하고, 그 자료나 문헌이 다른 자료와 어떻게 다른지를 분명하게 식별한 후, 그 자료를 입수하고자 할 때, 그 소재를 확인하고 도서관에 해당 자료나 문헌을 요청하기 위한 기호인 것이다. 따라서 청구 기호는 이용자의 입장에서는 필요로 하는 자료를 요구하기 위한 기호가 되는 것이다.[2]

6.1.1. 청구 기호의 기능

　청구 기호는 아울러 해당 자료나 문헌의 서가상의 배열 위치를 결정해주고, 다른 자료나 문헌과의 관계를 통해 그 관련된 위치를 나타내주게 된다.[3] 이와 같이 청구 기호는 해

---

[1] 일본도서관정보학회 용어사전편집위원회 편. 문헌정보학 용어 사전. 오동근 역(대구: 태일사, 2011). p.500; Lois Mai Chan. *Cataloging and Classification: An introduction* (New York: McGraw-Hill Book Company, 1981). p.257.
[2] 김남석. 도서기호. 제3개정증보판.(대구: 계명대학교출판부. 1999). p.13.

당 자료나 문헌의 소장 위치를 나타내주기 때문에 소재 기호(所在 記號, location mark)[4]라고도 하고,[5] 서가상의 위치를 나타내주기 때문에 서가 기호(shelf mark)[6]라고도 한다. 즉 자료의 배가 위치를 결정함과 동시에, 열람이나 대출 또는 장서 점검 등의 때에 자료를 특정(特定)하는 기호로서 사용되는 것이다.[7] 따라서 자료나 문헌을 관리하는 도서관인의 입장에서 보면, 청구 기호는 도서관의 자료나 문헌을 조직하기 위해 자료의 배열 위치를 결정해주는 일종의 재고 번호(在庫 番號)[8]인 동시에 해당 자료의 진정한 주소(true address)[9]라고 할 수 있을 것이다.

이러한 청구 기호의 기능을 구체적으로 살펴보면 다음과 같다.[10]

① 자료의 유형 구분, 해당 도서관 내의 실별 위치, 특정 자료실 내의 서가 위치, 특정 서가 내의 배가 위치를 결정해주는 수단이 된다. 따라서 이러한 주소로서의 역할을 통해, 신착 자료나 반납 자료의 서가 배열, 장서 점검에 직접적인 도움을 주게 된다.

② 이용자와 도서관, 목록 시스템, 자료실, 서가, 해당 자료를 직접적으로 연결해주는 매개 기호가 된다.

③ 이용자들이 특정 자료를 찾기 위해 특정 서가에 접근하거나 특정 자료의 대출을 요청할 때 도움을 준다. 특히 폐가제(閉架制)로 운영되는 도서관의 경우, 이용자에게 대출 청구의 편의성을 제공해준다.

④ 이용자들이 청구 기호에 포함되어 있는 분류 기호 등의 도움을 받아 해당 자료는 물론 관련된 자료들을 체계적으로 브라우징하는 데 도움을 준다. 청구 기호는 같은 종류의 자료를 한 곳에서 발견할 수 있게 해주고, 저자 기호를 사용할 경우에는 동일 저자의 저작들을 한 곳에서 검색할 수 있게 해준다. 청구 기호를 사용하여 동일한

---

3) 사공철 등편. 문헌정보학용어사전(서울: 한국도서관협회, 1996). p.362.
4) 志保田務, 高鷲忠美, 平井尊士. 情報資源組織法(東京: 第一法規, 2012). p.258.
5) 소재 기호(location symbol; location mark)는 협의로는 별치 기호를 의미하는 용어로 사용하기도 하지만, 일반적으로는 ① 도서관 자료의 배가 위치를 나타내는 청구 기호나, ② 종합 목록의 자료의 소장관(所藏館)을 나타내는 소장 기호를 의미한다. (일본도서관정보학회 용어사전편집위원회 편. 문헌정보학 용어 사전. 오동근 역(대구: 태일사, 2011). p.300). 영문 표기인 location mark도 마찬가지이다.
6) J. Rowley & J. Farrow. *Organizing Knowledge: An Introduction to Managing Access to Information*. 3rd ed. (Hampshire: Gower, 2000). p.209.
7) 일본도서관정보학회 용어사전편집위원회 편. *op. cit.* p.300.
8) 김남석. 도서기호. 제3개정증보판. (대구: 계명대학교출판부. 1999). p.13.
9) Lois Mai Chan. *Cataloging and Classification: An introduction*(New York: McGraw-Hill Book Company, 1981), p.260.
10) 김남석. *op. cit.* p.13.

분류 기호를 갖는 자료를 저자순이나 서명순, 연대순 등으로 배열하고 유사 자료를 인접하여 배치하기 때문에, 특히 개가제(開架制)로 운영되는 도서관의 경우, 특정 자료를 검색하거나 관련 자료를 브라우징할 수 있도록 하는 기능을 제공하게 된다.

6.1.2. 청구 기호의 구성 요소

청구 기호는 기본적으로 자료를 주제별로 그룹화하는 분류 기호, 동일 분류 기호 내의 자료를 개별화하는 도서 기호, 별치(別置)의 장소를 나타내는 별치 기호 등으로 구성되는데,[11] 추가의 구별이 필요할 때는 여기에 각종의 부가적 기호가 추가되기도 한다.[12] 이를 '(참) 411.3 한글학ㅇ -3'이라는 청구 기호(계명대학교 도서관의 실제 예)를 가진 한글학회에서 발행한 '우리말 큰사전'에 대한 예시와 함께 표로 나타내면 〈표 6-1〉과 같다. 이 예에서 '(참)'은 참고도서를 의미하는 별치 기호이며, '411.3'은 한국어 사전을 의미하는 DCC의 분류 기호(한국 관련 항목을 재전개한 예)이고, '한글학ㅇ'은 저자 기호(한글학회의 첫 세 글자)와 저작 기호(서명의 첫 자음)이며, '-3'은 권호를 나타내는 부차적 기호이다.

〈표 6-1〉 청구 기호의 구성 요소와 예시(한글학회의 우리말 큰사전)

구성 요소	예시
별치 기호	(참)
분류 기호	411.3
도서 기호	한글학ㅇ
부차적 기호	-3

청구 기호의 구성 요소 중 분류 기호에 대해서는 이미 각종 분류표에 대한 부분에서 분석하였으므로, 이하에서는 별치 기호와 도서 기호에 대해 상세히 분석해 보고자 한다. 그에 앞서 도서 기호의 일부로 사용되는 저작 기호와 다양한 종류의 부차적 기호에 대해 살펴보고자 한다.

---

[11] 일본도서관정보학회 용어사전편집위원회 편. *op. cit.* p.300.
[12] 윤희윤. 정보자료분류론. 제5판. (대구: 태일사, 2015). p.273.

6.1.3. 저작 기호

저작 기호(work mark, work letter, title mark)는 "동일 주제에 관한 한 저자의 여러 저작물을 구별하기 위하여 보통 저자 기호 뒤에 부기하여 서가상의 위치를 정해 주는 기호"[13]이다. 즉 "동일 저자에 의한 저작을 다시 개개의 저작마다 개별화하기 위한 기호"[14]로, 해당 자료나 문헌을 저자 기호 등의 도서 기호만으로 완전히 개별화되지 못할 경우 이를 보완해주는 역할을 수행하는 것이다.

서양서의 저작 기호의 일반적인 채택 방법은 다음과 같다.[15]

① 통상 서명이나 표제의 첫 글자를 소문자로 하여 채택한다. 예를 들면 'Hamlet'의 저작 기호는 'h'가 된다.
② 서명이나 표제가 'A'나 'An,' 'The' 등과 같은 관사(冠詞)로 시작되는 경우에는 그 다음에 오는 첫 키워드를 기호화한다. 예를 들면 'An Introduction to Christianity / G. Smith'는 'i'가 된다.
③ 동일 저자의 동일 분류 기호 내의 저작들이 동일한 저작 기호를 가질 경우에는 그 다음 글자를 하나 더 추가하여 구별한다. 예를 들면 'Introducing the Christian Theology / G. Smith'가 앞서 예시한 책과 함께 소장될 경우에는 두 번째 책의 저작 기호는 'in'이 될 것이다.
④ 동일 저자의 동일 주제에 관한 총서의 저작들이 동일한 단어로 시작된 경우에는, 서명이나 표제의 각 키워드의 첫 자를 사용한다. 예를 들면 'Hamilton's India Sketch'와 'Hamilton's Japan Sketch,' 'Hamilton's France Sketch'의 저작 기호는 각각 'hi,' 'hj,' 'hf'가 될 것이다.
⑤ 전기의 경우는 피전자의 성을 저자 기호로 채택하고 전기 작가의 성의 첫 글자를 저작기호로 삼는다. 다만 자서전의 경우는 다른 전기 작가에 의한 해당 피전자의 어떤 전기보다도 앞에 배열되도록 하기 위해 저작 기호 'a'를 부여한다.

동양서는 서명이나 표제의 첫 자음 또는 첫 음절을 기호화한다. 이 때 채택한 기호가

---

[13] 사공철 등편. 문헌정보학용어사전(서울: 한국도서관협회, 1996). p.310.
[14] 일본도서관정보학회 용어사전편집위원회 편. 문헌정보학 용어 사전. 오동근 역(대구: 태일사, 2011). p.426.
[15] Lois Mai Chan. *Cataloging and Classification: An introduction*(New York: McGraw-Hill Book Company, 1981). pp.260-261.

기존의 다른 자료에 대해 사용하고 있는 기호와 중복될 때는 추가의 개별화가 가능하도록 저작 기호를 조정해야 한다. 저작 기호의 몇몇 사례를 예시해보면 〈표 6-2〉와 같다.

〈표 6-2〉 동양서 저작 기호의 예시

서 명	저작 기호	
	자음 표시	음절 표시
사랑 / 김갑돌	ㅅ	사
산다는 것의 의미 / 김갑돌	사	산
산중일기 / 김갑돌	산	산중

저작 기호는 많은 장서들이 동일한 분류 기호를 갖게 되는 도서관의 경우에는 자료들의 개별화가 필요하기 때문에 특히 중요하다. 그럼에도 불구하고 저작 기호나 부차적 기호의 사용에 대해서는 분명한 규칙들이 마련되어 있지 못한 것이 사실이라는 점에서 각 도서관에서는 자체의 분류 규정 등을 통해 이를 명확히 해야 한다는 점을 유의해야 한다.

6.1.4. 부차적 기호

도서 기호와 저작 기호만으로 충분한 개별화가 불가능할 경우에는, 해당 자료의 서지적 특성을 반영하는 부차적 기호(additional number)를 사용하게 된다. 부차적 기호의 대표적 유형으로는 판차 기호, 역자 기호, 권호 기호, 복본 기호, 연도 기호 등이 있으며, 앞서 살펴본 저작 기호를 부차적 기호에 포함시키기도 한다.[16] 이하에서는 각각의 기호들에 대해 살펴보고자 한다.[17]

① 전기 기호: 전기의 도서 기호는 전기의 대상이 되는 피전자(被傳者)를 대상으로 하여 작성하게 된다. 이 경우에 피전자와 그 전기의 저자의 관계를 식별하고, 동일 피전자에 대한 여러 전기 작가의 저작을 구별하기 위해 부여하는 기호로, 도서 기호 다음에 저자에 대한 기호를 표시한다. 예를 들면 George Washington의 전기들은 그 저자들에 따라 Washington에 대한 저자 기호 다음에 그 전기 작가의 저자명의

---

16) 윤희윤. 정보자료분류론. 제5판. (대구: 태일사, 2015). p.274.
17) 이 부분의 내용은 다음 자료를 참고하였음. Lois Mai Chan. *Cataloging and Classification: An introduction* (New York: McGraw-Hill Book Company, 1981), pp.260-261.; 윤희윤. *op. cit.* p.274.

첫 글자(Bellamy의 경우는 b, Delaware의 경우는 d 등)를 추가하는 것과 같다. 아울러 서양서의 경우에는 자서전에 대해서는 다른 저자에 의한 전기들보다 앞에 배열하기 위해 저작 기호 'a'를 부여하는데, 여러 종류의 자서전이 발행되어 있을 경우에도, 그 각각의 자서전을 구별하기 위해 임의의 아라비아 숫자를 추가할 수 있다.

② 판차 기호(edition mark): 개정이나 증보 등과 같은 도서의 내용 변화나 물리적 체제의 변화가 있을 때 이를 반영하여 표시해주는 기호로, 도서 기호 다음에 판의 변화를 나타내는 아라비아 숫자를 추가한다. 예를 들면 개정판은 '2,' 제3판은 '3'으로 추가하거나 각 개정판의 판차가 없을 경우에는 개정판의 발행연도를 추가하는 것과 같다.

③ 연도 기호: 매년 동일한 서명이나 표제로 연차적으로 발행되는 연감이나 연보, 백서(白書), 연차 보고서, 연차 회의 등의 자료를 구별하기 위해 그 출판 연도나 개최 연도를 나타내는 기호로, 통상 그 연도를 기호화하는 경우가 많다.

④ 권호 기호(volume number): 다권본(多卷本)으로 이루어지는 총서나 전집, 선집, 연속간행물의 권호를 구별하기 위해 표시하는 기호이다. 통상 "v." 뒤에 권수(volume), "n." 뒤에 호수(number)를 표시하는데, 이재철의 한글순도서기호법의 용례에 따라 대시("-") 뒤에 권호를 표시하는 경우도 있다.

⑤ 복본 기호(copy number): 해당 도서관에 동일 자료가 여러 권 입수되었을 때, 그 복본을 구별하기 위해 표시하는 두 번째 이후에 입수되는 복본에 부여하는 기호이다. 통상 "c" 다음에 숫자로 복본을 표시하는데, 동양서에 대해서는 이재철의 한글순도서기호법의 용례에 따라 "c" 대신 등호("=")를 사용하는 경우도 있다.

⑥ 역자 기호: 번역서를 원저작과 구별하고, 동일 원저작의 여러 번역자의 번역본을 구별하기 위해 부여하는 기호로, 도서 기호 다음에 번역자에 대한 기호를 표시한다. 예를 들면 햄릿의 정문영의 번역서에 대해 번역자 정문영의 저자 기호를 추가로 부여하는 것과 같다.

⑦ 색인 및 부록 기호: 특정 저작에 대해 부록 자료로 딸려 있는 색인이나 부록을 원저작과 구별하기 위해 부여하는 기호로, 통상 "색인," "부록"이라고 적어 표시한다.

6.2. 별치 기호의 특성과 유형

도서관의 자료는 청구 기호에 따라 한곳에 배치되는 것이 원칙이다. 그러나 어떤 자료들은 관리상이나 이용의 빈도, 형태의 특수성 등의 이유로,[18] 일반 자료와는 별도로 배가(排架)하는 것이 더 편리한 경우도 있다. 이와 같은 자료들에 대해 별치(別置)를 표시하기 위해 사용하는 기호가 별치 기호이다. 즉 "자료를 특별한 장소에 배가하거나 자료의 특수한 형태를 표시하기 위하여 분류 기호의 앞이나 위에 덧붙여 사용하는 별도의 문자"[19]를 별치 기호라고 한다. 용어와 관련해서는, 소재 기호나 영어의 location symbol이나 location mark는 모두 넓은 의미로는 청구 기호와 동일한 의미로 사용되는데, 이들 용어는 협의로는 별치 기호를 의미하기도 한다.[20] Chan은 별치 기호를 '청구 기호의 접두어'(prefixes to call numbers)로 표현하고 있다.[21]

실제로 이러한 별치가 바람직한 것인지에 대해서도 도서관 경영상의 논란이 없지 않지만, 분명한 것은 별치하는 자료의 양이 많아지면 관리가 불편할 뿐만 아니라, 이용자의 자료 이용에도 불편을 초래한다는 것이다. 이러한 별치 기호는 목록의 저록에는 해당 자료의 소장 장소를 나타내기 위해 항상 사용하지만, 실제 자료에는 굳이 기록하지 않고 별치의 종류에 따라 별도의 색깔별 레이블을 만들어 부착하는 방법을 채택하는 도서관들도 많다.

별치되는 자료들의 대표적인 유형으로는 참고 자료와 연속간행물, 학위논문, 정부간행물, 아동도서 등이 있다. 각 유형별로 주로 사용되는 별치 기호들을 정리해보면 〈표 6-3〉과 같다. 다만 유의해야 할 점은 이러한 별치 기호들은 해당 도서관에서 해당 자료들을 별치하고자 할 경우에만 사용해야 한다는 사실이다.

---

18) 志保田務. 情報資源組織論(京都: ミネルヴァ書房, 2013). p.112.
19) 한국도서관협회. 한국십진분류법. 제6판. (서울: 한국도서관협회, 2014), p.11.
20) 일본도서관정보학회 용어사전편집위원회 편. 문헌정보학 용어 사전. 오동근 역(대구: 태일사, 2011). p.300.
21) Lois Mai Chan. *Cataloging and Classification: An introduction*(New York: McGraw-Hill Book Company, 1981), p.266.

⟨표 6-3⟩ 주요 별치 기호의 유형

자료별	별치기호	
	영문	국문
참고도서(reference)	R	참
연속간행물(serials)	S	연
정기간행물(periodicals)	P	정
석사/박사학위논문 (thesis and dissertation)	TD(석사/박사학위논문) T(석사학위논문) S(박사학위논문)	학(석사/박사학위논문) 석(석사학위논문) 박(박사학위논문)
고서 및 귀중도서	O(old book) C(curiosity)	고(고서) 귀(귀중본), 희(희귀서)
향토자료(local collection)	L	향 또는 향토
정부간행물	G(government)	관(관공서) 또는 정(정부간행물)
교과서(textbook)	T	교
지정도서(reserve book)	Res	지
아동도서	J(juvenile) 또는 C(child)	아 또는 아동
대형본	E(extra large size) L(large size)	대
소형본	M(minute)	소
맹인용 점자도서	B(blind)	맹
악 보	M(music) 또는 S(sound)	악
시청각자료	TA(tape), SL(slide), S(film strip)	
소설(fiction)	F	
전기(biography)	B	

6.3. 도서 기호의 기능과 종류

많은 장서를 소장하고 있는 도서관에서 입수하는 자료나 문헌에 대해 분류 기호를 부여하고 나면 다수의 자료나 문헌들이 동일한 분류 기호를 갖게 되는 경우가 발생한다. 따라서 이러한 자료나 문헌을 개별화(individualizing)하기 위해서는 추가의 기호가 필요하게 된다. 도서 기호는 이와 같이 "동일한 분류 기호를 가진 도서를 개별화하고, 배열과 검색의 편의를 위해 순서를 정할 목적으로 부여되는 기호"[22]이다. 결국 도서 기호는 "도서가 분류된 다음 동일 분류 기호 내에서 각 도서의 서가상이나 서가 목록 또는 분류 목록상의 배열 순위를 결정하기 위해 분류 기호 다음에 주어지는 기호"[23]이다. 그러므로 도서 기호는 "동일 분류 아래의 배열 단위, 제2차의 배열 단위"[24]가 되는 것이다.

도서 기호는 다음과 같은 점에서 그 필요성이 인정되고 있다.[25]
① 도서나 자료를 일정한 순서에 따라 서가상에 배열하기 위해
② 각 도서나 자료에 상호배타적인 성격의 간결하고 정확한 청구 기호를 부여하기 위해
③ 특수한 형태의 자료를 서가상에 배열하기 위해
④ 도서나 자료의 대출을 청구하는 이용자에게 편리한 기호를 제공하기 위해
⑤ 새로 입수되거나 대출 후 반납된 도서나 자료를 용이하게 서가상에 재배열할 수 있도록 하기 위해
⑥ 도서관의 장서를 검색하거나 장서 점검(inventory)을 실시할 때 신속하고 정확하게 식별하기 위해

이러한 도서 기호의 유형은 ① 수입순기호법, ② 연대순기호법, ③ 저자기호법의 세 종류로 구분하는 경우가 많다. 이하에서는 그 각각의 유형에 대해 그 특징과 장단점, 종류별 사용법 등에 대해 구체적으로 분석해 보고자 한다. 다만 이러한 세 가지 유형의 도서 기호법은 어떤 유형이 절대적으로 우월하다고 단정하기 어렵기 때문에, 이를 사용하는 도

---

22) 사공철 등편. 문헌정보학용어사전(서울: 한국도서관협회, 1996). p.88.
23) 정필모. 문헌분류론(서울: 구미무역출판부, 1991). p.276.
24) 志保田務, 高鷲忠美, 平井尊士. 情報資源組織法(東京: 第一法規, 2012). p.258.
25) 김남석. 도서기호. 제3개정증보판. (대구: 계명대학교출판부. 1999). p.24.; 윤희윤. 정보자료분류론. 제5판. (대구: 태일사, 2015). pp.280-281.

서관의 요구와 그 기호법이 사용되는 시대적 및 사회적 상황을 고려하여 가장 적합한 기호법을 선택해야 할 것이다.[26]

6.3.1. 수입순 기호법의 특성

수입순 기호법(accession number system)은 동일한 분류 기호를 가지고 있는 자료나 문헌을 개별화하기 위해 자료가 해당 도서관에 입수된 순서에 따라 일련번호를 붙여 도서 기호를 부여하는 방법이다. 그런 이유 때문에 수입순 기호법은 도착순 기호법 또는 고정식 기호법이라고도 한다.

수입순 기호법은 서고내 자료의 배열을 위해서는 우수하지만, 개가 자료에는 적합지 못하다는 평가를 받고 있다.[27] 저자 기호표가 출현 이전에는 많은 도서관에서 채택하였으나, 이용의 증대나 열람 방식의 변화에 대응할 수 없다는 점 때문에,[28] 현재는 이 기호법을 채택하고 있는 도서관은 많지 않다.

(1) 장점과 단점

수입순 기호법은 다음과 같은 점에서 장점을 갖는다.[29]
① 도서 기호를 간단한 방법으로 결정하고 부여할 수 있다.
② 도서를 용이하게 배열하고 점검할 수 있다.
③ 서가상의 배열 공간을 절약할 수 있다.
④ 기호가 숫자로 이루어지기 때문에 이용자에게 편리하다.
⑤ 도서 기호를 배정할 때 체계적인 표를 사용할 필요가 없다.
⑥ 일련번호를 사용하기 때문에 자료를 용이하고 완전하게 개별화할 수 있다.
⑦ 고정식 배가법을 사용하기 때문에 신착 도서를 배가하기 위해 기존 도서의 서가 배치를 이동시킬 필요성이 적다.

---

26) 김성원. "새 연대순 도서기호법에 관한 연구." 한국문헌정보학회지 제31권 제2호(1997). p.80.
27) 志保田務. 情報資源組織論(京都: ミネルヴァ書房, 2013). p.110.
28) 일본도서관정보학회 용어사전편집위원회 편. 문헌정보학 용어 사전. 오동근 역(대구: 태일사, 2011). p.305.
29) 김남석. 도서기호. 제3개정증보판.(대구: 계명대학교출판부, 1999). pp.43-45.; 정필모. 문헌분류론(서울: 구미무역출판부, 1991). pp.276-277.; 志保田務, 高鷲忠美, 平井尊士. 情報資源組織法(東京: 第一法規, 2012). p.258.

수입순 기호법은 다음과 같은 점에서 단점을 갖는다.[30]

① 수입순이라는 우연적 요소를 바탕으로 기호화하기 때문에 자료들을 체계적으로 군집화(群集化)할 수 없다. 따라서 자료의 군집화가 작위적(作爲的)이고 비논리적으로 이루어지게 된다.
② 서가 목록에서 해당 분류 기호의 자료에 대해 마지막으로 부여된 도서 기호를 확인하고 새로운 도서 기호를 부여해야 한다.
③ 동일한 분류 기호를 갖는 동일 저자의 여러 저작들이 입수 순서에 따라 무질서하게 분산된다.
④ 해당 도서 기호와 해당 자료의 서지 사항이 일치하지 않는다.
⑤ 자료의 발행 연도에 따른 순서가 무질서하게 배열된다.
⑥ 이용자가 직접 자료를 검색할 때 불편을 겪게 된다.

6.3.2. 연대순 기호법의 특성과 유형

연대순 기호법(chronological order number system)은 동일한 분류 기호를 가지고 있는 자료나 문헌을 개별화하기 위해 자료가 해당 자료의 출판 연도를 알파벳 문자나 아라비아 숫자로 기호화하여 도서 기호를 부여하는 방법이다. 동일한 연도에 발행되는 자료들이 많기 때문에, 그와 같은 자료에 대해서는 보조 기호를 추가하는 경우가 많은데, 동일한 출판 연도의 것은 수입순 기호를 부여하는 것도 하나의 방법이 될 것이다.[31] 최신의 자료들을 함께 모을 수 있다는 점에서, 학문의 발전 속도가 빠른 과학 기술 분야에 적합한 기호법으로 인정되고 있다.

(1) 장점과 단점

연대순 기호법은 다음과 같은 점에서 장점을 갖는다.[32]
① 도서 기호를 간단한 방법으로 결정하고 부여할 수 있다.
② 자료의 발행 연도를 기호화하기 때문에 그 순서가 분명하다.

---

30) 김남석. *op. cit.* pp.43-45.; 정필모. *op. cit.* pp.276-277.; 志保田務, 高鷲忠美, 平井尊士. *op. cit.* p.258.
31) 志保田務, 高鷲忠美, 平井尊士. *op. cit.* p.260.
32) 김남석. *op. cit.* pp.55-65.; 정필모. *op. cit.* pp.276-284.; 志保田務, 高鷲忠美, 平井尊士. *op. cit.* p.260.

③ 도서 기호가 간단한 문자나 숫자로 구성되기 때문에 이용자에게 편리하다.
④ 발행 연도를 그대로 연대순 도서 기호로 사용하는 경우에는 체계화된 표를 사용할 필요가 없다.
⑤ 최신의 자료를 함께 모을 수 있기 때문에 도서 기호를 통해 최신 자료를 용이하게 검색할 수 있다.

연대순 기호법은 다음과 같은 점에서 단점을 갖는다.[33]
① 동일한 분류 기호를 갖는 동일 저자의 여러 저작들이 한 곳에 집중되지 않는다.
② 이용자가 직접 자료를 검색할 때 불편을 겪게 된다.
③ 해당 도서 기호와 해당 자료의 서지 사항이 일치하지 않는다.
④ 동일주제나 형식의 자료를 한 곳에 모은다는 분류의 일반원칙에 어긋난다.
⑤ 동일한 연도에 발행되는 자료들이 많기 때문에 자료의 개별화가 용이하지 않다.
⑥ 이상과 같은 이유로 자료를 점검하기가 어렵다.

(2) 대표적인 예

연대순 기호법의 대표적인 예로는 Biscoe의 연대순 기호법과 Brown의 연대순 기호법, Ranganathan의 연대순 기호법, Merrill의 연대순 기호법, 리재철의 새연대순도서기호법 등이 있다. 이하에서는 외국의 주요 연대순 기호법에 대해 간략하게 살펴보고, 리재철의 기호법에 대해서는 별도의 소절에서 상세하게 분석해 보고자 한다.

① Biscoe의 연대순 기호법: H. S. Biscoe가 1885년 *Library Journal*에 발표한 최초의 연대순 도서기호법으로, DDC 제13판까지와 Cutter의 전개분류법(Expansive Classification)에도 부록으로 게재된 바 있다.[34] 각 연대를 알파벳 문자와 아라비아 숫자를 결합하여 기호화하고 있다. 기원전(BC)은 A, 서기 1-999는 B, 1000-1499는 C, . . . 1990-1999는 Z로 배정하고 있다. 각 연도는 이 알파벳 문자와 출판 연도의 간략화된 형태의 결합으로 표시되는데, AD 1년은 B001, 1988년은 Y8로 표시하는 등과 같다.

---

33) 김남석. 도서기호. 제3개정증보판.(대구: 계명대학교출판부, 1999). pp.55-65.; 정필모. 문헌분류론(서울: 구미무역출판부, 1991). pp.276-284.; 志保田務, 高鷲忠美, 平井尊士. 情報資源組織法(東京: 第一法規, 2012). p.260.
34) 정필모. *op. cit.* p.278.

② Brown의 연대순 기호법: J. D. Brown이 1906년 주제분류법(Subject Classification)에 발표한 기호법이다. 알파벳 소문자 2글자에 의해 기호를 구성하는데, 서양에서 이른바 요람기본(incunabula)이 출판된 1450년을 기점으로 하고 있다. 매 1년마다 aa부터 시작하는 두 자리 기호를 부여하고 있는데, 1450년은 aa, 1451년은 ab, 1452년은 ac . . . 2124년은 zy, 2125년은 zz와 같은 방식이다.

③ Ranganathan의 연대순기호법은 S. R. Ranganathan이 1933년 콜론분류법(Colon Classification)에서 도서기호용 연대기호표(Chronological table for book numbers)로 발표한 기호법이다.[35] CC의 제6판까지는 별도의 연대기호표를 제시하였으나, 재7판부터는 본표의 시대구분표(time isolate)를 그대로 사용하도록 하고 있다.[36] 시대구분표에서는 연대를 100년 단위로 하여 B부터 Z까지의 알파벳 대문자 한 글자로 표시하고, 이를 출판 연도의 간략화된 형태와 결합하여 기호화하고 있다(다만 대문자 O는 아라비아 숫자 0과 혼동하기 쉬우므로 기호로 사용하지 않고 있다). 예를 들면 9999-1000 BC는 B, 1500-1599는 J . . . 2000-2099는 P, 2100-2199는 Q의 기호를 부여하고, 이를 바탕으로 하여, 2015년의 연대순 기호는 Q15로 표시하게 된다.

④ Merrill의 연대순 기호법은 W. S. Merrill이 고안한 것으로, 2000년 이전에는 아라비아 숫자를 사용하여 10년 단위로 기호화하고, 2000년부터는 A를 앞세워 전개하고 있다. 예를 들면 1500-1509는 50, 1510-1519는 51 . . . 1990-1999는 99, 2000-2009는 A00의 기호를 부여한다. 다만 세기별 기호는 1500년대(16세기)는 5, 1600년대(17세기)는 6 . . . 2000년대(21세기)는 A0의 기호를 부여한다.

(3) 리재철의 새연대순도서기호법

새연대순도서기호법은 리재철이 고안한 국내유일의 연대순기호법이다. 이것은 원래 1983년에 연세대학교 중앙도서관에서 사용하기 위해 고안되어, 1985년에 연대순도서기호법으로 발표되었으며,[37] 1986년에 이를 수정하여 단행본으로 발행한 바 있다.[38]

아라비아 숫자만으로 이루어지는 순수 기호법으로 연대 기호를 구성하여 단순성이 있

---

35) *Ibid.* p.281.
36) S. R. Ranganathan. *Colon Classification,* 7th ed. 2nd reprint. (Bangalore: Sarada Ranganathan Endowment for Library Science, 1989). p.43. Time isolate는 p.72에 열거되어 있음.
37) 리재철. "새 연대순 도서기호법의 연구." 도서관학 제12집(1985.12). pp.7-37.
38) 리재철. 새 연대순도서기호법(서울: 아세아문화사, 1986).

고, 독립적 보편적인 성격을 가지고 있어 어느 분류표 아래에서나 적용할 수 있으며, 1900년대의 기호는 끝 두 자리로, 2000년대의 것은 끝 세 자리로 기호를 구성함으로써 그 기호만으로도 발행년을 짐작할 수 있는 조기성을 부여한다는 점 등의 특징을 갖는다.[39] 특히 이 기호법에서는 전기나 문학 등의 일부 예들은 종래의 저자 기호법에 따라 자모순으로 된 도서 기호를 부여한 다음에 연대 기호를 부기하도록 하고 있다. 이하에서는 1986년의 단행본의 내용들을 중심으로, 자모순 도서 기호법에 해당되지 않는 자료의 연대순 기호법과 자모순 도서 기호법의 적용 대상이 되는 자료로 구분하여 분석해 보고자 한다.

(가) 자모순 도서 기호법에 해당되지 않는 자료의 연대순 기호법

① 연대 기호: 연대 기호는 발행 연도를 서기와 아라비아 숫자로 통일하되, 1900년대의 것은 그 마지막 두 자리 숫자, 2000년대의 것은 마지막 세 자리 숫자를 기호화한다. 다만 서양서는 기호의 마지막에 "a"를 추가하여 동양서와 구별한다. 따라서 1988년에 발행된 동양서의 기호는 '81'이 되고, 서양서의 기호는 '81a'가 되고, 2015년에 발행된 동양서의 기호는 '015'가 되고, 서양서의 기호는 '015a'가 된다.

② 추정 발행 연도: 발행 연도의 표시가 없는 자료는 추정되는 발행 연도를 연대 기호로 하는데, 2년 이상의 폭을 가진 것은 최근 연도를 기호화한다. 따라서 2014년이나 2015년에 발행된 것으로 추정되는 서양서의 기호는 '015a'가 된다.

③ 신간 자료로 발행 연도를 추정할 수 없는 도서는 해당 도서관에 입수된 연도를 기호화한다.

④ 다른 판의 연대 기호: 동일 저작의 판이 다른 것(개정판, 번역판, 주해판 포함)은 그 특정판의 발행 연도를 기호화하여 연대 기호를 부여한다. 별법(別法)으로 원저작의 초판발행 연도 대상으로 기호를 부여하거나, 초판 발행 연도를 대상으로 한 기호에 그 특정판의 발행 연도를 그대로 판기호로 추가하여 함께 표시할 수도 있다. 따라서 1988년에 초판이 발행된 동양 자료의 2015년도 개정판의 기호는 '015'가 되는데, 별법으로 초판에 대한 기호 '88'로 표시하거나, '88'에 개정판의 발행 연도 '2015'를 추가하여 표시할 수 있다.

---

[39] 김성원. "새 연대순 도서기호법에 관한 연구." 한국문헌정보학회지 제32권 제2호(1997.6). pp.79-93.

⑤ 발행 연도가 다른 다권본(多卷本)과 일반도서적 성격을 가진 연속간행물: 두 권 이상으로 구성되는 도서 및 일반도서적 성격을 띤 연속간행물을 한 곳에 모을 경우에는 그 최초로 발행된 권책의 발행 연도를 기준으로 전체의 연대 기호를 부여한다.

(나) 부차적 기호로 입수순 기호, 권차 기호, 판차 기호, 복본 기호를 부여하는 경우
① 입수순 기호: 동일 분류 항목 내에 동일한 연대 기호를 갖는 도서가 둘 이상 있을 경우에는 두 번째 들어온 것부터 입수순 표시를 추가한다. 추가 기호로는 동양서는 '가갸거겨순'의 한글 기본 음절표의 음절자를 사용하고, 서양서는 'b'로부터 시작하는 알파벳 소문자를 사용하는데, 'z' 다음에는 'za,' 'zz' 다음에는 'zza'로 시작하는 방식으로 기호를 확장하여 사용한다. 따라서 1988년에 발행된 '330'이라는 동일한 분류 기호를 갖는 동양 자료들은 그 입수 순서에 따라 첫 번째 자료에는 '88,' 두 번째 자료에는 '88가,' 세 번째 자료에는 '88갸'의 기호가 부여된다. 1988년에 발행된 '330'이라는 동일한 분류 기호를 갖는 서양 자료들은 그 입수 순서에 따라 첫 번째 자료에는 '88a,' 두 번째 자료에는 '88b,' 세 번째 자료에는 '88c'의 기호가 부여된다.
② 판차 기호: 동일 저작의 개정판 등을 별법(別法)에 따라 원저작의 초판 발행 연도를 기호화하여 연대 기호를 부여했을 경우에는, 그 개정판이나 번역판, 주해판 등의 발행 연도의 서기 연도를 그대로 판차 기호로 추가하여 사용한다. 따라서 1962년에 초판이 발행된 동양 자료의 2015년 개정판을 별법을 사용하여 기호화할 경우에는 초판의 기호 '62'에 개정판의 발행 연도를 기호화한 '2015'를 추가하여 사용해야 한다.
③ 권차 기호: 권차는 아라비아 숫자로 통일하여 연대 기호 다음 줄에 기재한다. 판차 기호가 있는 것은 판차 기호 다음에 이를 기재한다.
④ 복본기호: 동일한 자료의 복본(複本)이 있을 경우에는 두 번째 이후에 들어온 자료에 대해 '2'부터 시작하는 일련번호를 부여한다. 동양서는 등호(=), 서양서는 "c"를 앞세워 연대 기호 및 권차 기호의 다음 줄에 기재한다.

(다) 자모순 도서 기호법의 적용 도서
이 기호법에서는 전기나 문학 등의 일부 예들에 대해서는, 종래의 저자 기호법에 따라 자모순으로 된 도서 기호를 부여한 다음에 연대 기호를 부여하도록 하고 있다(〈표 6-4〉 참조).

〈표 6-4〉 새연대순도서기호법의 자모순 도서 기호 적용 대상

자모순 도서기호 적용대상 유형	도서기호 부여대상
전기 및 인물평	피전자(被傳者)나 피평자(被評者)의 성명
족보, 세록(世錄), 가문의 인물지	그 대상이 되는 성씨(姓氏)
조직체(단체나 기관)에 관한 도서	해당 조직(단체나 기관 등)의 명칭
지방지 및 지방사	- 해당명칭: 특정분류기호가 없는 지역, 강, 산, 고적 등 - 도서기호 미부여(연대기호 부여): 분류기호 있는 경우
개인의 문학작품, 예술작품, 주요 철학자 및 사상가의 논저	해당 저자명이나 작가명
분류표상 항목 미설정 경전, 고전	통일서명(통일표제)
1900년 이전도서와 그 영인본, 신판, 번역서 등	저자명: 저자 있는 경우 무저자명 통일서명: 저자 없는 경우
연속간행물	해당 연속간행물명
특정저작의 비평, 해설, 색인 등:	그 대상이 된 도서 및 그 특정판

① 전기와 인물평: 피전자(被傳者)나 피평자(被評者)의 성명을 대상으로 자모순 도서 기호(통상은 저자 기호)를 부여하고 난 후에 연대 기호를 부여한다.

② 족보, 세록(世錄), 가문의 인물지: 그 대상이 되는 성씨(姓氏)에 의해 자모순 도서기호를 부여하고 난 후 연대 기호를 부여한다. "본관-성"의 순서는 동일한 성씨를 가진 자료들이 한곳에 모일 수 있도록 "성-본관"의 순서로 도치하여 기호를 부여한다. 예를 들면 '김해김씨종친회'는 '김김해'를 대상어로 해야 한다.

③ 조직체에 관한 도서: 단체나 기관 등에 관한 도서는 해당 조직의 명칭에 의해 자모순 도서 기호를 부여한 후 연대 기호를 부여한다.

④ 지방지 및 지방사: 특정한 분류 기호를 갖지 않는 지역이나 강, 산, 고적 해당 지역 등은 그 이름을 대상으로 자모순 도서 기호를 부여한 후 연대 기호를 부여한다. 그러나 특정 분류 기호를 갖는 경우는 별도의 도서 기호를 부여하지 않고 연대 기호를 부여한다.

⑤ 개인의 문학 작품, 예술 작품, 두드러진 철학자 및 사상가의 논저: 먼저 자모순 도서 기호로 저자 기호와 저작 기호를 함께 부여한 후 특정판의 연대 기호를 부여한다.

⑥ 분류표상 특정 항목으로 설정되지 않은 특정 경전 및 고전: 해당 경전이나 고전의 통일 서명(통일표제)을 대상으로 자모순 도서 기호를 부여한 후 연대 기호를 부여한다.

⑦ 1900년 이전 도서 및 그 영인본, 신판, 번역서 등: 그 원본의 저자 표시의 첫머리에 나오는 저자의 표목으로 올림형의 이름, 저자가 없는 경우는 그 통일 서명을 대상으로 자모순 도서 기호와 서명 기호를 부여한 후 연대 기호를 부여한다.

⑧ 연속간행물: 해당 연속간행물명을 대상으로 자모순 도서 기호를 부여한다.

⑨ 특정 저작의 비평, 해설, 색인 등: 그 대상이 된 도서 및 그 특정판을 중심으로 도서 기호를 부여한 후, 동양서는 'ㅛ,' 서양서는 'Y'를 앞에 적고 해당 자료의 연대 기호를 부여한다.

6.3.3. 저자기호법의 특성과 유형

저자기호법은 기본적으로 동일한 분류 기호를 가지고 있는 자료나 문헌을 개별화하기 위해 저자명을 문자나 숫자, 기타 기호로 조립하여 기호화하는 것이다. 그러나 여기에서 말하는 저자의 범위에는 기본 저록(기입)의 표목의 대상이 되는 개인이나 단체, 회의, 통일 서명(통일 표제), 서명(표제) 등이 포함된다. 따라서 저자 기호를 부여할 때는 해당 도서관에서 사용하는 편목 규칙을 바탕으로 기본 저록의 표목을 확인해야 한다. 또한 자료의 성격에 따라서는 전기에서 피전자(被傳者)의 이름을 기호화하는 경우와 같이, 그 적용에 있어 예외들이 있기 때문에 유의해야 한다.

저자기호법은 여러 가지 장점을 가지고 있기 때문에, 많은 도서관에서 도서 기호로 가장 널리 사용하고 있다. 이하에서는 이러한 저자기호법이 갖는 장점과 단점, 주요 종류, 대표적인 종류들에 대해 구체적으로 분석해 보고자 한다.

(1) 장점과 단점

저자 기호법은 다음과 같은 점에서 장점을 갖는다.[40]
① 기호를 논리적으로 조직할 수 있다.
② 기호가 저자의 문자순 배열과 일치한다.

---
40) 김남석. 도서기호. 제3개정증보판.(대구: 계명대학교출판부. 1999). pp.43-45.; 박준식. 영미저자기호표연구(대구: 계명대출판부, 1998). pp.15-131.; 정필모. 문헌분류론(서울: 구미무역출판부, 1991). pp.276-277.; 志保田 務, 高鷲忠美, 平井尊士. 情報資源組織法(東京: 第一法規, 2012). p.258.

③ 기호를 무한히 전개할 수 있다.
④ 서지적 특징을 살린 대표적인 기호법이다.
⑤ 도서를 서가에 조직적으로 배열할 수 있다.
⑥ 도서를 저자명에 의해 함께 모으고 작품을 개별화하기가 용이하다.

저자 기호법은 다음과 같은 점에서 단점을 갖는다.[41]
① 기호의 구성 방법이 다른 도서 기호법에 비해 복잡하다.
② 저자 기호를 부여하기 위해서는 저자 기호표를 확인해야 한다.
③ 도서를 개별화하기 위해 복잡한 기호가 필요하게 된다.
④ 기호가 복잡해질 경우 도서를 서가에 배열하기가 어렵다.
⑤ 도서를 점검하기가 어렵다.

(2) 종 류

저자 기호법은 그 구조에 따라 열거식 기호법과 분석합성식 기호법으로 구분할 수 있다. 열거식 기호법에 해당하는 기호표로는 박봉석의 성별기호표, 고재창의 한국저자기호

〈표 6-5〉 열거식 저자 기호법과 분석합성식 저자 기호법

구 분	저자 기호법
열거식 저자기호법	박봉석의 성별기호표 고재창의 한국저자기호표 이춘희의 동서저자기호표 장일세의 동서저자기호표 정필모의 한국문헌기호표 국립중앙도서관의 동양서저자기호표 박준식의 영미저자기호표 Cutter-Sanborn의 저자기호표 Olin의 저자기호표 Merrill의 저자기호표
분석합성식 저자기호법	리재철의 한글순도서기호법 LC의 저자기호법(Cutter Table)

---
41) 김남석. 도서기호. 제3개정증보판.(대구: 계명대학교출판부. 1999). pp.43-45.; 박준식. 영미저자기호표연구(대구: 계명대출판부, 1998). pp.15-131.; 정필모. 문헌분류론(서울: 구미무역출판부, 1991). pp.276-277.; 志保田 務, 高鷲忠美, 平井尊士. 情報資源組織法(東京: 第一法規, 2012). p.258.

표, 이춘희의 동서저자기호표, 장일세의 동서저자기호표, 정필모의 한국문헌기호표, 국립중앙도서관의 동양서저자기호표, 박준식의 영미저자기호표, Cutter-Sanborn의 저자기호표, Olin의 저자기호표, Merrill의 저자기호표 등이 있고, 분석합성식 기호법에 해당하는 표로는 리재철의 한글순도서기호법과 LC의 저자기호법(Cutter Table)이 대표적이다. 이를 표로 정리하면 〈표 6-5〉와 같다.

이 밖에도 소규모 도서관에서 활용할 수 있도록 고안된 약식의 저자 기호법들이 있다. 이하에서는 이러한 저자 기호법 중 도서관에서 널리 사용되는 유형들을 중심으로 상세하게 분석해 보고자 한다.

(3) 리재철의 한글순도서기호법

리재철의 한글순 도서기호법은 그가 1958년에 발행한 동서저자기호표 제1-2표에 기원을 두고 있다. 이후 동서저자기호표는 제7-8표까지 발표되었는데, 이 중 제7-8표를 수정하여 1982년에 한글순도서기호법으로 발행하게 되었다.[42] 한글순도서기호법은 제1표에서 제8표까지 여덟 개의 표를 마련하고 도서관의 장서 규모나 특성에 따라 적합한 표를 택일하여 사용하도록 하고 있다. 한글순도서기호법은 현재 우리나라에서 동양 자료의 도서 기호로 가장 널리 사용되는 분석합성식 저자기호표로 알려져 있다.[43] 이 책에서는 가장 전형적인 형태인 제5표(완전형가표)를 중심으로 분석하고자 한다.

(가) 기호표의 구성

한글순도서기호법은 한글을 크게 자음과 모음으로 구분하고, 각각의 자음과 모음에 대해 1-9까지의 숫자를 한 자리 또는 두 자리로 배정하고 있다. 이를 구체적으로 살펴보면 〈표 6-6〉과 같다. 저자 기호를 적용할 때는 사용법의 지시에 따라 이를 합성하여 사용하게 된다.

---

42) 이재철. 한글순도서기호법(서울: 아세아문화사, 1982).
43) 이양숙. "우리나라 도서관에서 사용되고 있는 도서기호법에 관한 실태조사연구." 한국문헌정보학회지 제28호 (1995). p.40.

〈표 6-6〉 리재철의 한글순도서기호법(제5표)의 구성

자음기호	모음기호	
	초성이 "ㅊ"이 아닌 글자	초성이 "ㅊ"인 글자
ㄱ ㄲ 1 ㄴ 19 ㄷ ㄸ 2 ㄹ 29 ㅁ 3 ㅂ ㅃ 4 ㅅ ㅆ 5 ㅇ 6 ㅈ ㅉ 7 ㅊ 8 ㅋ 87 ㅌ 88 ㅍ 89 ㅎ 9	ㅏ 2 ㅐ(ㅑ ㅒ) 3 ㅓ(ㅔ ㅕ ㅖ) 4 ㅗ(ㅘ ㅙ ㅚ ㅛ) 5 ㅜ(ㅝ ㅞ ㅟ ㅠ) 6 ㅡ(ㅢ) 7 ㅣ 8	ㅏ(ㅐ ㅑ ㅒ) 2 ㅓ(ㅔ ㅕ ㅖ) 3 ㅗ(ㅘ ㅙ ㅚ ㅛ) 4 ㅜ(ㅝ ㅞ ㅟ ㅠ ㅡ ㅢ) 5 ㅣ 6

(나) 사용 방법

① 저자 기호의 기본 기호는 문자 기호와 숫자 기호의 합성으로 이루어진다. 문자 기호는 대상어의 첫 자(음절)를 그대로 채택하고, 숫자 기호는 대상어의 둘째 자(음절)를 자음(초성)과 모음(중성)으로 분석하여 각각 표의 기호로 바꾸어 이를 합성한다. 예를 들면 '이광수'는 문자 기호로 첫 자 '이'를 그대로 채택하고, 둘째 자 '광'의 자음 'ㄱ'의 자음 기호 '1'과 'ㅘ'의 모음 기호 '5'를 합성하여, '이15'의 저자 기호로 완성하게 된다.

② 표에 대표 모음으로 나와 있지 않은 모음은 한글의 배열순위(ㅏ ㅐ ㅑ ㅒ ㅓ ㅔ ㅕ ㅖ ㅗ ㅘ ㅙ ㅚ ㅛ ㅜ ㅝ ㅞ ㅟ ㅠ ㅡ ㅢ ㅣ)에서 앞에 오는 대표 모음의 기호를 선택한다. 그러나 일반적으로는 이러한 모음들을 모두 표에 포함시켜 두고 활용하기 때문에 실제로는 표의 기호를 그대로 확인하여 적용하면 된다.

③ 기호화하고자 하는 글자가 한 글자(단음절)일 경우에는 문자 기호 다음에 콤마를 붙이고, 그 다음 글자의 자음(초성)만을 숫자로 기호화한다. 배열에서는 콤마가 있는 기호를 콤마가 없는 기호의 앞에 배열한다. 예를 들면 '싱, 비제이'는 문자 기호로 첫 자 '싱'를 그대로 채택하고, 이어서 표의 지시에 따라 콤마(,)를 붙이고, 그 다음

글자 '비'의 자음 'ㅂ'의 자음 기호 '4'와 'ㅣ'의 모음 기호 '8'을 합성하여, '비,48'의 저자 기호로 완성하게 된다.

④ 사용하는 표목은 다른 데도 불구하고, 저자 기호를 부여한 결과 기존 자료와 중복되는 동일한 기호를 갖게 될 경우에는, 나중에 입수된 자료의 저자 기호에 임의의 숫자(보통은 5부터 시작)를 추가하여 개별화한다. 예를 들면 650이라는 동일한 분류 기호를 갖는 자료들의 저자인 '박수동,' '박숙희,' '박순철'(입수순임) 등은 모두 '박56'이라는 동일한 저자 기호를 갖게 된다. 따라서 이들을 개별화하기 위해서는, 첫 번째로 입수된 '박수동'에 대해서는 그대로 '박56'의 기호를 부여하고, '박숙희'는 '박565,' '박순철'은 '박568'과 같은 방식으로 기호를 부여해야 한다. 이것은 '박수-'로 시작하는 저자들에 대한 예를 일반적인 방식을 설명한 것으로, 개별 도서관의 상황에 따라 다를 수 있으므로, 각 도서관에서는 이러한 경우에 대한 분류 규정을 마련하여 대처해야 한다.

⑤ 동일한 저자의 여러 저작들에 대해 저자 기호를 부여한 결과 기존의 자료와 동일한 기호를 갖게 되는 경우에는 기본 기호 다음에 서명의 첫 자를 부차적 기호로 부가하여 이를 개별화한다. 아울러 기호의 중복으로 추가의 개별화가 필요할 경우에는 저작 기호를 조정하여 차별화한다. 예를 들면 동일한 분류 기호를 갖는 '이광수'의 작품 '여성개조론,' '이차돈의 사,' '인생의 향기'는 모두 '이15'라는 동일한 저자 기호를 갖게 된다. 아울러 저작 기호로 서명의 첫 자음을 사용하는 경우에는 역시 '이15ㅇ'까지 동일하게 되므로, 개별화가 불가능해진다. 따라서 이 경우에는 개별화를 위해 저작 기호로 서명의 첫 음절까지를 사용하여 각각 '이15여,' '이15이,' '이15인'과 같은 방식으로 기호를 부여해야 한다. 이것은 '이광수'라는 개별 저자의 저작에 대한 예를 일반적인 방식을 설명한 것으로, 개별 도서관의 상황에 따라 다를 수 있으므로, 각 도서관에서는 이러한 경우에 대한 분류 규정을 마련하여 대처해야 한다.

⑥ 판차가 있을 경우에는 저작 기호 다음에 판차를 숫자로 기재하고, 서명을 기본저록의 표목으로 채택한 경우에는 출판사의 첫 자를 저작 기호로 사용하고 그 뒤에 판차를 기재한다. 판차보다 출판 연도를 표시하는 것이 바람직한 것으로 판단되는 경우에는 판차 대신 출판 연도를 사용한다. 예를 들면 '경제학원론 / 조순, 제4판'은 '조56경4'가 되며, 서명 기본 저록을 사용하는 '한영사전, 민중서관 발행, 제20판'은 '한64민20'이 된다. '한국도서관통계, 한국도서관협회 발행, 2011'은 '한16한 2011'이 될 것이다.

⑦ 권호 기호와 복본 기호는 도서 기호와 다른 행에 기재한다. 권호 기호는 대쉬(-), 복본 기호는 등호(=)를 앞세워 적는다. 예를 들면 '정보관리학회지 / 한국정보관리학회, 제20권 제4호'는 '정45한-20-1'이 되고, '문화사 / 조좌호, 5번째 복본'은 '조75문=5'가 된다.

⑧ 개인에 대한 전기서나 비평서는 그 대상 인물(被傳者)의 이름을 기호화하고, 저자명을 저작 기호로 기재한다. 자서전은 저자명을 저자 기호화로 사용하며 저작 기호는 부여하지 않는다. '성웅 이순신 / 이원수'는 피전자인 '이순신'을 기호화하고 '이원수'를 저작 기호화하여 '이56이'가 되고, 박지성의 자서전 '박지성 마이스토리'는 '박78'이 된다.

⑨ 번역서는 원저작을 기준으로 저자 기호를 부여하고 그 저작 기호나 판차 기호 다음에 번역자의 성을 기재한다. 예를 들면 '햄릿 / 셰익스피어 저; 김종환 역'은 원저자 '셰익스피어'를 저자 기호화('세68')하고 저작 기호('햄')를 부여한 후 번역자의 성 ('김')을 부여하여 '세68햄김'으로 완성한다.

(4) LC 저자기호법(LC Cutter Table)[44]

LC 저자기호법(LC Cutter Table)은 미국의회도서관(Library of Congress)에서 개발한 기호법으로, 저자 기호로 구성되는 기본 저록의 표목의 첫 글자에 아라비아 숫자를 합성하여 작성하는 분석합성식 저자 기호법이다. 이것은 원래 C. A. Cutter가 고안한 전개분류표(EC)를 사용할 때 동일한 분류 기호를 갖는 개개 저작을 다른 저작과 알파벳 문자와 숫자로 구분하기 위해 EC에 마련되었던 테이블로부터 유래되었기 때문에[45] 'Cutter Table'로 불리고 있는 것이다.

(가) 기호표의 구성

LC 저자기호법은 처음 글자가 ① 모음으로 시작되는 경우, ② "S"로 시작되는 경우, ③ "Qu"로 시작되는 경우, ④ 기타 자음으로 시작되는 경우와, ⑤ 이상의 경우를 적용하여 저자 기호를 부여한 후 추가 전개를 위해 숫자를 추가하는 경우로 구분하여, 각각 2-9까

---

[44] 이하의 설명은 주로 다음 자료를 참고하였음. A. G. Taylor. *Wyner's Introduction to Cataloging and Classification*. 9th ed. (Englewood, Col.; Libraries Unlimited, 2000). pp.326-330.
[45] R. C. Winke. "The Contracting World of Cutter's Expansive Classification." *Library Resources & Technical Services* Vol.48, No.2(2013). p.123.

지의 숫자를 배정하고 이를 합성하여 사용하도록 하고 있다. LC 저자기호법의 개요는 〈표 6-7〉이나 [그림 6-1]과 같은 두 가지 방식으로 표현할 수 있다.

〈표 6-7〉 LC 저자기호법의 개요: 형식 1

사용숫자	처음글자 이후의 문자	첫 글자가 모음일 경우 (둘째문자)	첫 글자가 "S"일 경우 (둘째문자)	처음 글자가 "Qu"일 경우 (셋째문자)	첫 글자가 기타자음일 경우(둘째문자)	추가전개를 위해 숫자를 추가할 경우 (셋째 또는 넷째문자)
2		b	a			
3		d	c-h	a	a	a-d
4		l, m	e	e	e	e-h
5		n	h, i	i	i	i-l
6		p	m-p	o	o	m-o
7		r	t	r	r	p-s
8		s, t	u	t	u	t-v
9		u-y	w-z	y	y	w-z

① 첫 글자가 모음일 경우:
    둘째 글자: b d l-m n p r s-t u-y
    사용 기호: 2 3 4   5 6 7 8   9
② 첫 글자가 "S"일 경우:
    둘째 글자: a c-h e h-i m-p t u w-z
    사용 기호: 2 3   4 5   6   7 8 9
③ 첫 글자가 "Qu"일 경우:
    다음 글자: a e i o r t y
    사용 기호: 3 4 5 6 7 8 9
④ 첫 글자가 기타 자음일 경우:
    둘째 글자: a e i o r u y
    사용 기호: 3 4 5 6 7 8 9
⑤ 추가전개의 경우:
    다음 글자: a-d e-h i-l m-o p-s t-v w-z
    사용 기호: 3   4   5   6   7   8   9

[그림 6-1] LC 저자기호법의 개요: 형식 2

(다) 사용 방법과 예시

① 저자 기호의 기본 기호는 문자 기호와 숫자 기호로 구성한다. 문자 기호는 대상어의 첫 문자를 그대로 채택하고, 숫자 기호는 표의 지시에 따라 대상어의 둘째 또는 셋째 문자를 분석하여 표의 기호로 바꾸어 이를 합성한다. 해당 도서관의 추가 세분 필요성에 따라서는 셋째 또는 넷째 문자를 표의 지시에 따라 기호화하여 추가할 수 있다.

② 저자 기호는 첫 글자의 유형에 따라 조정되는데, 이를 추가 세분의 경우를 포함하여, 구체적으로 살펴보면 다음과 같다.

ⓐ 모음으로 시작되는 경우: 'Anderson, Samuel'을 예로 들면, 대상어의 첫 글자 'A'를 채택하고, 둘째 문자 'n'의 모음 칼럼의 기호 '5,' 추가 세분을 위해 셋째 문자 'a'의 모음 칼럼의 기호 '3'을 합성하여 'A53'이 된다.

ⓑ "S"로 시작되는 경우: 'Scott, Walter'를 예로 들면, 대상어의 첫 글자 'S'를 채택하고, 둘째 문자 'c'의 S 칼럼의 기호 '3,' 추가 세분을 위해 셋째 문자 'o'의 S 칼럼의 기호 '6'을 합성하여 'S36'이 된다.

ⓒ "Qu"로 시작되는 경우: 'Quality Control, An International Journal'을 예로 들면, 대상어의 첫 글자 'Q'를 채택하고, 세 번째 문자 'a'의 Qu 칼럼의 기호 '3,' 추가 세분을 위해 네 번째 문자 'l'의 Qu 칼럼의 기호 '5'를 합성하여 'Q35'가 된다.

ⓓ 기타 자음으로 시작되는 경우: 'Johnson, Samuel'을 예로 들면, 대상어의 첫 글자 'J'를 채택하고, 둘째 문자 'o'의 기타 자음 칼럼의 기호 '6,' 추가 세분을 위해 셋째 문자 'h'의 기타 자음 칼럼의 기호 '4'를 합성하여 'J64'가 된다.

(5) Cutter-Sanborn 세 자리 저자기호표

Cutter-Sanborn 세 자리 저자기호표(Three-Figure Author Table)는 원래 C. A. Cutter가 개발하고, K. G. Sanborn, E. M. Swift, P. K. Swanson 등에 의해 개정되고 발전된 열거식 저자 기호표이다. 서양서의 저자 기호표로 외국에서는 물론 국내에서도 널리 사용되고 있다.[46]

기호법은 기본적으로 성의 첫 글자와 아라비아 숫자로 이루어지게 된다. 저자기호표는 [그림 6-2]에서 볼 수 있는 것처럼, 이러한 기호의 작성이 가능하도록 각 저자명을 확인하기 위한 문자들과 기호들로 표시되어 있다. 상세한 내용은 부록을 참고하기 바란다.

---

[46] 이양숙. "우리나라 도서관에서 사용되고 있는 도서기호법에 관한 실태조사연구." 한국문헌정보학회지 제28호 (1995). p.38.

[그림 6-2] Cutter-Sanborn 세 자리 저자기호표의 일부 예

Blanch — Bruns / Clin — Craw							
Blanche	641 Clin	Bond	711 Colling	Boure	771 Cook	Brer	841 Costel
Bland	642 Cliv	Bone	712 Collins	Bourg	772 Cooke	Bres	842 Coster
Blanq	643 Clo	Bonf	713 Collins,S.	Bourgo	773 Cooke,M.	Bress	843 Cot
Blas	644 Clon	Bonh	714 Collo	Bouri	774 Cool	Bret	844 Coti
Blau	645 Clos	Boni	715 Colly	Bourn	775 Coom	Brett	845 Coto
Ble	646 Clot	Bonn	716 Colm	Bourr	776 Coop	Breu	846 Cott
Blen	647 Clou	Bonnet	717 Coln	Bous	777 Cooper,H.	Brew	847 Cotter
Bli	648 Clow	Bonni	718 Colo	Bout	778 Cooper,O.	Brews	848 Cotti
Blis	649 Clu	Bono	719 Colon	Bouth	779 Coot	Bri	849 Cottl
Blo	651 Cn	Bons	721 Colp	Bouto	781 Cop	Brid	851 Cotto
Blod	652 Co	Bont	722 Colq	Bouv	782 Cope	Bridgm	852 Coty

Cutter-Sanborn 기호표의 장점에 대해 박준식은 다음과 같이 분석하고 있다.[47]
① 열거식 구조로 서수적 형식의 기호 체계를 가지고 있기 때문에 이해하기가 쉽고 자동 검색 시스템을 설계하기가 용이하다.
② 저자 성의 첫 문자와 숫자를 결합한 혼합기호법을 채택함으로써 구분 능력을 극대화하고, 기호의 자릿수를 경제적 한계에 적합하도록 하고, 저자의 철저한 알파벳순 배열과 배열시 중간 삽입이 가능하도록 하였다.
③ 단순하고 간결한 기호를 사용함으로써 기호 매김과 배열, 검색을 용이하게 해준다.

Cutter-Sanborn 기호표의 단점에 대해 박준식은 다음과 같이 분석하고 있다.[48]
① 인명을 중심으로 표목을 선정하였기 때문에 단체 저자나 연속간행물, 참고 도서의 표제를 기호화하기가 어렵다.
② 알파벳 26개 각 문자그룹별 번호 할당 비율이 기준 없이 이루어져 그룹별로 저자가 밀집되거나 극도로 분산되는 결과를 초래하고 있다.
③ 표목별 저자 집중이 심할 경우 개별화가 어려운 경우나 해당 문헌이 전혀 없는 표목들이 발생할 소지가 많다.

---
47) 박준식. "Cutter-Sanborn 저자기호표에 관한 분석적 고찰." 한국문헌정보학회지 제23호(1992). p.60.
48) *Ibid.* pp.60-61.

(가) 사용 방법

① 해당 저자의 성의 첫 글자를 대문자로 기재하고, 그 다음에 그 저자에 해당하는 표의 숫자를 확인하여 기재한다. 'Scott, Walter'를 예로 들면, 대상어의 첫 글자 'S'를 채택하고, 표에서 'Scott, Walter'에 해당하는 '431 Scott, W'를 찾아 그에 해당하는 기호 '431'을 합성하여 'S431'이 된다.

② 해당하는 번호가 없는 저자명의 경우에는 바로 앞의 번호를 채택하여 기재한다. 'Anderson, Samuel'을 예로 들면, 대상어의 첫 글자 'A'를 채택하고, 표에서 'Anderson, Samuel'을 확인한 결과 해당하는 기호가 없으므로, 그 바로 앞에 기재된 '551 Anderson, R'에 해당하는 기호 '551'을 합성하여 'A551'이 된다.

③ 저자 기호 다음에는 추가의 식별을 위해 저작 기호를 기재한다. 이때는 정관사나 부정관사를 제외한 서명의 첫 글자, 즉 첫 번째 키워드의 첫 글자를 소문자로 기재한다. 서명이 연도 등의 숫자로 시작될 때는 이를 영어로 읽어 그 첫 자를 기호화한다. 판차가 있을 경우에는 저작 기호 다음에 부가한다. 예를 들면 'Cataloging and Classification / Lois Mai Chan. 2nd edition'을 예로 들면, 대상어(Chan)의 첫 글자 'C'를 채택하고, 표에서 '454 Chan'을 찾아 그에 해당하는 기호 '454'를 합성한 후, 서명의 첫 글자의 소문자 'c'를 추가하고, 다시 판차 기호 '2'를 추가하여, 'C454c2'가 된다.

④ 동일한 분류 기호를 갖는 자료의 서로 다른 두 저자가 동일한 저자 기호를 갖게 될 경우에는 숫자 하나를 더 붙이는 것이 좋은데, 이때는 앞뒤에 여백이 있는 "5"를 사용하는 것이 좋다. 예를 들면 '020'이라는 동일한 분류 기호를 갖는 자료들의 서로 다른 두 저자 'Ashok Kumar'와 'Krishan Kumar'의 자료들이 입수되었을 경우, 두 저자의 저자 기호는 'K96'로 동일하다. 따라서 이 두 저자를 개별화하기 위해, 첫 번째 저자에게는 그대로 'K96'을 부여하고, 두 번째로 기호를 부여하게 되는 저자에 대해서는 '5'를 추가한 'K965'를 부여한다.

⑤ 표에서는 숫자 '0'(zero)은 알파벳 대문자 'O'와 혼동되기 쉽다는 이유로, 사용하지 않고 있다.

⑥ 저자명 중 Mc, Mac, M'으로 시작되는 저자명은 자료의 표기에 관계없이 모두 "Mac"으로 처리하여 기호를 부여한다.

⑦ 서명이나 표제를 기본 저록의 표목으로 사용하는 자료(예를 들면 사전류, 연감류, 연속간행물, 종교경전, 무저자명고전 등)는 서명이나 표제의 첫 번째 키워드의 첫

글자를 기호화한다. 'The Educational Research Journal'을 예로 들면, 정관사를 제외한 대상어의 첫 글자 'E'를 채택하고, 표에서 그에 적용해야 하는 '24 Edm'을 찾아 그에 해당하는 기호 '24'를 합성하여 'E24'가 된다.

⑧ 전기서는 그 대상 인물(被傳者)의 이름을 기호화하고, 저자명을 저작 기호로 기재한다. 자서전은 저자명을 저자 기호화로 사용하며 저작 기호는 부여하지 않는다. 'The Private Life of George Washington / F. R. Bellamy'를 예로 들면, 피전자의 대상어 'Washington'의 첫 글자 'W'를 채택하고, 표에서 '317 Washington, G'를 찾아 그에 해당하는 기호 '317'을 합성하고, 저자명 'Bellamy'의 첫 글자의 소문자 'b'를 추가하여 'W317b'가 된다.

(6) 간략 저자 기호표

소규모의 도서관에서는 동일한 분류 기호 아래에 중복되는 저자 기호를 갖는 자료들이 많은 대규모의 도서관과는 달리, 동일한 분류 기호 아래에서 저자 기호의 중복이 비교적 적기 때문에 복잡하고 정교한 저자 기호를 부여할 필요성이 적다. 따라서 이러한 도서관들의 경우에는 간략 방식의 저자 기호를 채택할 수 있을 것이다. 이하에서는 Elrod식 저자기호법과 DDC의 간략저자기호법에 대해 분석해 보고자 한다.

(가) Elrod식 저자기호법

Elrod식 저자기호법은 연세대학교 도서관학과에 재직한 바 있는 J. McRee Elrod가 고안한 저자 기호법으로, 국내의 몇몇 도서관에서 사용하고 있는 비교적 간략한 방식의 저자 기호법이다.[49]

① 기호의 구성은 저자 기호의 대상어(대개는 기본 저록의 표목)의 첫 세 글자와 서명이나 표제의 첫 글자를 그대로 음절철로 기재한다. 예를 들면 '정보서비스론 / 박준식'의 기호는 저자명 '박준식'에 서명의 첫 글자 '정'을 추가하여 '박준식정'이 된다.

② 공저자는 첫 저자(기본 저록의 표목)를 기준으로 기호화한다. 예를 들면 '한국십진분류법 제6판의 이해와 적용 / 오동근, 여지숙, 배영활'의 기호는 첫 번째 저자명 '오동근'에 서명의 첫 글자 '한'을 추가하여 '오동근한'이 된다.

③ 번역서의 경우, 서양서는 Cutter-Sanborn Three-Figure Author Table에 따라 기호를 부여하고, 동양서는 표시된 음절을 적는다. 예를 들면 '햄릿 / 셰익스피어 저; 김종환 역은

---

[49] 이하의 설명은 주로 다음 자료를 참고하였다. 김연경. 문헌자료조직론(서울: 경인문화사, 2002). pp.239-240.

'Shakespeare, William'의 첫 글자 'S'에 그에 해당하는 Cutter-Sanborn Three-Figure Author Table의 '527 Shak'의 기호 '527'을 추가하고, 서명의 첫 글자 '햄'과 번역자명의 첫 글자 '김'을 추가하여, 'S527햄김'이 된다. '삼국지연의 / 나관중 저; 김구용 역'은 저자명 '나관중'에 서명의 첫 글자 '삼'과 번역자명의 첫 글자 '김'을 추가하여, '나관중삼김'이 된다.

④ 전기서는 피전자(被傳者)를 기호화하고 저자명의 첫 글자를 저작 기호로 추가한다. 예를 들면 '성웅 이순신 / 이원수'는 피전자의 이름 '이순신'을 기호화하고 저자명의 첫글자 '이'를 저작 기호로 하여 '이순신이'가 된다.

⑤ 서명(표제) 기본 저록의 경우는 기본 저록으로 사용되는 표제의 첫 세 글자를 기재한다. 예를 들면 '영한사전, 동아출판사 발행'은 '한영사'가 된다.

⑥ 단체명 기본 저록의 경우는 기본 저록으로 사용되는 단체명의 첫 세 글자를 기재한다. 예를 들면 '계명대학교'의 저자 기호는 '계명대'가 된다.

⑦ 통일 서명(통일 표제)은 통일 서명으로 사용되는 표제의 첫 세 글자를 기재한다. 예를 들면 '열녀춘향수절가'는 통일 서명으로 사용되는 '춘향전'을 저자 기호로 한다.

(나) DDC의 간략저자기호법

이것은 DDC 제20판의 서론에 소개된 것으로, 소규모 도서관에서 도서 기호(저자 기호)를 대신하여 사용할 수 있는 일반적인 배열 장치로 마련된 것이다. 그 주요 내용은 다음과 같다.[50]

① 책등(spine)에 기본 저록(대개는 저자)의 첫 세 글자를 그대로 기재한다. 예를 들면 'Scott, Walter'는 'Wal,' 'Anderson, Samuel'은 'Sam,' 'C. A. Cutter'는 'Cut'가 된다.

② 전기 및 소설: 전기는 분류 기호 대신 "B," 소설은 분류 기호 대신에 "F"를 부여한다. 특히 소설은 어느 저자의 작품을 나타내기 위해 서명(표제)의 첫 글자를 저작 기호로 추가할 수 있다. 이 경우 도서 기호(저자 기호)로 사용되는 문자는 대문자로 표시하고, 저작 기호로 추가되는 문자는 소문자로 표시한다. 'The Private Life of George Washington / F. R. Bellamy'를 예로 들면, 분류 기호는 'B'가 되며, 피전자를 기호화한 'Was'를 저자 기호로 사용하게 된다. 소설 'The Oldman and the Sea / Ernest Hemingway'를 예로 들면, 분류 기호는 'F'가 되고, 저자명의 세 글자를 대문자로 한 'HEM'을 저자 기호로 하고, 정관사 'The'를 제외한 서명의 첫 글자의 소문자 'o'를 추가하여, 'HEMo'가 된다.

---

[50] Melvil Dewey. *Dewey Decimal Classification and relative index.* 20th ed. (New York: Forest Press, 1989). pp.xlix-l. DDC의 서론에 소개되어 있던 도서 기호에 대한 이 내용은 제21판 이후에는 삭제되었다.

제7장 분류 작업과 분류 규정

7.1. 분류표와 분류 기호의 선택

7.1.1. 분류 작업의 과정

분류 작업을 수행하기 위해서는, 해당 자료나 문헌이 담고 있는 내용을 파악하여, 분류 기호를 부여하고, 필요에 따라 별치 기호, 도서 기호 등을 추가하여, 서가상에 해당 자료를 배열해야 한다. 이러한 일련의 과정은 다음과 같이 요약할 수 있다.[1]

① 자관(自館)에 맞는 분류표의 선정
② 분류표 및 그 사용법에 대한 이해
③ 분류 대상 자료나 문헌의 내용에 대한 정확한 파악
④ 분류 대상 자료나 문헌의 내용에 적합한 분류 기호의 부여
⑤ 소정의 도서 기호 및 필요할 경우 추가의 부차적 기호 부여
⑥ 완성된 청구 기호에 의한 서가상의 배열

---

[1] 志保田務, 高鷲忠美, 平井尊士. 情報資源組織法(東京: 第一法規, 2012). p.199.; 한국도서관협회. 개정제4판 한국십진분류법해설(서울: 한국도서관협회, 1997). pp.21-24.

7.1.2. 분류표의 선정

분류표는 해당 도서관의 자료 분류에 가장 중요한 서지 도구이므로, 분류표의 기본적인 요건을 잘 갖추고 있고, 해당 도서관의 상황과 환경에 가장 적합한 분류표를 선택할 수 있도록 그 선정에 유의해야 한다. 일반적으로 제시되고 있는 분류표의 요건과 선정상의 유의 사항은 다음과 같다.[2]

① 분류표의 본질적인 기본 조건을 잘 갖추고 있어야 한다.
② 분류표를 편리하고 용이하게 사용할 수 있어야 한다.
③ 입수가 용이하고 정기적인 개정이 이루어져야 한다.
④ 해당 도서관의 일반적인 성격, 소장 자료, 이용자의 특성과 지적 수준 등을 포함한 특수한 요구에 적합해야 한다.
⑤ 해당 도서관의 장서 구성의 범위를 고려하여 적절한 분류표를 선택해야 한다. 모든 학문 범위를 포괄하는 광범위한 주제를 대상으로 하는 도서관은 종합 분류표, 특정의 한정된 주제를 대상으로 하는 도서관은 특수분류표를 채택할 수 있을 것이다.
⑥ 종합분류표를 선택하는 경우에도 해당 도서관의 성격과 장서 구성을 반영해야 한다. 서양서의 비중이 높은 대학 도서관은 DDC, 특정 학문 분야를 중심으로 하는 단과대학성격의 대학도서관은 LCC나 UDC, 동양서를 중심으로 하는 공공도서관은 KDC를 채택하는 것이 바람직할 것이다.
⑦ 널리 보급된 분류표의 장점을 고려해야 한다. 오늘날에는 MARC나 국가 서지 등 외부의 서지 도구(bibliographic tool)를 활용하여 카피 편목(copy cataloging)이 가능한 경우가 많기 때문에, 분류 기호를 포함한 편목 데이터를 외부에서 쉽게 얻을 수 있는 분류표를 채택하는 것이 바람직하다. 이와 관련하여, KORMARC은 KDC와 DDC 기호, MARC 21은 DDC와 LCC 기호를 제공하고 있다.

---

[2] 김정소. 자료분류론(대구: 계명대학교출판부, 1983). pp.56-58.; 윤희윤. 정보자료분류론. 제5판. (대구: 태일사, 2015). p.60.; 최달현, 이창수. 정보자료의 분류(서울: 한국도서관협회, 1998). pp.165-166.

7.1.3. 문헌의 내용 및 주제 파악

어떤 자료나 문헌을 분류하기 위해서는 해당 자료의 내용과 주제를 정확하게 파악하는 것이 중요하다. 이러한 내용 파악을 위해서는 해당 자료나 문헌은 물론 그 밖의 참고 자료들을 참고하여 결정할 수 있을 것이다. DDC의 서문에서는 주제를 파악하기 위해 다음과 같은 방법을 제시하고 있다.[3]

① 서명 또는 표제(title): 서명이나 표제는 자료나 문헌의 내용을 표현해주는 핵심적인 요소로, 특히 전문서의 경우에는 그러한 경향이 더 강하다. 그러나 서명이나 표제는 상업적인 목적 등을 위해 정해지는 경우도 많기 때문에, 전적으로 서명이나 표제에만 의존하여 주제를 결정하는 것은 바람직하지 않다.

② 목차나 차례(table of contents): 목차는 자료의 내용을 서명이나 표제보다 훨씬 더 상세하게 구체적으로 열거하고 있기 때문에 주제 파악에 도움이 된다.

③ 서언, 서문, 서론, 발문 등(跋文): 이러한 부분들은 해당 저작에 관련된 저자의 집필 의도나 목적, 관점 등을 이해하는 데 도움이 되기 때문에 주제 파악에 유익하다.

④ 본문 자체: 본문은 해당 자료나 문헌의 핵심 부분으로, 서론과 결론 등에 중점을 두고 해당 자료나 문헌의 핵심 포인트를 잘 파악하는 것이 중요하다.

⑤ 해당 자료에 수록된 참고 문헌, 서지, 색인 등: 해당 자료나 문헌에 관련된 자료들을 제시해주는 참고 문헌 등과 핵심 용어들을 열거한 권말 색인 등은 주제 파악에 유용하게 활용될 수 있을 것이다.

⑥ 저자 정보: 해당 자료나 문헌을 집필한 저자의 전문 분야나 경력 등의 배경을 파악하게 되면 주제를 파악하는 데 도움이 되는 경우가 많다.

⑦ 외부의 서지 정보 관련 기관에서 제공하는 목록 정보: 국립중앙도서관이나 미국의 회도서관(LC) 등에서 제공하는 MARC 데이터나 CIP(Cataloging in Publication) 데이터는 분류하고자 하는 자료에 대한 분류 기호와 주제명을 포함하고 있는 경우가 많기 때문에 유용하게 활용할 수 잇을 것이다.

---

[3] 오동근. DDC 22의 이해(대구: 태일사, 2007). pp.95-96.; 한국도서관협회. 한국십진분류법. 제6판. 제3권 해설서. (서울: 한국도서관협회, 2013). pp.26-27.에도 유사한 내용이 포함되어 있음.

⑧ 외부의 참고 정보원: 각종 출판사나 관련 기관 등에서 제공하는 서평(書評)이나 서지, 색인 등의 참고 자료, 해당 관련 분야의 외부 전문가 등도 주제나 내용을 파악하기 위한 유용한 정보원이 될 수 있다.

7.1.4. 분류 기호 선정상의 유의 사항

숙련된 분류 전문가는 해당 자료나 문헌에 대한 내용 파악이 끝나면, 비교적 용이하게 분류 기호를 부여할 수 있을 것이다. 그럼에도 불구하고, 분류 작업을 수행할 때는 다음과 같은 몇 가지 점에 유의해야 한다.[4] 더 구체적인 내용은 다음에 살펴보게 될 분류 규정에 명시될 것이다.

① 유용성(usefulness)의 고려: 어떤 자료나 저작을 둘 이상의 곳에 분류할 수 있을 경우에는, 일시적 요구보다는 영구적 유용성을 바탕으로 하여, 독자에게 가장 유용한 분류 기호, 해당 도서관의 성격에 가장 적합한 분류 기호를 우선적으로 선택해야 한다.

② 주제 우선의 원칙: 대부분의 경우에는 형식(form)보다는 주제(subject)를 우선적으로 고려하여 분류한다. 즉 우선 주제에 따라 분류하고 필요에 따라 형식에 의해 세분한다. 다만 문학류와 총류의 일부 예들은 분류표의 지시에 따라 형식을 우선적으로 고려해야 하는 경우도 있다.

③ 해당 도서관이 정한 범위에서 가장 상세한 분류 기호의 사용: 해당 도서관이 정한 분류의 수준과 범위를 고려하여, 사용하는 분류표에 명시되어 있는 분류 기호 중 분류 대상 자료나 문헌의 내용에 적합한 가장 구체적인 분류 기호를 부여한다. 분류표에 해당하는 기호가 없을 경우에는 그 상위 범주를 나타내는 분류 기호를 부여한다.

④ 본표 기호 우선의 원칙: 해당 분류표의 분류 기호를 용이하게 찾을 수 있게 하기 위해 대부분의 분류표는 색인을 갖추고 있는데, 해당 색인에 원하는 자료나 문헌을 분류하기 위한 정확한 분류 기호가 제시되어 있는 경우라고 하더라도, 잘못된 분류를 예방하기 위해서는 반드시 본표에서 그 분류 기호를 확인하고, 해당 자료나 문헌에 부여해야 한다.

⑤ 일관성의 유지: 해당 도서관의 분류 기호 부여는 정당한 이유에 의해 원칙에 따라 결정하고 분류 규정 등의 명문화된 지침에 따라 일관성을 유지하여 이루어져야 한다.

---

4) 志保田務, 高鷲忠美, 平井尊士. 情報資源組織法(東京: 第一法規, 2012). p.200.; Lois Mai Chan. *Cataloging and Classification: An introduction* (New York: McGraw-Hill Book Company, 1981). pp.213-214.

7.2. 분류 규정의 이해

7.2.1. 분류 규정의 정의와 특성

분류 규정(classification code)은 분류표를 일관성 있게 적용하고 운용(運用)하기 규칙 또는 지침으로, 자관(自館)의 분류 방침이나 규칙을 공식화한 것이다. 따라서 분류가 하나의 선체(船體)라면, 분류규정은 그 배의 조타법(操舵法)이고, 분류표가 하나의 기계라면 분류 규정은 그 기계의 조종법에 해당한다고 할 수 있을 것이다.[5] 이 분류 규정을 통해 분류표만으로는 이해하기 어려운 분류표의 사용 방법을 더 용이하고 명확하게 이해할 수 있게 되는 것이다.

이러한 분류 규정은 분류표의 대상이 되는 모든 주제에 적용되는 지침으로, 다음과 같은 요소들을 필수적으로 포함해야 한다.[6]

① 분류표 운용상의 기본적인 방침
② 해당 도서관에서 사용할 도서 기호 등을 부여하기 위한 분류 도구의 결정
③ 분류표상의 별법(別法) 또는 양자 택일 규정(임의규정: options)의 취사선택(取捨選擇)에 관한 결정
④ 오분류(誤分類) 가능성이 있는 분류 항목(名辭)의 의미나 범위의 한정과 해석의 통일
⑤ 분류 기호의 적용 수준과 범위, 추가 전개, 재전개, 세구분에 대한 결정
⑥ 분류표에 전개되지 않은 새로운 주제에 관련된 항목의 추가 여부의 결정

7.2.2. 분류 규정의 유형

분류 규정은 일반 규정과 특수 규정으로 구분된다.

일반 규정은 문헌 분류의 기본 방침이나 원칙을 규정하는 것으로, 분류의 기본 원칙, 주제와 형식의 취급, 복수 주제 및 복합 주제의 처리, 원저작과 관련 저작의 취급, 신주제

---

[5] 최정태, 양재한, 도태현. 문헌분류의 이론과 실제(부산: 부산대출판부, 1998). pp.217-227.; 志保田務, 高鷲忠美, 平井尊士. op. cit. p.201.
[6] 윤희윤. 정보자료분류론. 제5판. (대구: 태일사, 2015). p.72.; 志保田務, 高鷲忠美, 平井尊士. op. cit. p.201.; 한국도서관협회. 한국십진분류법. 제6판. 제3권 해설서.(서울: 한국도서관협회, 2013). p.29.

의 처리 등에 관한 규정 등이 포함된다.

특수 규정은 각 분류표의 개개의 분류 항목에 적용하는 구체적인 규정이다.

(1) 복수 주제의 처리

해당 자료나 문헌이 둘 이상의 주제를 다루고 있을 경우에는 다음과 같은 방식으로 분류 기호를 선정한다.[7] 다만 이하의 설명은 해당 자료나 문헌에 직접 부여되어 서가상의 배열 기준으로 활용되는 일차적인 분류 기호를 의미하며, 일차적으로 선택되지 않은 부차적인 주제에 대한 분류 기호는 필요할 경우 목록상에 분류 기호의 부출(副出)을 통해 검색의 접근점이 될 수 있도록 추가할 수 있다는 점에 유의해야 한다.

① 복수 주제의 각 주제가 독립성을 갖는 경우: 저자가 강조하거나 중점을 두고 다루는 주제 또는 더 포괄적으로 다루고 있는 주제에 우선적으로 분류한다. 다만 각 주제가 균등하게 다루어져 중요성을 파악할 수 없을 경우에는, DDC의 경우와 같이, 해당 분류표의 배열에서 앞에 나타나는 주제에 분류할 수도 있다(선행규칙: first of two rule).

② 영향 관계: 적용 규칙(rule of application)에 따라 영향을 받는 주제에 분류한다.

③ 원인과 결과 관계(인과 관계): 결과에 해당하는 주제에 분류한다.

④ 어떤 상위 주제의 하위 주제에 해당하는 셋 이상의 주제: 3자 규칙(rule of three)에 따라, 그 주제들을 모두 포괄하는 상위 주제에 분류한다.

⑤ 이론과 응용의 경우: 양 측면을 함께 다루고 있는 경우는 응용에 해당하는 곳에 분류한다.

⑥ 어떤 주제를 설명하기 위한 재료로 다른 주제를 사용하는 경우: 설명의 재료나 도구로 사용된 주제가 아니라, 저자가 원래 설명하고자 하는 주제에 분류한다.

⑦ 특정 이용자만을 대상으로 하는 저작: 원칙적으로 그 목적에 따라 해당 이용자에 관련된 곳에 분류한다. 다만 일반적으로도 활용할 가능성이 높을 경우에는 그 주제에 의해 분류한다.

⑧ 둘 이상의 관점의 저작: 주된 관점에 의해 분류하되, 주된 관점을 파악하기 어려울 경우에는 저자의 전공 분야를 고려하여 분류한다.

---

[7] 김정소. 자료분류론(대구: 계명대학교출판부, 1983). pp.155-159.; 윤희윤. 정보자료분류론. 제5판. (대구: 태일사, 2015). pp.72-73.; 志保田務, 高鷲忠美, 平井尊士. 情報資源組織法(東京: 第一法規, 2012). p.201.

(2) 원저작과 관련 저작의 처리[8]

① 원저작의 번역이나 비평 등: 원저작의 번역, 비평, 해설, 주석, 연구, 색인 등은 모두 원저작과 함께 분류한다.
② 언어 학습용 대역서 등: 언어를 학습하거나 습득하는 것을 주목적으로 하는 원저작의 대역서(對譯書), 주해서(註解書)는 학습 대상이 되는 언어의 해석이나 독본(讀本)에 분류한다.
③ 원저작의 번안(飜案)이나 각색: 번안가 및 각색자의 작품으로 분류한다.
④ 원저작의 발췌본: 어떤 특정의 의도를 가지고 원저작의 일부를 발췌하여 단독으로 간행한 것은 발췌된 부분의 해당 주제에 분류한다.

(3) 총서 및 다권본(多卷本)의 처리[9]

① 망라적 총서 및 전집: 특정 주제에 한정되지 않고 여러 주제를 망라하고 있는 총서나 전집으로 총서명과 권호 표시가 있는 것은 총류(總類)의 일반 전집에 분류한다. 그러나 문학 전집은 문학류의 해당 기호에 분류한다.
② 총서명은 표시되어 있으나, 권호 표시가 없는 경우, 해당 총서의 일부만을 소장하고 있는 경우 등은 단행본으로 취급하여 각각의 해당 주제에 분류한다.
③ 출판사가 판매를 목적으로 임의로 부여한 총서: 단행본으로 취급하여 분류한다.
④ 개인 총서: 개인의 전집, 선집, 작품집 등 개인의 저작집은 일괄하여 그 개인의 총서로 분류한다.
⑤ 여러 사람의 저작집으로 내용의 배열이 체계적이거나 연대순인 것 그리고 총서의 각 책에 다수의 저작을 포함하고 있는 것은 일괄하여 총서로 분류한다.
⑥ 특정 주제의 총서로 체계적으로 편집된 것, 특히 마지막 권에 총목차나 총색인 등이 붙어있는 것은 총서로 분류한다. 다만 권차가 없고 독립의 서명을 가지며 총서명이 작게 표시되어 있는 것은 단행본으로 취급하여 분류한다.

---

[8] 윤희윤. *op. cit.* p.78.; 한국도서관협회. 한국십진분류법. 제6판. 제3권 해설서. (서울: 한국도서관협회, 2013). p.32.
[9] 윤희윤. *op. cit.* pp.78-79. 한국도서관협회. *op. cit.* p.32.

(4) 분류표에 해당 항목이 설정되어 있지 않은 새로운 주제의 처리

최신 분야로 분류표에 해당 항목에 대한 분류 기호가 아직 설정되어 있지 않은 신주제는 그 주제와 가장 밀접한 관계가 있다고 생각되는 주제를 찾아 그 주제에 부가하거나, 그 주제를 전개하거나, 그 안에 신주제의 항목을 신설하여 분류한다.

7.3. 서가상의 배열

분류 기호와 도서 기호를 포함한 부차적 기호의 배정이 끝나면, 해당 자료나 문헌은 일반적으로 장비 작업을 거쳐 이용자들이 편리하게 이용할 수 있도록 하기 위해 서가상에 배열하게 된다.

서가상의 자료의 배열, 즉 배가(配架)의 기본 원칙은 분류 기호, 도서 기호, 부차적 기호 등을 포함한 청구 기호의 순서에 따라, "서가의 첫 칸 상단 좌측부터 우측으로 향하여 배열되며, 첫 단이 끝나면 그 다음 단, 그 다음 칸으로 연속하여 배열한다."[10] 최근에는 주류별로 같은 색깔의 라벨을 부착하여 배가에 도움을 주는 경우도 많다.

도서관을 개가제로 운영하는 경우에는 도서관 입구에 관내 안내도를 마련해두고, 도서관의 각 층별이나 자료실별 소장 자료들을 포함한 도서관의 전반적인 구조에 대해 안내하는 것이 바람직하다. 또한 각 자료실에는 해당 자료실의 서가 배치표를 마련해 두거나, 서가에 나무나 종이, 아크릴판 등으로 된 서가 안내판을 붙여 특정 도서의 서가상의 위치를 표시해줄 필요가 있다. 이용자들이 불편함 없이 자신들이 원하는 자료가 배가되어 있는 서가로 용이하게 접근할 수 있도록 하는 것이 중요하다.

때에 따라서는 이용자의 편의를 위하여, 분류 기호의 순서와는 다르게 자료들을 배열하는 이른바 파순법(破順法)을 택할 수도 있다.[11] 이용률이 높은 소설이나 아동 도서를 출입구 가까이에 배가하거나, 신간 자료나 신착 자료(新着資料)를 일시적으로 '신간 코너' 등과 같은 특정 서가에 별도로 배열해두고 이용자에게 서비스하는 것 등이 그 예이다.

---

10) 한국도서관협회. 한국십진분류법. 제6판. 제1권 본표. (서울: 한국도서관협회, 2013). p.12.
11) 志保田務, 高鷲忠美, 平井尊士. 情報資源組織法(東京: 第一法規, 2012). p.262.

DDC를 채택하는 도서관에서 때로는 언어 자료(400류)와 문학 자료(800류)를 인접하여 배가하거나 같은 자료실에 배가하는 경우도 있는데, 이러한 예도 그에 해당한다고 할 수 있을 것이다.

결언: 문헌 분류의 미래, 미래의 문헌 분류

정보 시대를 맞이하면서 국내외에서는 한때 문헌정보학의 위기설이 대두되었고, 특히 문헌 분류를 포함한 자료 조직이 그 위기의 최전선에 놓이게 될 것이라는 우려가 없지 않았다. 그 후로도 분류 무용론(分類無用論)이나 간략 분류에 대한 의견들이 도서관 안팎에서 끊임없이 제기되고 있는 것 또한 사실이다. 그럼에도 불구하고, 다수의 이론가들이 옹호했던 대로, 그리고 일부의 기술 숭배론자들의 우려, 어느 의미에서는 그들의 바람과는 달리, 문헌정보학은 시대의 요구에 부응하고 이에 적응하면서, 여전히 소기의 학문적·실무적 책임과 의무, 역할을 다하고자 노력하고 있다. 자료 조직의 영역 역시 정보와 자료의 양적 팽창에 따른 혼란 상황 속에서 나름대로의 길을 모색하고 있는 것 같다.

특히나 데이터와 정보, 지식의 양이 폭발적으로 증가하면서, 혼동에 질서를 부여하고자 하는 인간의 기본적인 욕구에 효율적으로 부응할 수 있는 효과적인 이론으로서의 문헌 분류의 이론적 가치는 더욱 증가할 것이다. 즉 학문 세계에서든 일상생활에서든, 정보와 지식, 자료, 문헌 등의 양적 증가는 필연적으로 질적 선택의 어려움을 초래하게 될 것이기 때문에, 이러한 것들을 체계적으로 정리하고 효과적인 이용에 대비하여 이용자에게 제공하는 데 있어 문헌 분류는 앞으로도 충분한 역할을 할 수 있을 것이다.

다만 우리가 유의해야 할 점은 분류는 문헌정보학 분야에서 개발한 중요하고 가치 있는 서지 도구의 하나라는 점이다. 이 말은 문헌정보학 분야의 서지 도구는 분류 이외에도 목록과 색인 등을 비롯한 수많은 도구들이 있다는 의미이다. 분류가 정보와 자료, 문헌을 체계적으로 정리하고 찾아내기 위한 효과적인 도구이기는 하지만, 이러한 것들을 정리하고 검색하기 위한 유일한 도구는 아니라는 점이다. 따라서 서지 정보 관리의 모든 문제를 분류로만 해결하려는 이른바 분류 만능론(分類萬能論)은 분류 무용론 못지않게 위험한 발상이라는 점을 경계해야 할 것이다. 유능한 목수라면 나무를 자를 때는 톱을 사용할 것이고, 나무를 가를 때는 도끼를 쓸 것이며, 나무를 대패질할 때는 당연히 대패를 쓸 것이다. 아무리 도끼를 잘 쓰는 목수라도 나무를 자르는 데 톱을 사용하지 않고 도끼를 쓴다면 당연히 효율이 떨어질 뿐 아니라 현명한 판단이라고도 하기 어려울 것이다. 분류는 기본적으로 체계적인 순서를 통한 체계적인 브라우징에 도움을 주고자 하는 서지 도구이다. 체계적 순서는 필연적으로 어느 하나의 특정의 체계에 바탕을 둘 수밖에 없는 것이다. 따라서 그 체계를 이해하는 사람에게는 도움이 되겠지만, 그 체계를 이해하지 못하는 사람에게는 여전히 혼돈스러울 수밖에 없는 것이다. 이러한 시각에서 보면, 문헌 분류를 올바로 이해하고, 관련된 업무를 제대로 수행하기 위해서는, 분류 이론 자체에 대한 이해는 물론 문헌정보학 분야의 다양한 서지 도구에 대한 올바른 이해가 필수적이 될 것이다.

오늘날과 같이 여러 학문 분야들이 서로 융합하고 통섭(統攝)하는 시대에는, 각 학문 분야의 고유 연구들이 다른 분야의 이론들과 결합하고 융합하여 시너지 효과를 발휘하는 경우들을 자주 보게 된다. 이를 위해서는 문헌 분류 이론에 대한 연구와 더불어 관련 주제 분야에 대한 관심도 중요할 것이다. 당연히 컴퓨터와 IT기술을 포함한 새로이 개발된 테크놀로지를 활용하고 새로운 정보 공간인 인터넷 세계에 대해서도 대비해야 할 것이다. 그러한 과정에서 전통적인 분류의 외연은 자연스레 확장되고 다른 학문과 신기술의 수용도 불가피하게 될 것이다. 인간의 지적 노동을 대신하기 위해 새로운 컴퓨터나 IT기술을 활용하는 것은 마치 육체 노동을 대신하기 위해 기계를 사용하는 것과 마찬가지로 자연스런 것이다. 자동 분류를 포함한 대안의 검토는 그런 의미에서 당연한 것일는지도 모른다.

이미 한국연구재단의 학문 분류에서 문헌정보학을 이른바 복합학으로 분류하고 있는 것에서도 볼 수 있는 것처럼, 문헌정보학의 연구는 이미 다학문적·학제적 성격을 가지고 있는 것으로 인정되고 있다. 이른바 글로컬리제이션(glocalization)의 시대에, 세계화가 가속화될수록 지역화 내지 지방화가 그에 못지않게 중요한 의미를 갖는 것처럼, 주제 분석을 바탕으로 하는 문헌 분류 이론의 훌륭한 연구 성과들이 단순히 주제의 분석과 표현에 국한된 실용성을 갖는다는 일부의 그릇된 편견을 극복하고 문헌정보학의 학문적 범위를 넘어서서 학문 전반에 걸쳐 기여하고 실생활에도 실질적으로 효과적으로 활용될 수 있게 되기를 기대해본다. 모든 사물 간에는 만유인력(萬有引力)이라는 것이 있어서 서로 끌어당기고 있으니, 사물 간의 관계가 중요하다. 그러나 우리 별이 우주 공간에서 작은 별똥별이 되어 다른 별에 떨어져 사라지지 않기 위해서는, 우리 자체의 나름의 충분한 중력(重力)을 가져야 한다. 수 세기에 걸쳐 자료 조직을 통해 다져진 문헌 분류의 이론들이 다양한 관련 분야의 새로운 이론들을 수용하여 발전해 나간다면, 좀 더 성숙된 모습으로 충분한 중력을 갖추고 앞으로도 더욱 빛나는 별로 우리의 밤하늘을 빛내줄 수 있을 것이다.

부 록

Ⅰ. DDC 제23판과 KDC 제6판, NDC 신정10판의 주류 비교표
Ⅱ. DDC 제23판과 KDC 제6판의 강목(100구분) 비교표
Ⅲ. DDC 제23판의 주류표, 강목표, 조기표
Ⅳ. KDC 제6판과 NDC 신정10판의 강목(100구분) 비교표
Ⅴ. KDC 제6판의 주류표, 강목표, 요목표, 조기표
Ⅵ. 문헌 분류 관련 주요 용어 해설
Ⅶ. Cutter-Sanborn Three-Figure Author Table

I. DDC 제23판과 KDC 제6판, NDC 신정10판의 주류 비교표

주류 비교표

DDC 23		KDC 6		NDC 10	
000	Computer science, information & general works	000	총 류	0	총기(総記)
100	Philosophy & psychology	100	철 학	1	철학(哲学)
200	Religion	200	종 교	2	역사(歴史)
300	Social sciences	300	사회과학	3	사회과학(社会科学)
400	Language	400	자연과학	4	자연과학(自然科学)
500	Sciences	500	기술과학	5	기술(技術)
600	Technology	600	예 술	6	산업(産業)
700	Arts & recreation	700	언 어	7	예술(芸術)
800	Literature	800	문 학	8	언어(言語)
900	History & geography	900	역 사	9	문학(文学)

II. DDC 제23판과 KDC 제6판의 강목(100구분) 비교표

KDC		DDC	
000	총 류	000	Computer science, knowledge & systems
010	도서학, 서지학	010	Bibliographies
020	문헌정보학	020	Library & information sciences
030	백과사전	030	Encyclopedias & books of facts
040	강연집, 수필집, 연설문집	040	[Unassigned]
050	일반 연속간행물	050	Magazines, journals & serials
060	일반 학회, 단체, 협회, 기관, 연구기관	060	Associations, organizations & museums
070	신문, 저널리즘	070	News media, journalism & publishing
080	일반 전집, 총서	080	Quotations
090	향토자료	090	Manuscripts & rare books
100	철 학	100	Philosophy
110	형이상학	110	Metaphysics
120	인식론, 인과론, 인간학	120	Epistemology
130	철학의 체계	130	Parapsychology & occultism
140	경 학	140	Philosophical schools of thought
150	동양철학, 동양사상	150	Psychology
160	서양철학	160	Philosophical logic
170	논 리 학	170	Ethics
180	심 리 학	180	Ancient, medieval & eastern philosophy
190	윤리학, 도덕철학	190	Modern western philosophy
200	종 교	200	Religion
210	비교종교	210	Philosophy & theory of religion
220	불 교	220	The Bible
230	기 독 교	230	Christianity
240	도 교	240	Christian practice & observance
250	천 도 교	250	Christian pastoral practice & religious orders
260	[미사용]	260	Christian organization, social work & worship
270	힌두교, 브라만교	270	History of Christianity
280	이슬람교(회교)	280	Christian denominations
290	기타 제종교	290	Other religions
300	사회과학	300	Social sciences, sociology & anthrophology
310	통계자료	310	Statistics
320	경 제 학	320	Political science
330	사회학, 사회문제	330	Economics
340	정 치 학	340	Law
350	행 정 학	350	Public administration & military science
360	법률, 법학	360	Social problems & social services
370	교 육 학	370	Education
380	풍속, 예절, 민속학	380	Commerce, communications & traortation
390	국방, 군사학	390	Customs, etiquette & folklore

Ⅱ. DDC 제23판과 KDC 제6판의 강목(100구분) 비교표

KDC			DDC	
400	자연과학	500	Sciences	
410	수 학	510	Mathematics	
420	물 리 학	520	Astronomy	
430	화 학	530	Physics	
440	천 문 학	540	Chemistry	
450	지 학	550	Earth sciences & geology	
460	광 물 학	560	Fossils & prehistoric life	
470	생명과학	570	Biology	
480	식 물 학	580	Plants (Botany)	
490	동 물 학	590	Animals (Zoology)	
500	기술과학	600	Technology	
510	의 학	610	Medicine & health	
520	농업, 농학	620	Engineering	
530	공학, 공업 일반, 토목공학, 환경공학	630	Agriculture	
540	건축, 건축학	640	Home & family management	
550	기계공학	650	Management & public relations	
560	전기공학, 통신공학, 전자공학	660	Chemical engineering	
570	화학공학	670	Manufacturing	
580	제 조 업	680	Manufacture for specific uses	
590	생활과학	690	Construction of buildings	
600	예 술	700	Arts	
610	[미 사 용]	710	Area planning & landscape architecture	
620	조각, 조형예술	720	Architecture	
630	공 예	730	Sculpture, ceramics & metalwork	
640	서 예	740	Graphic arts & decorative arts	
650	회화, 도화, 디자인	750	Painting	
660	사진예술	760	Printmaking & prints	
670	음 악	770	Photography, computer art, film, video	
680	공연예술, 매체예술	780	Music	
690	오락, 스포츠	790	Sprots, games & entertainment	
700	언 어	400	Language	
710	한 국 어	410	Linguistics	
720	중 국 어	420	English & Old English languages	
730	일본어 및 기타 아시아제어	430	German & related languages	
740	영 어	440	French & related languages	
750	독 일 어	450	Italian, Romanian & related languages	
760	프랑스어	460	Spanish, Portuguese, Galician	
770	스페인어 및 포르투갈어	470	Latin & Italic languages	
780	이탈리아어	480	Classical & modern Greek languages	
790	기타 제어	490	Other languages	

KDC		DDC	
800	**문　학**	**800**	**Literature, rhetoric & criticism**
810	한국문학	810	American literature in English
820	중국문학	820	English & Old English literatures
830	일본문학 및 기타 아시아 제문학	830	German & related literatures
840	영미문학	840	French & related literatures
850	독일문학	850	Italian, Romanian & related literatures
860	프랑스문학	860	Spanish, Portuguese, Galician literatures
870	스페인 및 포르투갈문학	870	Latin & Italic literatures
880	이탈리아문학	880	Classical & modern Greek literatures
890	기타 제문학	890	Other literatures
900	**역　사**	**900**	**History**
910	아시아	910	Geography & travel
920	유럽	920	Biography & genealogy
930	아프리카	930	History of ancient world (to ca. 499)
940	북아메리카	940	History of Europe
950	남아메리카	950	History of Asia
960	오세아니아, 양극지방	960	History of Africa
970	[미사 원]	970	History of North America
980	지리	980	History of South America
990	전기	990	History of other areas

Ⅲ. DDC 제23판의 주류표, 강목표, 조기표

주 류 표

000   컴퓨터과학·정보·일반저작
         (Computer science, information & general works)
100   철학 및 심리학 (Philosophy & Psychology)
200   종교 (Religion)
300   사회과학 (Social sciences)
400   언어 (Language)
500   과학 (Science)
600   기술 (Technology)
700   예술 및 레크리에이션 (Arts & recreation)
800   문학 (Literature)
900   역사 및 지리 (History & geography)

강목표(The Hundred Divisions)

000	컴퓨터과학, 지식, 시스템		Computer science, knowledge & systems
010	서지, 서지학		Bibliographies
020	문헌정보학 및 도서관학		Library & information sciences
030	백과사전 및 사실에 관한 책		Encyclopedias & books of facts
040	[미사용기호]		[Unassigned]
050	잡지, 저널, 연속간행물		Magazines, journals & serials
060	학회, 협회, 단체, 조직, 박물관		Associations, organizations & museums
070	뉴스미디어, 저널리즘, 출판		News media, journalism & publishing
080	인 용		Quotations
090	필사본 및 희귀자료, 고서		Manuscripts & rare books
100	철 학		Philosophy
110	형이상학		Metaphysics
120	인 식 론		Epistemology
130	초심리학, 신비주의		Parapsychology & occultism
140	특정철학학파		Philosophical schools of thought
150	심 리 학		Psychology
160	철학적 논리학		Philosophical logic
170	윤리학(도덕철학)		Ethics
180	고대철학, 중세철학, 동양철학		Ancient, medieval & eastern philosophy
190	근대서양철학		Modern western philosophy
200	종 교		Religion
210	종교철학 및 종교이론		Philosophy & theory of religion
220	성 서		The Bible
230	기 독 교		Christianity
240	예배 및 행사		Christian practice & observance
250	목회 및 목회학		Christian pastoral practice & religious orders
260	기독교단체, 사회사업, 참배		Christian organization, social work & worship
270	기독교사		History of Christianity
280	기독교교파		Christian denominations
290	기타 종교		Other religions
300	사회과학, 사회학, 인류학		Social sciences, sociology & anthropology
310	통계, 통계학		Statistics
320	정 치 학		Political science
330	경 제 학		Economics
340	법 률		Law
350	행정, 행정학, 군사학		Public administration & military science
360	사회문제 및 사회서비스		Social problems & social services
370	교 육		Education
380	통상, 커뮤니케이션, 무역		Commerce, communications & transportation
390	관습, 에티켓, 민속, 민속학		Customs, etiquette & folklore
400	언 어		Language
410	언 어 학		Linguistics
420	영어 및 고대영어		English & Old English Languages
430	독일어 및 관련어		German & related languages
440	불어 및 관련어		French & related languages
450	이탈리아어, 루마니아어 등 관련어		Italian, Romanian & related languages
460	스페인어, 포르투갈어, 갈리시아어		Spanish & Portuguese, Galician
470	라틴어 및 고대이탈리아어		Latin & Italic languages
480	고대 및 현대 그리스어		Classical & modern Greek languages
490	기타 언어		Other languages

500	과학	Science
510	수학	Mathematics
520	천문학	Astronomy
530	물리학	Physics
540	화학	Chemistry
550	지구과학 및 지학	Earth sciences & geology
560	화석 및 선사시대 생명체	Fossils & prehistoric life
570	생물학	Biology
580	식물(식물학)	Plants (Botany)
590	동물(동물학)	Animals (Zoology)
600	기술, 테크놀로지	Technology
610	의료 및 보건	Medicine & health
620	공업, 공학	Engineering
630	농업, 농학	Agriculture
640	가정학 및 가정관리	Home & family management
650	경영학 및 홍보	Management & public relations
660	화학공학	Chemical engineering
670	제조업	Manufacturing
680	특정제조업	Manufacture for specific uses
690	건물 건축	Construction of buildings
700	예술	Arts
710	지역계획, 조경	Area planning & landscape architecture
720	건축술	Architecture
730	조각, 요업, 금속세공	Sculpture, ceramics & metalwork
740	그래픽아트, 장식예술	Graphic arts & decorative arts
750	회화, 회화작품	Painting
760	판화, 판화작품	Printmaking & prints
770	사진술, 컴퓨터아트, 필름, 비디오	Photography & computer art, film, video
780	음악	Music
790	스포츠, 게임, 오락	Sports, games & entertainment
800	문학, 수사학, 비평	Literature, rhetoric & criticism
810	미국문학	American literature in English
820	영문학	English & Old English literatures
830	독일문학	German & related literatures
840	프랑스문학	French & related literatures
850	이탈리아 및 루마니아문학	Italian, Romanian & related literatures
860	스페인문학, 포르투갈문학, 갈리시아문학	Spanish, Portuguese, Galician literatures
870	라틴문학, 고대이탈리아문학	Latin & Italic literatures
880	고대 및 현대 그리스문학	Classical & modern Greek literatures
890	기타문학	Other literatures
900	역사	History
910	지리, 지리학, 여행	Geography & travel
920	전기 및 보학	Biography & genealogy
930	고대사	History of ancient world (to ca. 499)
940	유럽사	History of Europe
950	아시아사	History of Asia
960	아프리카사	History of Africa
970	북미사	History of North America
980	남미사	History of South America
990	기타 지역 역사	History of other areas

조 기 표

Table 1. Standard Subdivisions

− 01		Philosophy and theory
− 011		Systems
− 012		Classification
− 014		Communication
− 015		Scientific principles
− (016)		Bibliographies, catalogs, indexes
− 019		Psychological principles
− 02		Miscellany
− 021		Tabulated and related materials
− 022		Illustrations, models, miniatures
− 023		The subject as a profession, occupation, hobby
− 024		The subject for people in specific occupations
− 025		Directories of persons and organizations
− (026)		Law
− 027		Patents and identification marks
− 028		Auxiliary techniques and procedures; apparatus, equipment, materials
− 029		Commercial miscellany
− 03		Dictionaries, encyclopedias, concordances
− 04		Special topics
− 05		Serial publications
− 06		Organizations and management
− 068		Management

— 07		**Education, research, related topics**
— 071		Education
— 072		Research
— 074		Museums, collections, exhibits
— 075		Museum activities and services
— 076		Review and exercise
— 078		Use of apparatus and equipment in study and teaching
— 079		Competitions, awards, awards, financial support
— 08		**Group of people**
— 081		People by gender or sex
— 082		Women
— 083		Young people
— 084		People in specific stages of adulthood
— 085		Relatives
— 086		People by miscellaneous social attributes
— 087		People with disabilities and illnesses, gifted persons
— 088		Occupational and religious groups
— 089		Ethnic and national groups
— 09		**History, geographic treatment, biography**
— 091		Areas, regions, places in general
— 092		Biography
— 093–099		Specific continents, countries, localities; extraterrestrial worlds

Table 2. Geographic Areas, Historical Periods, Biography

— 001 — 009	Standard subdivisions	
— 01 — 05	Historical periods	
— 1	**Areas, regions, places in general; oceans and seas**	
— 11	Frigid zones	
— 12	Temperate zones (Middle latitude zones)	
— 13	Torrid zone (Tropics)	
— 14	Land and landforms	
— 15	Regions by type of vegetation	
— 16	Air and water	
— 17	Socioeconomic regions	
— 18	Other kinds of terrestrial regions	
— 19	Space	
— 2	**Biography**	
— 3	**Ancient world**	
— 31	China to 420	
— 32	Egypt to 640	
— 33	Palestine to 70	
— 34	South Asia to 647	
— 35	Mesopotamia and Iranian Plateau to 637	
— 36	Europe north and west of Italian Peninsula to ca.499	
— 37	Italian Peninsula to 476 and adjacent territories to 476	
— 38	Greece to 323	
— 39	Other parts of ancient world	

— 4	**Europe**
— 41	British Isles
— 42	England and Wales
— 43	Germany and neighboring central European countries
— 44	France and Monaco
— 45	Italy, San Marino, Vatican City, Malta
— 46	Spain, Andorra, Gibraltar, Portugal
— 47	Russia and neighboring east European countries
— 48	Scandinavia
— 49	Other parts of Europe
— 5	**Asia**
— 51	China and adjacent areas
— 519	Korea
— 52	Japan
— 53	Arabian Peninsula and adjacent areas
— 54	India and neighboring south Asian countries
— 55	Iran
— 56	Middle East (Near East)
— 57	Siberia (Asiatic Russia)
— 58	Central Asia
— 59	Southeast Asia
— 6	**Africa**
— 61	Tunisia and Libya
— 62	Egypt and Sudan
— 63	Ethiopia and Eritrea
— 64	Morocco, Ceuta, Melilla, Western Sahara, Canary Islands
— 65	Algeria
— 66	West Africa and offshore islands
— 67	Central Africa and offshore islands
— 68	Republic of South Africa and neighboring southern African countries
— 69	South Indian Ocean islands

— 7		**North America**
— 71		Canada
— 72		Mexico, Central America, West Indies, Bermuda
— 73		United States
— 74		Northeastern United States (New England and Middle Atlantic states)
— 75		Southeastern United States (South Atlantic states)
— 76		South central United States
— 77		North central United States
— 78		Western United States
— 79		Great Basin and Pacific Slope of United States
— 8		**South America**
— 81		Brazil
— 82		Argentina
— 83		Chile
— 84		Bolivia
— 85		Peru
— 86		Colombia and Ecuador
— 87		Venezuela
— 88		Guiana
— 89		Paraguay and Uruguay
— 9		**Australasia, Pacific Ocean islands, Atlantic Ocean islands, Arctic islands, Antarctica, extraterrestrial worlds**
— 93		New Zealand
— 94		Australia
— 95		New Guinea and neighboring countries of Melanesia
— 96		Polynesia and other Pacific Ocean islands
— 97		Atlantic Ocean islands
— 98		Arctic islands and Antarctica
— 99		Extraterrestrial worlds

Table 3. Subdivisions for the Arts, for Individual Literatures, for Specific Literary Forms

Table 3A. Subdivisions for Works by or about Individual Authors

- －1 　　Poetry
- －2 　　Drama
- －3 　　Fiction
- －4 　　Essays
- －5 　　Speeches
- －6 　　Letters
- －8 　　Miscellaneous writings

Table 3B. Subdivisions for Works by or about More than One Author

- －01－09 　　[Standard subdivisions; collections; history, description, critical appraisal]
- －1 　　Poetry
- －2 　　Drama
- －3 　　Fiction
- －4 　　Essays
- －5 　　Speeches
- －6 　　Letters
- －7 　　Humor and satire
- －8 　　Miscellaneous writings

Table 3C. Notation to Be Added Where Instructed in Table 3B, 700.4, 791.4, 808-809

- －001－009 　　Standard subdivisions
- －01－09 　　Specific periods
- －1 　　Arts and literature displaying specific qualities of style, mood, viewpoint
- －2 　　Literature displaying specific elements
- －3 　　Arts and literature dealing with specific themes and subjects
- －4 　　Literature emphasizing subjects
- －8 　　Literature for and by ethnic and national groups
- －9 　　Literature for and by groups of people with specific attributes, residents of specific areas

Table 4. Subdivisions of Individual Languages and Language Families

- 01 - 09 Standard subdivisions and special topics of subdivisions of individual languages and language families
- 1 Writing systems, phonology, phonetics of the standard form of the language
- 2 Etymology of the standard form of the language
- 3 Dictionaries of the standard form of the language
- 5 Grammar of the standard form of the language
- 7 Historical and geographic variations, modern nongeographic variations
- 8 Standard usage of the language (Prescriptive linguistics)

Table 5. Ethnic and National Groups

- 05 - 09 [People of mixed ancestry with ethnic origins from more than one continent; Europeans and people of European descent]
- 1 North Americans
- 2 British, English, Anglo-Saxons
- 3 Germanic people
- 4 Modern Latin peoples
- 5 Italians, Romanians, related groups
- 6 Peoples who speak, or whose ancestors spoke, Spanish, Portuguese, Galician
- 7 Other Italic peoples
- 8 Greeks and related groups
- 9 Other ethnic and national groups

Table 6. Languages

−1		Indo-European languages
−2		English and Old English (Anglo-Saxon)
−21		English
−3		Germanic languages
−31		German
−4		Romance Languages
−41		French
−5		Italian, Dalmatian, Romanian, Rhaetian, Sardinian, Corsican
−51		Italian
−6		Spanish and Portuguese, Galician
−61		Spanish
−69		Portuguese and Galician
−7		Italic languages
−71		Latin
−8		Hellenic languages
−81		Classical Greek
−89		Modern Greek
−9		Other languages
−95		Languages of east and southeast Asia
−951		Chinese
−956		Japanese
−957		Korean

Ⅳ. KDC 제6판과 NDC 신정10판의 강목(100구분) 비교표

KDC 6		NDC 10	
000	총 류	00	총 기
010	도서학, 서지학	01	도서관, 문헌정보학
020	문헌정보학	02	도서, 서지학
030	백과사전	03	백과사전, 용어색인
040	강연집, 수필집, 연설문집	04	일반논문집, 일반강연집, 잡저
050	일반연속간행물	05	연속간행물, 일반연감
060	일반 학회, 단체, 협회, 기관, 연구기관	06	단체, 박물관
070	신문, 저널리즘	07	저널리즘, 신문
080	일반 전집, 총서	08	총서, 전집, 선집
090	향토자료	09	귀중서, 향토자료, 기타특별장서
100	철 학		
110	형이상학		
120	인식론, 인과론, 인간학		
130	철학의 체계		
140	경 학		
150	동양철학, 동양사상	10	철 학
160	서양철학	11	철학각론
170	논 리 학	12	동양사상
180	심 리 학	13	서양철학
190	윤리학, 도덕철학	14	심 리 학
200	종 교	15	윤리학, 도덕
210	비교종교	16	종 교
220	불 교	17	신도(新道)
230	기 독 교	18	불 교
240	도 교	19	기독교, 유대교
250	천 도 교		
260	[미 사 용]		
270	힌두교, 브라만교		
280	이슬람교(회교)		
290	기타 제종교		

Ⅳ. KDC 제6판과 NDC 신정10판의 강목(100구분) 비교표

KDC 6		NDC 10	
300	사회과학	30	사회과학
310	통계자료	31	정 치
320	경 제 학	32	법 률
330	사회학, 사회문제	33	경 제
340	정 치 학	34	재 정
350	행 정 학	35	통 계
360	법률, 법학	36	사 회
370	교 육 학	37	교 육
380	풍습, 예절, 민속학	38	풍속습관, 민속학, 민족학
390	국방, 군사학	39	국방, 군사
400	자연과학	40	자연과학
410	수 학	41	수 학
420	물 리 학	42	물 리 학
430	화 학	43	화 학
440	천 문 학	44	천문학, 우주과학
450	지 학	45	지구과학, 지학
460	광 물 학	46	생물과학, 일반생물학
470	생명과학	47	식 물 학
480	식 물 학	48	동 물 학
490	동 물 학	49	의학, 약학
		50	기술, 공학
		51	건설공학, 토목공학
		52	건 축 학
		53	기계공학, 원자력공학
		54	전기공학
500	기술과학	55	해양공학, 선박공학, 병기, 군사공학
510	의 학	56	금속공학, 광산공학
520	농업, 농학	57	화학공업
530	공학, 공업일반, 토목공학, 환경공학	58	제조공업
540	건축, 건축학	59	가정학, 생활과학
550	기계공학	60	산 업
560	전기공학, 통신공학, 전자공학	61	농 업
570	화학공학	62	원예, 조원(造園)
580	제 조 업	63	잠 사 업
590	생활과학	64	축산업, 수의학
		65	임업, 수렵
		66	수 산 업
		67	상 업
		68	운수, 교통, 관광사업
		69	통신사업

KDC 6		NDC 10	
600	예술	70	예술, 미술
610	[미사용]	71	조각, 오브제
620	조각, 조형미술	72	회화, 서(書), 서도(書道)
630	공예	73	판화, 인장, 전각, 인보(印譜)
640	서예	74	사진, 인쇄
650	회화, 도화, 디자인	75	공예
660	사진예술	76	음악, 무용, 발레
670	음악	77	연극, 영화, 대중예능
680	공연예술, 매체예술	78	스포츠, 체육
690	오락, 스포츠	79	제예(諸藝), 오락
700	언어	80	언어
710	한국어	81	일본어
720	중국어	82	중국어, 기타 동양제언어
730	일본어 및 기타 아시아 제어	83	영어
740	영어	84	독일어, 기타 게르만제어
750	독일어	85	프랑스어, 프로방스어
760	프랑스어	86	스페인어, 포르투갈어
770	스페인어 및 포르투갈어	87	이탈리아어, 기타로망스제어
780	이탈리아어	88	러시아어, 기타슬라브제어
790	기타 제어	89	기타 제언어
800	문학	90	문학
810	한국문학	91	일본문학
820	중국문학	92	중국문학, 기타 동양문학
830	일본문학 및 기타 아시아 제문학	93	영미문학
840	영미문학	94	독일문학, 기타게르만문학
850	독일문학	95	프랑스문학, 프로방스문학
860	프랑스문학	96	스페인문학, 포르투갈문학
870	스페인 및 포르투갈 문학	97	이탈리아문학, 기타로망스문학
880	이탈리아문학	98	러시아소비에트문학, 기타슬라브문학
890	기타 제문학	99	기타 제언어문학
900	역사	20	역사, 세계사, 문화사
910	아시아	21	일본사
920	유럽	22	아시아사, 동양사
930	아프리카	23	유럽사, 서양사
940	북아메리카	24	아프리카사
950	남아메리카	25	북아메리카사
960	오세아니아, 양극지방	26	남아메리카사
970	[미사용]	27	오세아니아사, 양극지방사
980	지리	28	전기
990	전기	29	지리, 지지(地誌), 기행

Ⅴ. KDC 제6판의 주류표, 강목표, 요목표, 조기표

주 류 표

000	총　　류
100	철　　학
200	종　　교
300	사회과학
400	자연과학
500	기술과학
600	예　　술
700	언　　어
800	문　　학
900	역　　사

강 목 표

000 총 류 010 도서학, 서지학 020 문헌정보학 030 백과사전 040 강연집, 수필집, 연설문집 050 일반연속간행물 060 일반 학회, 단체, 협회, 기관, 연구기관 070 신문, 저널리즘 080 일반 전집, 총서 090 향토자료	500 기술과학 510 의 학 520 농업, 농학 530 공학, 공업일반, 토목공학, 환경공학 540 건축, 건축학 550 기계공학 560 전기공학, 통신공학, 전자공학 570 화학공학 580 제 조 업 590 생활과학
100 철 학 110 형이상학 120 인식론, 인과론, 인간학 130 철학의 체계 140 경 학 150 동양철학, 동양사상 160 서양철학 170 논 리 학 180 심 리 학 190 윤리학, 도덕철학	600 예 술 610 [미 사 용] 620 조각, 조형미술 630 공 예 640 서 예 650 회화, 도화, 디자인 660 사진예술 670 음 악 680 공연예술, 매체예술 690 오락, 스포츠
200 종 교 210 비교종교 220 불 교 230 기 독 교 240 도 교 250 천 도 교 260 [미 사 용] 270 힌두교, 브라만교 280 이슬람교(회교) 290 기타 제종교	700 언 어 710 한 국 어 720 중 국 어 730 일본어 및 기타 아시아 제어 740 영 어 750 독 일 어 760 프랑스어 770 스페인어 및 포르투갈어 780 이탈리아어 790 기타 제어
300 사회과학 310 통계자료 320 경 제 학 330 사회학, 사회문제 340 정 치 학 350 행 정 학 360 법률, 법학 370 교 육 학 380 풍습, 예절, 민속학 390 국방, 군사학	800 문 학 810 한국문학 820 중국문학 830 일본문학 및 기타 아시아 제문학 840 영미문학 850 독일문학 860 프랑스문학 870 스페인 및 포르투갈 문학 880 이탈리아문학 890 기타 제문학
400 자연과학 410 수 학 420 물 리 학 430 화 학 440 천 문 학 450 지 학 460 광 물 학 470 생명과학 480 식 물 학 490 동 물 학	900 역 사 910 아 시 아 920 유 럽 930 아프리카 940 북아메리카 950 남아메리카 960 오세아니아, 양극지방 970 [미 사 용] 980 지 리 990 전 기

요 목 표
000 총 류

000 총 류	050 일반연속간행물
001 지식 및 학문 일반	051 한 국 어
002 [미 사 용]	052 중 국 어
003 이론 체계 및 시스템	053 일 본 어
004 컴퓨터과학	054 영 어
005 프로그래밍, 프로그램, 데이터	055 독 일 어
006 [미 사 용]	056 프랑스어
007 [미 사 용]	057 스페인어
008 [미 사 용]	058 기타 제언어
009 [미 사 용]	059 연 감
010 도서학, 서지학	060 일반 학회, 단체, 협회, 기관, 연구기관
011 저 작	061 아 시 아
012 필사본, 판본, 제본	062 유 럽
013 출판 및 판매	063 아프리카
014 개인서지 및 목록	064 북아메리카
015 국가별 서지 및 목록	065 남아메리카
016 주제별 서지 및 목록	066 오세아니아, 양극지방
017 특수서지 및 목록	067 일반지역
018 일반서지 및 목록	068 해 양
019 장서목록	069 박물관학
020 문헌정보학	070 신문, 저널리즘
021 도서관 행정 및 재정	071 아 시 아
022 도서관 건축 및 설비	072 유 럽
023 도서관 경영, 관리	073 아프리카
024 수서, 정리 및 보존	074 북아메리카
025 도서관 봉사 및 활동	075 남아메리카
026 일반도서관	076 오세아니아, 양극지방
027 학교 및 대학 도서관	077 일반지역
(028) 기록관리	078 특정주제의 신문
029 독서 및 정보매체의 이용	079 [미 사 용]
030 백과사전	080 일반 전집, 총서
031 한 국 어	081 개인의 일반전집
032 중 국 어	082 2인 이상의 일반 전집, 총서
033 일 본 어	083 [미 사 용]
034 영 어	084 [미 사 용]
035 독 일 어	085 [미 사 용]
036 프랑스어	086 [미 사 용]
037 스페인어	087 [미 사 용]
038 이탈리아어	088 [미 사 용]
039 기타 제언어	089 [미 사 용]
040 강연집, 수필집, 연설문집	090 향토자료
041 한 국 어	091 [미 사 용]
042 중 국 어	092 [미 사 용]
043 일 본 어	093 [미 사 용]
044 영 어	094 [미 사 용]
045 독 일 어	095 [미 사 용]
046 프랑스어	096 [미 사 용]
047 스페인어	097 [미 사 용]
048 이탈리아어	098 [미 사 용]
049 기타 제언어	099 [미 사 용]

100 철 학

100 철 학	150 동양철학, 동양사상
101 철학 및 이론의 효용	151 한국 철학, 사상
102 잡 저	152 중국 철학, 사상
103 사전, 사전, 용어사전	153 일본 철학, 사상
104 강연집, 수필집	154 동남아시아 제국 철학, 사상
105 연속간행물	155 인도 철학, 사상
106 학회, 단체, 협회, 기관, 회의	156 중앙아시아 제국 철학, 사상
107 지도법, 연구법 및 교육, 교육자료	157 시베리아 철학, 사상
108 총서, 전집, 선집	158 서남아시아 제국 철학, 사상
109 철 학 사	159 아라비아반도 철학, 사상
110 형이상학	160 서양철학
111 방 법 론	161 [미 사 용]
112 존 재 론	162 미국철학
113 우주론 및 자연철학	163 북구철학
114 공 간	164 영국철학
115 시 간	165 독일, 오스트리아 철학
116 운동과 변화	166 프랑스, 네덜란드 철학
117 구 조	167 스페인철학
118 힘과 에너지	168 이탈리아철학
119 물질과 질량	169 러시아철학
120 인식론, 인과론, 인간학	170 논 리 학
121 인 식 론	171 연 역 법
122 인 과 론	172 귀 납 법
123 자유 및 필연	173 변증법적 논리학
124 목 적 론	174 기호, 수리 논리학
125 가 치 론	175 오 류
126 철학적 인간학	176 삼단논법
127 [미 사 용]	177 가설, 가정
128 [미 사 용]	178 유 추
129 [미 사 용]	179 논증, 설득
130 철학의 체계	180 심 리 학
131 관념론 및 연관철학	181 심리학각론
132 비판철학	182 차이심리학
133 합 리 론	183 발달심리학
134 인문주의	184 이상심리학
135 경 험 론	185 생리심리학
136 자연주의	186 임상심리학
137 유 물 론	187 심령연구 및 비학, 초심리학
138 과학주의	188 상법, 운명판단
139 기 타	189 응용심리학 일반
140 경 학	190 윤리학, 도덕철학
141 역류(한역)	191 일반윤리학 각론
142 서 류	192 가정윤리
143 시 류	193 국가 및 정치 윤리
144 예 류	194 사회윤리
145 악 류	195 직업윤리 일반
146 춘 추 류	196 오락 및 경기 윤리
147 효 경	197 성윤리 및 생식윤리
148 사 서	198 소비윤리
149 [미 사 용]	199 도덕훈, 교훈

200 종 교

200 종 교	250 천 도 교
201 종교철학 및 종교사상	251 교리, 교의
202 잡 저	252 창시자(교주) 및 제자
203 사전, 사전	253 경전, 성전
204 자연종교, 자연신학	254 신앙록, 신앙생활, 수도생활
205 연속간행물	255 선교, 포교, 전도, 교육 활동
206 학회, 단체, 협회, 기관, 회의	256 종단, 교단
207 지도법, 연구법 및 교육, 교육자료	257 예배형식, 의식, 의례
208 총서, 전집, 선집	258 동학교분파
209 종 교 사	259 단군교, 대종교
210 비교종교	260 [미 사 용]
211 교 리	261 [미 사 용]
212 종교창시자(교주) 및 제자	262 [미 사 용]
213 경전, 성전	263 [미 사 용]
214 종교신앙, 신앙록, 신앙생활, 수도생활	264 [미 사 용]
215 선교, 포교, 전도, 교육 활동	265 [미 사 용]
216 종단, 교단(교당론)	266 [미 사 용]
217 예배형식, 의식, 의례	267 [미 사 용]
218 종파, 교파	268 [미 사 용]
219 신화, 신화학	269 [미 사 용]
220 불 교	270 힌두교, 브라만교
221 불교교리	271 교리, 교의
222 부처, 보살, 불제자	272 창시자(교주) 및 제자
223 경전(불전, 불경, 대장경)	273 경전, 성전
224 종교신앙, 신앙록, 신앙생활	274 신앙록, 신앙생활, 수도생활
225 포교, 교육, 교화 활동	275 선교, 포교, 전도, 교육 활동
226 사 원 론	276 종단, 교단
227 법회, 의식, 행사(의궤)	277 예배형식, 의식, 의례
228 종 파	278 종파, 교파
229 라 마 교	279 자이나교
230 기 독 교	280 이슬람교(회교)
231 기독교 신학, 교의학(조직신학)	281 교리, 교의
232 예수 그리스도, 사도	282 창시자(교주) 및 제자
233 성서(성경)	283 경전, 성전
234 종교신앙, 신앙록, 신앙생활	284 신앙록, 신앙생활, 수도생활
235 전도, 교육, 교화 활동, 목회학	285 선교, 포교, 전도, 교육 활동
236 교 회 론	286 종단, 교단
237 예배, 의식, 성례	287 예배형식, 의식, 의례
238 교 파	288 종파, 교파
239 유대교(유태교)	289 조로아스터교(요교, 배화교)
240 도 교	290 기타 제종교
241 교의, 신선사상	291 아 시 아
242 교주, 개조(장도릉)	292 유 럽
243 도 장	293 아프리카
244 신앙록, 신앙생활	294 북아메리카
245 포교, 전도, 교육, 교육 활동	295 남아메리카
246 사원론(도관)	296 오세아니아, 양극지방
247 행사, 법술	297 [미 사 용]
248 교 파	298 [미 사 용]
249 [미 사 용]	299 기타 다른 기원의 종교

300 사회과학

300 사회과학	350 행정학
301 사회사상	351 아시아
302 잡저	352 유럽
303 사전, 사전	353 아프리카
304 강연집, 수필집, 연설문집	354 북아메리카
305 연속간행물	355 남아메리카
306 학회, 단체, 협회, 기관, 회의	356 오세아니아, 양극지방
307 연구법, 연구방법 및 교육, 교육자료	357 일반지역
308 총서, 전집, 선집	358 [미사용]
309 사회·문화 사정	359 지방자치 및 지방행정
310 통계자료	360 법률, 법학
311 아시아	361 국제법
312 유럽	362 헌법
313 아프리카	363 행정법
314 북아메리카	364 형법
315 남아메리카	365 민법
316 오세아니아, 양극지방	366 상법
317 일반지역	367 사법제도 및 소송법
318 [미사용]	368 기타 제법
319 인구통계	369 각국 법 및 예규
320 경제학	370 교육학
321 경제각론	371 교육 정책 및 행정
322 경제정책	372 학교 행정 및 경영, 보건 및 교육 지도
323 산업경제 일반	373 학습지도, 교육방법
324 기업경제	374 교육과정
325 경영	375 유아 및 초등 교육
326 상업, 교통, 통신	376 중등교육
327 금융	377 대학, 전문, 고등 교육
328 보험	378 평생교육
329 재정	379 특수교육
330 사회학, 사회문제	380 풍습, 예절, 민속학
331 사회학	381 의식주의 풍습
332 사회 조직 및 제도	382 연령별, 성별, 신분별 사회계층의 풍습
333 [미사용]	383 사회생활의 풍습
334 사회문제	384 관혼상제
335 생활문제	385 예절
336 [미사용]	386 축제, 세시풍속
337 여성문제	387 [미사용]
338 사회복지	388 민속학
339 사회단체	389 문화인류학
340 정치학	390 국방, 군사학
341 국가형태	391 군사행정
342 국가와 개인 및 집단	392 전략, 전술
343 [미사용]	393 군사 교육 및 훈련
344 선거	394 군사 시설 및 장비
345 입법	395 군특수기술근무
346 정당	396 육군
347 [미사용]	397 해군
348 [미사용]	398 공군
349 외교, 국제 관계	399 고대병법

400 자연과학

400 자연과학	450 지 학
401 철학 및 이론	451 지구물리학
402 잡저(편람, 제표, 서지, 인명록)	452 지 형 학
403 사전, 백과사전	453 기상학, 기후학
404 강연집, 수필집, 연설문집	454 해 양 학
405 연속간행물	455 구조지질학
406 학회, 단체, 기관, 회의	456 지 사 학
407 지도법, 연구법 및 교육, 교육자료	457 고생물학(화석학)
408 전집, 총서	458 응용지질학 일반 및 광상학
409 과 학 사	459 암 석 학
410 수 학	460 광 물 학
411 산 수	461 원소광물
412 대 수 학	462 황화광물
413 통 계 학	463 할로겐화광물
414 해 석 학	464 산화광물
415 기 하 학	465 규산 및 규산염광물
416 위상수학	466 기타 산화물을 포함한 광물
417 삼 각 법	467 유기광물
418 해석기하학	468 [미 사 용]
419 기타 산법	469 결 정 학
420 물 리 학	470 생명과학
421 고체역학	471 인 류 학
422 유체역학	472 생 물 학
423 기체역학	473 생명론, 생물철학
424 음향학, 진동학	474 세포학(세포생물학)
425 광 학	475 미생물학
426 열 학	476 생물진화
427 전기학 및 전자학	477 생물지리학
428 자 기	478 현미경 및 현미경검사법 일반
429 현대물리학	479 생물 채집 및 보존
430 화 학	480 식 물 학
431 이론화학과 물리화학	481 일반 식물학
432 화학 실험실, 기기, 시설	482 은화식물
433 분석화학	483 엽상식물
434 합성화학 일반	484 조 균 류
435 무기화학	485 현화식물, 종자식물
436 금속원소와 그 화합물	486 나자식물
437 유기화학	487 피자식물
438 고리형화합물	488 단자엽식물
439 고분자화합물과 기타 유기물	489 쌍자엽식물
440 천 문 학	490 동 물 학
441 이론천문학	491 일반 동물학
442 실지천문학	492 무척추동물
443 기술천문학	493 원생동물, 해면동물, 자포동물, 선형동물
444 [미 사 용]	494 연체동물, 의연체동물
445 지 구	495 절지동물, 곤충류
446 측 지 학	496 척삭(척색)동물
447 항해천문학	497 어류, 양서류, 파충류
448 역법, 측시법	498 조 류
449 각국의 역	499 포 유 류

500 기술과학

500 기술과학	550 기계공학
501 기술 철학 및 이론	551 기계 역학, 요소 및 설계
502 잡 저	552 공구와 가공장비
503 사전, 백과사전, 용어집	553 열공학과 원동기
504 강연집, 수필집, 연설문집	554 유체역학, 공기역학, 진공학
505 연속간행물	555 정밀기계
506 학회, 단체, 기관, 회의	556 자동차공학
507 연구법 및 교육지도법	557 철도차량, 기관차
508 전집, 총서	558 항공우주공학, 우주항법학
509 기 술 사	559 기타 공학
510 의 학	560 전기공학, 통신공학, 전자공학
511 기초의학	561 전기 회로, 계측, 재료
512 임상의학 일반	562 전기 기계 및 기구
513 내 과 학	563 발 전
514 외 과	564 송전, 배전
515 치과의학, 이비인후과학, 안과학 및 기타 임상의학	565 전등, 조명, 전열
516 산부인과, 소아과학	566 [미 사 용]
517 건강증진, 공중보건 및 예방의학	567 통신공학
518 약 학	568 무선공학
519 한 의 학	569 전자공학
520 농업, 농학	570 화학공학
521 농업기초학	571 공업화학약품
522 농업경제	572 폭발물, 연료 공업
523 재배 및 보호	573 음료기술
524 작 물 학	574 식품공학
525 원 예	575 납, 유지, 석유, 가스 공업
526 임학, 임업	576 요업 및 관련공업
527 축 산 학	577 세탁, 염색 및 관련공업
528 수 의 학	578 고분자화학공업
529 수산업, 생물자원의 보호, 수렵업	579 기타 유기화학공업
530 공학, 공업일반, 토목공학, 환경공학	580 제 조 업
531 토목공학	581 금속 제조 및 가공업
532 토목역학, 토목재료	582 철 및 강철 제품
533 측 량	583 철기류 및 소규모철공
534 도로공학	584 제재업, 목공업, 목제품
535 철도공학	585 피혁 및 모피 공업
536 교량공학	586 펄프, 종이 및 관련공업
537 수리공학	587 직물 및 섬유 공업
538 항만공학	588 의류제조
539 위생, 도시, 환경 공학	589 소형상품제조
540 건축, 건축학	590 생활과학
541 건축재료	591 가정관리 및 가정생활
542 건축 시공 및 적산	592 의 복
543 구조역학 및 건축일반구조	593 몸치장(몸단장), 화장
544 친환경건축 및 특정목적건축	594 식품과 음료
545 건물 세부구조	595 주택관리 및 가정설비
546 건축 환경, 설비, 배관 및 파이프 부설	596 공동주거용 주택 시설관리
547 난방, 환기 및 공기조화 공학	597 가정위생
548 건축마감 및 인테리어	598 육 아
549 각종 건물	599 [미 사 용]

600 예 술

600 예 술	650 회화, 도화, 디자인
601 미술이론, 미학	651 채색 이론 및 실제
602 미술 재료 및 기법	652 회화의 재료 및 기법
603 미술 용어사전, 백과사전	653 시대별 및 국별 회화
604 미술의 주제	654 주제별 회화
605 미술연속간행물	655 [미 사 용]
606 미술분야의 학회, 단체, 기관, 회의	656 소묘, 도화
607 미술의 지도법, 연구법 및 교육, 교육자료	657 만화, 삽화
608 미술 전집, 총서	658 디 자 인
609 미 술 사	659 판 화
610 [미 사 용]	660 사진예술
611 [미 사 용]	661 사진기, 사진재료
612 [미 사 용]	662 사진촬영기술
613 [미 사 용]	663 음화처리
614 [미 사 용]	664 양화처리(인화)
615 [미 사 용]	665 [미 사 용]
616 [미 사 용]	666 특수사진술
617 [미 사 용]	667 사진응용
618 [미 사 용]	668 사 진 집
619 [미 사 용]	669 [미 사 용]
620 조각, 조형미술	670 음 악
621 [미 사 용]	671 음악 이론 및 기법
622 조소 재료 및 기법	672 종교음악
623 목 조	673 성 악
624 석 조	674 극음악, 오페라
625 금 동 조	675 기악합주
626 점토조소, 소조	676 건반악기 및 타악기
627 기타 재료	677 현 악 기
628 전각, 인장	678 관악기(취주악기)
629 제 상	679 한국음악 및 동양전통음악
630 공 예	680 공연예술, 매체예술
631 도자공예, 유리공예	681 극장, 제작, 연출, 연기
632 금속공예	682 연 희
633 보석, 갑각, 패류, 알 공예	683 [미 사 용]
634 목, 죽, 화훼, 왕골 공예	684 각종 연극
635 칠 공 예	685 무용, 발레
636 염직물공예, 섬유공예	686 라디오극(방송극) 및 음성(소리)매체 예술
637 고무, 플라스틱 공예	687 텔레비전극 및 시청각매체 방송 예술
638 미술가구	688 영 화
639 [미 사 용]	689 대중연예
640 서 예	690 오락, 스포츠
641 한자서체	691 오 락
642 한자서법	692 체육학, 스포츠
643 한글서체	693 체조, 놀이
644 기타 서법	694 육상경기
645 [미 사 용]	695 구 기
646 펜 습 자	696 수상경기, 공중경기
647 낙관, 수결(서명)	697 동계스포츠
648 서보, 서첩, 법첩	698 무예 및 기타 경기
649 문 방 구	699 기타 오락 및 레저스포츠

700 언 어

700 언 어	750 독 일 어
701 언 어 학	751 음운, 음성, 문자
702 잡 저	752 어원, 어의
703 사 전	753 사 전
704 강연집, 수필집	754 어 휘
705 연속간행물	755 문 법
706 학회, 단체, 기관, 회의	756 작 문
707 지도법, 연구법 및 교육, 교육자료	757 독본, 해석, 회화
708 전집, 총서	758 방언(사투리)
709 언어사 및 언어정책, 언어행정	759 기타 게르만어파
710 한 국 어	760 프랑스어
711 음운, 음성, 문자	761 음운, 음성, 문자
712 어원, 어의	762 어원, 어의
713 사 전	763 사 전
714 어 휘	764 어 휘
715 문 법	765 문 법
716 작 문	766 작 문
717 독본, 해석, 회화	767 독본, 해석, 회화
718 방언(사투리)	768 방언(사투리)
719 [미 사 용]	769 프로방스어
720 중 국 어	770 스페인어 및 포르투갈어
721 음운, 음성, 문자	771 음운, 음성, 문자
722 어원, 어의	772 어원, 어의
723 사 전	773 사 전
724 어 휘	774 어 휘
725 문법, 어법	775 문 법
726 작 문	776 작 문
727 독본, 해석, 회화	777 독본, 해석, 회화
728 방언(사투리)	778 방언(사투리)
729 [미 사 용]	779 포르투갈어
730 일본어 및 기타 아시아 제어	780 이탈리아어
731 음운, 음성, 문자	781 음운, 음성, 문자
732 어원, 어의	782 어원, 어의
733 사 전	783 사 전
734 어 휘	784 어 휘
735 문법, 어법	785 문 법
736 작 문	786 작 문
737 독본, 해석, 회화	787 독본, 해석, 회화
738 방언(사투리)	788 방언(사투리)
739 기타 아시아 제어	789 루마니아어
740 영 어	790 기타 제어
741 음운, 음성, 문자	791 [미 사 용]
742 어원, 어의	792 인도-유럽어족
743 사 전	793 아프리카 제어
744 어 휘	794 북아메리카 인디언어
745 문 법	795 남아메리카 인디언어
746 작 문	796 오스트로네시아어족
747 독본, 해석, 회화	797 셈어족(셈어파)
748 방언(사투리)	798 함어족(함어파)
749 앵글로색슨어	799 국제어(인공어) 및 기타 언어

800 문 학

800 문 학 801 문학이론 802 문장작법, 수사학 803 사전, 사전 804 수필집, 강연집 805 연속간행물 806 학회, 단체, 기관, 회의 807 지도법 및 연구법, 교육, 교육자료 808 전집, 총서 809 문학사, 평론 810 한국문학	850 독일문학 851 시 852 희곡 853 소설 854 수필 855 연설, 웅변 856 일기, 서간, 기행 857 풍자 및 유머 858 르포르타주 및 기타 859 기타 게르만문학 860 프랑스문학
811 시 812 희곡 813 소설 814 수필 815 연설, 웅변 816 일기, 서간, 기행 817 풍자 및 유머 818 르포르타주 및 기타 819 [미 사 용] 820 중국문학	861 시 862 희곡 863 소설 864 수필 865 연설, 웅변 866 일기, 서간, 기행 867 풍자 및 유머 868 르포르타주 및 기타 869 프로방스문학 870 스페인 및 포르투갈 문학
821 시 822 희곡 823 소설 824 수필 825 연설, 웅변 826 일기, 서간, 기행 827 풍자 및 유머 828 르포르타주 및 기타 829 [미 사 용] 830 일본문학 및 기타 아시아 제문학	871 시 872 희곡 873 소설 874 수필 875 연설, 웅변 876 일기, 서간, 기행 877 풍자 및 유머 878 르포르타주 및 기타 879 포르투갈문학 880 이탈리아문학
831 시 832 희곡 833 소설 834 수필 835 연설, 웅변 836 일기, 서간, 기행 837 풍자 및 유머 838 르포르타주 및 기타 839 기타 아시아 제문학 840 영미문학	881 시 882 희곡 883 소설 884 수필 885 연설, 웅변 886 일기, 서간, 기행 887 풍자 및 유머 888 르포르타주 및 기타 889 루마니아문학 890 기타 제문학
841 시 842 희곡 843 소설 844 수필 845 연설, 웅변 846 일기, 서간, 기행 847 풍자 및 유머 848 르포르타주 및 기타 (849) 미국문학	891 [미 사 용] 892 인도-유럽계문학 893 아프리카 제문학 894 북아메리카 인디언문학 895 남아메리카 인디언문학 896 오스트로네시아문학 897 셈족문학 898 함족문학 899 기타 문학

900 역 사

900 역사	950 남아메리카
901 역사 철학 및 이론	951 콜롬비아
902 역사보조학	952 베네수엘라와 기아나 지역
903 사전, 사전	953 브 라 질
904 강연집, 사평	954 에콰도르
905 연속간행물	955 페 루
906 학회, 단체, 기관, 회의	956 볼리비아
907 지도법, 연구법 및 교육, 교육자료	957 파라과이, 우루과이
908 전집, 총서	958 아르헨티나
909 세계사, 세계문화사	959 칠 레
910 아 시 아	960 오세아니아, 양극지방
911 한 국	961 [미 사 용]
912 중 국	962 오스트레일리아(호주)
913 일 본	963 뉴질랜드
914 동남아시아	964 파푸아뉴기니
915 인디아와 남부아시아	965 멜라네시아
916 중앙아시아	966 미크로네시아와 인접국가
917 시베리아	967 폴리네시아와 하와이
918 서남아시아, 중동	968 대서양제도
919 아라비아반도와 인접지역	969 양극지방
920 유 럽	970 [미 사 용]
921 고대 그리스(희랍고대사)	971 [미 사 용]
922 고대 로마	972 [미 사 용]
923 스칸디나비아	973 [미 사 용]
924 영국, 아일랜드	974 [미 사 용]
925 독일과 중앙유럽	975 [미 사 용]
926 프랑스와 인접국가	976 [미 사 용]
927 스페인과 인접국가	977 [미 사 용]
928 이탈리아와 인접국가	978 [미 사 용]
929 러시아와 동부유럽	979 [미 사 용]
930 아프리카	980 지 리
931 북아프리카	981 아시아지리
932 [미 사 용]	982 유럽지리
933 [미 사 용]	983 아프리카지리
934 서아프리카	984 북아메리카지리
935 [미 사 용]	985 남아메리카지리
936 중앙아프리카	986 오세아니아와 양극 지리
937 동아프리카	987 지역구분 일반지리
938 남아프리카	988 해 양
939 남인도양제도	989 지도 및 지도책
940 북아메리카	990 전 기
941 캐 나 다	991 아시아전기
942 미국(미합중국)	992 유럽전기
943 멕 시 코	993 아프리카전기
944 중앙아메리카(중미제국)	994 북아메리카전기
945 과테말라, 벨리즈, 엘살바도르	995 남아메리카전기
946 온두라스	996 오세아니아와 양극 전기
947 니카라과	997 [미 사 용]
948 코스타리카, 파나마	998 주제별 전기
949 서인도제도	999 계보, 족보

조 기 표

1. 표준구분표
- −01   철학 및 이론
- −02   잡저(雜著)
- −03   사전(辭典), 사전(事典), 인용어사전, 용어집, 약어집
- −04   강연집, 수필집, 연설문집
- −05   연속간행물
- −06   각종 단체, 조직(학회, 단체, 협회, 기관, 회의) 및 경영
- −07   지도법, 연구법 및 교육, 교육자료
- −08   총서, 전집, 선집
- −09   역사 및 지역구분

2. 지역구분표
- −1   아시아
- −11   대한민국
- −12   중국
- −13   일본
- −14   동남아시아
- −15   인디아와 남부아시아
- −16   중앙아시아
- −17   시베리아
- −18   서남아시아, 중동(中東)
- −19   아라비아반도와 인접지역

- 2 　　　　유　　럽
　- 21 　　　　고대 그리스
　- 22 　　　　고대 로마
　- 23 　　　　스칸디나비아
　- 24 　　　　영국, 아일랜드
　- 25 　　　　독일과 중앙유럽
　- 26 　　　　프랑스와 인접국가
　- 27 　　　　스페인과 인접국가
　- 28 　　　　이탈리아와 인접국가
　- 29 　　　　러시아와 동부유럽
- 3 　　　아프리카
- 4 　　　북아메리카
　- 41 　　　　캐나다
　- 42 　　　　미국(미합중국)
　- 43 　　　　멕시코
　- 44 　　　　중앙아메리카(중미제국)
　- 45 　　　　과테말라, 벨리즈, 엘살바도르
- 5 　　　남아메리카(남미)
- 6 　　　오세아니아, 양극지방 [전 오세아니아]
- 7 　　　지역구분 일반
- 8 　　　해　　양

[3. 한국지역구분표]

한국지역구분표는 지역구분표로 통합한다.
지역구분표 -111-1199와 같이 세분한다.

[4. 한국시대구분표]

한국시대구분표는 본표의 기호로 대체한다.
본표 911.01-.082와 같이 세분한다.

3. 국어구분표

- -1　　　한국어
- -2　　　중국어
- -3　　　일본어
- -39　　　기타 아시아 제어
- -4　　　영어
- -5　　　독일어
- -59　　　기타 게르만어
- -6　　　프랑스어
- -7　　　스페인어
- -79　　　포르투갈어
- -8　　　이탈리아어
- -9　　　기타 제어
- -928　　　러시아어

4. 문학형식구분표

- -1　시
- -2　희곡
- -3　소설
- -4　수필, 소품
- -5　연설, 웅변
- -6　일기, 서간, 기행
- -7　풍자 및 유머
- -8　르포르타주 및 기타

7. 언어공통구분표
- 1　음운 및 문자
- 2　어원
- 3　사전
- 4　어휘
- 5　문법
- 6　작문
- 7　독본, 해석, 회화
- 8　방언(사투리)

8. 종교공통구분표
- 1　　　교리, 교의
- 2　　　종교창시자(교주) 및 제자
- 3　　　경전, 성전
- 4　　　종교신앙, 신앙록, 신앙생활, 수도생활
- 5　　　선교, 포교, 전도, 교화(교육) 활동
- 6　　　종단, 교단
- 7　　　예배형식, 의식, 의례
- 8　　　종파, 교파

VI 문헌 분류 관련 주요 용어 해설[1]

- **CIP(Cataloging in Publication)**: 자료의 출판에 앞서 출판자로부터 제공되는 교정쇄를 바탕으로 하여, 국가 서지 작성 기관이 중앙 집중식 편목에 의해 서지 레코드를 작성하고, 그 레코드를 출판자가 표제지 이면(裏面)에 인쇄하여 출판하는 것. 이것에 의해, 자료를 수입된 시점에서 도서관은 어느 정도 신뢰성이 있는 서지 레코드를 참조하는 것이 가능하게 된다. 표시되는 서지 레코드에는 당초 미확정인 출판이나 형태에 관한 사항은 생략하고 있는데, 분류 기호나 주제명 표목은 포함되어 있다. CIP는 출판계의 협력에 의해, 미국의회도서관(LC)이 1971년에 시작하였으며, 그 후 영국, 캐나다 등 각국에 미치고 있는데, 한국에서는 국립중앙도서관에 의해 e-CIP라는 이름으로 운영되고 있으며, 일본에서는 실시되지 않고 있다. CIP 데이터는 국가 서지 작성 기관에 의해 MARC에도 수록되며, 서지 유틸리티에서의 카피 편목에도 이용되고 있으며, 편목 작업의 신속화, 표준화에 기여하고 있다.

- **간략분류(broad classification)**: 분류표에서 최소구분(분류)지까지 정밀하게 분류하지 않고 포괄적인 상위의 주제로 분류하는 것. (1) 외연(外延)이 넓은 개념의 클래스로 구성되어 있어 세목이 적고, 특수한 클래스까지 전개되어 있지 않은 분류 체계. (2) 분류 체계는 상세하게 세목을 준비하고 있더라도, 자료의 주제보다 외연이 넓은 클래스를 부여하여 분류하는 것.

- **개념분석(槪念分析, concept analysis)**: 자료의 주제 내용을 개개의 개념 요소로 분석하는 것. 즉 주제가 어떤 개념으로 성립되고, 그러한 개념이 어떻게 관련되어 있는지를 분석하는 것을 말한다. 개념이란 사물에 관한 추상적인 관념으로, 특정의 명사(名辭)는 부여되지 않는다.

- **계층구조(hierarchy)**: 가장 일반적인 것으로부터 가장 특수한 것으로 순서 있게 전개된 학문영역이나 주제의 배열. 계층 분류법에서 각각의 분류 단계를 서열화한 것. 각각의 분류 단계가 유사성과 차이성의 정도에 따라, 일반으로부터 특수로 구분되며, 지식의 제1차 구분, 제2차 구분, 제3차 구분으로, 이 이상은 불가능하거나 비현실적이 될 때까지 계속된다.

---

[1] 이 용어 해설은 저자의 다음 두 자료의 내용을 재정리한 것으로, 개별항목에 대한 별도의 인용 표시 없이 인용하였음: (1) 오동근, DDC 22의 이해 (대구: 태일사, 2007), pp.367-374. (2) 일본도서관정보학회 용어사전편집위원회 편. 문헌정보학 용어 사전. 오동근 역. (대구: 태일사, 2011)의 참조.

계층기호법(hierarchical notation): 분류표의 계층 관계를 반영하는 기호법. DDC나 KDC, NDC는 십진식 기호법에 의한 계층 기호법이라고 말할 수 있다. 검색 시에 자리 수를 조절함으로써, 검색의 폭을 넓히거나 좁힐 수 있다는 이점이 있다. 그러나 현실에서는, 분류 기호가 계층 관계를 완전히 표현하는 것은 곤란하며, 계층 표현성의 한계를 인식해 둘 필요가 있다.

계층분류법(hierarchical classification): 클래스가 일반적인 것으로부터 특수한 것으로 단계를 따라 다단계로 구분되어 있는 분류법.

고유보조기호(固有補助記號) → 특수보조기호

고정식배가법(fixed location): 도서관에서 도서를 배열하는 한 방법으로, 한 도서를 일정 서가의 일정한 위치에 고정배치하여 이동하지 않도록 하는 배열법.

공통보조기호(common auxiliary): 특수보조기호(고유보조기호)와 함께, 국제십진분류법(UDC)의 보조 기호의 하나. 다만 UDC 일본어 중간판에서는 「공통보조표수」(共通補助標數)라고 칭하고 있다. UDC 일본어 중간판에 의하면, "본표 기호(主標數)가 가진 개념을 다른 각도에서 한정·세분화하는" 것이라고 정의하고 있다. 특수(고유) 보조 기호가 특정의 본표 기호에 대해서만 부가할 수 있는 것에 대해, 모든 본표 기호에 대해 부가할 수 있고, 또한 일부는 단독으로도 사용할 수 있다는 특징이 있다. 언어·국어, 자료의 형식, 장소, 인종·민족·국적, 시대, 문자·숫자·기호, 관점, 재료·사람 등이 있다. 일반적으로는 공통 세목이라고 불리는 것에 상당하는 것으로 생각된다.

공통세목(common subdivision): 일반 분류표에서, 지역명이나 언어명, 표현 형식과 같이, 많은 곳에 공통하여 나타나는 사항을, 분류표의 개개의 곳에 게재하지 않고, 통상 보조표의 형식으로 1회만 게재하는 것. 공통 세목이라고 하는 것의 범위는 분류표에 따라 다양하다. 단독으로는 사용되지 않으며, 본표 중의 기호에 부가하여 사용한다. 일본십진분류법(NDC)에서는, 형식 구분, 지리 구분 등이 그에 해당한다. 패싯식 분류법의 공통 패싯에 상당한다.

공통패싯(common facet): 패싯식 일반 분류표에서, 장소, 시대, 표현 형식과 같이, 상당수의 주제 분야에 공통하여 나타나는 패싯을, 각 주제 분야에서 반복하지 않고, 통상 보조표 중에 1회만 제시하는 것. 분류표 작성상의 경제성이나 조기성 등의 이점에 의해, 패싯식 분류표뿐만 아니라, 대부분의 주요 일반 분류표가 공통 패싯에 상당하는 것을 갖추고 있다.

관점(viewpoint): 사상(事象)의 취급 방법. 예를 들면, 결혼의 관점은 법률, 의학, 여성 문제, 풍속 등이다. 관점 분류법에서는, 사상보다 관점을 우선하기 때문에, 같은 사상에 대해 복수의 관점에서 위치를 부여하게 된다. 이 경우 복수의 관점에서 취급되는 학제적(學際

的)인 주제의 위치 부여는 분류 규정 등에 미리 정해 두어야 한다.

관점분류법(aspect classification): 사상(事象) 그 자체가 아니라, 사상을 연구하는 방법이나 검토하는 국면(局面)을 우선하는 분류법. 예를 들면, 결혼이라는 사상을 법률학의 혼인법, 민속학의 결혼 풍속, 생리학의 결혼 생리와 같이, 각각의 주제 분야를 우선하여 분류한다. 그런 까닭으로, 결혼은 법률학, 민속학, 생리학의 각 주제 분야 속에서 다루어지는 형식이 된다. DDC, LCC, KDC, NDC 등, 패싯식 분류법, 열거식 분류법을 불문하고, 현재 보급되고 있는 일반 분류법의 대부분은 관점 분류법이다.

교차분류(cross-classification): 분류에서 두 개 이상의 특성을 동시에 적용하여 구분함으로써 개념이나 용어의 혼란을 초래하여 결국 관련 없는 주제가 모이거나 관련주제가 분산되도록 하는 결과를 가져옴. 구분의 법칙 중, 일관성의 원칙(각 단계의 구분 특성은 단 하나이어야 한다)을 지키지 않은 경우에 생기는 결과. 예를 들면 악곡(樂曲)을 구분할 때, 일관성을 충분히 고려하지 않고, 바로크, 고전파, 기악곡, 성악곡과 같은 구분지(區分肢)를 마련하면, 시대와 연주 수단이라는 두 가지 구분 특성이 혼재하여 교차 분류의 원인이 되며, 특정의 악곡을 일의(一意)로 분류할 수 없게 된다. 구분 특성마다에 구분하고, 구분 특성 적용의 우선순위를 정해 두면, 교차 분류는 발생하지 않는다.

구분(division): 어떤 사상(事象)이나 개념을 큰 집합에서 작은 집합으로 단계적으로 나누어가는 것. 구분에는 단계마다 나누어가는 기준이 필요한데, 그것을 구분 특성이라고 한다. 또한 큰 집합을 구분함으로써 형성된 하위의 집합을, 큰 집합을 구분하는 구분지(區分肢)라고 한다. 나아가 구분되는 집합을 피구분체(被區分體)라고 한다. ↔ 분류

구분특성(characteristic of division): 클래스의 멤버에 공통되는 특성. 그 특성에 의해 멤버는 다른 클래스의 멤버와 구별되며, 상호간에 배타적인 클래스가 형성된다. 분류표를 구축 또는 발본적(拔本的)으로 개정할 때 적용되며, 이것을 잘못하면 교차 분류(交差分類)를 발생시키게 된다.

국립국회도서관분류표(國立國會圖書館分類表)[일본](NDLC, National Diet Library Classification): 일본의 국립국회도서관이 동관(同館)의 장서용으로 작성한 일반 분류표. 사회 과학 A~F, 인문 과학 G~K, 과학 기술 M~S, 총기 사항(總記事項) U, 형식류 W~Z의 순서로 로마자 1자 또는 2자로 1~999의 숫자를 조합시킨 기호법을 채택한다. 각 부문의 모두(冒頭)에 참고 도서 등을 위치시킬 수 있으나, 공통 보조표는 없다. 정치·법률·행정 A~C에는 7종의 부표(附表)를 갖추고 있다. 의회 자료 B, 법령 자료 C, 고서·귀중서 W, 아동서·특수 자료 등 Y, 연속간행물 Z의 형식류가 체계에 포함되어 있다. 1967년에 작성되고, 익년(翌年)에 그 일부의 사용을 시작하였으며, 1969년부터 전면적으로 사용

되고 있다. 그 후 개정판이 1987년에 간행되었다. 그 후의 개정을 반영한 최신판은 2003년부터 국립국회도서관의 홈페이지에 공개되고 있다.

국립국회도서관주제명표목표(國立國會圖書館主題名標目表)[일본](NDLSH, National Diet Library Subject Headings): 일본의 국립국회도서관이 동관(同館) 장서의 주제 검색을 위해 작성한 주제명 표목표. 1964년에 제1판을 간행하였다. 수록 범위는 동관의 화한서(和漢書) 및 양서의 주제 테마로서 부여한 것 가운데, 일반 주제명 전체와, 특별히 선택한 고유명 주제명(국가명, 광범위한 지역명, 역사적 사건명 등)을 포함한다. 1991년에 간행된 제5판이 책자체(冊子體)의 최종판으로, 주제명 표목이 약 17,000어, 참조형이 약 5,400어 수록되어 있다. 참조 구조로서 「보라 참조」밖에 없고, 「도보라 참조」를 갖고 있지 않은 것이 결점으로 여겨지고 있다. 분류 체계순 일람표도 함께 갖추어져 있다. JAPAN MARC나 J-BISC를 이용한 주제 검색에도 없어서는 안 되는 것이다. 시소러스화, 어휘의 증대, 범용성(汎用性)의 확보를 목표로 한 새로운 개정 작업이 진행되어, 이 작업을 반영한 판이 2004년 이후, 국립국회도서관의 홈페이지에 공개되고 있다.

국제정보도큐멘테이션연맹(FID, Fédération Internationale d'Information et de Documentation): 라 퐁테인(Henri La Fontaine 1854-1943)에 의해 1895년에 창설된 국제서지협회(IIB: Institut International de Bibliograpie)를 모체로 한 단체. 국제도큐멘테이션연맹(FID: Federation Internationale de Documentation)으로의 명칭 변경(1938) 등을 거쳐 1988년에 국제정보도큐멘테이션연맹이 되었다. 2000년에 활동을 마무리하고 있다. 각국을 대표하는 국가 회원, 국제 회원, 기업 회원, 기관 회원, 개인 회원, 찬조 회원 등의 회원으로 이루어지며, 과학 기술의 발전, 경제 경쟁력의 향상, 생활의 향상과 질의 개선, 의사 결정의 지원, 교육과 평생 학습의 지원, 인문 사회 과학을 포함한 정보 사회의 전 분야에서의 커뮤니케이션의 촉진 등의 활동을 실시하였다.

국제특허분류(IPC, International Patent Classification): 특허 분류의 국제적인 공통화에 의해 특허 문헌의 정리, 검색, 조사 등의 효율화를 도모하기 위해, 1971년의 국제 특허 분류에 관한 스트라스부르(Strasbourg) 협정을 바탕으로 작성된 특허 분류표. 세계지적소유권기구(WIPO)에 의해 영어판과 불어판이 편집, 발행되었다. 2006년에 제8판이 발행되었으며, 세계지적소유권기구의 웹 사이트에 공개되어 있다. 일본어판은 특허청이 편집하고 있다. 분류는 생활 필수품, 처리 조작·운수, 화학·야금, 섬유·종이, 고정 구조물, 기계 공학·조명·가열·무기·폭파, 물리, 전기의 8부문으로 이루어지고, 다시 세분된다.

규범류(規範類, canonical class): 분류표의 주류를 구성하는 하위 클래스(subclass)인데, 명쾌한 구분 특성이라는 것보다, 전통이나 관습을 바탕으로 옛날부터 인지되어 온 클래스, 규범적 클래스라고도 한다. 예를 들면, 철학에서, 논리학, 인식론, 형이상학, 윤리학, 미학 등, 수학에서, 산술(算術), 대수학, 기하학 등의 클래스이다.

기본건명표목표(基本件名標目表)[일본](BSH, Basic Subject Heading): 일본도서관협회가 편집·간행한 일본의 대표적인 주제명 표목표. 『일본건명표목표』(카토 슈코(加藤宗厚) 편 1930)의 개정판(청년도서관원연맹 편 1944)의 내용을 일신하고, 1956년에 개제(改題)하여 일본도서관협회에 의해 간행되었다. 제4판(1999)이 최신판이며, 표목수는 약 7,847, 참조어는 약 2,873, 설명 부여 참조 93, 세목 169, 합계 10,982 항목이다. 제4판은 국립국회도서관건명표목표와의 정합성이나 기계 가독 레코드로서의 이용도 목표로 한 점에서 이제까지의 것과 크게 다르다. 따라서 책자체(冊子體) 이외에 기계 가독판도 제공되고 있다. 또한 표목표는 음순 표목표(音順標目表), 분류 기호 표목표, 계층 구조 표목표의 3부로 구성되어 있다.

기본범주(fundamental category): 패싯(facet)이 일반화된 것, 또는 클래스가 인지될 수 있는 기본적인 유형으로, 패싯이나 클래스는 그 중의 하나에 할당된다. 카이저(Julius Otto Kaiser 1868-1927)의 구상(具象)과 과정, 랑가나단(S. R. Ranganathan)의 PMEST가 유명하며, 이것들은 모든 분야에 적용 가능하다. 기본 카테고리라고도 한다.

기호법(notation): 문헌분류법에서 각각의 주류, 강목, 요목, 세목에 일정한 분류기호를 부여하여, 분류표를 체계적으로 기호화한 시스템. 문헌분류표의 각 분류표목에 순차를 표시하는 값을 지닌 간략한 기호를 부여함으로써 분류체계를 명확히 하고, 서가배열과 검색 작업을 용이하게 할 수 있다. 십진기호법과 같이 숫자만을 사용하거나, 또는 문자만을 사용하는 등 단일기호를 사용하는 것을 순수기호법(pure notation)이라고 하고, 2종 이상의 문자나 숫자를 조합하여 사용하는 것을 혼합기호법(mixed notation)이라고 한다.

기호의 안정성(integrity of numbers): 분류 기호를 결정할 때, 어떤 분류 항목을 나타내기 위해 사용된 분류 기호는 다른 의미로 재차 사용되어서는 안 되며, 또한 분류표의 개정에 있어서도, 분류 항목의 배치 변경은 좀처럼 실시해서는 안 된다는 원칙. 동일의 분류 기호가 다른 의미로 사용되면, 혼란을 불러일으키기 때문이다. 기호의 보전이라고도 한다.

기호합성(notational synthesis) → 분류기호구성(number building)

내포(內包, connotation; intension): 개념을 언어로 나타내는 것이 명사(名辭)인데, 명사에 의해 표시되는 하나의 개념의 내용, 즉 그 사물이 가지고 있는, 또는 가져야 하는 본질적인 특징과 그것들의 연관(성질)을 말한다. 개념이 의미하고 있는 본질적인 성질이 내포인 것에 대해, 그 개념이 적응할 수 있는 범위를 외연(外延)이라고 한다.

도서기호(book number): 동일한 분류기호를 가진 도서를 개별화하고, 배열과 검색의 편의를 위해, 순서를 정할 목적으로 부여하는 기호. 문자나 숫자, 또는 문자와 숫자를 조합한 세 가지 유형이 있으며, 분류기호와 더불어 청구기호를 구성한다. 도서기호의 종류로는 수입순으로 일련번호를 부여하는 수입순기호법과 동일저자의 저작을 한 자리에 모으기 위한 저자기호법, 발행연도순에 의한 연대기호법이 있으며, 대규모 도서관에서는 이들을 조합하여 사용하는 예가 많다. 저자기호에 서명이나 판을 표시하는 저작기호(work mark)를 합친 방법도 흔히 사용되고 있다. 필요에 따라 분책형식의 도서에 사용되는 권책기호나, 복본을 표시하는 복본기호, 별치배가를 표시하는 별치기호(location mark)를 사용하기도 한다. 청구기호와 저자기호도 보라.

도치형 표목(倒置形標目, inverted heading): 목록에서 통상의 어순(語順)을 바꾸어 넣어 구성한 표목. 예를 들면, 주제명 표목에서는, 한정된 것을 나타내는 데 더 일반적인 용어가 상용(常用)되고 있는 경우나, 그대로의 형으로는 너무나도 소주제명이 난립할 우려가 있기 때문에, 그것들을 한 곳으로 집중하는 편이 적절한 경우 등에 사용된다. 전자(前者)의 예로서는「도서관(공공)」을 들 수 있고, 후자(後者)의 예로서는「양재(아동복)」,「양재(부인복)」등이 있다. 또한 어순을 바꾸어 넣어 도치시킨 명사(名辭)로부터, 표목으로서 사용되고 있는 형으로의 참조(「보라 참조」)는「도치형 참조」(inverted reference)라고 하는데, 예를 들면「도서관(학교) → 학교 도서관」등이 있다.

라운드(round): 콜론분류법(CC)의 PMEST에 대해, 최초의 세 가지는 분야에 따라 하나의 주제에 2회 이상 나타나는 경우가 있다. 이 반복을 라운드라고 한다. 분야마다의 사용 범주(카테고리)를 공식화한 것이 패싯 공식(facet formula)이다. 예를 들면, 클래스 L의 의학의 패싯 공식은 L[P]:[E][2P]:[2E][3P];[3M]이다. 이 경우 제1라운드의 [P]는 기관(器官)이다. 이어서 제1라운드의 [E]는 문제 패싯으로서의 질환인데, 그것은 질환의 종류인 제2라운드의 [2P]를 수반한다. 그리고 제2라운드의 [2E]는 처방으로, 구체적인 처방의 종류로서 제3라운드의 [3P]를 수반한다. 주입되는 의약품이 [3M]이다. 새로운 라운드는 항상 E 범주가 발생시킨다. 라운드와 레벨 개념의 도입은 5종류의 범주에서는 불충분한 것의 증거로 간주할 수 있지만, 아무리 복잡한 주제에서도 PMEST의 순서는 불변이다.

레벨(level): 콜론분류법(CC)의 패싯은 라운드(round) 중에서 다시 복수의 구분 특성을 적용시키는 경우가 있다. 각각의 특성을 패싯이 할당된 기본 범주(기본 카테고리)의 레벨의 현재(顯在: manifestation)라고 한다. 예를 들면, 클래스 O의 문학의 패싯 공식은 O[P],[P2],[P3],[P4]:[E][2P]이다. 이 경우 언어, 형식, 저자, 작품의 네 가지 패싯이 제1라운드의 [P]에 둘 수 있는, 제1레벨의 [P1]부터 제4레벨의 [P4]까지에 상당한다. 여기에 비평과 그 방법인

[E][2P]가 이어진다. 레벨은 주로 P 범주에서 볼 수 있는데, 그 상당수는 사물의 종류나 부분을 나타내는 하위 패싯과 일치한다. 라운드와 레벨의 개념의 도입은 논문 레벨의 심층 분류를 가능하게 하였다.

마이크로시소러스(microthesaurus): 더 일반적인 상위의 어휘를 제공하는 시소러스에 대해, 그 계층 구조에 완전히 포함되고, 더 전문적인 하위의 어휘를 제공하는 시소러스.

매크로시소러스(macro-thesaurus): 더 전문적이고 개별적인 어휘를 제공하는 시소러스에 대해, 그것을 포괄하는 상위의 어휘를 제공하는 시소러스.

문헌적 근거(literary warant): 문헌적 타당성이라고도 하며, 분류표나 색인시스템을 개발할 때 기초로서 실제 도서관의 장서나 출판량을 사용하는 것. 문헌을 대상으로 하는 색인시스템을 구축함에 있어, 특정의 단어를 색인어로서 채택하기 위한 근거의 하나로, 「대상이 되고 있는 문헌 또는 문헌군 중에 그 단어가 출현하고 있다」고 하는 근거. 이용자가 그 단어를 검색어로서 이용하기 때문이라고 하는 근거, 즉 이용자 근거와 상대를 이루는 말. 문헌적 근거는 단어의 출현 빈도와 일정의 관계가 있는데, 출현 빈도가 너무 높으면 단어의 색인어로서의 식별력이 저하되기 때문에, 단어의 출현 빈도가 높으면 문헌적 근거가 더 명확하다고는 한정할 수 없다. 원래는 분류 체계의 구축에서 특정의 단어를 분류표목으로 선정하기 위한 근거의 하나였는데, 색인 시스템의 구축에 전용(轉用)되었다.

배가(排架, shelving): 개개의 도서관 자료를 청구 기호 등의 소정의 배열 순서를 바탕으로 서가 상에 늘어놓는 것. 신규로 수입된 자료를 서가에 배치하는 경우, 대출 등으로 반납된 자료를 서가에 배치하는 경우의 어느 것에나 사용한다. 자료가 적당한 위치에 배가됨으로써, 그 자료가 이용 가능하게 된다.

배열구조(array): 1. 분류에서 계층구조상 같은 레벨에 있는 동등한 유들의 집합. 2. 정보축적 및 검색에서 단어, 글자 또는 숫자가 순서대로 배열된 것. 3. 어셈블리 프로그래밍에서 집합기호로 나타내는 1개 이상의 값의 배열. 4. 클래스(類: class)를 어떤 특성에 따라 구분한 결과, 하위에서 생겨나는 동격(同格)의 클래스의 열(列). 예를 들면 문학이라는 클래스는 형식이라는 특성에 의해 시가(詩歌), 희곡, 소설, 수필 등으로 구분된다. 이러한 클래스는 상호간에 배타적이며, 나아가 그 총화(總和)는 상위의 클래스의 내용과 동등하게 된다. 배열의 순서는 상정(想定)한 이용자에게 가장 유용한 것이 선정되며, 적용되는 원리도 주제에 따라 달라진다. 5. 랑가나단(Ranganathan)의 용어로, 하위 패싯(subfacet)을 형성하는 동격(同格)의 클래스의 집합.

배열순서(排列順序, filing order): (1) 자료군이나 목록의 서지 레코드(목록 저록), 색인의 저록 등을 일정의 순서로 늘어놓을 때의 순서. 크게는 문자의 음순으로 늘어놓는 음순 배열과, 의미적, 개념적인 어떤 체계성에 따른 체계순 배열로 구분된다. 전자(前者)에는 알파벳순 배열이나 가나다순 배열, 일본어의 오십음순 배열이 있으며, 후자(後者)에는 분류순 배열이나 연대순 배열 등이 해당한다. (2) 분류 배가된 서가에서 자료를 늘어놓는 순서, 또는 분류순 목록에서 서지 레코드를 늘어놓는 순서. 패싯식 분류법에서는, 열거 순서(列擧順序)와 배열 순서를 역순으로 함으로써, 주제는 일반에서 특수로 엄밀하게 배열되게 된다. 다만 이것을 실현하기 위해, 배열 순서는 반드시 분류표에서 각 클래스의 게재 순서와 같지 않더라도 무방하다. 예를 들면, CC에서는, 분류표의 게재 순서는 열거 순서와 동일하지만, 패싯 지시 기호를 고안함으로써, 배열 순서는 열거 순서와 역순으로 된다.

보조표(auxiliary table; auxiliary schedule): 분류표에서 본표(주표)의 보조적인 역할을 수행하는 표. 보조표 중의 기호를 본표의 분류 기호에 부가하여 사용한다. 장소, 언어, 시대, 민족, 표현 형식 등, 어떤 주제 분야에나 공통하여 나타나는 내용이 채택되는 경우가 많다. 이것들은 공통 세목에 상당한다. 이 이외에, 일본십진분류법(NDC)의 언어 공통 구분과 같이, 패싯식 분류법의 특정 주제 분야의 패싯에 상당하는 것이 채택되는 경우도 있다. 한편 보조표 중의 기호는 통상 본표의 기호에 부가하여 사용되며, 단독으로는 사용되지 않는다.

복본(複本, added copy): 도서관 컬렉션에서 동일 도서의 또 한 책의 도서. 동일 저자, 동일 서명, 동일의 판으로, 동일 출판사에서 출판된 도서. 잡지에 대해 사용되는 경우도 있다. 이판(異版)이나 복제 도서는 복본이 아니며, 새로운 총서의 일부로서 간행된 도서도 복본이라고는 하지 않는다. 목록을 작성할 때, 동일의 서지 데이터를 사용하며, 등록 번호를 부가하는 것만의 처리로 무방하다.

복합 주제(compound subject): 분류표의 어느 주제 분야 아래의 복수의 포커스로 구성되는 주제. 예를 들면, 문학이라는 주제 분야 아래의 일본의 시가(詩歌)라는 주제는 언어 패싯의 일본어와 문학 형식 패싯의 시가라는 두 개의 포커스로 구성되는 복합 주제이다.

분류(classify): 각 장서를 분류체계에 따라 배열하는 것과 개개의 문헌에 분류기호를 부여하는 것.

분류규정(classification code): 적절하고 수미일관(首尾一貫)한 분류 작업을 수행하기 위한 성문 규정(成文規程). 분류표 전체에 적용되는 일반 분류 규정과, 특정의 주제 분야에만 적용되는 특수 분류 규정이 있다.

분류기호(classification number; class mark; class notation; class number): 분류항목을 간결하게 표시한 부호. 분류체계나 그 순서를 표시하여 문헌의 주제를 표현함과 동시에 도서기호와 함께 청구기호를 구성하여 자료의 서가상의 위치를 결정하기도 한다. 분류기호의 조건으로서는 분류항목 리스트의 순서를 표현할 수 있어야 하고, 간결하고 명확하게 표현할 수 있어야 하며, 기호의 전개가 용이하여 기억하기 쉽고 기호간의 합성이 가능한 것 등을 들 수 있다. 기호에는 아라비아 숫자와 로마자 이외에 각종 조합기호(: = + 등)가 사용된다. 한 종류의 기호나 문자만을 사용한 경우 순수기호법(pure notation)이라고 하고, 특히 십진숫자만을 사용한 것을 십진기호법이라고 한다.

분류기호구성(number building): 분류표의 다른 강목(綱目)에서 따온 기호를 더하여 특정 주제를 표현하는 기호구성 방법.

분류담당자(classifier): 기존의 분류표에 따라 문헌에 분류기호를 배정하는 사람.

분류순목록(classified catalog): 체계적인 분류표에 따라 논리적으로 배열된 분류저록(기입)으로 구성되는 주제목록. "분류 표목만의 목록 저록(목록 기입)과, 참조 등을 배열한 목록"(『일본목록규칙 1987년판 개정 3판』 용어 해설). 개별형 목록의 일종. 자료의 주제 또는 형식을 기호로 나타낸 분류 표목과 참조가 기호순으로 배열된 것으로, 그러한 주제나 형식으로부터의 검색을 가능하게 한다. 이용자가 찾는 주제를 나타내는 분류 기호를 명사(名辭)로부터 검색할 수 있는 「주제명 색인」을 함께 갖추지 않으면 안 된다. 자료의 주제 또는 형식을 명사에 의해 검색하는 주제명 목록과 대비되며, 양자(兩者)를 합쳐 주제 목록이라고 부른다. 분류 체계를 바탕으로 하여 체계적으로 배열되며, 관련된 주제가 목록 파일 중에서 집중한다고 하는 이점과, 검색에는 그 분류 체계의 이해를 필요로 한다는 단점을 함께 가지고 있다.

분류순배열(classified order): 자료군이나 목록의 서지 레코드(목록 저록), 색인의 저록 등을 배열하는 데, 어떤 분류 체계에 따라 배열을 실시하는 것. 통상은 분류 체계 내의 위치 부여를 나타내는 분류 기호를 각 자료 또는 저록에 부여하고, 그 기호가 가지고 있는 순서성을 바탕으로 배열하게 된다.

분류순 주제명 표목표(classified list of subject headings): 주제명 표목표는 통상 음순(音順) 배열표와 체계순 배열표의 양쪽을 갖추는데, 분류 체계순으로 배열된 표를 분류순 주제명 표목표라고 한다. 주제명 표목표의 기본형은 통상 음순 배열표로, 그것을 보완하는 것으로서 작성되는 경우가 많다. 주제 편목 작업(분류 작업과 주제명 작업)을 동일인이 실시하는 경우나, 새로운 주제명을 추가할 때의 참조 작성 등에도 편리하다. 또한 주제명 표목표의 유지 관리에도 필요하다.

분류표(classification scheme): 클래스 간의 관계성을 체계적으로 표시하기 위해 작성되는 일람표. 클래스를 나타내는 명사(名辭)는 기호에 의해 상대적인 순서를 정하게 된다. 기호화된 클래스로 안내하는 것으로서, 통상 본표라는 일람표에 대한 명사로부터의 색인을 준비한다. 또한 일반 분류표의 경우는, 본표 이외에 보조표를 수반하는 경우가 많다. 이것들을 이용하여 자료 또는 서지 레코드를 체계적으로 순서화할 수 있다.

분류표목(class number heading): "자료의 주제 또는 형식을 기호로 나타내는 분류 기호를 목록 저록의 표목으로 한 것. 그 도서관이 채택하는 분류표에 정해진 기호의 형을 취한다"(『일본목록규칙 1987년판 개정 3판』 용어 해설). 『일본목록규칙 1965년판』까지는 분류 표목이라는 용어는 사용되지 않았다. 『일본목록규칙 신판 예비판』이 비기본 저록 방식을 채택함으로써, 모든 표목이 등가(等價)가 되고, 분류 표목도 표목 지시에 기재하게 되었다. 이 결과 분류 표목은 서지 분류의 결과를 나타내고, 청구 기호가 서가 분류의 결과를 나타내게 됨으로써, 양자의 차이가 명백하게 되었다.

분류학자(classificationist): 분류시스템을 설계하거나 개발하는 사람 또는 분류의 철학 또는 이론을 연구하는 사람.

분산된 관련항목(distributed relatives): 동일의 사상(事象)이 분류표나 분류순 목록 상에서 분산되는 것. 관점 분류법에서는 어떤 사상의 각 관점이 각각의 주제 분야로 분산된다. 예를 들면 석유라는 사물은 경제 지질학, 광산 공학, 화학 공학, 유기 화학 등의 다양한 관점 아래에서 다루어지며, 각 주제 분야로 분산된다. 이와 같이, 같은 사상은 분류표 상에서 한 곳에 모이지 않는다. 또한 패싯식 분류법에서는, 두 번째 이후의 열거 순서의 패싯의 포커스로 이루어지는 주제는 분류순 목록 상에서 집중되지 않고 분산된다. 열거식 분류법에서도 실제상으로 마찬가지의 현상이 발생한다. 복수 저록 색인법(multiple entry indexing)을 채택하거나, 주제명 색인을 작성하여, 이에 대처하는 것이 가능하다.

분석합성식분류표(analytico-synthetic classification): 패싯식분석을 보라.

비교의 상(comparison phase): 상 관계의 하나로, 주제 간의 비교를 나타낸다. 예를 들면 「종교와 과학의 비교」, 「남성과 여성의 심리의 비교」 등 논리적으로는 특히 어느 것을 우선시키지 않으면 안 된다는 근거는 없지만, 분류표에 따라서는 예를 들면 기호의 서수(序數) 값이 낮은 쪽을 우선하는 등의 결정을 행하고 있다.

사부분류법(四部分類法, Classification of Ssa-ku chu'on-shu): 중국에서 최고로 보급된 분류법으로, 경사자집(經史子集)의 4부(部)로 나누는 분류법. 『수서 경적지』(隋書 經籍志, 656년 이후)에 처음으로 나타났다. 그 이전의 궁정의 장서 분류는 갑을병정(甲乙丙丁)의 4부로 이루어지고, 을이 자이고 병이 사로 순서가 달랐었다. 경부(經部)는 유교의 경전과 그 주석 평론 등, 사부(史部)는 역사와 지리에 실제의 정치나 법률서, 서적이나 금석(金石)의 목록도 포함한다. 자부(子部)는 유가(儒家)와 다른 제자백가(諸子百家)의 책으로, 천문 역산(天文曆算)이나 의약, 복점 음양(卜占陰陽), 예술, 그 밖의 잡저(雜著)를 포함한다. 집부(集部)는 시문(詩文)을 비롯한 문예 작품과 그 평론, 그리고 문인 학자의 저작집과 전집을 포함한다. 희곡 소설류는 청(淸) 이전에는 책으로 인정되지 않았었으나, 민국(民國) 이후에는 중시되고 있으며, 집부에 포함된다. 청의 건륭제(乾隆帝, 1711-1799)가 천하의 책을 모아, 『사고전서』(四庫全書)를 편찬, 각부의 아래에 유(類)·속(屬)을 두고, 체계를 정비하였다. 일본에서는 사고 분류법(四庫分類法)이라고도 한다.

상관계(相關係, phase relation): 복합 주제가 하나의 주제 분야 내에서 패싯으로서 인정된 개념군 상호간의 강한 결합을 나타내는 것에 대해, 통상 다른 주제 분야에 속하는 주제 간의 약한 결합을 나타낸다. 예를 들면, 「마르크스주의가 영문학 비평에 미치는 영향」과 같이, 사회 사상으로서의 마르크스주의와 영문학 간의 영향 관계를 나타내게 되는 경우이다. 다만 「마르크스주의에 미치는 공상적 사회주의의 영향」과 같이, 같은 주제 분야 내에서도 상 관계는 생길 수 있는데, 다른 패싯에 속하는 주제끼리가 패싯 간 열거 순서에 의해 결합하는 것과 같은 강한 결합은 아니다. 종류로서는 영향의 상, 수단의 상, 비교의 상, 편향(偏向)의 상 등이 있다. 상 관계를 형성하는 주제를 혼합 주제라고 한다.

상관색인(relative index): 분류표 상의 분류 항목을 나타내는 각 명사(名辭)로부터 분류 기호를 찾기 위한 음순 일람표(音順一覽表). 간단하게 단어로부터 분류 기호를 찾기 위한 수단이라면 「색인」으로 무방하지만, 「상관 색인」이라고 불리는 최대의 포인트는 관점 분류법에서 사상(事象)이 각 주제 분야로 분산된 것을 사상의 측에서 의식적으로 집중시킨 것에 있다. 예를 들면, NDC에서, 그래픽 디자인, 공업 디자인, 상업 디자인은 별도의 주제 분야로 분산되는데, 이대로 음순(音順)으로 배열하더라도 디자인을 사상의 측에서 집중시키는 것이 불가능하다. 이 경우, KWOC 또는 도치형 기법 등에 의해, 디자인이라는 단어로부터 색인을 작성하여 비로소 집중시킬 수 있다. 또한 경우에 따라서는, 열거 순서가 낮은 패싯의 각 항목이 분산되는 것을 단어에 의해 집중시키는 경우도 있다. 이와 같이, 주제 분야에 의한 분산, 열거 순서의 고저에 의한 분산 등에 대처하여, 단어의 측에서 집중시키는 것을 의도한 색인 기법이다. 상관 색인의 예로서는 DDC의 그것이 유명하다.

상관식배가법(relative location): 도서가 배열되는 서가나 서고에 관계없이 도서의 상호관계에 따라 배열하는 방법. 새로운 도서가 입수된 경우 이미 배열된 도서와의 상관관계에 따라 중간에 삽입이 가능하다. 이동식배가법이라고도 한다.

상세분류(close classification): 분류표를 완전히 적용하여 가능하면 최소구분(분류)지까지 정밀하게 분류를 전개하는 것. (1) 외연(外延)이 좁은 개념의 클래스까지 세목을 마련하고, 특수한 클래스에까지 상세하게 전개된 분류 체계. (2) 분류되는 자료와 같은 외연의 개념의 클래스까지 또는 그 클래스 가까이까지, 상세하게 분류하는 것.

서가목록(shelf list): 소장 자료에 대한 각 목록 저록(목록 기입)을 서가 상의 자료의 배가 순서(排架順序)와 동일하게 배열하는 사무용 목록. 편성의 목적은 ① 도서 기호를 결정하기 위해(각 자료에 고유의 기호를 부여하는 경우), ② 분류 기호를 부여하는 데 참고로 하기 위해, ③ 장서 구성의 파악과 수집 계획에 참고하기 위해, ④ 장서 점검을 위해, ⑤ 기타 각종 조사 등이다. 소장 자료의 전체가 분류순으로 배가되어 있는 경우에도, 개개의 자료에 대해 복수의 분류 기호를 부여할 때의 중출 저록(重出著錄: double entry)을 포함하지 않는 등의 점에서, 분류순 목록과 다르다. 한편 현재는 서가 목록이라는 형식으로 사무용 목록이 편성되는 경우는 드물어지고 있다.

서가분류(shelf classification): 서가상의 도서관 자료를 주제에 따라 체계적으로 분류하고, 배열하기 위한 분류. 자료상의 라벨에 표시하는 분류 기호는 간결하고 식별하기 쉬운 것이 바람직하며, 주제를 상세히 분류하기 위해 길게 하는 것은 피하지 않으면 안 된다. 따라서 일반적으로 간략한 것으로 이루어지지 않을 수 없다. 또한 서지 분류(書誌分類)에서는, 단일의 자료에 복수의 분류 기호를 부여하는 경우가 있으나, 서가 분류에서는 단 하나밖에 부여할 수 없다. 이용자가 직접 서가에 접하여 찾고자 하는 도서를 고를 때, 주제가 유사한 자료군에서 이용자가 기대하는 적서(適書)를 선택하는 데 적합하며, 공공 도서관이 발달한 19세기 후반부터 보급되었다.

서지(bibliography): 어떤 기준에서 선정된 도서, 논문, 기사 등의 자료 한 점 한 점의 특징을 분석하여, 그 특징을 일정의 기술 규칙을 바탕으로 서지 데이터(도서라면, 저자명, 표제, 출판지, 출판자, 출판년, 페이지 수 등)로 표현하고, 이러한 데이터를 탐색하기 쉽도록 배열한 리스트. 이차 자료의 일종으로, 문헌 리스트, 문헌 목록이라고도 한다. 국가 서지, 전국적 판매 서지 등의 일차 서지, 선택 서지, 주제 서지, 개인 서지 등의 이차 서지, 「서지의 서지」 등의 삼차 서지로 구분할 수 있다. 현재는 기록 매체가 다종화(多種化)하고, 전자적 자료, 기타 형태의 자료를 수록 대상으로 하는 것도 서지로 간주하는 경우가 있다. 서지 그 자체의 매체도 한정하지 않으며, 카드 형태든 전자 형태든 무방하다. 서지는 문헌의 존재와 서지 데이터를 알리는 것이라고는 하지만, 문헌의 소재도 명시하고 있는 목록과는 구별된다. 책자 형태의 서지는 배열 방식과 색인의 유무·종류가 검색 효율에 영향을 미치며, 각각의 서지의 특징이 되고 있다.

서지통정(bibliographic control): 자료를 식별·확인하고, 기록하여, 이용 가능한 상태를 만들어내기 위한 기법의 총칭. 서지 제어(書誌制御), 서지 조정(書誌調整), 서지 컨트롤이라고도 한다. 통상 도서관에서 이루어지는 편목 작업이나 분류 작업은 서지 통정의 가장 기본적인 방법이다. 나아가 공통의 기반인 편목 규칙이나 분류법, MARC 포맷 등을 제정하거나, 표준적인 자료 식별 기호를 제정함으로써, 인쇄 카드나 MARC 데이터로서 표준적인 서지 레코드가 이용될 수 있게 된다. 이것에 의해 중복된 작업이 경감될뿐만 아니라, 광범위하고 효율적인 서지 정보 검색과 소장·소재 조사를 가능하게 하는 시스템의 기반이 형성되게 된다. 이와 같이 각관(各館)의 자료 조직화 처리에서 시작되어, 국가나 국제적인 규모로 표준적인 서지 레코드를 작성하고, 공동 이용하기 위한 장치에 이르기까지의 전체를 서지 통정이라고 한다. 근년에는 서지 통정의 대상은 비도서 자료, 문서관 자료, 또는 구성 서지 단위로 확장되고 있다.

세계서지(universal bibliography): 국가나 언어, 주제나 시대 등에 어떤 한정을 설정하지 않고, 모든 자료를 망라적으로 수집하는 것을 목적으로 하는 서지. 실현되면, 동서고금의 모든 자료의 서지 데이터가 수록될 것이다. 지금까지 작성이 기획되고, 시도된 적도 있었지만, 어느 것이나 불완전 또는 좌절로 끝났다. 세계 각국에서 방대한 양의 출판이 이루어지고 있는 현재, 그 실현은 불가능하다고 생각되고 있다. 다만 서지 기술의 국제적인 표준화를 바탕으로 한 각국의 국가 서지 작성 사업에 의해, 그것들의 총체가 세계 서지의 기능을 수행하고 있는 것으로 간주할 수도 있다.

세목(細目, subdivision): (1) 분류표 중의 상세한 항목. (2) 분류표에서, 본표 중의 기호에 부가하는 보조 기호. (3) 주제명 표목표에서, 형식 세목이나 특수 세목 등과 같이 주표목에 부가하는 것.

소재기호(所在記號, location symbol; location mark): "도서관 자료의 배가 위치를 나타내는 청구 기호나, 종합 목록의 자료의 소장관(所藏館)을 나타내는 소장 기호"(『본목록 규칙 1987년판 개정 3판』 용어 해설). 이러한 소재 기호는 소장 사항의 일부를 구성한다. 청구 기호는 자료를 주제별로 그룹화하는 분류 기호, 동일 분류 기호 내의 자료를 개별화하는 도서 기호, 별치(別置)의 장소를 나타내는 별치 기호 등으로 구성되며, 자료의 배가 위치를 결정함과 동시에, 열람이나 대출 또는 장서 점검 등의 때에 자료를 특정(特定)하는 기호로서 사용된다. 또한 소장 기호는 종합 목록에서 소장관의 명칭이나, 자료의 배치 장소를 나타내는 코드 등으로 구성된다.

수입순기호(受入順記號, accession number): 도서 기호의 일종으로, 동일 분류 기호를 가진 복수의 자료에 수입순으로 일련 번호를 부여해 가는 단순한 기호. 이를 부여함으로써 청구 기호의 완전한 개별화가 가능해진다. 그러나 수입순이라는 우연적 요소에 의존하고, 본본(複本)이나 계속 자료의 처리가 어려우며, 부여시에 최종의 도서 기호를 확인할 필요가 있다는 등의 결점이 있다. 저자 기호표가 출현하기까지는 많은 도서관에서 채택되고 있었으나, 이용의 증대나 열람 방식의 변화에 대응할 수 없게 되어, 현재는 거의 사용되지 않고 있다.

수입순배가법(受入順排架法, shelving by accession number; shelf arrangement in the order of accession number): 고정식 배가법의 하나로, 자료를 주제에 관계없이 수입순으로 배가하는 방법. 자료의 형태나 크기별로 수입순으로 배가하는 것이 보통이다. 이 방법은 서가 상의 위치가 고정되기 때문에, 공간을 절약할 수 있고, 배가 조정의 노력도 소요되지 않지만, 분류순의 배가와 같이 서가상에서 자료를 검색할 수 없다는 불편함이 있다. 따라서 주제 검색을 위한 수단이 불가결하고, 또한 검색한 자료를 얻기 위해서는 서가상에서 여러 장소를 찾아야만 한다는 결점이 있다.

순수기호법(pure notation): 십진기호법과 같이 숫자만을 사용하거나, 또는 문자만을 사용하는 등, 단일기호를 사용하는 분류기호법.

순차배가법(順次排架法, sequential location): 자료의 배가법의 하나로, 수입순 배가법(受入順排架法)과 같이, 후에 수입된 자료를 도중에 삽입하는 것을 허용하지 않는 방식. 고정식 배가법과 같다.

십진식기호법(decimal notation): 한 자리 올릴 때마다 10배가 되는 십진법의 원리를 바탕으로, 10개의 숫자를 사용하는 순수 기호법. 현실에서는, 숫자뿐만 아니라, 피어리오드 등 극히 몇 안 되는 종류의 기호도 포함하는 경우가 많다. 듀이십진분류법(DDC)이 대표적인 예이다. 이 기호법 이외에, 문자만 또는 문자와 숫자를 조합시켜 사용하는 비십진식 기호법이 있다. 십진식 기호법은 그 밖의 기호법에 비해 순서성이 가장 명쾌하고, 기호의 순서를 이해하기 쉽다는 점에서 우수하다. 다만 구분지(區分肢)가 10개밖에 없다고 하는 제약에서 오는 기호 배분상의 결점이 있다.

열거순서(citation order): 분류법에서 주제 분석에 의해 얻어진 각 패싯을 선형(線形)으로 늘어놓을 때의 우선 순서. 결합 순서라고도 한다. 예를 들면, 역사학의 패싯의 열거 순서가 장소—시대의 순이면, 일본 근세사는 일본—근세의 순으로 합성된다. 이 경우 근세에 관한 것은 각국 각 지역의 아래에 분산되게 된다. 즉 열거 순서에 의해, 어떤 주제가 모아지거나, 또는 분산되는 것이 결정되게 된다.

열거식분류표(enumerative classification): 주제와 그 세목을 열거하고 미리 만들어진 분류기호나 복합표목을 제공하는 분류표. 복합 주제, 혼합 주제 등을 포함하여, 모든 주제에 대응하는 분류 항목을 미리 분류표에 마련하고, 대응하는 기제 기호(旣製記號)를 사용하도록 하는 분류법. 이 분류법에 의한 분류 작업은 우편 번호의 구분 선반과 같이, 자료의 주제를 어떤 선반에 적용시키는 방식이 된다. 그러나 발생할 가능성이 있는 모든 주제를 예측하여 열거해두는 것은 사실상 불가능하기 때문에, 자료의 주제와 외연(外延)을 같게 하는 분류 기호를 부여할 수 없는 경우가 많다. 현실에서는 완전히 열거식인 분류표는 없으며, 보조표 등 어떤 형으로 합성 기법을 받아들이고 있다. 특히 DDC는 열거식 분류법이면서 분석 합성식의 기능을 적극적으로 도입하고자 하고 있다.

완전개정분류표(completely-revised schedule): 특정분야에서 사용할 목적으로 분류표를 완전히 새로 작성하는 것. 그 분야에서 사용할 목적으로 분류표를 완전히 새로 작성하는 것. 그 분야에서 기본이 되는 분류번호는 앞서 발행된 분류표와 동일하게 하고 기타 항목은 자유롭게 새로 사용한다.

우선순위(preference order): 분류기호를 합성할 때 서로 다른 특성을 완전히 나타낼 수 없을 경우 그 가운데 어느 것을 선택할지를 지시해주는 순서. 우선순위에서 탈락된 패싯은 합성된 분류기호에 나타나지 않는다.

영향의 상(influence phase): 상 관계의 하나로, 어떤 주제가 다른 주제에 미치는 영향 관계를 나타낸다. 예를 들면, 「영문학에 대한 성서의 영향」, 「도서관 행정에 미치는 재정 적자의 영향」 등. 통상 영향을 받는 쪽을 우선한다. 패싯식 분류법에서는, 영향을 받는 주제 아래에 분류하고, 상 연결 기호를 붙이고, 다시 영향을 미친 주제를 나타내는 기호를 부가하여 표현한다.

온라인열람목록(OPAC, online public access catalog): 컴퓨터화된 열람 목록으로, 서지 레코드는 기계 가독 형식(MARC 레코드)으로 축적되며, 온라인에 의한 대화 방식으로 검색을 실시하는 것. 이용자가 직접 단말기를 조작하고, 소장하는 자료를 검색할 수 있도록 설계된 것으로, 온라인 목록의 이점을 그대로 갖추게 된다. 즉 다수의 검색 항목이나 다양한 검색 방법 및 그러한 것들의 조합 검색이 가능하고, 또한 네트워크에 접속되어 있는 경우에는, 도서관 등의 외부에서 검색 이용이 가능하며, 나아가서는 다른 각종 파일(발주, 수입, 대출 등)과 연결하여, 그러한 각종의 정보를 제공할 수 있다는 것 등을 장점으로 들 수 있다.

온톨로지(ontology): 대상 세계에 관한 제 개념을 정리하여 체계를 부여하고, 컴퓨터에게도 이해 가능한 형식으로 명시적으로 기술한 것. 원래는 철학상의 「존재론」을 의미하는데, 컴퓨터 과학(주로 인공 지능·지식 공학 분야)에서는 상기(上記)의 정의로 연구 개발이 추진되어 왔다. 21세기에 들어 시맨틱 웹(semantic web)이 주창되면, 의미 레벨(용어·

개념)의 상호 운용성에 관련된 중핵적인 요소 기술로서 더욱 주목을 받게 되었다. 2004년 W3C에 의해 온톨로지 기술 언어 OWL(Web Ontology Language)의 설계 구조(사양: 仕樣)가 권고되었다. 문헌정보학 분야에서는, 분류법·시소러스·전거 파일 등과의 친화성이 주목되고 있다.

유연성 있는 기호법(flexible notation): 분류표 안에서, 어떤 기호를 부가함으로써, 기호의 논리적 순서 관계를 혼란시키지 않고, 적절한 위치에 신 주제를 삽입할 수 있는 기호법.

이동식배가법(movable location) → 상관식배가법

인용순서(citation order) → 열거순서

일반분류표(general classification): DDC, UDC, CC, KDC, NDC 등, 지식의 전 분야를 포함하는 분류표. 대부분의 일반 분류표는 사상(事象)보다 주제 분야를 우선하는 관점 분류법인데, 이 경우 사상이 주제 분야로 분산된다는 문제가 생긴다. 통상 본표 이외에 보조표와 색인을 갖추고 있다. 특정 주제 분야만을 주된 대상으로 하는 특수 분류표에 비해, 분류표를 구축하는 상에서, 이론적·실제적으로 많은 곤란한 문제를 안게 된다.

자동분류(automatic classification): 자료 또는 키워드를 컴퓨터를 이용하여 자동적으로 분류하는 기술. 분류할 때 미리 준비한 클래스에 자료 또는 키워드를 자동적으로 할당하는 경우와, 클래스를 동시에 작성한 연후에 할당하는 경우가 있다. 기법으로서는, 주로 키워드의 출현 빈도를 바탕으로 하며, 확률, 통계적인 방법이 사용된다. 그 밖에 DDC나 UDC와 같은 기존의 분류표에 대해, 표제(타이틀)나 목차 중의 단어 등을 실마리로, 분류 기호를 자동적으로 분류하는 방법, 전문가 시스템(expert system)을 이용하여 분류 기호를 부여하는 과정을 지원하는 방법도 시도되고 있다.

재분류(再分類, re-classification): 사용하고 있는 분류표를 다른 분류표로 교체하거나, 또는 분류표가 개정됨에 따라, 자료에 대해 이미 부여한 분류 기호를 변경하는 것. 통상 라벨에 기재된 분류 기호를 고쳐 자료의 서가 상의 배열을 변경하는 작업을 실시하게 되는데, 목록에 의한 주제 검색에 필요한 서지 분류만의 변경에 그치는 경우도 있다.

저자기호(author number): 청구기호 가운데 저자명을 나타내는 문자나 숫자 또는 양자의 조합. 동일의 분류 기호를 부여받은 복수의 자료를 다시 저자명 순으로 배열하기 위해 부여되는 도서 기호의 하나. 저자명을 기호화하여 사용한다. 기호화에는, 저자의 성의 두문자(頭文字), 성과 명의 두문자의 조합, 저자의 두문자와 숫자의 조합 등의 방법이 있다. 저자 기호를 부여하기 위해 저자 기호표를 사용하는 경우가 있다.

저자기호표(author mark table): 저자명의 두문자(頭文字)와 숫자를 조합시킨 일람표의 것

으로, 저자 기호를 부여할 때 사용한다. 저자의 성과 명의 두문자의 조합 등을 로마자나 한글, 일본의 경우 가나 문자 또는 숫자에 의해 기호화하여 표현한다. 대표적인 것으로, 커터·샌본표(Cutter-Sanborn Three Figure Author Table 1950)나 이재철의 한글순도서기호법, 일본의 모리 키요시(森淸)에 의한 일본저자기호표가 있다.

저작기호(work mark): 동일 저자에 의한 저작을 다시 개개의 저작마다 개별화하기 위한 기호. 도서 기호의 보조로서, 완전하게 개별화하는 경우에, 이 기호를 사용하는 경우가 있다. 기호법으로서는, 표제(타이틀)의 두문자(頭文字), 수입순 기호(受入順記號) 등을 사용한다. 같은 표제의 것에는 판차 기호, 복본(複本)에는 복본 기호를 부여하는 등으로, 더 개별화하는 경우도 있다.

전거관리(authority control): 서지 레코드의 표목이 되는 개인명, 단체명, 통일 표제, 총서명, 주제명 등의 전거형(典據形)을 정하고, 그것들이 일관하여 사용되도록 유지 관리 하는 것. 기계 가독형의 목록 데이터베이스에서는, 표목의 전거형(통일 표목), 전거형으로부터 그리고 전거형에 대해 작성해야 하는 참조, 전거형의 확정이나 참조의 지시의 근거가 된 정보원(情報源) 등을 구성 요소로 하는 전거 레코드를 사용하여, 서지 레코드와의 사이에 링크를 형성하여, 표목의 통일적 사용을 도모할 수 있다. 전거 관리란 목록 데이터베이스 안에 이미 존재하는 서지 레코드의 검색 누락을 방지하고, 중복 레코드의 발생을 억제하는 것에 유효하기 때문에, 서지 유틸리티 등의 데이터베이스의 품질 관리에 있어 불가결한 기능이다. 전거 제어, 전거 통제, 전거 컨트롤이라고도 한다.

전거레코드(authority record): 서지 레코드에 대한 검색의 실마리가 되는 표목에 대해, 표목의 전거형(통일 표목), 전거형으로부터 그리고 전거형에 대해 작성해야 하는 참조, 전거형의 확정이나 참조의 지시의 근거가 된 정보원(情報源) 등을 편목 규칙이나 전거 포맷(전거 레코드를 대상으로 하는 MARC 포맷)에 따라 기록하는 레코드. 개인명, 단체명, 회의명, 지명(地名), 통일 표제, 총서명 등을 대상으로 하는 이름(명칭) 전거 레코드와, 주제명을 대상으로 하는 주제명 전거 레코드가 있다. 전거 레코드는 목록 데이터베이스 중에서, 어떤 표목이 서지 레코드에 처음으로 부여될 때 작성되며, 그 이후 같은 표목을 부여할 때의 전거가 된다.

전문분류표(專門分類表) → 특수분류표

정리업무(technical service): 수집된 도서관 자료를 이용할 수 있도록, 그 자료에 가해지는 일련의 업무. 정리 작업이라고도 한다. 통상은 각관(各館)의 정리 규정을 바탕으로 하여 이루어진다. 작업의 순서는 수입(受入), 분류와 편목, 장비(裝備), 배가(排架)의 순이다. 종래에는 이러한 작업에 상당한 일수를 필요로 하고 있었으나, MARC의 채택에 의해 업무의 합리화가 도모되고, 수입에서 배가까지의 기간이 대폭으로 단축되게 되었다.

조기성(助記性, mnemonics; mnemonic characteristics): 분류표에서 세분하는 방법으로서의 특정개념은 가능한 한 동일하게 해서 공통의 기호를 사용하여 기억하기 쉽도록 하는 것, 또는 그와 같은 기호법. 조기법이라고도 한다. 이와 같이 고안된 보조표를 조기표라고 한다.

종합분류표 → 일반분류표

주류(主類, main classes): 분류표의 기본적이면서도 주요한 구분의 하나로, 통상은 기호 레벨의 제1구분을 가리킨다. 일반 분류표에서는 전통적인 학문 분야를 염두로 구분을 시작하지만, 세계관의 상위(相違)와 기호법의 제약에 의해, 주류의 서열(序列)과 수는 가지각색이다. 주류의 수는 DDC, UDC, KDC, NDC가 10개, 알파벳을 사용하는 LCC가 21개, 알파벳과 아라비아 숫자를 사용하는 BC가 35개, 여기에 그리스 문자를 혼합시킨 CC가 42개인데, 관점 분류법과는 이질(異質)인 SC는 대략적으로 4개이다. 어느 분류표의 주류와 다른 분류표의 주류가 개념 레벨에서 대응한다고는 할 수 없다. 구분 특성의 적용이 시작되는 주제 분야의 비교 대조를 실시하는 데는, 특히 십진식 분류법에 관해 제2구분 정도까지 범위를 넓힐 필요가 있다.

주제명목록(subject catalog): 주제로 문헌을 검색하기 위한 주제목록의 일종. 문헌의 주제를 표현하는 기호(분류기호)에 의해서 검색하는 분류순목록에 대응되는 용어로서, 미리 선정된 일정한 명사(주제명)를 사용하여 개개의 문헌이 지닌 주제를 표현하고, 이 주제명을 표목으로 한 목록저록(기입)을 작성하고, 여기에 주제명표목으로 선정되지 않은 용어에서 주제명표목으로 안내하기 위한 참조를 추가하여 알파벳순으로 배열, 편성한 목록을 말한다. 하나의 문헌에 하나 이상의 주제명을 부여하는 것이 보통이기 때문에 일반적으로 사전체목록으로 편성된다.

주제목록법(subject cataloging): 특정 도서나 문헌에 대해 주제명표목을 부여하는 목록법

주제명표목(subject heading): 단어에 의해 주제 검색을 할 때 사용하는 통제어에 관한 것으로, 주제명 목록에서 사용된다. 이 일람표를 주제명 표목표라 하는데, 그 중에서 자료의 주제를 나타내는 단어를 골라 부여한다. 주제 이외에, 사전이나 전집 등, 형식을 나타내는 단어도 포함된다. 책자체(册子體) 또는 카드식의 주제명 목록에서는, 배열 순서를 결정하는 제일의 실마리가 된다. 컴퓨터 목록의 경우는, 분류 기호와 함께 주제 검색의 접근점(액세스 포인트)으로서 중요한 역할을 수행한다. 표목의 형식으로서는, 「일본어」와 같은 단일의 형, 「도서관(공공)」과 같은 도치형, 「도서 정리법」과 같은 복합어 등이

있다. 최대의 특징은 「일본—역사」와 같은 전조합형(前組合形)이 존재하는 것이다.

주제명표목표(list of subject heading): 주제명 표목을 통상 음순(音順)으로 배열한 일람표. 주제명 표목으로서 직접 이용되지 않는 단어인 참조형(참조 주제명)도 포함된다. 통제어를 사용한 주제명 표목이 구조화되어 있으며, 참조 주제명과 표목형의 관계(「보라 참조」), 또는 주제명 표목 간 상호의 관련(「도보라 참조」)도 표시되어 있다. 음순표 이외에, 체계적으로 배열된 체계순 일람표를 포함하는 경우도 있다. 이 표는 주제명 표목표의 유지 관리에 불가결하다. 대표적인 것으로, 미국의회도서관주제명표목표(LCSH)나 일본의 기본건명표목표가 있다. 또한 의학주제명표목표(MeSH)와 같이, 실질적으로 시소러스인 것을 주제명 표목표라고 부르는 경우도 있다. 책자체(册子體) 또는 기계 가독형으로 제공되고 있다.

주제목록(subject catalog): 자료를 주제(또는 형식)로부터 검색하기 위한 목록. 자료의 주제 또는 형식을 기호로 나타낸 분류 표목에 의해 배열되는 「분류순 목록」과, 자료의 주제 또는 형식을 명사(名辭)로 나타낸 주제명 표목에 의해 배열되는 「주제명 목록」의 두 종류가 있다.

주제목록법(subject cataloging): 목록법은 서지 레코드 작성을 위한 여러 종류의 작업에 대한 것으로, 그 중 주제에 관한 레코드 작성에 관계되는 측면을 주제 목록법이라고 한다. 이 작업은 주제 정보에 관계되며, 주제 분석과 그 결과에 대한 분류 기호 및 주제명 표목의 부여가 중심이 된다. 이 작업에 의해 주제로부터의 검색이 가능하게 된다. 주제 목록법과 기술 목록법(記述目錄法)을 아우르는 작업이 일반적으로 목록법이라고 일컬어지고 있다.

주제분석(subject analysis): 저작의 지적내용을 확인하는 과정. 결과는 목록이나 서지에서 기호에 의해 나타내거나(분류시스템), 또는 용어에 의해 나타날 수 있다(주제명표목 또는 색인어).

준열거식분류법(semi-enumerative classification): 열거식 분류법에서는 모든 있을 수 있는 복합 주제 등을 사전(事前)에 분류표 안에 준비해두는 것이 불가능하다. 열거식 분류법을 바탕으로 하면서도, 보조표나 조합 기호 등을 풍부하게 마련하여, 주제를 합성하는 기법을 상당한 정도로 도입한 분류법에 대한 것을 말한다. 대표적인 예는 UDC로, DDC를 그 체계적 기반으로 하면서, 논문 레벨의 복합 주제에 대응할 수 있도록 분석 합성식의 기능이 강화되어 있다. 그러나 주제를 구성하는 패싯을 충분히 검토하여 체계화한 분석 합성식 분류법과 달리, 각 주제 분야의 패싯 분석이 불충분하고, 각 주제의 분류 기호의 단순한 결합에 의해 특정화를 도모하는 데 불과하다는 한계를 가지고 있다.

지식분류(knowledge classification): 지식의 전 분야 또는 한정된 분야에 대해, 지식 그 자체의 특징을 명확하게 하기 위한 분류 체계. 그 지식에서 파생하는 직업이나 지식을 근거로 하는 문헌을 분류하는 것을 목적으로 하지 않는다.

참고정보원(reference sources): 전거(典據)가 되는 정보를 얻을 수 있는 출판물(참고자료에 한정한 것이 아님)

참조(reference; cross-reference): 하나의 표목에서 다른 표목으로 지시하고 안내하는 것. 상호참조라고도 한다. 보라참조(see reference)는 어떤 고유명의 형식이나 서명으로부터 다른 것으로 이루어지는 지시이며, 도보라참조(see also reference)는 어떤 접근점으로부터 다른 접근점으로 이루어지는 지시이다. 특히 주제명목록을 자모순으로 배열, 편성함으로써 필연적으로 야기되는 관련표목의 분산을 방지하고 이들 표목을 상호 연결하기 위해서, 그리고 다수의 동의어를 하나의 표목으로 집중하기 위하여, 주제명 참조저록(기입)을 충분히 작성할 필요가 있다. 아울러 주제명참조 중 일반적인 주제명에서 개별적이고 한정적인 주제명으로 일괄해서 지시하는 참조를 일반참조(general reference)라고 한다.

청구기호(call number): 도서관 자료의 배가 장소를 나타내는 기호. 개가식의 경우, 목록을 검색하고 배가 장소를 나타내는 기호를 조사한 상에서 자료의 출납을 청구하기 때문에, 이 명칭이 사용되었다. 통상 분류 기호와 도서 기호의 조합으로 표현된다. 고정 배가의 경우는 분류 기호는 사용하지 않고, 수입순 기호(受入順記號) 등을 사용하게 된다.

총서(series): 각 자료가 자체의 본서명 외에 해당그룹 전체에 적용되는 종합서명을 가지고 있는 것으로 서로 관련되어 있는 별도자료의 집합.

카피편목(copy cataloging): 목록 데이터베이스 중에, 입수된 기술 대상에 대응하는 서지 레코드 또는 유사한 레코드가 존재하는 경우, 그것을 그대로 이용하는 편목 작업, 또는 필요에 따라 수정을 가하여 서지 레코드를 작성하는 편목 작업. 자체 편목(오리지널 편목: original cataloging)의 상대어. 서지 유틸리티와 접속하고, 그 서지 레코드를 이용하는 카피 편목이 그 전형이 되는데, 그곳에서는 서지 레코드 검색의 히트율이 참가 기관의 편목 인력 절감의 기준이 된다. 따라서 서지 유틸리티에서는, 목록 데이터베이스 중에 이미 존재하는 서지 레코드의 검색 누락을 방지하기 위해, 각종의 검색 기능 및 전거 관리 등의 방법이 불가결하게 된다. 또한 목록 데이터베이스 중에 해당하는 서지 레코드가 존재하고, 그것을 간단하게 이용하는 경우와, 유사한 레코드를 전용하여, 필요한 수정을 가하는 경우를 구별하는 경우가 있다. 전자(前者)를 카피 편목, 후자(後者)를 전용 편목(轉用編目)(derived cataloging: 일본에서는 유용 목록 작업(流用目錄作業)이라고 한다)이라고 부른다.

통일서명(uniform title): 다양한 서명으로 나타나고 있는 서명이 편목을 위해 식별되도록 하기 위한 서명.

통일표목(Uniform heading): 여러 가지 이름이나 형식을 가진 사람이나 주제를 목록에서 나타낼 때 통일적으로 사용하도록 선정된 특정의 표목.

특수분류표(special classification): 지식의 전 분야를 포괄하는 일반 분류표에 대해, 특정 주제 분야만을 대상으로 하는 분류표. 다만 주변 분야를 간략하게 폭넓게 포함시키는 경우가 있다. 전문 분류표라고도 한다.

특허분류(patent classification): 특허 자료의 정리와 이용의 편의를 도모하기 위한, 그리고 특허 출원된 발명의 내용이나 기술 분야를 명확하게 구분하고, 심사나 조사를 용이하게 하기 위한, 특허 자료에 관한 독자(獨自)의 분류. 특허 제도를 가진 나라에서, 종래에는 각국이 각각의 분류를 채택하고 있었는데, 각국 공통의 특허 분류를 채택함으로써, 특허 자료의 정리, 활용, 조사 등의 편의를 도모하기 위해, 1971년에 국제특허분류(IPC: International Patent Classification)가 스트라스부르협정(Strasbourg Agreement)으로 탄생되었다. 이후 주요국에서는 이를 채택하고 있으며, 일본에서도 1980년 이후 이 분류표를 채택하고 있다. 그러나 영국과 미국에서는 종래대로, 자국의 분류를 채택하고 있다.

패싯(facet): (1) 분류법에서 주제가 단순한 특징에 의해 구분될 때 파생되는 하부분류 세트. (2) 한 주제에 관한 여러 가지 양상 중의 하나.

패싯분석(facet analysis): 패싯식 분류법을 구축할 때의 기초가 되어야 할 패싯을 인식하는 과정. 즉 기본 범주를 염두에 두면서, 주제가 어떤 특성에 의해 구분되어야 하는지(또는 구성되어 있는지)를 결정하기 위한 분석법.

패싯식기호법(faceted notation): 패싯식 분류법에서 필요한 모든 패싯을 정해진 열거 순서에 따라, 합성, 표시할 수 있도록 고안된 분류 기호법. 모든 복합 주제에 대한 표현 가능성을 갖추고 있다. 패싯을 도입하는 패싯 지시 기호(facet indicator)를 사용하는 경우와, 소급적 기호법과 같이 패싯 지시 기호를 사용하지 않는 경우가 있다.

패싯식분류법(faceted classification): 랑가나단이 콜론분류법(CC)에서 채택한 원리를 바탕으로 하는 분류법. 주제 분석과 합성을 그 기본 원리로 하고 있기 때문에, 분석 합성식 분류법이라고도 일컬어진다. 주로 보조표 등의 형으로 열거식 분류법에 도입되고 있던 합성에 의한 주제 표현을 랑가나단이 패싯이라는 개념을 도입함으로써 이론적으로 체계화하였다. 그 이론은 영국의 분류연구회(CRG: Classification Research Group)에 의해 상당수의 특수 분류표의 작성에 활용되어 커다란 성과를 거두었다.

패싯지시기호(facet indicator): 패싯 합성된 분류 기호의 각 요소를 분리하는 부호로, 이어지는 기호의 패싯의 의미를 지시한다. 콜론분류법(CC)은 제4판에서 기본 범주(기본 카테고리: PMEST)에 대응하는 5종류의 구두법 기호(, ; : . ')를 패싯 지시 기호로 채택하였다. 아라비아 숫자와 알파벳을 병용하는 혼합 기호의 일종(예를 들면, L860U3의 L과 U)이나, 알파벳의 대문자나 소문자를 병용하는 혼합 기호의 일종(예를 들면, RavManLep의 R과 M과 L)도 패싯 지시 기호로서 기능하고 있다. 괄호나 인용 부호 등 대(對)를 이루는 부호는 삽입을 위한 패싯 지시 기호로서 사용된다.

편집자(editor): 출판을 위해 다른 사람의 저작을 준비하는 사람. 편찬자(compiler)도 보라.

편찬자(compiler): 둘 이상의 개인이나 단체에 의해 이루어진 저작의 자료를 모아 하나의 합집을 만들어내는 사람. 편집자(editor)도 보라.

표목(heading): 접근점을 제공하기 위하여 목록저록(기입)의 맨 앞에 놓여지는 이름이나 단어, 어구. 올림말이라고도 한다. 카드목록에서는 그 최상단에 기재된 말로서 기입의 배열 위치를 결정하며, 검색어로서 검색의 수단이 된다. 표목이 될 수 있는 것은 저자명, 서명, 주제명, 분류기호 등이다. 기계가독목록법이 출현하면서 서지기술의 검색과 식별수단이 되는 표목이라는 용어를 접근점(access point)이라고 하는 경우도 있다.

표목지시(tracing): 기본기입에서 부기입(부출, 분출), 참조를 작성할 때 어떤 기입을 작성할 것인가, 또는 어떤 기입을 작성하였는가를 기록해 두는 것. 기본기입카드 하단이나 이면에 부기입 표목을 기재하기 때문에 부출지시라고도 한다. 목록카드의 복제, 편성, 제적절차 등의 작업을 효과적으로 수행하기 위한 것이다. 서지기술단위카드방식에서는 기본기입과 부기입을 구분하지 않고 표목올림지시라는 말을 사용하며, 기술부에 적힌 순서대로 표목을 지시하고, 마지막에 주제명표목을 지시한다.

표제면(title page): 본서명을 포함하고 있는 도서·지도책·악보 등의 첫 페이지 또는 그 인접 페이지. 표제면에는 서명을 담고 있는 면의 뒷면(표제면의 이면(verso)이라고도 함)은 포함되지 않는다.

표준세구분(standard subdivisions): DDC에서 빈번히 반복적으로 발생하는 물리적 형태(사전, 정기간행물 등) 또는 접근법(역사, 연구 등)을 나타내는 구분. 본표의 지시가 없이도 어떤 주제나 학문분야에나 적용할 수가 있다.

하위총서(subseries): 어떤 총서내의 총서.

합성(synthesis): 복합 주제 등에 대응하여, 주제를 더 상세하게 표현하기 위해 분류 기호를 조합시키는 방법. 기본이 되는 분류 기호에, 보조표 중의 기호나 분류표 중의 다른 곳의 기호를 부가함으로써, 새로운 분류 기호를 구성한다. 분류 기호를 길게 하는 원인이 되기도 하지만, 분류표 작성상의 경제성과 함께 기호에 의한 주제의 특정화 가능성을 증대시키기 때문에, 분석 합성식 분류법은 물론 거의 모든 열거식 분류법에서도 이 기법을 사용하고 있다.

형식표목(form heading): 주제명표목 중 도서의 형식을 표현한 표목으로, 주제를 표현한 주제표목과 구별한다. 형식주제명표목의 약칭. 출판형태에 따라서 부여하는 출판형식표목(백과사전, 연감 등), 문학작품에 부여하는 문학형식표목(시-시집), 미술작품에 부여하는 형식표목(미술-도집)의 3가지가 있다.

혼합기호법(mixed notation): 한 종류의 기호만을 사용하는 순수 기호법에 대해, 복수의 종류의 기호를 사용하는 분류 기호법의 것. 예를 들면, 미국의회도서관분류표(LCC)는 대문자의 알파벳 기호와 아라비아 숫자를 조합하여 사용하는 혼합 기호법을 채택하고 있다. 이 기호법에는, 예를 들면 문자는 숫자의 전과 후의 어디에 배열하는가 하는 순서성이 명확하지 않다는 결점이 있는데, 기수(基數)의 수가 많아짐으로써, 분류 기호가 비교적 짧고, 신 주제에 대한 허용성도 커지게 된다는 이점이 있다.

Ⅶ. Cutter-Sanborn Three-Figure Author Table

Ba		Ca		Ba		Calz		Barbu	241 Capet	Basi	311 Carr
Bab	112	Cab		Balb	172	Cam		Barc	242 Capg	Basili	312 Carr,M.
Babe	113	Cabas		Balbo	173	Camas		Barch	243 Capi	Basin	313 Carrar
Babi	114	Cabe		Balc	174	Camb		Barcl	244 Capit	Basir	314 Carre
Babr	115	Cabi		Bald	175	Cambi		Bard	245 Capo	Bask	315 Carret
Bac	116	Cabo		Balder	176	Cambo		Bardi	246 Capon	Basn	316 Carri
Bacci	117	Cabr		Baldi	177	Cambr		Bardo	247 Capp	Bass	317 Carril
Bach	118	Cac		Baldo	178	Cambri		Bare	248 Capper	Basse	318 Carrin
Bache	119	Cach		Baldu	179	Camd		Barf	249 Cappo	Basset	319 Carro
Bachell	121	Cad		Baldw	181	Came		Barg	251 Capr	Bassi	321 Cars
Bachet	122	Cade		Baldwin,M.	182	Camer		Bari	252 Capre	Basso	322 Cart
Bachi	123	Cadet		Bale	183	Cami		Barin	253 Capri	Bassu	323 Carter
Bachm	124	Cadi		Bales	184	Camm		Bark	254 Capro	Bast	324 Carter,L.
Baci	125	Cado		Balf	185	Camo		Barker	255 Capu	Baste	325 Carter,S.
Back	126	Cad		Bali	186	Camp		Barki	256 Caq	Basti	326 Carth
Bacm	127	Cae		Ball	187	Campbell		Barl	257 Car	Basto	327 Carti
Baco	128	Caes		Balla	188	Campbell,H.		Barlo	258 Caraf	Bat	328 Carto
Bacon,M.	129	Caf		Ballar	189	Campbell,M.		Barn	259 Caram	Bates	329 Cartw
Bacr	131	Cag		Balle	191	Campbell,S.		Barnes	261 Caran	Bath	331 Carv
Bad	132	Cah		Balli	192	Campbell,W.		Barnh	262 Carat	Bathu	332 Cary
Bade	133	Cai		Ballo	193	Campe		Barnu	263 Carb	Bati	333 Cary,M
Baden	134	Cail		Balm	194	Campen		Baro	264 Carbo	Bato	334 Cas
Badg	135	Cain		Balo	195	Camper		Baron	265 Carc	Batt	335 Casan
Badi	136	Cair		Bals	196	Campi		Baroni	266 Card	Batti	336 Casat
Bado	137	Cais		Balt	197	Campis		Barot	267 Cardi	Bau	337 Case
Badr	138	Caiu		Balu	198	Campo		Barr	268 Cardo	Baud	338 Casen
Bae	139	Caj		Bam	199	Campr		Barras	269 Cardw	Baudio	339 Casi
Baer	141	Cal		Bamp	211	Camu		Barre	271 Care	Baudo	341 Caso
Baert	142	Calan		Ban	212	Can		Barrer	272 Carew	Baudr	342 Casp
Baf	143	Calas		Banc	213	Canan		Barret	273 Carey	Baudu	343 Cass
Bag	144	Calc		Band	214	Canb		Barrett	274 Carey,H.	Baue	344 Casse
Bagi	145	Cald		Bane	215	Canc		Barri	275 Carey,M.	Bauf	345 Cassi
Bagl	146	Calde		Bang	216	Cand		Barrin	276 Carey,S.	Baug	346 Cast
Bagn	147	Caldw		Bani	217	Candi		Barro	277 Cari	Baum	347 Caste
Bago	148	Cale		Bank	218	Candl		Barrow	278 Carl	Baumg	348 Castel
Bags	149	Calen		Bann	219	Cando		Barry	279 Carlet	Baun	349 Casteln
Bah	151	Calf		Bao	221	Cane		Barry,L.	281 Carleton	Baur	351 Casten
Bai	152	Calh		Bap	222	Canf		Bars	282 Carli	Baut	352 Casti
Bail	153	Cali		Bar	223	Cani		Bart	283 Carlis	Bav	353 Castil
Baile	154	Calin		Barag	224	Cann		Barth	284 Carlo	Bavi	354 Castl
Bailey,L.	155	Calk		Baran	225	Canni		Barthel	285 Carlt	Bax	355 Casto
Bailey,S.	156	Call		Barat	226	Canno		Bartho	286 Carly	Bay	356 Castr
Baill	157	Calle		Barau	227	Cano		Bartholo	287 Carm	Baye	357 Casw
Baillo	158	Calli		Barb	228	Cans		Barti	288 Carn	Bayl	358 Cat
Bails	159	Callim		Barbar	229	Cant		Bartl	289 Carne	Bayly	359 Catel
Baily	161	Callin		Barbat	231	Canti		Bartlett,M.	291 Carno	Bayn	361 Cath
Bain	162	Callis		Barbau	232	Canto		Barto	292 Caro	Baz	362 Cathc
Bair	163	Callo		Barbe	233	Cantr		Barton	293 Caron	Bazi	363 Cathe
Bait	164	Calm		Barber	234	Cantw		Bartr	294 Carp	Bazo	364 Cati
Baj	165	Calo		Barbet	235	Canu		Baru	295 Carpenter	Be	365 Catl
Bak	166	Calt		Barbi	236	Cap		Barw	296 Carpenter,L.	Beal	366 Cato
Bake	167	Calv		Barbil	237	Cape		Bas	297 Carpenter,S.	Bean	367 Catr
Baker,M.	168	Calvi		Barbo	238	Capel		Basc	298 Carpi	Bear	368 Catt
Baks	169	Calvo		Barbou	239	Capen		Base	299 Carpo	Beat	369 Catto

VII. Cutter–Sanborn Three-Figure Author Table

Beau — Clift

Beau	371	Cau	Bellen	441	Chalt	Beri	511	Chauv	Bev	571	Cig
Beauch	372	Caul	Beller	442	Cham	Berk	512	Chav	Bew	572	Cil
Beaucl	373	Caum	Belli	443	Chamber	Berkl	513	Chaz	Bey	573	Cim
Beauf	374	Caus	Bellin	444	Chambers	Berl	514	Che	Bez	574	Cin
Beaug	375	Caut	Bellm	445	Chambers,M.	Berlin	515	Chee	Bh	575	Cini
Beauh	376	Cav	Bello	446	Chambo	Berm	516	Chel	Bi	576	Cio
Beaul	377	Caval	Bellon	447	Chambr	Bern	517	Chem	Bian	577	Cip
Beaum	378	Cave	Bellow	448	Chami	Bernar	518	Chen	Bianco	578	Cir
Beaumo	379	Caven	Bellu	449	Champ	Bernard,J.	519	Chep	Biar	579	Cis
Beaun	381	Cavendish,L	Belm	451	Champe	Bernard,M.	521	Cher	Bib	581	Cit
Beaup	382	Cavi	Belo	452	Champi	Bernard,T.	522	Chero	Bibl	582	Civ
Beaur	383	Cavo	Belt	453	Champl	Bernardi	523	Cheru	Bic	583	Cl
Beaus	384	Cax	Belv	454	Chan	Bernat	524	Ches	Bid	584	Clag
Beauv	385	Cay	Bem	455	Chandl	Berne	525	Chest	Bide	585	Clai
Beauvo	386	Caz	Ben	456	Chandler,M.	Bernet	526	Chet	Bie	586	Clam
Beb	387	Ce	Benc	457	Chanl	Bernh	527	Chev	Biel	587	Clan
Bec	388	Ceci	Bend	458	Chann	Berni	528	Chevi	Bien	588	Clap
Bece	389	Ced	Bendo	459	Chant	Berno	529	Chevr	Bies	589	Clapp
Bech	391	Cei	Bene	461	Chao	Berns	531	Chey	Bif	591	Clar
Bechs	392	Cel	Benede	462	Chap	Bero	532	Chi	Big	592	Clark
Beck	393	Cell	Benedi	463	Chapi	Berr	533	Chich	Bigl	593	Clark,G.
Becke	394	Cels	Benef	464	Chapl	Berry	534	Chif	Bigo	594	Clark,M.
Becker	395	Cen	Benel	465	Chapm	Bers	535	Chil	Bil	595	Clark,S.
Becker,P.	396	Cens	Beng	466	Chapman	Bert	536	Child	Bill	596	Clark,W.
Becki	397	Cent	Beni	467	Chapp	Berte	537	Childs	Bille	597	Clarke
Becm	398	Ceo	Benj	468	Chapu	Berth	538	Chill	Billi	598	Clarke,G.
Bed	399	Cep	Benn	469	Char	Berthe	539	Chin	Billo	599	Clarke,M.
Bede	411	Cer	Bennett	471	Chard	Berthi	541	Chip	Bim	611	Clarke,S.
Bedi	412	Cerc	Bennett,M.	472	Chare	Bertho	542	Chis	Bin	612	Clarke,W.
Bedr	413	Cerd	Beno	473	Chari	Berti	543	Chit	Bing	613	Clarks
Bee	414	Cere	Bens	474	Charl	Bertin	544	Chla	Binn	614	Clary
Beer	415	Ceri	Bent	475	Charles	Berto	545	Cho	Bio	615	Clau
Beg	416	Cero	Benth	476	Charles,M.	Bertol	546	Chois	Bior	616	Claus
Begi	417	Cerr	Bentl	477	Charles,S.	Berton	547	Chol	Bir	617	Clav
Begu	418	Cert	Bento	478	Charlet	Bertr	548	Chom	Bird	618	Clax
Beh	419	Cerv	Benw	479	Charlo	Bertrand,F	549	Chop	Birk	619	Clay
Behr	421	Ces	Beo	481	Charlt	Bertrand,N.	551	Chor	Bis	621	Clay,M.
Bei	422	Ceso	Ber	482	Charm	Bertu	552	Chou	Bish	622	Clay,T.
Beis	423	Cet	Berar	483	Charn	Berw	553	Chr	Biss	623	Cle
Bek	424	Cev	Berau	484	Charp	Bes	554	Chri	Bit	624	Clee
Bel	425	Cey	Berc	485	Charr	Besl	555	Christi	Biz	625	Clem
Belan	426	Ch	Berck	486	Chart	Beso	556	Christo	Bj	626	Clement
Belch	427	Chabe	Bere	487	Chas	Bess	557	Chro	Bl	627	Clen
Bele	428	Chabo	Beren	488	Chass	Bessem	558	Chry	Blackb	628	Cleo
Belg	429	Chabr	Berens	489	Chast	Bessi	559	Chu	Blackm	629	Cler
Beli	431	Chac	Beres	491	Chastil	Best	561	Church	Blacks	631	Clerk
Belk	432	Chad	Beret	492	Chat	Bet	562	Church,M.	Blackw	632	Clerke
Bell	433	Chaf	Berg	493	Chath	Bethm	563	Churchill	Blag	633	Clerm
Bell L	434	Chai	Bergan	494	Chati	Beto	564	Chut	Blai	634	Cles
Bell R	435	Chais	Berge	495	Chatt	Bett	565	Ci	Blair	635	Clev
Bellan	436	Chal	Berger	496	Chau	Beu	566	Cian	Blak	636	Cli
Bellav	437	Chall	Bergh	497	Chaul	Beul	567	Cib	Blakes	637	Clif
Belle	438	Chalm	Bergi	498	Chaun	Beus	568	Cic	Blan	638	Clifford,M.
Bellege	439	Chalo	Bergm	499	Chaus	Beut	569	Cie	Blanch	639	Clift

Blanch — Bruns / Clin — Craw

Blanche		Clin	Bond	711	Colling	Boure	771	Cook	Brer	841	Costel
Bland	642	Cliv	Bone	712	Collins	Bourg	772	Cooke	Bres	842	Coster
Blanq	643	Clo	Bonf	713	Collins,S.	Bourgo	773	Cooke,M.	Bress	843	Cot
Blas	644	Clon	Bonh	714	Collo	Bouri	774	Cool	Bret	844	Coti
Blau	645	Clos	Boni	715	Colly	Bourn	775	Coom	Brett	845	Coto
Ble	646	Clot	Bonn	716	Colm	Bourr	776	Coop	Breu	846	Cott
Blen	647	Clou	Bonnet	717	Coln	Bous	777	Cooper,H.	Brew	847	Cotter
Bli	648	Clow	Bonni	718	Colo	Bout	778	Cooper,O.	Brews	848	Cotti
Blis	649	Clu	Bono	719	Colon	Bouth	779	Coot	Bri	849	Cottl
Blo	651	Cn	Bons	721	Colp	Bouto	781	Cop	Brid	851	Cotto
Blod	652	Co	Bont	722	Colq	Bouv	782	Cope	Bridgm	852	Coty
Blom	653	Cobb	Bonv	723	Cols	Bov	783	Copi	Brie	853	Cou
Blon	654	Cobbet	Boo	724	Colt	Bow	784	Copl	Brig	854	Coud
Bloo	655	Cobd	Boot	725	Colto	Bowdi	785	Copp	Brigh	855	Coul
Blos	656	Cobh	Bor	726	Colu	Bowe	786	Coq	Brighto	856	Coup
Blou	657	Cobo	Bord	727	Colv	Bowl	787	Cor	Bril	857	Coupl
Blu	658	Cobu	Borden	728	Com	Bowr	788	Coran	Brin	858	Cour
Blunt	659	Coc	Bordi	729	Comb	Boy	789	Corb	Bris	859	Courc
Bly	661	Coch	Bore	731	Combes	Boye	791	Corbin	Brist	861	Courl
Bo	662	Cochin	Borg	732	Come	Boyl	792	Corbo	Brit	862	Court
Bob	663	Cochr	Borgi	733	Comi	Boys	793	Corc	Bro	863	Courte
Boc	664	Cock	Borgo	734	Comm	Br	794	Cord	Brock	864	Courti
Bock	665	Cockb	Borl	735	Como	Brab	795	Cordi	Broe	865	Courtn
Bod	666	Cocke	Born	736	Comp	Brac	796	Cordo	Brog	866	Courto
Bodi	667	Coco	Borr	737	Compan	Brack	797	Core	Brok	867	Cous
Bodl	668	Cocq	Bors	738	Compt	Brad	798	Cori	Brom	868	Couss
Boe	669	Cod	Bort	739	Coms	Bradf	799	Cork	Bron	869	Coust
Boeh	671	Codm	Bos	741	Comt	Bradl	811	Corm	Broo	871	Cout
Boer	672	Coe	Bosch	742	Comy	Brads	812	Corn	Brooke	872	Coutu
Boet	673	Coes	Bose	743	Con	Brag	813	Corne	Brooks	873	Cov
Bog	674	Cof	Boso	744	Conc	Brai	814	Cornel	Bros	874	Cow
Bogi	675	Coffin	Boss	745	Cond	Bram	815	Corner	Brou	875	Cowl
Boh	676	Cog	Bossu	746	Condo	Bran	816	Cornet	Brous	876	Cowp
Bohn	677	Cogs	Bost	747	Cone	Brand	817	Cornh	Brow	877	Cox
Boi	678	Coh	Bot	748	Conf	Brandi	818	Corni	Brown,H.	878	Cox,R.
Boil	679	Coig	Both	749	Cong	Brando	819	Corno	Brown,M.	879	Coxe
Boin	681	Coit	Bott	751	Coni	Brandt	821	Cornw	Brown,T.	881	Coy
Bois	682	Cok	Bou	752	Conk	Brar	822	Coro	Browne	882	Coz
Boisg	683	Col	Bouche	753	Cono	Bras	823	Corr	Browne,M.	883	Cr
Boiss	684	Colb	Bouchi	754	Conr	Brat	824	Corre	Browne,S.	884	Crad
Boit	685	Colbu	Boucho	755	Cons	Brau	825	Corri	Browni	885	Craf
Bok	686	Colby	Boud	756	Const	Brav	826	Cors	Bru	886	Crai
Bol	687	Colc	Bouf	757	Constan	Bray	827	Cort	Bruce,J.	887	Craik
Bole	688	Cold	Boug	758	Constanti	Bre	828	Cortes	Bruck	888	Crak
Boli	689	Cole	Bouh	759	Cont	Brec	829	Corti	Brue	889	Cram
Boll	691	Coleb	Boui	761	Conte	Bred	831	Corto	Brug	891	Cran
Bolli	692	Colem	Bouil	762	Conti	Bree	832	Corv	Bruh	892	Crao
Bolo	693	Coler	Boul	763	Conto	Breg	833	Cory	Brum	893	Crap
Bolt	694	Colet	Boull	764	Contr	Breh	834	Cos	Brun	894	Cras
Bom	695	Colev	Boun	765	Contu	Brei	835	Cosp	Brunet	895	Crat
Bomi	696	Coli	Bour	766	Conv	Brem	836	Coss	Bruni	896	Crato
Bon	697	Coll	Bourc	767	Conw	Bren	837	Cost	Brunn	897	Crau
Bonap	698	Collet	Bourd	768	Cony	Brenn	838	Costan	Bruno	898	Crav
Bonar	699	Colli	Bourdi	769	Coo	Brent	839	Coste	Bruns	899	Craw

Brunsw — Bz / Crawl — Cza

Brunsw	911	Crawl	Burri	971	Cumm
Brus	912	Cre	Burro	972	Cun
Brut	913	Cree	Burt	973	Cunn
Bruy	914	Crei	Burto	974	Cup
Bry	915	Crel	Bury	975	Cur
Bryc	916	Creo	Bus	976	Curr
Bu	917	Crep	Busch	977	Curs
Buc	918	Creq	Bush	978	Curt
Buche	919	Cres	Bushn	979	Curtis, J.
Bucho	921	Cresp	Buss	981	Curtis, P.
Buck	922	Cress	Bust	982	Curw
Bucki	923	Cresw	But	983	Curz
Buckl	924	Cret	Buti	984	Cus
Buckm	925	Creu	Butl	985	Cushing, M.
Bucks	926	Crev	Butler, M.	986	Cushm
Bud	927	Crew	Butler, T.	987	Cust
Bue	928	Cri	Butt	988	Cut
Buf	929	Cril	Butto	989	Cutl
Bug	931	Crin	Bux	991	Cutt
Bui	932	Cris	Buy	992	Cuv
Bul	933	Crist	By	993	Cuy
Bulk	934	Crit	Byn	994	Cy
Bull	935	Critt	Byr	995	Cyc
Bulle	936	Criv	Byro	996	Cyl
Bulli	937	Cro	Bys	997	Cyr
Bullo	938	Crock	Byt	998	Cz
Bulo	939	Croe	Bz	999	Czo
Bulw	941	Crof
Bun	942	Croi
Bu	943	Crok
Buoni	944	Crol
Bur	945	Crom
Burb	946	Cromw
Burc	947	Cron
Burck	948	Croo
Burd	949	Cros
Burdet	951	Cross
Bure	952	Crou
Burf	953	Crow
Burg	954	Croy
Burges	955	Cru
Burgh	956	Crum
Burgo	957	Crus
Burh	958	Cs
Burk	959	Ct
Burl	961	Cu
Burm	962	Cub
Burn	963	Cuc
Burnet	964	Cud
Burney	965	Cue
Burnh	966	Cui
Burns	967	Cul
Burr	968	Culp
Burre	969	Cum

Da — Dem / Fa — Ferral

Da	111	Fa	Dana,S.	171	Fairh	Daum	241	Farran	Dee	311	Feit
Dabi	112	Fab	Danb	172	Fairl	Daun	242	Farrar	Deer	312	Feld
Dabl	113	Fabb	Danc	173	Fais	Daur	243	Farrar,J.	Def	313	Feli
Dabn	114	Fabe	Danck	174	Fait	Daus	244	Farrar,S.	Defo	314	Felic
Dabo	115	Faber	Danco	175	Faiv	Dav	245	Farre	Defor	315	Felin
Dabr	116	Faberi	Dand	176	Fak	Dave	246	Farri	Defr	316	Felix
Dac	117	Fabert	Dando	177	Fal	Davenp	247	Fars	Deg	317	Fell
Daci	118	Fabi	Dandr	178	Falc	Daves	248	Fas	Degl	318	Felle
Dacr	119	Fabil	Dane	179	Falck	Davi	249	Fass	Dego	319	Felli
Dad	121	Fabiu	Danf	181	Falco	Davids	251	Fast	Degr	321	Fello
Dae	122	Fabr	Dang	182	Falcone	Davidson	252	Fat	Deh	322	Fellow
Dael	123	Fabre	Dani	183	Falconer,M.	Davidson,M.	253	Fati	Deho	323	Felo
Daf	124	Fabri	Daniel	184	Falconet	Davie	254	Fato	Dei	324	Fels
Dag	125	Fabrian	Daniell	185	Falcu	Davies	255	Fau	Deis	325	Felt
Dagl	126	Fabric	Daniels	186	Fald	Davies,J.	256	Fauch	Dej	326	Felto
Dago	127	Fabrin	Dank	187	Fale	Davies,P.	257	Fauci	Dejo	327	Felton,M.
Dagu	128	Fabris	Dann	188	Falg	Davig	258	Faud	Dek	328	Feltr
Dah	129	Fabriz	Danp	189	Fali	Davil	259	Faug	Dekr	329	Felv
Dahl	131	Fabro	Dans	191	Falk	Davis	261	Faul	Del	331	Fen
Dai	132	Fabrot	Dant	192	Falken	Davis,H.	262	Faulh	Delac	332	Fene
Dail	133	Fabry	Danti	193	Falkn	Davis,M.	263	Faulk	Delaf	333	Feni
Dair	134	Fabu	Danto	194	Fall	Davis,S.	264	Faun	Delai	334	Fenn
Dak	135	Fabv	Dantz	195	Fallet	Davis,W.	265	Faur	Delal	335	Fennel
Dal	136	Faby	Danv	196	Fallo	Davo	266	Fauri	Delam	336	Fenner
Dalb	137	Fac	Danvi	197	Fals	Davr	267	Faus	Delan	337	Fenni
Dalc	138	Faccio	Dany	198	Fam	Davy	268	Fausti	Delap	338	Fenno
Dale	139	Fach	Danz	199	Fan	Daw	269	Faustu	Delar	339	Feno
Dales	141	Faci	Dao	211	Fane	Dawk	271	Fauv	Delat	341	Fens
Dalg	142	Facis	Dap	212	Fani	Daws	272	Fav	Delau	342	Fent
Dalh	143	Facu	Dar	213	Fann	Day	273	Fave	Delav	343	Fenw
Dall	144	Fad	Darc	214	Fano	Day,J.	274	Favi	Delb	344	Feo
Dallas	145	Fadi	Dard	215	Fans	Day,S.	275	Favo	Delc	345	Fer
Dalle	146	Fadl	Darde	216	Fant	Dayt	276	Favr	Dele	346	Ferb
Dalli	147	Fae	Dare	217	Fanto	Daz	277	Favre	Deles	347	Ferd
Dalm	148	Faen	Dari	218	Fantu	De	278	Faw	Deleu	348	Ferdo
Dalp	149	Faes	Dark	219	Far	Deal	279	Fawe	Delf	349	Fere
Dalr	151	Fag	Darl	221	Farc	Dean	281	Fawk	Delfo	351	Ferg
Dalt	152	Fage	Darm	222	Fare	Dean,M.	282	Fay	Delg	352	Fergu
Daly	153	Fagel	Darn	223	Farg	Deane	283	Faye	Deli	353	Ferguson,M.
Dam	154	Fagg	Daro	224	Fari	Deane,M.	284	Fayet	Delis	354	Ferguss
Damas	155	Fagi	Darr	225	Farin	Dear	285	Fayo	Deliu	355	Ferh
Damb	156	Fagn	Dart	226	Faring	Deb	286	Fayt	Delk	356	Feri
Dame	157	Fah	Daru	227	Farini	Debo	287	Faz	Dell	357	Ferl
Dami	158	Fahr	Darw	228	Faris	Debr	288	Fe	Dello	358	Ferm
Damin	159	Fai	Das	229	Farj	Debu	289	Feb	Delm	359	Ferme
Damis	161	Fail	Dass	231	Farl	Dec	291	Fec	Delo	361	Fermo
Damm	162	Fain	Dat	232	Farley,M.	Dece	292	Fed	Delor	362	Fern
Damo	163	Fair	Dath	233	Farm	Dech	293	Feder	Delp	363	Fernand
Damop	164	Fairban	Dati	234	Farmer,M.	Deci	294	Fedo	Delr	364	Ferne
Damp	165	Fairc	Dau	235	Farn	Deck	295	Fee	Dels	365	Ferni
Dampi	166	Fairf	Daubi	236	Farnh	Deco	296	Feh	Delt	366	Ferno
Dan	167	Fairfax,M.	Dauc	237	Faro	Decour	297	Fei	Delv	367	Fero
Dana,H.	168	Fairfie	Daud	238	Farq	Decr	298	Feildi	Delz	368	Ferr
Dana,M.	169	Fairfield,M.	Daul	239	Farr	Ded	299	Fein	Dem	369	Ferral

Deman — Dodd / Ferram — Floris

Deman	371	Ferram	Des	441	Fian	Devons	511	Finl	Dig	571	Flach
Demar	372	Ferran	Desau	442	Fias	Devos	512	Finlays	Dige	572	Flaco
Demau	373	Ferrant	Desb	443	Fib	Devot	513	Finley	Digg	573	Flad
Demb	374	Ferrar	Desbo	444	Fic	Devr	514	Finn	Digh	574	Flag
Dembo	375	Ferrari	Desc	445	Fich	Dew	515	Fino	Dign	575	Flah
Deme	376	Ferraro	Desch	446	Fici	Dewe	516	Fins	Dil	576	Flai
Demet	377	Ferrars	Descl	447	Fick	Dewes	517	Fio	Dilk	577	Flam
Demi	378	Ferrary	Desco	448	Fico	Dewet	518	Fiore	Dill	578	Flamen
Demid	379	Ferrat	Descr	449	Fid	Dewey	519	Fiori	Dillo	579	Flami
Demil	381	Ferrau	Dese	451	Fide	Dewi	521	Fiorin	Dilw	581	Flamm
Demm	382	Ferre	Deses	452	Fie	Dewitt	522	Fir	Dim	582	Flams
Demo	383	Ferrei	Desf	453	Field	Dewitt,M.	523	Fire	Din	583	Flan
Demon	384	Ferreo	Desg	454	Field,H.	Dewl	524	Firm	Ding	584	Fland
Demop	385	Ferrer	Desgr	455	Field,M.	Dex	525	Firmin	Dini	585	Flandr
Demor	386	Ferrero	Desh	456	Field,S.	Dext	526	Firn	Dino	586	Flat
Demos	387	Ferret	Desi	457	Field,W.	Dexter,M.	527	Firo	Dins	587	Flau
Demou	388	Ferri	Desir	458	Fielde	Dey	528	Fis	Dio	588	Flav
Demp	389	Ferrib	Desj	459	Fieldi	Deyn	529	Fische	Diod	589	Flavi
Den	391	Ferric	Desl	461	Fields	Deys	531	Fise	Diog	591	Flavu
Dene	392	Ferrin	Deslo	462	Fields,J.	Dez	532	Fish	Dion	592	Flax
Denh	393	Ferrio	Desm	463	Fields,S.	Dh	533	Fisher	Diop	593	Fle
Deni	394	Ferris	Desmo	464	Fien	Dhe	534	Fisher,J.	Dios	594	Flee
Denis	395	Ferro	Desmou	465	Fier	Dho	535	Fisher,M.	Diot	595	Fleetw
Denison	396	Ferron	Desn	466	Fies	Di	536	Fisher,S.	Dip	596	Flei
Denm	397	Ferrou	Deso	467	Fiesco	Diam	537	Fisher,W.	Dir	597	Flem
Denn	398	Ferru	Desp	468	Fieso	Dian	538	Fisk	Dirc	598	Fleming,M.
Denne	399	Ferry	Despl	469	Fif	Diap	539	Fisk,M.	Dirk	599	Flemm
Denni	411	Fert	Despo	471	Fig	Dias	541	Fiske	Dis	611	Fles
Denny	412	Feru	Despor	472	Figi	Diaz	542	Fiske,M.	Disn	612	Flet
Deno	413	Fes	Despr	473	Figo	Dib	543	Fiss	Disr	613	Fletcher,J.
Dent	414	Fessen	Desr	474	Figr	Dibd	544	Fit	Dist	614	Fletcher,P.
Denton	415	Fessenden,M.	Dess	475	Figu	Dic	545	Fitch,J.	Dit	615	Fletcher,S.
Denv	416	Fessi	Dest	476	Figui	Dice	546	Fitch,S.	Dits	616	Fleu
Deny	417	Fessl	Destr	477	Figul	Dick	547	Fitt	Ditt	617	Fleuri
Deo	418	Fest	Desv	478	Fil	Dicke	548	Fitz	Div	618	Fleury
Dep	419	Fet	Det	479	Filas	Dicker	549	Fitza	Dix	619	Flex
Depl	421	Fett	Deti	481	File	Dickey	551	Fitzb	Dixo	621	Fli
Depo	422	Feu	Deto	482	Fili	Dicki	552	Fitzc	Dixw	622	Flin
Depp	423	Feuer	Detr	483	Filip	Dickinso	553	Fitzg	Dj	623	Flint
Depr	424	Feug	Detz	484	Fill	Dicks	554	Fitzgerald,M	Dje	624	Flint,J.
Depu	425	Feui	Deu	485	Fille	Did	555	Fitzh	Dji	625	Flint,S.
Deq	426	Feuill	Deus	486	Filli	Didi	556	Fitzj	Djo	626	Flip
Der	427	Feut	Deux	487	Fillm	Dido	557	Fitzm	Dm	627	Flit
Derby,M.	428	Fev	Dev	488	Filo	Didr	558	Fitzn	Dmi	628	Flo
Derc	429	Fevr	Deve	489	Fils	Die	559	Fitzp	Dmo	629	Flog
Dere	431	Fevret	Dever	491	Fin	Diel	561	Fitzr	Do	631	Floo
Derh	432	Few	Devi	492	Finch	Dien	562	Fitzs	Dob	632	Flor
Deri	433	Fey	Devig	493	Finck	Dier	563	Fitzt	Dobe	633	Florent
Derl	434	Feyer	Devil	494	Find	Dies	564	Fitzw	Dobr	634	Flores
Derm	435	Feyn	Devin	495	Fine	Diet	565	Fiu	Dobs	635	Flori
Dern	436	Ffa	Devis	496	Finet	Dietr	566	Fix	Doc	636	Florid
Dero	437	Ffo	Devl	497	Fing	Dieu	567	Fiz	Doch	637	Florin
Derr	438	Fi	Devo	498	Fini	Diez	568	Fl	Dod	638	Florio
Derw	439	Fiam	Devon	499	Fink	Dif	569	Flac	Dodd	639	Floris

Doddr — Dunbar. M. / Floru — Frie											
Doddr		Floru	641	Dorl		Ford,M.	711	Dre		Foun	771	Ducon		Fras	841
Dodds		Flot	642	Dorm		Fordh	712	Drel		Fouq	772	Ducr		Fraser M	842
Dode		Flott	643	Dorn		Fordy	713	Dres		Four	773	Ducro		Frass	843
Dodg		Flow	644	Dorni		Fore	714	Dreu		Fourcr	774	Dud		Frat	844
Dodge,M.		Floy	645	Doro		Forem	715	Drev		Fouri	775	Dude		Frau	845
Dodi		Flu	646	Dorr		Fores	716	Drew		Fourm	776	Dudi		Frav	846
Dods		Flur	647	Dors		Forester	717	Drex		Fourn	777	Dudl		Fray	847
Dodw		Fly	648	Dorse		Foresti	718	Drey		Fourni	778	Dudley,L.		Fraz	848
Doe		Fo	649	Dort		Forf	719	Dri		Fourniv	779	Dudley,S.		Fre	849
Doel		Fob	651	Dorv		Forg	721	Drink		Fourq	781	Dudo		Frec	851
Doer		Foc	652	Dos		Forl	722	Driv		Fout	782	Due		Fred	852
Does		Fod	653	Dosi		Form	723	Dro		Fov	783	Duer		Free	853
Dog		Foe	654	Doss		Forman	724	Drog		Fow	784	Duf		Freel	854
Doh		Fog	655	Dot		Forme	725	Drol		Fowl	785	Duff		Freem	855
Dohn		Fogl	656	Dou		Formo	726	Drom		Fowler,H.	786	Duffe		Freer	856
Doi		Foh	657	Doubl		Forn	727	Dros		Fowler,M.	787	Duffi		Frees	857
Dois		Foi	658	Douc		Forr	728	Drou		Fowler,S.	788	Duffy		Freg	858
Dol		Foin	659	Doue		Forrest,M.	729	Drouo		Fowler,W.	789	Dufl		Frego	859
Dolb		Foix	661	Doug		Forrester	731	Drov		Fox	791	Dufo		Freh	861
Dolc		Fok	662	Dough		Fors	732	Droy		Fox,M.	792	Dufourn		Frei	862
Dole		Fol	663	Dougl		Forst	733	Droz		Fox,S.	793	Dufr		Freig	863
Dolg		Folg	664	Douglas,G.		Forster,M.	734	Dru		Fox,X.	794	Dufres		Freil	864
Doll		Foli	665	Douglas,M.		Forsy	735	Drum		Foxe	795	Dufu		Freim	865
Dom		Folk	666	Douglas,S.		Fort	736	Drur		Foy	796	Dug		Freir	866
Domb		Foll	667	Douglas,W.		Forte	737	Drus		Fr	797	Dugo		Frek	867
Dome		Folli	668	Doul		Fortes	738	Dry		Frach	798	Dugu		Frel	868
Domi		Folq	669	Dour		Forth	739	Dryd		Frad	799	Duh		Frem	869
Domin		Fols	671	Dous		Forti	741	Drys		Frag	811	Duhe		Fremi	871
Domit		Fom	672	Douv		Fortin	742	Du		Frai	812	Duho		Fremo	872
Domn		Fomtani	673	Dov		Fortis	743	Dub		Fram	813	Dui		Fren	873
Don		Fon	674	Dow		Forto	744	Dube		Fran	814	Duil		French,H.	874
Donal		Fonf	675	Dowd		Fortu	745	Dubo		France	815	Duis		French,M.	875
Donalds		Fonn	676	Dowe		Fos	746	Dubois M		Franch	816	Duj		French,S.	876
Donat		Fons	677	Dowl		Fosc	747	Dubos		Franci	817	Duk		French,W.	877
Donc		Font	678	Down		Fosd	748	Dubou		Francis	818	Dul		Frend	878
Dond		Fontai	679	Downh		Fosg	749	Dubr		Francis,M.	819	Dulau		Freni	879
Done		Fontan	681	Downi		Foss	751	Dubu		Franciu	821	Dulc		Frer	881
Dong		Fonte	682	Dows		Fosse	752	Duc		Franck	822	Duli		Freret	882
Doni		Fonten	683	Doy		Fost	753	Ducar		Francke	823	Dull		Frero	883
Donk		Fonti	684	Doyl		Foster	754	Ducas		Franckl	824	Dulo		Fres	884
Donn		Fontr	685	Doz		Foster,H.	755	Duce		Franco	825	Dum		Fresh	885
Donner		Foo	686	Dr		Foster,M.	756	Duch		Francon	826	Dumas		Fresn	886
Dono		Foot	687	Drac		Foster,S.	757	Duchat		Frang	827	Dumay		Fress	887
Dont		Foote	688	Drae		Foster,W.	758	Duche		Frank	828	Dume		Fret	888
Donz		Foote,M.	689	Drag		Fot	759	Duches		Franke	829	Dumm		Freu	889
Doo		Fop	691	Drak		Fother	761	Duchi		Frankl	831	Dumo		Frev	891
Dop		For	692	Drake,M.		Fou	762	Ducho		Franklin,H.	832	Dumon		Frew	892
Dor		Forbes,H.	693	Drake,S.		Fouch	763	Duci		Franklin,M.	833	Dumont		Frey	893
Dorat		Forbes,M.	694	Dran		Foud	764	Duck		Franklin,S.	834	Dumor		Freyl	894
Dore		Forbes,S.	695	Drap		Foug	765	Ducke		Franq	835	Dumou		Freyt	895
Dori		Forbi	696	Draper,M		Foui	766	Duckw		Frant	836	Dumour		Frez	896
Dorig		Forc	697	Drapp		Foul	767	Ducl		Franz	837	Dun		Fri	897
Dorio		Forch	698	Dray		Foulo	768	Duclo		Frap	838	Dunb		Frid	898
Doris		Ford	699	Drayt		Foulq	769	Duco		Frar	839	Dunbar,M.	899	Frie

Dunc — Dz / Friedl — Fyr

Dunc	911	Friedl	Dus	971	Fullert
Duncan,M.	912	Fries	Duse	972	Fullo
Dunco	913	Fril	Dusi	973	Fulm
Dund	914	Frin	Duss	974	Fult
Dundo	915	Frip	Dut	975	Fulv
Dung	916	Frir	Duti	976	Fum
Dunh	917	Fris	Duto	977	Fume
Duni	918	Frisw	Dutr	978	Fumi
Dunk	919	Frit	Dutt	979	Fun
Dunl	921	Friz	Dutton	981	Fund
Dunlo	922	Fro	Duv	982	Funk
Dunn	923	Frobi	Duval	983	Fur
Dunni	924	Froc	Duvau	984	Furi
Duno	925	Froe	Duve	985	Furl
Duns	926	Froel	Duvet	986	Furm
Dunt	927	Frog	Duvi	987	Furn
Dunu	928	Froh	Duy	988	Furnes
Dup	929	Froi	Dw	989	Furni
Dupar	931	From	Dwi	991	Furs
Dupe	932	Fromm	Dwight,J.	992	Furt
Duperr	933	Fron	Dwight,S.	993	Fus
Dupi	934	Frons	Dy	994	Fuss
Dupl	935	Front	Dye	995	Fust
Duples	936	Fronto	Dyer	996	Fusu
Dupo	937	Fror	Dym	997	Fy
Dupont	938	Fros	Dyr	998	Fyo
Dupor	939	Frost	Dz	999	Fyr
Dupp	941	Frot			
Dupr	942	Frou			
Dupres	943	Frow			
Dupu	944	Fru			
Dupuy	945	Frun			
Duq	946	Fry			
Dur	947	Fry,M.			
Duran	948	Frye			
Durand,M.	949	Fu			
Durant	951	Fuchs			
Duras	952	Fud			
Duraz	953	Fue			
Durd	954	Fuen			
Dure	955	Fues			
Duret	956	Fuf			
Durey	957	Fug			
Durf	958	Fugg			
Durfo	959	Fuh			
Durh	961	Fui			
Duri	962	Ful			
Duriv	963	Fulg			
Duro	964	Fulk			
Durr	965	Full			
Durs	966	Fuller,H.			
Duru	967	Fuller,M.			
Duruy	968	Fuller,S.			
Dury	969	Fuller,W.			

Ga — Geri / Ha — Hauf

Ga		111	Ha	Gallio	171	Halh	Garri	241	Hank	Geh	311	Harrington,M.
Gab		112	Haas	Gallo	172	Hali	Garris	242	Hanm	Gei	312	Harrio
Gabi		113	Hab	Gallois	173	Halif	Garro	243	Hann	Geis	313	Harris
Gabio		114	Haber	Gallow	174	Hall	Gart	244	Hanne	Gel	314	Harris,F.
Gabl		115	Habert	Gallu	175	Hall,D.	Garz	245	Hanni	Geld	315	Harris,M.
Gabo		116	Habi	Gallus	176	Hall,G.	Gas	246	Hanno	Gele	316	Harris,S.
Gabr		117	Hac	Gallw	177	Hall,J.	Gasco	247	Hano	Geli	317	Harris,W.
Gabriel		118	Hack	Galo	178	Hall,M.	Gask	248	Hanr	Gell	318	Harrison
Gabro		119	Hacket	Galt	179	Hall,S.	Gasp	249	Hans	Gelli	319	Harrison,F.
Gac		121	Hackett	Galto	181	Hall,W.	Gass	251	Hanso	Gelo	321	Harrison,M.
Gaco		122	Hackl	Galv	182	Hallam	Gasset	252	Hanw	Gem	322	Harrison,S.
Gad		123	Hackm	Galw	183	Halle	Gassi	253	Haq	Gemm	323	Harrison,W.
Gade		124	Haco	Gam	184	Hallec	Gasso	254	Har	Gen	324	Hars
Gado		125	Had	Gamai	185	Haller	Gast	255	Harb	Gend	325	Hart
Gads		126	Hadd	Gamal	186	Hallet	Gaston	256	Harc	Gene	326	Hart,M.
Gae		127	Haddo	Gamb	187	Halley	Gastr	257	Harcou	Genes	327	Harte
Gaer		128	Hade	Gambar	188	Halli	Gat	258	Hard	Genet	328	Harte,M.
Gaet		129	Hadf	Gambe	189	Hallig	Gates	259	Harden	Geng	329	Harti
Gaf		131	Hadl	Gambi	191	Halliw	Gati	261	Hardi	Geni	331	Hartl
Gag		132	Hadr	Gambo	192	Hallo	Gatt	262	Hardie	Genl	332	Hartley
Gage,M.		133	Hae	Gamm	193	Hallow	Gatti	263	Harding	Genn	333	Hartm
Gagi		134	Hael	Gamo	194	Halm	Gau	264	Hardinge	Genne	334	Harto
Gagl		135	Haen	Gan	195	Halp	Gauc	265	Hardo	Geno	335	Harts
Gago		136	Haer	Gando	196	Hals	Gaud	266	Hardt	Gens	336	Hartu
Gai		137	Haeu	Gang	197	Halt	Gaudi	267	Hardw	Gent	337	Hartw
Gail		138	Haf	Gann	198	Ham	Gauf	268	Hardy	Gentil	338	Hartz
Gaill		139	Hafi	Gans	199	Hamb	Gaul	269	Hardy,G.	Gentr	339	Harv
Gaim		141	Hag	Gant	211	Hamd	Gault	271	Hardy,M.	Genu	341	Harvey
Gain		142	Hagem	Gar	212	Hame	Gaun	272	Hardy,S.	Geo	342	Harvey,M.
Gains		143	Hagen	Garb	213	Hameli	Gaur	273	Hardy,W.	Geof	343	Harw
Gair		144	Hager	Garbo	214	Hamer	Gaus	274	Hare	Geoffri	344	Has
Gaj		145	Hagg	Garc	215	Hamert	Gaut	275	Hare,M.	Geoffro	345	Hasd
Gal		146	Hags	Garci	216	Hami	Gauth	276	Haren	Geor	346	Hase
Galau		147	Hagu	Gard	217	Hamil	Gauti	277	Harew	George	347	Hasel
Galb		148	Hah	Garde	218	Hamilton,G.	Gauz	278	Harf	George,H.	348	Hasen
Gald		149	Hai	Gardi	219	Hamilton,M.	Gav	279	Harg	George,S.	349	Hask
Gale		151	Hail	Gardiner	221	Hamilton,S.	Gavau	281	Hari	Georges	351	Haski
Gale,M.		152	Hain	Gardiner,H.	222	Hamilton,W.	Gave	282	Hario	Georgi	352	Hasl
Galen		153	Haines	Gardiner,M.	223	Haml	Gavi	283	Harl	Gep	353	Hass
Galer		154	Haj	Gardiner,S.	224	Hamm	Gaw	284	Harle	Ger	354	Hasse
Galf		155	Hak	Gardn	225	Hammo	Gay	285	Harley	Geran	355	Hassel
Gali		156	Hakl	Gardner	226	Hammond,G.	Gaye	286	Harlo	Gerar	356	Hast
Galig		157	Hal	Gardner,H.	227	Hammond,M.	Gayl	287	Harm	Gerard,M.	357	Hastings
Galil		158	Hald	Gardner,P.	228	Hamo	Gayo	288	Harmo	Gerardi	358	Hastings,M.
Galit		159	Halde	Gare	229	Hamp	Gaz	289	Harn	Gerau	359	Hasw
Galitz		161	Hale	Garf	231	Hamps	Gazo	291	Harni	Gerb	361	Hat
Gall		162	Hale,G.	Gari	232	Hampt	Ge	292	Haro	Gerber	362	Hatf
Gallan		163	Hale,M.	Garl	233	Han	Geb	293	Harp	Gerbi	363	Hath
Gallat		164	Hale,S.	Garn	234	Hanc	Gec	294	Harper,G.	Gerbo	364	Hathert
Gallau		165	Hale,W.	Garnet	235	Hancock,M.	Ged	295	Harper,M.	Gerc	365	Hats
Galle		166	Halen	Garni	236	Hand	Gedi	296	Harr	Gerd	366	Hatt
Gallet		167	Hales	Garo	237	Hane	Gee	297	Harri	Gere	367	Hatz
Galli		168	Halet	Garr	238	Hanf	Geer	298	Harriman,M.	Gerh	368	Hau
Gallim		169	Half	Garre	239	Hang	Gef	299	Harrin	Geri	369	Hauf

Gerl — Gonn / Haug — Hij

Gerl	371	Haug	Gibbons	441	Heathe	Giot	511	Heng	Gn	571	Hersc
Germ	372	Haul	Gibbs	442	Heato	Giov	512	Henk	Gni	572	Herse
German	373	Haun	Gibbs,H.	443	Heb	Giove	513	Henkel	Go	573	Hert
Germi	374	Haup	Gibbs,S.	444	Heben	Giovi	514	Henl	Gob	574	Hertf
Germo	375	Haur	Gibe	445	Heber	Gir	515	Henn	Gobi	575	Herts
Gern	376	Haus	Gibi	446	Hebert	Giral	516	Henni	Goc	576	Hertz
Gero	377	Hauss	Gibn	447	Hec	Girar	517	Hennin	God	577	Herv
Gerr	378	Hausso	Gibs	448	Heck	Girard M	518	Henr	Godd	578	Hervey
Gerry	379	Haut	Gibson,H.	449	Hecker	Girarde	519	Henrio	Gode	579	Hervey,M.
Gers	381	Hautem	Gibson,S.	451	Hect	Girardi	521	Henry	Godef	581	Herw
Gerso	382	Hautp	Gic	452	Hed	Girau	522	Henry,G.	Godes	582	Herz
Gerst	383	Hav	Gid	453	Hedg	Giraul	523	Henry,M.	Godf	583	Hes
Gert	384	Havel	Gie	454	Hedi	Gird	524	Henry,S.	Godi	584	Hese
Gerv	385	Haven	Gies	455	Hedl	Giri	525	Henry,W.	Godin	585	Hesm
Gervas	386	Haven,M.	Gif	456	Hedo	Giro	526	Hens	Godk	586	Hess
Gervi	387	Haver	Giffe	457	Hedw	Giron	527	Hent	Godm	587	Hesse
Gery	388	Havi	Giffo	458	Hee	Girou	528	Hentz	Godo	588	Hest
Ges	389	Haw	Gig	459	Heer	Girt	529	Hep	Godon	589	Het
Gesn	391	Hawes	Gigo	461	Hef	Gis	531	Her	Godw	591	Hett
Gess	392	Hawk	Gih	462	Heg	Gise	532	Herar	Godwin,M	592	Heu
Gest	393	Hawkins	Gil	463	Heges	Gisl	533	Herau	Goe	593	Heum
Get	394	Hawkins,M.	Gilbert	464	Hegh	Gism	534	Herb	Goed	594	Heur
Geu	395	Hawks	Gilbert,J.	465	Hei	Giso	535	Herber	Goel	595	Heus
Gev	396	Hawl	Gilbert,S.	466	Heil	Git	536	Herbert	Goep	596	Hev
Gey	397	Hawo	Gilc	467	Heim	Giu	537	Herbert,M.	Goer	597	Hew
Gez	398	Haws	Gild	468	Hein	Gius	538	Herbi	Goes	598	Hewe
Gf	399	Hawt	Gildo	469	Heinr	Giv	539	Herc	Goet	599	Hewi
Gh	411	Hax	Gile	471	Heins	Gl	541	Herd	Goetz	611	Hewit
Ghei	412	Hay	Giles	472	Heinz	Glad	542	Here	Gof	612	Hewl
Gher	413	Hay,M.	Gilf	473	Heis	Glads	543	Hereu	Gog	613	Hews
Gherard	414	Hayden	Gili	474	Hel	Glai	544	Herf	Goh	614	Hex
Gherardi	415	Hayden,M.	Gill	475	Heli	Glan	545	Herg	Goi	615	Hey
Gherardo	416	Haydon	Gille	476	Hell	Glanv	546	Heri	Gois	616	Heyf
Gherl	417	Haye	Gilles	477	Helle	Glap	547	Herio	Gol	617	Heyl
Ghes	418	Hayes,M.	Gillesp	478	Helm	Glas	548	Heris	Gold	618	Heym
Ghey	419	Hayg	Gillet	479	Helmh	Glass	549	Herl	Goldi	619	Heyn
Ghez	421	Hayl	Gilli	481	Helmo	Glau	551	Herm	Goldo	621	Heys
Ghi	422	Haym	Gillm	482	Helo	Glauc	552	Hermann	Golds	622	Heyw
Ghid	423	Hayn	Gillo	483	Help	Glaz	553	Herme	Goldsc	623	Hi
Ghil	424	Haynes	Gills	484	Helps	Gle	554	Hermi	Goldsm	624	Hib
Ghir	425	Hays	Gilly	485	Helv	Gled	555	Hermo	Gole	625	Hibo
Ghis	426	Hayt	Gilm	486	Helw	Glei	556	Hermon	Goli	626	Hic
Ghisli	427	Hayw	Gilman	487	Hem	Gleig	557	Hern	Golo	627	Hick
Gi	428	Haz	Gilmo	488	Heme	Glen	558	Hernd	Golov	628	Hicke
Giac	429	Haze	Gilp	489	Hemm	Gli	559	Hero	Golt	629	Hicko
Gial	431	Hazl	Gim	491	Hemp	Glin	561	Herol	Gom	631	Hicks
Giam	432	He	Gin	492	Hems	Glo	562	Heron	Gombe	632	Hid
Gian	433	Headl	Gino	493	Hen	Glos	563	Herp	Gome	633	Hie
Gianno	434	Heal	Gio	494	Henc	Glou	564	Herr	Gomm	634	Hig
Giar	435	Hear	Giof	495	Hend	Glov	565	Herrer	Gon	635	Higg
Giat	436	Hearn	Giol	496	Henderson	Glover	566	Herri	Gond	636	Higgins
Gib	437	Heat	Gior	497	Henderson,M.	Glu	567	Herrin	Gondi	637	Higginson
Gibbe	438	Heath,M.	Giorg	498	Hendr	Gly	568	Herrm	Gone	638	High
Gibbo	439	Heathc	Giorgio	499	Henf	Gm	569	Hers	Gonn	639	Hij

Gont — Gual / Hil — Hui

Gont		641	Hil	Goun	711	Hoffman,M.	Grat	771	Hond	Grew	841	Hour
Gonz		642	Hild	Goup	712	Hofl	Grati	772	Hone	Grey	842	Hous
Gonzal		643	Hilder	Gour	713	Hofm	Gratt	773	Honi	Grey,G.	843	Houst
Goo		644	Hildr	Gourd	714	Hog	Grau	774	Hono	Grey,M.	844	Hout
Gooc		645	Hill	Gourg	715	Hogar	Grav	775	Hont	Grey,S.	845	Hov
Good		646	Hill,G.	Gourl	716	Hogg	Graves	776	Hoo	Gri	846	Hovey
Goode		647	Hill,M.	Gous	717	Hoh	Gravi	777	Hood,M.	Grid	847	How
Goodel		648	Hill,S.	Gout	718	Hohenl	Gray	778	Hoof	Grie	848	Howard
Gooden		649	Hilla	Gouv	719	Hohenz	Gray,G.	779	Hoog	Grif	849	Howard,G.
Goodf		651	Hille	Gov	721	Hok	Gray,M.	781	Hook	Griffin	851	Howard,M.
Goodh		652	Hiller	Gow	722	Hol	Gray,S.	782	Hooke	Griffin,M.	852	Howard,S.
Goodm		653	Hillh	Gower	723	Holb	Gray,W.	783	Hooker	Griffith	853	Howard,W.
Goodr		654	Hilli	Goy	724	Holbr	Grays	784	Hooker,M.	Griffith,M.	854	Howd
Goodrich,M.		655	Hills	Goz	725	Holc	Graz	785	Hoop	Griffiths	855	Howe
Goodw		656	Hilt	Gr	726	Hold	Gre	786	Hooper,G.	Griffo	856	Howe,G.
Goodwin,M.		657	Him	Grab	727	Holder	Greav	787	Hooper,M.	Grig	857	Howe,M.
Goody		658	Himi	Graber	728	Holds	Greb	788	Hooper,S.	Gril	858	Howe,S.
Gook		659	Hin	Grac	729	Hole	Grec	789	Hoor	Grillo	859	Howel
Gor		661	Hincks	Graci	731	Holg	Greco	791	Hop	Grim	861	Howi
Gordon		662	Hind	Grad	732	Holi	Gred	792	Hopf	Grime	862	Howis
Gordon,G.		663	Hing	Grado	733	Holl	Gree	793	Hopk	Grimk	863	Howit
Gordon,M.		664	Hinr	Grae	734	Holland	Greel	794	Hopkins,G.	Grimm	864	Howl
Gordon,S.		665	Hins	Graes	735	Holland,G.	Green	795	Hopkins,M.	Grimo	865	Howle
Gore		666	Hint	Graf	736	Holland,M.	Green,G.	796	Hopkins,S.	Grin	866	Hows
Gorg		667	Hip	Graft	737	Holland,S.	Green,M.	797	Hopkinson	Grinf	867	Hox
Gorh		668	Hir	Grah	738	Holley	Green,S.	798	Hopp	Grinn	868	Hoy
Gori		669	Hirs	Graham,G.	739	Holli	Greene	799	Hopt	Gris	869	Hoyt
Gorm		671	Hirt	Graham,M.	741	Hollin	Greene,J.	811	Hor	Grisw	871	Hoyt,M.
Goro		672	Hirz	Graham,S.	742	Hollis	Greene,S.	812	Horl	Griv	872	Hoz
Gorr		673	His	Grai	743	Hollis,M.	Greenh	813	Horn	Gro	873	Hr
Gors		674	Hit	Gral	744	Hollist	Greenl	814	Hornb	Groe	874	Hu
Gort		675	Hitchi	Gram	745	Hollo	Greeno	815	Horne	Grol	875	Hub
Gos		676	Hitt	Grammo	746	Holly	Greenw	816	Horner	Gron	876	Hubbard,M.
Goss		677	Hj	Gramo	747	Holm	Gref	817	Hors	Gros	877	Hube
Gosse		678	Ho	Gran	748	Holme	Greg	818	Horsl	Gross	878	Hubert
Gossel		679	Hoar	Granc	749	Holmes	Gregg	819	Horst	Grosv	879	Hubn
Gosso		681	Hob	Grand	751	Holmes,G.	Gregori	821	Hort	Grot	881	Hubs
Gost		682	Hobb	Grandes	752	Holmes,M.	Gregory	822	Horten	Grou	882	Huc
Got		683	Hobh	Grandi	753	Holmes,S.	Gregory,M.	823	Horto	Grov	883	Hud
Goth		684	Hobs	Grandm	754	Holo	Grei	824	Horw	Groves	884	Huddl
Gott		685	Hoc	Grandv	755	Holr	Grel	825	Hos	Gru	885	Huds
Gotti		686	Hocd	Grane	756	Hols	Gren	826	Hosk	Grue	886	Hudson,M.
Gottis		687	Hod	Grang	757	Holste	Greni	827	Hosm	Grul	887	Hue
Gou		688	Hodg	Granger	758	Holt	Grenv	828	Hosp	Grun	888	Huet
Gouf		689	Hodges,M.	Grani	759	Holw	Grep	829	Hoss	Grund	889	Huf
Goug		691	Hodgs	Grant	761	Holy	Gres	831	Host	Grune	891	Hug
Gough		692	Hods	Grant,H.	762	Holz	Gress	832	Hot	Grup	892	Hugh
Gouj		693	Hoe	Grant,S.	763	Hom	Gresw	833	Hotm	Grut	893	Hughes
Goul		694	Hoel	Grantl	764	Homb	Gret	834	Hott	Gry	894	Hughes,M.
Goulb		695	Hoes	Granv	765	Home	Gretto	835	Hou	Gryp	895	Hugo
Gould		696	Hoey	Grap	766	Homer	Greu	836	Houd	Gu	896	Hugon
Gould,J.		697	Hof	Gras	767	Homes	Grev	837	Houe	Guad	897	Hugu
Gould,S.		698	Hoff	Grass	768	Homm	Grevi	838	Houg	Guai	898	Hugui
Gouls		699	Hoffm	Grassi	769	Hon	Grevy	839	Houn	Gual	899	Hui

Guald — Gyz / Huit — Hyr   Ja — Jy / Ka — Ky

Guald	911	Huit		Gul	971	Husk	Ja	11	Ka	Johnson,W.	71	Knight,M.
Gualt	912	Hul		Gulg	972	Huss	Jac	12	Kah	Johnst	72	Kno
Guan	913	Hull		Gull	973	Hut	Jackson,J.	13	Kai	Johnston,M.	73	Know
Guar	914	Hulli		Gum	974	Hutchins	Jackson,S.	14	Kal	Joi	74	Knox
Guari	915	Hulm		Gun	975	Hutchinson	Jaco	15	Kam	Jol	75	Ko
Guarn	916	Hulo		Gunn	976	Hutchinson,G.	Jacobi	16	Kan	Jon	76	Koc
Guas	917	Huls		Gunt	977	Hutchinson,M	Jacobs	17	Kap	Jones,G.	77	Koe
Guat	918	Hum		Gur	978	Hutchinson,S.	Jacop	18	Kar	Jones,M.	78	Koen
Guaz	919	Humb		Gure	979	Huth	Jacq	19	Kas	Jones,S.	79	Koh
Gub		Hume	921	Gurn	981	Huti	Jacqui	21	Kau	Jons	81	Kol
Gud		Hume,M.	922	Gus	982	Hutt	Jae	22	Kaw	Jor	82	Kon
Gudm		Humf	923	Gut	983	Hutter	Jaf	23	Kay	Jos	83	Kop
Gue		Humi	924	Guth	984	Hutto	Jag	24	Ke	Joss	84	Kor
Guel		Humm	925	Gutt	985	Hutton,M.	Jah	25	Keat	Jot	85	Kort
Guen		Hump	926	Guy	986	Hux	Jal	26	Kee	Jou	86	Kos
Gueno		Humphreys	927	Guyar	987	Huy	Jam	27	Kei	Jow	87	Kot
Guep		Humphri	928	Guye	988	Huys	James,M.	28	Keith	Joy	88	Kou
Guer		Humps	929	Guyo	989	Huz	James,S.	29	Kel	Joyc	89	Kr
Guere		Hun	931	Guys	991	Hw	Jameso	31	Kem	Ju	91	Krau
Gueri		Hunc	932	Guyt	992	Hy	Jami	32	Kemp	Jud	92	Kre
Guern		Hund	933	Guz	993	Hyde	Jan	33	Ken	Juds	93	Kro
Guerr		Hune	934	Gw	994	Hyde,H.	Jann	34	Kenn	Jul	94	Kru
Guerri		Hunf	935	Gwy	995	Hyde,P.	Jans	35	Kennedy	Jun	95	Ku
Gues		Hung	936	Gy	996	Hyl	Jaq	36	Kennedy,M	Jus	96	Kuh
Guet		Huni	937	Gyll	997	Hyn	Jar	37	Kent	Juv	97	Kus
Gueu		Hunn	938	Gys	998	Hyp	Jarv	38	Kep	Jux	98	Kw
Guev		Hunt	939	Gyz	999	Hyr	Jas	39	Ker	Jy	99	Ky
Guf		Hunt,G.	941				Jau	41	Kerr			
Gug		Hunt,M.	942				Jay	42	Kes			
Gui		Hunt,S.	943				Je	43	Ket			
Guib		Hunte	944				Jeb	44	Key			
Guic		Hunter	945				Jeff	45	Kh			
Guid		Hunter,M.	946				Jeffre	46	Ki			
Guidi		Hunter,S.	947				Jeffri	47	Kie			
Guido		Hunting	948				Jel	48	Kil			
Guie		Huntington	949				Jem	49	Kim			
Guig		Huntington,G.	951				Jen	51	Kin			
Guij		Huntington,M	952				Jenk	52	King			
Guil		Huntington,S.	953				Jenks	53	King,J.			
Guild		Huntl	954				Jenn	54	King,P.			
Guild,M.		Hunto	955				Jer	55	Kings			
Guile		Hunts	956				Jero	56	Kins			
Guill		Huo	957				Jerv	57	Kip			
Guille		Hup	958				Jes	58	Kir			
Guilli		Hur	959				Jew	59	Kirk			
Guillo		Hurd,M.	961				Ji	61	Kirs			
Guillot		Hurdi	962				Jo	62	Kit			
Guim		Hure	963				Joc	63	Kl			
Guin		Huri	964				Joe	64	Klein			
Guir		Hurl	965				Joh	65	Kli			
Guis		Hurls	966				Johnso	66	Klo			
Guise		Hurt	967				Johnson,G.	67	Kn			
Guit		Hus	968				Johnson,M.	68	Kne			
Guiz		Huse	969				Johnson,S.	69	Kni			

La — Lauderd / Ma — Marshall,M.

La		111	Ma	Lafu	171	Maco	Lams	241	Malb	Lape	311	Maran
Lab		112	Mab	Lag	172	Macp	Lamy	242	Malc	Laph	312	Marb
Labar		113	Mac	Lagar	173	Macq	Lan	243	Malco	Lapi	313	Marc
Labat		114	Macal	Lage	174	Macr	Lanc	244	Mald	Lapl	314	Marcel
Labbe		115	Macar	Lagi	175	Macs	Lancaster,M.	245	Male	Lapo	315	March
Labe		116	Macart	Lagn	176	Macv	Lance	246	Males	Lapp	316	Marche
Labeo		117	Macau	Lago	177	Macw	Lancel	247	Malet	Lapr	317	Marchet
Labi		118	Macb	Lagr	178	Mad	Lancey	248	Malev	Lar	318	Marchm
Labil		119	Macbr	Lagre	179	Madd	Lanci	249	Malh	Larc	319	Marci
Labl		121	Macc	Lagu	181	Made	Lanco	251	Mali	Lard	321	Marco
Labo		122	Maccal	Lagui	182	Madi	Lancr	252	Mall	Larg	322	Marcu
Labor		123	Maccar	Lah	183	Mado	Land	253	Mallet	Lari	323	Mare
Labou		124	Macch	Laho	184	Mae	Lande	254	Malli	Lark	324	Maren
Labour		125	Macci	Lai	185	Mael	Lander	255	Mallo	Larn	325	Mares
Labr		126	Maccl	Lain	186	Maes	Landes	256	Malm	Laro	326	Maret
Labru		127	Maccli	Laing	187	Maf	Landi	257	Malo	Larochef	327	Marg
Lac		128	Macclu	Lair	188	Mag	Lando	258	Malou	Larochej	328	Marge
Lacam		129	Macco	Lais	189	Magat	Landon	259	Malp	Larom	329	Margo
Lace		131	Maccor	Laj	191	Mage	Landor	261	Malt	Laron	331	Margu
Lach		132	Maccr	Lak	192	Magen	Landr	262	Malv	Larou	332	Mari
Lachap		133	Maccu	Lal	193	Magg	Lands	263	Mam	Larr	333	Marian
Lachas		134	Macd	Lalann	194	Magi	Landu	264	Mame	Larri	334	Marie
Lachat		135	Macdon	Lali	195	Magl	Lane	265	Mami	Lart	335	Marig
Lachau		136	Macdonn	Lall	196	Magn	Lane,M.	266	Man	Laru	336	Maril
Lache		137	Macdou	Lalle	197	Magni	Laneh	267	Manas	Las	337	Marin
Lachm		138	Macdow	Lalli	198	Magno	Lanf	268	Manc	Lasal	338	Marine
Laci		139	Macdu	Lallo	199	Magnu	Lang	269	Manci	Lasan	339	Marini
Lack		141	Mace	Lally	211	Mago	Lang,M.	271	Mand	Lasc	341	Mario
Laco		142	Macer	Lalo	212	Magr	Langd	272	Mander	Lasco	342	Mariot
Lacor		143	Macf	Lam	213	Magu	Langdo	273	Mandr	Lase	343	Mariu
Lacos		144	Macfi	Laman	214	Mah	Lange	274	Mane	Lasi	344	Marj
Lacou		145	Macg	Lamar	215	Mahm	Langen	275	Manet	Lask	345	Mark
Lacr		146	Macgo	Lamarm	216	Maho	Langer	276	Manf	Lass	346	Markl
Lacro		147	Macgr	amart	217	Mai	Langet	277	Mang	Lasse	347	Marl
Lacros		148	Macgu	Lamb	218	Maig	Langf	278	Mani	Lassu	348	Marli
Lacru		149	Mach	Lamba	219	Mail	Langh	279	Manl	Last	349	Marlo
Lact		151	Macho	Lambe	221	Maille	Langi	281	Mann	Lat	351	Marm
Lacy		152	Maci	Lambert	222	Mailly	Langl	282	Mann,M.	Lath	352	Marmon
Lad		153	Mack	Lamberti	223	Maim	Langle	283	Manni	Lathr	353	Marn
Ladd		154	Macke	Lambi	224	Main	Langlo	284	Manning,M.	Lathrop,G.	354	Maro
Ladi		155	Macken	Lambo	225	Maine	Langr	285	Manno	Lathrop,M.	355	Marot
Lado		156	Mackenz	Lambr	226	Maint	Langt	286	Mans	Lati	356	Marou
Ladr		157	Mackenzie,ML	Lambt	227	Mainw	Langu	287	Mansf	Latim	357	Marq
Lae		158	Macki	Lame	228	Mair	Lanj	288	Mansi	Lato	358	Marr
Laf		159	Mackn	Lamet	229	Mairo	Lank	289	Manso	Latour	359	Marri
Lafay		161	Macl	Lami	231	Mais	Lanm	291	Mant	Latourr	361	Marro
Lafe		162	Maclay	Lamir	232	Mait	Lann	292	Mantel	Latr	362	Marry
Laff		163	Macle	Lamo	233	Maj	Lano	293	Manto	Latri	363	Mars
Lafi		164	Maclel	Lamon	234	Majo	Lans	294	Manu	Latro	364	Marsd
Lafo		165	Macleo	Lamot	235	Mak	Lansd	295	Manv	Latu	365	Marsh
Lafont		166	Maclu	Lamou	236	Mal	Lant	296	Manz	Lau	366	Marsh,M.
Lafor		167	Macm	Lamp	237	Malan	Lanz	297	Map	Laud	367	Marshall
Lafos		168	Macmu	Lampi	238	Malas	Lao	298	Mar	Laude	368	Marshall,G.
Lafr		169	Macn	Lampr	239	Malat	Lap	299	Marai	Lauderd	369	Marshall,M.

Laudi — Lessi / Marshm — Milc

Laudi	371	Marshm	Leb	441	Matthews,M.	Legen	511	Meier	Lenoir	571	Merril
Laudo	372	Marsi	Lebe	442	Matthews,S.	Leger	512	Meig	Lenor	572	Merrit
Lauf	373	Marso	Leber	443	Matthi	Legg	513	Meil	Lens	573	Merry
Laug	374	Marst	Lebi	444	Matti	Legi	514	Mein	Lent	574	Mers
Laum	375	Mart	Lebl	445	Matu	Legn	515	Meis	Lenz	575	Mert
Laun	376	Martel	Leblo	446	Maty	Lego	516	Mej	Leo	576	Merv
Laur	377	Marten	Lebo	447	Mau	Legr	517	Mel	Leod	577	Merz
Laure	378	Marti	Lebor	448	Mauds	Legras	518	Melc	Leof	578	Mes
Laurenc	379	Martin	Lebou	449	Maug	Legro	519	Mele	Leon	579	Mesm
Laurens	381	Martin,G.	Lebr	451	Maun	Legu	521	Melf	Leonard	581	Mesn
Laurent	382	Martin,M.	Lebret	452	Maup	Leh	522	Meli	Leonc	582	Mesni
Laurenti	383	Martin,S.	Lebri	453	Maur	Lehm	523	Melis	Leone	583	Mess
Lauri	384	Martind	Lebru	454	Mauri	Leho	524	Mell	Leonh	584	Messe
Laurie	385	Martine	Lec	455	Maurice,M.	Lei	525	Mellen	Leoni	585	Messi
Lauris	386	Martini	Lecar	456	Maurit	Leic	526	Melli	Leont	586	Mest
Lauro	387	Marto	Lecc	457	Mauro	Leid	527	Mello	Leop	587	Met
Laus	388	Martu	Lech	458	Mauru	Leig	528	Melo	Leot	588	Metc
Laut	389	Marty	Leche	459	Maury	Leigh,M.	529	Melu	Leow	589	Mete
Lauv	391	Marv	Leck	461	Mav	Lein	531	Melv	Lep	591	Metey
Lav	392	Marx	Lecl	462	Maw	Leis	532	Melz	Lepai	592	Meth
Lavale	393	Mary	Leclu	463	Max	Leit	533	Mem	Lepau	593	Meto
Lavall	394	Mas	Leco	464	Maxi	Lej	534	Men	Lepe	594	Metr
Lavalli	395	Masc	Lecom	465	Maxw	Lejo	535	Menar	Lepell	595	Mett
Lavar	396	Mase	Lecon	466	May	Lek	536	Menc	Lepi	596	Metz
Lavat	397	Mash	Lecoq	467	May,M.	Lel	537	Mend	Lepl	597	Meu
Lavau	398	Maso	Lecou	468	Mayer	Leland,M.	538	Mendes	Lepo	598	Meur
Lave	399	Mason,G.	Lecr	469	Mayh	Lele	539	Mendo	Lepr	599	Meus
Lavi	411	Mason,M.	Lect	471	Mayn	Leli	541	Mene	Leps	611	Mew
Lavil	412	Mason,S.	Led	472	Mayne	Lell	542	Menen	Lepu	612	Mey
Lavis	413	Masq	Lede	473	Mayo	Lelo	543	Menes	Leq	613	Meyer,M.
Lavo	414	Mass	Ledo	474	Mayr	Lem	544	Meng	Ler	614	Meyn
Law	415	Masse	Ledr	475	Maz	Lemai	545	Meni	Lerd	615	Meyr
Law,M.	416	Massey	Ledy	476	Maze	Lemais	546	Menl	Lerm	616	Meys
Lawe	417	Massi	Lee	477	Mazz	Lemait	547	Menn	Lero	617	Mez
Lawl	418	Massing	Lee,G.	478	Mazzon	Lemar	548	Mens	Leroux	618	Mi
Lawrence	419	Masso	Lee,M.	479	Me	Lemas	549	Ment	Leroy	619	Mic
Lawrence,G.	421	Masson,M.	Lee,S.	481	Meade	Leme	551	Menz	Leroy,M.	621	Mich
Lawrence,M.	422	Massu	Lee,W.	482	Meado	Lemere	552	Mer	Les	622	Michau
Lawrence,S.	423	Mast	Leec	483	Mean	Lemet	553	Merc	Lesb	623	Miche
Lawrence,W.	424	Masu	Leed	484	Meas	Lemi	554	Mercer	Lesc	624	Michi
Laws	425	Mat	Leek	485	Meb	Lemo	555	Merci	Lesch	625	Micho
Lay	426	Math	Leen	486	Mec	Lemon	556	Merco	Lesco	626	Mico
Layc	427	Mather	Lees	487	Meck	Lemonn	557	Mercy	Lescu	627	Mid
Layn	428	Mathew	Lef	488	Med	Lemot	558	Mere	Lesd	628	Middleton
Layt	429	Mathews	Lefebv	489	Medi	Lemoy	559	Meredith	Lesg	629	Middleton,M.
									Lesl	631	Mie
Laz	431	Mathi	Lefer	491	Medn	Lemp	561	Meri	Lesley	632	Mier
Lazz	432	Matho	Lefeu	492	Lemu		562	Merin	Lesley,M.	633	Mif
Le	433	Mati	Lefev	493	Medu	Len	563	Meriv	Leslie	634	Mig
Leac	434	Mats	Lefo	494	Mee	Lend	564	Merl	Leslie,G.	635	Mign
Leak	435	Matt	Lefr	495	Meer	Lene	565	Merli	Leslie,M.	636	Migno
Leam	436	Matth	Leg	496	Meg	Leng	566	Merm	Leslie,S.	637	Mil
Lean	437	Matthew	Legar	497	Meger	Lenn	567	Mero	Less	638	Milb
Lear	438	Matthews	Legat	498	Meh	Lennox	568	Merr	Lessi	639	Milc
Leav	439	Matthews,G.	Lege	499	Mei	Leno	569	Merrif			

Lesso — Lovell / Mild — Moser											
Lesso	641	Mild	Lici	711	Mohu	Lisl	771	Montc	Lombard	841	Morell
Lest	642	Mile	Lid	712	Moi	Liss	772	Monte	Lombardi	842	Morelli
Lestr	643	Miles	Liddo	713	Moir	List	773	Monteb	Lombe	843	Moren
Lesu	644	Milf	Lide	714	Mois	Lisz	774	Montef	Lombr	844	Moret
Let	645	Mill	Lido	715	Moit	Lit	775	Monteg	Lome	845	Moreti
Letell	646	Mille	Lie	716	Mok	Litch	776	Montel	Lomo	846	Morf
Leth	647	Miller	Liebn	717	Mol	Litte	777	Montem	Lon	847	Morg
Leti	648	Miller,G.	Liec	718	Mole	Littl	778	Monter	Long	848	Morgan,G
Leto	649	Miller,M.	Lief	719	Moles	Littleb	779	Montes	Long,M.	849	Morgan,M.
Lett	651	Miller,S.	Lieu	721	Moli	Littlet	781	Montess	Longc	851	Morge
Leu	652	Miller,W.	Liev	722	Molin	Littr	782	Montf	Longe	852	Morgeus
Leul	653	Millet	Lig	723	Molini	Liu	783	Montfl	Longf	853	Morh
Leus	654	Milli	Lightf	724	Molis	Liv	784	Montfo	Longh	854	Mori
Lev	655	Millin	Lign	725	Molit	Livermore,M.	785	Montg	Longi	855	Morie
Levas	656	Millo	Ligo	726	Moll	Livings	786	Montgo	Longl	856	Morig
Leve	657	Mills	Ligu	727	Mollo	Livingston,M	787	Montgomery	Longs	857	Moril
Lever	658	Milm	Lil	728	Molo	Livingstone	788	Montgomery,M	Longu	858	Morin
Lever,M.	659	Miln	Lill	729	Molt	Liz	789	Month	Longus	859	Morini
Levere	661	Milo	Lily	731	Moly	Ll	791	Monti	Loni	861	Moris
Leves	662	Milt	Lim	732	Mom	Llo	792	Montig	Lons	862	Morit
Levet	663	Min	Limb	733	Momm	Lloyd	793	Montl	Loo	863	Morl
Levi	664	Mine	Limi	734	Mon	Lly	794	Montlu	Lop	864	Morle
Levin	665	Mini	Lin	735	Monal	Lo	795	Montm	Lor	865	Morlo
Levis	666	Mino	Linc	736	Monas	Lob	796	Montmi	Lord	866	Morn
Levr	667	Mint	Lincoln,G.	737	Monc	Lobe	797	Montmo	Lord,M.	867	Moro
Levy	668	Minu	Lincoln,M.	738	Moncl	Lobk	798	Monto	Lore	868	Moron
Lew	669	Mio	Lincoln,S.	739	Moncr	Lobo	799	Montp	Lorenz	869	Moros
Lewe	671	Mir	Lincoln,W.	741	Mond	Loc	811	Montr	Lorg	871	Moroz
Lewin	672	Miran	Lind	742	Mone	Loch	812	Montri	Lori	872	Morr
Lewis	673	Mirb	Linde	743	Mong	Lock	813	Montro	Loring	873	Morrell
Lewis,G.	674	Mire	Linden	744	Moni	Locke	814	Montv	Loring,M	874	Morri
Lewis,M.	675	Miri	Lindes	745	Monk	Locker	815	Monu	Lorm	875	Morris
Lewis,S.	676	Miro	Lindl	746	Monl	Lockh	816	Monz	Lorr	876	Morris,G
Lewis,W.	677	Mirz	Lindn	747	Monm	Lockw	817	Moo	Lorry	877	Morris,M
Lewk	678	Mis	Linds	748	Monn	Locky	818	Moon	Lort	878	Morrison
Lex	679	Mit	Lindsay,M.	749	Monni	Loco	819	Moor	Los	879	Morrison,G
Ley	681	Mitchell	Lindsel	751	Mono	Lod	821	Moore	Loso	881	Morrison,M.
Leybu	682	Mitchell,M.	Lindsey	752	Monr	Lodg	822	Moore,G.	Lot	882	Morrison,S.
Leyd	683	Mitf	Lindsey,M.	753	Monroe	Lodi	823	Moore,M.	Loti	883	Morrison,W.
Leyl	684	Mith	Lindw	754	Mons	Lodo	824	Moore,S.	Lott	884	Mors
Leys	685	Mitt	Ling	755	Monso	Loe	825	Moore,W.	Lotz	885	Morse,G.
Lez	686	Mn	Lini	756	Monst	Loes	826	Moq	Lou	886	Morse,M.
Lezo	687	Mo	Linl	757	Mont	Loew	827	Mor	Loug	887	Mort
Lh	688	Moce	Linn	758	Montag	Lof	828	Moral	Loui	888	Morti
Lheu	689	Mod	Lins	759	Montague	Loft	829	Moran	Loun	889	Morto
Lho	691	Modes	Lint	761	Montai	Log	831	Morat	Loup	891	Morton,M.
Lhu	692	Modi	Linw	762	Montal	Loge	832	Moraz	Lour	892	Morv
Li	693	Moe	Lio	763	Montale	Loh	833	Morc	Lout	893	Mory
Lib	694	Moer	Lip	764	Montan	Loi	834	Mord	Louv	894	Mos
Liber	695	Mof	Lipp	765	Montano	Loisel	835	More	Louvo	895	Mosch
Libo	696	Mog	Lippm	766	Montar	Lok	836	More,M.	Lov	896	Moscho
Libr	697	Moh	Lips	767	Montau	Lol	837	Moreau	Love	897	Mose
Lic	698	Mohl	Lir	768	Montb	Lolm	838	Moreh	Lovel	898	Mosel
Licht	699	Mohr	Lis	769	Montbr	Lom	839	Morel	Lovell	899	Moser

		Lovell, M. — Lyv		/	Moses — Myt		
Lovell,M.	911	Moses	Lusi		971	Munt	
Low	912	Mosl	Luss		972	Mur	
Lowe	913	Moss	Lut		973	Murc	
Lowell	914	Mosso	Luto		974	Murd	
Lowell,G	915	Most	Lutz		975	Mure	
Lowell,M	916	Mosto	Luv		976	Murg	
Lowell,S	917	Mot	Lux		977	Muri	
Lowi	918	Moth	Luy		978	Murp	
Lown	919	Motl	Luz		979	Murr	
Lowr	921	Mott	Ly		981	Murray	
Lowt	922	Motte	Lycu		982	Murray,G.	
Loy	923	Motz	Lyd		983	Murray,M.	
Loys	924	Mou	Lye		984	Murray,S.	
Loz	925	Mouf	Lyl		985	Mus	
Lu	926	Moul	Lym		986	Muse	
Lubbo	927	Moult	Lyn		987	Musg	
Lube	928	Moun	Lynd		988	Musp	
Lubi	929	Mour	Lynn		989	Muss	
Luc	931	Moure	Lyo		991	Must	
Lucan	932	Mous	Lyr		992	Mut	
Lucas	933	Mouss	Lys		993	Mutr	
Lucc	934	Mout	Lysi		994	Muz	
Luce	935	Mov	Lyso		995	My	
Luch	936	Mow	Lyt		996	Mye	
Luci	937	Mox	Lyttl		997	Myl	
Lucin	938	Moy	Lytto		998	Myr	
Luciu	939	Moz	Lyv		999	Myt	
Luck	941	Mu					
Lucr	942	Muc					
Lucy	943	Mud					
Lud	944	Mudg					
Ludl	945	Mudi					
Ludo	946	Muel					
Ludr	947	Mueller,M.					
Ludw	948	Muen					
Luf	949	Muf					
Lug	951	Mug					
Lui	952	Muh					
Luis	953	Mui					
Luk	954	Mul					
Lul	955	Mulf					
Lully	956	Mulg					
Lum	957	Muli					
Luml	958	Mull					
Lums	959	Mulli					
Lun	961	Mulr					
Lund	962	Mum					
Lung	963	Mun					
Lunt	964	Munck					
Lup	965	Mund					
Lupt	966	Munf					
Lur	967	Muno					
Lus	968	Munr					
Lush	969	Muns					

Na — Nect / Pa — Peco

Na	111	Pa	Nali	171	Palm	Nas	241	Parker,J.	Naumann	311	Patm
Naas	112	Pab	Nall	172	Palme	Nasaf	242	Parker,M.	Naun	312	Pato
Nab	113	Pac	Nals	173	Palmer	Nasal	243	Parker,S.	Naus	313	Patou
Nabb	114	Pacc	Nam	174	Palmer,G.	Nasc	244	Parker,W.	Nauss	314	Patr
Nabe	115	Pace	Nan	175	Palmer,M.	Nasco	245	Parkes	Nauz	315	Patt
Nabi	116	Pach	Nanc	176	Palmer,S.	Nase	246	Parkh	Nav	316	Patten
Nabo	117	Paci	Nane	177	Palmer,W.	Naser	247	Parki	Navag	317	Patterson
Nac	118	Pacin	Nang	178	Palmers	Nash	248	Parkinson,M	Navai	318	Patterson,M.
Nach	119	Pack	Nani	179	Palmi	Nash,F.	249	Parkman	Navar	319	Pattes
Nachi	121	Paco	Nanin	181	Palo	Nash,J.	251	Parkman,M.	Navarr	321	Patti
Nachm	122	Pacu	Nanini	182	Pals	Nash,M.	252	Parks	Navarro	322	Patto
Nacho	123	Pad	Nann	183	Palt	Nash,S.	253	Parm	Nave	323	Pau
Nacht	124	Pado	Nanni	184	Palu	Nasi	254	Parment	Navez	324	Paul
Nack	125	Padu	Nanno	185	Pam	Nasm	255	Parmi	Navi	325	Pauld
Nad	126	Pae	Nannu	186	Pamph	Nasmith	256	Parn	Navil	326	Paule
Nadal	127	Paez	Nanq	187	Pan	Nasmith,M.	257	Paro	Navo	327	Pauli
Nadar	128	Pag	Nans	188	Panc	Nasmyth	258	Parr	Naw	328	Paulin
Nadas	129	Pagani	Nanso	189	Pand	Nasmyth,M.	259	Parr,M.	Nawr	329	Paull
Nadast	131	Pagano	Nant	191	Pane	Naso	261	Parri	Nay	331	Paulm
Nadau	132	Page	Nanteu	192	Pani	Nasol	262	Parro	Nayli	332	Pauls
Nadaul	133	Page,M.	Nanti	193	Paniz	Nason	263	Parrot	Naylo	333	Paulu
Nade	134	Pagen	Nao	194	Pann	Nasr	264	Parry	Naz	333	Paus
Nader	135	Paget	Nap	195	Pano	Nass	265	Parry,M.	Nazar	335	Paut
Nadi	136	Pagi	Napier	196	Pans	Nassau	266	Pars	Nazo	336	Pauw
Nadj	137	Pagit	Napier,C.	197	Pant	Nasse	267	Parsons	Nazz	337	Pav
Nado	138	Pagl	Napier,F.	198	Panto	Nassi	268	Parsons,G.	Ne	338	Pavi
Nae	139	Pagn	Napier,J.	199	Panz	Nast	269	Parsons,M.	Neal,F.	339	Pavo
Naeg	141	Pah	Napier,M.	211	Pao	Nat	271	Parsons,S.	Neal,J.	341	Pax
Naek	142	Pai	Napier,S.	212	Paolo	Natali	272	Parsons,W.	Neal,M.	342	Paxt
Nael	143	Pail	Napier,W.	213	Pap	Natar	273	Part	Neal,S.	343	Pay
Naer	144	Pain	Napio	214	Pape	Nath	274	Parto	Neal,W.	344	Payer
Naev	145	Paine,G.	Napl	215	Papi	Nathans	275	Partr	Neale	345	Payn
Naf	146	Paine,M.	Napo	216	Papil	Nathu	276	Parv	Neale,G.	346	Payne
Nag	147	Paine,S.	Napp	217	Papin	Nati	277	Pas	Neale,M.	347	Pays
Nagi	148	Paint	Nar	218	Papo	Nativ	278	Pasc	Neale,S.	348	Paz
Nagl	149	Pais	Narbo	219	Paq	Nato	279	Pasch	Neander	349	Pe
Nagli	151	Paj	Narbor	221	Par	Natt	281	Pasco	Neander,J.	351	Peabody
Nago	152	Pak	Narc	222	Parad	Natte	282	Pasi	Neander,P.	352	Peabody,G.
Nah	153	Pal	Nard	223	Paran	Natti	283	Paso	Neap	353	Peabody,M.
Nahl	154	Palai	Nardin	224	Parav	Natto	284	Pasq	Near	354	Peabody,S.
Nai	155	Palaz	Nare	225	Parc	Natu	285	Pass	Neat	355	Peac
Nail	156	Pale	Nares	226	Pard	Natz	286	Passan	Neate	356	Peaco
Naim	157	Pales	Nares,M.	227	Pare	Nau	287	Passe	Neav	357	Peak
Nair	158	Paley	Narg	228	Paren	Naub	288	Passi	Neb	358	Peal
Nait	159	Palf	Nari	229	Parf	Nauc	289	Passo	Nebe	359	Pear
Naiv	161	Palg	Narin	231	Pari	Naud	291	Past	Neben	361	Pears
Naj	162	Pali	Narn	232	Paris	Naudet	292	Pasto	Nebr	362	Pearson,M.
Nak	163	Palis	Narp	233	Parish	Naudi	293	Pastor	Nebu	363	Peas
Nakw	164	Pall	Narr	234	Parisi	Naudo	294	Pat	Nec	364	Pec
Nal	165	Pallav	Nars	235	Park	Naue	295	Pate	Neck	365	Pecc
Naldi	166	Palle	Narst	236	Park,M.	Nauer	296	Paters	Necker	366	Peck
Naldin	167	Palli	Naru	237	Parke	Naug	297	Paterson,M.	Necker,M.	367	Peck,M.
Naldo	168	Pallis	Narv	238	Parker	Naul	298	Pati	Neco	368	Peckh
Nale	169	Pallu	Narvy	239	Parker,F.	Naum	299	Patis	Nect	369	Peco

Ned — Nicolau / Ped — Pilk

Ned	371	Ped	Nepo	441	Peri	Neve	511	Petti	Ney,P.	571	Philp
Nee	372	Pedro	Nepos	442	Perier	Nevel	512	Petty	Neyl	572	Phin
Neeb	373	Pee	Ner	443	Perig	Never	513	Petz	Neyn	573	Phip
Need	374	Peel	Nere	444	Perigo	Nevers	514	Peu	Neyr	574	Pho
Needham,M.	375	Peer	Neri	445	Perin	Nevers,G.	515	Pey	Nez	575	Phor
Neef	376	Peg	Nerin	446	Peris	Nevers,M.	516	Peyro	Ng	576	Phr
Neefe	377	Pei	Nerit	447	Perk	Nevers,S.	517	Peys	Ni	577	Phry
Neel	378	Peirc	Nerl	448	Perkins	Nevers,W.	518	Peyst	Nib	578	Phy
Neele	379	Peirs	Nero	449	Perkins,J.	Neveu	519	Peyt	Nibe	579	Pi
Neer	381	Pel	Neroc	451	Perkins,P.	Nevi	521	Pez	Nibo	581	Pian
Nees	382	Pelet	Neron	452	Pern	Nevill	522	Pezr	Nic	582	Piat
Nef	383	Pelh	Ners	453	Pero	Neville	523	Pf	Nican	583	Piatt
Neg	384	Peli	Neru	454	Perr	Neville,J.	524	Pfe	Nicc	584	Piaz
Negr	385	Pell	Nerv	455	Perre	Neville,P.	525	Pfei	Niccoli	585	Pic
Negri	386	Pelle	Nervet	456	Perri	Nevin	526	Pfeiffer	Niccolini	586	Picar
Negri,G.	387	Peller	Nes	457	Perrier	Nevins	527	Pfeiffer,M.	Niccolo	587	Picc
Negri,M.	388	Pellet	Nesb	458	Perrin	Nevins,M.	528	Pfen	Nice	588	Piccin
Negri,S.	389	Pellew	Nese	459	Perro	Nevit	529	Pfi	Nicep	589	Piccio
Negri,W.	391	Pelli	Nesl	461	Perrot	Nevy	531	Pfl	Nicer	591	Picco
Negrier	392	Pello	Nesm	462	Perry	New	532	Ph	Nicet	592	Pich
Negro	393	Pelt	Ness	463	Perry,G.	Newb	533	Phal	Nicetas	593	Picho
Negron	394	Pemb	Nessel	464	Perry,M.	Newbe	534	Phale	Nich	594	Pick
Neh	395	Pemberton	Nessi	465	Perry,S.	Newbu	535	Phan	Nichol	595	Picker
Nehr	396	Pembr	Nessm	466	Pers	Newc	536	Phar	Nichol,M.	596	Pickering,M
Nei	397	Pen	Nesso	467	Perso	Newco	537	Phe	Nicholas	597	Picket
Neil	398	Pendl	Nest	468	Pert	Newcomb,M.	538	Phel	Nicholas,J.	598	Pico
Neile	399	Penh	Net	469	Perti	Newcombe	539	Phelps,J.	Nicholas,P.	599	Picou
Neill	411	Peni	Nets	471	Peru	Newcome	541	Phelps,P.	Nicholl	611	Pict
Neill,J.	412	Penn	Nett	472	Pes	Newd	542	Pher	Nicholl,M.	612	Pid
Neill,P.	413	Pennel	Nette	473	Pesc	Newe	543	Phi	Nicholls	613	Pie
Neils	414	Penni	Netter	474	Pese	Newell	544	Phil	Nicholls,G.	614	Pien
Neip	415	Penno	Nettl	475	Pess	Newell,G.	545	Philb	Nicholls,M.	615	Pier
Neis	416	Penny	Nettleton	476	Pest	Newell,M.	546	Phile	Nichols	616	Pierce,G.
Neit	417	Penr	Neu	477	Pet	Newell,S.	547	Phili	Nichols,C.	617	Pierce,M.
Nek	418	Pens	Neube	478	Peter	Newh	548	Philid	Nichols,F.	618	Pierce,S.
Nel	419	Pent	Neud	479	Peterb	Newl	549	Philip	Nichols,J.	619	Pierl
Nell	421	Pep	Neue	481	Peters	Newm	551	Philipp	Nichols,M.	621	Pierp
Nelli	422	Pepi	Neuf	482	Peters,J.	Newman,D.	552	Philippi	Nichols,S.	622	Pierr
Nello	423	Pepo	Neufv	483	Peters,P.	Newman,J.	553	Philippu	Nichols,W.	623	Pierres
Nels	424	Pepp	Neug	484	Petersen	Newman,M.	554	Philips	Nicholson	624	Piers
Nelson,C.	425	Pepy	Neuh	485	Peterson	Newman,S.	555	Philips,M.	Nicholson,D.	625	Piet
Nelson,F.	426	Per	Neuk	486	Peth	Newman,W.	556	Phill	Nicholson,J.	626	Pietro
Nelson,J.	427	Perau	Neul	487	Peti	Newn	557	Phillip	Nicholson,M.	627	Pif
Nelson,M.	428	Perc	Neum	488	Petis	Newp	558	Phillips	Nicholson,S.	628	Pig
Nelson,R.	429	Perci	Neuman	489	Petit	Newt	559	Phillips,F.	Nicholson,W.	629	Pige
Nelson,S.	431	Percy	Neuman,G.	491	Petito	Newton	561	Phillips,J.	Nici	631	Pigg
Nelson,W.	432	Percy,M.	Neuman,M.	492	Peto	Newton,C.	562	Phillips,M.	Nick	632	Pign
Nem	433	Perd	Neumar	493	Petr	Newton,F.	563	Phillips,S.	Nico	633	Pigo
Nemi	434	Pere	Neun	494	Petrei	Newton,J.	564	Phillips,W.	Nicol	634	Pih
Nemn	435	Pereg	Neus	495	Petri	Newton,M.	565	Philo	Nicolai	635	Pik
Nemo	436	Perei	Neusi	496	Petrin	Newton,S.	566	Philoc	Nicolai,J.	636	Pike,M.
Nen	437	Perel	Neut	497	Petro	Newton,W.	567	Philom	Nicolai,P.	637	Pil
Neo	438	Perez	Neuv	498	Petru	Ney	568	Philos	Nicolas	638	Piles
Nep	439	Perg	Nev	499	Pett	Ney,J.	569	Philox	Nicolau	639	Pilk

Nicolay — Not / Pill — Pran

Nicolay		Pill	641	Niles,S.	711	Planchet	Noes	771	Poll	Nori	841	Portaf
Nicole		Pillo	642	Niles,W.	712	Plane	Noet	772	Pollard,M.	Norm	842	Portal
Nicolet		Pilo	643	Nim	713	Plant	Nof	773	Polle	Norman,M.	843	Porte
Nicoli		Pim	644	Nin	714	Planti	Nog	774	Polli	Normanb	844	Porter
Nicoll		Pin	645	Nini	715	Plas	Nogaro	775	Pollio	Normand	845	Porter,F.
Nicollet		Pinar	646	Nino	716	Plat	Noge	776	Pollo	Normand,J.	846	Porter,J.
Nicolls		Pinc	647	Ninu	717	Platn	Nogh	777	Pollock,M.	Normand,P.	847	Porter,M.
Nicolls,J.		Pind	648	Nio	718	Plato	Nogu	778	Polo	Normandy	848	Porter,S.
Nicolls,P.		Pine	649	Nip	719	Platt	Noh	779	Polt	Normann	849	Porter,W.
Nicolo	651	Pinel		Niq	721	Plau	Nohr	781	Poly	Normant	851	Porth
Nicols	652	Pinet		Nis	722	Play	Noi	782	Polyc	Noro	852	Porti
Nicolson	653	Ping		Nisb	723	Playfo	Noiret	783	Polym	Norr	853	Portm
Nicolson,M.	654	Pinh		Nisbet,M.	724	Ple	Noirot	784	Pom	Norris,C.	854	Porz
Nicom	655	Pink		Nisl	725	Plen	Nok	785	Pome	Norris,F.	855	Pos
Nicome	656	Pinn		Niss	726	Ples	Nol	786	Pomf	Norris,J.	856	Poss
Nicon	657	Pino		Nisso	727	Pley	Nolan	787	Pomm	Norris,M.	857	Post
Nicop	658	Pins		Nit	728	Pli	Nolan,J.	788	Pomp	Norris,R.	858	Postl
Nicor	659	Pint		Nith	729	Plo	Nolan,P.	789	Pompi	Norris,S.	859	Pot
Nicos	661	Pinz		Nito	731	Plou	Nold	791	Pompo	Norris,W.	861	Pote
Nicot	662	Pio		Nits	732	Plow	Noli	792	Pon	Norry	862	Poth
Nicou	663	Pioz		Nitt	733	Plu	Noll	793	Poncel	Nors	863	Poti
Nid	664	Pip		Niv	734	Plum	Nollek	794	Poncet	North	864	Poto
Nie	665	Piper		Niver	735	Plumm	Nollet	795	Ponch	North,G.	865	Pott
Nied	666	Piq		Nix	736	Plump	Nolli	796	Pond	North,M.	866	Potter
Niel	667	Pir		Niz	737	Plun	Nolp	797	Poni	North,S.	867	Potter,G.
Niell	668	Piri		Nj	738	Pluy	Nolt	798	Pons	Northa	868	Potter,M.
Niels	669	Pirk		No	739	Po	Nom	799	Ponso	Northampton	869	Potter,S.
Niem	671	Piro		Noail	741	Poco	Nomu	811	Pont	Northampton,M	871	Potti
Nieme	672	Piron		Noailles,M.	742	Pod	Non	812	Pontb	Northb	872	Pou
Niemo	673	Pis		Noak	743	Poe	Noni	813	Ponte	Northc	873	Poui
Niep	674	Pisani		Nob	744	Poel	Nonn	814	Pontec	Northe	874	Poul
Nier	675	Pisano		Nobi	745	Poer	Nonz	815	Pontev	Northn	875	Poull
Niero	676	Pisc		Nobl	746	Pog	Noo	816	Ponti	Northo	876	Poult
Niet	677	Pise		Noble	747	Poh	Noom	817	Pontm	Northr	877	Pour
Nieu	678	Piso		Noble,D.	748	Pohl	Noor	818	Ponto	Northu	878	Pous
Nieul	679	Pist		Noble,J.	749	Poi	Noot	819	Ponz	Northw	879	Pout
Nieup	681	Pit		Noble,M.	751	Poin	Nop	821	Poo	Northwo	881	Pow
Nieuw	682	Pitc		Noble,S.	752	Poins	Nor	822	Poole	Norto	882	Powell
Nif	683	Pith		Noble,W.	753	Poir	Norbert	823	Poor	Norton,C.	883	Powell,F
Nig	684	Piti		Nobr	754	Pois	Norbert,M.	824	Poort	Norton,F.	884	Powell,J
Niger	685	Pitm		Noby	755	Poisso	Norbl	825	Pop	Norton,J.	885	Powell,M
Niget	686	Pitr		Noc	756	Poit	Norby	826	Pope,M.	Norton,M.	886	Powell,S
Nigh	687	Pits		Noch	757	Poiti	Norc	827	Poph	Norton,R.	887	Power
Nightengale	688	Pitt		Noci	758	Poix	Nord	828	Popi	Norton,S.	888	Powers
Nigr	689	Pitti		Nocr	759	Poj	Norden	829	Popo	Norton,W.	889	Pown
Nih	691	Pitto		Nod	761	Pok	Nordenh	831	Popp	Norv	891	Poy
Nik	692	Pitts		Nodu	762	Pol	Nordens	832	Por	Norw	892	Poyn
Niko	693	Piu		Noe	763	Pole	Nordt	833	Porc	Norwich,M.	893	Poz
Nikon	694	Pix		Noed	764	Polem	Nore	834	Porci	Norwo	894	Pozzo
Nil	695	Piz		Noel	765	Polen	Norf	835	Pord	Norwood,M.	895	Pr
Niles	696	Pl		Noel,D.	766	Poli	Norfolk,J.	836	Pori	Norz	896	Prad
Niles,D.	697	Plac		Noel,J.	767	Polier	Norfolk,P.	837	Porp	Nos	897	Prae
Niles,J.	698	Placi		Noel,M.	768	Polig	Norg	838	Porr	Nost	898	Praet
Niles,M.	699	Plan		Noel,S.	769	Polit	Norgh	839	Port	Not	899	Pran

Note — Nyt / Pras — Pyt / Qua — Quo

Note	911	Pras	Num	971	Pru
Noth	912	Prat	Nun	972	Prun
Notk	913	Pratt	Nunu	973	Pry
Notr	914	Pratt,F.	Nur	974	Ps
Nott	915	Pratt,J.	Nus	975	Pt
Nott,G.	916	Pratt,M.	Nut	976	Pu
Nott,M.	917	Pratt,S.	Nutt,J.	977	Puc
Nott,S.	918	Prau	Nutt,P.	978	Pug
Notti	919	Prax	Nutta	979	Pui
Nottingham	921	Pray	Nuttall,M.	981	Pul
Nottn	922	Pre	Nutter	982	Pull
Notto	923	Prec	Nutter,G.	983	Pult
Nou	924	Prei	Nutter,M.	984	Pun
Noue	925	Prem	Nutter,S.	985	Pur
Nouet	926	Pren	Nutting	986	Purs
Noug	927	Prent	Nutting,G.	987	Pus
Nouh	928	Pres	Nutting,M.	988	Put
Noul	929	Prescott	Nuv	989	Putnam
Nour	931	Prescott,G.	Nuy	991	Putnam,G.
Nourr	932	Prescott,M.	Nuz	992	Putnam,M.
Nours	933	Prescott,S.	Ny	993	Putnam,S.
Nouv	934	Presl	Nye	994	Puy
Nov	935	Press	Nyk	995	Py
Novar	936	Prest	Nym	996	Pyl
Nove	937	Preston	Nyo	997	Pyn
Novelli	938	Preston,G.	Nys	998	Pyr
Novello	939	Preston,M.	Nyt	999	Pyt
Nover	941	Preston,S.	Qua	1	
Noves	942	Preston,W.	Quat	2	
Novi	943	Preu	Que	3	
Novio	944	Prev	Quer	4	
Noviu	945	Pri	Ques	5	
Now	946	Price,M.	Qui	6	
Nowe	947	Prich	Quin	7	
Nowell,M.	948	Prie	Quir	8	
Noy	949	Pries	Quo	9	
Noyer	951	Prieu			
Noyes	952	Prim			
Noyes,C.	953	Prime			
Noyes,F.	954	Prin			
Noyes,J.	955	Prince,G.			
Noyes,M.	956	Prince,M.			
Noyes,R.	957	Prince,S.			
Noyes,S.	958	Prio			
Noyes,W.	959	Pris			
Noz	961	Prit			
Nu	962	Pro			
Nuce	963	Proc			
Nuci	964	Proct			
Nug	965	Prom			
Nugent	966	Pros			
Nugent,J.	967	Prot			
Nugent,S.	968	Prou			
Nul	969	Prov			

Ra — Reinhard / Ta — Thay

Ra	111	Ta	Rame	171	Tanz	Rauch	241	Taylor,F.	Reco	311	Tenni
Rab	112	Tab	Ramel	172	Tap	Rauco	242	Taylor,H.	Red	312	Tenny
Rabau	113	Tabe	Rami	173	Tapl	Raud	243	Taylor,J.	Redd	313	Tent
Rabe	114	Tabo	Ramm	174	Tapp	Rauf	244	Taylor,M.	Rede	314	Teo
Raben	115	Tac	Ramo	175	Tappan,M.	Raul	245	Taylor,P.	Redf	315	Ter
Rabi	116	Tacf	Ramou	176	Tar	Raum	246	Taylor,S.	Redg	316	Tere
Rabu	117	Tach	Ramp	177	Taras	Raup	247	Taylor,W.	Redi	317	Terg
Rac	118	Taci	Rams	178	Tarau	Raus	248	Taz	Redm	318	Terh
Rach	119	Taco	Ramsay,J.	179	Tarb	Raut	249	Tc	Redo	319	Term
Raci	121	Tad	Ramsay,P.	181	Tard	Rauz	251	Tche	Redp	321	Tern
Rack	122	Tado	Ramsd	182	Tardieu	Rav	252	Tcho	Ree	322	Terp
Raco	123	Tae	Ramse	183	Tardif	Raven	253	Te	Reed	323	Terr
Rad	124	Taf	Ramu	184	Tare	Ravens	254	Teb	Reed,G.	324	Terras
Radc	125	Tag	Ran	185	Targ	Raves	255	Tec	Reed,M.	325	Terre
Rade	126	Tagl	Rand	186	Tari	Ravi	256	Ted	Reed,S.	326	Terri
Radem	127	Taglias	Rand,M.	187	Tarin	Raw	257	Tedm	Reed,W.	327	Terrin
Radet	128	Taglio	Randall	188	Tarl	Rawl	258	Tee	Rees	328	Terro
Radi	129	Tai	Randall,M.	189	Tarn	Rawlin	259	Tef	Reese	329	Terry
Rado	131	Tail	Rande	191	Taro	Rawlinson	261	Teg	Reev	331	Ters
Radu	132	Taille	Rando	192	Tarr	Raws	262	Tei	Reeves	332	Tert
Radz	133	Tailli	Randolph,G.	193	Tars	Ray	263	Teif	Reg	333	Terw
Rae	134	Tain	Randolph,M.	194	Tartar	Ray,M.	264	Teil	Regg	334	Terz
Raen	135	Tais	Randon	195	Tarti	Rayb	265	Teis	Regi	335	Tes
Raf	136	Tak	Rang	196	Taru	Raye	266	Teix	Regio	336	Tesau
Raffen	137	Tal	Rani	197	Tas	Raym	267	Tel	Regis	337	Tesc
Raffl	138	Talbot	Rank	198	Task	Raymond	268	Telem	Regn	338	Tess
Rafn	139	Talbot,G.	Ranken	199	Tasm	Raymond,G.	269	Teles	Regnau	339	Tessi
Rag	141	Talbot,M.	Ranki	211	Tass	Raymond,M.	271	Telf	Regne	341	Tessin
Ragg	142	Talbot,S.	Rans	212	Tasse	Raymond,S.	272	Teli	Regni	342	Test
Ragl	143	Tale	Rant	213	Tassi	Raymond,W.	273	Tell	Rego	343	Teste
Rago	144	Talf	Ranz	214	Tasso	Rayn	274	Teller	Regu	344	Testi
Ragu	145	Talh	Rao	215	Tasson	Rayne	275	Tellez	Reh	345	Testo
Ragus	146	Tali	Rap	216	Tat	Rayno	276	Telli	Reht	346	Testu
Rah	147	Tall	Raph	217	Tate,M.	Rayo	277	Tello	Rei	347	Tet
Rahn	148	Talley	Rapi	218	Tath	Raz	278	Tem	Reicha	348	Tetr
Rai	149	Talli	Rapo	219	Tati	Razou	279	Teme	Reiche	349	Tetz
Raik	151	Talm	Rapp	221	Tatt	Re	281	Temm	Reichen	351	Teu
Rail	152	Talo	Ras	222	Tau	Read	282	Temp	Reichm	352	Teut
Raim	153	Tam	Rasch	223	Taubn	Read,H.	283	Tempest,M.	Reid	353	Tev
Rain	154	Tamb	Rase	224	Tauc	Read,M.	284	Templ	Reid,D.	354	Tew
Raine	155	Tambe	Rask	225	Taul	Reade	285	Temple,G.	Reid,F.	355	Tex
Rainey	156	Tambou	Rasp	226	Taun	Reade,M.	286	Temple,M.	Reid,J.	356	Tey
Raini	157	Tame	Raspo	227	Taup	Reading	287	Temple,S.	Reid,M.	357	Th
Raino	158	Tami	Rass	228	Taus	Real	288	Templet	Reid,S.	358	Thac
Rainv	159	Tamp	Rast	229	Taut	Reb	289	Ten	Reid,W.	359	Thacher,G.
Rait	161	Tan	Rasto	231	Tav	Rebell	291	Tend	Reif	361	Thacher,M.
Rak	162	Tanc	Rat	232	Tave	Rebo	292	Tene	Reil	362	Thacher,S.
Ral	163	Tand	Ratc	233	Taver	Rebs	293	Teni	Reim	363	Thack
Rals	164	Tane	Rath	234	Taverni	Rec	294	Tenis	Rein	364	Thai
Ram	165	Tank	Raths	235	Tax	Recco	295	Tenn	Reine	365	Thal
Ramaz	166	Tann	Rati	236	Tay	Rech	296	Tennant,M.	Reinec	366	Tham
Ramb	167	Tanner,M.	Ratt	237	Tayler	Rechen	297	Tenne	Reiner	367	Than
Rambu	168	Tans	Ratz	238	Taylor	Reck	298	Tenney	Reinh	368	Thau
Ramd	169	Tant	Rau	239	Taylor,C.	Recl	299	Tenney,M.	Reinhard	369	Thay

Reinhart — Robert / Thayer, G. — Todl

Reinhart	371	Thayer,G.	Retz	441	Thil	Richard	511	Thorne	Righ	571	Tild
Reinho	372	Thayer,M.	Reu	442	Thilo	Richard,G.	512	Thorney	Rign	572	Tile
Reinm	373	Thayer,S.	Reul	443	Thim	Richard,M.	513	Thornt	Ril	573	Tili
Reins	374	The	Reum	444	Thio	Richards	514	Thornton,M.	Rill	574	Till
Reis	375	Theb	Reus	445	Thir	Richards,F.	515	Thornw	Rim	575	Tille
Reiset	376	Thei	Reuss	446	Thirl	Richards,J.	516	Thoro	Rimi	576	Tillet
Reisi	377	Theim	Reut	447	Thiro	Richards,M.	517	Thorp	Rimm	577	Tilli
Reiss	378	Thek	Reuv	448	This	Richards,S.	518	Thorpe	Rin	578	Tillo
Reit	379	Thel	Rev	449	Tho	Richards,W.	519	Thorpe,G.	Rinc	579	Tilly
Rej	381	Thelo	Revell	451	Thol	Richardson	521	Thorpe,M.	Ring	581	Tils
Rel	382	Thelw	Rever	452	Thom	Richardson,D.	522	Thorpe,S.	Ringo	582	Tim
Rell	383	Them	Reves	453	Thoman	Richardson,J.	523	Thort	Rint	583	Timb
Rem	384	Then	Revi	454	Thomas	Richardson,M.	524	Thou	Rinu	584	Timm
Remb	385	Theo	Rex	455	Thomas	Richardson,S.	525	Thoui	Rio	585	Timo
Reme	386	Theoc	Rey	456	Thomas,C.	Richardson,W.	526	Thour	Rios	586	Timp
Remi	387	Theod	Reyb	457	Thomas,F.	Riche	527	Thout	Riou	587	Tin
Remin	388	Theodo	Reym	458	Thomas,H.	Richel	528	Thouv	Rip	588	Tind
Remo	389	Theodos	Reyn	459	Thomas,J.	Richer	529	Thr	Ripley	589	Tink
Remu	391	Theog	Reyni	461	Thomas,M.	Richi	531	Thre	Ripley,R.	591	Tinn
Remy	392	Theon	Reyno	462	Thomas,P.	Richm	532	Thu	Riplry,H.	592	Tins
Ren	393	Theop	Reynolds,G.	463	Thomas,S.	Richmond,M.	533	Thui	Ripp	593	Tint
Renar	394	Theophi	Reynolds,M.	464	Thomas,W.	Richt	534	Thul	Riq	594	Tio
Renau	395	Theopo	Reynolds,S.	465	Thomass	Richter	535	Thun	Ris	595	Tip
Renaul	396	Theor	Reynolds,W.	466	Thomassy	Richter,M.	536	Thur	Riss	596	Tir
Rend	397	Theos	Rez	467	Thomo	Richter,S.	537	Thurl	Rist	597	Tiri
Rendu	398	Ther	Rh	468	Thomp	Rici	538	Thurlo	Rit	598	Tis
Rene	399	Theri	Rhe	469	Thompson	Rick	539	Thurm	Ritchie,G	599	Tisch
Renes	411	Therm	Rhen	471	Thompson,C.	Rico	541	Thurn	Ritchie,M.	611	Tische
Reng	412	Thero	Rhet	472	Thompson,F.	Rid	542	Thuro	Rits	612	Tischl
Reni	413	Thes	Rhi	473	Thompson,H.	Riddel	543	Thurs	Ritt	613	Tisd
Renn	414	Thess	Rho	474	Thompson,J.	Ride	544	Thurston	Ritter	614	Tiss
Rennev	415	Theu	Rhod	475	Thompson,M	Ridl	545	Thurston,G.	Ritter,M.	615	Tissi
Renni	416	Thev	Rhodes	476	Thompson,P.	Ridley,M.	546	Thurston,M	Riv	616	Tisso
Renny	417	Theveni	Rhodes,M.	477	Thompson,S.	Rido	547	Thurston,S.	Rivan	617	Tit
Reno	418	Theveno	Rhodo	478	Thompson,T.	Rie	548	Thw	Rivar	618	Titi
Renou	419	Thew	Rhou	479	Thompson,W.	Riec	549	Thy	Rivau	619	Titin
Rens	421	Thex	Ri	481	Thomsen	Ried	551	Ti	Rive	621	Tito
Rent	422	Thi	Rib	482	Thomson	Riedi	552	Tib	Rivers	622	Titt
Renu	423	Thiard	Ribb	483	Thomson,G.	Rief	553	Tibe	Rives	623	Titu
Renv	424	Thib	Ribe	484	Thomson,M.	Rieg	554	Tibn	Rivet	624	Tix
Rep	425	Thibaul	Ribes	485	Thomson,S.	Rieh	555	Tic	Rivi	625	Tiz
Rept	426	Thibaut	Ribo	486	Thomson,W.	Riem	556	Tick	Rivo	626	Tk
Req	427	Thibo	Ric	487	Thor	Rien	557	Ticknor	Riz	627	To
Rer	428	Thic	Ricardo	488	Thore	Riep	558	Tid	Ro	628	Tob
Res	429	Thie	Ricc	489	Thores	Ries	559	Tie	Robar	629	Tobi
Resch	431	Thiel	Ricci	491	Thori	Riese	561	Tief	Robb	631	Toc
Rese	432	Thielm	Ricciar	492	Thoris	Riesn	562	Tiel	Robbins	632	Tocq
Resen	433	Thiem	Riccio	493	Thork	Riet	563	Tiep	Robbins,F.	633	Tod
Resn	434	Thien	Ricco	494	Thorl	Rieu	564	Tier	Robbins,J.	634	Todd,G.
Ress	435	Thier	Rice	495	Thorm	Rig	565	Tif	Robbins,M.	635	Todd,M.
Rest	436	Thierry	RiceG	496	Thorn	Rigaul	566	Tig	Robbins,S.	636	Todd,S.
Ret	437	Thierry,M.	RiceM	497	Thornb	Rigb	567	Tigl	Robbins,W.	637	Tode
Reth	438	Thiers	Rich	498	Thornd	Rige	568	Tigr	Robe	638	Todh
Rett	439	Thies	RichM	499	Thorndi	Rigg	569	Til	Robert	639	Todl

Robert, G. — Rost / Toe — Trit

Robert,G.	641	Toe		Roeb	711	Torti		Rond	771	Tram
Robert,M.	642	Toep		Roed	712	Torto		Rone	772	Tran
Roberts	643	Toes		Roeh	713	Tos		Rong	773	Trap
Roberts,F.	644	Tof		Roel	714	Tose		Rons	774	Trapp
Roberts,J.	645	Tog		Roem	715	Toss		Ronz	775	Tras
Roberts,M.	646	Toi		Roep	716	Tost		Roo	776	Trat
Roberts,S.	647	Tol		Roer	717	Tot		Rook	777	Trau
Roberts,W.	648	Tolb		Roes	718	Tott		Roop	778	Trauts
Robertson	649	Tole		Roet	719	Totten		Roor	779	Trav
Robertson,J.	651	Toll		Rog	721	Tottl		Roos	781	Travers,M.
Robertson,S.	652	Tolm		Roger	722	Tou		Root	782	Travi
Robes	653	Tolo		Roger,M.	723	Toul		Root,M.	783	Trax
Robi	654	Tols		Rogers	724	Toulm		Rop	784	Tre
Robin	655	Tom		Rogers,D.	725	Toulo		Ropes	785	Trebo
Robine	656	Tomb		Rogers,G.	726	Toup		Roq	786	Tred
Robins	657	Tomi		Rogers,J.	727	Tour		Ror	787	Trei
Robinson	658	Tomk		Rogers,M.	728	Tourn		Ros	788	Trel
Robinson,D.	659	Toml		Rogers,S.	729	Tourno		Rosar	789	Trem
Robinson,G.	661	Tomm		Rogers,W.	731	Touro		Rosc	791	Tremo
Robinson,J.	662	Tomp		Roget	732	Tourr		Rosco	792	Tren
Robinson,M.	663	Ton		Rogg	733	Tourv		Roscoe,G.	793	Trench,M.
Robinson,S.	664	Tone		Rogi	734	Tous		Roscoe,M.	794	Trenck
Robinson,T.	665	Tong		Rogn	735	Tousse		Rose	795	Trent
Robinson,W.	666	Tonn		Rogu	736	Tout		Rose,G.	796	Tres
Robs	667	Tont		Roh	737	Tow		Rose,M.	797	Tresh
Roby	668	Too		Rohl	738	Tower,M.		Roseb	798	Tresi
Roc	669	Tooke,M.		Rohr	739	Towers		Rosec	799	Tress
Rocc	671	Tool		Roi	741	Towg		Rosel	811	Treu
Roch	672	Toom		Rok	742	Towl		Rosem	812	Trev
Roche	673	Top		Roko	743	Town		Rosen	813	Trevi
Rochef	674	Toph		Rol	744	Towne		Rosenk	814	Trevis
Rochem	675	Topl		Role	745	Townel		Rosenm	815	Trevo
Roches	676	Tor		Rolf	746	Townl		Rosenw	816	Trevor,M.
Rochet	677	Tord		Rolfe,M.	747	Towns		Roset	817	Trew
Rochf	678	Tore		Roli	748	Townsend,G.		Rosew	818	Trez
Rochm	679	Toren		Roll	749	Townsend,M.		Rosi	819	Tri
Rocho	681	Tores		Rolles	751	Townsend,S.		Rosin	821	Trian
Rock	682	Torg		Rollett	752	Townsend,W.		Rosn	822	Trib
Rocki	683	Tori		Rolli	753	Townsh		Ross	823	Tric
Rockw	684	Torl		Rollin	754	Townsend,M.		Ross,G.	824	Trico
Rod	685	Torn		Rollo	755	Townso		Ross,M.	825	Trie
Rodd	686	Torno		Rom	756	Toy		Ross,S.	826	Trier
Rode	687	Torq		Romai	757	Toz		Ross,W.	827	Tries
Roder	688	Torr		Roman	758	Tr		Rossel	828	Trig
Rodew	689	Torre		Romano	759	Trac		Rosset	829	Tril
Rodg	691	Torren		Romanu	761	Tracy		Rossi	831	Trim
Rodi	692	Torrent		Romb	762	Tracy,M.		Rossi,G.	832	Trin
Rodm	693	Torres		Rome	763	Trad		Rossi,M.	833	Trinci
Rodn	694	Torrey		Romey	764	Trae		Rossig	834	Trio
Rodo	695	Torri		Romi	765	Trag		Rossin	835	Trip
Rodr	696	Torrig		Romm	766	Trai		Rossl	836	Tripp
Rodw	697	Torrin		Romu	767	Traill,M.		Rossm	837	Tris
Roe	698	Tors		Ron	768	Train		Rosso	838	Trist
Roe,M.	699	Tort		Ronc	769	Tral		Rost	839	Trit

Rosw — Rz / Triv — Tzs

Rosw	841	Triv	Ruck	911	Tudi	Rust	971	Twee		
Rot	842	Trivu	Ruckers	912	Tudo	Rut	972	Twi		
Rote	843	Tro	Rud	913	Tue	Rutg	973	Twin		
Rotg	844	Trog	Rudd	914	Tuf	Ruth	974	Twis		
Roth	845	Troi	Rude	915	Tufts,M.	Rutherf	975	Twy		
Rothen	846	Trol	Rudi	916	Tuk	Ruthv	976	Twys		
Roths	847	Trollo	Rudo	917	Tul	Ruti	977	Ty		
Rothw	848	Trollope,M.	Rue	918	Tull	Rutl	978	Tyc		
Rotr	849	Trom	Ruef	919	Tulloch	Rutland,M.	979	Tye		
Rott	851	Tromp	Ruel	921	Tulloch,M.	Rutledge	981	Tyl		
Rou	852	Tron	Ruf	922	Tullus	Rutt	982	Tyler,G.		
Roub	853	Tronci	Ruffi	923	Tully	Ruv	983	Tyler,M.		
Rouc	854	Trons	Ruffn	924	Tulo	Rux	984	Tyler,S.		
Roug	855	Troo	Ruffo	925	Tum	Ruy	985	Tyler,W.		
Rouget	856	Trop	Rufi	926	Tun	Ruyt	986	Tym		
Roui	857	Tros	Rufu	927	Tuns	Ruz	987	Tyn		
Rouj	858	Trot	Rug	928	Tup	Ry	988	Tyndall		
Roul	859	Trou	Rugg	929	Tur	Ryan,M.	989	Tyng		
Roup	861	Troui	Ruggi	931	Turb	Ryc	991	Typ		
Rouq	862	Trouv	Ruggl	932	Turc	Ryd	992	Tyr		
Rous	863	Trow	Ruh	933	Turco	Rye	993	Tyrrell		
Rouss	864	Troy	Rui	934	Ture	Ryl	994	Tys		
Roussel	865	Tru	Rul	935	Turen	Rym	995	Tyt		
Roussele	866	Trud	Rum	936	Turg	Rys	996	Tytler		
Rousset	867	Trum	Rumm	937	Turgo	Ryt	997	Tytler,S.		
Roust	868	Trumbull	Rums	938	Turi	Ryv	998	Tz		
Rout	869	Trumbull,J.	Run	939	Turk	Rz	999	Tzs		
Roux	871	Trumbull,S.	Rund	941	Turl					
Rouy	872	Trur	Rung	942	Turn					
Rov	873	Trus	Runn	943	Turnbull,M.					
Rovet	874	Trut	Ruo	944	Turne					
Rovi	875	Try	Rup	945	Turner,C.					
Row	876	Tryp	Rupp	946	Turner,F.					
Rowan	877	Ts	Rupr	947	Turner,H.					
Rowe	878	Tscher	Rur	948	Turner,J.					
Rowe,M.	879	Tschi	Rus	949	Turner,M.					
Rowel	881	Tschu	Rusch	951	Turner,P.					
Rowi	882	Tse	Rush	952	Turner,S.					
Rowl	883	Tu	Rush,M.	953	Turner,T.					
Rowle	884	Tub	Rusht	954	Turner,W.					
Rows	885	Tuber	Rushw	955	Turnh					
Rox	886	Tuc	Rusk	956	Turno					
Roxb	887	Tuch	Rusp	957	Turp					
Roy	888	Tucher	Russ	958	Turr					
Roye	889	Tuck	Russel	959	Turrett					
Royer	891	Tucker	Russell	961	Turri					
Royo	892	Tucker,G.	Russell,D.	962	Turt					
Roz	893	Tucker,M.	Russell,F.	963	Turv					
Ru	894	Tucker,S.	Russell,J.	964	Tus					
Ruben	895	Tucker,W.	Russell,M.	965	Tuss					
Rubi	896	Tuckerman	Russell,P.	966	Tut					
Rubr	897	Tuckerman,M.	Russell,S.	967	Tutt					
Ruc	898	Tucket	Russell,W.	968	Tuy					
Ruch	899	Tud	Russi	969	Tw					

Va — Vaughan, S. / Wa — Webbe

Va	111	Wa		Valh	171	Walei	Vanders	241	Walton,M.	Varil	311	Warwick,M.
Vac	112	Waas		Vali	172	Wales	Vanderw	242	Walw	Varin	312	Was
Vacc	113	Wac		Valin	173	Wales,M.	Vandeu	243	Wam	Variu	313	Waser
Vaccar	114	Wachs		Valk	174	Walf	Vandev	244	Wan	Varl	314	Wash
Vacco	115	Wack		Vall	175	Walg	Vandi	245	Wand	Varley	315	Washburn,M.
Vach	116	Wad		Vallad	176	Wali	Vando	246	Wang	Varlo	316	Washi
Vach	117	Waddi		Vallan	177	Walk	Vandy	247	Wanh	Varn	317	Washington
Vachi	118	Wade		Vallar	178	Walker,D.	Vandyk	248	Wanl	Varney	318	Washington,G.
Vacho	119	Wade,M.		Vallau	179	Walker,F.	Vane	249	Wann	Varnh	319	Washington,M.
Vacq	121	Wadh		Valle	181	Walker,J.	Vane,M.	251	Wans	Varni	321	Wass
Vad	122	Wadington		Vallee	182	Walker,M.	Vanee	252	Wap	Varnu	322	Wasser
Vade	123	Wadl		Vallem	183	Walker,P.	Vang	253	War	Varo	323	Wassi
Vadi	124	Wads		Valler	184	Walker,S.	Vanh	254	Warburton	Varot	324	Wat
Vae	125	Wadsworth,M		Valles	185	Walker,T.	Vanhe	255	Warburton,M.	Varr	325	Waterf
Vag	126	Wae		Vallet	186	Walker,W.	Vanho	256	Ward	Vart	326	Waterh
Vah	127	Wael		Vallett	187	Wall	Vanhu	257	Ward,C.	Varu	327	Waterl
Vai	128	Waf		Valli	188	Wallace,D.	Vani	258	Ward,F.	Vas	328	Waterm
Vail	129	Wag		Vallis	189	Wallace,F.	Vanl	259	Ward,J.	Vasc	329	Waters
Vaill	131	Wagen		Vallo	191	Wallace,J.	Vanloo	261	Ward,M.	Vasco	331	Waters,M.
Vais	132	Wagn		Vallon	192	Wallace,M.	Vanm	262	Ward,P.	Vase	332	Waterst
Vaj	133	Wagner,G.		Vallot	193	Wallace,P.	Vanmo	263	Ward,S.	Vash	333	Waterw
Vak	134	Wagner,M.		Vallou	194	Wallace,S.	Vann	264	Ward,W.	Vasi	334	Watk
Val	135	Wagner,S.		Valls	195	Wallace,W.	Vanne	265	Warde	Vasq	335	Watke
Valad	136	Wah		Valm	196	Wallc	Vannes	266	Wardl	Vass	336	Watkinson
Valar	137	Wahlen		Valmy	197	Wallen	Vannet	267	Ware	Vassall	337	Wats
Valaz	138	Wai		Valo	198	Waller	Vanni	268	Ware,D.	Vasse	338	Watson,D.
Valb	139	Waill		Valor	199	Walley	Vannin	269	Ware,J.	Vassi	339	Watson,J.
Valc	141	Wain		Valp	211	Walli	Vannu	271	Ware,M.	Vast	341	Watson,M.
Valck	142	Wainwright		Valpy	212	Wallingf	Vano	272	Ware,S.	Vat	342	Watson,S.
Valckenb	143	Wais		Valr	213	Wallingt	Vanp	273	Ware,W.	Vater	343	Watson,W.
Vald	144	Wait		Vals	214	Wallis	Vanr	274	Waren	Vath	344	Watt
Valdes	145	Waite		Valt	215	Wallo	Vanro	275	Warh	Vati	345	Watt,J.
Valdi	146	Wak		Vam	216	Walm	Vans	276	Wari	Vatin	346	Watt,P.
Valdo	147	Wakef		Van	217	Waln	Vansa	277	Waring,M.	Vatk	347	Watti
Valdr	148	Wakeh		Vanb	218	Walp	Vansc	278	Warn	Vato	348	Watts
Vale	149	Wakel		Vanbr	219	Walpole,M.	Vansi	279	Warner	Vatr	349	Watts,D.
Valeg	151	Wal		Vanbu	221	Walr	Vansp	281	Warner,D.	Vatt	351	Watts,J.
Valen	152	Walch		Vanc	222	Wals	Vant	282	Warner,J.	Vatti	352	Watts,M.
Valens	153	Walch,J.		Vanco	223	Walsh	Vanu	283	Warner,M.	Vau	353	Watts,S.
Valent	154	Walch,P.		Vand	224	Walsh,D.	Vanv	284	Warner,S.	Vauban	354	Wau
Valenti	155	Walck		Vande	225	Walsh,J.	Vanw	285	Warner,W.	Vaubl	355	Waut
Valentin	156	Walco		Vandel	226	Walsh,M.	Vap	286	Warr	Vauc	356	Waw
Valentine	157	Wald		Vanden	227	Walsh,S.	Var	287	Warren,C.	Vauch	357	Way
Valentine,J	158	Walde		Vander	228	Walsh,W.	Varan	288	Warren,F.	Vaud	358	Wayl
Valentine,P	159	Waldeg		Vanderbu	229	Walsi	Varc	289	Warren,J.	Vaudoy	359	Wayn
Valentini	161	Waldem		Vanderc	231	Walt	Vard	291	Warren,M.	Vaudr	361	We
Valer	162	Walden		Vanderd	232	Walter,G.	Vare	292	Warren,P.	Vaudrey	362	Weal
Valeri	163	Walder		Vanderh	233	Walter,M.	Varel	293	Warren,S.	Vaug	363	Weav
Valerio	164	Waldm		Vanderho	234	Walter,S.	Varen	294	Warren,W.	Vaughan	364	Web
Valeriu	165	Waldo		Vanderl	235	Walters	Varenn	295	Warri	Vaughan,C.	365	Webb
Valery	166	Waldor		Vanderm	236	Walth	Vares	296	Wart	Vaughan,F.	366	Webb,G.
Vales	167	Waldr		Vanderme	237	Walther	Varg	297	Wartens	Vaughan,J.	367	Webb,M.
Valet	168	Walds		Vandermo	238	Walto	Vargu	298	Warto	Vaughan,M.	368	Webb,S.
Valg	169	Wale		Vanderp	239	Walton,G.	Vari	299	Warw	Vaughan,S.	369	Webbe

Vaughan,W.	371	Webber	Vello	441	Welch,M.	Verh	511	Wes	Verv	571	Whi
Vaugi	372	Webber,M.	Vellu	442	Welck	Verhag	512	Wesen	Verw	572	Whid
Vaugo	373	Weber	Velly	443	Weld	Verhe	513	Wesl	Very	573	Whip
Vaul	374	Weber,G.	Velp	444	Weld,M.	Verho	514	Wesley,M.	Verz	574	Whipple,J.
Vaulo	375	Weber,M.	Velt	445	Welde	Verhu	515	Wess	Ves	575	Whipple,P.
Vault	376	Weber,S.	Veltr	446	Welh	Veri	516	West	Vesey	576	Whis
Vaum	377	Webs	Ven	447	Well	Verin	517	WestD	Vesi	577	Whit
Vauq	378	Webster,C.	Venan	448	Weller	Verj	518	WestJ	Vesl	578	Whitaker,M.
Vaus	379	Webster,F.	Venc	449	Welles	Verk	519	WestM	Vesp	579	Whitb
Vaut	381	Webster,J.	Vences	451	Wellesl	Verl	521	West,S.	Vespu	581	Whitc
Vauv	382	Webster,M.	Vend	452	Welli	Verm	522	West,W.	Vesq	582	White
Vauvi	383	Webster,P.	Vendr	453	Wells	Verme	523	Westb	Vest	583	White,C.
Vaux	334	Webster,S.	Vene	454	Wells,G.	Vermeu	524	Westc	Vestr	584	White,F.
Vaux,G.	385	Webster,W.	Veneg	455	Wells,M.	Vermi	525	Weste	Vet	585	White,J.
Vaux,M.	386	Wech	Venel	456	Wells,S.	Vermil	526	Wester	Vetch	586	White,M.
Vauxc	387	Weck	Venet	457	Wellw	Vermo	527	Westerm	Veth	587	White,P.
Vauz	388	Wed	Venez	458	Wels	Vermoo	528	Westg	Veti	588	White,S.
Vav	389	Wede	Veni	459	Welse	Vern	529	Westh	Vetr	589	White,W.
Vavi	391	Wedel	Venin	461	Welsh	Verne	531	Westm	Vett	591	Whitef
Vay	392	Wedg	Venn	462	Welsh,J.	Vernet	532	Westmi	Vetto	592	Whiteh
Vaz	393	Wedgw	Venner	463	Welsh,P.	Verneu	533	Westmo	Vetu	593	Whiteho
Ve	394	Wee	Venni	464	Welt	Verney	534	Westo	Veu	594	Whitel
Veau	395	Weeks	Vent	465	Welw	Verney,M.	535	Weston,G.	Vey	595	Whitf
Vec	396	Weeks,M.	Vento	466	Wem	Verni	536	Weston,P.	Veys	596	Whitg
Vecchi	397	Weem	Ventr	467	Wen	Vernin	537	Westp	Vez	597	Whiti
Vecchio	398	Weer	Ventu	468	Wenc	Verniz	538	Westr	Vi	598	Whiting
Vece	399	Weev	Venturi	469	Wend	Verno	539	Wet	Vial	599	Whiting,G.
Vecellio	411	Weg	Venu	471	Wendl	Vernon,G.	541	Wetm	Viale	611	Whiting,M.
Vecn	412	Wegn	Venut	472	Wendo	Vernon,M.	542	Wett	Viall	612	Whiting,S.
Veco	413	Weh	Ver	473	Wendt	Vernon,S.	543	Wetts	Vialo	613	Whiting,W.
Ved	414	Wehr	Verac	474	Weng	Vernu	544	Wetz	Vian	614	Whitm
Vedd	415	Wei	Veral	475	Weni	Verny	545	Wex	Vianen	615	Whitman,M.
Vedo	416	Weich	Verar	476	Wenl	Vero	546	Wey	Viani	616	Whitmore
Vee	417	Weid	Verb	477	Went	Veron	547	Weye	Viann	617	Whitney
Veen	418	Weidm	Verbi	478	Wentworth,G.	Verona	548	Weyl	Viar	618	Whitney,D.
Veer	419	Weig	Verbo	479	Wentworth,M.	Verone	549	Weym	Viardo	619	Whitney,J.
Vees	421	Weik	Verc	481	Wentz	Verp	551	Wh	Viart	621	Whitney,M.
Veg	422	Weil	Verci	482	Wenz	Verpo	552	Whal	Vias	622	Whitney,S.
Vegi	423	Wein	Verd	483	Wep	Verr	553	Whart	Viau	623	Whitney,W.
Vegl	424	Weinm	Verdi	484	Wer	Verri	554	Wharton,M.	Vib	624	Whitt
Veh	425	Weir	Verdig	485	Werde	Verril	555	What	Vibi	625	Whitti
Vei	426	Weis	Verdo	486	Were	Verrim	556	Whe	Vibn	626	Whitting
Veil	427	Weise	Verdu	487	Weren	Verrio	557	Wheatl	Vic	627	Whittl
Veit	428	Weisk	Verdy	488	Werf	Verro	558	Wheato	Vicar	628	Whitw
Veitch	429	Weiss	Vere	489	Werl	Verru	559	Whed	Vicars	629	Why
Veith	431	Weiss,J.	Verel	491	Wern	Vers	561	Whee	Vicat	631	Wi
Vel	432	Weiss,P.	Verels	492	Werner	Verschu	562	Wheeler	Vice	632	Wib
Velas	433	Weissen	Verg	493	Werner,G.	Verse	563	Wheeler,G.	Vicenti	633	Wic
Velasq	434	Weit	Vergar	494	Werner,M.	Verso	564	Wheeler,P.	Vich	634	Wichi
Veld	435	Weits	Verge	495	Wernh	Verst	565	Wheelo	Vici	635	Wichm
Vele	436	Weitz	Verger	496	Werni	Versto	566	Wheelw	Vick	636	Wick
Veli	437	Wek	Vergi	497	Werns	Vert	567	Whelp	Vickers	637	Wickh
Vell	438	Wel	Vergn	498	Werp	Verto	568	Whet	Vico	638	Wid
Velle	439	Welch	Vergy	499	Wert	Veru	569	Whew	Vicom	639	Wide

Vicq — Vol / Widm — Woodw											
Vicq	641	Widm	Vilh	711	Willen	Vincent,F.	771	Wingf	Vitelli	841	Woe
Vict	642	Wie	Vill	712	Willer	Vincent,J.	772	Wingr	Viten	842	Woel
Victor,G.	643	Wiede	Villaf	713	Willes	Vincent,M.	773	Wink	Viter	843	Woer
Victor,M.	644	Wiedem	Villal	714	Willey	Vincent,S.	774	Winkelm	Vitet	844	Wof
Victor,S.	645	Wieg	Villam	715	Willi	Vincent,W.	775	Winkl	Vito	845	Wog
Victorin	646	Wiel	Villan	716	William	Vinch	776	Winn	Vitr	846	Woh
Vicu	647	Wien	Villano	717	William,G.	Vinci	777	Wins	Vitro	847	Woi
Vid	648	Wier	Villanu	718	William,M.	Vinck	778	Winslow	Vitru	848	Wol
Vidal,M.	649	Wies	Villar	719	William,S.	Vind	779	Winslow,G.	Vitry	849	Wolcott
Vidau	651	Wiese	Villaret	721	Williams	Vindi	781	Winslow,M.	Vitt	851	Wolcott,M.
Vide	652	Wiess	Villari	722	Williams,D.	Vine	782	Winslow,S.	Vitti	852	Wold
Vidi	653	Wif	Villars	723	Williams,F.	Vinet	783	Winst	Vitto	853	Wolf
Vido	654	Wig	Villars,G.	724	Williams,J.	Ving	774	Wint	Vitu	854	Wolf,J.
Vidu	655	Wigg	Villars,M.	725	Williams,M.	Vini	785	Winter,G.	Viv	855	Wolf,P.
Vie	656	Wiggl	Villars,S.	726	Williams,P.	Vink	786	Winter,M.	Vivari	856	Wolffe
Viei	657	Wigh	Villav	727	Williams,S.	Vinn	787	Winter,S.	Vive	857	Wolffe,J.
Vieillo	658	Wightm	Ville	728	Williams,W.	Vino	788	Winterf	Vivi	858	Wolffe,P.
Viel	659	Wigm	Villec	729	Williamson	Vint	789	Winth	Viviani	859	Wolfg
Viell	661	Wign	Villef	731	Williamson,J.	Vinton	791	Winthrop	Vivien	861	Wolfr
Vien	662	Wigr	Villeg	732	Williamson,P.	Vinton,G.	792	Winthrop,J.	Vivier	862	Wolk
Vienne	663	Wik	Villego	733	Willin	Vinton,M.	793	Winthrop,P.	Vivo	863	Woll
Vienno	664	Wil	Villeh	734	Willis	Vinton,S.	794	Wintr	Viz	864	Wolle
Vier	665	Wilbr	Villel	735	Willis,M.	Vio	795	Winw	Vl	865	Wolm
Viet	666	Wilbu	Villem	736	Willist	Violl	796	Wio	Vlam	866	Wolo
Vieu	667	Wilc	Villen	737	Willm	Viom	797	Wip	Vlas	867	Wols
Vieus	668	Wild	Villene	738	Willmo	Vion	798	Wir	Vle	868	Wolt
Vieuv	669	Wildb	Villep	739	Willo	Viot	799	Wirt	Vli	869	Woltm
Vieux	671	Wilde	Villeq	741	Wills	Vip	811	Wis	Vliet	871	Wolz
Vig	672	Wilde,M.	Viller	742	Willso	Vipo	812	Wise	Vo	872	Wom
Vige	673	Wilder	Villerm	743	Wilm	Vir	813	Wise,M.	Voelc	873	Woo
Viger	674	Wildm	Villero	744	Wilmo	Vire	814	Wisem	Voell	874	Wood,C.
Vigh	675	Wildt	Villers	745	Wilr	Virey	815	Wisn	Voer	875	Wood,F.
Vigi	676	Wile	Villers,M.	746	Wils	Virg	816	Wiss	Voet	876	Wood,J.
Vigil	677	Wilf	Villes	747	Wilson,C.	Virgin	817	Wist	Vog	877	Wood,M.
Vign	678	Wilh	Villet	748	Wilson,F.	Viri	818	Wisw	Vogel	878	Wood,P.
Vignal	679	Wili	Villeu	749	Wilson,J.	Virl	819	Wit	Vogel,M.	879	Wood,S.
Vignau	681	Wilk	Villi	751	Wilson,M.	Viru	821	Wite	Vogh	881	Wood,W.
Vigne	682	Wilkes	Villiers	752	Wilson,P.	Vis	822	With	Vogi	882	Woodbri
Vigner	683	Wilki	Villiers,F	753	Wilson,S.	Visch	823	Witheri	Vogl	883	Woodbridge,M
Vignes	684	Wilkins	Villiers,J	754	Wilson,W.	Visco	824	Withers	Vogler,M.	884	Woodbu
Vigni	685	Wilkins,M.	Villiers,M	755	Wilt	Visconti,G	825	Witi	Vogo	885	Woodbury,M
Vigno	686	Wilkinson	Villiers,S	756	Wilton,M.	Visconti,M	826	Wits	Vogt	886	Woodc
Vignon	687	Wilkinson,M.	Villiers,W	757	Wim	Visconti,S	827	Witt	Vogt,M.	887	Woodf
Vigny	688	Wilks	Villo	758	Win	Visd	828	Witte	Vogu	888	Woodh
Vigo	689	Will	Villon	759	Winche	Vise	829	Witten	Voi	889	Woodho
Vigor	691	Willar	Villot	761	Winck	Visi	831	Wittg	Voigt	891	Woodhu
Vigr	692	Willard,D.	Vilm	762	Winckl	Vism	832	Witti	Voigt,G.	892	Woodm
Vigu	693	Willard,J.	Vils	763	Wind	Viss	833	Witz	Voigt,M.	893	Woodr
Vigui	694	Willard,M.	Vim	764	Windh	Visse	834	Witzl	Voigt,S.	894	Woods
Vil	695	Willard,S.	Vimo	765	Windi	Vit	835	Wix	Voil	895	Woods,J.
Vilain	696	Willard,W.	Vin	766	Winds	Vital	836	Wl	Voir	896	Woods,M.
Vilar	697	Willc	Vinc	767	Wine	Vitalis	837	Wo	Vois	897	Woods,S.
Vilat	698	Wille	Vincent	768	Wines	Vite	838	Wod	Voit	898	Woods,W.
Vilb	699	Willem	Vincent,C.	769	Wing	Vitel	839	Wodes	Vol	899	Woodw

Volc – Vz				Woodward, J. – Wz				Xa – Xy		Ya – Yvo				Za – Zy	
Volc	911	Woodward,J.	Vossi	971	Wurtz			Ya	11	Za		Young,E.	71	Zim	
Volck	912	Woodward,P.	Vou	972	Wurz			Yac	12	Zab		Young,G.	72	Zimmer	
Volckm	913	Wool	Voul	973	Wus			Yah	13	Zac		Young,J.	73	Zimmermann	
Vold	914	Woolm	Vow	974	Wy			Yai	14	Zacco		Young,M.	74	Zimmermann,G.	
Volg	915	Woolr	Voy	975	Wyatt			Yak	15	Zach		Young,P.	75	Zimmermann,M.	
Volk	916	Wools	Voys	976	Wyatt,M.			Yal	16	Zachar		Young,S.	76	Zimmermann,S.	
Volke	917	Woolw	Voz	977	Wyc			Yale	17	Zacu		Young,T.	77	Zin	
Volkh	918	Woot	Vr	978	Wyd			Yale,M.	18	Zag		Young,W.	78	Zink	
Volkm	919	Wor	Vre	979	Wye			Yales	19	Zah		Youngm	79	Zinz	
Volko	921	Worcester,G.	Vri	981	Wyk			Yan	21	Zai		Youngs	81	Zir	
Volky	922	Worcester,M.	Vries	982	Wyl			Yane	22	Zal		Yous	82	Zit	
Voll	923	Worcester,S.	Vril	983	Wyle			Yani	23	Zam		Youss	83	Zo	
Vollm	924	Word	Vro	984	Wym			Yann	24	Zambo		Yoz	84	Zoc	
Vollw	925	Wordsw	Vs	985	Wyn			Yao	25	Zamo		Yp	85	Zoe	
Volm	926	Wordsworth,S.	Vu	986	Wynf			Yar	26	Zamp		Yps	86	Zol	
Voln	927	Worl	Vui	987	Wyng			Yard	27	Zan		Yr	87	Zon	
Volney	928	Worm	Vuil	988	Wynn			Yarf	28	Zane		Yri	88	Zop	
Volo	929	Woro	Vuit	989	Wynne,M.			Yarr	29	Zang		Yrie	89	Zot	
Volp	931	Wors	Vul	991	Wynt			Yat	31	Zani		Ys	91	Zou	
Volpi	932	Wort	Vulp	992	Wyo			Yates,G.	32	Zann		Ysen	92	Zs	
Volpin	933	Worthington	Vuls	993	Wyr			Yates,M.	33	Zano		Yss	93	Zu	
Vols	934	Worthington,M	Vuo	994	Wys			Yates,S.	34	Zant		Yu	94	Zuc	
Volt	935	Wortl	Vuy	995	Wyss			Yatm	35	Zap		Yule	95	Zun	
Voltch	936	Wot	Vy	996	Wyt			Yb	36	Zar		Yv	96	Zur	
Volte	937	Wott	Vyr	997	Wytt			Ye	37	Zari		Yve	97	Zw	
Volto	938	Wou	Vys	998	Wyv			Yeam	38	Zaro		Yves	98	Zwi	
Voltr	939	Wr	Vz	999	Wz			Year	39	Zau		Yvo	99	Zy	
Voltu	941	Wran	Xa	1				Yeat	41	Ze					
Voltz	942	Wrat	Xan	2				Yeb	42	Zec					
Volu	943	Wrax	Xav	3				Yef	43	Zed					
Volv	944	Wre	Xe	4				Yem	44	Zeg					
Von	945	Wren	Xen	5				Yen	45	Zei					
Vond	946	Wri	Xer	6				Yeo	46	Zeif					
Vonk	947	Wright	Xl	7				Yep	47	Zeis					
Vono	948	Wright,C.	Xu	8				Yet	48	Zeit					
Voo	949	Wright,F.	Xy	9				Yez	49	Zel					
Voor	951	Wright,J.						Yh	51	Zell					
Vop	952	Wright,M.						Yl	52	Zelo					
Vor	953	Wright,S.						Yn	53	Zelt					
Voro	954	Wright,W.						Yo	54	Zen					
Vors	955	Wris						Yon	55	Zeno					
Vorster	956	Writ						Yonge,G.	56	Zent					
Vort	957	Wro						Yonge,M.	57	Zep					
Vory	958	Wroth						Yonge,S.	58	Zer					
Vos	959	Wu						Yonge,W.	59	Zes					
Vose	961	Wul						Yor	61	Zet					
Vose,D.	962	Wulfh						York,J.	62	Zeu					
Vose,H.	963	Wulfr						York,P.	63	Zev					
Vose,J.	964	Wulfs						Yorke	64	Zi					
Vose,M.	965	Wun						Yorke,M.	65	Zie					
Vose,S.	966	Wuns						Yot	66	Zieg					
Vose,W.	967	Wur						You	67	Zies					
Vosm	968	Wurm						Young	68	Zif					
Voss	969	Wurt						Young,C.	69	Zil					

Aa — Allison, M.

111	Aa	171	Acci	241	Ador	311	Ait	371	Ales
112	Aal	172	Acco	242	Adr	312	Aj	372	Alessi
113	Aar	173	Ace	243	Adri	313	Ak	373	Alew
114	Aars	174	Aces	244	Ads	314	Aker	374	Alex
115	Aas	175	Ach	245	Ady	315	Akers	375	Alexander,C.
116	Aba	176	Achar	246	Ae	316	Al	376	Alexander,J.
117	Abal	177	Ache	247	Aeg	317	Alain	377	Alexander,M.
118	Abar	178	Achi	248	Ael	318	Alam	378	Alexander,S.
119	Abat	179	Achm	249	Aem	319	Alan	379	Alexander,W.
121	Abau	181	Aci	251	Aen	321	Alar	381	Alexandre
122	Abb	182	Ack	252	Aer	322	Alard	382	Alexandre,M.
123	Abbat	183	Ackw	253	Aes	323	Alary	383	Alexandro
124	Abbe	184	Acl	254	Aeso	324	Alav	384	Alexi
125	Abbo	185	Aco	255	Aet	325	Alb	385	Alfa
126	Abbot	186	Acq	256	Afa	326	Alban	386	Alfe
127	Abbot,J.	187	Acr	257	Affl	327	Albar	387	Alfi
128	Abbot,M.	188	Act	258	Afr	328	Albe	388	Alfo
129	Abbot,S.	189	Acu	259	Aga	329	Alber	389	Alford
131	Abbott	191	Ada	261	Agar	331	Alberi	391	Alfr
132	Abbott,J.	192	Adal	262	Agas	332	Albero	392	Alfred
133	Abbott,M.	193	Adam	263	Agat	333	Albert	393	Alfri
134	Abbott,S.	194	Adam,J.	264	Agay	334	Alberti	394	Alg
135	Abd	195	Adam,M.	265	Age	335	Albi	395	Alger
136	Abdul	196	Adam,S.	266	Agg	336	Albini	396	Algh
137	Abdy	197	Adam,W.	267	Agi	337	Albinu	397	Alh
138	Abe	198	Adami	268	Agis	338	Albiz	398	Ali
139	Abel	199	Adamo	269	Agl	339	Albo	399	Alif
141	Abel,L.	211	Adams	271	Agn	341	Albr	411	Alig
142	Aben	212	Adams,F.	272	Agnes	342	Albri	412	Alip
143	Aber	213	Adams,G.	273	Agnew	343	Albriz	413	Alis
144	Abercr	214	Adams,J.	274	Agno	344	Albro	414	Alison,M.
145	Aberd	215	Adams,M.	275	Ago	345	Albu	415	Alk
146	Abern	216	Adams,N.	276	Agou	346	Alc	416	All
147	Abert	217	Adams,S.	277	Agr	347	Alcan	417	Allan
148	Abi	218	Adams,T.	278	Agri	348	Alcar	418	Allan,M.
149	Abing	219	Adams,W.	279	Agrip	349	Alcaz	419	Allard
151	Abk	221	Adamson	281	Agro	351	Alce	421	Allas
152	Abl	222	Add	282	Agu	352	Alci	422	Alle
153	Abn	223	Adde	283	Aguil	353	Alcip	423	Allein
154	Abo	224	Addi	284	Aguir	354	Alco	424	Allem
155	Abou	225	Addison	285	Ah	355	Alcot	425	Allen
156	About	226	Addison,M.	286	Ahm	356	Alcu	426	Allen,H.
157	Abov	227	Ade	287	Ahr	357	Ald	427	Allen,J.
158	Abr	228	Adelh	288	Ai	358	Alden	428	Allen,N.
159	Abrah	229	Adelo	289	Aig	359	Alden,S.	429	Allen,S.
161	Abrai	231	Aden	291	Aik	361	Alder	431	Allen,T.
162	Abre	232	Adet	292	Aiki	362	Alders	432	Allen,W.
163	Abri	233	Adh	293	Ail	363	Aldi	433	Allens
164	Abru	234	Adi	294	Aim	364	Aldo	434	Aller
165	Abu	235	Adison,S.	295	Ain	365	Aldr	435	Alle
166	Abul	236	Adk	296	Ains	366	Ale	436	Alli
167	Abur	237	Adl	297	Ainsw	367	Alem	437	Alling
168	Aca	238	Adm	298	Air	368	Alen	438	Allis
169	Acc	239	Ado	299	Ais	369	Alep	439	Allison,M.

Allo — Aro

441	Allo	511	Amen	571	Andrews,T.	641	Apel	711	Arin
442	Alls	512	Amer	572	Andrews,W.	642	Api	712	Ario
443	Ally	513	Ames	573	Andri	643	Apo	713	Arip
444	Alm	514	Ames,M.	574	Andro	644	Apollo	714	Aris
445	Alman	515	Amh	575	Andron	645	Apos	715	Aristi
446	Almas	516	Ami	576	Andros	646	App	716	Aristo
447	Alme	517	Amin	577	Andry	647	Appi	717	Aristop
448	Almen	518	Amm	578	Ane	648	Appl	718	Ariu
449	Almi	519	Ammir	579	Aner	649	Appleton	719	Ariz
451	Almo	521	Ammo	581	Ang	651	Appleton,J.	721	Ark
452	Almon	522	Amn	582	Angeli	652	Appleton,T.	722	Arkw
453	Alo	523	Amo	583	Angell	653	Appu	723	Arl
454	Alon	524	Amor	584	Angelo	654	Apr	724	Arling
455	Alos	525	Amos	585	Angelu	655	Apt	725	Arlo
456	Alp	526	Amp	586	Angen	656	Aqu	726	Arlu
457	Alpi	527	Amps	587	Anger	657	Aquin	727	Arm
458	Alq	528	Ams	588	Angi	658	Ara	728	Arme
459	Alr	529	Amu	589	Angl	659	Arag	729	Armi
461	Als	531	Amy	591	Anglu	661	Aram	731	Armis
462	Alsop	532	Ana	592	Ango	662	Aran	732	Armit
463	Alste	533	Anam	593	Angou	663	Arat	733	Armitage,M.
464	Alsto	534	Anas	594	Angu	664	Arb	734	Arms
465	Alt	535	Anat	595	Angus	665	Arbl	735	Armstrong
466	Alte	536	Anax	596	Anh	666	Arbo	736	Armstrong,J.
467	Alth	537	Anb	597	Ani	667	Arbu	737	Armstrong,M.
468	Alti	538	Anc	598	Anim	668	Arc	738	Armstrong,S.
469	Alto	539	Anch	599	Anis	669	Arch	739	Armstrong,W.
471	Alu	541	Anci	611	Ank	671	Archer	741	Army
472	Alv	542	Anco	612	Anl	672	Archer,M.	742	Arn
473	Alvare	543	And	613	Ann	673	Archi	743	Arnal
474	Alve	544	Andereas	614	Annes	674	Arci	744	Arnau
475	Alvi	545	Anders	615	Anni	675	Arco	745	Arnaul
476	Alvo	546	Anderson	616	Anq	676	Ard	746	Arnay
477	Alvw	547	Anderson,D.	617	Ans	677	Ardo	747	Arnd
478	Alz	548	Anderson,J.	618	Ansel	678	Are	748	Arne
479	Ama	549	Anderson,M.	619	Ansi	679	Areh	749	Arni
481	Amad	551	Anderson,R.	621	Ansl	681	Aren	751	Arno
482	Amal	552	Anderson,T.	622	Anso	682	Aret	752	Arnold
483	Amalt	553	Anderson,W.	623	Ansp	683	Aretin	753	Arnold,D.
484	Aman	554	Andr	624	Anst	684	Arez	754	Arnold,G.
485	Amar	555	Andral	625	Anstey	685	Arf	755	Arnold,H.
486	Amas	556	Andre	626	Ansti	686	Arg	756	Arnold,J.
487	Amat	557	Andrea	627	Ant	687	Argel	757	Arnold,M.
488	Amato	558	Andree	628	Antho	688	Argen	758	Arnold,S.
489	Amau	559	Andrei	629	Anti	689	Argent	759	Arnold,T.
491	Amb	561	Andres	631	Antim	691	Argenti	761	Arnold,W.
492	Ambi	562	Andrew	632	Antio	692	Argi	762	Arnoldi
493	Ambl	563	Andrew,M.	633	Antip	693	Argo	763	Arnon
494	Ambo	564	Andrewe	634	Anto	694	Argu	764	Arnot
495	Ambr	565	Andrews	635	Antoni	695	Argy	765	Arnou
496	Ambros	566	Andrews,E.	636	Antr	696	Ari	766	Arnoult
497	Ambu	567	Andrews,J.	637	Anv	697	Arib	767	Arns
498	Ame	568	Andrews,M.	638	Ao	698	Arid	768	Arnu
499	Amelo	569	Andrews,R.	639	Ap	699	Arig	769	Aro

Arou — Azz

771	Arou	841	Aspi	911	Audi	971	Axo
772	Arp	842	Aspl	912	Audin	972	Axt
773	Arr	843	Aspr	913	Audl	973	Aya
774	Arre	844	Ass	914	Audo	974	Ayc
775	Arri	845	Assen	915	Audr	975	Ayd
776	Arrig	846	Asser	916	Audu	976	Aye
777	Arriv	847	Assh	917	Aue	977	Ayers
778	Arro	848	Assi	918	Auf	978	Ayl
779	Arrows	849	Asso	919	Aug	979	Aylm
781	Ars	851	Assu	921	Augi	981	Aylw
782	Arsi	852	Ast	922	Augu	982	Aym
783	Arsl	853	Aste	923	Augus	983	Ayn
784	Art	854	Asti	924	Aul	984	Ayr
785	Artau	855	Astl	925	Aum	985	Ayres
786	Arte	856	Asto	926	Aun	986	Ayrt
787	Arth	857	Aston,M.	927	Aur	987	Ays
788	Arthur	858	Astor	928	Auri	988	Ayt
789	Arthur,M.	859	Astr	929	Auriv	989	Ayton
791	Arthur,S.	861	Asu	931	Auro	991	Aza
792	Arto	862	Ata	932	Aus	992	Azar
793	Aru	863	Atch	933	Austen	993	Aze
794	Arunt	864	Ate	934	Austen,M.	994	Azev
795	Arv	865	Ath	935	Austin	995	Azi
796	Arw	866	Athe	936	Austin,J.	996	Azo
797	Arz	867	Athen	937	Austin,M.	997	Azr
798	Asa	868	Ather	938	Austin,T.	998	Azy
799	Asb	869	Atherton,M.	939	Aut	999	Azz
811	Asc	871	Athi	941	Autr		
812	Asch	872	Ati	942	Auv		
813	Aschen	873	Atk	943	Aux		
814	Ascl	874	Atkins,M.	944	Auz		
815	Asco	875	Atkinson	945	Ava		
816	Ase	876	Atkison,J.	946	Avan		
817	Asf	877	Atkison,M.	947	Avau		
818	Asg	878	Atkison,T.	948	Ave		
819	Ash	879	Atky	949	Avell		
821	Ashbu	881	Atl	951	Aven		
822	Ashburt	882	Atr	952	Aver		
823	Ashby	883	Att	953	Avero		
824	Ashe	884	Atter	954	Avery		
825	Asher	885	Atti	955	Avery,M.		
826	Ashl	886	Attw	956	Avez		
827	Ashm	887	Atw	957	Avi		
828	Asht	888	Aub	958	Avil		
829	Ashton,M.	889	Aubert	959	Avit		
831	Ashw	891	Aubery	961	Avo		
832	Asi	892	Aubes	962	Avos		
833	Asio	893	Aubi	963	Avr		
834	Ask	894	Aubin	964	Awa		
835	Askew	895	Aubr	965	Awb		
836	Asm	896	Aubry	966	Awd		
837	Aso	897	Aubu	967	Awi		
838	Asp	898	Auc	968	Ax		
839	Asper	899	Aud	969	Axel		

Ea — Ez / Ia — Izm / Oa — Oz

11	Ea	71	Erm	11	Ia	71	Iro	11	Oa	71	Ori
12	Eam	72	Err	12	Ib	72	Irv	12	Ob	72	Orl
13	Eas	73	Ers	13	Ibn	73	Is	13	Obr	73	Orlo
14	Eat	74	Es	14	Ibr	74	Isab	14	Obs	74	Orm
15	Eb	75	Esd	15	Ic	75	Isam	15	Oc	75	Orn
16	Eber	76	Esl	16	Ich	76	Isar	16	Och	76	Orr
17	Ec	77	Esp	17	Ick	77	Isc	17	Oco	77	Ors
18	Ech	78	Ess	18	Id	78	Ise	18	Oconn	78	Ort
19	Eck	79	Est	19	Ide	79	Ish	19	Ocor	79	Orto
21	Ed	81	Esti	21	Ido	81	Isi	21	Oct	81	Os
22	Eden	82	Ie	22	Ie	82	Isl	22	Od	82	Osg
23	Edg	83	Et	23	If	83	Ism	23	Ode	83	Osm
24	Edm	84	Eth	24	Ig	84	Isn	24	Odi	84	Oss
25	Edw	85	Eto	25	Ih	85	Iso	25	Odo	85	Ost
26	Edwards	86	Eu	26	Ik	86	Iss	26	Odon	86	Osw
27	Ef	87	Eug	27	Il	87	Ist	27	Odr	87	Ot
28	Eg	88	Eul	28	Ili	88	It	28	Oe	88	Oti
29	Ege	89	Eup	29	Ill	89	Ith	29	Oer	89	Ott
31	Egl	91	Eus	31	Im	91	Itt	31	Of	91	Ottl
32	Egr	92	Ev	32	Imb	92	Iu	32	Off	92	Otw
33	Eh	93	Eve	33	Iml	93	Iv	33	Ofl	93	Ou
34	Ei	94	Ew	34	Imp	94	Ive	34	Og	94	Ous
35	Ein	95	Ewi	35	In	95	Ives	35	Ogl	95	Ouv
36	Eis	96	Ex	36	Inc	96	Ivo	36	Oh	96	Ov
37	El	97	Ey	37	Inch	97	Ix	37	Ohe	97	Ow
38	Elea	98	Eyr	38	Ind	98	Iz	38	Ohm	98	Ox
39	Elen	99	Ez	39	Indi	99	Izm	39	Oi	99	Oz
41	Elg			41	Indo			41	Ok		
42	Eli			42	Indu			42	Ol		
43	Elis			43	Inf			43	Olb		
44	Ell			44	Ing			44	Old		
45	Elle			45	Inge			45	Ole		
46	Elli			46	Ingel			46	Oli		
47	Ellis			47	Inger			47	Olip		
48	Elm			48	Ingh			48	Oliv		
49	Els			49	Ingi			49	Olivi		
51	Elt			51	Ingl			51	Olm		
52	Elw			52	Ingli			52	Olo		
53	Em			53	Ingo			53	Oly		
54	Emm			54	Ingr			54	Om		
55	Emp			55	Ingre			55	Ome		
56	En			56	Ini			56	Omo		
57	Eng			57	Inm			57	Omu		
58	Engl			58	Inn			58	On		
59	Enn			59	Ins			59	Ons		
61	Ent			61	Int			61	Oov		
62	Eo			62	Inv			62	Op		
63	Ep			63	Inw			63	Opp		
64	Epi			64	Io			64	Or		
65	Er			65	Ir			65	Orb		
66	Erd			66	Iren			66	Ord		
67	Ere			67	Iret			67	Ore		
68	Eri			68	Iri			68	Orf		
69	Erl			69	Irl			69	Org		

Sa — Sear

111	Sa	171	Salm	241	Sap	311	Schar	371	Schom
112	Saar	172	Salmon	242	Saq	312	Schat	372	Schon
113	Sab	173	Salo	243	Sar	313	Schau	373	Schoo
114	Sabb	174	Salomon	244	Sard	314	Sche	374	Schop
115	Sabe	175	Salon	245	Sarg	315	Sche	375	Schor
116	Sabi	176	Salt	246	Sarm	316	Sched	376	Schot
117	Sabl	177	Salter	247	Sarr	317	Schef	377	Schou
118	Sabr	178	Saltm	248	Sars	318	SchefferJ	378	Schra
119	Sac	179	Salto	249	Sart	319	Schei	379	Schrei
121	Sach	181	Salu	251	Sarto	321	Scheif	381	Schrey
122	Saco	182	Salv	252	Sas	322	Scheit	382	Schro
123	Sacr	183	Salve	253	Sat	323	Schel	383	Schroet
124	Sad	184	Salvi	254	Satu	324	Schem	384	Schu
125	Sade	185	Salvin	255	Sau	325	Schen	385	Schube
126	Sadl	186	Salvo	256	Saul	326	Schep	386	Schul
127	Sae	187	Sam	257	Saun	327	Scher	387	Schultz
128	Saf	188	Samh	258	Saup	328	Schet	388	Schulz
129	Sag	189	Samm	259	Saur	329	Scheu	389	Schulz,J.
131	Sah	191	Samo	261	Saut	331	Schi	391	Schulze
132	Sai	192	Samp	262	Sauv	332	Schick	392	Schum
133	Saint,A	193	Sams	263	Sav	333	Schie	393	Schun
134	Saint,An	194	San	264	SavageJ	334	Schif	394	Schur
135	Saint,B	195	SanF	265	Savar	335	Schil	395	Schus
136	Saint,C	196	SanL	266	Savars	336	Schim	396	Schut
137	Saint,E	197	SanS	267	Savi	337	Schin	397	Schuy
138	Saint,F	198	Sanb	268	Savo	338	Schir	398	Schw
139	Saint,G	199	Sanc	269	Savot	339	Schl	399	Schwar
141	Saint,H	211	Sanch	271	Saw	341	Schle	411	Schwarz
142	Saint,I	212	Sancr	272	Sax	342	Schlei	412	Schwe
143	Saint,Ju	213	Sand	273	Saxo	343	Schles	413	Schwei
144	Saint,J	214	Sande	274	Say	344	Schleu	414	Schwem
145	Saint,L	215	Sanders	275	Sayl	345	Schli	415	Schwer
146	Saint,M	216	Sanderson	276	Sba	346	Schlo	416	Sci
147	Saint,N	217	Sandf	277	Sca	347	Schlu	417	Scin
148	Saint,O	218	Sando	278	Scae	348	Schm	418	Scip
149	Saint,P	219	Sandr	279	Scal	349	Schmi	419	Scir
151	SaintR	221	Sands	281	Scalab	351	Schmidt	421	Sco
152	SaintS	222	Sandy	282	Scali	352	Schmidt,F.	422	Scog
153	SaintSimon	223	Sane	283	Scam	353	Schmidt,J.	423	Scor
154	SaintU	224	Sanf	284	Scap	354	Schmidt,L.	424	Scot
155	SaintV	225	Sang	285	Scar	355	Schmidt,S.	425	Scott
156	Sainte	226	Sangr	286	Scarl	356	Schmit	426	Scott,G.
157	SainteM	227	Sani	287	Scars	357	Schmo	427	Scott,J.
158	Sais	228	Sann	288	Scav	358	Schn	428	Scott,M.
159	Sal	229	Sans	289	Sce	359	Schneider,J.	429	Scott,S.
161	Salan	231	Sant	291	Sch	361	Schni	431	Scott,W.
162	Sald	232	Santag	292	Schad	362	Schnne	432	Scou
163	Sale	233	Santar	293	Schae	363	Schno	433	Scr
164	Salg	234	Sante	294	Schaef	364	Scho	434	Scri
165	Sali	235	Santi	295	Schaer	365	Schoe	435	Scro
166	Salis	236	Santis	296	Schaf	366	Schoen	436	Scu
167	Salisbury	237	Santo	297	Schal	367	Schoenl	437	Scul
168	Sall	238	Sanu	298	Schall	368	Schoep	438	Sea
169	Sallo	239	Sao	299	Scham	369	Schol	439	Sear

Seat — Spri

441	Seat	511	Sevi	571	Sie	641	Smil	711	Soo
442	Seav	512	Sew	572	Sien	642	Smit	712	Sop
443	Seb	513	Sewall,S.	573	Sies	643	Smith,B.	713	Sor
444	Sec	514	Seward	574	Sig	644	Smith,C.	714	Sori
445	Seco	515	Sewel	575	Sigf	645	Smith,D.	715	Sos
446	Secr	516	Sewell	576	Sigi	646	Smith,E.	716	Sost
447	Sed	517	Sewell,S.	577	Sigis	647	Smith,F.	717	Sot
448	Sedg	518	Sex	578	Sign	648	Smith,G.	718	Soto
449	Sedl	519	Sey	579	Sigu	649	Smith,H.	719	Sou
451	See	521	Seym	581	Sil	651	Smith,J.	721	Souf
452	Seel	522	Seyt	582	Silb	652	Smith,John	722	Soul
453	Seem	523	Sfo	583	Sili	653	Smith,Jos	723	Souli
454	Seg	524	Sha	584	Sill	654	Smith,L.	724	Soum
455	Segr	525	Shaf	585	Silo	655	Smith,M.	725	Sous
456	Segu	526	Shai	586	Silv	656	Smith,O.	726	Sout
457	Sei	527	Shak	587	Silve	657	Smith,R.	727	Southe
458	Seid	528	Shal	588	Sim	658	Smith,Rob't	728	Southw
459	Seif	529	Shap	589	Sime	659	Smith,S.	729	Souv
461	Seil	531	Shar	591	Siml	661	Smith,Sol.	731	Sow
462	Seis	532	Sharpe	592	Simm	662	Smith,T.	732	Spa
463	Sej	533	Shat	593	Simo	663	Smith,W.	733	Spaf
464	Sel	534	Shaw	594	Simon	664	Smith,Wm.	734	Spal
465	Self	535	Shaw,L.	595	Simon,J.	665	Smits	735	Span
466	Selk	536	Shaw,S.	596	Simon,P.	666	Smo	736	Spar
467	Sell	537	Shaw,W.	597	Simond	667	Smy	737	Sparr
468	Sello	538	Shay	598	Simone	668	Smythe	738	Spat
469	Selv	539	She	599	Simoni	669	Sna	739	Spau
471	Sem	541	Shed	611	Simons	671	Sne	741	Spe
472	Seml	542	Shef	612	Simp	672	Sni	742	Spee
473	Semp	543	Shei	613	Simps	673	Sno	743	Spel
474	Sen	544	Shel	614	Sims	674	Snow	744	Spen
475	Sene	545	Shelley	615	Sin	675	Sny	745	Spencer
476	Senf	546	Shen	616	Sincl	676	Soa	746	Spencer,S.
477	Seni	547	Shep	617	Sing	677	Sob	747	Spene
478	Senn	548	Sheph	618	Sins	678	Soc	748	Spens
479	Sep	549	Shepp	619	Sir	679	Sod	749	Sper
481	Ser	551	Sher	621	Sirm	681	Soe	751	Sperr
482	Seras	552	Sheri	622	Sis	682	Sog	752	Spet
483	Sere	553	Sherm	623	Sism	683	Soi	753	Sph
484	Serg	554	Sherw	624	Siv	684	Sol	754	Spi
485	Seri	555	Shi	625	Six	685	Sole	755	Spie
486	Serm	556	Shil	626	Ska	686	Soli	756	Spil
487	Serr	557	Ship	627	Ske	687	Solis	757	Spin
488	Serre	558	Shir	628	Ski	688	Soll	758	Spino
489	Serro	559	Sho	629	Skr	689	Solo	759	Spir
491	Serv	561	Shr	631	Sla	691	Solt	761	Spit
492	Servin	562	Shu	632	Sle	692	Soly	762	Spo
493	Ses	563	Sib	633	Sli	693	Som	763	Spon
494	Sest	564	Sibl	634	Slo	694	Somer	764	Spoo
495	Set	565	Sic	635	Sma	695	Somerse	765	Spot
496	Seu	566	Sici	636	Smar	696	Somerv	766	Spr
497	Sev	567	Sico	637	Sme	697	Somm	767	Spran
498	Sever	568	Sid	638	Smel	698	Son	766	Spre
499	Severus	569	Sidn	639	Smi	699	Sonn	769	Spri

	Spro — Szy							
771	Spro	841	Stet	911	Stratt	971	Swa
772	Spu	842	Steu	912	Strau	972	Swan
773	Squ	843	Stev	913	Straw	973	Swar
774	Squir	844	Stevens	914	Stre	974	Swe
775	Sta	845	Stevens,M.	915	Street	975	Swet
776	Stad	846	Stevens,S.	916	Stri	976	Swi
777	Stadl	847	Stevenson	917	Strickl	977	Swift
778	Stae	848	Stevenson,M.	918	Strin	978	Swin
779	Staf	849	Stew	919	Stro	979	Swint
781	Stah	851	Stewart,M.	921	Strog	981	Sya
782	Stai	852	Stewart,T.	922	Stron	982	Syd
783	Stam	853	Stey	923	Strong	983	Syk
784	Stan	854	Sti	924	Strong,P.	984	Syl
785	Stand	855	Stie	925	Strot	985	Sylv
786	Stanh	856	Stil	926	Stroz	986	Sym
787	Stanl	857	Still	927	Stru	987	Symm
788	Stanley,J.	858	Stim	928	Stry	988	Symo
789	Stanley	859	Stimp	929	Stu	989	Symp
791	Stans	861	Stir	931	Stuart,J.	991	Syms
792	Stant	862	Stit	932	Stuart,M.	992	Syn
793	Stap	863	Sto	933	Stud	993	Syng
794	Stapl	864	Stoc	934	Stuk	994	Syp
795	Star	865	Stockl	935	Stur	995	Syr
796	Starr	866	Stockt	936	Sturm	996	Sza
797	Stat	867	Stod	937	Stut	997	Sze
798	Stau	868	Stoddard,M.	938	Stuy	998	Szi
799	Ste	869	Stoddard,S.	939	Sua	999	Szy
811	Steb	871	Stoe	941	Sub		
812	Sted	872	Stoel	942	Suc		
813	Stee	873	Stof	943	Sud		
814	Steele	874	Stok	944	Sue		
815	Steev	875	Stol	945	Suev		
816	Stef	876	Stolt	946	Suf		
817	Steffe	877	Ston	947	Sug		
818	Stei	878	Stone,J.	948	Sui		
819	Stein	879	Stone,M.	949	Sul		
821	Steind	881	Stone,T.	951	Sullivan,M.		
822	Steine	882	Stoo	952	Sullivan,S.		
823	Steinm	883	Stop	953	Sully		
824	Stel	884	Stor	954	Sulp		
825	Sten	885	Stork	955	Sum		
826	Steno	886	Storr	956	Sumn		
827	Step	887	Story	957	Sun		
828	Stephen	888	Story,S.	958	Sunderl		
829	Stephen,M.	889	Stou	959	Sup		
831	Stephen,S.	891	Stow	961	Sur		
832	Stephens	892	Stowe	962	Surr		
833	Stephens,G.	893	Stowell	963	Surv		
834	Stephens,L.	894	Stra	964	Sus		
835	Stephens,R.	895	Strad	965	Sut		
836	Stephenson	896	Straf	966	Suth		
837	Stephenson,R.	897	Stran	967	Sutt		
838	Ster	898	Strat	968	Suz		
839	Stern	899	Strath	969	Svi		

	Ua — Uz		
11	Ua	71	Upt
12	Ub	72	Ur
13	Ube	73	Urbi
14	Uber	74	Urc
15	Ubi	75	Ure
16	Uc	76	Uri
17	Uch	77	Url
18	Ud	78	Uro
19	Ude	79	Urq
21	Udi	81	Urr
22	Ue	82	Urs
23	Uf	83	Urv
24	Uffi	84	Us
25	Uffo	85	Ush
26	Ug	86	Usl
27	Ugo	87	Uss
28	Uh	88	Ust
29	Uhd	89	Ut
31	Uhl	91	Utl
32	Uht	92	Utr
33	Ui	93	Utt
34	Uk	94	Uv
35	Ukr	95	Uw
36	Ul	96	Ux
37	Ule	97	Uy
38	Ulf	98	Uyt
39	Uli	99	Uz
41	Ull		
42	Ullo		
43	Ulm		
44	Ulp		
45	Ulr		
46	Uls		
47	Ult		
48	Um		
49	Umbr		
51	Umf		
52	Uml		
53	Ums		
54	Un		
55	Unde		
56	Underw		
57	Ung		
58	Uni		
59	Uns		
61	Unt		
62	Unw		
63	Unz		
64	Uo		
65	Up		
66	Upd		
67	Uph		
68	Upm		
69	Ups		

참고문헌

Bliss, H. E. 1939. *The Organization of Knowledge on Libraries and the Subject Approach to Books*. 2nd ed. New York: The H. W. Wilson Company.

Bloomsberg, Marty & Hans Weber. 1976. *An Introduction to classification and number building in Dewey*. Colorado: Libraries Unlimited.

Buchanan, Brian. 1998. 문헌분류이론. 정필모, 오동근 공역. 서울: 구미무역출판부.

Chan, Lois Mai. 1981. *Cataloging and Classification: An introduction*. New York: McGraw-Hill Book Company.

Chan, Lois Mai, et. al. 1996. *Dewey Decimal Classification: A practical guide*. 2nd ed. New York: Forest Press.

Chan, Lois Mai, P. A. Richmond & E. Svenonius, ed. 1985. *Theory of Subject Analysis: A Sourcebook*. Littleton: Libraries Unlimited.

Chapman, E. A., P. L. St. Pierre, & J. Lubans, Jr. 1970. *Library Systems Analysis Guidelines*. New York: Wiley-Interscience.

Dawe, G. G. ed. 1932. *Melvil Dewey: seer, inspirer, doer, 1851-1931*. New York: Lake Placid Club.

Dewey, Melvil. 2011. *Dewey Decimal Classification and Relative Index*. 23rd ed. New York: Forest Press.

Hunter, Eric. 1988. *Classification Made Simple*. Aldershot: Gower.

Kumar, Krishan. 1981. *Theory of Classification*. 2nd ed. New Delhi: Vikas Publishing House.

Maltby, A. 1978. *Sayers' Manual of Classification for Librarians*. 5th ed. London: Andre Deutsch.

Marcella, Rita & Robert Newton. 1994. *A New Manual of Classification*. Hampshire: Gower.

Matthews, G. O. 1980. "The Influence of Faceted Classification." Doctoral Dissertation. Case Western Reserve University. School of Library Science.

Oh, Dong-Geun. 2012. "Developing and Maintaining a National Classification System, Experience from Korean Decimal Classification." *Knowledge Organization* 39(2): 72-82.

Oh, Dong-Geun & Ji-Suk, Yeo. 2001. "Suggesting an Option for DDC Class Religion (200) for Nations in which Religious Diversity Predominates." *Knowledge Organization* 28(2): 75-84.

Parkhi, R. S. 1972. *Library Classification: Evolution of a Dynamic Theory*. Delhi: Vikas Publishing House.

Ranganathan, S. R. 1967. *Prolegomena to Library Classification*. 3rd ed. New York: Asia Publishing House.

Ranganathan, S. R. 1989. *Colon Classification,* 7th ed. Bangalore: Sarada Ranganathan Endowment for Library Science.

Rowley, J. & J. Farrow. 2000. *Organizing Knowledge: An Introduction to Managing Access to Information*. 3rd ed. Hampshire: Gower.

Saye, Jerry D. 2000. *Manheimer's Cataloging and Classification*. 4th ed. New York: Marcel Dekker, Inc.

Taylor, A. G. 2006. *Wyner's Introduction to Cataloging and Classification*. 10th ed. Englewood, Col.; Libraries Unlimited, Inc.

강영계. 2003. 논리정석. 서울: 답게.

高橋良平. 2015. "日本十進分類法新訂10版の概要." カレントアウェアネス 324: 11-14.

국립중앙도서관. 2006. 국립중앙도서관 60년사. 서울: 국립중앙도서관.

김정소. 1983. 자료분류론. 대구: 계명대학교출판부.

김정현. 2009. 문헌분류의 실제. 개정판. 대구: 태일사.

김창하. 2007. 서양 목록법 이론 연구. 박사학위논문. 중앙대학교 문헌정보학과.

김태수. 2000. 분류의 이해. 서울: 문헌정보처리연구회.

남태우. 2013. 남태우. 문헌정보학사. 개정판. 대구: 태일사.

박봉석. 1947. 조선십진분류표. 서울: 국립도서관.

박준택. 1980. 일반논리학. 증보수정판. 서울: 박영사.

小倉親雄. 1990. 미국도서관사상의 연구: Melvil Dewey의 사상과 그의 업적. 박희영 역. 서울: 아세아문화사.

오동근. 2000. 도서관인 박봉석의 생애와 사상. 대구: 태일사.
_____. 2001. DDC 연구. 대구: 태일사.
_____. 2007. DDC 22의 이해. 대구: 태일사.
_____. 1998. "분석적 합성식 문헌분류법에 관한 연구." 한국문헌정보학회지 32(2): 55-76.
_____, 배영활, 여지숙. 2002. KDC의 이해. 대구: 태일사.
_____, 배영활, 여지숙. 2009. KDC 5의 이해. 대구: 태일사.
_____, 배영활, 여지숙. 2011. "DDC 제23판의 특성과 KDC 제5판 개정을 위한 함의." 한국도서관·정보학회지 42(3): 209-227.
_____, 여지숙, 배영활. 2014. 한국십진분류법 제6판의 이해와 적용. 대구: 태일사.
윤희윤. 2015. 정보자료분류론. 제5판. 대구: 태일사.
이창수. 2014. 자료분류론. 서울: 한국도서관협회.
일본도서관정보학회 용어사전편집위원회 편. 문헌정보학 용어 사전. 오동근 역. 대구: 태일사.
日本図書館協会 分類委員会. 2015. 日本十進分類法. 新訂10版. 東京: 日本図書館協会.
정필모. 1991. 문헌분류론. 서울: 구미무역.
志保田務. 2013. 情報資源組織論. 京都: ミネルヴァ書房.
志保田務, 高鷲忠美, 平井尊士. 2012. 情報資源組織法. 東京: 第一法規.
천혜봉. 1970. 고서분류목록법. 상. 서울: 한국도서관협회.
최달현, 이창수. 1998. 정보자료의 분류. 서울: 한국도서관협회.
최정태, 양재한, 도태현. 2007. 문헌분류의 이론과 실제. 부산: 부산대학교출판부.
타케우치 사토루. 2012. 랑가나단 박사의 도서관학 5법칙에서 배우는 도서관이 나아갈 길. 오동근역. 대구: 태일사.
韓國科學技術情報센터. 1973. 國際十進分類法: 韓國語簡略版. 서울: 韓國科學技術情報센터.
한국도서관협회. 1964. 한국십진분류법. 서울: 한국도서관협회.
_____. 1966. 한국십진분류법. 수정판. 서울: 한국도서관협회.
_____. 1980. 한국십진분류법. 제3판. 서울: 한국도서관협회.
_____. 1996. 한국십진분류법. 제4판. 서울: 한국도서관협회.
_____. 1997. 개정 제4판 한국십진분류법해설. 서울: 한국도서관협회.
_____. 2009. 한국십진분류법. 제5판. 서울: 한국도서관협회.
_____. 2013. 한국십진분류법. 제6판. 서울: 한국도서관협회.

국문 색인

ㄱ

가동식배열법 39
각괄호, UDC 162
간격기호 95, 96
    LCC 176
간결성, 분류기호의 57
간략분류 96, 381[용어해설]
간략저자기호법
    DDC 332
    Elrod식 331-332
간략판 218
간소성의 법칙 75-76
개가제 41
개괄, 개념의 27
개념
    관념과의 관계 25-26
    종류 27-29
개념분석 381[용어해설]
개별화, 도서기호 313
개성, 기본범주 188
개원석교록 129
개원석교록(開元釋教錄) 123
개유와(皆有窩) 132
거시적 순서 64
경부, 사부분류법 125
경성제국대학부속도서관
    화한서분류표(和漢書分類表) 197
경장(經藏) 124
경험개념 28
계층구조 381[용어해설]
    규준 95

계층기호법 382[용어해설]
계층분류법 382[용어해설]
계층성, 분류기호의 58
계층식분류법 59
계층적 구조,
    DDC 211-213
일본십진분류법 211-213
    한국십진분류법 211-213
고려국신조교정별록(高麗國新雕校正別錄) 130
고려대장경판 130
고유보조표, 일본십진분류법 220
고재창(高在昶) 134
    한국저자기호표 322
고정식배가법 194, 382[용어해설]
고정식배열법 39
공간, 기본범주 188
공자 49
공존의 규준 89
공통구분기호, CC 186
공통구분표 59, 76
공통보조기호 382[용어해설]
공통보조기호, UDC 158, 158-159, 163-170
    관계·프로세스공통보조기호 169-170
    민족·국민성공통보조기호 166-167
    사람공통보조기호 170
    속성공통보조기호 168-169
    시대공통보조기호 167-168
    언어공통보조기호 163-164
    일반특성공통보조기호 168-170
    장소공통보조기호 166-167
    재료공통보조기호 169

444 | 색 인

공통보조기호, UDC 〈계속〉
    지역공통보조기호 166-167
    타임공통보조기호 167-168
    형식공통보조기호 164-165
공통보조부호, UDC 158-159, 160-162
    기타기호법 162
    별표 162
    사선 161
    알파벳대문자 162
    플러스기호 160
공통보조표, UDC 158-159, 160-170
공통세목 382[용어해설]
공통패싯 382[용어해설]
공평성의 법칙 75
『과학의 위엄과 진보에 관하여』 51
『과학철학시론』 52
관계·프로세스공통보조기호, UDC 169-170
관념, 개념과의 관계 25-26
관수목록(官修目錄) 124
관점 382-383[용어해설]
관점분류법 383[용어해설]
광역전화통신권역 106-108
교장총록 129
교정별록 130
교차분류 383[용어해설]
교착개념 28
구개명(裘開明) 198
구분(division) 383[용어해설]
    규준 88
    규칙 30-31
    기준 29
    분류와의 차이 19-20
    삼요소 29
    원리 29
구분지 29

구분특성 66, 383[용어해설]
구체개념 28
구체성감소의 원칙, 67
국립국회도서관분류표(일본) 383-384[용어해설]
국립국회도서관주제명표목표(일본) 384
    [용어해설]
국립도서관 137
국립중앙도서관 204, 205
    동양서저자기호표 322
국방연구원도서관 135
국어구분
    DDC 233-238
    일본십진분류법 233-238
    한국십진분류법 233-238
국연십진분류표 135, 197
국제도큐멘테이션연맹 155
국제도큐멘테이션학회 155
국제서지학회 155
국제십진분류법(UDC) 154-173, 198
    DDC와의 비교 157
    공통보조기호 158, 163-170
        관계·프로세스공통보조기호 169-17
        민족·국민성공통보조기호 166-167
        사람공통보조기호 170
        속성공통보조기호 168-169
        시대공통보조기호 167-168
        언어공통보조기호 163-164
        일반특성공통보조기호 168-170
        장소공통보조기호 166-167
        재료공통보조기호 169
        지역공통보조기호 166-167
        타임공통보조기호 167-168
        형식공통보조기호 164-165

국제십진분류법(UDC) 〈계속〉
    공통보조부호 158-159, 160-162
        기타기호법 162
        별표 162
        부가기호 160-161
        사선 161
        상관기호 161-162
            각괄호 162
            더블콜론 161
            콜론 161
            알파벳대문자 162
            연속기호 161
            첨가기호 160
            플러스기호 160
    공통보조표 158-159, 160-170
    기호법 158
        배열순서 171
        조합순서 171
    단점 173-174
    발전과정 154-156
    본표의 구성 157-158
    장점 173
    주류 157
    특수보조기호 159-160
    현황 155-156
국제특허분류 384[용어해설]
권호기호 310
규범류 384[용어해설]
규범문법 240
규범적 순서 214
규범적 원칙 72-99
    레벨 72-74
규장총목(奎章總目) 131-132
균형의 법칙 75
근대분류법, 한국 133-135

기능, 기본범주 188
기본범주 385[용어해설]
    개성 188
    공간 188
    기능 188
    소재 188
    시간 188
기본법칙 74-77
기술목록법 44-45
기술문법 240
기억 51-52
기윤(紀昀) 124
기초이론 13-70
    개념과의 관계, 분류의 25-31
    도서관업무상 위치, 분류의 42-44
    목록이론상 위치, 분류의 44-46
    문헌분류의 개념 31-41
    문헌분류의 의의 31-41
    분류기호의 요건 56-58
    분류의 어원 16-17
    분류의 정의 17-24
    분류표의 요건 54-55
    분류표의 종류 59-70
    편목이론상 위치, 분류의 44-46
    학문분류 47-54
기하 51, 142
기호단계 56, 84-85
    분류규준 94-99
기호법 385[용어해설]
    UDC 158
        배열순서 171
        조합순서 171
기호의 안정성 195, 385[용어해설]
김휴(金烋) 131

ㄴ

내용파악, 분류작업 335-336
내적형식, LCC 180
내포 26-27, 385[용어해설]
논리학 51, 142
논장(論藏) 124
누판고(鏤板考) 132
누판목록(鏤板目錄) 129

ㄷ

단순성, 분류기호의 57-58
대상언어 83
대장각판군신기고문(大藏刻板君臣祈告文) 130
더블콜론, UDC 161
도서관업무시스템 42
도서관학의 5법칙, Ranganathan의 77-80
    제1법칙 78
    제2법칙 79
    제3법칙 79
    제4법칙 79-80
    제5법칙 80
도서기호 386[용어해설]
    규준 99
    수입순기호법 314-315
    연대순기호법 315-321
    저자기호법 321-332
동국이상국집 130
동위개념 28
동위류 67
    규준 92
동음이의어 63
    규준 94
동의어 63, 83
    규준 94
동일개념 29
동일범위의 규준 96
동종적(同種的) 조기성의 규준 98
두정우(杜定友) 127
듀이십진분류법(DDC) 60, 193-301
    간략저자기호법 332
    계층적 구조 211-213
    국어구분표 233-238
    단점 218-219
    문학형식구분표 244-251
    민족및국가군구분표 251-253
    발전과정 193-195
    보조표 220-253
    본표의 전개 263-301
    분류사례분석
        과학기술류 278, 295-296
        국어구분표 237, 238, 259
        문학류 286, 299-300
        문학형식구분표 247, 248, 261-262
        민족및국가군구분표 252, 262
        사회과학류 273-275, 293-294
        언어공통구분표 241, 242, 260-261
        언어류 284, 297-298
        역사류 289, 300-301
        예술류 280-281, 296-297
        자연과학류 276, 294-295
        종교류 270-272, 292-293
        지역구분표 233, 258-259
        철학류 268-269, 291-292
        총류 266-267, 290-291
        표준구분표 257-258
    순수기호법 209-211
    십진식전개 209-211
    언어공통구분표 238-244
    역사 96

국문 색인 | 447

듀이십진분류법(DDC) 〈계속〉
    이용현황 196-197, 202-203
    장점 216-218
    조기성 213=215
    주류 263
    지역구분표 227-233
    최신판의 특성 197
    편집정책위원회 196
    표준구분표 222-227
    학문분류와의 관계 52
    학문에 의한 분류 206-209
    한국관련항목 재전개 219-220
        과학기술류 278
        국어구분표 237-238
        문학류 285-286
        사회과학류 273-275
        언어류 282-284
        역사류 288-289
        예술류 279-281
        자연과학류 276
        종교류 270-272
        지역구분표 231-233
        철학류 268-269
        총류 266-267
등가개념 29
등위류 67
등치개념 29

ㄹ

라운드(round) 386[용어해설]
랑가나단(Ranganathan, S. R.) 63, 182-185
    CC 182-192
    간소성의 법칙 75-76
    공평성의 법칙 75

랑가나단(Ranganathan, S. R.) 〈계속〉
    규범적 원칙 72-99
    규범적 원칙 레벨 72-74
    균형의 법칙 75
    기본법칙 74-77
    도서관학의 법칙 77-80, 183
        제1법칙 78
        제2법칙 79
        제3법칙 79
        제4법칙 79-80
        제5법칙 80
    문헌분류의 3단계 81-87
    문헌분류의 3단계/기호단계 84-85
        기호단계 94-99
        설명용모델 85-87
        아이디어단계 81-83
            분류규준 88-92
        언어단계 83-84
            언어단계/분류규준 93
    문헌분류이론 71-99
    분류규준 88-99
        기호단계 94-99
        아이디어단계 88-92
        언어단계 93
    삼투성의 법칙 76-77
    생애 182-185
    업적 183-185
    지역적 변형의 법칙 76
    해석의 법칙 74-75
    연대순기호법 317
레벨(level) 386[용어해설]
리재철
    새연대순기호법 317-321
    한글순도서기호법 323-326

ㅁ

마이크로시소러스(microthesaurus) 387[용어해설]
망라성 30
    규준 90
매크로시소러스(macro-thesaurus) 387[용어해설]
맥락의 규준 93
메타언어 83
명사(名辭), 개념과의 관계 25-26
명석, 개념의 26
모리 키요시(森淸) 201
모순개념 28
목표 또는 최종 결과의 원칙, 67
무의미기호 85
무의미화기호 85, 97
문법 51, 142
문사철(文史哲) 49
문예전고(文藝典故) 133
문학류 분류과정, DDC 249
문학형식구분
    DDC 244-251
    일본십진분류법 244-251
    한국십진분류법 244-251
문헌분류 ↔ 분류
    3단계 81-87
    개념 32-33
    도서관업무상 위치 42-44
    목록이론상 위치 44-46
    범위 33
    역사 119-192
        서양 141-153
        중국 121-128
        한국 128-140
        현대 153-192
    의의 31-41

문헌분류 〈계속〉
    정의 32-33
    편목이론상 위치 44-46
    학문분류와의 관계 47-48
    효과 40-41
        도서관측 40-41
        이용자측 41
    일상생활활용 101-118
문헌분류의 3단계 81-87
    기호단계 84-85
        분류규준 94-99
    설명용모델 85-87
    아이디어단계 81-83
        분류규준 88-92
    언어단계 83-84
        분류규준 93
문헌분류이론 71-99
문헌분류활용
    DDD 106-108
    광역전화통신권역 106-108
    시내버스번호시스템 108-113
    인터넷서점 103-104
    일상생활 101-118
    주민등록번호 102
    지하철노선도 104-106
    학번시스템 102-103
    한글 114-117
문헌적 근거(literary warrant) 37, 387[용어해설]
미국의회도서관분류법(LCC) 173-182, 198
    기호법 178-179
    내적형식 180
    단점 181-182
    발전과정 173-174
    본표구성 175-177
    본표형식 179-180

미국의회도서관분류법(LCC) 〈계속〉
    외적형식 179-180
    장점 180-181
    전개분류법(EC)의 영향 174
    주류 175
    학문분류와의 관계 53
    현황 173-174
미시적 순서 65
민족국민성공통보조기호, UDC 166-167
민족 및 국가군구분표, DDC 251-253

ㅂ

박봉석(朴奉石) 135-138
    성별기호표 322
박준식의 영미저자기호표 322
반대개념 28
방기략(方技略) 122
배가 387[용어해설]
    원칙 340
배열, 서가상 340-341
배열구조 67, 387[용어해설]
    내삽의 규준 96-97
    순서 67-68
    외삽의 규준 96
배열순서 387-388[용어해설]
배타성(排他性)의 규준 90
백진분류법(百進分類法) 95, 210
범주표, SC 153
범주화 34-35
벽과 그림의 원칙, 67
변별성(辨別性)의 규준 99
별록 122
별치기호 307, 311-312
    규준 99
    유형별기호 312

별표, UDC 162
병서략(兵書略) 122
보조표 388[용어해설]
복본 388[용어해설]
복본기호 310
복합주제(compound subject) 388[용어해설]
부가기호, UDC 160-161
부가표 215
부차적 기호, 청구기호 309-310
분류 ↔ 문헌분류
    개념과의 관계 25-31
    관념과의 관계 25-26
    구분과의 차이 19-20
    삼요소 29
    어원 16-17
    정의 17-24
        논리학의 정의 18-20
        사전적 정의 17-18
        생물분류학의 정의 20-22
        일반적 정의 24
        조직계통학의 정의 22-23
분류규정 337-340, 388[용어해설]
    다권본 339
    복수주제 338
    신주제 340
    원저작과 관련저작 339
    일반규정 337-338
    총서 339
    특수규정 338
분류규준 88-99
    기호단계 94-99
    아이디어단계 88-92
    언어단계 93
분류(구분)규칙 30-31

분류기호 388-389[용어해설]
    기본요건 56-58
    선정상 유의사항 336
분류담당자(classifier) 389[용어해설]
분류순 주제명표목표 389[용어해설]
분류순목록 46, 389[용어해설]
분류언어 56, 84
분류(구분)원리 30
분류의 미래 343-344
분류작업 331-336
    과정 333
    내용파악 335-336
    주제파악 335-336
분류지 29, 68
분류표
    계층식분류법 59
    고유보조표, 일본십진분류법 220
    공통구분기호, CC 186
    공통구분표 59
    기본범주, CC 188
    기본요건 54-55
    기호법
        CC 189-191
        LCC 178-179
    단점
        CC 191-192
        DDC 218-219
        KDCP 140
        LCC 181-182
        UDC 173-174
        분석합성식분류표 62
        비십진식분류표 69
        십진식분류표 68-69
        일본십진분류법 218-219
        한국십진분류법 218-219

분류표 〈계속〉
    발전과정
        CC 185-186
        DDC 193-195
        KDCP 138
        LCC 173-174
        UDC 154-156
        일본십진분류법 201
        한국십진분류법 197-199
    범주표, SC 153
    보조표
        CC 186
        DDC 220-253
        일본십진분류법 220-253
        한국십진분류법 220-253
    본표구성
        CC 186-187
        DDC 263-301
        LCC 175-177
        UDC 157-158
        일본십진분류법 263-301
        한국십진분류법 263-301
    본표형식, LCC 179-180
    분석합성식분류표 60-68
        단점 62
        배열구조상의 순서 67-68
        열거순서 66-67
        작성과정 62-68
        장점 61
        주류 64-65
        패싯분석 62-64
    비십진식분류표 69
        단점 69
        장점 69
    선정상 유의사항 334

분류표 〈계속〉
    십진식분류표 68-69
        단점 68-69
        장점 68
    역사
        DDC 96
        일본십진분류법 201
        한국십진분류법 199
    열거식분류표 59-60
    요건 54-55
    유형 59-70
    이용, KDCP 138
    일반보조표, 일본십진분류법 220
    일반분류표 69
    작성과정, 분석합성식분류표 62-68
    장점
        CC 190-191
        DDC 216-218
        KDCP 140
        LCC 180-181
        UDC 173
        분석합성식분류표 61
        비십진식분류표 69
        십진식분류표 68
        일본십진분류법 216-218
        한국십진분류법 216-218
    전문분류표 69-70
    절충식분류법 60
    종류 59-70
    종합분류표 69
    주류 211
        BC 150
        CC 186-187
        DDC 263
        DDC 263

분류표 - 주류 〈계속〉
        EC 148
        KDCP 138
        LCC 175
        SC 152
        UDC 157
        일본십진분류법 263
        일본십진분류법 263
        한국십진분류법 263
        한국십진분류법 263
    준열거식분류표 60
    지역구분
        EC 149
        SC 153
    특성
        DDC 197
        일본십진분류법 201
        한국십진분류법 200
    특수구분기호, CC 186
    특수구분표 59, 69-70
    특수분류표 69-70
    표준분류표 70
    하향식접근법 59
    현황
        CC 185-186
        DDC 196-197, 202-203
        LCC 173-174
        UDC 155-156
        일본십진분류법 206
        한국십진분류법 203-205
    형식구분, EC 149
분류표목 390[용어해설]
분류학자(classificationist) 390[용어해설]
분산된 관련항목(distributed relatives) 390
    [용어해설]

분서갱유 121
분석합성식분류표 60-68, 149, 245
    단점 62
    배열구조상의 순서 67-68
    열거순서 66-67
    작성과정 62-68
    장점 61
    주류 64-65
    패싯분석 62-64
분석합성식저자기호법 322
불전분류법
    중국 123-124
    한국 128-130
비계층구조의 규준 95
비교의 상(comparison phase) 390[용어해설]
비부(秘府) 121
비십진식분류표 69
    단점 69
    장점 69
비패싯식기호법의 규준 96

ㅅ

사고전서(四庫全書) 124-126
사고전서관(四庫全書館) 125
사고전서총목제요(四庫全書總目提要) 125-126
4과, 7자유교과 51, 142
사람공통보조기호, UDC 170
사부(史部), 사부분류법 125-126
사부분류법
    경부 125
    단점 126-127
    발전과정 124
    사고전서총목 124-126
    사부 125-126
    자부 126

사부분류법 〈계속〉
    장점 126
    중국 124-127
    집부 126
    한국 131-133
사분법(四分法) 124
사선, UDC 161
사전체편목규칙 147
사지목록(史志目錄) 124
사학 51-52
산술 51, 142
삼장분류법
    중국 123-124
    한국 128-130
삼청(森淸) 201
삼투성의 법칙 76-77
3학, 7자유교과 51, 142
상(相)관계, 분류기호의 58
상관개념 28
상관계(相關係, phase relation) 391[용어해설]
상관기호
    UDC 161-162
    각괄호, UDC 162
    더블콜론, UDC 161
    콜론, UDC 161
상관색인 55, 68, 194, 209, 216, 391[용어해설]
상관성(相關性)의 규준 95
상관식배가법 194, 391[용어해설]
상관식배열법 39
상상 51-52
상세분류 96, 391-392[용어해설]
상위개념 28
상호배타성 30
새연대순기호법 317-321
색인 및 부록기호 310

서가기호 306
서가목록(shelf list) 392[용어해설]
서가분류 39-40, 392[용어해설]
    서지분류와의 비교 40
서록(敍錄) 122
서명응(徐命膺) 131
서서서목(西序書目) 132
서수 56, 84
서양문헌분류사 141-153
    고대 141-142
    근대 143-147
    중세 142
서유구(徐有榘) 132
서지 392[용어해설]
서지기술 44-45
서지분류 38-39
    서가분류와의 비교 40
서지분류법(BC) 149-151
서지통정(bibliographic control) 392-393
    [용어해설]
서호수(徐浩修) 131
선언개념 28
선천적 개념 28
선행류, BC 151
성균관대학교도서관 한적분류법 198
세계서지(Gesner) 143-144
세계서지 393[용어해설]
섹터화기호 96
소재, 기본범주 188
소재기호 306, 393[용어해설]
속성공통보조기호, UDC 168-169
속장경(續藏經)목록 129
수기법사(守其法師) 130
수도원 142
수사학 51, 142

수서경적지(隋書經籍志) 124
수술략(數術略) 122
수용력, 분류기호의 58
수입순기호법 314-315, 393-394[용어해설]
    단점 315
    장점 314
수입순배가법 394[용어해설]
순서의 일관성의 규준 91
순수개념 28
순수기호법 57, 210, 394[용어해설]
    DDC 209-211
    규준 95
    일본십진분류법 209-211
    한국십진분류법 209-211
순욱(荀勖) 124
순차배가법(順次排架法, sequential location)
    394[용어해설]
시간, 기본범주 188
시내버스번호시스템 108-113
시대공통보조기호, UDC 167-168
시부략(詩賦略) 122
시소러스 46
시학 51-52
신문기사자료분류표 70
신중성의 규준 93
신축성, 분류기호의 58
신편제종교장총록(新編諸宗敎藏總錄) 129-130
십진식기호법 394[용어해설]
십진식분류표 68-69
    단점 68-69
    장점 68
십진식전개
    DDC 209-211
    일본십진분류법 209-211
    한국십진분류법 209-211

ㅇ

아이디어단계 56, 63, 81-83
    분류규준 88-92
알파벳대문자, UDC 162
알파벳순조기성의 규준 97-98
애매, 개념의 26
양성지(梁誠之) 131
양피지 142
언어공통구분, DDC 238-244
언어공통구분
    일본십진분류법 238-244
    한국십진분류법 238-244
언어공통보조기호, UDC 163-164
언어단계 83-84
    분류규준 93
역Bacon식 147, 263
역자기호 310
연대순기호법 315-321
    Biscoe 316
    Brown 317
    CC 186
    Merill 317
    Ranganathan 317
    SC 153
    단점 316
    리재철 317-321
    장점 315-316
    종류 316-317
연도기호 310
연려실기술(燃藜室記述) 133
연속기호, UDC 161
연속의 일관성의 규준 90
연속의 적합성의 규준 90
연쇄구조상 내삽의 규준 97
연쇄구조상 외삽의 규준 97
열거색인, SC 153
열거순서 61, 62, 66-67. 394[용어해설]
    2개국어사전 243
    문학류 245
    언어류 239
    종교류, KDC 254
열거식분류표 59-60, 394-395[용어해설]
열거식저자기호법 322
열거의 규준 93
열고관서목(閱古觀書目) 131
영속성의 규준 89
영향의 상(influence phase) 395[용어해설]
오성 51-52
온라인열람목록(OPAC) 395[용어해설]
온톨로지 35, 395-396[용어해설]
완전개정분류표 395[용어해설]
왕운오(王云五) 127
외연 26-27
외연 감소(外延減少)의 규준 91
외적형식, LCC 179-180
우선순위 66, 395[용어해설]
유개념 19, 20, 27
유국균(劉國鈞) 127
유연성 있는 기호법(flexible notation)
    396[용어해설]
유용한 순서의 규준 91
유향(劉向) 121
유흠(劉歆) 122
육경(六經) 49
육분법 122
육예(六藝) 49, 121
육예략(六藝略) 122
율장(律藏) 124
음악 51, 142

의천(義天) 129
의천록(義天錄) 129
2개국어사전의 분류 243-244
이규보(李奎報) 130
이긍익(李肯翊) 133
이동식배열법 39
이류개념(異類槪念) 28
이순풍(李淳風) 124
이종욱 137
이중표목 197
이춘희의 동서저자기호표 322
이충(李充) 124
이학 51-52
인공언어 56
인터넷서점 103-104
일반보조표, 일본십진분류법 220
일반분류, 조직계통학 23
일반분류표 69, 396[용어해설]
일반특성공통보조기호, UDC 168-170
일본십진분류법(NDC) 193-301
   계층적 구조 211-213
   고유보조표 220
   국어구분 233-238
   단점 218-219
   문학형식구분 244-251
   발전과정 201
   보조표 220-253
   본표의 전개 263-301
   분류사례분석
      지역구분 231
      해양구분 256
      형식구분 225
   순수기호법 209-211
   십진식전개 209-211
   언어공통구분 238-244

일본십진분류법(NDC)〈계속〉
   역사 201
   이용현황 206
   일반보조표 220
   장점 216-218
   제10판 201
   조선십진분류표와의 관계 139
   조기성 213=215
   주류 263
   지역구분 227-233
   최신판의 특성 201
   학문분류와의 관계 53
   학문에 의한 분류 206-209
   해양구분 256
   형식구분 222-227
일상생활, 문헌분류활용 101-118

ㅈ

자국우위 61, 76, 231, 252
자동분류(automatic classification) 396[용어해설]
자부, 사부분류법 126
장소(章疏) 129
장소공통보조기호, UDC 166-167
장일세의 동서저자기호표 322
재고번호 306
재료공통보조기호, UDC 169
재분류 218, 396[용어해설]
재조대장목록(再雕大藏目錄) 130
저자기호 396[용어해설]
저자기호법 321-332, 396-397[용어해설]
   DDC 간략저자기호법 332
   Elrod식 331-332
   간략형 331-332
   단점 322
   리재철의 한글순도서기호법 323-326

저자기호법 〈계속〉
  분석합성식 322
  열거식 322
  장점 321-322
  종류 322-323
저작기호 308-309, 397[용어해설]
적합성의 규준 89
전개분류법(EC) 147-149, 175
  주류 148
  학문분류와의 관계 53
전거관리(authority control) 397[용어해설]
전거레코드(authority record) 397[용어해설]
전기기호 309-310
전문분류표 69-70
절충식분류법 60
점진성 31
접근점 44, 45
정리업무 397-398[용어해설]
정신능력, 인간의 51-52
정의
  내포적 정의 19
  논리학 18-20
  외연적 정의 19
정필모의 한국문헌기호표 322
제1법칙, 도서관학의 5법칙 78
제2법칙, 도서관학의 5법칙 79
제3법칙, 도서관학의 5법칙 79
제4법칙, 도서관학의 5법칙 79-80
제5법칙, 도서관학의 5법칙 80
제실도서목록(帝室圖書目錄) 132
제자략(諸子略) 122
조기성 61, 68, 97, 103, 398[용어해설]
  DDC 213=215
  분류기호의 58
  일반사례 214

조기성 〈계속〉
  일본십진분류법 213=215
  한국십진분류법 213=215
조선도서관협회 137
조선도서해제 132
조선동서편목규칙 137
조선십진분류표(KDCP) 197, 135-140
  NDC와의 관계 139
  구조 138-139
  단점 140
  발전과정 138
  이용 138
  장점 140
  주류 138
조선총독부도서관분류표 197, 133-134
조절의 규준 91
조직, 지식 47
종개념 19, 20
종개념 27
종교공통구분표, 한국십진분류법 251-253
종속류(從屬類)의 규준 92
종합분류표 69
주류 398[용어해설]
  분석합성식분류표 64-65
주민등록번호 102
주제명목록 46, 398-399[용어해설]
주제목록 399[용어해설]
주제목록법 44-45, 398[용어해설]
주제분류법(SC) 151-153
  주류 152
주제분석 44-48, 62, 399[용어해설]
주제파악, 분류작업 335-336
준열거식분류법 60, 399[용어해설]
중개, 지식 47
중경신부(中經新簿) 124

중국과학원도서관도서분류법 128
중국도서관분류법 128
중국문헌분류사 121-128
중국인민대학도서관도서분류법 128
지리구분 227
지식분류 400[용어해설]
지식조직 47
지식중개 47
지식표현 47
지식활용 47
지역공통보조기호, UDC 166-167
지역구분
    DDC 227-233
    일본십진분류법 227-233
    한국십진분류법 227-233
지역적 변형의 법칙 76
지하철노선도 104-106
진병대장경(鎭兵大藏經) 129
진시황 121
진원제서목(晉元帝書目) 124
집략(輯略) 122
집부, 사부분류법 126
짤막성, 분류기호의 57
찌개분류표 199

ㅊ

참고정보원 400[용어해설]
참조 400[용어해설]
천문 51, 142
철도도서관분류표 134
첨가기호, UDC 160
청구기호 305-332, 400[용어해설]
    구성요소 307
    권호기호 310
    기능 305-307

청구기호 〈계속〉
    도서기호 313-332
        수입순기호법 314-315
        연대순기호법 315-321
        저자기호법 321-332
    별치기호 311-312
    복본기호 310
    부차적 기호 309-310
    색인및부록기호 310
    역자기호 310
    연도기호 310
    저작기호 308-309
    전기기호 309-310
    판차기호 310
체계적 순서 78
체계적 조기성 214, 221
    규준 98
초조대장목록(初雕大藏目錄) 129
총서(series) 400[용어해설]
최사위(崔士威) 129
추상개념 28
출삼장기집(出三藏記集) 123
출판예정도서목록 204
측면적 분류표 64
칠략 121-123
칠분법 122-123
7자유교과 51, 142

ㅋ

카피편목 216, 400[용어해설]
콜론, UDC 161
콜론분류법(CC) 182-192
    기본범주 188
        개성 188
        공간 188

콜론분류법(CC) - 기본범주 〈계속〉
  기능 188
  소재 188
  시간 188
 기호법 189-191
 단점 191-192
 발전과정 185-186
 보조표 186
 본표구성 186-187
 장점 190-191
 주류 186-187
 학문분류와의 관계 52
 현황 185-186

ㅌ

타임공통보조기호, UDC 167-168
택소노미 23, 35-38
 폭소노미와의 비교 38
통용성 58, 68
 규준 93
통일서명 401[용어해설]
통일표목 401[용어해설]
통제어 56, 84
특수구분기호, CC 186
특수구분표 59, 76
특수보조기호, UDC 159-160
특수분류, 조직계통학 23
특수분류표 69-70, 401[용어해설]
특허분류 401[용어해설]

ㅍ

파리서적상분류법 145
파생적 순서 92
파피루스 141
판명, 개념의 26

판차기호 310
팔만대장경 130
패싯(facet) 401[용어해설]
패싯배열식 61, 66 ↔ 열거순서
패싯분석 62-64, 401[용어해설]
패싯순차 66 ↔ 열거순서
패싯식기호법 401[용어해설]
 규준 95-96
패싯식분류법 401[용어해설]
패싯지시기호 58, 185, 225, 402[용어해설]
패싯지시기호(facet indicator)
폭소노미 36-38
 택소노미와의 비교 38
표목(heading) 402[용어해설]
표에 의한 조기성 221
 규준 98
표제면(title page) 402[용어해설]
표준구분
 DDC 222-227
 한국십진분류법 222-227
표준분류표 70
표준세구분 98, 402[용어해설] ↔ 표준구분, 형식구분
표현, 지식 47
표현력, 분류기호의 58
프랑스분류법 145
플러스기호, UDC 160
피고품(皮高品) 127
피구분체 29

ㅎ

하위개념 28
하위범위의 규준 96
하위총서(subseries) 402[용어해설]
하향식접근법 59

학문분류 47-54
    동양 49
    문헌분류와의 관계 47-48
    분류표에 대한 영향 54
    서양 49-54
        고대 50
        근대 51-53
        중세 50-51
        중세대학 51
학문에 의한 분류
    DDC 206-209
    일본십진분류법 206-209
    한국십진분류법 206-209
『학문의 진보』 51
학문적 분류표 64
학번시스템 102-103
한국관련항목 재전개, DDC 219-220
한국도서관협회 198
한국문헌분류사 128-140
한국서지 133
한국십진분류법(KDC) 193-301
    계층적 구조 211-213
    국어구분표 233-238
        지역구분표와의 조기성 235
    단점 218-219
    문학형식구분표 244-251
    발전과정 197-199
    보조표 220-253
    본표의 전개 263-301
    분류사례분석
        과학기술류 295-296
        국어구분표 236, 238, 259
        문학류 299-300
        문학형식구분표 250, 261-262
        사회과학류 293-294

한국십진분류법(KDC) - 분류사례분석 〈계속〉
        언어공통구분표 243, 244, 260-261
        언어류 297-298
        역사류 300-301
        예술류 296-297
        자연과학류 294-295
        종교공통구분표 255
        종교류 292-293
        지역구분표 230, 258-259
        철학류 291-292
        총류 290-291
        표준구분표 257-258
    순수기호법 209-211
    십진식전개 209-211
    언어공통구분표 238-244
    역사 199
    영향관계도 198
    이용현황 203-205
    장점 216-218
    조기성 213=215
    종교공통구분표 253-255
    주류 263
    지역구분표 227-233
        국어구분표와의 조기성 235
    참고분류표 199
    최신판의 특성 200
    표준구분표 222-227
    학문에 의한 분류 206-209
한국특허분류표 70
한글, 분석합성식 원리 114-117
한글순도서기호법 323-326
한은도서분류법 197, 134-135
한정, 개념의 27
한치윤(韓致奫) 132
한화도서분류법(漢和圖書分類法) 198

합의의 원칙, 67
해동문헌총록(海東文獻總錄) 131
해동역사예문지(海東繹史藝文志) 132
해석의 법칙 74-75
해양구분, 일본십진분류법 256
해인사 130
현대문헌분류사 153-192
현대분류법, 중국 127-128
형식공통보조기호, UDC 164-165

형식구분 222
   일본십진분류법 222-227
혼란, 개념의 26
혼합기호법 57, 403[용어해설]
   규준 95
확인가능성의 규준 89
활용, 지식 47
후천적 개념 28

영문 색인

A

access point 44, 45
add table 215
Adjustable Classification 152
Advancement of learning 51
Advis Pour Dresser une Bibliotheque 144
Alexandria Library 141
alphabetical mnemonics, canon of 97-98
Amherst College Library 194
Ampere, Andre Marie 52
area table 227
Aristoteles 50
array 67
ascertainability, canon of 89
aspect scheme 64

B

Bacon, Francis 51-52, 65, 208, 263
BCA 149
Bibliographic Classification(BC) 149-151
bibliographic description 44
Bibliographie Corienne 133
Bibliotheca Universalis 143-144
bilingual dictionary 243-244
Biscoe의 연대순기호법 316
Bliss Classification Association 149
Bliss, H. E. 65, 149-151
book number, canon of 99
Boston Athenaeum 71, 147

brevity, 분류기호의 57
broad classification 96
Brown, J. D. 151-153
　연대순기호법 317
Brunet, J. C. 145
Buchanan, Brian 15, 56, 65

C

call number 305
Callimachus 141
canon for
　coordinate classes 92
　subordinate classes 92
canon of
　alphabetical mnemonics 97-98
　ascertainability 89
　book number 99
　co-extensiveness 96
　collection number 99
　concomitance 89
　consistent sequence 91
　consistent succession 90
　context 93
　currency 93
　decreasing extension 91
　differentiation 88
　distinctiveness 99
　enumeration 93
　exclusiveness 90
　exhaustiveness 90

canon of 〈계속〉
    extrapolation in array 96
    extrapolation in chain 97
    faceted notation 95-96
    helpful sequence 91
    hierarchy 95
    homonym 94
    interpolation in array 96-97
    interpolation in array 97
    mixed base 95
    modulation 91
    non-faceted notation 96
    non-hierarchy 95
    permanence 89
    pure base 95
    relativity 95
    relevance 89
    relevant succession 90
    reticence 93
    scheduled mnemonics 98
    seminal mnemonics 98
    synonym 94
    systematic mnemonics 98
    under-extensiveness 96
Cataloging Distribution Service, LC 174
Cataloging in Publication → CIP
categorical table 153
categorization 34-35
CC 182-192 → 콜론분류법
CC 60, 81, 182-192
CDS, LC 174
CIP 203, 204, 217, 335, 381[용어해설]
Classification and Subject Index for Cataloguing and Arranging the Books and Pamphlets of a Library 194

classification code 337
Classification of the Sciences 53
Classification Research Group 60, 63
classificationist 33
classifier 33
close classification 96
co-extensiveness, canon of 96
collection number, canon of 99
Colon Classification 60, 81, 182-192
common auxiliaries of (UDC)
    form 164-165
    general characteristics 168-170
    human ancestry, ethnic grouping and nationality 166-167
    language 163-164
    materials 169
    persons and personal characteristics 170
    place 166-167
    properties 168-169
    relations, processes and operations 69-170
    time 167-168
common auxiliary numbers, UDC 158, 163-170
common auxiliary signs, UDC 158-159, 160-162
common auxiliary tables, UDC 158-159, 160-170
common isolate 76
Comte, August 53, 149, 175, 208, 263
concomitance, canon of 89
consensus, principle of, 67
consistent sequence, canon of 91
consistent succession, canon of 90
context, canon of 93
controlled vocabulary 56

coordinate classes, canon for 92
copy cataloging 217
copy number 310
Courant, Mourice 133
CRG 60, 63
currency, canon of 93
currency, 분류기호의 58
Cutter-Sanborn Three Figire Author Table, 322
    단점 329
    사용법 328-331
    장점 329
    표 404-439
Cutter Table 174, 322, 326-328
Cutter, C. A. 65, 71, 147-149, 208, 263, 326
    목록의 기능 44

D

Dalberg, I 47
DC 193
DDC 60, 193-301 → 듀이십진분류법
DDC와의 비교, UDC 157
DDD 106-108
Decimal Classification 193
Decimal Classification Editorial Policy Committee 196
decreasing concreteness, principle of, 67
decreasing extension, canon of 91
descriptive cataloging 44-45
descriptive grammar 240
Dewey Editorial Office 196
Dewey Section, LCC 196
Dewey, Melvil 40
differentiation, canon of 88
distinctiveness, canon of 99
Divide like 227

Documentation Research and Training Centre(DRTC) 183, 184
dual heading 197
EC 147-149, 208, 263
edition mark 310
Elrod식 간략저자기호법 331-332
emptying digit 97
enumeration, canon of 93
EPC, DDC 196
Essay on the system of classification 146
exclusiveness, canon of 90
exhaustiveness, canon of 90
Expansive Classification 147-149 → 전개분류법
expressiveness, 분류기호의 58
external format, LCC 179-180
extrapolation in array, canon of 96
extrapolation in chain, canon of 97

F

facet indicator 58, 185, 225
faceted notation, canon of 95-96
FID 155
filiatory sequence 92
Five Laws of Library Science 183, 184
flexibility, 분류기호의 58
folksonomy 36-38
Fontaine, H. La 154
form divisions 222
French Classification System 145

G

gap notation 95, 176
Gesner, Konrad von 143-144
Gopinath, M. A. 185

H

Hanson, J. C. M. 173
Harris, W. T. 40, 52, 146-147, 194, 208
helpful order 66
helpful sequence, canon of 91
hierarchy, canon of 95
hierarchy, 분류기호의 58
history 51-52
homonym, canon of 94
hospitality, 분류기호의 58

I

IIB 155
IID 155
imagination 51-52
impartiality, law of 75
Institut Internationale de la Bibliographie 155
Institute International Documentation 155
integrity of numbers 195
internal format, LCC 180
International Federation for Information and Documentation 155
International Patent Classification 70
interpolation in array, canon of 96-97
interpolation in chain, canon of 97
interpretation, laws of 74-75
IPC 70

J

JAPAN/MARC 217

K

KDC 193-301 → 한국십진분류법
KDCP 135-140 → 조선십진분류표

knowledge mediation 47
knowledge organization 47
knowledge representation 47
knowledge utilization 47
Korean Decimal Classification by Park(KDCP) 135-140
KORMARC 217

L

law of impartiality 75
law of local variation 76
law of osmosis 76
law of parsimony 75-76
law of symmetry 75
laws of interpretation 74-75
LC Cutter Table 322, 326-328
LCSH 174
liberal arts 51, 142
Library of Congress Classification(LCC) 59, 173-182 → 미국의회도서관분류법
Library of Congress Subject Heading 174
local emphasis 61, 76, 253
local variation, law of 76
location mark 306
location symbol 311

M

Manual of Library Classification and Shelf Arrangement 151
Manual of Library Economy 151
Manuel du Répertoire Bibliographique Universel 155
MARC 21 217
Martel, Charles 173
Martel's seven point 180

Mazarin Library 144
Meccano set 185
mediation, knowledge 47
memory 51-52
Merill의 연대순기호법 317
Merrill의 저자기호표 322
meta language 83
Mitchell, J. S. 196
mixed base, canon of 95
mixed notation 57
mnemonics 58, 97
modulation, canon of 91
National Library of Medicine Classification 70
Naudé, Gabriel 144-145
Nippon Decimal Classification(NDC) 193-301 → 일본십진분류법
NLMC 70
non-faceted notation, canon of 96
non-hierarchy, canon of 95
object language 83
OCLC Forest Press 196
Olin의 저자기호표 322
ontology 35
Organization of Knowledge in Libraries and the Subject Approach to Books 149
organization, knowledge 47
osmosis, law of 76
Otlet P. 154

P

parsimony, law of 75-76
permanence, canon of 89
phase relationships, 분류기호의 58
philosophy 51-52
Pinakes 141-142

Platon 50
poesy 51-52
preference order 66
prescriptive grammar 240
Prolegomena to Library Classification 71, 81, 83
pure base, canon of 95
pure notation 57
purpose or end-product, principles of, 67
quadrivium 51, 142
Quinn-Brown Classification 152
Ranganathan 63
Ranganathan, S. R. 182-185 → 랑가나단
reason 51-52
reclassification 218
relativity, canon of 95
relevance, canon of 89
relevant succession, canon of 90
representation, knowledge 47
reticence, canon of 93
Rules for a Printed Dictionary Catalogue 147

S

Sarada Ranganathan Endowment for Library Science 183
Sayers, W. C. B. 65
scheduled mnemonics, canon of 98
seminal mnemonics, canon of 98
shelf mark 306
simplicity, 분류기호의 57-58
special auxiliaries, UDC 159-160
special auxiliary numbers, UDC 159-160
special isolate 76
Spencer, Herbert 53

subject analysis 44-48
subject cataloging 44-45
Subject Classification(SC) 151-153
subordinate classes, canon for 92
SuperLCCS 174
System of Bibliographic Classification 149
symmetry, law of 75
synonym, canon of 94
systematic mnemonics, canon of 98

T

Table 1, DDC 98, 222-227
Table 2, DDC 227-233
Table 3, DDC 244-251
Table 4, DDC 238-244
Table 5, DDC 251-253
Table 6, DDC 233-238
taxonomy 35-38
Thomas Jefferson System 173
title mark 308
TRC MARC 217
trivium 51, 142

U

UDC Consortium(UDCC) 155
under-extensiveness, canon of 96
understanding 51-52
Universal Bibliographic Repertory 154
Universal Decimal Classification(UDC) 60, 154-173 → 국제십진분류법
University College London 183
utilization, knowledge 47

V

volume mark 310

W

wall-picture principle, 67
Web-Dewey 196
work letter 308
work mark 308

◈ 저자소개 ◈

• 오 동 근(吳東根)

문학사(영어영문학), 이학사(전자계산학), 경영학사(경영학)
중앙대학교대학원 도서관학과 (도서관학석사)
경북대학교대학원 경영학과 (경영학석사)
중앙대학교대학원 문헌정보학과 (문학박사)
행정자치부 외무고등고시(PSAT) 출제위원 및 시험위원 역임
중앙인사위원회 사서직공무원 승진시험위원 역임
중앙인사위원회 고등고시 출제위원 역임
중등교원 신규임용고시(사서교사) 출제위원 역임
국회도서관 사서직 채용시험 출제위원 역임
각종 공무원 채용시험(사서직 및 기록관리) 출제위원(전국, 서울, 경기, 대전, 울산, 충남 등) 역임
교육인적자원부 도서관정책자문위원 역임
국립어린이청소년도서관 자문위원 역임
한국도서관·정보학회 부회장, 학술위원장, 윤리위원장 역임
한국문헌정보학회 편집위원장 역임
한국도서관협회 분류위원장 (현재)
대구광역시 달서구립도서관 운영위원장(현재)
대구광역시 수성구립도서관 운영위원장(현재)
국제학술지 *Journal of Information Science Theory and Practice* 공동편집위원장(현재)
계명대학교 문헌정보학과 교수, 사서교육원장(현재)

〈주요 저서 및 역서〉

문헌분류이론(공역)(구미무역출판부, 1989)
도서관문화사(공저)(구미무역출판부, 1991)
공공도서관운영론(공역)(구미무역출판부, 1991)
영미편목규칙 제2판 간략판(공역)(구미무역출판부, 1992)
도서관경영론(공역)(계명대학교출판부, 1993)
서지정보의 상호교류(공역)(아세아문화사, 1993)
도서관정보관리편람(공편)(한국도서관협회, 1994)
문헌정보학 연구 입문: 의의와 방법(공역편)(계명대학교출판부, 1995)
정보사회와 공공도서관(역)(한국도서관협회, 1996)
한국십진분류법 제4판(공편)(한국도서관협회, 1996)
도서관·정보센터경영론(공역)(계명대학교출판부, 1997)
개정제4판 한국십진분류법 해설(공편)(한국도서관협회, 1997)
학위논문의 작성과 지도(공역)(계명대학교출판부, 1999)
도서관인 박봉석의 생애와 사상(엮음)(도서출판 태일사, 2000)
DDC 연구(저)(도서출판 태일사, 2001)
KDC의 이해(공저)(도서출판 태일사, 2002)
MARC의 이해(역)(도서출판 태일사, 2002)
학술정보론(공역)(도서출판 태일사, 2002)
주참고문헌 어떻게 작성할 것인가(공저)(도서출판 태일사, 2002)
국제표준서지기술법(단행본용 2002년판)(공역편)(도서출판 태일사, 2003)
메타데이터의 이해(역) (도서출판 태일사, 2004)
도서관·정보센터의 고객만족경영(공역)(도서출판 태일사, 2004)
객관식 자료조직론 해설 II: 목록조직편(편저)(도서출판 태일사, 2005)
영미편목규칙 제2판 핸드북(역)(도서출판 태일사, 2005)
〈계속〉

〈주요 저서 및 역서〉〈계속〉

영미편목규칙 제2판 간략판 제4판(역)(도서출판 태일사, 2006)
MARC 21 전거레코드의 이해(역)(도서출판 태일사, 2006)
DDC 22의 이해(저)(도서출판 태일사, 2006)
KORMAC의 이해(공저)(도서출판 태일사, 2006)
문헌정보학연구의 현황과 과제(역)(도서출판 태일사, 2007)
객관식 자료조직론 해설 Ⅲ: 목록이론·서지기술편(편저)(도서출판 태일사, 2008)
객관식 자료조직론 해설 Ⅳ: 표목·목록자동화편(편저)(도서출판 태일사, 2008)
한국십진분류법 제5판(공편)(서울: 한국도서관협회, 2009)
객관식자료조직론해설Ⅰ: 문헌분류편, 제3개정판(대구: 태일사, 2009)
공공도서관경영론(역)(대구: 태일사, 2009)
FRBR의 이해(공역)(대구: 태일사, 2010)
공공도서관 어린이서비스(공역)(대구: 태일사, 2010)
도서관서비스의 평가와 측정(역)(대구: 태일사, 2010)
문헌정보학 용어 사전(역)(대구: 태일사, 2011)
랑가나단 박사의 도서관학의 5법칙에서 배우는 도서관이 나아갈 길(역)(대구: 태일사, 2012)
한국십진분류법 제6판(공편)(서울: 한국도서관협회, 2013)
한국십진분류법 제6판의 이해와 적용(공저)의 이해와 적용(대구: 태일사, 2014)

최 신 분 류 론

2015년 6월 16일 1쇄 인쇄
2015년 6월 30일 1쇄 발행
저   자 _ 오동근
펴낸이 _ 김선태
발행처 _ 도서출판 태일사(www.taeilsa.com)
주   소 _ (우) 41968 대구광역시 중구 2·28길 26-5(남산1동)
전   화 _ (053)255-3602 / 팩스 (053)255-4374
등   록 _ 1991년 10월 10일 제6-37호

값 29,000 원

ⓒ태일사 2015   ISBN 978-89-92866-95-8   93020

※ 무단복사, 전재를 금하며 잘못된 책은 교환하여 드립니다.